17.

Guide Des Égares...

Moses Maimonides, Salomon Munk

LE

GUIDE DES ÉGARÉS

Paris. — Imprimerie de Ch. Jouaust,
rue Saint-Honoré, 338.

LE

GUIDE DES ÉGARÉS

TRAITÉ

DE THÉOLOGIE ET DE PHILOSOPHIE

PAR

MOÏSE BEN MAIMOUN

DIT

MAÏMONIDE

PUBLIÉ POUR LA PREMIÈRE FOIS DANS L'ORIGINAL ARABE
ET ACCOMPAGNÉ D'UNE TRADUCTION FRANÇAISE ET DE NOTES CRITIQUES
LITTÉRAIRES ET EXPLICATIVES

Par S. MUNK

Membre de l'Institut

Tome deuxième

PARIS

CHEZ A. FRANCK, LIBRAIRE
RUE RICHELIEU, 67

1861

PRÉFACE

.

———

Des circonstances indépendantes de ma volonté ont retardé la publication de ce volume, dont d'ailleurs j'ai été distrait quelque temps
par un autre travail également relatif à la philosophie des Arabes,
et qui intéresse sous plus d'un rapport les lecteurs de Maïmonide (1).

Le volume que je publie aujourd'hui renferme la IIe partie du
Guide, celle qui a le moins d'actualité et dont l'aride scolastique
offre le plus de difficultés au traducteur et commentateur, et peu
d'attrait au lecteur. Elle a pour objet les questions les plus élevées
de la théologie et de la philosophie; et, si les solutions proposées
laissent peu satisfaits le théologien et le philosophe de nos jours,
elles offrent du moins un puissant intérêt historique, en nous per-
mettant d'embrasser d'un coup d'œil les problèmes qui pendant plusieurs siècles occupèrent les esprits supérieurs des trois commun-
nions, et les efforts qui furent faits pour concilier ensemble deux
autorités en apparence ennemies, celle des livres saints et celle d'A-
ristote. Il fallait, d'un côté ou de l'autre, sacrifier certains préjugés
et se soustraire aux chaînes, soit du dogme mal compris, soit de la
théorie philosophique mal assurée. Maïmonide, théologien rationnel, montre, pour son temps, une étonnante hardiesse comme exé-
gète et une indépendance non moins étonnante comme philosophe
péripatéticien. S'il fait souvent plier les textes bibliques aux exi-

(1) *Mélanges de philosophie juive et arabe.* Un vol. in-8°; Paris, 1859.

gences de la philosophie du temps, il ne craint pas de secouer le
joug de cette dernière là où la conciliation lui paraît impossible.
Mais bornons-nous ici à un aperçu sommaire de cette IIe partie, en
réservant pour les *Prolégomènes* l'appréciation complète du rôle de
Maïmonide et l'exposé systématique de ses doctrines.

Après avoir, dans les derniers chapitres de la Ire partie, fait voir
toutes les subtilités puériles des *Motécallemîn* et leurs vaines tentatives pour démontrer les plus hautes vérités religieuses et philosophiques, Maïmonide a pour but, dans cette IIe partie, d'établir ces
mêmes vérités sur une base plus solide. L'existence d'un Dieu
unique non renfermée dans les limites de l'espace et du temps,
celle des êtres immatériels par l'intermédiaire desquels il crée et
conserve ce qu'il a créé, la production du monde par la volonté libre
de Dieu, la révélation, l'inspiration prophétique, telles sont les questions traitées dans cette partie du *Guide*. Comme introduction, l'auteur donne vingt-cinq propositions démontrables et une proposition
hypothétique, servant de prémisses aux péripatéticiens pour démontrer l'existence, l'unité et l'immatérialité de Dieu. Il expose ensuite les démonstrations péripatéticiennes, et montre qu'elles conservent toute leur force, lors même que l'on contesterait l'éternité
du mouvement et du temps admise par les philosophes. L'idée des
êtres intermédiaires entre Dieu et l'univers, ou des *Intelligences sé-*
parées, est développée selon les doctrines des péripatéticiens arabes,
et l'auteur s'efforce de montrer que ses doctrines sont d'accord avec
l'Écriture-Sainte et la tradition juive, qui désignent les *Intelligences*
par le mot MALAKH (ange). Le nombre des Intelligences correspond
à celui des sphères célestes, et celles-ci peuvent toutes être rame-
nées à quatre sphères principales, dont les Intelligences sont représentées par les *quatre légions d'anges* de la tradition juive. Les
quatre éléments du monde sublunaire se trouvent sous l'influence de
ces quatre sphères et de leurs Intelligences, qui s'épanchent sur ce
bas monde par l'intermédiaire de l'*intellect actif* universel, dernière
des Intelligences séparées. — La question la plus importante sur laquelle la religion se sépare de la philosophie est celle de l'origine

du monde. Celui-ci, selon la croyance religieuse, est sorti du néant absolu par la libre volonté de Dieu, et a eu un commencement; selon la doctrine péripatéticienne, il a toujours existé comme effet nécessaire d'une cause motrice toujours en acte. Comme opinion intermédiaire, l'auteur mentionne celle de Platon, qui admet l'éternité de la matière chaotique, mais non celle du mouvement et du temps. Cette opinion peut, au besoin, s'accorder avec la croyance religieuse; mais, comme elle ne s'appuie sur aucune démonstration, elle peut être négligée. Les péripatéticiens ont allégué pour leur opinion un certain nombre de preuves démonstratives; mais l'auteur montre qu'Aristote lui-même ne s'est pas fait illusion à cet égard, et qu'il ne prétend point avoir de démonstration rigoureuse pour établir l'*éternité* du monde. Après avoir montré la faiblesse des démonstrations qui ont été tentées, Maïmonide fait un pas de plus en faisant voir que la Création *ex nihilo*, bien qu'elle ne puisse pas non plus être démontrée, offre pourtant moins d'invraisemblances que l'opinion opposée. Les mouvements des sphères célestes offrent les plus grandes difficultés, si l'on veut que tout dans l'univers suive une loi éternelle et immuable. Tout l'échafaudage de l'émanation successive des Intelligences et des sphères ne suffit pas pour expliquer la multiplicité et la diversité qui règnent dans le monde; mais toutes les difficultés se dissipent dès que l'on reconnaît dans l'univers l'action d'une volonté libre agissant *avec intention* et non *par nécessité*. Les hypothèses imaginées par la science astronomique, celles des épicycles et des excentriques, sont en elles-mêmes peu vraisemblables et d'ailleurs peu conformes aux principes physiques et aux théories du mouvement développées par Aristote. En somme, toutes les théories d'Aristote sur la nature du monde sublunaire sont indubitablement vraies; mais pour tout ce qui est au-dessus de la sphère de la lune, il n'a pu poser aucun principe démontrable, et tout ce qu'il a dit à cet égard ressemble à de simples conjectures qui ne sauraient porter aucune atteinte au dogme de la Création.

Ce dogme, d'ailleurs, est un postulat de la religion; en le niant, on serait nécessairement amené à nier l'inspiration prophétique et

tous les miracles. Cependant, en admettant la création *ex nihilo*,
nous ne sommes pas obligés pour cela d'admettre que le monde
doive périr un jour, ou qu'un changement quelconque doive avoir
lieu dans les lois de la nature créées par Dieu. Maïmonide croit, au
contraire, que le monde ne cessera jamais d'exister tel qu'il est, et
il montre que tous les passages bibliques qui semblent parler de la
fin du monde doivent être pris au figuré. Les miracles ne sont que
des interruptions momentanées des lois de la nature; ce sont des
exceptions, ou des restrictions, que Dieu a mises dans ces lois, dès
le moment de leur création. Maïmonide explique ensuite, *à mots couverts*, comme le veut le Talmud, plusieurs détails du récit de la
création, et fait voir que ce qui y est dit sur la nature des choses
sublunaires n'est point en désaccord avec les théories péripatéticiennes. Il termine toute cette discussion par quelques observations
sur l'institution du Sabbat, symbole du dogme de la Création.

Le reste de cette II⁰ partie est consacré à la *prophétie*, dans laquelle l'auteur ne voit que l'entéléchie absolue des facultés intellectuelles et morales de l'homme. Celles-ci, arrivées à leur plus haute
perfection et aidées par une certaine force d'imagination qui place
l'homme dans un état extatique, nous rendent propres, dès cette
vie, à une union parfaite avec l'*intellect actif*. Tous les hommes
arrivés à ce haut degré de perfection seraient nécessairement prophètes, si la volonté de Dieu n'avait pas exclusivement réservé le
don de prophétie à certains hommes élus et ne l'avait pas refusé à
tous les autres, malgré toute leur aptitude. La révélation sur le Sinaï
et les circonstances qui l'accompagnèrent sont des mystères qu'il ne
nous est pas donné de comprendre dans toute leur réalité. Il en est
de même de la perception de Moïse, qui se distingue de celle de
tous les autres prophètes, et dans laquelle se manifeste la plus haute
intelligence des choses divines, sans aucune participation de la faculté imaginative. Moïse voyait Dieu *face à face*, c'est-à-dire, il le
percevait par son intelligence dans l'état de veille, et non à travers
le voile de l'imagination. La loi révélée à Moïse est la plus parfaite,
tenant le milieu entre le trop et le trop peu, et étant également

éloignée de toute exagération et de toute défectuosité. L'auteur expose à quels signes on reconnaît le vrai prophète; il caractérise l'inspiration prophétique et ses différents degrés, par lesquels les prophètes sont supérieurs les uns aux autres, quoiqu'ils ne soient inspirés tous que dans le *songe* ou dans la *vision*, c'est-à-dire dans un état où la faculté imaginative prédomine sur toutes les autres facultés. Il parle ensuite de la forme extérieure sous laquelle les prophéties sont présentées, et notamment des visions paraboliques, ainsi que des hyperboles et des métaphores dont se servent les écrivains sacrés.

Tels sont les sujets traités dans cette II⁰ partie, où l'auteur cherche à établir sur une base philosophique les neuf premiers des treize articles de foi qu'il avait énumérés dans son Commentaire sur la *Mischnâ*. Les questions importantes de l'origine du mal, de la Providence et du libre arbitre, ainsi que plusieurs autres questions qui intéressent particulièrement la théologie juive, sont réservées pour la troisième et dernière partie.

Pour la publication du texte arabe de ce volume, je me suis servi: 1° des deux manuscrits de la bibliothèque de Leyde; 2° d'un manuscrit ancien de la II⁰ partie, qui était en la possession du révérend William Cureton, et que je dois à la libéralité de cet illustre orientaliste; 3° d'un manuscrit de la bibliothèque impériale de Paris (ancien fonds hébreu, n° 237), qui renferme la seconde moitié de la II⁰ partie du chapitre XXV, jusqu'à la fin; 4° d'un autre manuscrit de la même bibliothèque (Supplément hébreu, n° 63), qui renferme plusieurs chapitres du commencement et de la fin de cette même partie; 5° de la copie incomplète écrite sur les marges d'un exemplaire imprimé de la version d'Ibn-Tibbon, dont j'ai parlé dans la préface du t. Iᵉʳ (p. iij) et qui m'a fourni le texte arabe jusqu'au chapitre XXVIII inclusivement. Pour tous les passages qui offrent quelque difficulté, les mss. de la Bibliothèque Bodleyenne ont été consultés.

La traduction et les notes ont été continuées sur le plan que j'ai exposé dans la préface du tome I. Sur des observations qui m'ont été adressées, j'ai mis encore plus de soin à relever les variantes et les principales fautes typographiques de la version d'Ibn-Tibbon, afin de ne laisser rien à désirer à ceux qui voudront s'aider de ma traduction française pour comprendre cette version souvent si obscure. M. Ulmann, grand rabbin du Consistoire central, et M. Wogue, professeur de théologie au séminaire israélite, ont bien voulu, à cet effet, lire les épreuves de la traduction, et me signaler certaines omissions que j'ai suppléées, et qui, en partie, ont trouvé place dans les *Additions et rectifications*. Je renouvelle ici mes remerciements à tous ceux qui, d'une manière quelconque, me prêtent leur concours pour cette publication, dont ma situation pénible augmente les difficultés, mais dont l'achèvement, j'ose l'espérer, ne subira pas de trop longs retards.

S. MUNK.

Paris, août 1861.

TABLE DES CHAPITRES

FIN DE LA TABLE DES CHAPITRES.

DEUXIÈME PARTIE

DU

GUIDE DES ÉGARÉS

INTRODUCTION

AU NOM DE L'ÉTERNEL

DIEU DE L'UNIVERS

Les propositions dont on a besoin pour établir l'existence de Dieu et pour démontrer qu'il n'est ni un corps, ni une force dans un corps, et qu'il est *un* [que son nom soit glorifié !], sont au nombre de vingt-cinq, qui, généralement démontrées, ne renferment rien de douteux ; — (car) déjà Aristote et les péripatéticiens qui lui ont succédé ont abordé la démonstration de chacune d'elles [1]. — Il y a (en outre) une proposition que nous leur accordons comme concession [2], parce que ce sera le moyen de démontrer les questions dont il s'agit, comme je l'exposerai ; cette proposition, c'est l'éternité du monde.

PREMIÈRE PROPOSITION. — L'existence d'une grandeur infinie quelconque est inadmissible [3].

---

(1) Tous les mss. ar. portent עלי ברהאן כל ואחרא מנהא. Ibn-Tibbon s'écarte un peu de l'original, en traduisant : כבר עשה ··· מופת. La version d'Al-'Harizi porte : כבר ברק ··· על מופת על כל אחת מהן. כל אחת מהן.

(2) C'est-à-dire, que nous leur concédons provisoirement comme hypothèse ; voy. ci-après la XXVIᵉ proposition, et cf. t. 1, pag. 350, note 1.

(3) Sur l'infini en général, voy. Aristote, *Physique*, liv. III, chap. 4-8 ; *Métaph.*, liv. II, chap. 2 ; liv. XI, chap. 10. Aristote montre dans ces divers passages que, dans la nature, l'infiniment grand *en acte*, c'est-à-dire l'étendue infinie, est inadmissible, et il n'admet en fait d'infini

DEUXIÈME PROPOSITION. — L'existence d'un nombre infini de

que l'infiniment petit ou la divisibilité infinie de l'espace, qu'il désigne (ainsi que l'infinité du nombre abstrait) comme l'*infini en puissance*. Par conséquent, l'univers lui-même, qui est le corps le plus étendu, est limité dans l'espace (voy. le traité *du Ciel*, liv. I, chap 7, où Aristote dit en terminant : Ὅτι μὲν τοίνυν οὐκ ἐστι τὸ σῶμα τὸ τοῦ παντὸς ἄπειρον ἐκ τούτων φανερόν). La démonstration la plus générale de cette première proposition est donnée dans la définition même du corps Aristote fait observer qu'au point de vue *logique* (λογικῶς), l'existence d'un corps infini est inadmissible : car, si l'idée qu'on se fait du corps, c'est d'être limité par des surfaces, il ne peut y avoir de corps illimité ni pensé, ni sensible (εἰ γάρ ἐστι σώματος λόγος τὸ ἐπιπίδῳ ὡρισμένον, οὐκ ἂν εἴη σῶμα ἄπειρον, οὔτε νοητὸν οὔτε αἰσθητόν. *Physique*, III, 5, *Métaph.*, XI, 10). Au point de vue *physique*, Aristote montre que le corps infini ne pourrait être ni composé ni simple : 1° S'il était composé, les parties de la composition seraient ou infinies ou finies ; or il est évident qu'elles ne sauraient être infinies, car l'infinité de chacune d'elles exclut nécessairement celle des autres ; mais elles ne sauraient pas non plus être finies, car elles seraient consumées par l'infini, et disparaîtraient complétement devant lui. 2° Le corps infini ne saurait pas non plus être simple ; car aucun des éléments, dont chacun a sa région déterminée, n'est infini, et il n'existe pas de corps sensible, en dehors des éléments, qui les réunisse tous, comme l'ont cru plusieurs physiciens. — Une autre preuve physique (qui se rattache en quelque sorte à la preuve logique) est celle-ci : « Tout corps sensible est dans l'espace. Les espèces et différences de l'espace sont : le haut et le bas, le devant et le derrière, ce qui est à droite et ce qui est à gauche. Ces distinctions n'existent pas seulement par rapport à nous et par la position, mais sont fondées dans le tout lui-même. Cependant elles ne sauraient exister dans l'infini. » (Voy. *Physique*, *l. c.* à la fin du chap. 5). Ibn-Sinâ et d'autres auteurs, arabes et juifs, ont multiplié les démonstrations des propositions énumérées par Maïmonide. Abou-becr-Mo'hammed al-Tebrizi, qui a fait un commentaire sur les vingt-cinq propositions, est entré dans de longs détails pour en démontrer la vérité. Cette 1ʳᵉ proposition a été démontrée par les Arabes de plusieurs manières différentes. Nous citerons ici une démonstration qui est empruntée à Ibn-Sinâ : Soit la grandeur supposée infinie une ligne AB

A   C   B ; nous pourrons supposer que cette ligne se prolonge à l'infini des deux côtés ou seulement d'un côté B. Dans ce dernier cas, figurons-nous que du côté fini on coupe une partie AC ; nous aurons

grandeurs est inadmissible [1], si l'on veut qu'elles existent (toutes) simultanément [2].

alors deux lignes AB et CB, dont chacune sera infinie du côté B et finie de l'autre côté. Or, si nous appliquons le point C sur le point A, il arrivera de deux choses l'une : ou bien la ligne CB se prolongera à l'infini comme la ligne AB, et alors nous aurons AB—AC=AB, ce qui est impossible, car la partie ne peut être égale au tout ; ou bien la ligne CB se prolongera moins que la ligne AB, et alors elle sera finie du côté B, ce qui est contraire à l'hypothèse. Si la ligne AB est supposée infinie des deux côtés, on pourra la couper à un point quelconque, de manière à en faire deux lignes dont chacune sera infinie d'un côté et finie de l'autre, et la démonstration sera la même que celle qu'on vient de donner. Cf. Schahrestâni, pag. 403 (trad. allem., t. 11, pag. 295 et 296).—Nous ne pourrons pas reproduire les preuves alléguées pour chacune des propositions énumérées ici par Maïmonide, et nous devrons nous borner à indiquer les endroits d'où notre auteur a tiré ces différentes propositions. Ainsi qu'on le verra, elles ne sont pas toutes empruntées à Aristote, et plusieurs sont tirées des œuvres d'Ibn-Sinâ, qui, comme nous l'avons déjà dit ailleurs, sont la principale source à laquelle Maïmonide a puisé sa connaissance des doctrines péripatéticiennes. Sur cette première proposition et les deux suivantes, voy. aussi la 1re partie de cet ouvrage, chap. LXXIII, 11e proposition, et les notes que nous y avons jointes (tom. 1, pag. 413 et 414).

(1) Cette seconde proposition énonce de la grandeur discrète ce qui, dans la première proposition, a été énoncé de la grandeur continue. L'infinité numérique en acte est aussi inadmissible que l'étendue infinie : car les unités qui composent la quantité discrète peuvent former toutes ensemble une quantité continue, et il est clair que, puisque cette dernière ne peut être infinie, la première ne saurait l'être davantage. On peut d'ailleurs, comme le fait observer le commentateur Schem-Tob, appliquer directement à cette proposition la démonstration que nous avons donnée de la première proposition, d'après Ibn-Sinâ. En effet, en diminuant d'un certain nombre d'unités la quantité discrète supposée infinie, le reste sera ou infini ou fini ; or, s'il était infini, la partie serait égale au tout, ce qui est impossible ; s'il était fini, le tout serait également fini, ce qui est contraire à l'hypothèse.

(2) On a déjà vu que, selon notre auteur, l'inadmissibilité de l'infini par succession n'est pas démontrée. Voy. t. 1, pag. 414 et 415, et cf. ci-après à la 26e proposition.

TROISIÈME PROPOSITION. — L'existence d'un nombre infini de causes et d'effets est inadmissible, lors même que ce ne seraient pas de grandeurs; ainsi, par exemple, il est évidemment inadmissible que telle intelligence ait pour cause une seconde intelligence, cette seconde une troisième, cette troisième une quatrième, et ainsi de suite jusqu'à l'infini [1].

QUATRIÈME PROPOSITION. — Le changement se trouve dans quatre *catégories* : 1° dans la catégorie de la *substance*, et le changement dont est susceptible la substance, c'est la naissance et la corruption; 2° dans la catégorie de la *quantité*, et ici c'est la croissance et le décroissement; 3° dans la catégorie de la *qualité*, ce qui est la transformation; 4° dans la catégorie du *lieu*, ce qui est le mouvement de translation [2]; c'est à ce changement dans

---

(1) Cette proposition a été développée par Aristote, dans la *Métaphysique*, liv. II, chap. 2, où il est montré en général que, dans les quatre espèces de causes, on arrive nécessairement à un dernier terme, et que ces causes ne peuvent se continuer à l'infini : Ἀλλὰ μίν ὅτι γ' ἐστὶν ἀρχή τις καὶ οὐκ ἄπειρα τὰ αἴτια τῶν ὄντων, οὔτ' εἰς εὐθυωρίαν οὔτε κατ' εἶδος, δῆλον, κ. τ. λ.). Cf. le tome I de cet ouvrage, pag. 313, note 1.

(2) Voy. Aristote, *Métaphysique*, liv. XII, chap. 2 : Εἰ δὴ αἱ μεταβολαὶ τίτταρες, ἢ κατὰ τὸ τί ἢ κατὰ τὸ ποιὸν ἢ ποσὸν ἢ ποῦ, καὶ γένεσις μὲν ἡ ἁπλῆ καὶ φθορὰ ἡ κατὰ τόδε, αὔξησις δὲ καὶ φθίσις ἡ κατὰ τὸ ποσόν, ἀλλοίωσις δὲ ἡ κατὰ τὸ πάθος, φορὰ δὲ ἡ κατὰ τόπον, εἰς ἐναντιώσεις ἂν εἶεν τὰς καθ' ἕκαστον αἱ μεταβολαί, κ. τ. λ.). Cf. *Physique*, liv. III, chap. 1 : Μεταβάλλει γὰρ τὸ μεταβάλλον ἀεὶ ἢ κατ' οὐσίαν, ἢ κατὰ ποσόν, ἢ κατὰ ποιόν, ἢ κατὰ τόπον. On voit que par *changement* (μεταβολή), il faut entendre le passage mutuel des opposés l'un à l'autre, et il ne faut pas le confondre avec l'idée de *mouvement*, qui, comme le dit Aristote ailleurs, ne s'applique qu'aux catégories de la quantité, de la qualité et du lieu, et non pas à celle de la substance. Voy. *Physique*, liv. V, à la fin du chap. 1, et au commencement du chap. 2. Cf. le traité *de l'Ame,* liv. I, chap. 3, § 3, où Aristote parle de quatre espèces de *mouvement*, qui, au fond, n'en forment que trois, appartenant à trois catégories, savoir : φορά, à la catégorie du *lieu*, ἀλλοίωσις, à celle de la *qualité*, φθίσις et αὔξησις, à celle de la *quantité*. Cependant, dans les six espèces de *mouvement* (κινήσεως) énumérées au commencement du chap. 14 des *Catégories*, Aristote comprend aussi la génération et la corruption (γένεσις καὶ φθορά), qui s'appliquent à la caté-

le lieu que s'applique en particulier le (terme de) *mouvement* (1).

CINQUIÈME PROPOSITION. — Tout mouvement est un changement et un passage de la *puissance* à l'*acte* (2).

SIXIÈME PROPOSITION. — Les mouvements (3) sont tantôt essentiels (ou dans la chose en elle-même), tantôt accidentels, tantôt dus à la violence, tantôt partiels, et (dans ce dernier cas) c'est

gorie de la *substance*. Les quatre autres sont : l'*augmentation* (αὔξησις), la *diminution* (μείωσις = φθίσις), la *transformation* (ἀλλοίωσις) et le changement de lieu (κατὰ τόπον μεταβολή); les deux premières espèces sont relatives à la catégorie de la *quantité*, la troisième à celle de la *qualité*, et la quatrième à celle du *lieu*. On voit que ce passage des *Catégories* correspond exactement à celui de la *Métaphysique*, et qu'Aristote y a pris le mot κίνησις dans le sens plus étendu de μεταβολή. Cf. ci-après, note 2.

(1) On a vu dans la note précédente qu'en général les changements dont il est ici question, à l'exception du premier, sont aussi désignés comme *mouvements;* mais ce n'est que parce qu'au fond tous ces différents changements sont en quelque sorte un mouvement local : πᾶσαι γὰρ αἱ λεχθεῖσαι κινήσεις ἐν τόπῳ (*Traité de l'Ame*, l. c.); ainsi, par exemple, dans la croissance et le décroissement, on peut attribuer aux différentes parties du corps un mouvement local. Cf. ci-après la 14° proposition. — Toutes les éditions de la version d'Ibn-Tibbon ajoutent ici les mots : ‏ועל שאר השנוים בכלל‎, *et aux autres changements* (il s'applique) *en général;* les mss. de la version n'ont point cette addition. Cf. au commencement du chap. I.

(2) L'auteur reproduit ici la définition qu'Aristote donne du mouvement. Et ici, le mot *mouvement* embrasse toutes les espèces de *changements* dont parle la proposition précédente; aussi bien le changement de la naissance et de la corruption, qui se fait instantanément et pour ainsi dire sans mouvement, que les autres changements, qui se font peu à peu et par un véritable mouvement. Dans ce sens donc, le mouvement est le changement qui peut être désigné, de la manière la plus générale, comme le passage de la puissance à l'acte. Voyez Aristote, *Physique*, liv. III, chap. 1 : ὥστε κινήσεως καὶ μεταβολῆς ἐστιν εἶδη τοσαῦτα ὅσα τοῦ ὄντος· διῃρημένου δὲ καθ' ἕκαστον γένος τοῦ μὲν ἐντελεχείᾳ τοῦ δὲ δυνάμει, ἡ τοῦ δυνάμει ὄντος ἐντελέχεια, ᾗ τοιοῦτον, κίνησίς ἐστιν, κ. τ. λ. Cf. *Métaphysique*, liv. XI, chap. 9.

(3) L'auteur parle ici du mouvement par excellence, c'est-à-dire du mouvement *local*.

une espèce de (mouvement) accidentel. Essentiels, comme la translation du corps d'un endroit à un autre ; accidentels, comme on dirait (par exemple) de la noirceur qui est dans tel corps, qu'elle s'est transportée d'un endroit à un autre ; dus à la violence, comme lorsque la pierre se meut vers le haut par quelque chose qui l'y force ; partiels, comme le mouvement du clou dans le navire : car lorsque le navire se meut, nous disons aussi que le clou se meut. Et ainsi, toutes les fois qu'une chose composée so meut tout entière, on dit aussi que sa partie se meut [1].

SEPTIÈME PROPOSITION. — Tout ce qui subit le changement est divisible [2] ; c'est pourquoi tout ce qui est mû est divisible et est

---

[1] Les différentes distinctions que l'auteur fait ici dans le mouvement local sont empruntées à Aristote, et doivent servir à montrer que tous les mouvements particuliers, quels qu'ils soient, ont leur source dans un premier mouvement éternel dont ils dépendent. Ce qui est mû, dit Aristote, l'est ou *en soi-même* (καθ' αὐτό) ou *accidentellement* (κατὰ συμβεβηκός). Dans ce qui est mû accidentellement, il distingue des choses qui pourraient aussi être mues en elles-mêmes, comme par exemple les parties du corps animal et le clou dans le navire, et d'autres choses qui sont toujours mues accidentellement, comme la blancheur (dans le corps) et la science (dans l'âme) : car celles-ci ne changent de place qu'avec la chose dans laquelle elles se trouvent. Enfin, dans ce qui est mû *en soi-même* il distingue encore ce qui est mû par soi-même et ce qui l'est par autre chose, ce qui est mû naturellement et ce qui l'est *par violence et contre nature* (βίᾳ καὶ παρὰ φύσιν), Voy. Aristote, *Physique*, liv. IV, chap. 4 et liv. VIII, chap. 4 ; cf. le traité *de l'Ame*, liv. II, chap. 3 (§§ 2 et 3), et le traité *du Ciel*, liv. III, chap. 2.

[2] Voy. Aristote, *Physique*, liv. VI, au commencement du chap. 4 : Τὸ δὲ μεταβάλλον ἅπαν ἀνάγκη διαιρετὸν εἶναι. La démonstration donnée par Aristote peut se résumer ainsi : Tout ce qui subit un changement passe d'un état de choses à un autre ; il ne peut pas être un seul instant dans aucun des deux états, car alors il ne changerait pas ; mais il ne peut pas non plus être dans l'un des deux états, car alors ou il ne changerait pas encore, ou il serait déjà changé. Il faut donc nécessairement qu'il soit en partie dans l'un et en partie dans l'autre, et par conséquent il est divisible.

nécessairement un corps [1]. Tout ce qui n'est pas divisible n'est point mû [2], et, par conséquent, ne peut nullement être un corps.

HUITIÈME PROPOSITION. — Tout ce qui est mû accidentellement sera nécessairement en repos, son mouvement n'étant pas dans son essence; c'est pourquoi il est impossible qu'il accomplisse perpétuellement ce mouvement accidentel [3].

[1] La cinquième proposition établit que tout mouvement est un changement; par conséquent, tout ce qui est mû subit le changement et est nécessairement divisible. Aristote, qui avait déjà établi la divisibilité de l'étendue, du temps et du mouvement (cf. le tome I de cet ouvrage, p. 380, note 2), montre, au chap. cité dans la note précédente, que la divisibilité doit s'appliquer aussi à *ce qui est mû* : Ἐπεὶ δὲ πᾶν τὸ κινούμενον ἔν τινι κινεῖται καὶ χρόνον τινά, καὶ παντός ἐστι κίνησις, ἀνάγκη τὰς αὐτὰς εἶναι διαιρέσεις τοῦ τε χρόνου καὶ τῆς κινήσεως, καὶ τοῦ κινεῖσθαι, καὶ τοῦ κινουμένου, καὶ ἐν ᾧ ἡ κίνησις, κ. τ. λ. Cf., liv. VIII, chap. 5 (éd. Bekker, pag. 257 a, lig. 33) : Ἀναγκαῖον δὴ τὸ κινούμενον ἅπαν εἶναι διαιρετὸν εἰς ἀεὶ διαιρετά, κ. τ. λ.

[2] Comme, par exemple, le point géométrique et l'intelligence, qui n'ont point de mouvement *essentiel*, mais seulement un mouvement *accidentel*. Cette thèse, que l'auteur ajoute ici comme corollaire, est une conséquence nécessaire de ce qui précède. Cependant Aristote est entré dans quelques détails pour démontrer que l'indivisible est immobile *en lui-même*, et n'a qu'un mouvement accidentel, et il fait observer notamment que si l'on admettait le mouvement du *point*, on arriverait par là à établir que la ligne est composée de points et le temps de petits instants ou de *moments présents* (ἐκ τῶν νῦν), ce qui est faux. Voy. *Physique*, liv. VI, chap. 10, au commencement : Λέγομεν ὅτι τὸ ἀμερὲς οὐκ ἐνδέχεται κινεῖσθαι πλὴν κατὰ συμβεβηκός, κ. τ. λ. Et plus loin : ὥστ' οὐκ ἐνδέχεται τὸ ἀμερὲς κινεῖσθαι οὐδ' ὅλως μεταβάλλειν, κ τ. λ.

[3] Cette proposition, énoncée d'une manière trop concise, a été trouvée obscure, et, prise dans un sens absolu, elle a rencontré des objections (voir le commentaire de Moïse de Narbonne). Voici comment elle doit être entendue : Toute chose qui n'a pas *en elle-même* le principe de son mouvement, mais à laquelle un mouvement accidentel est imprimé par une cause extérieure qui peut cesser d'exister, sera nécessairement en repos quand cette cause cessera, comme par exemple le passager d'un navire, qui n'est mû que parce qu'il est accidentellement dans une

NEUVIÈME PROPOSITION. — Tout corps qui en meut un autre

chose en mouvement, qui peut cesser de se mouvoir (Cf. Aristote, *de l'Ame*, liv. I, chap. 3, § 2). Ce qui prouve que Maïmonide entend ainsi cette proposition, c'est que plus loin, au commencement du chap. I, en démontrant que le premier moteur ne saurait être considéré comme l'âme de la sphère céleste, il applique cette VIII° proposition à l'âme humaine, qui est mue *accidentellement* avec le corps par une cause extérieure, soit en cherchant ce qui lui est convenable, soit en fuyant ce qui lui est contraire. C'est donc à tort que le commentateur arabe Al-Tebrîzi objecte à cette proposition de Maïmonide qu'il y a certains mouvements qui, quoique accidentels, n'en sont pas moins perpétuels, comme, par exemple, le mouvement diurne de l'orient à l'occident, imprimé par la neuvième sphère aux huit sphères inférieures, et qui est contraire à leur mouvement propre et *essentiel* de l'occident à l'orient; ou comme le mouvement circulaire de la sphère du feu et des autres éléments, dont le mouvement *essentiel* est en ligne droite (cf. le t. I de cet ouvrage, p. 357-359). Il est évident que ces mouvements accidentels, ayant pour cause un mouvement essentiel et perpétuel, doivent être eux-mêmes perpétuels. La proposition dont il s'agit ici paraît se rattacher à un passage du traité *du Ciel* (liv. I, fin du chap. 2), où Aristote établit qu'au-dessus des quatre éléments qui, par leur nature, ont un mouvement en ligne droite, il y a une substance simple d'une autre nature qui a le mouvement circulaire. Or, fait-il observer, ce mouvement doit être inhérent à la nature de cette substance; car il serait étonnant et tout à fait irraisonnable que ce mouvement, qui seul est continuel et éternel, pût être *contre nature*, puisqu'en général ce qui est contre nature est promptement détruit : Εἰ δὲ παρὰ φύσιν φέρεται τὰ φερόμενα κύκλῳ τὴν πέριξ φοράν, θαυμαστὸν καὶ παντελῶς ἄλογον τὸ μόνην εἶναι συνεχῆ ταύτην τὴν κίνησιν καὶ ἀΐδιον, οὖσαν παρὰ φύσιν· φαίνεται γὰρ ἔν γε τοῖς ἄλλοις τάχιστα φθειρόμενα τὰ παρὰ φύσιν. La version arabe qui rendait les mots *contre nature* (πκρὰ φύσιν) par *accidentel*, explique mieux les termes de la proposition de Maïmonide. Voici comment le passage que nous venons de citer a été paraphrasé dans le commentaire moyen d'Ibn-Roschd, *de Cœlo et Mundo*, liv. I, *summa* IV, *demonstrat.* 5 (vers. hébr.) :

והוא שזאת התנועה הסבוכית שהיא סביב האמצע לא תמלט משתהיה לזה הגשם טבעית או מקרית ושקר הוא שתהיה מקרית כי התנועה המקרית אי אפשר שתמצא תמידית אין תכלית לה ושהצעת זה יוצאה מכל הקש כי אנחנו רואים הדברים המקריים כלים אובדים ·

ne se meut qu'en étant mû lui-même au moment où il meut [1].

DIXIÈME PROPOSITION. — Tout ce dont on dit qu'il est dans un corps est de l'une de ces deux classes [2] : c'est ou bien quelque chose qui subsiste par le corps, comme les accidents, ou bien quelque chose par quoi le corps subsiste, comme la forme physique [3]; dans les deux cas, c'est une force (qui est) dans un corps [4].

« Ce mouvement circulaire, qui s'accomplit autour du centre, est nécessairement ou naturel ou *accidentel* à ce (cinquième) corps. Or, il est inadmissible qu'il soit accidentel, car *le mouvement accidentel ne saurait être perpétuel et sans fin ;* supposer cela serait tout à fait irraisonnable, car nous voyons que les choses accidentelles cessent et périssent. »

Cf. la version latine des Œuvres d'Aristote avec les comment. d'Averroès, édit. de Venise, t. V, 1550, in-fol., fol. 6 c et 126 c. — Ibn-Falaquéra (*Moré ha-Moré*, p. 67) indique, pour cette VIIIe proposition, le même passage d'Aristote.

(1) Cette proposition a été longuement développée par Aristote, qui, pour établir l'existence d'un premier moteur non mû, montre que ce qui meut, si ce n'est pas le premier moteur lui-même, ne peut être qu'une cause intermédiaire de mouvement, qui est nécessairement mue elle-même par une autre cause. Il s'ensuit naturellement que le corps physique ne peut communiquer le mouvement à un autre corps qu'en étant mû lui-même. Voy. *Phys.*, liv. VIII, chap. 5; Cf. *Métaph.*, liv. XII, chap. 6.

(2) Littéralement : *se divise en deux parties.*

(3) C'est-à-dire, la forme qui constitue le genre ou l'espèce, et qui fait qu'une chose est ce qu'elle est. Cf. t. I, p. 398, et *Ibid.*, note 1.

(4) C'est-à-dire : ce qu'on appelle *une force dans un corps* peut être ou bien un accident, comme par exemple la chaleur et la froideur dans les corps qui, par leur nature, ne sont ni chauds ni froids, ou bien une forme physique, comme p. ex. la chaleur ou la nature ignée du feu, ou la froideur de la glace. Le mot قوّة (puissance), que les philosophes arabes emploient dans les divers sens qu'Aristote attribue au mot δύναμις, doit être pris ici non pas dans le sens de *possibilité* ou *faculté d'être* opposé à l'*acte* (ἐνέργεια), mais dans son sens primitif et absolu qu'Aristote définit comme « le principe duquel émane le mouvement ou le changement produit dans une autre chose en tant qu'autre chose » (*Métaph.*, liv. V, chap. 12, commencem. et fin), ou en d'autres termes dans le sens de *force* ou de *faculté agissante.* Cette force peut se trouver en dehors du

ONZIÈME [1] PROPOSITION. — Certaines choses qui subsistent par
le corps se divisent par la division du corps, et sont, par conséquent, accidentellement divisibles, comme, par exemple, les
couleurs et en général les forces répandues dans tout le corps.
De même, certaines choses qui constituent l'être du corps ne se
divisent en aucune manière, comme l'âme et l'intelligence [2].

DOUZIÈME PROPOSITION. — Toute force qui se trouve répandue
dans un corps est finie, parce que le corps (lui-même) est fini [3].

corps sur lequel elle agit, ou dans ce corps même ; et dans ce dernier
cas, c'est une *force dans un corps*.

(1) Les mss. portent ici et dans les propositions suivantes עשׂר; nous
avons écrit plus correctement עשׂרה.

(2) Voici le sens plus précis de cette proposition : parmi les accidents
ou les qualités qui ne subsistent que dans le corps, il y en a qui se divisent avec le corps, comme p. ex. la chaleur d'un corps chaud ou la couleur inhérente à un corps; car chaque parcelle du corps conserve la
même chaleur et la même couleur. D'autres ne suivent pas la division du
corps, comme p. ex. la figure, qui ne reste pas toujours la même quand
le corps est divisé. D'autre part, même parmi les choses qui constituent
ou achèvent l'être du corps, il y en a qui ne sauraient se diviser en aucune façon, ni en réalité ni même dans la pensée, et telles sont notamment l'âme rationnelle et l'intelligence ; d'autres, comme certaines formes physiques, se divisent avec le corps auquel elles appartiennent.—Par
l'*âme* et l'*intelligence*, l'auteur entend non-seulement l'âme rationnelle de
l'homme et l'*intellect hylique*, mais aussi les âmes des sphères célestes
et l'intelligence par laquelle elles *conçoivent* le but particulier de leur
mouvement : car on verra plus loin (chap. IV) que l'auteur, d'après la
théorie d'Ibn-Sinâ, attribue aux sphères célestes non-seulement une
âme, mais aussi une pensée qui leur est inhérente, et qu'il ne faut pas
confondre avec les *intelligences séparées* objet du désir de leurs sphères
respectives, et qui en détermine le mouvement.

(3) Aristote, après avoir établi que le premier moteur n'est point mû,
veut montrer qu'il n'a ni parties ni étendue. Partant de cette proposition déjà démontrée qu'il n'y a pas d'étendue ou de grandeur infinie, il
montre que le premier moteur ne saurait être une grandeur finie, car le
mouvement qui émane de lui étant infini, il s'ensuivrait que *dans une*
grandeur finie il peut y avoir une force infinie ; or, cela est impossible, car
la force infinie devrait produire son effet dans un temps moindre que

TREIZIÈME PROPOSITION. — Rien dans les différentes espèces de *changement* [1] ne peut être continu, si ce n'est le mouvement de translation [2], et dans celui-ci le (seul mouvement) circulaire [3].

QUATORZIÈME PROPOSITION. — Le mouvement de translation est

celui qu'il faudrait à toute force finie pour produire le même effet, c'est-à-dire la force infinie produirait son effet dans un rien de temps ou instantanément, ce qui est inadmissible, car toute transformation se fait dans un certain temps. Dira-t-on que la force infinie aussi produira son effet dans un certain temps? Mais alors on pourra trouver une force finie qui produira dans le même temps le même effet, et il s'ensuivrait que cette force finie serait égale à une force infinie, ce qui est impossible. Telle est en substance la démonstration par laquelle Aristote établit que *dans une grandeur finie il ne saurait y avoir une force infinie*. Voy. *Physique*, liv. VIII, ch. 10 (édit. Bekker, p. 266 *a*) : ὅτι δ᾽ ὅλως οὐκ ἐνδέχεται ἐν πεπερασμένῳ μεγέθει ἄπειρον εἶναι δύναμιν, ἐκ τῶνδε δῆλον. κ. τ. λ.

(1) Voy. ci-dessus la IV⁰ proposition.

(2) Les trois premières espèces de changements énumérées plus haut (propos. IV) indiquent toutes le passage d'un état à un autre état opposé; or, les deux états opposés sont nécessairement séparés l'un de l'autre par un intervalle de temps, et par conséquent le changement n'est point continu. Rien de semblable n'a lieu dans la quatrième espèce de changement, ou dans le mouvement local, qui seul peut être continu. Voy. Arist., *Phys.*, liv. VIII, ch. 7 (p. 261 *a*) : ὅτι μὲν οὖν τῶν ἄλλων κινήσεων οὐδεμίαν ἐνδέχεται συνεχῆ εἶναι, ἐκ τῶνδε φανερόν. Ἅπασαι γὰρ ἐξ ἀντικειμένων εἰς ἀντικείμενά εἰσιν αἱ κινήσεις καὶ μεταβολαί κ. τ. λ. Cf. *ibid.*, liv. V, chap. 4 (p. 228 *a*, *b*.) : Κεῖται γὰρ τὸ συνεχές, ὧν τὰ ἔσχατα ἕν… πολλαὶ οὖν καὶ οὐ μία ἡ κίνησις, ὧν ἐστίν ἠρεμία μεταξύ.

(3) Dans le mouvement local lui-même, il n'y a que le mouvement circulaire qui soit réellement continu; car le mouvement en ligne droite, ne pouvant pas se continuer à l'infini, aura nécessairement un point d'arrêt d'où il se tournera, pour prendre une autre direction, ou pour revenir dans la direction opposée. Voy. *ibid.*, liv. VIII, chap. 8, au commencement : Ὅτι δ᾽ ἐνδέχεται εἶναί τινα ἄπειρον, μίαν οὖσαν καὶ συνεχῆ, καὶ αὕτη ἐστὶν ἡ κύκλῳ, λέγωμεν νῦν… ὅτι δὲ τὸ φερόμενον τὴν εὐθεῖαν καὶ πεπερασμένην οὐ φέρεται συνεχῶς, δῆλον. Ἀνακάμπτει γάρ, τὸ δ᾽ ἀνακάμπτον τὴν εὐθεῖαν τὰς ἐναντίας κινεῖται κινήσεις. Voyez aussi *Métaphys.*, l. XII, chap. 6, où notre proposition est énoncée en ces termes : Κίνησις δ᾽ οὐκ ἔστι συνεχὴς ἀλλ᾽ ἢ ἡ κατὰ τόπον, καὶ ταύτης ἡ κύκλῳ.

antérieur à tous les mouvements et en est le premier (¹) selon la
nature ; car (même) la naissance et la corruption sont précédées
d'une transformation ; et la transformation (à son tour) est précédée d'un rapprochement entre ce qui transforme et ce qui doit
être transformé ; enfin, il n'y a ni croissance, ni décroissement,
sans qu'il y ait d'abord naissance et corruption (²).

(1) Les mss. portent ואולהא au masculin, au lieu de ואולאהא.

(2) Dans cette proposition, l'auteur établit que le mouvement local
(bien entendu celui qui, dans la proposition précédente, a été désigné
comme le seul qui soit continu) est antérieur *selon la nature* à tous les
autres mouvements et changements ; et par *antérieur selon la nature* il
faut entendre, conformément à la définition d'Aristote (*Métaph.*, liv. V,
chap. 11), ce qui peut être sans que d'autres choses soient, mais sans
quoi d'autres choses ne peuvent pas être. Les termes de cette proposition sont puisés dans la *Physique* d'Aristote, liv. VIII, chap. 7 (Cf.
liv. VII, chap. 2), quoique l'auteur, ce me semble, ne suive pas strictement le raisonnement du Stagirite. On a vu plus haut, p. 6, note 2,
que selon Aristote, l'idée du mouvement s'applique aux catégories de la
quantité, de la qualité et du lieu. Or, dit-il, de ces trois espèces de
mouvement, celle du lieu est nécessairement la première : car il est impossible qu'il y ait *croissance* sans qu'il y ait eu d'abord *transformation*.
La transformation est le changement en ce qui est opposé ; mais lorsqu'il y a transformation, il faut qu'il y ait quelque chose qui transforme
et qui fasse, par exemple, que ce qui est chaud en puissance devienne
chaud en acte. Or il est évident que le mobile de cette transformation
est tantôt plus près tantôt plus loin de la chose à transformer, et que
la transformation ne saurait se faire sans mouvement local ; celui-ci, par
conséquent, est le premier d'entre les mouvements. Plus loin, Aristote
établit par d'autres preuves que le mouvement local, bien qu'il soit le
dernier qui se développe dans les êtres individuels de ce monde, est le
premier dans l'univers et précède même la naissance (γίνεσις) de toutes
choses, laquelle est suivie de la transformation et de la croissance (μετὰ
γὰρ τὸ γενέσθαι πρῶτον ἀλλοίωσίς καὶ αὔξησις ; *Phys.*, VIII, 7, pag. 260 b,
lig. 32). On pourrait s'étonner d'abord que Maïmonide place la transformation avant la naissance et la corruption ; mais il paraît que notre
auteur considère la transformation à un point de vue plus général, c'est-
à-dire non-seulement par rapport à la catégorie de la qualité, comme
dans la IVᵉ proposition, mais aussi par rapport à la *naissance*, qui est

QUINZIÈME PROPOSITION. — Le temps est un accident qui accompagne le mouvement et qui lui est inhérent [1], et aucun des deux n'existe sans l'autre ; un mouvement n'existe que dans un temps, et on ne saurait penser le temps qu'avec le mouvement. Par conséquent, tout ce pour quoi il n'existe pas de mouvement [2] ne tombe pas sous le temps.

SEIZIÈME PROPOSITION. — Tout ce qui est incorporel n'admet

elle-même en quelque sorte une transformation de la matière par la forme, transformation qui s'opère par un agent plus ou moins éloigné, qui a besoin de se rapprocher de la matière à transformer. C'est aussi dans ce sens qu'Ibn-Roschd explique le passage de la *Physique*. Voy. les Œuvres d'Aristote avec les Commentaires d'Averroës, édit. in-fol., t. IV, fol. 180 c : « Deinde dicit : *Et manifestum est quod dispositio motoris tunc non currit eodem modo, sed forte quandoque erit propinquior alterato et quandoque remotior*, etc. Id est, et quia primum alterans, quod non alteratur, non alterat semper, sed quandoque, necesse est ut non habeat se cum alterato in eadem dispositione, sed quandoque appropinquetur ei, et alteret, et quandoque removeatur, et non alteret : et propinquitas, et distantia non est, nisi per translationem : ergo translatio præcedit naturaliter alterationem, scilicet quod, cum utraque fuerit in actu : deinde alterans alteravit, postquam non alterabat : necesse est ut alterum moveatur in loco aut alterans, aut alteratum, aut utrumque. Si autem alterum fuerit *generatum*, aut utrumque, et posuerimus hoc esse causam ejus, quod quandoque alterat, et quandoque non, *manifestabitur quod translatio debet præcedere eodem modo, cum alteratio etiam præcedat generationem ; generatio enim aut est alteratio aut sequitur alterationem.* »

(1) Il est, comme s'exprime Aristote, *quelque chose du mouvement* (τῆς κινήσεώς τι). Voy. sur cette proposition le t. I de cet ouvrage, p. 199, n. 1, et p. 380, n. 2.

(2) C'est-à-dire, tout ce qui n'est pas mû, mais qui est lui-même la cause du mouvement, ou en d'autres termes tout ce qui est en dehors de la sphère céleste, comme Dieu et les intelligences séparées. Voy. Arist., Traité *du Ciel*, liv. I, chap. 9 : Ἅμα δὲ δῆλον ὅτι οὐδὲ τόπος οὐδὲ κενὸν οὐδὲ χρόνος ἐστὶν ἔξω τοῦ οὐρανοῦ..... κίνησις δ'ἄνευ φυσικοῦ σώματος οὐκ ἔστιν · ἔξω δὲ τοῦ οὐρανοῦ δέδεικται ὅτι οὔτ' ἔστιν οὔτ' ἐνδέχεται γενέσθαι σῶμα, κ. τ. λ. Cf. *Phys.*, liv. IV, chap. 12 : Ὥστε φανερὸν ὅτι τὰ ἀεὶ ὄντα ᾗ ἀεὶ ὄντα, οὐκ ἔστιν ἐν χρόνῳ, κ. τ. λ.

point l'idée de *nombre* [1]; à moins que ce ne soit une force dans un corps, de sorte qu'on puisse nombrer les forces individuelles en nombrant leurs matières ou leurs sujets [2]. C'est pourquoi les choses *séparées*, qui ne sont ni un corps, ni une force dans un corps, n'admettent aucunement l'idée de nombre, si ce n'est (dans ce sens) qu'elles sont des causes et des effets (les unes des autres) [3].

DIX-SEPTIÈME PROPOSITION. — Tout ce qui se meut a nécessairement un moteur [4]. Ou bien il a un moteur en dehors de lui, comme la pierre que meut la main; ou bien il a son moteur dans lui-même, comme le corps de l'animal [5]. Ce dernier est composé d'un moteur et d'un chose mue; c'est pourquoi, lorsque l'animal meurt, et qu'il est privé du moteur, qui est l'âme, la chose mue, qui est le corps [6], tout en restant telle qu'elle était, cesse aussitôt d'avoir ce mouvement [7]. Mais, comme le moteur qui existe

(1) Littéralement: *Dans tout ce qui n'est pas un corps on ne saurait penser la numération...* Cf. Arist. *Métaph.*, liv. XII, chap. 8 : Ἀλλ' ἴσχ ἀριθμῷ πολλά, ὕλην ἔχει, κ. τ. λ.

(2) C'est-à dire, les différentes matières ou les sujets dans lesquels elles se trouvent.

(3) Voy. le t. 1 de cet ouvrage, p. 434, et ibid., notes 2, 3 et 4, et ci-après, un commencement du chap. 1, pag. 31, note 2.

(4) Voy. Arist., *Phys.*, liv. VII, chap. I : Ἅπαν τὸ κινούμενον ἀνάγκη ὑπό τινος κινεῖσθαι. Aristote démontre cette proposition en argumentant surtout de la divisibilité infinie de ce qui est mû (Voy. la VIIIᵉ propos.), qui ne permet pas de s'arrêter à une partie quelconque de la chose mue pour y voir le principe moteur de l'ensemble; d'où il s'ensuit que ce moteur est nécessairement autre chose que l'ensemble de la chose mue. Cf. liv. VIII, chap. 6, vers la fin.

(5) Voyez Arist., *Phys.* liv. VIII, chap. 4. Après avoir distingué ce qui est mû *accidentellement* avec autre chose de ce qui est mû *en lui-même* (καθ' αὐτό), Aristote ajoute : Τῶν δὲ καθ' αὐτὰ τὰ μὲν ὑφ' ἑαυτοῦ τὰ δ' ὑπ' ἄλλου... κινεῖται γάρ τὸ ζῷον αὐτὸ ὑφ'αὐτοῖ, κ τ. λ.

(6) Au lieu de אלוסף, qui désigne mieux le corps inanimé, quelques mss. ont אלוסם.

(7) C'est-à-dire, le mouvement local qui lui venait de l'âme.

dans la chose mue est occulte et ne se manifeste pas pour les sens, on s'est imaginé que l'animal se meut sans moteur. Toute chose mue, qui a son moteur en elle-même, est dite se mouvoir *d'elle-même* [1]; ce qui veut dire que la force qui meut *essentiellement* ce qui en est mû se trouve dans son ensemble [2].

DIX HUITIÈME PROPOSITION. — Toutes les fois que quelque chose passe de la puissance à l'acte, ce qui l'y fait passer est autre chose que lui, et nécessairement est en dehors de lui [3] : car, si ce qui fait passer (à l'acte) était dans lui, et qu'il n'y eût là aucun empêchement, il ne resterait pas un instant en puissance, mais serait toujours en acte [4]. Que si, cependant, ce qui fait passer une chose (à l'acte) était dans elle, mais qu'il y eût existé un

_____

(1) Les mots arabes מן תלקאיה, *du côté* ou *de la part de lui-même*, correspondent aux mots grecs ὑφ' ἑαυτοῦ.

(2) En d'autres termes : que la force motrice qui lui est inhérente, et par laquelle une partie quelconque du corps mû reçoit un mouvement *essentiel* et non pas *accidentel* (comme par exemple le mouvement que recevrait la main par une impulsion extérieure), réside dans l'ensemble de ce corps.

(3) Cette proposition résulte de la combinaison des propositions V et XVII. Le mouvement ayant été défini comme le passage de la puissance à l'acte (voy. *Phys.*, III, 1 et 2; *Métaph.*, XI, 9), et tout mouvement supposant un moteur qui est autre que la chose mue, il s'ensuit que toute chose en puissance a besoin d'une impulsion extérieure pour passer à l'acte. La puissance est une faculté d'agir ou une faculté de recevoir l'action (cf. *Métaph.*, IX, 1); dans les deux cas, la puissance ne passe à l'acte que par quelque chose qui lui vient du dehors. Ainsi par exemple l'artiste, qui a la faculté de produire une œuvre d'art, a besoin d'une matière extérieure pour réaliser cette faculté, et de même, le bronze, qui a la faculté de devenir une statue, a besoin, pour que cette faculté se réalise, du travail de l'artiste.

(4) Ainsi, par exemple, ce qui est d'une légèreté absolue, comme le feu ou d'une pesanteur absolue, comme la terre, a non-seulement la *faculté* de se mouvoir l'un vers le haut, l'autre vers le bas, mais cette faculté ou puissance est toujours en acte, à moins qu'il n'existe un obstacle qui empêche le mouvement naturel et produise un mouvement contraire.

empêchement qui eût été enlevé, il n'y a pas de doute que ce qui a fait cesser l'empêchement ne soit ce qui a fait passer cette puissance à l'acte [1]. Tâche de bien comprendre cela [2].

DIX-NEUVIÈME PROPOSITION. — Toute chose dont l'existence a une cause est, par rapport à sa propre essence, d'une existence *possible* [3] : car, si ses causes sont présentes, elle existera [4];

[1] Si, par exemple, quelqu'un retire une colonne qui soutient une chose pesante, de manière que cette chose tombe, on peut dire en quelque sorte que c'est lui qui a fait tomber la chose en enlevant l'obstacle qui empêchait la pesanteur de suivre sa loi naturelle. Voyez Arist., *Phys.*, liv. VIII, fin du chap. 4. Cf. Maïmonide, IIIᵉ partie de cet ouvrage, chap. 10.

[2] Littéralement : *et comprends cela*. Les commentateurs font observer que l'auteur ajoute ici ces mots à cause de la grande portée de cette proposition, qui semble renverser le dogme de la création : car Dieu étant l'énergie absolue toujours en acte, et rien ne pouvant mettre obstacle à son action, il n'a pu, à un moment donné, créer le monde, ou passer de la puissance à l'acte. Voyez sur cette question, le chap. XVIII de cette IIᵉ partie.

[3] Cette proposition et les deux suivantes sont empruntées à Ibn-Sinâ, qui le premier a fait, dans l'idée *d'être nécessaire* (opposé au *possible* absolu, qui naît et périt), cette distinction entre ce qui est *nécessaire en lui-même* ou le nécessaire absolu, et ce qui est *nécessaire par autre chose*, étant par sa propre essence dans la catégorie du possible. De la deuxième espèce sont, selon Ibn-Sinâ, les sphères célestes, dans lesquelles on distingue la puissance et l'acte, la matière et la forme, et qui ne tiennent la qualité *d'êtres nécessaires* que de leur rapport avec la cause première, ou Dieu. Ibn-Sinâ s'écarte, sous ce rapport, d'Aristote, qui étend expressément l'idée *d'être nécessaire* à ce qui est mû éternellement, ou aux sphères célestes, lesquelles, dit-il, ne sont point en puissance et n'ont pas de matière proprement dite, c'est-à-dire de matière sujette à la naissance et à la destruction. Voy. *Métaph.*, l. IX, chap. 8 : Οὐθέν ἄρα τῶν ἀφθάρτων ἁπλῶς δυνάμει ἐστὶν ὄν ἁπλῶς οὐδὶ τῶν ἐξ ἀνάγκης ὄντων, καί τοι ταῦτα πρῶτα.... διὸ ἀεὶ ἐνεργεῖ ἥλιος καὶ ἄστρα καὶ ὅλος ὁ οὐρανός, κ. τ. ʔ. Cf. Traité *du Ciel*, I, 2. Ibn-Roschd a combattu la théorie d'Ibn-Sinâ dans plusieurs endroits de ses ouvrages. Cf. mes *Mélanges de philosophie juive et arabe*, p. 358-359.

[4] Ibn-Sinâ donne pour exemple le nombre *quatre*, qui n'existe qu'en

mais, si elles n'ont jamais été présentes, ou si elles ont disparu, ou enfin, si le rapport [1] qui rendait nécessaire l'existence de la chose est changé, elle n'existera pas.

VINGTIÈME PROPOSITION. — Tout ce qui est d'une existence nécessaire, par rapport à sa propre essence, ne tient son existence, en aucune façon, d'une cause quelconque [2].

VINGT ET UNIÈME PROPOSITION. — Tout ce qui est un composé de deux idées différentes a nécessairement, dans cette composition même, la cause (immédiate) de son existence telle qu'elle est, et, par conséquent, n'est pas d'une existence nécessaire en lui-même : car il existe par l'existence de ses deux parties et de leur composition [3].

vertu du nombre deux pris *deux* fois, et qui, par conséquent, cesse d'exister dès que le nombre *deux*, qui est sa cause, n'existe plus. Voy. Schahrestâni, p. 373 (tr. all., t. II, pag. 250), et *Al Nadjâh, Métaph.*, au commencement du livre II, p. 62.

(1) C'est-à-dire, le rapport entre la cause et l'effet, ou la condition nécessaire sous laquelle seule telle cause produit tel effet. « Toute chose, dit Ibn-Sinâ (l. c.), dont l'existence est nécessaire par autre chose est en elle-même d'une existence possible : car la nécessité de son existence dépend d'un certain *rapport* (نسبة), où l'on considère autre chose que l'essence même de la chose en question. » Ainsi, par exemple, le soleil ne devient la cause du jour pour une partie de la terre que lorsqu'il se trouve dans une certaine position vis-à-vis de cette partie.

(2) C'est-à-dire : il n'a ni une cause extérieure, ni même une cause intérieure, qui supposerait une composition. Voy. la propos. suiv.

(3) Il est évident, et l'auteur y insiste très souvent (Voy., dans le t. I, les chapitres sur les attributs, et ci-après, ch. I), que l'être absolu et nécessaire ne saurait être composé de deux choses différentes, et que la pensée ne saurait même pas y distinguer deux idées différentes, ou deux choses intelligibles. Par conséquent, toute existence qui se présente, dans notre pensée, comme un composé de deux idées, comme par exemple matière et forme, ne saurait être, telle qu'elle se présente, *nécessaire en elle-même*, puisqu'elle est, tout au moins pour la pensée, le résultat d'une composition : car, comme le fait observer Ibn-Sinâ, il est impossible d'admettre que le tout soit, par son essence, antérieur aux parties, mais il est ou postérieur, ou ensemble avec elles. Voy. *Al-Nadjâh, l. c.*, p. 63, ligne 9.

VINGT-DEUXIÈME PROPOSITION. — Tout corps est nécessairement composé de deux idées différentes et est nécessairement affecté d'accidents. Les deux idées qui en constituent l'être sont sa matière et sa forme [1]; les accidents qui l'affectent sont la quantité, la figure et la situation [2].

VINGT-TROISIÈME PROPOSITION. — Tout ce qui est en puissance, de manière à avoir dans son essence même une certaine *possibilité*, peut, à un certain moment, ne pas exister en acte [3].

(1) Les idées de puissance et d'acte, de matière et de forme, sont si familières aux péripatéticiens, que la proposition dont il s'agit ici n'a pas besoin d'explication. Il faut faire remarquer seulement que l'auteur entend ici par *corps*, non-seulement ce qui est soumis à la naissance et à la corruption, mais aussi les corps célestes; ceux-ci, selon Aristote, tout en n'ayant pas de matière susceptible de génération, en ont une qui sert de substratum au mouvement de translation. Voy. Arist., *Métaph.*, IX, 8, à la fin et XII, 2, et Cf. *Mélanges de philosophie juive et arabe*, pag. 4, note 1, et p. 18, note 1. Maïmonide a adopté l'opinion d'Ibn-Sinâ, qui a prétendu donner, de l'existence de la matière et de la forme dans les corps, une démonstration générale, s'appliquant à *tous les corps*, y compris les corps célestes. Cf. Schahrestâni, pag. 366 (tr. all., II, p. 239-240). Cette opinion, par laquelle on pourrait être amené à attribuer aussi aux corps célestes un *être en puissance* (ce qui serait contraire aux théories d'Aristote), a été combattue par Ibn-Roschd; celui-ci considère les corps célestes comme des corps simples qui trouvent leur forme ou leur entéléchie dans les *intelligences séparées*. Cf. Ibn-Falaquéra, *Moré ha-Moré*, sur cette proposition (pag. 71-72).

(2) Ces trois accidents sont inhérents à chaque corps: on ne saurait se figurer un corps sans *quantité*, et il a nécessairement des limites qui constituent la *figure*; enfin ses parties sont dans une certaine *situation* les unes à l'égard des autres, et le corps tout entier est dans une certaine situation à l'égard de ce qui est en dehors de lui.

(3) Il y a une nuance entre la *puissance* et la *possibilité*; la première peut n'exister que dans notre pensée, la seconde est dans les choses mêmes. Ainsi, nous distinguons souvent la puissance et l'acte d'une manière purement idéale, lors même qu'en réalité les deux idées sont inséparables l'une de l'autre; la matière première, par exemple, est une *puissance*, mais cette puissance n'existe séparément que dans la pensée, car la matière première est inséparable de la forme. La *possibilité*,

VINGT-QUATRIÈME PROPOSITION. — Tout ce qui est une chose quelconque [1] *en puissance* a nécessairement une matière : car la *possibilité* est toujours dans la matière [2].

au contraire, est dans l'objet même, et désigne ce qui peut être ou ne pas être ; ainsi, par exemple, le bronze peut être ou ne pas être une statue, et la statue peut cesser d'être ce qu'elle est en perdant sa forme. Ainsi donc, l'auteur qui veut caractériser, dans cette proposition, ce qui, à un certain moment, peut ne pas exister en acte, doit ajouter à la *puissance* la condition de *possibilité* dans l'essence même de la chose, voulant dire que tout ce qui est en puissance, non pas seulement dans notre pensée, mais parce que la chose même renferme l'idée du *possible*, peut être pensé aussi ne pas exister en acte à un certain moment. En somme, cette proposition revient à ce qu'a dit Aristote, à savoir que tout ce qui est *possible* peut ne pas être en acte, et que par conséquent il peut être et ne pas être. Voyez *Métaphysique*, liv. IX, chap. 8 (édit. de Brandis, p. 187-188) : Ἔστι δ'οὐθὲν δυνάμει ἀΐδιον..... Τὸ δυνατὸν δὲ πᾶν ἐνδέχεται μὴ ἐνεργεῖν· τὸ ἄρα δυνατὸν εἶναι ἐνδέχεται εἶναι καὶ μὴ εἶναι. Une explication que l'auteur a donnée lui-même sur cette XXIII⁰ proposition est citée dans le *Moré ha-Moré* (pag. 72, lig. 9-18) : ופירש בו מורנו ז"ל כי הדבר בהיות תאר מהתארים וכו'. Cette explication est tirée de la lettre adressée par Maïmonide à R. Samuel ibn-Tibbon, et dont nous avons parlé dans d'autres endroits (cf. t. I, pag. 23, note 1). — On verra au chap. I (à la *quatrième spéculation*) l'application que l'auteur fait de cette proposition, pour démontrer la nécessité de remonter à un premier moteur, dans lequel il n'y ait absolument aucune idée de *possibilité*.

(1) Les mots שי מא sont rendus dans la version d'Ibn-Tibbon par les mots דבר אחד, qu'il faut se garder de rendre ici par *une seule chose*, et qui ont le sens de *quelque chose* ou *une chose quelconque*. Ces deux mots, omis dans presque toutes les éditions, se trouvent dans l'édition *princeps*. Ibn-Falaquéra les a remplacés avec raison par דבר מה, et Al-'Harizi par שום דבר.

(2) Cette proposition, qui forme un des points principaux du péripatétisme, n'a pas besoin d'explication. La *puissance* est le principe de la contingence ou la faculté de devenir quelque chose, et cette faculté est nécessairement dans un substratum, qui est la matière. Tout ce qui est sujet à un changement quelconque a une matière (πάντα δ' ὕλην ἔχει ὅσα μεταβάλλει, *Métaph.*, XII, 2). On a déjà vu qu'Aristote attribue aussi aux sphères célestes une certaine matière comme substratum du mouvement de translation. Cf. ci-dessus, p. 20, n. 1.

VINGT-CINQUIÈME PROPOSITION. — Les principes de la substance composée et individuelle sont la matière et la forme [1],
et il faut nécessairement un agent, c'est-à-dire un moteur,
qui ait mû le substratum afin de le disposer à recevoir la
forme [2]; et c'est ici le moteur prochain, qui dispose une
matière individuelle quelconque [3]. C'est là nécessairement le
point de départ pour la recherche sur le mouvement, le moteur
et ce qui est mû. Toutes les explications nécessaires ont été
données sur ce sujet [4] et Aristote dit expressément : « La matière ne se meut pas elle-même [5]. » C'est ici la proposition
importante qui conduit à la recherche sur l'existence du premier
moteur.

De ces vingt-cinq propositions que j'ai mises en tête, les unes
sont claires au plus léger examen, et (ce sont) des propositions
démonstratives et des notions premières [6], ou à peu près, (intel-

(1) Voy. *Phys.*, liv. I, chap. 7.

(2) Les éditions de la version d'Ibn-Tibbon portent הצורה ההיא;
il faut effacer le mot ההיא, qui n'est pas dans les mss.

(3) C'est-à-dire, qui dispose une matière particulière à recevoir telle
forme particulière, comme par exemple l'artiste, qui donne au bronze la
forme d'une statue.

(4) Littéralement : *Et déjà a été exposé à l'égard de tout cela ce qu'il est
nécessaire d'exposer.* L'auteur veut parler des explications développées,
données par Aristote dans la *Physique* et dans la *Métaphysique*.

(5) Voyez *Métaph.*, liv. XII, chap. 6 : Πῶς γὰρ κινηθήσεται, εἰ μηθὲν
ἔσται ἐνεργείᾳ αἴτιον; Οὐ γὰρ ἥ γε ὕλη κινήσει αὐτὴ ἑαυτήν, ἀλλὰ τεκτονική,
κ. τ. λ. Cf. *ibid.*, liv. I, chap. 3 : Οὐ γὰρ δὴ τό γε ὑποκείμενον αὐτὸ ποιεῖ
μεταβάλλειν ἑαυτό.

(6) La plupart des mss. portent מעקולאת sans le ו copulatif, et de
même les deux versions hébraïques, ainsi que le *Moré ha-Moré*, ont
מושכלות, comme adjectif de הקדמות מופתיות, de sorte qu'il faudrait
traduire : *des propositions démonstratives, intelligibles du premier abord;*
mais alors la forme מעקולאת serait incorrecte, car l'*adjectif* devrait
avoir la forme fém. sing. מעקולה. Je considère donc ce mot comme
substantif neutre, dans le sens de *intelligibilia*, de sorte que les mots
אול מעקולאת signifient, comme toujours, *des notions premières* ou *des*

ligibles) par le simple exposé que nous en avons fait [1]; les autres ont besoin de démonstrations et de prémisses nombreuses, mais ont été déjà toutes démontrées d'une manière qui ne laisse pas de doute, (et cela) en partie dans le livre de l'*Acroasis* [2] et dans ses commentaires, et en partie dans le livre de la *Métaphysique* et dans son commentaire [3]. Je t'ai déjà fait savoir que j'ai pour but, dans ce traité, non pas d'y transcrire les livres des philosophes, ni d'y exposer les propositions les plus éloi-

axiomes. Ces mots ne sauraient être un simple appositif des mots מקדמאת בראהאניה; car les *propositions démonstratives* ne sauraient être qualifiées d'*axiomes.* J'ai donc ajouté un ו copulatif, et j'ai écrit ומעקולאת, comme on le trouve en effet dans l'un des deux mss. de Leyde (n° 221).

(1) Littéralement : *par ce que nous avons résumé de leur arrangement* ou *de leur énumération.* Le mot במא dépend de מעקולאת, *des* (notions) *intelligibles par,* etc.

(2) Voy. le t. I, pag. 380, n. 2.

(3) Tous les mss. portent ושרחה au sing., de même la version d'Al-'Harisi : ופירוש, tandis que la version d'Ibn-Tibbon a le pluriel ופירושיו, *et ses comment.* On sait que les commentaires grecs sur la *Métaphysique* étaient peu nombreux ; les Arabes ne connaissaient qu'un commentaire incomplet d'Alexandre d'Aphrodisias sur le XII° livre et une paraphrase de Thémistius sur ce même livre. Voici comment s'exprime à cet égard Ibn-Roschd au commencement de son introduction au liv. XII de la *Métaphysique* (vers. hébr., ms. du fonds de l'Orat., n° 114, fol. 139 *a*) :

לא ימצא לאלכסנדר ולא למי שאחריו מהמפרשים פירוש במאמרי זאת
החכמה ולא ביאור אלא בזה המאמר כי אנחנו מצאנו לאלכסנדר בו
פירוש משני שלישי המאמר ומצאנו לתמסטיוס בו ביאור כפי הענין ·

« Ou ne trouve sur les différents livres de cette science (de la métaphysique) aucun *commentaire* (شرح), ni aucune *paraphrase* (تلخيص), ni d'Alexandre, ni des commentateurs qui lui ont succédé, si ce n'est sur ce (XII°) livre ; car j'ai trouvé un commentaire d'Alexandre sur les deux tiers de ce livre, et une paraphrase de Thémistius sur ce même livre. » Maïmonide a donc voulu parler du *commentaire* (شرح) d'Alexandre, le seul qui lui fût connu.

gnées [1], mais d'y rapporter les propositions qui sont à notre portée et nécessaires pour notre sujet.

Aux propositions qui précèdent j'en ajouterai une qui implique l'éternité (du monde), et qu'Aristote prétend être vraie et tout ce qu'il y a de plus admissible ; nous la lui concédons à titre d'hypothèse [2], jusqu'à ce que nous ayons pu exposer nos idées à cet égard [3].

Cette proposition, qui est LA VINGT-SIXIÈME, dit que le temps et le mouvement sont éternels, perpétuels, et toujours existant en acte [4]. De cette proposition donc, il s'ensuit nécessairement,

(1) Tous les mss. que j'ai pu consulter portent ולהביא אבעד אלמקדמאת ; cette leçon est confirmée par la version d'Ibn-Tibbon, qui porte ולבאר הרחוקות שבהקדמות. Il paraît néanmoins que le traducteur hébreu avait ici un doute sur lequel il consulta l'auteur ; car voici ce que nous lisons dans la lettre adressée par Maïmonide à R. Samuel Ibn-Tibbon : אלמקדמה אלכ״ה ט֗ננת אן פיהא נקצא ולא נקץ פיהא בל נצ֗הא כמא ענדכם ואנמא תקדיר אלכלאם הכ֗א לים גרצ֗ הד֗ה אלמקאלה֗ נקל כתב אלפלאספה֗ פיהא אלא חביין בעץ֗ אלמקדמאת. «Tu supposais que, dans la XXVᵉ propos., il manquait quelque chose ; mais il n'y manque rien, et au contraire la leçon est telle que vous l'avez. Mes paroles ne disent autre chose que ceci : Le but de ce traité n'est pas d'y transcrire les livres des philosophes, *mais d'exposer certaines propositions*. » — Si ce sont là réellement les termes de Maïmonide, et qu'il n'y ait pas de faute dans le ms. unique que nous avons de la lettre en question, il faudrait continuer la phrase ainsi : *ou plutôt de rapporter les propositions qui sont à notre portée, etc.* — La version d'Al-'Harizi porte אלא לבאר ההקדמות הרחוקות והקרובות שאנו צריכין עליהם וכו׳. Cette version, dans tous les cas, est inexacte ; mais le mot אלא offre une trace de la leçon donnée dans la lettre de Maïmonide.

(2) Cf. ci-dessus, p. 3, note 2.

(3) Littéralement : *Jusqu'à ce qu'il ait été exposé ce que nous nous proposons d'exposer.*

(4) Voyez surtout *Phys.*, liv. VIII, chap. 1, où Aristote établit l'éternité du mouvement comme conséquence nécessaire de l'éternité du temps, qui, comme s'exprime Aristote, est *le nombre du mouvement* : Εἰ δὴ ἐστιν ὁ χρόνος κινήσεως ἀριθμὸς ἢ κίνησίς τις, εἴπερ ἀεὶ χρόνος ἐστίν, ἀνάγκη καὶ κίνησιν ἀΐδιον εἶναι. Cf. *Métaph.*, XII, 6 : Ἀλλ' ἀδύνατον κίνησιν ἢ γενέσθαι ἢ

selon lui, qu'il y a un corps ayant un mouvement éternel, toujours en acte, et c'est là le *cinquième corps* [1]. C'est pourquoi il dit que le ciel ne naît ni ne périt : car le mouvement, selon lui, ne naît ni ne périt. En effet, dit-il, tout mouvement est nécessairement précédé d'un autre mouvement, soit de la même espèce, soit d'une autre espèce [2]; et, quand on s'imagine que le mouvement local de l'animal n'est précédé absolument d'aucun autre mouvement, cela n'est pas vrai; car la cause qui fait qu'il (l'animal) se meut après avoir été en repos, remonte à certaines choses qui amènent ce mouvement local : c'est ou bien un changement de tempérament produisant (dans l'animal) le désir de chercher ce qui lui convient, ou de fuir ce qui lui est contraire, ou bien une imagination, ou enfin une opinion qui lui survient, de sorte que l'une de ces trois choses le mette en mouvement, chacune d'elles étant à son tour amenée

φ᾿αρῆναι · ἀεί γαρ ἦν · οὐδὶ χρόνον. κ. τ.). Voyez aussi ci-dessus, la XVᵉ proposition et les passages indiqués dans les notes qui l'accompagnent.

(1) C'est-à-dire, le corps de la sphère céleste, qui est au-dessus des quatre éléments, et dont la substance a été désignée sous le nom d'*éther*. Voy. le traité *du Ciel*, liv. I, chap. 2 et 3, *Météor.*, liv. I, chap. 3, et cf. le t. I de cet Ouvrage, p. 247, n. 3, et 425, note 1. — L'expression *cinquième corps* (πίμπτον σῶμα) est familière aux commentateurs d'Aristote. Voy., par exemple, Simplicius, sur le traité *du Ciel*, l. I, chap. 3 (*Scholia in Aristotelem*, collegit Brandis, pag. 475 *a*). Arist. lui-même emploie plutôt les expressions τὸ ἄνω σῶμα (traité *de l'Ame*, II, 7, et *passim*; cf. le commentaire de Trendelenburg, pag. 373 et suiv.), τὸ πρῶτον σῶμα (*du Ciel*, II, 12), τὸ πρῶτον στοιχεῖον (*Météorol.*, I, 2 et 3). C'est sans doute de cette substance céleste que traitait l'écrit d'Empédocle intitulé « De la *cinquième* substance » (περὶ τῆς πίμπτης οὐσίας) et qui, à ce qu'il paraît, fut réfuté par Plutarque dans un écrit mentionné par Lamprias. Cf. Sturz, *Empedocles agrigentinus* (Lipsiæ, 1805, in-8°), pag. 73.

(2) Ainsi, par exemple, le mouvement circulaire de chacune des sphères célestes, considéré en lui-même, est causé par un mouvement de la même espèce qui le précède; la naissance des éléments et leur mouvement procèdent du mouvement circulaire des sphères célestes, qui n'est pas de la même espèce.

par d'autres mouvements [1]. Il dit de même que, dans tout ce

(1) Voyez *Phys.*, liv. VIII, chap. 2. Après avoir parlé de cette objection, tirée du mouvement des animaux, qui paraît être spontané et ne
procéder d'aucun mouvement venu du dehors, Aristote fait observer que
ce n'est là qu'une fausse apparence, et que nous remarquons toujours,
dans ce qui compose l'organisme animal, certains mouvements dont la
cause ne doit pas être cherchée dans l'animal même, mais dans ce qui
l'environne au dehors, de sorte qu'il y a des mouvements extérieurs
qui agissent sur les facultés intellectuelles et appétitives : Ὁρῶμεν γὰρ ἀεί
τι κινούμενον ἐν τῷ ζώῳ τῶν συμφύτων.... οὐδὲν οὖν κωλύει, μᾶλλον δ' ἴσως
ἀναγκαῖον τῷ σώματι πολλὰς ἐγγίγνεσθαι κινήσεις ὑπὸ τοῦ περιέχοντος, τούτων
δ' ἐνίας τὴν διάνοιαν ἢ τὴν ὄρεξιν κινεῖν, κ. τ. λ. Cf. le traité *du Mouvement
des animaux*, chap. 6 : Ὁρῶμεν δὲ τὰ κινοῦντα τὸ ζῷον διάνοιαν, καὶ φαντασίαν
καὶ προαίρεσιν, καὶ βούλησιν, καὶ ἐπιθυμίαν · ταῦτα δὲ πάντα ἀνάγεται εἰς νοῦν
καὶ ὄρεξιν. — Pour qu'on puisse mieux comprendre les termes que
Maïmonide rapporte ici au nom d'Aristote, nous citerons encore le
passage de la *Physique* d'après la version arabe-latine avec l'explication d'Ibn-Roschd (Œuvres d'Aristote avec les commentaires d'Averroès, t. IV, f. 161, col. 3) : « Semper enim invenimus aliquid moveri
in animali, quod est naturale in eo; et causa istius motus animalis
non est anima ejus, sed aer qui continet animal in eo, quod reputo.
Et cum dicimus ipsum moveri a se, non intendimus omni motu, sed
motu locali. Et nihil prohibet, immo dignum est ut sit necessarium,
ut in corpore fiant plures motus a continente, quorum quidam movent
voluntatem et appetitum, et tunc ista movebunt animal secundum to-
tum. » Voici comment Ibn-Roschd explique la fin de ce passage : « Et
dixit *et nihil prohibet*, *etc.*, id est et necesse est ut principium motuum
animalis sit ex continente : immo hoc est necessarium. Et quia posuit
quod in corpore animalis fiunt plures motus ex continente, narravit que-
modo accidit ex istis motibus ut animal moveatur in loco, et dixit *quo-
rumquædam moventur*, *etc.*, id est, et hoc est ita, quod in animali fiet
ab eo, quod accidit sibi, opinio, voluntas, et appetitus ad motum, aut
ad expellendum nocumentum contingens ex continente, aut ad inducen-
dum juvamentum. Et intendit hic per *opinionem* aliquid commune virtuti
imaginativæ, et rationali. Animali enim non accidit appetitus, nisi ex
imaginatione; v. g. quod, cum patitur et cum timet, fugit : et cum au-
feruntur appetitus, quiescit : aut, cum accidit ei fatigatio, et appetit
quietem. » Sur l'*imagination*, voir aussi plus loin, au commencement du
chap. IV.

qui survient, la possibilité de survenir précède dans le temps ce qui survient, et il en tire différentes conclusions pour confirmer sa proposition [1]. — Selon cette proposition, le mobile qui est fini [2] devra se mouvoir sur une étendue finie un nombre de fois infini, en retournant toujours sur la même étendue, ce qui n'est possible que dans le mouvement circulaire, comme cela est démontré par la treizième de ces propositions. Il s'ensuit que l'infini peut exister par manière de *succession* et pourvu qu'il n'y ait pas simultanéité [3].

[1] Voy. *Phys.*, VIII, 1 (p. 251 *a*). Aristote, après avoir rappelé la définition du mouvement donnée plus haut, ajoute que, même sans cette définition du mouvement, chacun accordera qu'à l'égard de chaque mouvement, il faut que ce qui se meut soit capable de se mouvoir, comme par exemple capable de transformer ce qui se transforme, et capable de changer de place ce qui se transporte, *de sorte qu'il faut qu'une chose soit combustible avant de brûler, et capable d'enflammer avant qu'elle enflamme.* (ὥστε δεῖ πρότερον καυστὸν εἶναι πρὶν κάεσθαι, καὶ καυστικὸν πρὶν κάειν). Selon Ibn-Roschd (l. c., f. 155, c. 3) ce passage ne veut dire autre chose, si ce n'est que le mouvement (qui, selon Aristote, est *l'entéléchie d'une chose mobile en tant que mobile*) doit exister en puissance dans toute chose mobile. Mais le commentateur arabe nous apprend qu'Al-Farabi entendait ce passage dans ce sens que toute puissance doit *temporellement* précéder l'acte, non-seulement dans le mouvement, mais en général dans tout ce qui survient : « Dico secundum hanc expositionem intellexit Alpharabius et alii hoc capitulum, scilicet quod induxit definitionem motus ad declarandum potentiam esse ante actum; et hoc non est proprium motui, secundum quod est motus, sed est proprium novo facto secundum quod est novum factum, scilicet ut potentia et posse novi præcedat ipsum *secundum tempus*. » Il est évident que Maïmonide a emprunté les termes de l'explication d'Al-Farabi, qu'Ibn-Roschd déclare erronés : « Et hoc quod dixit *et sine hac definitione*, etc., hoc decepit homines in hoc : et existimaverunt ipsum declarare potentiam esse ante actum in tempore, et ipse intendebat dicere quod non dicitur moveri nisi illud in cujus natura est motus, scilicet corpus mobile : et quod non invenitur in immobili. »

[2] C'est-à-dire, la sphère céleste, qui est un corps fini.

[3] C'est-à-dire, qu'on peut admettre l'existence de l'*infini en nombre* (Voy. la IIe propos.), pourvu que les unités qui le composent n'existent

Cette proposition, Aristote s'efforce toujours de la confirmer. Quant à moi, il me semble qu'il ne prétend nullement attribuer aux preuves dont il l'appuie une force démonstrative [1]; mais elle est, selon lui, ce qu'il y a de plus admissible. Cependant, ses sectateurs et les commentateurs de ses écrits prétendent qu'elle est nécessaire et non pas seulement possible, et qu'elle a été démontrée [2]. Chacun des *Motécallemîn* (au contraire) s'efforce d'établir qu'elle est impossible : car, disent-ils, on ne saurait se figurer qu'il puisse survenir, même *successivement*, des faits infinis (en nombre); et ils considèrent cela, en somme, comme une notion première [3]. Ce qu'il me semble à moi, c'est que ladite proposition est *possible*, (et qu'elle n'est) ni *nécessaire*, comme le disent les commentateurs des paroles d'Aristote, ni *impossible*, comme le prétendent les *Motécallemîn*. Je n'ai pas pour but, en ce moment, d'exposer les preuves d'Aristote, ni de produire mes doutes contre lui, ni d'exposer mon opinion sur la *nouveauté du monde;* mais mon but, dans cet endroit, a été d'énumérer les propositions dont nous avons besoin pour nos trois questions [4]. Après avoir mis en tête ces propositions et.les avoir concédées, je commence à exposer ce qui en résulte.

pas simultanément, mais successivement, les unes après les autres, comme par exemple les instants qui se succèdent dans le temps et les mouvements successifs et non interrompus de la sphère céleste. Voy. le t. I, chap. LXXIII, pag. 413-415.

(1) Littéralement : *Qu'il ne tranche pas* (ou *ne décide pas*) *que ses preuves sur elles soient une démonstration.*

(2) Voy. sur cette question, le chap. XV de cette IIe partie.

(3) Littéralement : *La force de leurs paroles* (c.-à-d., ce qui en résulte en somme) *est que c'est là, selon eux, une notion première;* c'est-à-dire : ils considèrent généralement comme un simple axiome que *l'infini par succession* est impossible. Cf. le t. I, p. 416. — Tous les mss. portent אנהא עגרהם, et il faut prendre le suffixe fém. de אנהא dans le sens neutre, ou bien le rapporter à un mot מקדמה, qui serait sous-entendu, c'est-à-dire, la proposition qui déclare inadmissible l'infini par succession. La version d'Ibn-Tibbon porte שהוא au masc., celle d'Al-'Harizi שהיא au fém.

(4) C'est-à-dire l'existence, l'incorporalité et l'unité de Dieu.

GUIDE DES ÉGARÉS.

DEUXIÈME PARTIE.

CHAPITRE PREMIER.[1]

Il s'ensuit de la vingt-cinquième proposition qu'il y a un moteur qui a mis en mouvement la matière de ce qui naît et
périt [2], pour qu'elle reçût la forme; et, si l'on cherche ce qui a
mis en mouvement ce moteur prochain, il faudra nécessairement
qu'on lui trouve (à son tour) un autre moteur, soit de son espèce,
soit d'une autre espèce : car le mouvement se trouve dans les
quatre catégories auxquelles on applique en général le (terme
de) *mouvement*, ainsi que nous l'avons dit dans la quatrième
proposition. Mais cela ne peut pas se continuer à l'infini, comme

(1) L'auteur donne, dans ce chapitre, différentes démonstrations de
l'existence d'un Dieu unique et immatériel. Ses démonstrations sont de
celles qu'on a appelées *physiques* ou *cosmologiques*, et qui nous conduisent
de l'existence contingente du monde à la conception d'un être nécessaire. Ses preuves sont principalement fondées sur le *mouvement*; on démontre que, la matière inerte ne pouvant se mouvoir elle-même, et les
causes du mouvement ne pouvant pas remonter à l'infini, il est nécessaire de reconnaître un *premier moteur* qui soit lui-même immobile.
L'argumentation est, en substance, empruntée à Aristote (*Phys.*, l. VIII,
chap. 5 et suiv.; *Métaph.*, l. XII, ch. 6 et 7); mais elle a été, sur divers points, complétée et modifiée par les philosophes arabes, et on reconnaîtra, notamment dans la 3ᵉ *Spéculation*, des théories particulières
à Ibn-Sinâ.

(2) C'est-à-dire, la matière de toutes les choses sublunaires. Les deux
versions hébraïques (cf. *Moré ha-Moré*, pag. 74), selon lesquelles les mots
ההוה והנפסד se rapporteraient à la *matière*, sont incorrectes; au lieu
de החמר הזה, il faudrait écrire חמר זה sans l'article, et considérer
חמר comme un *état construit*, dont זה est le complément.

nous l'avons dit dans la troisième proposition. Or, nous trouvons
que tout mouvement (ici-bas) aboutit au mouvement du cinquième corps, où il s'arrête [1]. C'est de ce dernier mouvement
que dérive, et à lui remonte par enchaînement, tout ce qui
dans le monde inférieur tout entier imprime le mouvement et
dispose (à la réception de la forme) [2]. La sphère céleste a le
mouvement de translation, qui est antérieur à tous les mouvements, comme il a été dit dans la quatorzième proposition. De
même, tout mouvement local (ici-bas) aboutit au mouvement de
la sphère céleste. On peut dire, par exemple, que cette pierre
qui se meut, c'est le bâton qui l'a mise en mouvement; le bâton
a été mu par la main, la main par les tendons, les tendons ont
été mus [3] par les muscles, les muscles par les nerfs, les nerfs
par la chaleur naturelle, et celle-ci enfin a été mue par la forme
qui est dans elle [4], et qui, indubitablement, est le moteur premier. Ce moteur, ce qui l'a porté à mouvoir, aura été, par
exemple, une *opinion* [5], à savoir, de faire arriver cette pierre,
en la poussant avec le bâton, dans une lucarne, pour la boucher,
afin que ce vent qui souffle ne pût pas pénétrer par là jusqu'à
lui. Or, ce qui meut ce vent et ce qui produit [6] son souffle, c'est

(1) L'auteur veut dire, je crois, que là s'arrête le mouvement propre
aux choses sublunaires, pour se continuer par une impulsion émanée
d'un mouvement d'une autre espèce.

(2) C'est-à-dire, tout ce qui dans ce bas monde sert de moteur prochain, ou immédiat, et dispose la matière particulière à recevoir la forme
particulière. Voy. ci-dessus la XXVe proposition.

(3) C'est par inadvertance que dans notre texte nous avons écrit
חרכתהא, comme l'ont plusieurs mss.; il faut lire חרכהא, leçon plus
correcte qu'ont quelques autres mss., car on voit par les mots suivants,
ואלעצל חרכה, que l'auteur a construit le mot collectif עצל comme sing.
masc.

(4) Par la *forme*, l'auteur entend ici l'âme vitale.

(5) Voy. ci-dessus, pag. 26, note 1.

(6) Au lieu du participe ומולד, plusieurs mss. ont l'infinitif ותולד;
de même, plusieurs mss. de la version d'Ibn-Tibbon ont והולדת, au lieu
de ומוליד.

le mouvement de la sphère céleste; et ainsi tu trouveras que toute cause de naissance et de corruption remonte au mouvement de la sphère céleste [1].

Quand (par notre pensée) nous sommes enfin arrivés à cette sphère, qui est (également) mue, il faut (disons nous) qu'elle ait à son tour un moteur, selon ce qui a été dit dans la dix-septième proposition. Son moteur ne peut qu'être ou dans elle ou en dehors d'elle; et c'est là une alternative nécessaire. S'il est en dehors d'elle, il doit nécessairement être, ou corporel, ou incorporel; dans ce dernier cas cependant, on ne dirait pas qu'il est *en dehors* d'elle, mais on dirait qu'il est *séparé* d'elle : car de ce qui est incorporel, on ne dit que par extension qu'il est *en dehors* du corps [2]. Si son moteur, je veux dire celui de la sphère, est dans elle, il ne peut qu'être ou bien une force répandue dans tout son corps et divisible en même temps que ce dernier, comme la chaleur dans le feu, ou bien une force (située) dans lui, mais indivisible, comme l'âme et l'intelligence, ainsi qu'il a été dit dans la dixième proposition [3]. Par conséquent, le moteur de la sphère

(1) Voy. le t. I, pag. 362, et *ibid.*, note 2.

(2) L'auteur veut dire que l'expression *en dehors* implique l'idée de *lieu* et de corporéité, et qu'en parlant d'une chose incorporelle, d'une pure intelligence, on ne doit pas dire qu'elle est *en dehors* du corps, mais qu'elle en est *séparée*. Le mot مفارق, *séparé*, est employé par les philosophes arabes pour désigner les substances purement spirituelles, séparées de toute espèce de matière, et auxquelles ne s'applique, sous aucun rapport, l'idée d'*être en puissance*, ni aucune autre catégorie que celle de la *substance*. Ils ont entendu dans ce sens ce qu'Aristote (traité *de l'Âme*, liv. III, chap. 7) appelle τὰ κεχωρισμένα, *les choses séparées (de l'étendue)*, et c'est là qu'il faut chercher l'origine du terme arabe. Voy. mes *Mélanges de philosophie juive et arabe*, pag. 449, et cf. t. I, pag. 434.

(3) Le mot *dixième* se lit dans la plupart des mss. arabes, ainsi que dans les deux versions hébraïques; mais ce que l'auteur dit ici se rapporte plutôt à la *onzième* proposition, et en effet l'un des deux mss. de Leyde (cod. 18) porte אלחאדיה עשר. Dans plusieurs éditions de la version d'Ibn-Tibbon, on a ajouté, après le mot העשירית, le chiffre וי״א, qui n'existe ni dans les mss., ni dans l'édition *princeps*.

céleste sera nécessairement une de ce ces quatre choses : ou un
autre corps en dehors d'elle, ou un (être) *séparé*, ou une force
répandue dans elle, ou une force indivisible.

Le premier (cas), qui suppose comme moteur de la sphère
céleste un autre corps en dehors d'elle, est inadmissible, comme
je vais le montrer. En effet, étant un corps, il sera mû lui-même
en imprimant le mouvement, ainsi qu'il a été dit dans la neuvième
proposition; or, comme ce sixième corps [1] sera également mû
en communiquant le mouvement, il faudra que ce soit un
septième corps qui le meuve, et celui ci encore sera mû à son
tour. Il s'ensuivra donc qu'il existe des corps d'un nombre infini,
et que c'est par là que la sphère céleste se meut. Mais cela est
inadmissible, comme il a été dit dans la deuxième proposition.

Le troisième cas, qui suppose comme moteur de la sphère cé·
leste une force répandue dans elle, est également inadmissible,
comme je vais le montrer. En effet, la sphère, étant un corps,
est nécessairement finie, comme il résulte de la première proposition; sa force sera donc également finie, comme le dit la
douzième, et elle se divisera par la division du corps, comme le
dit la onzième [2]. Elle ne pourra donc pas imprimer un mouve-

---

(1) On a déjà vu que le corps de la sphère céleste est appelé le *cinquième* corps (voy. ci-dessus, pag. 25, et *ibid.*, note 1); par conséquent,
le corps qui mettrait en mouvement la sphère céleste serait un *sixième*
corps.

(2) On pourrait se demander de prime abord pourquoi l'auteur a introduit ici comme prémisse la XIᵉ proposition : car la XIIᵉ paraît suffire
complétement pour démontrer que la force répandue dans la sphère céleste ne pourrait pas imprimer à celle-ci un mouvement infini. Samuel
Ibn-Tibbon ayant soumis cette question à l'auteur, celui-ci lui répondit,
dans la lettre déjà citée, par des détails qu'il serait trop long de reproduire ici. Il dit, en substance, que la XIIᵉ proposition ne s'applique d'une
manière absolue qu'à une force divisible (comme par exemple la chaleur du feu, qui ne se répand qu'à une certaine distance limitée), tandis
que certaines forces indivisibles qui se trouvent dans un corps fini
ne sont pas nécessairement finies; ainsi, par exemple, la pensée de
l'homme s'élève au delà de la neuvième sphère, et il n'est pas démontré

ment, qui, comme nous l'avons posé dans la vingt-sixième proposition, serait infini [1].

Quant au quatrième cas, qui suppose comme moteur de la sphère céleste une force indivisible qui serait dans elle, comme par exemple l'âme humaine est dans l'homme, il est également inadmissible que ce moteur seul soit la cause du mouvement perpétuel, bien qu'il s'agisse d'une force indivisible [2]. En effet, si c'était là son moteur premier, ce moteur cependant serait mû lui-même *accidentellement* [3], comme il a été dit dans la sixième proposition; mais j'ajoute ici une explication [4]. Lorsque, par exemple, l'homme est mû par son âme, qui est sa forme, pour

qu'elle ait une limite, quoiqu'elle se trouve dans un corps fini. Il fallait donc ici, pour montrer que le moteur premier de la sphère ne saurait être une force répandue dans elle, joindre ensemble comme prémisses la XIIe et la XIe proposition. L'auteur va montrer ensuite que ce moteur ne peut pas non plus être une force indivisible.

(1) Littéralement: *Elle ne pourra donc pas mouvoir à l'infini, comme nous l'avons posé dans la XXVIe proposition.* Il faut se rappeler que l'auteur n'a admis la XXVIe proposition que comme *hypothèse;* c'est pourquoi il dit ici : *comme nous l'avons* POSÉ, expression dont il ne se sert pas en citant les autres propositions, qui toutes sont rigoureusement démontrées.

(2) Littéralement: *bien qu'elle soit indivisible.* Les fém. באנת et מנקסמה paraîtraient, selon la construction de la phrase, devoir se rapporter à אלחרכה, *le mouvement;* mais le sens veut qu'on supplée le mot אלקוה, *la force,* que l'auteur a évidemment sous-entendu. C'est donc à tort qu'Ibn-Tibbon, dans sa version hébraïque, a également employé le féminin, ואע״פ שהיא בלתי מתחלקת : car, en hébreu, le mot כח, *force,* est du masculin. Ibn-Falaquéra (*Moré ha-Moré,* pag. 74) a traduit plus exactement ואע״פ שאינו מתחלק. Al-'Harîzi, qui met le féminin (שהיא בלי מתחלקת), peut néanmoins avoir bien saisi le sens : car il emploie le mot כח comme féminin.

(3) C'est-à-dire: Comment supposer que c'est là son moteur premier, puisque ce moteur lui-même est mû *par accident,* comme on va l'exposer?

(4) C'est-à-dire: Je m'expliquerai plus clairement au sujet de l'application de la VIe proposition.

monter de la maison au pavillon supérieur [1], c'est son corps qui est mû *essentiellement*, et l'âme est le moteur premier *essentiel* Mais cette dernière est mue *accidentellement* : car, quand le corps se transporte de la maison au pavillon, l'âme, qui était dans la maison, se transporte également et se trouve ensuite dans le pavillon [2]. Cependant, lorsque l'âme cesse de mouvoir, ce qui est mû par elle, c'est à-dire le corps, se trouve également en repos et (à son tour), par le repos du corps, cesse le mouvement *accidentel* qui était arrivé à l'âme [3]. Or, tout ce qui est mû accidentellement sera nécessairement en repos, comme il a été dit dans la huitième (proposition); et, quand il sera en repos, ce qui est mû par lui le sera également. Il faut donc nécessairement que ce moteur premier ait une autre cause, en dehors de l'ensemble composé d'un moteur et d'une chose mue; si cette cause qui est le principe du mouvement est présente, le moteur premier qui est dans cet ensemble mettra en mouvement la partie mue; mais si elle est absente, cette dernière sera en repos. C'est pourquoi les corps des animaux ne se meuvent pas continuellement, quoi-qu'il y ait dans chacun d'eux un moteur premier indivisible : car leur moteur ne meut pas continuellement par son essence, et, au contraire, ce qui le porte à produire le mouvement, ce sont des choses en dehors de lui; soit (le désir) de chercher ce qui lui

(1) Le mot غرفة désigne ici le pavillon ou la *chambre haute* qui, en Orient, se trouve sur la plate-forme des maisons, et qui, en arabe comme en hébreu, porte aussi le nom de 'aliyya. Voyez mon ouvrage, *Palestine*, pag. 364.

(2) L'un des deux manuscrits de Leyde (cod. 18) porte plus simple-ment : אנתקלת אלנפס מעה איצא וצארת פי אלגרפה; de même la version hébraïque d'Al-'Harizi : התנועעה הנפש עמו אל העליה « L'âme se meut avec lui vers le pavillon. »

(3) Le mouvement *accidentel* de l'âme est celui qu'elle partage avec le corps après l'avoir elle-même mis en mouvement par l'impulsion es-sentielle qu'elle lui donne; le déplacement local est accidentel pour l'âme. Voy., sur notre passage, Aristote, Traité *de l'Ame*, l. I, chap. III (§§ 6 et 7) et ch. IV (§ 9).

convient ou de fuir ce qui lui est contraire, soit une imagination, soit une conception, dans (les êtres) qui ont la conception (1). C'est par là seulement qu'il meut, et, en donnant le mouvement (2), il est mû lui-même *accidentellement*; il reviendra donc nécessairement au repos, comme nous l'avons dit. — Par conséquent, si le moteur de la sphère céleste se trouvait dans elle de cette manière, il ne serait pas possible qu'elle eût un mouvement perpétuel (3).

Si donc ce mouvement est continuel et éternel, comme l'a dit notre adversaire (4), — ce qui est possible, comme on l'a dit dans la treizième proposition, — il faudra nécessairement, selon cette opinion, admettre pour la cause première du mouvement de la sphère céleste, le deuxième cas, à savoir qu'elle est *séparée* de la sphère, et c'est ainsi que l'exige la (précédente) division (5).

Il est donc démontré que le moteur premier de la sphère céleste, si celle-ci a un mouvement éternel et continuel, ne peut être nullement ni un corps, ni une force dans un corps; de sorte que ce moteur n'a point de mouvement, ni essentiel, ni accidentel (6), et qu'à cause de cela aussi il n'est susceptible, ni de division, ni de changement, comme il a été dit dans la septième et dans

(1) Voy. ci-dessus, pag. 26, note 1.

(2) Les éditions de la version d'Ibn-Tibbon ont généralement וכשיתנועע; il faut lire וכשיניע, comme l'a l'édition *princeps*.

(3) Aristote fait observer en outre que l'âme qu'on supposerait à la sphère céleste, condamnée à lui imprimer perpétuellement un mouvement violent n'aurait qu'une existence douloureuse, et serait plus malheureuse que l'âme de tout animal mortel, à qui il est accordé de se récréer par le sommeil; elle aurait le sort d'Ixion attaché à la roue qui tourne perpétuellement. Voy. traité *du Ciel*, liv. II, chap. I.

(4) C'est-à-dire, Aristote, dont Maïmonide combattra plus loin l'opinion relative à l'éternité du monde.

(5) C'est-à-dire, la division en quatre cas, dont le premier, le troisième et le quatrième se sont montrés impossibles, de sorte qu'il ne reste d'admissible que le deuxième cas.

(6) C'est-à-dire, qu'il n'est point mû par un autre moteur, ni essentiellement, ni accidentellement, et qu'il est lui-même immobile.

la cinquième proposition. Et c'est là Dieu — que son nom soit glorifié ! — je veux dire, (qu'il est) la cause première qui met en mouvement la sphère céleste. Il est inadmissible qu'il soit *deux* ou plus : car les choses *séparées*, qui ne sont point corporelles, n'admettent pas la numération, si ce n'est (dans ce sens) qu'elles sont des causes et des effets les unes des autres, comme il a été dit dans la seizième (proposition). Il est clair aussi que, puisque le mouvement ne lui est pas applicable, il ne tombe pas non plus sous le temps, comme il a été dit dans la quinzième.

Cette spéculation nous a donc conduit (à établir), par une démonstration, que la sphère céleste [1] ne saurait se donner elle-même le mouvement perpétuel [2], que la cause première qui lui imprime le mouvement n'est ni un corps, ni une force dans un corps, et qu'elle est *une* et non sujette au changement, son existence n'étant pas liée au temps. Ce sont là les trois questions que les meilleurs d'entre les philosophes ont décidées par démonstration.

DEUXIÈME SPÉCULATION de ces mêmes (philosophes). — Aristote a d'abord posé en principe que, si l'on trouve une chose composée de deux choses (distinctes), et que l'une des deux choses existe isolément en dehors de cette chose composée, il faut nécessairement que l'autre existe également en dehors de cette chose composée : car, si c'était une condition nécessaire de leur existence de n'exister qu'ensemble [3], comme il en est de la matière et de la forme physique, aucune des deux ne pourrait, d'une

---

(1) Pour que la construction fût plus régulière, il faudrait ajouter, avant les mots אן אלפלך, la préposition אלי. Ibn-Tibbon a traduit, de manière à pallier l'ellipse de la préposition : וכבר יצא לנו מן העיון הזה ; cependant quelques mss. portent : וכבר הביא במופת שהגלגל וכו׳. Al-'Harîzi a suppléé un verbe : והנה העיון הזה במופת שהגלגל וכו הביא זה העיון בדרך המופת להאמין כי הגלגל וכו׳.

(2) C'est-à-dire, que le mouvement lui vient du dehors, et que par conséquent il existe un premier moteur.

(3) Littéralement : *si leur existence exigeait qu'elles n'existassent qu'ensemble.*

façon quelconque, exister sans l'autre. Ainsi donc, l'existence
isolée de l'une des deux étant une preuve de leur indépendance
mutuelle [1], il s'ensuit nécessairement que l'autre aussi existera
(isolément). Si, par exemple, l'oxymel existe, et qu'en même
temps le miel existe seul, il s'ensuit nécessairement que le vinai-
gre aussi existe seul. — Après avoir exposé cette proposition, il
dit : Nous trouvons beaucoup de choses composées d'un moteur
et de ce qui est mû, c'est-à-dire, qui meuvent autre chose et
qui, en donnant le mouvement, sont mues elles-mêmes par autre
chose; cela est clair pour toutes les choses intermédiaires dans
le mouvement [2]. Mais nous trouvons aussi une chose mue qui ne
meut point, et c'est la dernière chose mue [3]; par conséquent, il
faut nécessairement qu'il existe aussi un moteur qui ne soit point
mû, et c'est là le moteur premier [4]. — Puis donc que le mou-

(1) Littéralement : *du manque de liaison nécessaire* (entre les deux).
Sur le sens du mot תלאום, voy. t. I, pag. 191, note 2.

(2) C'est-à-dire, dans le mouvement universel du monde. Voy. ci-
dessus, au commencement de ce chapitre. Dans la version d'Ibn-Tibbon,
l'état construit בהנעת est inexact; il faut lire בהנעה. La version d'Al-
'Harîsi porte בתנועה.

(3) C'est, dans l'univers, la matière de ce qui naît et périt; ou, par
exemple, dans les mouvements émanés de l'âme, et dont l'auteur a parlé
plus haut, la pierre qui est mue par la main, et qui ne meut plus autre
chose.

(4) Cette démonstration paraît être fondée sur un passage de la *Physique* d'Aristote, qui peut se résumer ainsi : On peut considérer dans le
mouvement trois choses : la chose mue, le moteur, et ce par quoi celui-
ci meut. Ce qui est mû ne communique pas nécessairement le mouvement; ce qui sert d'instrument ou d'intermédiaire communique le mouvement en même temps qu'il le reçoit; enfin ce qui meut sans être instrument ou intermédiaire est lui-même immobile. Or, comme nous
voyons (dans l'univers), d'une part, ce qui est mû sans avoir en lui le
principe du mouvement, c'est-à-dire sans mouvoir autre chose, et d'autre part, ce qui est à la fois mû par autre chose et moteur d'autre chose,
il est raisonnable, sinon nécessaire, d'admettre une troisième chose qui
meuve sans être mue. Voy. *Phys.*, liv. VIII, ch. 5 (édit. de Bekker,

vement, dans lui, est impossible, il n'est ni divisible, ni un corps, et ne tombe pas non plus sous le temps, ainsi qu'il a été expliqué dans la précédente démonstration.

TROISIÈME SPÉCULATION PHILOSOPHIQUE sur ce sujet, empruntée aux paroles d'Aristote, quoique celui-ci l'ait produite dans un autre but[1]. — Voici la suite du raisonnement : on ne saurait

p. 256 b) : τρία γὰρ ἀνάγκη εἶναι, τό τε κινούμενον, καὶ τὸ κινοῦν, καὶ τὸ ᾧ κινεῖ. τ. τ.). Dans la *Métaphysique*, liv. XII, chap. VII, Aristote se résume lui-même en ces termes : ἔστι τοίνυν τι καὶ ὃ κινεῖ, ἐπὶ δὲ τὸ κινούμενον καὶ κινοῦν, καὶ μέσον τοίνυν ἐστί τι ὃ οὐ κινούμενον κινεῖ, ἀΐδιον καὶ οὐσία καὶ ἐνέργεια οὖσα. Alexandre d'Aphrodisias a expliqué ce passage à peu près dans les mêmes termes que ceux dont se sert Maïmonide dans cette deuxième démonstration ; et c'est évidemment à Alexandre que notre auteur a emprunté son argumentation, ainsi que la proposition qu'il met en tête comme ayant été énoncée par Aristote lui-même. L'explication d'Alexandre a été citée par Averroès, dans son grand commentaire sur la *Métaphysique*. Nous la reproduisons d'après la version latine de ce commentaire (édit. in-fol., f. 149 *verso*) : « Dixit Alexander : Ista est ratio quod [est] aliquod movens [quod] non movetur, et est dicta breviter et rememoratio ejus quod dictum est in ultimo Physicorum. Et est fundata super duas propositiones, quarum una est quod omne compositum ex duobus quorum alterum potest esse per se, possibile erit etiam alterum esse per se, nisi compositio sit substantiæ et accidentis ; verbi gratiâ quod hydromel, quia componitur ex aqua et melle, et mel invenitur per se, necesse est ergo ut aqua inveniatur per se. Et, quia invenimus aliquod motum et movens quasi compositum ex movente et moto, et invenimus aliquod motum per se et non movens, manifestum est quod est necesse aliquod movens esse et non motum. Hoc igitur movens immune est a potentia, et in nulla materia existit. » Quant à la proposition attribuée par Maïmonide à Aristote, quelques commentateurs ont objecté que, dans ce qui est composé de *substance* et d'*accident*, on ne saurait se figurer l'existence de l'accident seul, quoiqu'évidemment la substance puisse exister seule. Cette objection tombe par la condition expresse posée par Alexandre : *nisi compositio sit substantiæ et accidentis*. Maïmonide, en copiant Alexandre, a peut-être omis cette condition par inadvertance.

(1) L'auteur veut dire que cette démonstration n'appartient pas, à vrai dire, à Aristote, mais que c'est lui qui en a fourni les principaux éléments. C'est lorsqu'il veut démontrer l'éternité du monde dans son

douter qu'il n'y ait des choses qui existent, et ce sont ces êtres
perçus par les sens. On ne peut admettre au sujet des êtres que
trois cas, et c'est là une division nécessaire : ou bien que tous
les êtres ne naissent ni ne périssent ; ou bien que tous ils naissent
et périssent[1] ; ou bien qu'en partie ils naissent et périssent et
qu'en partie ils ne naissent ni ne périssent. La premier cas est
évidemment inadmissible : car nous voyons beaucoup d'êtres
qui naissent et périssent. Le second cas est également inadmissible, comme je vais l'expliquer : En effet, si tout être était
soumis à la naissance et à la corruption, chacun d'entre tous les
êtres aurait la possibilité de périr ; mais ce qui est possible pour
l'espèce ne peut pas ne pas arriver nécessairement, comme tu
le sais[2]. Il s'ensuivrait de là que *tous* ils auraient nécessaire-

ensemble, qu'Aristote entre dans des détails sur l'idée du périssable
et de l'impérissable, et sur ce qui, en lui-même, est ou n'est pas sujet
à la naissance et à la corruption ; voy. surtout le traité *du Ciel,* liv. I,
chap. X et suiv. On va voir que cette troisième démonstration est basée
sur les théories d'Ibn-Sinâ.

(1) Ces mots manquent dans plusieurs éditions de la version hébraïque, où il faut ajouter, avec l'édition *princeps,* או יהיו כולם הווה נפסדות׃

(2) L'auteur, interrogé par le traducteur Ibn-Tibbon sur le sens
précis de ce passage, s'explique à peu près ainsi dans la lettre citée
plus haut : Quand le *possible* se dit d'une espèce, il faut qu'il existe
réellement dans certains individus de cette espèce : car, s'il n'existait
jamais dans aucun individu, il serait *impossible* pour l'espèce, et de
quel droit dirait-on alors qú'il est *possible ?* Si, par exemple, nous disons
que l'écriture est une chose possible pour l'espèce humaine, il faut nécessairement qu'il y ait des hommes qui écrivent dans un temps quelconque : car, si l'on soutenait qu'il n'y a jamais aucun homme qui écrive,
ce serait dire que l'écriture est impossible pour l'espèce humaine. Il
n'en est pas de même du *possible* qui se dit d'un individu : car, si nous
disons qu'il se peut que cet enfant écrive ou n'écrive pas, il ne s'ensuit pas de cette possibilité que l'enfant doive nécessairement écrire à
un moment quelconque. Ainsi donc, le *possible* dit d'une espèce n'est pas,
à proprement dire, dans la catégorie du possible, mais est en quelque
sorte *nécessaire.* — Cette explication ne suffit pas encore pour bien faire
saisir la conclusion que l'auteur va tirer de cette proposition, à savoir,

ment péri, je veux dire, tous les êtres. Or, après qu'ils auraient
tous péri, il eût été impossible qu'il existât quelque chose : car
il ne serait plus rien resté qui eût pu faire exister quelque chose;
d'où il s'ensuivrait qu'en effet il n'existe absolument rien. Cependant, nous voyons des choses qui existent, et nous-mêmes nous
existons. — Il s'ensuit donc nécessairement de cette spéculation
que, s'il y a des êtres qui naissent et périssent, comme nous le
voyons, il faut qu'il y ait aussi un être quelconque qui ne naisse
ni ne périsse. Dans cet être qui ne naît ni ne périt, il n'y aura
absolument aucune possibilité de périr; au contraire, il sera
d'une existence nécessaire, et non pas d'une existence possible [1].
— On a dit ensuite [2] : L'être *nécessaire* ne peut être tel que par

que tous les êtres auraient nécessairement péri. Il y a ici peut-être un
point obscur sur lequel l'auteur ne voulait pas se prononcer plus clairement, comme l'indique le commentateur Ephodi. Cf. l'introduction de
la première partie, t. I, p. 28, VIIe cause. Selon les indications du commentateur Schem-Tob, voici quelle serait la pensée de l'auteur : la possibilité attribuée à toute une espèce est, comme celle-ci, une chose
éternelle; on ne peut pas, à proprement dire, attribuer une possibilité
à une chose éternelle, et pour elle, tout ce qui est possible sera en même temps nécessaire. — En un mot, l'auteur a voulu dire, à ce qu'il
paraît, que l'hypothèse de la contingence, pour l'universalité des êtres,
est inadmissible; et, s'il n'a pas clairement énoncé cette thèse, c'est qu'il
craignait peut-être de choquer certains lecteurs, en avouant explicitement
que cette démonstration, qu'il dit être la plus forte, est basée sur le
principe de l'éternité du monde.

(1) L'auteur veut parler de la sphère céleste, qui est d'une existence
nécessaire et non soumise à la contingence, bien qu'elle n'ait pas en
elle-même la cause nécessaire de son existence, selon la distinction
faite par Ibn-Sinâ (voy. ci-dessus la XIXe proposition), et sur laquelle
l'auteur revient dans la suite de cette démonstration.

(2) L'auteur, par le mot קאל, *dixit*, fait évidemment allusion à Ibn-
Sinâ, qui, comme nous l'avons déjà dit (p. 18, n. 3), a été le premier à
distinguer, dans l'être, entre ce qui est nécessaire en lui-même et ce qui
l'est par autre chose. Cf., sur la démonstration qui va suivre, l'analyse
de la Métaphysique d'Ibn-Sinâ, dans Schahrestâni, pag. 375-376 (trad.
all. t. II, p. 253-255).

rapport à lui-même, ou bien par rapport à sa cause; de sorte
que (dans ce dernier cas) il pourrait, par rapport à lui-même,
exister ou ne pas exister, tandis qu'il sera (d'une existence) nécessaire par rapport à sa cause, et que sa cause, par conséquent,
sera le (véritable) être nécessaire, comme il a été dit dans
la dix-neuvième (proposition). Il est donc démontré qu'il faut
nécessairement qu'il existe un être dont l'existence soit nécessaire
par rapport à lui-même, et que, sans lui, il n'existerait absolument rien, ni ce qui serait sujet à la naissance et à la corruption,
ni ce qui ne le serait pas, — si toutefois il y a quelque chose qui
existe de cette dernière manière, comme le soutient Aristote [1],
je veux dire quelque chose qui ne soit pas sujet à la naissance
et à la corruption, étant l'effet d'une cause dont l'existence est
nécessaire. — C'est là une démonstration qui n'admet ni doute, ni
réfutation [2], ni contradiction, si ce n'est pour celui qui ignore
la méthode démonstrative.

Nous disons ensuite : L'existence de tout être nécessaire en
lui-même doit nécessairement ne point avoir de cause, comme il
a été dit dans la vingtième [3] proposition; il n'y aura en lui absolument aucune multiplicité d'idées, comme il a été dit dans la
vingt et unième proposition, d'où il s'ensuit qu'il ne sera ni un
corps, ni une force dans un corps, comme il a été dit dans la
vingt-deuxième. Il est donc démontré, par cette spéculation,
qu'il y a un être qui, par sa propre essence même, est d'une
existence nécessaire, et c'est celui dont l'existence n'a point de
cause, dans lequel il n'y a point de composition, et qui, à cause

---

(1) L'auteur fait ici ses réserves pour la sphère céleste, dans laquelle,
comme on le verra plus loin, il ne veut point voir, avec Aristote, un
être incréé.

(2) מרפע, qu'il faut prononcer مِدْفَع, signifie littéralement *moyen
de repousser*. Dans la vers. hébr. d'Ibn-Tibbon, ce mot est rendu par רחיה
(qu'il faut placer avant מחלוקת, comme l'ont les mss.).

(3) Quelques mss. ont ici la forme incorrecte אלעשׂרינה, qu'Ibn-
Tibbon a imitée en hébreu par העשׂרימיה.

de cela, n'est ni un corps, ni une force dans un corps; cet être
est Dieu [que son nom soit glorifié!]. De même, on peut démontrer
facilement qu'il est inadmissible que l'existence *nécessaire* par
rapport à l'essence même appartienne à deux (êtres): car l'*espèce*
d'être nécessaire serait alors une idée ajoutée à l'essence de chacun des deux, et aucun des deux ne serait plus un être nécessaire
par sa seule essence; mais il le serait par cette seule idée qui
constitue l'*espèce* de l'être et qui appartiendrait à l'un et à l'autre [1]. — On peut démontrer de plusieurs manières que dans
l'être nécessaire il ne peut y avoir de *dualité* en aucune façon,
ni par similitude, ni par contrariété [2]; la raison de tout cela
est dans la simplicité pure et la perfection absolue (de cet être),
— qui ne laisse point de place en dehors de son essence à quoi que
ce soit de son espèce [3], — ainsi que dans l'absence totale de
toute *cause* [4]. Il n'y a donc (en lui) aucune association.

QUATRIÈME SPÉCULATION, également philosophique [5].—On sait

(1) En d'autres termes : Dès que l'*existence nécessaire* serait supposée
appartenir à plusieurs êtres, ceux-ci formeraient une *espèce* caractéri-
sée par l'existence nécessaire, et, par conséquent, l'idée d'*être nécessaire*
serait celle de l'espèce et n'appartiendrait plus à l'essence de chacun de
ces êtres.

(2) C'est-à-dire, que la Divinité ne peut se composer de deux principes, ni semblables, ni contraires l'un à l'autre.

(3) Littéralement : *dont il ne reste rien de redondant en dehors de son
essence (qui soit) de son espèce.* Le pronom relatif אלדי se rapporte à *l'être
nécessaire*, qui est ici sous-entendu.

(4) C'est-à-dire, que l'être absolu n'est émané d'aucune cause antérieure. — Sur les deux mots עלּה et סבב, qui sont parfaitement synonymes, voy. t. I, pag. 313, note 1.

(5) Ainsi que le fait observer le commentateur Schem-Tob, cette quatrième spéculation est au fond identique avec la première démonstration, avec cette différence que, dans celle-ci, l'auteur, s'attachant
particulièrement à l'idée du mouvement dans l'univers, nous fait arriver au premier moteur, tandis qu'ici il nous fait remonter, d'une manière plus générale, la série des effets et des causes, pour arriver à la
cause première absolue.

que nous voyons continuellement des choses qui sont (d'abord) en puissance et qui passent à l'acte. Or, tout ce qui passe de la puissance à l'acte a en dehors de lui quelque chose qui l'y fait passer, comme il a été dit dans la dix-huitième proposition. Il est clair aussi que cet efficient était d'abord efficient en puissance avant de l'être en acte [1]; et la raison pourquoi il n'était d'abord qu'en puissance est, ou bien dans un obstacle (provenant) de lui-même, ou bien dans (l'absence d') un certain rapport manquant d'abord entre lui et la chose qu'il a fait passer (à l'acte), de sorte que, ce rapport existant, il a réellement fait passer (à l'acte). Chacun de ces deux cas exigeait nécessairement (à son tour) un efficient, ou quelque chose qui fît cesser l'obstacle; et on devra en dire autant du second efficient, ou de ce qui a fait cesser l'obstacle. Mais, cela ne pouvant s'étendre à l'infini, il faudra nécessairement arriver à quelque chose qui fait passer de la puissance à l'acte, en existant toujours dans le même état, et sans qu'il y ait en lui une *puissance* quelconque, je veux dire sans qu'il ait dans son essence même une chose quelconque (qui soit) en puissance : car, s'il y avait dans son essence même une *possibilité*, il pourrait cesser d'exister, comme il a été dit dans la vingt-troisième (proposition). Il est inadmissible aussi que cet être ait une matière; mais, au contraire, il sera *séparé* [2], comme il a été dit dans la vingt-quatrième (proposition). Cet être *séparé*, dans lequel il n'y a absolument aucune possibilité, mais qui existe (en acte) par son essence, c'est Dieu [3]. Enfin, il est clair

---

(1) Littéralement, *que ce qui fait passer a été d'abord faisant passer (ou efficient) en puissance, ensuite il est devenu faisant passer en acte;* c'est-à-dire, que ce qui a fait passer une chose de la puissance à l'acte possédait d'abord lui-même, en puissance, la faculté de faire passer à l'acte, avant que cette faculté se réalisât sur l'objet qu'il a fait passer à l'acte.

(2) Voy. ci-dessus, pag. 31, note 2.

(3) Il faut se rappeler que, selon Ibn-Sinâ, dont l'auteur a adopté les théories, les autres intelligences *séparées* sont, par rapport à leur propre essence, dans la catégorie du *possible*, et ne tiennent que de leur cause ou de Dieu la qualité d'êtres *nécessaires;* elles ne forment pas une unité

que, n'étant point un corps, il est *un*, comme il a été dit dans la seizième proposition.

Ce sont là toutes des méthodes démonstratives pour (établir) l'existence d'un Dieu unique, qui n'est ni un corps, ni une force dans un corps, (et cela) tout en admettant l'éternité du monde.

Il y a encore une autre *méthode démonstrative* pour écarter la corporéité et établir l'unité (de Dieu) [1] : c'est que, s'il y avait deux dieux, il faudrait nécessairement qu'ils eussent quelque chose qui leur appartînt en commun, — savoir, la chose par laquelle chacun des deux méritât d'être (appelé) *Dieu*, — et quelque autre chose également nécessaire, par quoi eût lieu leur distinction réciproque et par quoi ils fussent *deux*. Mais alors, si chacun des deux avait quelque chose que n'eût pas l'autre, chacun des deux serait composé de deux idées, aucun des deux ne serait ni *cause première*, ni *être nécessaire par lui-même*, et chacun des deux aurait des causes, comme il a été exposé dans la dix-neuvième (proposition). Si, au contraire, la chose distinctive se trouvait seulement dans l'un des deux, celui qui aurait ces deux choses ne serait point un être nécessaire par lui-même.

Autre méthode pour (établir) l'unité. — Il a été établi par démonstration que tout l'univers est comme un seul individu, dont les parties sont liées les unes aux autres, et que les forces de la sphère céleste se répandent dans cette matière inférieure et la *disposent* [2]. Cela étant établi, il est inadmissible qu'un dieu s'isole avec l'une des parties de cet être, et qu'un second dieu s'isole avec une autre partie : car elles sont liées l'une à l'autre. Il ne reste donc d'autre partage à faire, si ce n'est que l'un (des

---

absolue, car elles peuvent être nombrées, comme causes et effets. Voy. la XVIᵉ proposition.

(1) La démonstration que l'auteur va donner est empruntée aux *Motécallemîn*, comme on peut le voir dans la première partie de cet ouvrage, chap. LXXV, IIᵉ méthode (t. I, pag. 443).

(2) Voy. la Iʳᵉ partie de cet ouvrage, chap. LXXII. — Sur le sens qu'a ici le verbe disposer, voy. la XXVᵉ propos., et cf. pag. 30, note 2.

deux dieux) agisse dans un temps et l'autre dans un autre temps, ou bien qu'ils agissent toujours tous les deux ensemble, de sorte qu'aucune action ne puisse s'accomplir que par les deux ensemble. — Supposer que l'un agisse dans un temps et l'autre dans un autre temps, est impossible par plusieurs raisons. En effet, s'il se pouvait que, pendant le temps où l'un des deux agit, l'autre agît également, quelle serait la cause qui ferait que l'un agît et que l'autre fût oisif? Si, au contraire, il était impossible que l'un des deux agît dans le même temps où l'autre agît, cela supposerait une autre cause qui aurait fait qu'à l'un il fût possible d'agir, tandis qu'à l'autre cela fût impossible : car dans le temps même il n'y a pas de différence, et le substratum de l'action aussi est un *seul* dont les parties sont liées les unes aux autres, comme nous l'avons exposé. Ensuite, chacun des deux tomberait sous le temps : car son action serait liée au temps. Ensuite, chacun des deux passerait de la puissance à l'acte, au moment où il agirait, de sorte que chacun des deux aurait besoin de quelque chose qui le fît passer de la puissance à l'acte. Enfin, il y aurait dans l'essence de chacun des deux une *possibilité*. — Mais, supposer qu'ils opèrent toujours tous les deux ensemble tout ce qui se fait dans l'univers, de sorte que l'un n'agisse pas sans l'autre, c'est là également chose impossible, comme je vais l'expliquer. En effet, toutes les fois qu'une certaine action ne peut s'accomplir que par un ensemble (d'individus), aucun individu de cet ensemble n'est efficient absolu par son essence, et aucun n'est cause première pour l'action en question; mais, au contraire, la cause première est la réunion de l'ensemble. Mais il a été démontré que l'être nécessaire doit être absolument dénué de *cause*. Ensuite, la réunion de l'ensemble est (elle-même) un acte qui, à son tour, a besoin d'une autre cause, et c'est celle qui réunit l'ensemble. Or donc, si ce qui a réuni cet ensemble, sans lequel l'action ne peut s'accomplir, est (un être) unique, c'est là indubitablement Dieu. Si, au contraire, ce qui a réuni cet ensemble est à son tour un autre ensemble, il faudra pour ce second ensemble ce qu'il a fallu

pour le premier ensemble. On arrivera donc nécessairement à
un être unique, qui sera la cause de l'existence de cet univers
unique, n'importe de quelle manière ce dernier existe : que ce
soit par une création *ex nihilo*, ou par nécessité [1]. — Il est donc
clair aussi, par cette méthode, que l'unité de l'univers entier nous
prouve que son auteur est *un*.

Autre méthode pour (établir) l'incorporalité [2]. — 1° Tout
corps est composé, comme il a été dit dans la vingt-deuxième
(proposition), et tout composé suppose nécessairement un
efficient, qui est la cause de l'existence de sa forme dans
sa matière. 2° Il est aussi parfaitement clair que tout corps
est divisible et a des dimensions, et que, par conséquent, il est
indubitablement un substratum pour des accidents. Ainsi donc,
le corps ne peut être *un*, d'une part, parce qu'il est divisible, et
d'autre part, parce qu'il est composé, je veux dire, parce qu'il y
a une *dualité* dans le terme même (de *corps*) [3] : car tout corps
n'est tel corps déterminé que par une idée ajoutée à l'idée de
corps en général, et, par conséquent, il y a nécessairement en
lui deux idées. Mais il a déjà été démontré que dans l'être nécessaire, il n'y a composition d'aucune façon.

(1) Cf. t. I, p. 314, et *ibid.*, note 1.

(2) Cette méthode a pour but de démontrer que, tout corps étant composé, Dieu, qui est la simplicité absolue, ne saurait être un corps. Elle
se compose de deux démonstrations distinctes. Dans la première, basée
sur la XXIIᵉ proposition, le corps est considéré au point de vue de sa
composition de matière et de forme, qui suppose un efficient, et qui,
par conséquent, ne permet pas de voir dans un corps, quel qu'il soit,
l'être absolu, indépendant de toute cause. Dans la seconde démonstration, le corps est considéré comme un *être composé*, au point de vue de
sa quantité divisible, de sa composition de substance et d'accidents, et
de sa qualité d'être complexe, dans lequel il y a à la fois l'idée de corporéité en général et celle d'un corps déterminé quelconque.

(3) Littéralement : *parce qu'il est deux par l'expression* (ou *le terme*);
car le mot *corps* renferme l'idée de *corporéité* en général, et l'idée de *tel
corps* en particulier.

Après avoir d'abord rapporté ces démonstrations, nous commencerons à exposer notre propre méthode [1], comme nous l'avons promis.

CHAPITRE II.

Ce cinquième corps, qui est la sphère céleste, doit nécessairement être, ou bien quelque chose qui naît et périt [et il en sera de même du mouvement], ou bien quelque chose qui ne naît ni ne périt, comme le dit l'adversaire [2]. Or, si la sphère céleste est une chose qui naît et périt, ce qui l'a fait exister après le non-être, c'est Dieu [que son nom soit glorifié!]; c'est là une notion première, car tout ce qui existe après ne pas avoir existé suppose nécessairement quelque chose qui l'ait appelé à l'existence, et il est inadmissible qu'il se soit fait exister lui-même. Si, au contraire, cette sphère n'a jamais cessé et ne cessera jamais de se mouvoir ainsi par un mouvement perpétuel et éternel, il faut, en vertu des propositions qui précèdent, que ce qui lui imprime le mouvement éternel ne soit ni un corps, ni une force dans un corps; et ce sera encore Dieu [que son nom soit glorifié!]. Il est donc clair que l'existence de Dieu [être nécessaire, sans cause, et dont l'existence est en elle-même exempte de toute *possibilité*] est démontrée par des preuves décisives et certaines [3], n'importe que le monde soit une création *ex nihilo*,

(1) C'est-à-dire, celle qui est basée sur la création *ex nihilo*, et que l'auteur exposera plus loin, après avoir donné des détails sur les sphères célestes et les intelligences.

(2) Voy. ci-dessus, pag. 35, note 4.

(3) Ainsi que le fait observer ici le commentateur Ephodi, il ne peut y avoir, pour l'existence de Dieu, de démonstration rigoureuse, basée sur des prémisses bien définies, puisque, comme l'auteur l'a dit ailleurs, Dieu n'a pas de *causes antérieures* et ne saurait être défini. Les preuves qu'on allègue pour l'existence de Dieu sont donc de celles qui sont basées sur des définitions imparfaites, où l'antérieur est défini par le postérieur. Voy. le t. I de cet ouvrage, pag. 190, et *ibid.*, notes 3 et 4. Cf. *Mélanges de philosophie juive et arabe*, pag. 192 et 193.

ou qu'il ne le soit pas. De même, il est établi par des démonstrations qu'il (Dieu) est *un* et incorporel, comme nous l'avons
dit précédemment : car la démonstration de son unité et de son
incorporalité reste établie, n'importe que le monde soit, ou
non, une création *ex nihilo*, comme nous l'avons exposé dans la
troisième des méthodes philosophiques [1], et comme (ensuite)
nous avons exposé (à part) l'incorporalité et l'unité par des méthodes philosophiques [2].

Il m'a paru bon d'achever les théories des philosophes en ex-
posant leurs preuves pour l'existence des *intelligences séparées*,
et de montrer qu'ils sont d'accord, en cela [3], avec les principes
de notre religion : je veux parler de l'existence des *anges*. Après
avoir achevé ce sujet, je reviendrai à l'argumentation que j'ai
promise sur la *nouveauté du monde* : car nos principales preuves
là-dessus ne seront solides et claires qu'après qu'on aura connu
l'existence des *intelligences séparées* et les preuves sur lesquelles
elle s'appuie [4]. Mais, avant tout cela, il faut que je fasse une

(1) Voy. le chap. précédent, à la fin de la 3e *spéculation*, où l'auteur
a montré que, l'existence de l'*être nécessaire* étant établie, il est facile
de démontrer que cet être est *un* et incorporel.

(2) L'auteur veut dire que les preuves alléguées à la fin du chap. I,
pour établir l'unité et l'incorporalité de Dieu, sont également indépendantes de la théorie de l'éternité du monde et conservent toute leur
force, même avec la doctrine de la *création*. — Un seul de nos mss., et
c'est le moins correct, porte : וכמא בינא פי תביין נפי אלנסמאניה;
Ibn-Tibbon a également lu les mots פי תביין, qu'il a rendus par בפירוש.

(3) Tous les mss. portent מטאבקת דלך, *la conformité de cela*. L'édition *princeps* de la version d'Ibn-Tibbon rend ces mots par הסכימו
(pour הסכמת זה); les autres éditions, ainsi que plusieurs mss., substi-
tuent השתוות. Al-'Harizi : איך יאות זה הענין.

(4) Littéralement : *et comment on a prouvé leur existence;* c.-à-d. et
après qu'on aura su comment les philosophes s'y sont pris pour prouver
l'existence de ces intelligences. Le verbe אסתדל doit être prononcé
comme prétérit passif (ٱسْتُدِلَّ). Ibn-Tibbon l'a pris, par erreur, pour
un futur actif (ٱسْتَدِلُّ), et il a traduit ואיך אביא ראיה, *et comment
prouverai-je?* ce qui a embarrassé les commentateurs. Al-'Harizi a bien

observation préliminaire, qui sera un flambeau pour éclaircir les
obscurités de ce traité tout entier, tant des chapitres qui ont précédé que de ceux qui suivront, et cette observation, la voici :

OBSERVATION PRÉLIMINAIRE.

Sache que, dans ce traité, je n'ai pas eu pour but de composer
(un ouvrage) sur la science physique, pas plus que d'analyser
d'après certains systèmes les sujets de la science métaphysique, ou
de reproduire les démonstrations dont ils ont été l'objet[1]. Je n'y
ai pas eu non plus pour but de résumer et d'abréger (la science
de) la disposition des sphères célestes, ni de faire connaître le
nombre de ces dernières; car les livres qui ont été composés sur
tout cela sont suffisants, et dussent-ils ne pas l'être pour un
sujet quelconque, ce que je pourrais dire, moi, sur ce sujet ne
vaudrait pas mieux que tout ce qui a été dit. Mon but dans ce
traité n'a été autre que celui que je t'ai fait connaître dans son
introduction[2]; à savoir, d'expliquer les obscurités de la loi et de
manifester les vrais sens de ses allégories, qui sont au-dessus
des intelligences vulgaires. C'est pourquoi, quand tu me verras
parler de l'existence[3] et du nombre des *Intelligences séparées*,
ou du nombre des sphères et des causes de leurs mouvements,
ou de la véritable idée de la matière et de la forme, ou de ce
qu'il faut entendre par l'*épanchement* divin[4], ou d'autres choses
semblables, il ne faudra pas que tu croies un seul instant[5] que

---

rendu le sens en traduisant : ואיך הביאו ראיה, *et comment ils ont
prouvé.*

(1) Littéralement : *ou de démontrer ce qui a été démontré d'eux*, c.-à-d.
de ces sujets métaphysiques.

(2) L'auteur veut parler de l'introduction générale placée en tête de
la Iʳᵉ partie.

(3) Littéralement : *de l'affirmation*, c.-à-d. de la doctrine qui affirme
l'existence des Intelligences séparées.

(4) Sur le mot פיץ (فيض), voy. t. I, pag. 244, note 1, et ci-après,
chap. XII.

(5) Littéralement : *que tu croies, ni qu'il te vienne à l'idée.*

j'aie eu uniquement pour but d'examiner ce sujet philosophique ;
car ces sujets ont été traités dans beaucoup de livres, et on en a,
pour la plupart, démontré la vérité. Mais j'ai seulement pour
but de rapporter ce dont l'intelligence peut servir à éclaircir
certaines obscurités de la Loi, et d'exposer brièvement tel sujet
par la connaissance duquel beaucoup de difficultés peuvent être
résolues [1]. Tu sais déjà, par l'introduction de ce traité, qu'il
roule principalement [2] sur l'explication de ce qu'il est possible
de comprendre du *Ma'asé beréschîth* (récit de la Création) et du
Ma'asé mercabâ (récit du char céleste) [3], et sur l'éclaircissement
des obscurités inhérentes à la prophétie et à la connaissance de
Dieu. Toutes les fois que, dans un chapitre quelconque, tu me
verras aborder l'explication d'un sujet qui déjà a été *démontré*
soit dans la science physique, soit dans la science métaphysique,
ou qui seulement a été présenté comme ce qu'il y a de plus admissible, ou un sujet qui se rattache à ce qui a été exposé dans
les mathématiques, — tu sauras que ce sujet est nécessairement
une clef pour comprendre une certaine chose des livres prophétiques, je veux dire de leurs allégories et de leurs mystères, et
que c'est pour cela que je l'ai mentionné et clairement exposé,
comme étant utile soit pour la connaissance du *Ma'asé mercabâ*
et du *Ma'asé beréschîth*, soit pour l'explication d'un principe
relatif au prophétisme ou à une opinion vraie quelconque qu'on
doit admettre dans les croyances religieuses.

Après cette observation préliminaire, je reviens accomplir la
tâche que je m'étais imposée [4].

---

(1) Tel me paraît être le sens de la phrase arabe, irrégulièrement
construite et qui signifie mot à mot : *et beaucoup de difficultés seront résolues par la connaissance de ce sujet que je résumerai.*

(2) Littéralement : *que son pôle tourne seulement sur*, etc.

(3) Voy. le t. I, pag. 9, note 2.

(4) Littéralement : *je reviens achever ce à quoi je m'étais attaché, ou ce
dans quoi je m'étais engagé.*

CHAPITRE III.

Sache que les opinions qu'émet Aristote sur les causes du mouvement des sphères, et dont il a conclu qu'il existe des *Intelligences séparées*, quoique ce soient des hypothèses non susceptibles d'une démonstration, sont cependant, d'entre les opinions qu'on peut énoncer, celles qui sont le moins sujettes au doute et qui se présentent avec le plus de méthode [1], comme le dit Alexandre dans (son traité) *les Principes de toutes choses* [2]. Ce sont aussi des énoncés, qui, comme je l'exposerai, sont d'accord avec beaucoup d'entre ceux de la Loi, surtout selon l'explication des *Midraschim* les plus célèbres, qui, sans doute, appartiennent à nos sages. C'est pourquoi, je citerai ses opinions [3] et ses preuves, afin d'en choisir ce qui est d'accord avec la Loi et conforme aux énoncés des sages [que leur mémoire soit bénie !].

CHAPITRE IV.

Que la sphère céleste est douée d'une âme, c'est ce qui devient clair quand on examine bien (la chose) [4]. Ce qui fait que

---

(1) Plus littéralement : *et qui courent le plus régulièrement.* אוראהּנא (prononcez أَجْرَاها) est un comparatif (أَجْرَى) avec suffixe, dérivé du participe جار, *courant, marchant.*

(2) Ce traité d'Alexandre d'Aphrodisias, qui n'existe plus en grec, paraît être le même qui est mentionné par Casiri, sous le titre de *De Rerum creatarum principiis*, et dont la traduction arabe se trouve dans le mss. arabe n° DCCXCIV de l'Escurial. Voy. Casiri, *Biblioth. arab. hisp.*, t. I, pag. 242.

(3) C'est-à-dire, les opinions d'Aristote.

(4) Cf. le traité *Du Ciel*, l. II, chap. 2, où Aristote appelle le ciel un être *animé*, ayant en lui-même un principe de mouvement (ὁ δ'οὐρανὸς ἔμψυχος καὶ ἔχει κινήσεως ἀρχήν). Ailleurs, cependant, Aristote paraît attribuer le mouvement circulaire du ciel, comme le mouvement droit des élé-

celui qui entend cela le croit une chose difficile à comprendre, ou le rejette bien loin, c'est qu'il s'imagine que, lorsque nous disons *douée d'une âme*, il s'agit d'une âme comme celle de l'homme, ou comme celle de l'âne et du bœuf. Mais ce n'est pas là le sens de ces mots, par lesquels on veut dire seulement que son mouvement local [1] prouve qu'elle a indubitablement dans elle un principe par lequel elle se meut, et ce principe, sans aucun doute, est une *âme*. En effet, — pour m'expliquer plus clairement, — il est inadmissible que son mouvement circulaire soit semblable au mouvement droit de la pierre vers le bas, ou du feu vers le haut, de sorte que le principe de ce mouvement soit une *nature* [2],

---

ments, à une nature inhérente au corps céleste (*Ibid.*, liv. I, ch. 2), et d'autres fois, il l'attribue à un désir que fait naître en lui l'intelligence suprême, vers laquelle il est attiré (*Métaph.*, XII, 7). Ici, comme dans la théorie des différents intellects (voir t. I, p. 304 et suiv.), l'obscurité et le vague qui règnent dans les théories d'Aristote ont donné lieu à des interprétations diverses. Les philosophes arabes, et notamment Ibn-Sinâ, combinant ensemble les opinions des commentateurs néoplatoniciens et les théories astronomiques, ont formé, sur le mouvement des corps célestes et sur l'ordre des sphères et des Intelligences, la doctrine développée par Maïmonide dans ce chapitre et dans les suivants, et qui, sur divers points, a été combattue par Ibn-Roschd. Voy. *Avicennæ opera* (Venise, 1495, in-fol.), *Métaph.*, liv. IX, chap. II-IV; Schahrestâni, p. 380 et suiv. (trad. all., t. II, p. 261 et suiv.); *Al-Nadjâh*, ou *Abrégé de la Philosophie d'Ibn-Sinâ* (à la suite du *Canon*), pag. 71 et suiv.; Averroès, *Epitome in libros Metaphys. Aristotelis*, tract. IV. Cf. Albert le Grand, *De Causis et processu universitatis*, lib. I, tract. IV, cap. 7 et 8, et lib. II, tract. II, cap. 1 (*opp. omn.*, t. V, p. 559 et suiv., p. 586 et suiv.); Saint Thomas d'Aquin, *De Substantiis separatis*, cap. II (opp. t. XVII, fol. 16 *verso* et suiv.)

(1) C'est-à-dire, le mouvement local de la sphère céleste.

(2) Le principe du mouvement propre aux éléments, qui est la gravité ou la légèreté, est désigné par Aristote comme une *nature* (φύσις) inhérente aux éléments. Ceux-ci se meuvent en ligne droite, tantôt conformément à leur nature (κατὰ φύσιν), comme par exemple la terre vers le bas et le feu vers le haut, tantôt, et par une force extérieure, contrairement à leur nature (παρὰ φύσιν). Voy. le traité *Du Ciel*, I, 2; III, 2; IV, 3, et *passim*. Cf. ci-dessus, p. 8, note 1, et p. 10, note.

et non pas une *âme*; car ce qui a ce mouvement *naturel*, le principe qui est dans lui le meut uniquement pour chercher son lieu (naturel), lorsqu'il se trouve dans un autre lieu, de sorte qu'il reste en repos dès qu'il est arrivé à son lieu [1], tandis que cette sphère céleste se meut circulairement (en restant toujours) à la même place. Mais il ne suffit pas qu'elle soit douée d'une âme, pour qu'elle doive se mouvoir ainsi; car tout ce qui est doué d'une âme ne se meut que par une *nature*, ou par une *conception*. — Par *nature* je veux dire ici (ce qui porte l'animal) à se diriger vers ce qui lui convient et à fuir ce qui lui est contraire, n'importe que ce qui le met ainsi en mouvement soit en dehors de lui, — comme, par exemple, lorsque l'animal fuit la chaleur du soleil, et que, ayant soif, il cherche le lieu de l'eau, — ou que son moteur soit l'imagination [car l'animal se meut aussi par la seule imagination de ce qui lui est contraire et de ce qui lui convient]. — Or, cette sphère ne se meut point dans le but de fuir ce qui lui est contraire ou de chercher ce qui lui convient; car le point vers lequel elle se meut est ausssi son point de départ, et chaque point de départ est aussi le point vers lequel elle se meut. Ensuite, si son mouvement avait ce but-là, il faudrait qu'arrivée au point vers lequel elle se meut, elle restât en repos; car si elle se mouvait pour chercher ou pour fuir quelque chose, sans qu'elle y parvînt jamais, le mouvement serait en vain. Son mouvement circulaire ne saurait donc avoir lieu qu'en vertu d'une certaine *conception* [2], qui lui impose de

(1) Cf. la Iʳᵉ partie de cet ouvrage, chap. LXXII (t. I, p. 359).

(2) Le verbe تصوّر est dérivé de صورة, *forme*, et signifie, selon le livre *Ta'rîfât*, حصول صورة الشى ﻓ العقل, *recevoir dans l'intellect la forme d'une chose*. L'infinitif, que nous traduisons ici par *conception*, pourrait se rendre aussi par *pensée* ou *idée* (cf. le t. I, p. 116, note 3); dans les versions arabes d'Aristote, les mots τὸ νοεῖν, νόησις et νόημα sont souvent rendus par تصوّر بالعقل, ou simplement par تصوّر. Voy. p. ex. le traité *De l'Ame*, liv. I, chap. 1 (§ 9): Μάλιστα δ' ἔοικεν ἰδίῳ τὸ νοεῖν; en arabe: والذى يشبه ان يكون يخصّها هو التصوّر بالعقل (ms. hébr. de

se mouvoir ainsi. Or, la conception n'a lieu qu'au moyen d'un *intellect;* la sphère céleste, par conséquent, est douée d'un intellect [1]. Mais tout ce qui possède un intellect, par lequel il conçoit une certaine idée, et une âme, par laquelle il lui devient possible de se mouvoir, ne se meut pas (nécessairement) quand il conçoit (une idée); car la seule conception ne nécessite pas le mouvement. Ceci a été exposé dans la *Philosophie première* (ou dans la *Métaphysique*), et c'est clair aussi (en soi-même). En effet, tu trouveras par toi-même que tu conçois beaucoup de choses vers lesquelles aussi tu es capable de te mouvoir, et que cependant tu ne te meus pas vers elles, jusqu'à ce qu'il te survienne nécessairement un désir (qui t'entraîne) vers cette chose que tu as conçue, et alors seulement tu te meus pour obtenir ce que tu as conçu. Il est donc clair que ni l'*âme* par laquelle se fait le mouvement, ni l'*intellect* par lequel on conçoit la chose, ne suffisent pour produire le mouvement dont il s'agit jusqu'à ce qu'il s'y joigne un *désir* de la chose conçue. Il s'ensuit de là que la sphère céleste a le désir (de s'approcher) de ce qu'elle a conçu, à savoir de l'objet aimé, qui est Dieu [que son

---

la Biblioth. imp., ancien fonds, n° 317, fol. 104 *recto*, col. *b*). *Ibid.*, chap. 4 (§ 14): και τὸ νοεῖν δή; en arabe : والتصور بالعقل (même ms., fol. 113, col. *d*). *Métaph.*, liv. XII, chap. 7 : ἀρχὴ δὲ ἡ νόησις; version hébr.: וההתחלה הוא הציור בשכל; vers. ar. lat. (in-fol., fol. 150, col. *a*): « Principium autem est *imaginatio per intellectum.* » Le mot تصور indique aussi la simple *notion* (νόημα), dans laquelle il n'y a ni vrai ni faux, et dans ce sens il est opposé à تصديق (affirmation), indiquant la combinaison de pensées (σύνθεσις νοημάτων), dans laquelle il y a erreur et vérité. Voy. Arist., *Catégories*, chap. 2 commencement, et chap. 4 (II) fin; traité *De l'Interprétation*, chap. 1; traité *De l'Ame*, liv. III, chap. 6 (§ 1); et *ibid.* le commentaire d'Averroès (édit. in-fol., fol. 171, col. *c*).

(1) C'est-à-dire, d'une intelligence qu'elle possède dans elle, semblable à la faculté rationnelle de l'homme, et qu'il ne faut pas confondre avec l'intelligence *séparée*, qui est en dehors de la sphère. Cf. la 1re partie de cet ouvrage, chap. LXXII (p. 373-374).

nom soit exalté!]. C'est à ce point de vue qu'on a dit que Dieu met en mouvement la sphère céleste, c'est-à-dire, que la sphère désire s'assimiler à l'objet de sa perception [1], et c'est là cette chose conçue (par elle), qui est d'une simplicité extrême, dans laquelle il ne survient absolument aucun changement, ni aucune situation nouvelle, et dont le bien émane continuellement. Mais la sphère céleste, en tant qu'elle est un corps, ne peut cela que parceque son action est le mouvement circulaire, pas autrement [car le plus haut point de perfection que le corps puisse atteindre, c'est d'avoir une action perpétuelle]. C'est là le mouvement le plus simple que le corps puisse posséder, et (cela étant) il ne survient aucun changement, ni dans son essence, ni dans l'épanchement des bienfaits qui résultent de son mouvement [2].

Aristote, après avoir reconnu tout cela, se livra à un nouvel examen, par lequel il trouva démonstrativement (qu'il y a) des sphères nombreuses, dont les mouvements respectifs diffèrent les uns des autres par la vitesse, par la lenteur, et par la direction [3], quoiqu'elles aient toutes en commun le mouvement circulaire. Cette étude physique le porta à croire que la chose que conçoit telle sphère, de manière à accomplir son mouvement rapide en un jour, doit nécessairement différer de celle que

(1) Cf. Aristote, *Métaph.*, l. XII, ch. 7 (édit. de Brandis, p. 248): Ἐπιθυμητὸν γὰρ τὸ φαινόμενον καλόν, βουλητὸν δὲ πρῶτον τὸ ὂν καλόν. Conformément à la doctrine d'Ibn-Sinâ, Maïmonide considère Dieu et les autres *Intelligences séparées* comme les *causes finales* du mouvement des sphères célestes, qui, comme on l'a vu, possèdent en elles-mêmes les *causes efficientes* immédiates de leur mouvement, à savoir leurs *âmes* et leurs *intellects*.

(2) C'est-à-dire, dans l'influence bienfaisante que le corps céleste exerce sur le monde sublunaire. Cf. le t. I, chap. LXXII, p. 361 et suiv.

(3) C'est-à-dire, que le mouvement dans les unes est plus rapide ou plus lent que dans les autres, et qu'elles ne se dirigent pas toutes du même côté. Voyez pour ce paragraphe la *Métaphys.* d'Aristote, liv. XII, chap. 8. L'auteur a mêlé aux considérations d'Aristote les théories astronomiques qui avaient cours chez les Arabes, notamment celles de Ptolémée.

conçoit telle autre sphère, qui accomplit un seul mouvement en trente ans [1]. Il en a donc décidément conclu qu'il y a des *Intelligences séparées,* du même nombre que celui des sphères, que chacune des sphères éprouve un désir pour cette intelligence, qui est son principe, et que celle-ci lui imprime le mouvement qui lui est propre, de sorte que telle intelligence (déterminée) met en mouvement telle sphère. Ni Aristote, ni aucun autre [2], n'a décidé que les intelligences soient au nombre de dix ou de cent ; mais il a dit qu'elles sont du même nombre que les sphères. Or, comme on croyait, de son temps, que les sphères étaient au nombre de cinquante, Aristote dit : « S'il en est ainsi, les *Intelligences séparées* sont au nombre de cinquante [3]. » Car les connaissances mathématiques étaient rares de son temps, et ne s'étaient pas encore perfectionnées ; on croyait que pour chaque mouvement il fallait une sphère, et on ne savait pas que l'inclinaison d'une seule sphère faisait naître plusieurs mouvements visibles, comme, par exemple, le mouvement de longitude, le mouvement de déclinaison, et aussi le mouvement (apparent) qu'on voit sur le cercle de l'horizon, dans l'*amplitude*

---

(1) L'auteur fait allusion, d'une part, au mouvement *diurne* qu'accomplit la sphère supérieure, ou la neuvième sphère, de l'orient à l'occident, dans l'espace de 24 heures, et d'autre part, au mouvement *périodique* de la planète de Saturne, de l'occident à l'orient, qui dure trente ans. Cf. le tome 1er, pag. 357, note 3.

(2) C'est-à-dire, aucun de ses contemporains.

(3) Ceci n'est pas entièrement exact, et l'auteur a seulement voulu donner un nombre rond. Aristote dit que, selon un système, on doit admettre cinquante-cinq sphères, et selon un autre, quarante-sept. Voy. *Métaph.,* XII, 8. Ibn-Sinâ, que notre auteur a probablement suivi, s'exprime plus exactement en disant que, selon Aristote, si les Intelligences sont en raison des sphères, il y en aura *environ* cinquante : « et sequetur secundum sententiam magistri primi quod sunt *circiter quinquaginta et amplius.* » Voy. *Avicennæ opera, Metaphysica,* liv. IX, chap. 3 (fol. 104 *recto,* col. *b.*)

des levants et des couchants [1]. Mais ce n'est pas là notre but, et nous revenons à notre sujet [2].

Si les philosophes modernes ont dit que les Intelligences sont au nombre de *dix*, c'est qu'ils ont compté les globes ayant des astres et la sphère *environnante*, bien que quelques-uns de ces globes contiennent plusieurs sphères. Or, ils ont compté neuf globes, (à savoir) la sphère qui environne tout, celle des étoiles fixes, et les sphères des sept planètes. Quant à la dixième Intelligence, c'est l'*intellect actif*, dont l'existence est prouvée par nos intellects passant de la puissance à l'acte, et par les formes survenues aux êtres qui naissent et périssent, après qu'elles n'ont été dans leurs matières qu'en puissance [3]. Car,

---

(1) L'auteur veut dire, ce me semble, qu'en supposant à une planète une sphère *inclinée*, c'est-à-dire une sphère dont l'axe est oblique à l'écliptique et dont les poles par conséquent s'écartent de ceux de la sphère des étoiles fixes, on se rend compte à la fois 1° du mouvement périodique en longitude, ou d'occident en orient, 2° du mouvement de déclinaison vers le nord ou le sud, et 3° du mouvement qui s'aperçoit sur le cercle de l'horizon dans les arcs compris entre l'équateur et la limite du lever et du coucher de chaque planète (*amplitude ortive* et *occase*); car, par suite du mouvement de déclinaison, les points des levers et des couchers des planètes varient de jour en jour dans l'étendue de ces arcs de l'horizon.

(2) Littéralement : *à ce dans quoi nous étions.*

(3) Ainsi que nous l'avons dit, l'auteur, dans cette énumération des Intelligences, a suivi Ibn-Sinâ, qui, outre l'Intelligence suprême, ou Dieu, admet dix Intelligences, dont la première, qui émane directement de Dieu (Cf. ci-après, chap. xxii), est celle de la sphère du mouvement diurne, qui environne tout l'univers, et dont la dernière, émanée de l'Intelligence de la sphère lunaire, est l'*intellect actif*. Voy. *Avicennæ opera, Metaph.*, IX, *l. c.* : « Si autem circuli planetarum fuerint sic quod principium motus circulorum uniuscujusque planetarum sit vîrtus fluens a planeta, tunc non erit longe quin *separata* sint secundum numerum planetarum, non secundum numerum circulorum; et tunc eorum numerus est decem post primum (c'est-à-dire Dieu). Primum autem eorum est Intelligentia quæ non movetur, cujus est movere sphæram corporis ultimi (c'est-à-dire la sphère *diurne*).

tout ce qui passe de la puissance à l'acte a nécessairement en
dehors de lui quelque chose qui l'y fait passer ; et il faut que cet

Deinde id quod sequitur est quod movet sphæram fixarum. Deinde sequitur quod movet sphæram Saturni. Similiter est quousque pervenitur
ad Intelligentiam a qua fluit super nostras animas ; et hæc est Intelligentia mundi terreni, et vocamus eam *Intelligentiam agentem.* » Ibn-Roschd,
identifiant la sphère du mouvement diurne avec celle des étoiles fixes,
n'admet que huit sphères. Voy. *Epitome in libros metaph.*, tract. IV (fol.
182, col. *a*) : « Tandem apud me est remotum quod inveniatur orbis
nonus sine stellis ; nam orbis est stellarum gratia, quæ sunt nobilior pars
ejus.... Orbis autem qui movet motum magnum est nobilior cæteris or-
bibus ; quapropter non videtur nobis quod sit sine stellis, immo apud me
est impossibile. » D'après cela, il n'y aurait en tout que *neuf Intelligences
séparées*, dont la dernière, comme dans la théorie d'Ibn-Sinâ, est l'*intellect actif*. Celui-ci donc, selon la théorie des Arabes, est dans un rapport
intime avec l'Intelligence de la sphère lunaire, dont il émane directement, mais avec laquelle il ne faut pas l'identifier. — [Dans mes *Mélanges de philosophie juive et arabe*, au commencement de la page 332 (Cf.
aussi pag. 165 et 448, et le t. I de cet ouvrage, pag. 277, et note 3),
je me suis exprimé à cet égard d'une manière inexacte, et j'aurais
dû dire : « De la dernière de ces *Intelligences séparées*, qui préside
au mouvement de la sphère la plus rapprochée de nous (celle de
la lune), *émane* l'intellect actif, etc.»] — Le passage d'Ibn-Roschd
(*l. c.*, fol. 184, col. *d*), qu'on a souvent cité pour montrer que,
selon cet auteur, l'intellect actif est lui-même le moteur de la sphère
lunaire (voy. Ritter, *Geschichte der philosophie*, t. VIII, p. 148),
est ainsi conçu dans la version hébraïque : והשכל הפועל הוא יסודר
מסוף .Le mot מסוף אלו המניעים במדרגה וניחו מניע גלגל הירח me
paraît être une traduction inexacte des mots arabes من آخر, et il faut
traduire ainsi : « L'intellect actif émane du dernier de ces moteurs en
rang (c.-à-d. de celui de ces moteurs qui par son rang est le dernier),
que nous supposons être le moteur de la sphère de la lune. » Pour ne
laisser aucun doute à cet égard, je citerai ici un passage du commentaire de Moïse de Narbonne sur le *Makâcid* d'Al-Gazâli, vers la fin de la
IIᵉ partie, ou de la *Métaph.*, où l'on expose (d'après Ibn-Sina) la théorie
des sphères et de leurs intelligences (voy. ms. hébr. du fonds de l'Oratoire, n° 93, fol. 179 *a*) : ואמנם בן רשד וכל הפילוסופים מודים שהשכל
הפועל בלתי מניע לגלגל רק שהוא עשירי לשכלים הנפרדים לפי בן רשד
והשכל הראשון בכלל והוא עשירי לשכלים העלולים מבלתי מנות במחויב

efficient soit de la même espèce que la chose sur laquelle il agit [1]. En effet, le menuisier ne fait pas le coffre parce qu'il est artisan, mais parce qu'il a dans son esprit la *forme* du coffre; et c'est la forme du coffre, dans l'esprit du menuisier, qui a fait passer à l'acte et survenir au bois la forme (objective) du coffre. De même, sans aucun doute, ce qui donne la forme est une forme *séparée*, et ce qui donne l'existence à l'intellect est un intellect, à savoir l'*intellect actif;* de sorte que l'intellect actif est aux éléments et à ce qui en est composé, ce que chaque *intelligence séparée*, appartenant à une sphère quelconque, est à cette sphère [2], et que le rôle de l'*intellect en acte* existant dans nous, lequel est émané de l'*intellect actif* et par lequel nous percevons ce dernier, est le même que celui de l'intellect existant dans chaque sphère, lequel est émané de l'intelligence séparée, et par lequel elle (la sphère) perçoit l'*intelli-*

המציאות לפי אבוחמר. « Ibn-Roschd et tous les philosophes conviennent que l'*intellect actif* n'est le moteur d'aucune sphère céleste. Mais, selon Ibn-Roschd, il est la dixième des Intelligences séparées, si l'on y comprend aussi l'Intelligence première (ou Dieu); tandis que, selon Abou-'Hamed (al-Gazâli), il est la dixième des Intelligences *causées*, sans compter l'*Être nécessaire* (c.-à-d. la première cause absolue, ou Dieu).» — Cf. Albert le Grand, *De Causis et processu universitatis*, liv. I, tract. IV, cap. 8 (opp. t. V, p. 562 *a*) : « Post Intelligentiam autem orbis lunæ et ipsum orbem lunæ, qui (sicut dicit Aristoteles) in aliquo terrestris est, est Intelligentia quæ illustrat super sphæram activorum et passivorum, cujus lumen diffundit in activis et passivis, quæ super animas hominum illustrat, et cujus virtus concipitur in seminibus generatorum et passivorum. »

(1) Littéralement : *et il faut que ce qui fait sortir (ou passer à l'acte) soit de l'espèce de ce qui est fait sortir.*

(2) Les éditions de la version hébraïque d'Ibn-Tibbon portent : יחס כל שכל נבדל המיוחד לגלגל ההוא; on voit qu'il y manque l'équivalent des mots arabes בכל פלך. Dans les mss. de cette version on lit, comme dans celle d'Al-'Harizi : המיוחר בגלגל לגלגל ההוא; le mot בגלגל rend le mot arabe באלפלך, que portent quelques mss. ar. au lieu de בכל פלך.

gence séparée, la conçoit, désire s'assimiler à elle, et arrive ainsi au mouvement. Il s'ensuit aussi pour lui [1] ce qui déjà a été démontré, à savoir : que Dieu ne fait pas les choses par contact; quand (par exemple) il brûle [2], c'est par l'intermédiaire du feu, et celui-ci est mû par l'intermédiaire du mouvement de la sphère céleste, laquelle à son tour est mue par l'intermédiaire d'une *Intelligence séparée*. Les Intelligences sont donc les *anges qui approchent* (de Dieu) [3], et par l'intermédiaire desquels les sphères sont mises en mouvement. Or, comme les Intelligences séparées ne sont pas susceptibles d'être nombrées sous le rapport de la diversité de leurs essences, — car elles sont incorporelles, — il s'ensuit que, d'après lui (Aristote), c'est Dieu qui a produit la première Intelligence, laquelle met en mouvement la première sphère, de la manière que nous avons exposée; l'Intelligence qui met en mouvement la deuxième

(1) C'est-à-dire, pour *Aristote*, à qui notre auteur attribue le fond de la théorie qu'il vient d'exposer.

(2) Littéralement : *mais (il en est) comme (quand) il brûle par l'intermédiaire, etc.*—Ibn-Tibbon, ayant pris les mots כמא אן dans leur sens ordinaire de *de même que*, a écrit, pour compléter la phrase, כן הגלגל (*de même* la sphère), tandis que tous les mss. ar. portent simplement ואלפלך (*et* la sphère).

(3) Les mots الملائكة المقرّبون sont empruntés au Korân (chap. IV, v. 170), où ils désignent la Iʳᵉ classe des anges, ou les *chérubins*. On ne saurait admettre que Maïmonide, dans un ouvrage destiné aux Juifs, ait reproduit avec intention une expression du Korân. Tout le passage est sans doute emprunté à l'un des philosophes arabes, probablement à Ibn-Sînâ, ou à Al-Gazâli. Ce dernier, parlant des philosophes, s'exprime en ces termes (*Destruction des philosophes*, XVIᵉ question, vers. hébr.): וכבר חשבו שהמלאכים השמיים הם נפשות הגלגלים ושהמלאכים הנקראים כרובים המתקרבים הם השכלים חמופשטים. «Ils prétendent que les *anges célestes* sont les âmes des sphères, et que les *anges qui approchent*, appelés *chérubins*, sont les Intelligences abstraites (ou *séparées*). » Cf. Averroès, *Destr. destructionis*, disputat. XVI, au commencement. — Sur l'identification des anges avec les Intelligences séparées, voy. ci-après, chap. VI.

sphère n'a pour cause et pour principe que la première Intelligence, et ainsi de suite [1]; de sorte que l'Intelligence qui met en mouvement la sphère voisine de nous [2] est la cause et le principe de l'*intellect actif*. Celui-ci est la dernière des Intelligences séparées [3], de même que les corps aussi, commençant par la sphère supérieure, finissent par les éléments et par ce qui se compose de ceux-ci. On ne saurait admettre que l'Intelligence qui met en mouvement la sphère supérieure soit elle-même l'Être *nécessaire* (absolu); car, comme elle a une chose de commun avec les autres Intelligences, à savoir, la mise en mouvement des corps (respectifs), et que toutes elles se distinguent les unes des autres par une autre chose, chacune des dix est (composée) de deux choses [4], et, par conséquent, il faut qu'il y ait une cause première pour le tout.

Telles sont les paroles d'Aristote et son opinion. Ses preuves [5]

(1) En d'autres termes : Comme les Intelligences ne constituent pas d'essences diverses, distinctes les unes des autres, de manière à pouvoir être nombrées comme des unités diverses, il s'ensuit qu'elles ne peuvent l'être qu'en tant qu'elles sont les causes et les effets les unes des autres; de sorte que Dieu n'est la cause immédiate que de la première Intelligence, laquelle à son tour est la cause de la deuxième Intelligence, et ainsi de suite. Voy. la XVI° des propositions placées en tête de cette II° partie.

(2) C'est-à-dire, la sphère de la lune.

(3) Littéralement : *A celui-ci aboutit l'existence des Intelligences séparées.*

(4) C'est-à-dire : Puisque, d'une part, la première Intelligence a cela de commun avec les autres qu'elle met en mouvement sa sphère respective, et que, d'autre part, toutes les intelligences se distinguent entre elles en ce qu'elles sont les causes et les effets les unes des autres, on peut distinguer dans la première, comme dans toutes les autres, deux idées différentes, car elle est en même temps le moteur de la première sphère et la cause efficiente de la deuxième Intelligence; elle est donc *composée*, et elle ne saurait être considérée comme l'Être *nécessaire*, qui est d'une simplicité absolue. Cf. le chap. XXII de cette II° partie.

(5) Il manque ici; dans presque toutes les éditions de la version d'Ibn-Tibbon, le mot וראיותיו qu'on trouve dans les mss. et dans l'édition *princeps*.

sur ces choses ont été exposées, autant qu'elles peuvent
l'être [1], dans les livres de ses successeurs. Ce qui résulte de
toutes ses paroles, c'est que toutes les sphères célestes sont des
corps vivants, possédant une âme et un intellect ; qu'elles conçoivent et perçoivent Dieu, et qu'elles perçoivent aussi leurs
principes [2] ; enfin, qu'il existe des *Intelligences séparées*, absolument incorporelles, qui toutes sont émanées de Dieu, et qui
sont les intermédiaires entre Dieu et tous ces corps (célestes). — Et maintenant je vais t'exposer, dans les chapitres suivants, ce que notre Loi renferme, soit de conforme, soit de contraire à ces opinions.

CHAPITRE V.

Que les sphères célestes sont vivantes et *raisonnables*, je
veux dire (des êtres) qui *perçoivent*, c'est ce qui est aussi (proclamé) par la Loi une chose vraie et certaine; (c'est-à-dire)
qu'elles ne sont pas des corps morts, comme le feu et la terre,
ainsi que le croient les ignorants, mais qu'elles sont, comme
disent les philosophes, des êtres animés, obéissant à leur maître,
le louant et le glorifiant de la manière la plus éclatante [3]. On a
dit : *Les cieux racontent la gloire de Dieu, etc.* (Ps xix, 2); et

(1) Au lieu de שכלם, qu'ont ici toutes les éditions de la version d'Ibn-
Tibbon, il faut lire סבלם, nom d'action du verbe סבל, qui, comme le
verbe arabe احتمل, a le sens de *supporter, soutenir, être admissible* ou
possible. Le pronom suffixe se rapporte à *ses preuves*.

(2) C'est-à-dire, par l'intellect qu'elles possèdent dans elles (et qu'il
ne faut pas confondre avec l'Intelligence séparée), elles ont la *conception* ou la *pensée* de l'Être divin, qu'elles *perçoivent* ensuite par le *désir* qui
les attire vers lui. En même temps, elles perçoivent leurs principes ;
c'est-à-dire, que chacune d'elles perçoit les Intelligences qui lui sont
supérieures, et dont elles émanent plus directement.

(3) Littéralement : *qui le louent et le glorifient; et quelle louange! et
quelle glorification !*

combien serait-il éloigné de la conception de la vérité celui qui croirait que c'est ici une simple métaphore [1] ! car la langue hébraïque n'a pu employer à la fois les verbes הִגִּיד (annoncer) et סִפֵּר (raconter) qu'en parlant d'un Être doué d'intelligence. Ce qui prouve avec évidence que (le Psalmiste) parle ici de quelque chose qui leur est inhérent à elles-mêmes, je veux dire aux sphères, et non pas de quelque chose que les hommes leur attribuent [2], c'est qu'il dit : *Ni discours, ni paroles; leur voix n'est pas entendue (Ibid.*, v. 4); il exprime donc clairement qu'il parle d'elles-mêmes (en disant) qu'elles louent Dieu et qu'elles racontent ses merveilles sans le langage des lèvres et de la langue. Et c'est la vérité; car celui qui loue par la parole ne fait qu'annoncer ce qu'il a conçu, mais c'est dans cette conception même que consiste la vraie louange, et, si on l'exprime, c'est pour en donner connaissance aux autres, ou pour mani-

---

(1) Littéralement : *celui qui croirait que c'est ici la langue de l'état ou de l'attitude;* c'est-à-dire, le langage muet et figuré que, dans notre pensée, nous prêtons aux objets. « L'expression لسان الحال, dit Silvestre de Sacy, est une métaphore qui s'emploie en parlant des choses dont la seule vue prouve aussi bien et souvent mieux que toutes les paroles la vérité d'un fait. C'est ainsi que nous disons en français: *Les faits parlent avec évidence.* Ainsi les Arabes disent que la maigreur d'un homme, son air hâve et décharné, ses habits usés et déchirés, disent, *par la langue de leur état*, qu'il a été le jouet de la mauvaise fortune, et implorent pour lui la commisération des hommes généreux. » Voy. *Chrest. ar.* (2ᵉ édition), t. I, pag. 461. Maïmonide veut dire que ceux-là sont loin de la vérité, qui s'imaginent que dans les paroles du Psalmiste il s'agit d'un langage qui n'existe que dans l'imagination du poëte et que par métaphore il attribue aux cieux; car les sphères célestes, êtres vivants et intelligents, ont réellement un langage en elles-mêmes, et non pas seulement dans notre pensée, quoique leur langage ne consiste pas en paroles. — Les mots לְשׁוֹן הָעִנְיָן, par lesquels la version d'Ibn-Tibbon rend les mots arabes לסאן אלחאל, sont peu intelligibles; Al-'Harizi, pour laisser deviner le vrai sens, a mis : לְשׁוֹן הָעִנְיָן הַנִּרְאָה מֵהֶם.

(2) Littéralement : *qu'il décrit leur état en elles-mêmes, je veux dire l'état des sphères, et non pas l'état de la réflexion des hommes à leur égard,* c'est-à-dire, de la réflexion que font les hommes en les contemplant.

fester qu'on a eu soi-même une certaine perception. On a dit
(à ce sujet) : *Dites (pensez) dans votre cœur, sur votre couche, et
demeurez silencieux* (Ps. IV, 5), ainsi que nous l'avons déjà exposé [1]. Cette preuve, tirée de l'Écriture sainte, ne sera contestée
que par un homme ignorant ou qui aime à contrarier. Quant à
l'opinion des docteurs à cet égard, elle n'a besoin, je crois, ni
d'explication, ni de preuve. Tu n'as qu'à considérer leur rédaction de la *bénédiction de la lune* [2], et ce qui est souvent répété
dans les prières [3], ainsi que les textes des *Midraschim* sur ces
passages : *Et les armées célestes se prosternent devant toi* (Néhé-
mie, IX, 6) [4] ; *Quand les étoiles du matin chantaient ensemble
et que les fils de Dieu faisaient éclater leur joie* (Job. XXXVIII, 7) [5].
Ils y reviennent souvent dans leurs discours Voici comment ils
s'expriment, dans le *Beréschith rabbâ*, sur cette parole de Dieu :
Et la terre était TOHOU *et* BOHOU (Gen. I, 2) : « Elle était *tohâ* et
bohâ [c'est-à-dire, la terre se lamentait et se désolait de son
malheureux sort] ; moi et eux, disait-elle, nous avons été créés

---

(1) Voy. t. I, à la fin du chap. L et chap. LXIV (pag. 288).

(2) L'auteur fait allusion à la prière qu'on doit réciter après l'apparition de la nouvelle lune, et où on dit, en parlant des astres : ששים ושמחים
לעשות רצון קונם וכו׳, *ils se réjouissent de faire la volonté de leur créateur, etc.*;
ce qui prouve qu'on leur attribue l'intelligence.

(3) Par exemple, dans la prière du matin : פנות צבאות קדושים וכו׳,
« les chefs des armées de saints, exaltant le Tout-Puissant, racontent
« sans cesse la gloire et la sainteté de Dieu. »

(4) Dans le Talmud, on dit allégoriquement que le soleil parcourt le
ciel, se levant à l'orient et se couchant à l'occident, afin de saluer jour-
nellement le Créateur, ainsi qu'il est dit : *Et les armées célestes se prosternent devant toi.* Voy. le traité *Synhedrin*, fol. 91 *b*, et le *Midrasch Yalkout*, n° 1071.

(5) Selon le Talmud (traité '*Hullin*, fol. 91 *b*), ce sont les Israélites
qu'on désigne ici allégoriquement par les mots *étoiles du matin*, tandis
que par *les fils de Dieu* on entend les anges, qui, selon Maïmonide, ne
sont autre chose que les *Intelligences des sphères*. Le verset de Job est
donc expliqué ainsi : *Après que les croyants ont chanté leurs hymnes du matin, les anges aussi entonnent leurs chants célestes.*

ensemble [c'est-à-dire, la terre et les cieux]; mais les choses supérieures sont vivantes, tandis que les choses inférieures sont mortes [1]. » Ils disent donc clairement aussi que les cieux [2] sont des corps vivants, et non pas des corps morts, comme les éléments. Ainsi donc il est clair que, si Aristote a dit que la sphère céleste a la *perception* et la *conception*, cela est conforme aux paroles de nos prophètes et des soutiens de notre Loi [3], qui sont les docteurs.

Il faut savoir aussi que tous les philosophes conviennent que le régime de ce bas monde s'accomplit par la force qui de la sphère céleste découle sur lui, ainsi que nous l'avons dit [4], et que les sphères perçoivent et connaissent les choses qu'elles régissent. Et c'est ce que la Loi a également exprimé en disant (des armées célestes) : *que Dieu les a données en partage à tous les peuples* (Deut. IV, 19), ce qui veut dire qu'il en a fait des intermédiaires pour gouverner les créatures, et non pour qu'elles fussent adorées. On a encore dit clairement : *Et pour dominer*

---

(1) Voy. le Midrasch, *Beréschtth rabbâ*, sect. II (fol. 2, col. *c*). Selon notre auteur, les mots *tohou* et *bohou* de la Genèse (I, 2), qui signifient *informe* et *vide*, ou *dans un état chaotique*, sont considérés par le *Midrasch* comme des participes ayant le sens de *se lamentant, se désolant*. — Nous avons reproduit les paroles du *Midrasch* telles qu'elles se trouvent dans tous les mss. arabes et hébreux du *Guide*. Au lieu de אני והן, *moi et eux*, les éditions du *Midrasch* portent העליונים והתחתונים, *les supérieurs et les inférieurs;* ce sont les éditeurs de la version d'Ibn-Tibbon, qui, pour rendre la phrase plus correcte, ont changé le verbe נבראו, *ont été créés*, en נבראנו, *nous avons été créés*.

(2) Les éditions de la version d'Ibn-Tibbon portent הגלגלים, *les sphères;* les mss. ont, conformément au texte ar., השמים, *les cieux*.

(3) Littéralement : *De ceux qui portent notre Loi*, c.-à-d. qui en sont les dépositaires et qui ont pour mission de veiller sur sa conservation. Ibn-Tibbon traduit : וחכמי תורתנו, *les sages de notre Loi;* Al-'Harîzi : ומקבלי תורתנו, *ceux qui ont reçu notre Loi*. Il vaudrait mieux traduire en hébreu : ונושאי תורתנו.

(4) Voy. le t. I, chap. LXXII, pag. 361 et suiv., et ci-après, chap. X et suiv., et Cf. ci-dessus, pag. 55, note 2.

(ולמשל) *sur le jour et sur la nuit, et pour séparer, etc.* (Gen. I. 18) ; car le verbe משל signifie *dominer en gouvernant*. C'est là une idée ajoutée à celle de la *lumière* et des *ténèbres*, qui sont la cause prochaine de la naissance et de la destruction [1] ; car de l'idée de la lumière et des ténèbres (produites par les astres) on a dit : *et pour séparer la lumière des ténèbres* (*Ibid.*). Or, il est inadmissible que celui qui *gouverne* une chose n'ait pas la connaissance de cette chose, dès qu'on s'est pénétré du véritable sens qu'a ici le mot *gouverner*. Nous nous étendrons encore ailleurs sur ce sujet.

CHAPITRE VI.

Quant à l'existence des anges, c'est une chose pour laquelle il n'est pas nécessaire d'alléguer une preuve de l'Ecriture ; car la Loi se prononce à cet égard dans beaucoup d'endroits. Tu sais déjà qu'ÉLOHIM est le nom des *juges* (ou des *gouvernants*) [2] ; p. ex. *devant les Elohîm* (juges) *viendra la cause des deux* (Exod. XXII, 9). C'est pourquoi ce nom a été métaphoriquement employé pour (désigner) les anges, et aussi pour *Dieu*, parce qu'il est le juge (ou le *dominateur*) des anges ; et c'est pourquoi aussi on a dit (Deut. x, 17) : *Car l'Eternel votre Dieu*, ce qui est une allocution à tout le genre humain ; et ensuite : *Il est le Dieu des dieux*, c'est-à-dire le dieu des anges, *et le Seigneur des seigneurs*, c'est-à-dire le maître des sphères et des astres, qui sont les *seigneurs* de tous les autres corps. C'est là le vrai sens, et les mots *élohîm* (dieux) et *adonîm* (seigneurs) ne sauraient désigner ici des êtres humains [3] ; car ceux-ci seraient trop infimes pour

---

(1) Voy. le t. I, pag. 362, note 2.

(2) Voy. la Ire partie, chap. II, pag. 37.

(3) Littéralement : *Les* ELOHIM *et les* ADONIM *ne sauraient être de l'espèce humaine*, c'est-à-dire, en prenant ces mots dans le sens de *juges* et de *dominateurs*.

cela [1] ; et d'ailleurs les mots *votre Dieu* [2] embrassent déjà toute l'espèce humaine, la partie dominante comme la partie dominée. — Il ne se peut pas non plus qu'on ait voulu dire par là que Dieu est le maître de tout ce qui, en fait (de statues) de pierre et de bois, est réputé une divinité ; car ce ne serait pas glorifier et magnifier Dieu que d'en faire le maître de la pierre, du bois et d'un morceau de métal. Mais ce qu'on a voulu dire, c'est que Dieu est·le dominateur des dominateurs, c'est-à-dire des anges, et le maître des sphères célestes.

Nous avons déjà donné précédemment, dans ce traité, un chapitre où l'on expose que les anges ne sont pas des corps [3]. C'est aussi ce qu'a dit Aristote ; seulement il y a ici une différence de dénomination : lui, il dit *Intelligences séparées*, tandis que nous, nous disons *anges* [4]. Quant à ce qu'il dit, que ces Intelligences séparées sont aussi des intermédiaires entre Dieu et

---

(1) C'est-à-dire : les êtres humains, même les personnages de distinction, sont d'un rang trop inférieur pour être mis directement en rapport avec Dieu, et pour qu'on croie glorifier Dieu en disant qu'il est leur juge et leur dominateur.

(2) Le mot אלהים dans plusieurs éditions de la version d'Ibn-Tibbon est une faute ; il faut lire אלהיכם.

(3) Voy. la Iʳᵉ partie, chap. XLIX.

(4) Albert le grand, qui combat cette identification des anges avec les Intelligences séparées, dit que c'est là une théorie qui appartient particulièrement à Isaac Israeli, à Maïmonide et à d'autres philosophes juifs : « Ordines autem intelligentiarum quos non determinavimus quidam dicunt esse ordines angelorum, et intelligentias vocant angelos ; et hoc quidem dicunt Isaac et Rabbi Moyses et cæteri philosophi Judæorum. Sed nos hoc verum esse non credimus. Ordines enim angelorum distinguuntur secundum differentias illuminationum et theophaniarum, quæ revelatione accipiuntur et fide creduntur, et ad perfectionem regni cœlestis ordinantur in gratia et beatitudine. De quibus philosophia nihil potest per rationem philosophicam determinare. » Voy. *De causis et processu universitatis*, liv. I, tract. IV, cap. 8 (opp. t. V, pag. 563 a). On a vu cependant que les philosophes arabes professent sur les anges la même opinion que Maïmonide. Cf. ci-dessus, pag. 60, note 3.

les (autres) êtres et que c'est par leur intermédiaire que sont
mues les sphères, — ce qui est la cause de la naissance de
tout ce qui naît (1), — c'est là aussi ce que proclament tous les
livres (sacrés) ; car tu n'y trouveras jamais que Dieu fasse quelque chose autrement que par l'intermédiaire d'un ange. Tu sais
que le mot MALAKH (ange) signifie *messager* ; quiconque donc
exécute un ordre est un *malâkh*, de sorte que les mouvements
de l'animal même irraisonnable s'accomplissent, selon le texte
de l'Écriture, par l'intermédiaire d'un *malâkh*, quand ce mouvement est conforme au but qu'avait Dieu, qui a mis dans l'animal une force par laquelle il accomplit ce mouvement. On lit,
p. ex. : *Mon Dieu a envoyé son ange* (MALAKHEH) *et a fermé la
gueule des lions, qui ne m'ont fait aucun mal* (Daniel, VI, 22) ;
et de même tous les mouvements de l'ânesse de Balaam se firent
par l'intermédiaire d'un MALAKH. Les éléments mêmes sont nom-
més MALAKHÎM (*anges* ou *messagers*); p. ex. : *Il fait des vents
ses messagers* (MALAKHÂW) *et du feu flamboyant ses serviteurs.*
(Ps. CIV, 4). Il est donc clair que le mot MALAKH s'applique : 1° au
messager d'entre les hommes, p. ex. : *Et Jacob envoya des
MALAKHÎM* ou *des messagers* (Gen. XXXII, 3) ; 2° au *prophète*,
p. ex. : *Et un MALAKH de l'Eternel monta de Guilgal à Bokhîm*
(Juges II, 1) ; *Il envoya un MALAKH et nous fit sortir d'Egypte*
(Nom. XX, 16) ; 3° aux *Intelligences séparées* qui se révèlent
aux prophètes dans la vision prophétique ; enfin 4° aux facultés
animales, comme nous l'exposerons. Ici, nous parlons seulement des *anges*, qui sont des Intelligences séparées ; et certes
notre Loi ne disconvient pas que Dieu gouverne ce monde par
l'intermédiaire des anges. Voici comment s'expriment les docteurs sur les paroles de la Loi : *Faisons l'homme à notre image*
(Gen. I, 26), *Eh bien, descendons* (Ibid. XI,7), où on emploie le

____

(1) C'est-à-dire, des choses sublunaires qui naissent et périssent :
Pour les mots פאן דלך, *ce qui est*, on lit dans les éditions d'Ibn-Tibbon.
אשר תנועתם היא, *dont le mouvement est;* les mss. portent אשר הוא,
ce qui est conforme au texte arabe.

pluriel : « Si, disent-ils, il est permis de parler ainsi, le Très-Saint
ne fait aucune chose qu'après avoir *regardé* la famille supérieure [1]. » Le mot *regardé* est bien remarquable [2]; car Platon
a dit, dans ces mêmes termes, que Dieu ayant *regardé* le monde
des intelligences, ce fut de celui-ci qu'émana l'être [3]. Dans
quelques endroits, ils disent simplement : « le Très-Saint ne fait
aucune chose qu'après avoir *consulté* la famille supérieure [4]. »
Le mot פמליא (familia) signifie *armée* dans la langue grecque [5].
On a dit encore dans le *Beréschîth rabbâ*, ainsi que dans le *Midrasch Kohéleth*, (sur les mots) *ce qu'ils ont déjà fait* (Ecclésiaste
II, 12) : « On ne dit pas ici עשהו, *il l'a fait*, mais עשוהו *ils l'ont
fait*; c'est que, s'il est permis de parler ainsi, lui (Dieu) et son
tribunal se sont consultés sur chacun de tes membres et l'ont
placé sur sa base, ainsi qu'il est dit : *il t'a fait, et il t'a établi*

(1) Voy. ci-après, note 4. Le mot מסתכל (ayant *regardé*), sur lequel
l'auteur insiste ici particulièrement, ne se trouve ni dans les passages
talmudiques que nous indiquons ci-après, ni dans les passages analogues
du *Beréschîth rabbâ*, sect. 8; peut-être cette leçon existait-elle autrefois
dans quelque *Midrasch* qui ne nous est pas parvenu.

(2) Littéralement : *étonne-toi de ce qu'ils disent : ayant* REGARDÉ. אעגב
est ici l'impératif, et c'est à tort qu'Ibn-Tibbon a rendu ce mot par
l'aoriste אתמה, *je m'étonne*. Al-'Harizi traduit : ויש לתמה, *il faut s'étonner*; Ibn-Falaquéra met l'impératif ותמה (*Moré ha-Moré*, pag. 86).

(3) Cf. *Mélanges de philosophie juive et arabe*, p. 100-102 et p. 253-254.

(4) Voy. Talmud de Babylone, traité *Synhedrîn*, fol. 38 *b*, et Talmud
de Jérusalem, même traité, chap. I. Selon Moïse de Narbonne et d'autres
commentateurs, la différence consisterait dans la suppression de la
formule כביכול, *s'il est permis de parler ainsi;* mais je crois qu'elle consiste plutôt dans l'emploi du mot *consulté*, qui n'a pas la même portée
que le mot *regardé*, et qui ne donnerait pas lieu à une comparaison avec
les paroles de Platon.

(5) L'auteur veut dire que par les mots פמליא של מעלה le Talmud
entend l'*armée supérieure* ou *céleste*; c'est probablement en faveur du
rapprochement qu'il a fait avec certaines paroles de Platon qu'il aime à
donner au mot פמליא une origine grecque, tandis que c'est évidemment le mot latin *familia*.

(Deutér. XXXII, 6) [1]. » On a dit encore dans le *Beréschith rabbâ:*
« Partout où il a été dit: ET *l'Éternel,* c'est lui et son tribunal [2]. »

Tous ces textes n'ont pas pour but, comme le croient les ignorants, (d'affirmer) que le Très-Haut parle, ou réfléchit, ou examine, ou consulte, pour s'aider de l'opinion d'autrui [3]; car
comment le Créateur chercherait-il un secours auprès de ce qu'il
a créé? Tout cela, au contraire, exprime clairement que même
les (moindres) particularités de l'univers, jusqu'à la création des
membres de l'animal tels qu'ils sont, que tout cela (dis-je) s'est
fait par l'intermédiaire d'anges; car toutes les facultés sont des
anges. De quelle force [4] est l'aveuglement de l'ignorance, et
combien est-il dangereux! Si tu disais à quelqu'un de ceux qui
prétendent être les *sages d'Israël* que Dieu envoie un ange, qui
entre dans le sein de la femme et y forme le fœtus, cela lui plairait beaucoup; il l'accepterait et il croirait que c'est attribuer à
Dieu de la grandeur et de la puissance, et reconnaître sa haute
sagesse [5]. En même temps il admettrait aussi que l'ange est un

(1) Voy. *Beréschith rabbâ*, sect. 12 (fol. 10, col. *b*), et le *Midrasch* de
Kohéleth, ou de l'Ecclésiaste (fol. 65, col. *b*), où, dans les paroles
obscures de l'Ecclésiaste, on considère Dieu comme sujet du verbe
עשׂוהו, *ils l'ont fait.*

(2) Voy. *Beréschith rabbâ*, sect. 51 (fol. 45, col. *d*). — Le sens de ce
passage est celui-ci: toutes les fois que dans l'Écriture sainte on lit
(ויהוה) *et* l'Éternel, sans qu'on puisse rigoureusement justifier l'emploi
de la conjonction ו, *et*, celle-ci indique que l'action est attribuée à la fois
à Dieu et aux anges qui composent son tribunal.

(3) Littéralement: *qu'il y a là* (c.-à-d. auprès de Dieu) *langage,* —
combien est-il au-dessus de cela! — *ou réflexion, ou examen, ou consulta-
tion et désir de s'aider de l'opinion d'autrui.* La traduction d'Ibn-Tibbon,
שיש לו יתעלה דברים, n'est pas tout à fait littérale. Les mots או התבוננות
doivent être placés avant או שאלת עצה, comme l'ont en effet les mss.

(4) Au lieu de אשֶׁר, Ibn-Tibbon et Al-'Harizi ont lu אשֵׁר (avec *resch*),
car ils traduisent l'un et l'autre: מה מאד רע; Ibn-Falaquéra traduit:
מה מאד קשה (*Moré ha-Moré*, pag. 87).

(5) Plus littéralement: *et il y verrait une grandeur et une puissance à
l'égard de Dieu et une sagesse de la part du Très-Haut.* Dans plusieurs mss.

corps (formé) d'un feu brûlant, et qu'il a la grandeur d'environ
un tiers de l'univers entier; et tout cela lui paraîtrait possible à
l'égard de Dieu. Mais, si tu lui disais que Dieu a mis dans le
sperme une force formatrice qui façonne et dessine ces membres,
et que c'est là l'*ange*, ou bien que toutes les formes viennent de
l'action de l'*intellect actif* et que c'est lui qui est l'ange et le
prince du monde dont les docteurs parlent toujours, il repousse-
rait une telle opinion [1]; car il ne comprendrait pas le sens de
cette grandeur et de cette puissance véritables, qui consistent à
faire naître dans une chose des forces actives, imperceptibles
pour les sens. Les docteurs ont donc clairement exposé, pour
celui qui est véritablement un *sage*, que chacune des forces corporelles est un *ange*, à plus forte raison les forces répandues dans
l'univers, et que chaque force a une certaine action déterminée,
et non pas deux actions. Dans le *Beréschîth rabbâ* on lit : «Il a
été enseigné : un seul ange ne remplit pas deux missions, et deux
anges ne remplissent pas la même mission [2]; » — et c'est là en
effet une condition de toutes les forces (physiques). Ce qui te con-
firmera encore que toutes les forces individuelles, tant physiques
que psychiques, sont appelées *anges*, c'est qu'ils disent dans plusieurs endroits, et primitivement dans le *Beréschîth rabbâ* : «Chaque jour le Très-Saint crée une classe d'anges, qui récitent devant
lui un cantique et s'en vont [3]. » Comme on a objecté à ces paroles
un passage qui indiquerait que les anges sont *stables*, — et en
effet il a été exposé plusieurs fois que les anges sont *vivants* et
stables, — il a été fait cette réponse, qu'il y en a parmi eux qui

---

on lit עטמא קררה sans la conjonction ו, de même dans les versions
d'Ibn-Tibbon et d'Ibu-Falaquéra עוצם יכולת, *la grandeur de la puissance*,
tandis que celle d'Al-'Harizi porte גדולה ותפארת.

(1) Littéralement : *il fuirait de cela.*

(2) Voy. *Beréschîth rabbâ*, sect. 50 (fol. 44, col. *d*).

(3) Voy. *ibid.*, sect. 78 (fol. 68, col. *a*); cf. *Ekhâ rabbathi*, ou *Midrasch
des Lamentations de Jérémie*, au chap. III, v. 22 (fol. 56, col. *b*), et
Talmud de Babylone, traité *'Haghîgâ*, fol. 14 *a*.

sont stables, mais qu'il y en a aussi de périssables [1]. Et il en est ainsi en effet; car ces forces *individuelles* naissent et périssent continuellement, tandis que les *espèces* de ces forces sont permanentes et ne se détériorent pas [2]. — On y dit encore [3], au sujet de l'histoire de Juda et de Tamar : « R. Io'hanan dit : Il (Juda) voulut passer outre; mais Dieu lui députa un ange préposé à la concupiscence, » c'est-à-dire à la faculté vénérienne. Cette faculté donc, on l'a également appelée *ange*. Et c'est ainsi que tu trouveras qu'ils disent toujours : *Un ange préposé à telle ou telle chose*; car toute faculté que Dieu a chargée d'une chose quelconque [4] est (considérée comme) *un ange préposé à cette chose*. Un passage du *Midrasch Kohéleth* dit : « Pendant que l'homme dort, son âme parle à l'ange et l'ange aux chérubins [5]; » ici donc, pour celui qui comprend et qui pense, ils ont dit clairement que la faculté imaginative est également appelée *ange* et que l'intellect est appelé *chérubin* [6]. Cela paraîtra bien

(1) Voy. *Beréchîth rabbâ, l. c.* : זה מיכאל וגבריאל שהן שרים של מעלה דכולא מתחלפין ואנון לא מתחלפין; c'est-à-dire, que Micael et Gabriel sont du nombre des *princes supérieurs*, ou les anges de Ire classe, qui ne sont pas passagers comme les autres et qui récitent des cantiques tous les jours.

(2) Sur le mot תבלה, cf. t. I, pag. 77, note 5.

(3) C'est-à-dire, dans le *Beréchîth rabbâ;* voy. sect. 85 (fol. 75, col. *a*).

(4) C'est-à-dire, que Dieu a destinée à une fonction physique quelconque.

(5) Voy. le *Midrasch Kohéleth* (fol. 82, col. *a*) sur les mots כי עוף השמים וכו', *car l'oiseau du ciel emportera la voix et l'ailé redira la parole* (Ecclésiaste, X, 20) : אמר ר' בון בשעה שהאדם ישן הגוף אומר לנשמה והנשמה לנפש והנפש למלאך ומלאך לכרוב והכרוב לבעל כנפים מי הוא זה השרף והשרף יוליך דבר ויגיד לפני מי שאמר והיה העולם « R. Boun dit : Pendant que l'homme dort, le corps parle à l'âme sensible, celle-ci à l'âme rationnelle, celle-ci à l'ange, celui-ci au chérubin, et ce dernier à l'être ailé, qui est le séraphin; celui-ci enfin emporte la parole et la redit devant celui *qui a ordonné, et le monde fut.* » Cf. *Wayyikra rabbâ*, ou *Midrasch* du Lévitique, sect. 32 (fol. 172, col. *b*).

(6) Selon l'auteur, le *Midrasch* aurait désigné par l'*âme* les sens en

beau à l'homme instruit, mais déplaira beaucoup aux ignorants [1].

Nous avons déjà dit ailleurs que toutes les fois que l'ange se montre sous une forme quelconque, c'est dans une *vision prophétique* [2]. Tu trouves [3] des prophètes qui voient l'ange [4] comme s'il était un simple individu humain; p. ex. : *Et voici trois hommes* (Gen. XVIII, 2). A d'autres, il apparaît comme un homme redoutable et effrayant; p. ex. : *Et son aspect était celui d'un ange de Dieu, très redoutable* (Juges, XIII, 6). A d'autres encore il apparaît comme du feu; p. ex. : *Et l'ange de l'Eternel lui apparut dans une flamme de feu* (Exode, III, 2). On a dit encore au même endroit [5] : « A Abraham, qui avait une faculté excel-

général, ou, si l'on veut, le *sens commun* ; celui-ci transmet à l'imagination, appelée ici *ange*, les impressions reçues, et l'imagination, à son tour, les transmet à l'intelligence, désignée sous le nom de *cherubin*. Cependant, l'ensemble du passage cité dans la note précédente nous paraît peu favorable à cette interprétation, et il est plus probable que les mots *ange*, *chérubin* et *séraphin* désignent ici des êtres supérieurs, intermédiaires entre Dieu et l'homme. Voy. le *Yephé toar*, ou commentaire de Samuel Yaphé sur le *Wayyikrâ rabbâ*, sect. 32, § 2.

(1) Littéralement : *Combien cela est beau pour celui qui sait, mais combien ce sera laid pour les ignorants !* L'auteur veut dire que l'explication qu'il vient de donner du passage du *Midrasch* sera fortement approuvée par les hommes instruits, mais déplaira beaucoup aux ignorants, qui aimeront mieux prendre les mots *ange* et *chérubin* dans le sens littéral et croire à un entretien mystérieux de l'âme avec les êtres supérieurs.

(2) C'est-à-dire, que la forme que le prophète voit n'existe que dans son imagination et n'a point de réalité objective. Voy. la Iʳᵉ partie, chap. XLIX.

(3) Au lieu de אנת, quelques mss. portent אנך (إنّك).

(4) Tous les mss. portent אלמלאכים au pluriel, et כאנה avec le suffixe singulier; de même Ibn-Tibbon : יראו המלאכים כאלו הוא איש.

(5) C'est-à-dire, dans le *Beréschîth rabbâ;* voy. sect. 50 (fol. 44, col. *d*), où l'on explique pourquoi les messagers célestes apparurent à Abraham comme des *hommes* (Gen., XVIII, 2), et à Lot, comme des *anges* (*Ibid.*, XIX, 1).

lente, ils apparurent sous la figure d'*hommes*; mais à Loth, qui
n'avait qu'une faculté mauvaise, ils apparurent sous la figure
d'*anges*. » Il s'agit ici d'un grand mystère relatif au prophétisme,
dont on dira plus loin ce qu'il convient [1]. — On y a dit encore :
« Avant d'accomplir leur mission, (ils se montrèrent comme)
des hommes; après l'avoir accomplie, ils reprirent leur nature
d'anges [2] » — Remarque bien que de toute part on indique clai-

(1) Littéralement : *et (plus loin) le discours tombera (ou reviendra) sur
le prophétisme par ce qu'il convient (d'en dire)*. — Le mystère qui, selon
notre auteur, serait indiqué dans le passage du *Midrasch*, paraît être
celui-ci : que les visions n'ont pas de réalité objective et ne sont que l'effet de l'imagination, et que, plus la faculté imaginative est forte et parfaite, plus les objets qu'on croit voir quittent leur forme vague et incer-
taine et s'approchent de la réalité. Abraham donc, vrai prophète et
doué d'une grande force d'imagination, voyait devant lui les messagers
divins sous une forme humaine bien distincte, tandis que Loth ne les voyait
que sous la forme vague et nébuleuse de ces êtres redoutables et fantas-
tiques, créés par une imagination malade. Les commentateurs font observer que le sens que l'auteur attribue ici au passage du *Midrasch* paraît
être en contradiction avec ce qu'il dit plus loin, au chap. XLV, où, en
énumérant les différents degrés des visions prophétiques, il place les
visions d'*anges* au-dessus des visions d'*hommes*. On peut répondre avec
Joseph ibn-Kaspi qu'ici il s'agit d'une distinction dans la nature même
de la vision, qui peut survenir à l'homme ou dans l'état de veille, ou
dans un songe. Pour Abraham la vision était claire et distincte, tandis
que pour Loth elle était confuse : l'un était éveillé, l'autre rêvait; mais,
dans chacune des espèces de visions, l'apparition d'une figure humaine
est inférieure à celle d'un ange; c'est-à-dire, la perception d'un être sublunaire est au-dessous de la perception des Intelligences supérieures,
appelées *anges*.

(2) Littéralement : « ils se revêtirent d'*angélité*. » Dans notre texte
nous avons reproduit ce passage du *Midrasch* tel qu'il se trouve dans
tous les mss. ar. et hébr. du *Guide*. Dans les éditions de la version d'Ibn-
Tibbon, on lit קראם אנשים. Dans les éditions du *Midrasch* (*l. c.*), le
passage est ainsi conçu : עד שלא עשו שליחותן קראן אנשים משעשו
שליחותן מלאכים. L'auteur, qui citait souvent de mémoire, paraît avoir
pris les mots לבשו מלאכות d'un autre passage, qui, dans le *Midrasch*,
précède le nôtre.

rement que par *ange* il faut entendre une action quelconque, et
que toute vision d'ange n'a lieu que dans la *vision prophétique*
et selon l'état de celui qui perçoit. Dans ce qu'Aristote a dit sur ce
sujet, il n'y a rien non plus qui soit en contradiction avec la Loi.
Mais ce qui nous est contraire [1] dans tout cela, c'est que lui (Aristote), il croit que toutes ces choses sont *éternelles* et que ce sont
des choses qui *par nécessité* viennent ainsi de Dieu ; tandis que
nous, nous croyons que tout cela est *créé*, que Dieu a créé les
Intelligences séparées et a mis dans la sphère céleste une faculté
de désir (qui l'attire) vers elles, que c'est lui (en un mot) qui a
créé les Intelligences et les sphères et qui y a mis ces *facultés di-
rectrices* [2]. C'est en cela que nous sommes en contradiction avec
lui. Tu entendras plus loin son opinion, ainsi que l'opinion de la
Loi vraie, sur la *nouveauté du monde.*

CHAPITRE VII.

Nous avons donc exposé que le mot *malâkh* (ange) est un
nom homonyme et qu'il embrasse les Intelligences, les sphères et
les éléments ; car tous ils exécutent un ordre (de Dieu). Mais il ne
faut pas croire que les sphères ou les Intelligences soient au rang
des autres forces (purement) corporelles, qui sont une nature [3] et
qui n'ont pas la conscience de leur action ; au contraire, les sphères
et les Intelligences ont la conscience de leurs actions, et usent de

---

(1) C'est-à-dire, ce qui, dans la manière de voir d'Aristote, est contraire à la nôtre. Au lieu de יכאלפנא, quelques mss. portent יכאלפוא,
ce qui est évidemment une faute. Ibn-Tibbon et Al-'Harizi paraissent
avoir lu יכאלפה ; le premier traduit : אבל אשר יחלוק בזה כולו ; le
second : אבל מחלקתו שהוא חולק בזה הענין כולו.

(2) Cf. le t. I, p. 363-364, et ci-après, chap. x.

(3) L'auteur veut dire que les sphères célestes et les intelligences
n'agissent pas sans volonté, comme les forces aveugles de la nature sublunaire. Cf. ci-dessus, pag. 52, n. 2.

liberté pour gouverner [1]. Seulement, ce n'est pas là une liberté
comme la nôtre, ni un régime comme le nôtre, où tout dépend de
choses (accidentelles) nouvellement survenues. La Loi renferme
plusieurs passages qui éveillent notre attention là-dessus. Ainsi,
p. ex., l'ange dit à Loth : *Car je ne puis rien faire, etc.* (Gen. XIX,
22); et il lui dit en le sauvant : « *Voici, en cette chose aussi j'ai des
égards pour toi* » (*ibid.*, v. 21); et (ailleurs) on dit: « *Prends garde
à lui* (à l'ange), *écoute sa voix et ne te révolte pas contre lui ; car il ne
pardonnera point votre péché parce que mon nom est en lui* » (Exode,
XXIII, 21). Tous ces passages t'indiquent qu'elles agissent avec
pleine conscience [2] et qu'elles ont la volonté et la liberté dans le
régime qui leur a été confié [3], de même que nous avons une volonté
dans ce qui nous a été confié et dont la faculté nous a été donnée
dès notre naissance. Nous cependant, nous faisons quelquefois le
moins possible; notre régime et notre action sont précédés de

---

(1) Littéralement : *elles choisissent (librement) et gouvernent;* c'est-à-
dire: dans le régime du monde qui leur est confié, elles agissent avec
pleine liberté. Les deux participes מכתאראת et ומדבּרת sont connexes,
et le premier doit être considéré en quelque sorte comme adverbe du
second, comme s'il y avait ומדבּרת באכתיאר ; cela devient évident par
ce qui est dit plus loin : וכונהם להם אראדה ואכתיאר פי מא פוֹץ להם
מן אלתדביר « et qu'elles ont la volonté et la liberté dans le régime qui
leur a été confié ».

(2) Littéralement : *qu'elles perçoivent* (ou *comprennent*) *leurs actions.* Le
pronom suffixe doit se rapporter aux sphères et aux intelligences. L'auteur l'a mis au pluriel masculin en pensant aux *anges*, dont parle le texte,
et qui, selon lui, ne sont autre chose que les forces émanées des sphères
célestes et de leurs intelligences. Dans les passages cités, on attribue
évidemment à ces anges une parfaite liberté d'action.

(3) Ibn-Tibbon traduit : במה שהושפע להם, « qui leur a été *inspiré* »,
et de même immédiatement après במה שהושפע לנו. Ibn-Falaquéra a
déjà relevé cette faute en faisant remarquer que le traducteur a confondu
ensemble les racines فوض et فيض, dont la seconde se construit avec
على, et non pas avec ل. Voy. *Moré ha-Moré*, appendice, pag. 154.

privation [1], tandis qu'il n'en est pas ainsi des Intelligences et des sphères. Celles-ci, au contraire, font toujours ce qui est bien, et il n'y a chez elles que le bien, ainsi que nous l'exposerons dans d'autres chapitres; tout ce qui leur appartient se trouve parfait et toujours en acte, depuis qu'elles existent.

CHAPITRE VIII.

C'est une des opinions anciennes répandues [2] chez les philosophes et la généralité des hommes, que le mouvement des sphères célestes fait un grand bruit fort effrayant [3]. Pour en donner la preuve, ils disent que, puisque les petits corps ici bas [4], quand ils sont mus d'un mouvement rapide, font entendre un grand bruit et un tintement effrayant, à plus forte

(1) Le mot *privation* a ici le sens aristotélique du mot grec στέρησις; l'auteur veut dire que pour nous la *puissance* précède l'*acte* (car, tout en ayant la faculté d'agir, nous n'agissons pas toujours en réalité), tandis que les sphères et les intelligences sont, sous tous les rapports, toujours *en acte.*

(2) Les mss. ont, les uns אלראעייה, les autres אלראעייّ. Al-'Harîzi, qui a המחייבות, paraît avoir exprimé la première de ces deux leçons. Nous préférons la seconde, qu'il faut prononcer الذائعة, de la racine ذاع, et qu'Ibn-Tibbon a bien rendue par המתפשטים.

(3) Littéralement : *a des sons fort effrayants et grands.* Dans la plupart des mss., l'adverbe נרא est placé avant עצימה; le manuscrit de Leyde, n° 18, porte האילה עצימה נרא, leçon qui a été suivie par les deux traducteurs hébreux.

(4) Littéralement : *qui sont près de nous.* Les mots arabes التي لدينا reproduisent exactement les mots grecs τῶν παρ' ὑμῖν qu'on trouve dans le passage d'Aristote auquel il est ici fait allusion. Voy. le traité *du Ciel,* liv. II, chap. 9 : δοκεῖ γάρ τισιν ἀναγκαῖον εἶναι τηλικούτων φερομένων σωμάτων γίγνεσθαι ψόφον, ἐπεὶ καὶ τῶν παρ' ὑμῖν οὔτε τοὺς ὄγκους ἐχόντων ἴσους οὔτε τοιούτῳ τάχει φερομένων. χ. τ. λ.

raison les corps du soleil, de la lune et des étoiles, qui sont si grands et si rapides. Toute la secte de Pythagore croyait qu'ils ont des sons harmonieux, qui, malgré leur force, sont proportionnés entre eux, comme le sont les modulations musicales ; et ils allèguent [1] des causes pourquoi nous n'entendons pas ces sons si effrayants et si forts. Cette opinion est également répandue dans notre nation [2]. Ne vois-tu pas que les docteurs décrivent le grand bruit que fait le soleil en parcourant chaque jour la sphère céleste [3] ? Et il s'ensuit la même chose pour tous (les autres astres). Cependant Aristote refuse (d'admettre) cela et montre qu'ils n'ont pas de sons. Tu trouveras cela dans son livre *du Ciel*, et là tu pourras t'instruire sur ce sujet. Ne sois pas offusqué de ce que l'opinion d'Aristote est ici en opposition avec celle des docteurs ; car cette opinion, à savoir qu'ils (les astres) ont des sons, ne fait que suivre la croyance (qui admet) « que la sphère reste fixe et que les astres tournent [4] ». Mais

---

(1) Littéralement : *et ils ont une allégation de causes*. La version d'Ibn-Tibbon, ויש להם לתת עלה, n'est pas exacte. La cause qu'ils allèguent, c'est que nous sommes habitués dès notre naissance à ces sons perpétuels qu'aucun contraste de silence ne fait ressortir pour nos oreilles. Voyez Aristote, *l. c.*

(2) Les éditions de la version d'Ibn-Tibbon portent באמונתינו, *dans notre croyance ;* mais les mss., de même que les commentaires, ont באומתנו. Selon quelques commentateurs, l'auteur ferait allusion à un passage d'Ezéchiel (ch. I, v. 24) : *Et j'entendis le bruit de leurs ailes, semblable au bruit des grandes eaux, à la voix du Tout-Puissant.* Il est plus que probable qu'il a eu en vue un passage talmudique, que nous citons dans la note suivante.

(3) L'auteur veut parler sans doute d'un passage du Talmud de Babylone, traité *Yômâ*, fol. 20 *b*, où on lit ce qui suit : שלש קולות הולכין מסוף העולם ועד סופו ואלו הן קול גלגל חמה וקול המונה של רומי וקול נשמה בשעה שיוצאה מן הגוף « Trois voix retentissent d'une extrémité du monde à l'autre ; ce sont : la voix de la sphère du soleil, le tumulte de la ville de Rome, et le cri de l'âme qui quitte le corps. » Cf. *Beréschîth rabbâ*, sect. 6 (fol. 5, col. *d*).

(4) Voy. Talmud de Babylone, traité *Pesa'hîm*, fol. 94 *b* : חכמי ישראל

tu sais que dans ces sujets astronomiques, ils reconnaissent à l'opinion des *sages des nations du monde* la prépondérance sur la leur; c'est ainsi qu'ils disent clairement : « Et les sages des nations du monde vainquirent [1] ». Et cela est vrai ; car tous ceux qui ont parlé sur ces choses spéculatives ne l'ont fait que d'après le résultat auquel la spéculation les avait conduits; c'est pourquoi on doit croire ce qui a été établi par démonstration [2].

אומרים גלגל קבוע ומזלות חוזרין וחכמי אומות העולם אומרים גלגל חזר ומזלות קבועין « Les sages d'Israel disent : La sphère reste fixe et les astres tournent; les sages des nations du monde disent : la sphère tourne et les astres restent fixes. » Aristote aussi met en rapport l'opinion des pythagoriciens avec celle qui attribue le mouvement aux astres eux-mêmes et non pas à la sphère dans laquelle ils seraient fixés. Voy. *Traité du Ciel*, liv. II, chap. 9 : Ὅσα μὲν γὰρ αὐτὰ φέρεται, ποιεῖ ψόφον καὶ πληγήν. ὅσα δ'ἐν φερομένῳ ἐνδίδεται ἢ ἐνυπάρχει, καθάπερ ἐν τῷ πλοίῳ τὰ μόρια οὐχ οἷόν τε ψοφεῖν, κ. τ. λ. Selon Aristote, qui combat l'opinion des pythagoriciens, les astres restent fixes dans leurs sphères respectives, qui les entraînent avec elles dans leur mouvement. Voy. *ibid.*, chap. 8.

(1) Ces mots ne se trouvent pas, dans nos éditions du Talmud, à la suite du passage de *Pesa'htm* que nous avons cité dans la note précédente; aussi quelques auteurs juifs ont-ils exprimé leur étonnement de cette citation de Maïmonide. Voy. R. Azariah de' Rossi, *Meôr 'Enaïm*, chap. XI (édit. de Berlin, f. 48), et le *Sépher ha-berith* (Brünn, 1797, in-4°), Ire partie, liv. II, chap. 10 (fol. 14 *b*). Cependant plusieurs auteurs disent avec Maïmonide, et en citant le même passage du Talmud, que, sur ce point, les sages d'Israël s'avouèrent vaincus par les sages des autres nations. Voy. Isaac Arama, *'Akédâ,* chap XXXVII (édit. de Presburg, 1849, in-8°, t. II, fol. 39 *a*); David Gans, dans son ouvrage astronomique intitulé *Ne'hemâd we-na'îm*, §§ 13 et 25. Ce dernier, après avoir cité le passage du traité de *Pesa'htm*, ajoute que le grand astronome Tycho-Brahe lui avait dit que les sages d'Israel avaient eu tort de s'avouer vaincus et d'adopter l'opinion des savants païens, évidemment fausse. — Il faut supposer que les paroles citées par Maïmonide se trouvaient, du moins de son temps, dans certains mss. du Talmud; les autres auteurs qui les citent ont pu les prendre dans l'ouvrage de Maïmonide sans vérifier la citation.

(2) Littéralement : *ce dont la démonstration a été avérée et établie.*

CHAPITRE IX.

Nous t'avons déjà exposé que le nombre des sphères n'avait pas été précisé du temps d'Aristote [1], et que ceux qui, de notre temps, ont compté neuf sphères, n'ont fait que considérer comme un seul tel globe qui embrasse plusieurs sphères [2], comme il est clair pour celui qui a étudié l'astronomie. C'est pourquoi aussi il ne faut pas trouver mauvais ce qu'a dit un des docteurs : « Il y a deux firmaments, comme il est dit : *C'est à l'Éternel ton Dieu qu'appartiennent les cieux et les cieux des cieux* (Deut. X, 14) [3]. » Car celui qui a dit cela n'a compté qu'un seul globe pour toutes les étoiles [4], je veux dire, pour les sphères renfermant des étoiles, et a compté comme deuxième globe la sphère environnante, dans laquelle il n'y a pas d'étoile ; c'est pourquoi il a dit : *il y a deux firmaments*. Je vais te faire une observation préliminaire qui est nécessaire pour le but que je me suis proposé dans ce chapitre ; la voici :

Sache qu'à l'égard des deux sphères [5] de Vénus et de Mer-

---

(1) Voy. ci-dessus, p. 56.

(2) Littéralement : *n'ont fait que compter le globe unique, embrassant plusieurs sphères.* Cette tournure de phrase est irrégulière et assez obscure, et c'est sans doute pour la rendre plus claire qu'Ibn-Tibbon a ajouté les mots : וחשבוהו לאחד, *et ils l'ont réputée une seule.* Le sens est : « Ils ont souvent compté un certain globe pour un seul, quoiqu'il embrassât plusieurs sphères. »

(3) Voy. Talmud de Babylone, traité 'Haghigâ, fol. 12 b.'

(4) La leçon que nous avons adoptée dans notre texte, quoiqu'un peu irrégulière, est celle de la plupart des mss. Dans l'un des mss. de Leyde (nº 18), le second כרה a été supprimé, et iLest également omis dans la version d'Ibn-Tibbon. Il eût été plus régulier de mettre, au lieu du Iᵉʳ כרה, le pluriel אכר, et c'est ce qu'a fait Al-'Harizi, qui traduit : היה מונה כידורי הכבבים כלם אחד.

(5) Tous les mss. ont פלך au singulier ; il eût été plus régulier de dire פלבֹי, au duel.

cure, il y a divergence d'opinion entre les anciens mathématiciens (sur la question de savoir) si elles sont au-dessus ou au-dessous du soleil ; car l'ordre dans lequel sont placées ces deux sphères ne saurait être rigoureusement démontré [1]. L'opinion de tous les anciens était que les deux sphères de Vénus et de Mercure sont au-dessus du soleil, ce qu'il faut savoir et bien comprendre [2]. Ensuite vint Ptolémée, qui préféra admettre qu'elles sont au-dessous, disant qu'il est plus naturel que le soleil soit au milieu et qu'il y ait trois planètes au-dessus de lui et trois au-dessous [3]. Ensuite parurent en Andalousie, dans ces derniers temps, des hommes [4] très versés dans les mathématiques, qui montrèrent, d'après les principes de Ptolémée, que Vénus et Mars sont au-dessus du soleil. Ibn-Afla'h de Séville, avec le fils duquel j'ai été lié, a composé là-dessus un livre célèbre [5] ; puis l'excellent philosophe Abou-Becr ibn-al-

---

(1) Littéralement : *car il n'y a pas de démonstration qui nous indique l'ordre de ces deux globes.*

(2) L'auteur insiste sur ce point, qu'il est nécessaire d'établir, comme on le verra plus loin, pour renfermer toutes les sphères dans quatre globes, qui, selon l'auteur, seraient indiqués par les *quatre animaux* d'Ézéchiel. Cf. le chap. suiv. et la III⁰ partie, chap. II.

(3) Voy. *Almageste*, ou *Grande composition* de Ptolémée, liv. IX, ch. I.

(4) Littéralement : *ensuite vinrent des hommes derniers* (ou *modernes*) *en Andalousie*. La version d'Ibn-Tibbon porte : אנשים אחרים, *d'autres hommes*, ce qui est inexact ; il fallait dire אנשים אחרונים, comme l'a Al-'Harîzi.

(5) L'auteur veut parler du كتاب الهيئة ou *livre d'astronomie*, d'Abou-Mo'hammed Djâber ibn-Afla'h, auteur qui florissait en Espagne au commencement du XII⁰ siècle, et qui est souvent cité par les scolastiques sous le nom de *Géber*. L'Ouvrage d'Ibn-Afla'h est un abrégé de l'*Almageste* ; mais l'auteur, sur plusieurs points importants, s'écarte de Ptolémée, et il combat notamment l'opinion de ce dernier à l'égard de la place qu'occupent les planètes de Vénus et de Mercure. Cf. mes *Mélanges de philosophie juive et arabe*, pag. 519-520. L'original arabe de l'ouvrage d'Ibn-Afla'h existe dans la bibliothèque de l'Escurial, et la version hébraïque dans la bibliothèque impériale de Paris. Voy. ma *Notice*

Çayeg [1], chez l'un des disciples duquel j'ai pris des leçons, examina ce sujet, et produisit certains arguments [que nous avons copiés de lui [2]], par lesquels il présenta comme invraisemblable que Vénus et Mercure soient au-dessus du soleil ; mais ce qu'a dit Abou-Becr est un argument pour en montrer l'invraisemblance, et n'en prouve point l'impossibilité. En somme, qu'il en soit ainsi ou non, (toujours est-il que) tous les anciens rangeaient Vénus et Mercure au-dessus du soleil ; et à cause de cela, ils comptaient les sphères [3] (au nombre de) cinq : celle de

---

sur *Joseph-ben-Iehouda*, dans le *Journal Asiatique*, juillet 1842, pag. 15, note 3. Il en a été publié une version latine due à Gérard de Crémone : *Gebri filii Afla hispalensis de Astronomia libri IX*, etc. *Norimbergœ*, 1533. J'en ai donné en français un extrait relatif à l'une des inégalités de la lune, dans les Comptes rendus des séances de l'Académie des sciences, t. XVII, pag. 76 et suiv. Voy. aussi, sur cet ouvrage, Delambre, *Histoire de l'Astronomie du moyen âge*, p. 179 et suiv., et sur la question des planètes de Vénus et de Mercure, *ibid.*, p. 184. Delambre dit en terminant (p. 185) qu'il n'est pas possible de décider en quel temps Géber a vécu ; mais l'époque peut se préciser par notre passage même ; car nous savons que Maïmonide, qui dit avoir été lié dans sa jeunesse avec le fils d'Ibn-Afla'h ou Géber, était né en 1135. Ibn-Roschd ou Averroès, né en 520 de l'hégire (1126), en parlant, dans son *Abrégé de l'Almageste*, de cette même question relative aux planètes de Vénus et de Mercure, dit expressément qu'Ibn-Afla'h avait vécu au même siècle. La version hébraïque porte : והאיש שהיה בדורנו והוא בן אפלח אלאשבילי וכו' (Cf. *Moré ha-Moré*, pag. 89).

(1) Sur ce philosophe, connu aussi sous le nom d'*Ibn-Bâdja*, voyez mes *Mélanges de philosophie juive et arabe*, pag. 383 et suiv.

(2) L'auteur veut dire probablement que ces arguments furent copiés par les élèves dans les leçons que leur donnait le disciple d'Ibn-al-Çayeg.

(3) L'auteur emploie ici le mot كرة, correspondant à notre mot *globe*, et dont il se sert, comme on l'a vu plus haut, pour désigner un ensemble compacte de plusieurs *sphères* (الفلك) emboîtées les unes dans les autres, comme l'est notamment ici le globe qui renferme les sphères des cinq planètes. Nous avons dû, dans plusieurs passages, éviter d'employer le mot *globe*, qui s'appliquerait plutôt au corps même de l'astre qu'à la sphère dans laquelle il tourne.

la lune, qui, indubitablement, est près de nous[1], celle du
soleil, qui est nécessairement au-dessus d'elle, celle des cinq
(autres) planètes, celle des étoiles fixes, et enfin la sphère qui
environne le tout, et dans laquelle il n'y a pas d'étoiles. Ainsi
donc, les sphères *figurées*, — je veux dire les sphères aux *figures*, dans lesquelles il y a des étoiles, car c'est ainsi que les
anciens appelaient les étoiles *figures*, comme cela est connu
par leurs écrits, — ces sphères (dis-je) seraient au nombre de
quatre[2] : la sphère des étoiles fixes, celle des cinq planètes,
celle du soleil et celle de la lune ; et au-dessus de toutes est
une sphère nue, dans laquelle il n'y a pas d'étoiles.

Ce nombre (de *quatre*) est pour moi un principe important
pour un sujet qui m'est venu à l'idée, et que je n'ai vu clairement
(exposé) chez aucun des philosophes ; mais j'ai trouvé dans les
discours des philosophes et dans les paroles des docteurs, ce qui
a éveillé mon attention là-dessus. Je vais en parler dans le
chapitre suivant, et j'exposerai le sujet.

---

(1) C'est-à-dire, qui est la plus rapprochée du globe terrestre, centre
de l'univers.

(2) Littéralement : *Donc, le nombre des sphères figurées sera... leur nombre (dis-je) sera quatre sphères.* Tous les manuscrits ont au commencement de la phrase le verbe פתכבן au féminin en le faisant accorder avec
אלאכר, et nous avons suivi la leçon des manuscrits ; mais il serait plus
correct d'écrire פיכן, ou de supprimer le mot עדד. Ibn-Tibbon (dans
les manuscrits) et Ibn-Falaquéra (*Moré ha-Moré*, p. 90) ont reproduit
l'incorrection du texte arabe en traduisant ויהיו מספר הכדורים. Quant
au nom de *figure* donné aux étoiles, il s'applique principalement aux
signes du zodiaque, appelés par les Arabes صور الكواكب. Cf. Hammer,
Encyclopädische Uebersicht der Wissenschaften des Orients, pag. 373. Moïse
de Narbonne indique le passage du *Centiloquium* de Ptolémée (n° 9), où
il est dit que les formes ou figures, dans ce qui naît ou périt, sont affec-
tées par les figures célestes (τὰ ἐν τῇ γενέσει καὶ φθορᾷ εἴδη, πάσχει ὑπὸ
τῶν οὐρανίων εἰδῶν). Le même commentateur fait observer que Maïmonide
veut faire allusion aux *faces des animaux* de la vision d'Ézéchiel, chap. I,
v. 6 et 10, qui désigneraient les figures des astres.

CHAPITRE X.

On sait, et c'est une chose répandue dans tous les livres des philosophes, que, lorsqu'ils parlent du *régime* (du monde), ils disent que le régime de ce monde inférieur, je veux dire du monde de la naissance et de la corruption, n'a lieu qu'au moyen des forces qui découlent des sphères célestes. Nous avons déjà dit cela plusieurs fois, et tu trouveras que les docteurs disent de même [1] : « Il n'y a pas jusqu'à la moindre plante ici-bas qui n'ait au firmament son *mazzâl* (c'est-à-dire son étoile), qui la frappe et lui ordonne de croître, ainsi qu'il est dit (Job, xxxviii, 33) : *Connais-tu les lois du ciel, ou sais-tu indiquer sa domination (son influence) sur la terre ?* — [Par *mazzâl*, on désigne aussi un *astre* [2], comme tu le trouves clairement au commencement du *Beréschîth rabbâ*, où ils disent : « Il y a tel *mazzâl* (c.-à-d. tel *astre* ou telle *planète*) qui achève sa course en trente jours et tel autre qui achève sa course en trente ans [3]. »] — Ils ont donc clairement indiqué par ce passage que même les *individus* de la nature [4] sont sous l'influence particulière des forces de certains astres ; car, quoique toutes les forces ensemble de la sphère céleste se répandent dans tous les êtres, chaque espèce

(1) Voy. *Beréschîth rabbâ*, sect. 10 (fol. 8, col. *b*).

(2) L'auteur ajoute ici une note pour faire observer que le mot *mazzâl*, qui ordinairement désigne une *constellation*, ou l'un des *signes* du zodiaque, s'emploie aussi en général dans le sens d'*astre* ou de *planète*.

(3) Voy. *l. c.*, fol. 8, col. *a*. Il est clair que dans ce dernier passage, le mot *mazzâl* signifie *planète*; car le texte du *Midrasch* dit expressément que le *mazzâl* qui achève sa course en trente jours, c'est la lune, et que celui qui l'achève en trente années, c'est Saturne. On y mentionne en outre le soleil, qui accomplit sa révolution en douze mois, et Jupiter, qui l'accomplit en douze années.

(4) Le mot الكون, *l'être*, qui s'emploie dans le sens de γίνεσις, désigne ici en général les êtres de la nature sublunaire.

cependant se trouve aussi sous l'influence particulière d'un
astre quelconque [1]. Il en est comme des forces d'un seul
corps [2]; car l'univers tout entier est un seul individu, comme
nous l'avons dit. — C'est ainsi que les philosophes ont dit que la
lune a une force augmentative qui s'exerce particulièrement
sur l'élément de l'eau; ce qui le prouve, c'est que les mers et les
fleuves croissent à mesure que la lune augmente et décroissent à
mesure qu'elle diminue, et que le flux, dans les mers, est (en
rapport) avec l'avancement de la lune et le reflux avec sa rétrogradation, — je veux parler de son ascension et de sa descente
dans les quadrants de l'orbite, — comme cela est clair et évident pour celui qui l'a observé [3]. Que, d'autre part, les rayons
du soleil mettent en mouvement l'élément du feu, c'est ce qui est
très-évident, comme tu le vois par la chaleur qui se répand
dans le monde en présence du soleil, et par le froid qui prend le

(1) Littéralement : *cependant la force de tel astre aussi est particulière à
telle espèce.*

(2) C'est-à-dire, d'un corps animal; car dans l'animal aussi les différents membres et leurs facultés sont sous l'influence immédiate de certaines forces particulières, quoique le corps tout entier soit dominé par
une force générale qu'on a appelée la *faculté directrice* du corps animal.
Voy. le t. I, chap. LXXII, p. 363, et *ibid.*, note 5.

(3) Ce que l'auteur dit ici de l'influence de la lune, non-seulement sur
les marées, mais aussi sur la crue des eaux des fleuves, est une hypothèse
qu'on trouve déjà chez quelques anciens. Dans les écrits qui nous restent
d'Aristote, il est à peine fait quelque légère allusion au flux et au reflux
de la mer. Voy. *les Météorologiques*, liv. II, ch. 1 (§ 11) et ch. 8 (§ 7),
et la note sur le premier de ces deux passages, dans l'édition de M. J. L.
Ideler (Leipzig, 1834, in-8°), t. I, p. 501. Seulement dans le traité *du
Monde* (à la fin du chap. 4) il est question du rapport qu'on dit exister
entre les marées et les phases de la lune; mais il ne paraît pas que les
Arabes aient connu ce traité, dont l'authenticité est au moins douteuse.
Ce que dit ici Maïmonide (probablement d'après Ibn-Sinâ) paraît être
emprunté au *Quadripartitum* de Ptolémée, liv. I, au commencement;
nous citons la version latine de Camerarius : « Ipsi fluvii nunc auges-
cunt, nunc decrescunt, secundum lunárem splendorem, ipsaque maria
impetu diverso pro eo ac ille oritur aut occidit, feruntur. »

dessus aussitôt qu'il (le soleil) s'éloigne d'un endroit, ou se dé-
robe à lui. Cela est trop évident pour qu'on l'expose longuement.

Sachant cela, il m'est venu à l'idée que, bien que de l'ensemble de ces quatre sphères *figurées* il émane des forces (qui se
répandent) dans tous les êtres qui *naissent* et dont elles sont les
causes, chaque sphère pourtant peut avoir (sous sa dépendance)
l'un des quatre éléments, de manière que telle sphère soit le
principe de force de tel élément en particulier, auquel, par son
propre mouvement, elle donne le mouvement de la *naissance* [1].
Ainsi donc, la sphère de la lune serait ce qui meut l'eau ; la
sphère du soleil, ce qui meut le feu ; la sphère des autres planètes, ce qui meut l'air [et leur mouvement multiple, leur inégalité, leur rétrogradation, leur rectitude et leur station [2] pro-

----

(1) Cette idée avait déjà été émise, comme simple conjecture, par
Ibn-Sinâ, qui dit que cette matière sublunaire, qui embrasse les quatre
éléments, émane des corps célestes, soit de quatre d'entre eux, soit d'un
certain nombre (de corps) compris dans quatre classes ; il se peut aussi,
ajoute-t-il, qu'elle émane d'un seul corps céleste, et que sa division
soit due à des causes qui nous sont inconnues. Voy. le passage d'Ibn-
Sinâ, cité par Ibn-Falaquéra, *Moré ha-Moré*, p. 90.

(2) Les quatre termes astronomiques dont se sert ici l'auteur sont empruntés aux théories de Ptolémée sur le mouvement des planètes. Par
اختلاف on désigne l'*anomalie*, ou l'inégalité des astres ; le mot رجوع
désigne la *rétrogradation* apparente (προήγησις) des cinq planètes, opposée à leur *mouvement direct* (ὑπόλειψις) désigné en arabe par le mot
استقامة, *rectitude*; enfin par وقوف, on entend ce que Ptolémée
appelle la *station* (στηριγμός) de ces mêmes planètes, c'est-à-dire la position où le mouvement de l'astre paraît s'arrêter. Cf. *Almageste*, liv. XII,
chap. I. Dans la version arabe de l'*Almageste* (ms. hébr. de la Biblioth.
imp., anc. fonds, nᵒ 441), les termes de προήγησις et de ὑπόλειψις sont
rendus plus exactement, le premier par تقدّم *marcher en avant*, le second par تأخّر *rester en arrière*. Plus tard, les Arabes ont substitué au
premier de ces deux termes celui de رجوع *rétrogradation*, et au second
celui de استقامة *rectitude*. En effet, le mouvement périodique des planètes se faisant d'occident en orient, la planète, lorsqu'elle paraît *rétrogra-*

duisent les nombreuses configurations de l'air, sa variation et sa prompte contraction et dilatation] ; enfin la sphère des étoiles fixes, ce qui meut la terre : et c'est peut-être à cause de cela que cette dernière se meut difficilement pour recevoir l'impression et le mélange [1], (je veux dire) parce que les étoiles fixes ont le mouvement lent. A ce rapport des étoiles fixes avec la terre, on a fait allusion en disant que le nombre des espèces des plantes correspond à celui des individus de l'ensemble des étoiles [2].

De cette manière donc, il se peut que l'ordre (dans la nature) soit celui-ci : quatre sphères, quatre éléments mus par elles et quatre forces émanées d'elles (et agissant) dans la nature en gé-

---

der, c.-à-d. lorsqu'elle paraît moins avancée en longitude, se trouve en avant par rapport au mouvement diurne d'orient en occident ; plus elle est avancée en longitude par rapport au mouvement périodique, plus elle est en arrière par rapport au mouvement diurne. Delambre, pour rendre compte des deux termes employés par Ptolémée, s'exprime ainsi (*Notes sur l'Almageste*, à la suite de l'édit. de l'abbé Halma, t. II, p. 16) : « On dit d'un astre qui en précède un autre au méridien, qui y passe avant lui, qui marche à sa tête, qu'il est προηγούμενος ; d'un astre qui y passe après lui, qu'il est ἑπόμενος. Mais celui qui passe le premier au méridien est moins avancé en longitude ; celui qui le suit, ἑπόμενος, qui reste en arrière, ὑπολειπόμενος, est au contraire plus avancé en longitude ; ainsi un astre est προηγούμενος quand sa longitude diminue et qu'il rétrograde ; προήγησις, dans le langage des Grecs, répond donc à *rétrogradation* ; c'est le même mouvement considéré par rapport à deux points différents, comme, dans la théorie des courbes, on peut à volonté mettre les abscisses négatives à droite ou à gauche du centre indifféremment. » Les termes de *rétrogradation* et de *rectitude* introduits par les Arabes, nous les trouvons aussi dans l'*Abrégé de l'Almageste* par Ibn-Afla'h, liv. VIII, où la version hébraïque, que seule nous pouvons consulter, a pour le premier le mot חזרה, et pour le second le mot יושר. C'est probablement dans l'ouvrage d'Ibn-Afla'h que Maïmonide a pris ces termes (cf. ci-dessus, pag. 81).

(1) C'est-à-dire : la terre a le mouvement paresseux et ne reçoit que difficilement l'action et le mélange des autres éléments.

(2) L'auteur veut parler, sans doute, du passage du *Midrasch* cité au commencement de ce chapitre.

néral, comme nous l'avons exposé. De même, les causes de tout
mouvement des sphères sont au nombre de quatre, à savoir : la
figure de la sphère, — je veux dire sa sphéricité, — son âme,
son intellect par lequel elle conçoit, comme nous l'avons expliqué, et l'Intelligence séparée, objet de son désir [1]. Il faut te
bien pénétrer de cela. En voici l'explication : si elle n'avait pas
cette figure (sphérique), il ne serait nullement possible qu'elle eût
un mouvement circulaire et continu ; car la *continuité* du mouvement toujours répété n'est possible que dans le seul mouvement circulaire. Le mouvement droit, au contraire, quand même
la chose mue reviendrait plusieurs fois sur une seule et même
étendue, ne saurait être continu ; car, entre deux mouvements
opposés, il y a toujours un repos, comme on l'a démontré à son
endroit [2]. Il est donc clair que c'est une condition nécessaire de la continuité du mouvement revenant toujours sur la
même étendue, que la chose mue se meuve circulairement [3].
Mais il n'y a que l'être animé qui puisse se mouvoir ; il faut donc
qu'il existe une âme (dans la sphère). Il est indispensable aussi
qu'il y ait quelque chose qui invite au mouvement ; c'est une
conception et le désir de ce qui a été conçu, comme nous
l'avons dit. Mais cela ne peut avoir lieu ici qu'au moyen
d'un intellect ; car il ne s'agit ici ni de fuir ce qui est contraire,
ni de chercher ce qui convient. Enfin, il faut nécessairement

(1) Voy. les détails que l'auteur a donnés plus haut, chap. IV, et
qu'il va encore résumer ici. — Sur les visions prophétiques que l'auteur
applique à ces quatre causes, cf. le t. I, chap. XLIX, pag. 179, et *ibid.*,
note 2, où je ne me suis pas exprimé avec exactitude sur la troisième
et la quatrième cause ; la troisième est l'intellect que notre auteur (avec
Ibn-Sinâ) attribue à chaque sphère, et la quatrième l'intelligence *séparée*
ou le moteur respectif de chaque sphère.

(2) C'est-à-dire, comme l'a démontré Aristote dans la *Physique* et la
Métaphysique. Cf. l'introduction, XIIIe proposition, ci-dessus, pag. 18,
et *ibid.*, note 3.

(3) En d'autres termes : pour que le mouvement puisse être perpétuel et continu, il faut nécessairement qu'il soit circulaire.

qu'il y ait un être qui ait été conçu et qui soit l'objet du désir,
comme nous l'avons exposé. Voilà donc quatre causes pour le
mouvement de la sphère céleste ; et (il y a aussi) quatre espèces
de forces générales descendues d'elle vers nous, et qui sont :
la force qui fait naître les minéraux, celle de l'âme végétative,
celle de l'âme vitale et celle de l'âme rationnelle, comme nous
l'avons exposé [1]. Ensuite, si tu considères les actions de ces
forces, tu trouveras qu'elles sont de deux espèces, (à savoir) de
faire naître tout ce qui naît et de conserver cette chose née, je
veux dire d'en conserver l'espèce perpétuellement et de conserver les individus pendant un certain temps. Et c'est là ce qu'on
entend par la *nature*, dont on dit qu'elle est sage, qu'elle gouverne, qu'elle a soin de produire l'animal par un art semblable
à la faculté artistique (de l'homme) [2], et qu'elle a soin de le
conserver et de le perpétuer, produisant (d'abord) des forces
formatrices qui sont la cause de son existence, et (ensuite) des
facultés nutritives qui sont la cause par laquelle il dure et se conserve aussi longtemps que possible ; en un mot, c'est là cette
chose divine de laquelle viennent les deux actions en question,
par l'intermédiaire de la sphère céleste.

Ce nombre *quatre* est remarquable et donne lieu à réfléchir,
Dans le *Midrasch* de Rabbi Tan'houma on dit : « Combien de

_____

(1) Pour ce passage et pour ce qui suit, cf. le t. I, ch. LXXII, p. 360,
363-364, et 368. Nous préférons employer ici le mot *force*, au lieu
du mot *faculté*, dont nous nous sommes servi au chap. LXXII de la
1ʳᵉ partie.

(2) Les éditions de la version d'Ibn-Tibbon portent généralement
במלאכה מחשבית ; il faut lire במלאכה כמחשבית (comme l'ont les mss.
et l'édition *princeps*), c'est-à-dire, במלאכה כמלאכת המחשבת. Ibn-Falaquéra traduit : במלאכה כמו האומנות (*Moré ha-Moré*, p. 91). Le mot
arabe المهنة désigne la faculté par laquelle l'homme possède les arts ;
c'est ainsi que Maïmonide lui-même définit ailleurs le mot مَهْنَى.
Voy. à la fin du premier des *Huit chapitres* (dans la *Porta Mosis* de Pococke, p. 189), où Ibn-Tibbon rend ce mot par מלאכת מחשבת. Cf. le
t. I de cet ouvrage, p. 210, note 1.

degrés avait l'échelle ? *quatre* [1]. » Il s'agit ici du passage *et voici, une échelle était placée sur la terre* (Gen. XXVIII, 12). Dans tous les *Midraschim* on rapporte « qu'il y a *quatre* légions d'anges, » et on répète cela souvent [2]. Dans quelques copies j'ai vu : « Combien de degrés avait l'échelle ? *sept;* » mais toutes les copies (du *Midrasch Tan'houma*) et tous les *Midraschim* s'accordent à dire que *les anges de Dieu* qu'il (Jacob) vit *monter* et *descendre* n'étaient que *quatre*, pas davantage, « deux qui montaient et deux qui descendaient, » que les quatre se tenaient ensemble sur un des degrés de l'échelle et que tous quatre ils se trouvaient sur un même rang, les deux qui montaient, comme les deux qui descendaient. Ils ont donc appris de là que la largeur de l'échelle dans la vision prophétique était comme l'univers et le tiers (de l'univers); car l'espace d'un seul ange, dans cette vision prophétique, étant comme le tiers de l'univers, — puisqu'il est dit : *Et son corps était comme un* TARSCHISCH (Daniel, X, 6) [3], — il s'ensuit que l'espace occupé par les quatre était comme l'univers et le tiers (de l'univers). — Dans les allégories de Za-

(1) Ce passage ne se trouve pas dans nos éditions du *Midrasch Tan'houma*, qui, comme on sait, sont fort incomplètes. L'auteur du *Mégallé 'amoukôth* paraît faire allusion à ce passage en parlant du mystère des *quatre degrés de l'échelle de Jacob* (סוד ד' שבילות בסולם שראה יעקב). Voy. le livre *Yalkout Reoubéni*, article מלאך, note 99.

(2) Voy. par exemple *Pirké Rabbi Eliézer*, chap. IV, où il est dit que le trône de Dieu est entouré de quatre légions d'anges qui ont à leur tête quatre archanges : Micaël, Gabriel, Uriel et Raphaël. Cf. le *Midrasch des Nombres* ou *Bemidbar rabbâ*, sect. 2 (fol. 179, col. *a*).

(3) Le mot *tarschtsch*, qui désigne une pierre précieuse, est pris ici par les rabbins dans le sens de *mer;* or, comme la mer, selon la tradition rabbinique, forme le tiers du monde, on a trouvé, dans le passage de Daniel, une allusion à la grandeur de chacun des trois mondes, appelés *anges*. Les trois mondes, comme on va le voir, sont : celui des intelligences *séparées*, celui des sphères célestes, et le monde sublunaire. — Le passage que Maïmonide interprète ici se trouve dans le *Beréschith rabbâ*, sect. 68 (fol. 61, col. *b*); cf. Talmud de Babylone, traité *'Hullin*, fol. 91 *b*.

charie, après avoir décrit (ch. VI, v. 1) *les quatre chariots sortant d'entre deux montagnes, lesquelles montagnes étaient d'airain* (NE'HOSCHETH), il ajoute pour en donner l'explication (*Ibid.*, v. 5): *Ce sont les quatre vents qui sortent de là où ils se tenaient devant le maitre de toute la terre*, et qui sont la cause de tout ce qui naît [1]. Dans la mention de l'airain (NE'HOSCHETH), comme dans les mots *de l'airain poli* (NE'HOSCHETH KALAL, Ezéch., I, 7), on n'a eu en vue qu'une certaine *homonymie*, et tu entendras bien loin une observation là-dessus [2]. — Quant à ce qu'ils disent *que l'ange est le tiers de l'univers*, — ce qu'ils expriment textuellement dans le *Beréschith rabbâ* par les mots שהמלאך שלישו של עולם, — c'est très-clair, et nous l'avons déjà exposé dans notre grand ouvrage sur la loi traditionnelle [3]. En effet, l'ensemble des choses créées se divise en trois parties : 1° les Intelligences *séparées*, qui sont les anges ; 2° les corps des sphères célestes ; 3° la matière première, je veux dire les corps continuellement variables, qui sont au-dessous de la sphère céleste.

C'est ainsi que doit comprendre celui qui veut comprendre les énigmes prophétiques, s'éveiller du sommeil de l'indolence, être sauvé de la mer de l'ignorance et s'élever aux choses supé-

---

(1) L'auteur, selon son habitude, ne se prononce pas clairement sur le sens de ces visions. Dans ce passage de Zacharie, où il veut faire ressortir l'emploi du nombre *quatre*, il voit sans doute encore une fois une allusion aux quatre *sphères* et aux quatre *forces* dont il a parlé. Dans les *deux montagnes*, les commentateurs ont vu, soit la matière et la forme, soit les *deux firmaments* dont l'auteur a parlé au commencement du chap. IX.

(2) L'auteur y reviendra à la fin des chapitres XXIX et XLIII de cette seconde partie, sans pourtant dire clairement de quelle homonymie il veut parler.

(3) Sur le mot arabe פקה, voy. t. I, p. 7, note 1. L'auteur veut parler de son *Mischné Tôrâ* (répétition de la loi) ou *Abrégé du Talmud;* l'explication qu'il indique ici se trouve au liv. I, traité *Yesôdé ha-Tôrâ*, chap. 2, § 3.

rieures [1]. Quant à celui qui se plaît à nager dans les mers de son ignorance et à *descendre de plus en plus bas* [2], il n'aura pas besoin de fatiguer son corps; mais son cœur ne sera pas libre d'agitation [3] et il descendra naturellement au plus bas degré. Il faut bien comprendre *tout ce qui a été dit* et y réfléchir.

CHAPITRE XI.

Sache que, si un simple mathématicien lit et comprend ces sujets astronomiques dont il a été parlé, il peut croire qu'il s'agit là d'une preuve décisive (pour démontrer) que tels sont la forme et le nombre des sphères. Cependant il n'en est pas ainsi, et ce n'est pas là ce que cherche la science astronomique [4]. A la vérité, il y en a de ces sujets qui sont susceptibles d'une démonstration [5] : c'est ainsi par exemple qu'il est démontré que l'orbite du soleil décline de l'équateur, et il n'y a pas de doute là-dessus.

(1) Dans les éditions de la version d'Ibn-Tibbon, le mot למעלה est de trop; il ne se trouve pas dans les mss.

(2) Par ces mots, que l'original arabe donne en hébreu, l'auteur a voulu sans doute faire allusion à un passage du Deutéronome, ch. xxviii, v. 43.

(3) Le verbe יתבלי manque dans quelques manuscrits, et il n'est pas exprimé dans la traduction d'Al-'Harîzi, qui porte לא יצטרך להניע נופו ולא לבו בשום תנועה, *il n'aura besoin d'agiter ni son corps ni son cœur par aucun mouvement.* Le texte arabe laisse un peu d'incertitude; les mots ולא קלבה pourraient aussi se lier à ce qui précède, et dans ce cas il faudrait traduire: « ....., il n'aura pas besoin de fatiguer son corps ni son cœur; il sera libre d'agitation, mais il descendra naturellement au plus bas degré. »

(4) C'est-à-dire : elle ne cherche pas à donner des démonstrations rigoureuses pour tous ses théorèmes; car elle se contente quelquefois de certaines hypothèses propres à expliquer les phénomènes, comme le sont, par exemple, les hypothèses des épicycles et des excentriques.

(5) Littéralement : *il y en a qui sont des sujets démontrables* (c.-à-d. dont on peut démontrer) *qu'ils sont ainsi.*

Mais qu'il a une sphère exentrique, ou un épicycle [1], c'est ce qui n'a pas été démontré, et l'astronome ne se préoccupe pas de cela : car le but de cette science est de poser un système avec lequel le mouvement de l'astre puisse être uniforme, circulaire, sans être jamais hâté, ni retardé, ni changé, et dont le résultat soit d'accord avec ce qui se voit [2]. Avec cela, on a pour but [3] de diminuer les mouvements et le nombre des sphères autant que possible ; car, si par exemple nous pouvons poser un système au moyen duquel les mouvements visibles de tel astre peuvent se justifier par (l'hypothèse de) trois sphères, et un autre système au moyen duquel la même chose peut se justifier par quatre sphères, le mieux est de s'en tenir au système dans lequel le nombre des mouvements est moindre. C'est pourquoi nous préférons, pour le soleil, l'excentricité à l'épicycle, comme l'a dit Ptolémée [4]. — Dans cette vue donc, puisque nous percevons les mouvements de toutes les étoiles fixes comme un seul mouvement invariable, et qu'elles ne changent pas de position les unes à l'égard des autres, nous soutenons [5] qu'elles sont toutes dans une

(1) Littéralement : *une sphère de circonvolution.* Voy. sur ce terme le t. I, p. 358, note 2.

(2) En d'autres termes : l'astronome fait des suppositions indémontrables en elles-mêmes, dans le but de justifier les anomalies qu'on observe dans le mouvement des astres et de faire voir qu'au fond ce mouvement reste circulaire et toujours égal ; tout ce qu'il lui faut, c'est que ses suppositions satisfassent aux observations.

(3) Le texte dit : *Il se propose;* le sujet du verbe est צאחב אלהיאה, *l'astronome.*

(4) Voy. *Almageste,* liv. III, chap. 3 et 4. Ptolémée montre que l'anomalie apparente du soleil peut s'expliquer aussi bien par l'hypothèse d'un épicycle que par celle d'un cercle excentrique ; mais il trouve plus raisonnable de s'attacher à l'hypothèse de l'excentrique, parce qu'elle est plus simple, et qu'elle ne suppose qu'un seul, et non deux mouvements.

(5) Au lieu de עולנא (proprement : *nous nous fions à, nous sommes certains*), plusieurs mss. ont עמלנא ou עלמנא, leçons qui n'offrent pas ici de sens convenable. D'ailleurs, la proposition עלי, qui suit le verbe, parle aussi en faveur de la leçon que nous avons adoptée.

seule sphère; mais il ne serait pas impossible que chacune de ces étoiles fût dans une sphère (particulière), de manière qu'elles eussent toutes un mouvement uniforme et que toutes ces sphères (tournassent) sur les mêmes pôles. Il y aurait alors des *Intelligences* selon le nombre des sphères, comme il est dit : *Ses légions peuvent-elles se compter* (Job, XXV, 3) ? c'est-à-dire, à cause de leur grand nombre ; car les Intelligences, les corps célestes et toutes les forces, tous cela ensemble forme *ses légions*, et leurs espèces doivent nécessairement être limitées par un certain nombre. Mais, dût-il en être ainsi, cela ne ferait aucun tort à notre classification [1], en ce que nous avons compté pour une seule la sphère des étoiles fixes, de même que nous avons compté pour une seule les cinq sphères des planètes avec les nombreuses sphères qu'elles renferment ; car tu as bien compris que nous n'avons eu d'autre but que de compter (comme une seule) la totalité de chaque force que nous percevons dans la nature comme un seul ensemble [2], sans nous préoccuper de rendre un compte exact du véritable état des intelligences et des sphères [3].

---

(1) C'est-à-dire : dût-on admettre que chacune des étoiles fixes se trouve dans une sphère particulière, cela ne dérangerait en rien la classification que nous avons adoptée, en divisant toutes les sphères célestes en quatre groupes, par rapport aux quatre espèces de forces émanées d'elles.

(2) C'est-à-dire, de nous rendre compte de l'ensemble des forces émanées des sphères célestes, et dans lesquelles on peut distinguer quatre espèces, dont chacune présente un ensemble de forces particulières homogènes.—Au lieu de אלקוה au singulier, leçon qu'a reproduite Ibn-Tibbon (כל כח אשר השננוהו), leux deux mss. de Leyde ont אלקוי au pluriel; de même Al-'Harizi : מכלל הכחות אשר נשיגם. D'après cette leçon, il faudrait traduire : *de rendre compte de l'ensemble des forces que nous percevons généralement dans la nature.*

(3) C'est-à-dire, d'en fixer exactement le nombre. — Au lieu de תחריר (avec *résch*), quelques mss. ont תחדיד (avec *daleth*). Cette dernière leçon, qui signifie *limiter*, a été suivie par les deux traducteurs hébreux ; Ibn-Tibbon a le לגבול, et Al-'Harizi להגבלת. La leçon que

Mais notre intention, en somme, est (de montrer) : 1° Que tous les êtres en dehors du Créateur se divisent en trois classes : la première (comprend) les intelligences séparées ; la deuxième, les corps des sphères célestes, qui sont des *substrata* pour des formes stables et dans lesquelles la forme ne se transporte pas d'un *substratum* à l'autre, ni le *substratum* lui-même n'est sujet au changement ; la troisième, ces corps qui naissent et périssent et qu'embrasse une seule matière. 2° Que le *régime* descend [1] de Dieu sur les *intelligences*, selon leur ordre (successif) ; que les Intelligences, de ce qu'elles ont reçu elles-mêmes, épanchent des bienfaits et des lumières sur les corps des sphères célestes, et que les sphères enfin épanchent des forces et des bienfaits sur ce (bas) corps qui naît et périt, (en lui communiquant) ce qu'elles ont reçu de plus fort de leurs principes [2].

Il faut savoir que tout ce qui, dans cette classification, communique un bien quelconque, n'a pas uniquement pour but final de son existence, tout *donneur* qu'il est [3], de donner à celui qui reçoit ; car (s'il en était ainsi), il s'ensuivrait de là une pure absurdité. En effet, la *fin* est plus noble que les choses qui existent pour cette fin ; or, il s'ensuivrait (de ladite supposition) que ce qui est plus élevé, plus parfait et plus noble existe en faveur de ce qui lui est inférieur, chose qu'un homme intelligent ne saurait s'imaginer. Mais il en est comme je vais le dire : Quand une chose possède un certain genre de perfection, tantôt cette perfection y occupe une étendue (suffisante) pour que la

---

nous avons adoptée est préférée par Ibn-Falaquéra. Voy. *Morè ha-Moré*, appendice, p. 154.

(1) Le verbe פיץ (فيض), que nous sommes obligé de rendre de différentes manières, signifie proprement : *s'épancher, se verser, découler, émaner*. Voyez sur cette expression le chap. suivant, et le t. 1, p. 244, note 1.

(2) Par les *principes* ou *origines* des sphères célestes, il faut entendre les *intelligences*.

(3) Littéralement : *l'existence, le but et la fin de ce donneur ne sont pas uniquement*, etc.

chose elle-même soit parfaite, sans qu'il s'en communique une
perfection à une autre chose ; tantôt la perfection a une étendue
telle qu'il y en a de reste pour perfectionner autre chose. Ainsi,
pour citer un exemple, tu dirais qu'il y a tel homme qui possède une fortune suffisante seulement pour ses besoins et qu'il
n'en reste rien de trop dont un autre puisse tirer profit, et tel
autre qui possède une fortune dont il lui reste en surplus [1] de
quoi enrichir beaucoup de monde, de sorte qu'il puisse en donner à une autre personne suffisamment pour que cette personne
soit également riche et en ait assez de reste pour enrichir une
troisième personne. Il en est de même dans l'univers : l'*épanchement*, qui vient de Dieu pour produire des Intelligences séparées,
se communique aussi de ces intelligences pour qu'elles se produisent les unes les autres, jusqu'à l'intellect actif avec lequel cesse
la production des (intelligences) *séparées*. De chaque (intelligence) séparée, il émane également une autre production [2],
jusqu'à ce que les sphères aboutissent à celle de la lune. Après
cette dernière vient ce (bas) corps qui naît et périt, je veux dire
la matière première et ce qui en est composé. De chaque sphère
il vient des forces (qui se communiquent) aux éléments, jusqu'à ce que leur *épanchement* s'arrête aux termes (du monde) de
la naissance et de la corruption.

Nous avons déjà exposé que toutes ces choses ne renversent
rien de ce qu'ont dit nos prophètes et les soutiens de notre Loi [3] ;
car notre nation était une nation savante et parfaite, comme
Dieu l'a proclamé par l'intermédiaire du Maître qui nous a perfectionnés, en disant : *Cette grande nation seule est un peuple*

---

(1) Des deux mots עָנָה מנה, qui se trouvent dans tous les mss.,
le premier se rapporte à la *fortune* (אלמאל), et le second à la *personne*
(אלבד), littéralement : *dont il reste de sa part.*

(2) C'est-à-dire, chaque intelligence séparée, en produisant l'intelligence qui est au-dessous d'elle, fait émaner d'elle une autre production,
qui est une des sphères célestes.

(3) C'est-à-dire, les docteurs, qui *portent* et propagent la tradition.
Cf. ci-dessus, p. 65, note 3.

sage et intelligent (Deut. IV, 6). Mais lorsque les méchants d'entre les nations ignorantes eurent anéanti nos belles qualités, détruit nos sciences [1] et nos livres et massacré nos savants, — de sorte que nous devînmes ignorants, ainsi qu'on nous en avait menacés à cause de nos péchés, en disant : *Et la sagesse de ses sages périra, et l'intelligence de ses hommes intelligents disparaîtra* (Isaïe, XXIX, 14), — nous nous mêlâmes à ces nations [2], et leurs opinions passèrent à nous, ainsi que leurs mœurs et leurs actions. De même qu'on a dit, au sujet de l'assimilation des actions : *Ils se sont mêlés aux nations et ont appris leurs actions* (Ps. CVI, 35), de même on a dit, au sujet des opinions des nations ignorantes transmises à nous : *Et ils se contentent des enfants des étrangers* (Isaïe, II, 6) [3], ce que Jonathan ben-Uziel traduit : *Et ils suivent les lois des nations.* Lors donc que nous eûmes été élevés dans l'habitude des opinions des peuples ignorants, ces sujets philosophiques parurent être aussi étrangers à notre Loi qu'ils l'étaient aux opinions des peuples ignorants, bien qu'il n'en soit pas ainsi.

Puisque, dans notre discours, il a été question à plusieurs reprises de l'*épanchement* (venant) de Dieu et des intelligences,

____

(1) La plupart des mss., et les meilleurs, portent חכמנא, et il faut prononcer حِكَنا (plur. de حِكَة). Les deux versions hébraïques ont חכמתנו, au sing., et de même un seul de nos mss. arabes porte חכמתנא. Quelques autres mss. ont חכמאנא, nos sages, et même quelques mss. de la version d'Ibn-Tibbon ont חכמינו; mais cette dernière leçon est inadmissible; car les mots suivants, ואהלכוא עלמאנא, seraient une répétition inutile.

(2) Pour être plus exact, il faudrait traduire : *et que nous nous mêlâmes à eux;* car le complément de la phrase, dans le texte arabe, ne commence qu'au verbe פתערדת. Nous avons un peu modifié la construction de la phrase pour la rendre moins embarrassée.

(3) Nous avons dû adopter, pour le mot ישפיקו, la traduction que l'auteur en donne lui-même au chap. VII de la Iʳᵉ partie. Dans la version de Jonathan, tous les mss. ont ici le verbe יהכון, tandis que dans la Iʳᵉ partie, on lit אזלין, comme dans nos éditions de la paraphrase chaldaïque.

il faut que nous t'en exposions le véritable sens, je veux
dire l'idée qu'on désigne par le mot *épanchement*. Après cela, je
commencerai à parler de la *nouveauté du monde*.

CHAPITRE XII.

Il est évident que tout ce qui est *né* [1] a nécessairement une
cause efficiente qui l'a fait naître après qu'il n'avait pas existé.
Cet efficient prochain ne peut qu'être ou corporel ou incorporel ;
cependant, un corps quelconque n'agit pas en tant que corps,
mais il exerce *telle* action parce qu'il est *tel* corps, je veux dire
(qu'il agit) par sa forme. Je parlerai de cela plus loin. Cet efficient prochain, producteur de la chose *née*, peut être lui-même
né (d'autre chose) ; mais cela ne peut se continuer à l'infini, et
au contraire, dès qu'il y a une chose née, il faut nécessairement
que nous arrivions à la fin à un producteur primitif, incréé, qui
ait produit la chose. Mais alors il reste la question (de savoir)
pourquoi il a produit maintenant et pourquoi il ne l'a pas fait
plus tôt, puisqu'il existait. Il faut donc nécessairement que cet
acte nouveau ait été impossible auparavant [2] : soit que, l'agent
étant corporel, il manquât un certain *rapport* entre l'agent et
l'objet de l'action ; soit que, l'agent étant incorporel, il manquât
la *disposition de la matière* [3]. Tout cet exposé est le résultat de

---

(1) Sur le sens du mot חאדית, voy. t. I, p. 235, n. 2 ; nous traduisons ce mot tantôt par *nouveau* ou *nouvellement survenu*, tantôt par *né* ou
par *créé*.

(2) Littéralement : *Il faut donc nécessairement que l'impossibilité de cet
acte nouveau, avant qu'il survînt, soit venue, ou bien d'un manque de rapport*, etc.

(3) Cf. ci-dessus, pag. 22, propos. xxv, et pag. 30, n. 2 ; l'auteur
entre ci-après dans de plus amples explications sur ce qu'il entend par
rapport et par *disposition de la matière*. — Tous les mss. arabes ont
מאדה, sans article ; les deux traducteurs hébreux ont ajouté l'article
(החמר).

là spéculation *physique*, sans que, pour le moment, on se préoccupe ni de l'éternité ni de la nouveauté du monde ; car ce n'est pas là le but de ce chapitre.

Il a été exposé dans la science physique que tout corps qui exerce une certaine action sur un autre corps n'agit sur ce dernier qu'en l'approchant, ou en approchant quelque chose qui l'approche, si cette action s'exerce par des intermédiaires. Ainsi, par exemple, ce corps qui a été chauffé maintenant, l'a été, ou bien parce que le feu lui-même l'a approché, ou bien parce que le feu a chauffé l'air et que l'air environnant le corps l'a chauffé, de sorte que c'est la masse d'air chaud qui a été l'agent prochain pour chauffer ce corps. C'est ainsi que l'aimant attire le fer de loin au moyen d'une force qui se répand de lui dans l'air qui approche le fer. C'est pourquoi il n'exerce pas l'attraction à quelque distance que ce soit, de même que le feu ne chauffe pas à quelque distance que ce soit, mais seulement à une distance qui permet la modification de l'air qui est entre lui et la chose chauffée par sa force ; mais lorsque la chaleur de l'air venant de ce feu se trouve coupée (ou éloignée) de dessous la cire, celle-ci ne peut plus se fondre par elle ; il en est de même pour ce qui concerne l'attraction. Or, pour qu'une chose qui n'a pas été chaude le devînt ensuite, il a fallu nécessairement qu'il survînt une cause pour la chauffer, soit qu'il *naquît* un feu, soit qu'il y en eût un à une certaine distance qui fût changée. C'est là le *rapport* qui manquait d'abord et qui ensuite est survenu. De même, (si nous cherchons) les causes de tout ce qui survient dans ce monde en fait de créations nouvelles, nous trouverons que ce qui en est la cause, c'est le mélange des éléments, corps qui agissent les uns sur les autres et reçoivent l'action les uns des autres, je veux dire que la cause de ce qui naît c'est le rapprochement ou l'éloignement des corps (élémentaires) les uns des autres. — Quant à ce que nous voyons naître sans que ce soit la simple conséquence du mélange [1], — et ce sont toutes les

(1) Littéralement : *Quant à ce que nous trouvons en fait de choses nées*

formes, — il faut pour cela aussi un efficient, je veux dire quelque chose qui *donne* la forme. Et ceci n'est point un corps ; car
l'efficient de la forme est une forme sans matière, comme il a été
exposé en son lieu [1], et nous en avons précédemment indiqué
la preuve [2]. Ce qui peut encore servir à te l'expliquer, c'est
que tout mélange est susceptible d'augmentation et de diminution
et arrive petit à petit, tandis qu'il n'en est pas ainsi des formes ;
car celles-ci n'arrivent pas petit à petit, et à cause de cela elles
n'ont pas de mouvement, et elles surviennent et disparaissent en
un rien de temps [3]. Elles ne sont donc pas l'effet du mélange ;
mais le mélange ne fait que *disposer* la matière à recevoir la
forme. L'efficient de la forme est une chose non susceptible de
division, car son action est de la même espèce que lui [4]; il est
donc évident que l'efficient de la forme, je veux dire ce qui la
donne, est nécessairement une forme, et celle-ci est une (forme)
séparée [5]. Il est inadmissible que cet efficient, qui est incorporel,
produise son impression par suite d'un certain *rapport*. En effet,
n'étant point un corps, il ne saurait ni s'approcher ni s'éloigner,
ni aucun corps ne saurait s'approcher ou s'éloigner de lui ; car
il n'existe pas de rapport de distance entre le corporel et l'incorporel. Il s'ensuit nécessairement de là que l'absence de cette action [6] a pour cause le manque de disposition de telle matière
pour recevoir l'action de l'*être séparé.*

qui ne suivent point un mélange, c'est-à-dire dont la naissance ne saurait
s'expliquer par le seul mélange des éléments.

(1) Littéralement : *dans ses endroits;* c'est-à-dire, dans les endroits
de la *Physique* et de la *Métaphysique* qui traitent de ce sujet.

(2) L'auteur veut parler sans doute de ce qu'il a dit, au chap. IV, de
la production des formes par l'intellect actif. Voy. ci-dessus, pag. 57-59

(3) Cf. ci-dessus, pag. 6, n. 2, et pag. 7, n. 2.

(4) L'action de cet efficient, ou la forme, étant incorporelle et indivisible, l'efficient doit l'être également. Cf. ci-dessus, p. 8 et 9, la VIIe
proposition et les notes que j'y ai jointes.

(5) Voy. ci-dessus, p. 31, n. 2.

(6) C'est-à-dire, de celle qui vient de l'*être séparé*, donnant la forme.

Il est donc clair que l'action que les corps (élémentaires), en vertu de leurs formes (particulières), exercent les uns sur les autres a pour résultat de disposer les (différentes) matières à recevoir l'action de ce qui est incorporel, c'est-à-dire les actions qui sont les *formes*[1]. Or, comme les impressions de l'*intelligence séparée*[2] sont manifestes et évidentes dans ce monde, — je veux parler de toutes ces nouveautés (de la nature) qui ne naissent pas du *seul* mélange en lui-même, — on reconnaîtra nécessairement que cet efficient n'agit pas par contact, ni à une distance déterminée, puisqu'il est incorporel. Cette action de l'*intelligence séparée* est toujours désignée par le mot *épanchement* (FEIDH), par comparaison avec la source d'eau qui s'*épanche* de tous côtés et qui n'a pas de côtés déterminés, ni d'où elle proflue, ni par où elle se répande ailleurs, mais qui jaillit de partout et qui arrose continuellement tous les côtés (à l'entour), ce qui est près et ce qui est loin. Car il en est de même de cette intelligence : aucune force ne lui arrive d'un certain côté ni d'une certaine distance, et sa force n'arrive pas non plus ailleurs par un côté déterminé, ni à une distance déterminée, ni dans un temps plutôt que dans un autre temps; au contraire, son action est perpétuelle, et toutes les fois qu'une chose a été *disposée* [3], elle reçoit cette action toujours existante qu'on a désignée par le mot *épanchement*. De même encore, comme on a démontré l'incorporalité du Créateur et établi que l'univers est son œuvre et qu'il en est, lui, la cause efficiente, — ainsi que nous l'avons exposé et que nous l'expo-

----

(1) Littéralement : *lesquelles actions sont les formes ;* le pronom relatif *lesquelles* se rapporte irrégulièrement au mot פֹּעַל, *action*, qui est au sing. Le sens est : que c'est de l'être incorporel ou *séparé* qu'émanent les véritables formes constituant l'essence des choses.

(2) C'est-à-dire, la dernière des intelligences séparées, qui est l'*intellect actif.*

(3) Ibn-Tibbon traduit : כל אשר יזדמן דבר; cette version est critiquée par Ibn-Falaquéra (*Moré ha-Moré*, appendice, p. 154), qui préfère traduire : כל דבר שהוא מוכן. La version d'Al-'Harizi porte : בעוד שיזדמן דבר מוכן, *toutes les fois qu'il se rencontre une chose disposée.*

serons encore, — on a dit que le monde vient de l'*épanchement* de
Dieu et que Dieu a *épanché* sur lui tout ce qui y survient [1]. De
même encore on a dit que Dieu a *épanché* sa science sur les prophètes. Tout cela signifie que ces actions sont l'œuvre d'un être
incorporel ; et c'est l'action d'un tel être qu'on appelle *épanchement*. La langue hébraïque aussi a employé ce mot, je veux dire
(le mot) *épanchement*, en parlant de Dieu par comparaison avec
la source d'eau qui s'*épanche* [2], ainsi que nous l'avons dit. En
effet, on n'aurait pu trouver d'expression meilleure que celle-là,
je veux dire *féidh* (épanchement), pour désigner par comparaison l'action de l'*être séparé* ; car nous ne saurions trouver un
mot réellement correspondant à la véritable idée, la conception de
l'action de l'*être séparé* étant chose très difficile, aussi difficile que
la conception de l'existence même de l'*être séparé*. De même que
l'imagination ne saurait concevoir un être que comme corps ou
comme force dans un corps, de même elle ne saurait concevoir
qu'une action puisse s'exercer autrement que par le contact d'un
agent, ou du moins à une certaine distance (limitée) et d'un côté
déterminé. Or, comme pour certains hommes, même du vulgaire,
c'est une chose établie que Dieu est incorporel, ou même qu'il
n'approche pas de la chose qu'il fait, ils se sont imaginé qu'il
donne ses ordres aux anges et que ceux-ci exécutent les actions
par contact et par un approche corporel, comme nous agissons

---

(1) Cf. Ibn-Gebirol, La *Source de vie*, liv. V, § 64 (*Mélanges de philosophie juive et arabe*, pag. 138).

(2) Pour être plus exact, l'auteur aurait dû dire que la langue hébraïque emploie une image analogue, en appelant Dieu une *source d'eau vive*
(Jérémie, II, 13) ; car la langue biblique, comme on le pense bien,
n'offre aucun mot qui exprime l'idée philosophique que désigne le mot
arabe فيض (épanchement), et les rabbins du moyen âge ont employé
dans ce sens la racine שפע, qui, dans les dialectes araméens, signifie
affluer, profluer, abonder, et qui ne se trouve qu'une seule fois dans l'hébreu biblique, comme substantif, dans le sens d'*affluence*, *abondance*
(Deutéron. XXXIII, 19). Mais on verra, à la fin de ce chapitre, que l'auteur interprète dans le sens philosophique le mot מקור, *source*.

nous-mêmes sur ce que nous faisons ; ils se sont donc imaginé que les anges aussi sont des corps. Il y en a qui croient que Dieu ordonne la chose en parlant comme nous parlons, je veux dire par des lettres et des sons, et qu'alors la chose se fait [1]. Tout cela, c'est suivre l'imagination, qui est aussi, en réalité, le *yécer ha-ra'* (la fantaisie mauvaise) [2] ; car tout vice rationnel ou moral est l'œuvre de l'imagination ou la conséquence de son action. Mais ce n'est pas là le but de ce chapitre. Nous avons plutôt l'intention de faire comprendre ce qu'on entend par l'*épanchement*, en parlant soit de Dieu, soit des Intelligences ou des anges, qui sont incorporels [3]. On dit aussi des forces des sphères célestes qu'elles s'*épanchent* sur le (bas) monde, et on dit : « l'*épanchement* de la sphère céleste, » quoique les effets produits par celle-ci viennent d'un corps et qu'à cause de cela les astres agissent à une distance déterminée, je veux dire suivant qu'ils sont près ou loin du centre (du monde) et selon leur rapport mutuel [4]. C'est ici le premier point de départ de l'astrologie judiciaire [5].

---

(1) Au lieu de הדבור, qu'ont généralement les éditions de la version d'Ibn-Tibbon, il faut lire הדבר, comme l'a l'édition *princeps ;* le verbe ויפעל est au passif (ponctuez : וִיפָּעֵל). Al-'Harizi traduit : ויהיה הדבר ; Ibn-Falaquéra (*Moré ha-Moré*, p. 94) ויתפעל אותו הדבר.

(2) Le mot יֵצֶר (formation, création) désigne, au figuré, le *penchant naturel* (Genèse, VI, 5 ; VIII, 21), et les rabbins désignent par יצר הרע toute espèce de dégénération morale, le mauvais penchant, la passion, ou le dérèglement de l'imagination.

(3) Littéralement : *L'intention est plutôt la compréhension du sens de l'é-panchement qui se dit à l'égard de Dieu et à l'égard des intelligences, je veux dire des anges, parce qu'ils sont incorporels.*

(4) C'est-à-dire, selon leur position respective les uns à l'égard des autres.

(5) Littéralement : *C'est par ici qu'on est entré dans les jugements des astres ou dans l'astrologie.* L'auteur, comme on le pense bien, rejetait cette science chimérique, qui avait séduit même quelques esprits élevés parmi les juifs, comme par exemple le célèbre Ibn-Ezra. Maïmonide s'est prononcé contre cette science, dans les termes les plus énergiques. Voyez surtout sa *Lettre aux docteurs de Marseille.*

Quant à ce que nous avons dit que les prophètes aussi ont présenté métaphoriquement l'action de Dieu par l'idée de l'*épanche-*
ment, c'est, par exemple, dans ce passage : *Ils m'ont abandonné,*
moi, source d'eau vive (Jérémie, II, 13), ce qui signifie *épanche-*
ment de la vie, c'est-à-dire de l'*existence*, qui, indubitablement,
est la vie. De même on a dit : *Car auprès de toi est la source de*
la vie (Ps. XXXVI, 10), ce qui veut dire l'*épanchement de l'exis-*
tence ; et c'est encore la même idée qui est exprimée à la fin de
ce passage par les mots : *dans ta lumière nous voyons la lumière*
(ce qui veut dire) que, grâce à l'épanchement de l'*intellect* (*actif*)
qui est émané de toi, nous pensons, et par là nous sommes
dirigés et guidés [1] et nous percevons l'intellect (*actif*). Il faut
te bien pénétrer de cela.

CHAPITRE XIII.

Sur la question de savoir si le monde est éternel ou créé, ceux
qui admettent l'existence de Dieu ont professé trois opinions
différentes [2] :

I. La *première opinion*, embrassée par tous ceux qui admettent la Loi de Moïse, notre maître, est (celle-ci) : Que l'univers,
dans sa totalité, je veux dire tout être hormis Dieu, c'est Dieu
qui l'a produit du néant pur et absolu ; qu'il n'avait existé (d'a-
bord) que Dieu seul et rien en dehors de lui, ni ange, ni sphère,
ni ce qui est à l'intérieur de la sphère céleste ; qu'ensuite il a

---

(1) Le mot וְנִסְתַּדֵּל, *et nous nous guidons*, n'a pas été rendu dans les
versions hébraïques. Al-'Harizi finit ce chapitre par les mots נַשְׂכִּיל וְנֵלֵךְ
בְּאוֹרַח מִישׁוֹר. Ibn-Falaquéra (*Moré ha-Moré*, p. 94) en traduit ainsi les
derniers mots : נַשְׂכִּיל וְנִנְחֶה אוֹתָנוּ וְיוֹרֵנוּ הַשֵּׂכֶל.

(2) Littéralement : *les opinions des hommes sur l'éternité du monde ou*
sa nouveauté, chez tous ceux qui ont admis qu'il existe un Dieu, sont trois
opinions. — Pour אֱלָאהֻ מַוְגֻוד, les mss. ont généralement אלאהא מוגודא,
à l'accusatif, ce qui est incorrect.

produit tous ces êtres, tels qu'ils sont, par sa libre volonté et non pas *de* quelque chose ; enfin, que le temps lui-même aussi fait partie des choses créées, puisqu'il accompagne le mouvement, lequel est un accident de la chose mue, et que cette chose elle-même dont le temps accompagne le mouvement a été créée et est *née* après ne pas avoir existé. Que si l'on dit : « Dieu fut avant de créer le monde, » — où le mot *fut* indique un temps, — et de même s'il s'ensuit de là pour la pensée [1] que son existence avant la création du monde s'est *prolongée* à l'infini, il n'y a dans tout cela que supposition ou imagination de temps et non pas réalité de temps ; car le temps est indubitablement un accident, et il fait partie, selon nous, des accidents *créés* aussi bien que la noirceur et la blancheur. Bien qu'il ne soit pas de l'espèce de la *qualité* [2], il est pourtant, en somme, un accident inhérent au mouvement, comme il est clair pour celui qui a compris ce que dit Aristote pour expliquer le temps et son véritable être [3].

Nous allons ici donner une explication, qui sera utile pour le sujet que nous traitons, bien qu'elle ne s'y rapporte pas directement. Ce qui (disons-nous) a fait que le *temps* est resté une chose obscure pour la plupart des hommes de science, de sorte qu'ils ont été indécis [4] — comme par exemple Gallien [5] et

_____

(1) Littéralement : *et de même tout ce qui en est entraîné* (comme conséquence) *dans l'esprit.* Ibn-Tibbon traduit : וכן כל מה שיעלה בשכל; cette version est justement critiquée par Ibn-Falaquéra (*Moré ha-Moré*, Appendice, pag. 154), qui fait observer que le verbe arabe (يَنْجَرّ) ressemble à la forme hébraïque יגרר (*niph'al* de גרר, *entraîner*), et qu'il ne convient pas ici de traduire par שכל, *intelligence*, le mot arabe דהן, qui signifie *esprit, pensée*.

(2) C'est-à-dire, bien qu'il n'entre pas dans la catégorie de la *qualité*, comme la noirceur, la blancheur et la plupart des accidents.

(3) Voy. ci-dessus, pag. 15, la xve propos. et les notes.

(4) Littéralement : *de sorte que sa chose* (ou *son idée*) *les a rendus perplexes.*

(5) Cf. le t. I, chap. LXXIII, pag. 381.

d'autres— sur la question de savoir s'il a, ou non, une existence réelle, c'est qu'il est un accident dans un (autre) accident. En effet, les accidents qui existent dans les corps d'une manière immédiate, comme les couleurs et les goûts, on les comprend du premier abord et on en conçoit l'idée. Mais les accidents dont les *substrata* sont d'autres accidents, comme, par exemple, l'éclat dans la couleur, la courbure et la rondeur dans la ligne, sont une chose très obscure, surtout lorsqu'il se joint à cela (cette circonstance) que l'accident qui sert de *substratum* n'est pas dans un état fixe, mais change de condition [1]; car alors la chose est plus obscure. Or, dans le temps, les deux choses sont réunies; car (d'abord) il est un accident inhérent au mouvement, lequel est un accident dans la chose mue; et (ensuite) le mouvement n'est pas dans la condition de la noirceur et de la blancheur, qui sont quelque chose de fixe mais au contraire, il est de la véritable essence du mouvement de ne pas rester un seul clin d'œil dans le même état. C'est donc là ce qui a fait que le temps est resté une chose obscure. Notre but est (d'établir) que, pour nous autres, il est une chose créée et *née*, comme les autres accidents et comme les substances qui portent ces accidents. Par conséquent, la production du monde par Dieu n'a pu avoir un commencement *temporel*, le temps faisant partie lui-même des choses créées. Il faut que tu médites profondément sur ce sujet, afin que tu ne sois pas en butte aux objections auxquelles ne saurait échapper celui qui ignore cela. En effet, dès que tu affirmes (qu'il existait) un *temps* avant le monde, tu es obligé d'admettre l'*éternité*; car le temps étant un accident, auquel il faut nécessairement un *substratum*, il s'ensuivrait de là qu'il a existé quelque chose avant l'existence de

---

(1) Littéralement: *mais dans un état après un (autre) état.* Ibn-Tibbon traduit: אבל ישתנה מענין אל ענין. L'un des mss. de Leyde (n. 18) a: יתגיר פי חאלה בעד חאלה; mais, cette construction étant incorrecte, je crois que le copiste s'est permis ici d'ajouter un mot (יתגיר), d'après la version hébraïque, comme il l'a fait dans d'autres endroits.

ce monde qui existe maintenant, et c'est à cela précisément que nous voulons échapper.

Telle est donc l'une des (trois) opinions, qui forme indubitablement un principe fondamental de la Loi de Moïse, notre maître, le second principe après celui de l'unité (de Dieu); et il ne doit point te venir à l'idée qu'il puisse en être autrement. Ce fut notre père Abraham qui commença à publier cette opinion, à laquelle il avait été amené par la spéculation; c'est pourquoi il proclama *le nom de l'Éternel, Dieu de l'univers* [1]. Il a clairement exprimé cette opinion en disant : *Créateur du ciel et de la terre* (Genèse, XIV, 22).

II. La *deuxième opinion* est celle de tous les philosophes dont nous avons entendu parler, ou dont nous avons vu les paroles. Il est inadmissible, disent-ils, que Dieu produise quelque chose du néant, et il n'est pas non plus possible, selon eux, qu'une chose soit réduite au néant (absolu); je veux dire, qu'il n'est pas possible qu'un être quelconque, ayant matière et forme, soit né sans que la matière ait jamais existé, ni qu'il périsse de manière que la matière elle-même soit réduite au néant absolu [2]. Attribuer à Dieu la faculté de (faire) pareille chose, ce serait, selon eux, comme si on lui attribuait la faculté de réunir au même instant[3] les deux contraires, ou de créer son semblable, ou de se

---

(1) Voy. Genèse, XXI, 33, et cf. le t. I, pag. 3, note 2.

(2) Littéralement : *qu'il naisse un être quelconque ayant matière et forme du non-être absolu de cette matière, ni qu'il périsse en le non-être absolu de cette matière.* Tous les mss. ont les deux fois חלך אלמאדֹה, *cette matière;* de même, les versions d'Ibn-Tibbon et d'Al-'Harîzi : החמר ההוא. Dans le *Moré ha-Moré* d'Ibn-Falaquéra, tant dans l'édition imprimée (pag. 95) que dans les mss., on lit אותה הצורה, *cette forme;* mais cette leçon est inadmissible.

(3) La version d'Ibn-Tibbon ajoute les mots בנושא אחר *dans un même sujet.* En effet, ces mots sont sous-entendus dans le texte arabe; car il n'y a vraiment *contradiction* qu'en supposant les deux contraires réunis au même instant et dans le même sujet. Cf. la Ire partie, chap. LXXV, à la fin de la Ire méthode (pag. 443) et IIIe partie, chap. XV.

corporifier, ou de créer un carré dont la diagonale soit égale au
côté, ou de semblables choses impossibles. Ce qui est sous-
entendu dans leurs paroles, c'est qu'ils veulent dire que, de
même qu'il ne peut être taxé d'impuissance pour ne pas produire
les choses impossibles, — car l'impossible a une nature stable,
qui n'est pas l'œuvre d'un agent, et qui, à cause de cela, est invariable (1), — de même on ne saurait lui attribuer l'impuissance, parce qu'il ne serait pas capable de produire quelque
chose du néant (absolu); car cela est de la catégorie de toutes
les choses impossibles. Ils croient donc qu'il existe une matière
qui est éternelle comme Dieu; que lui, il n'existe pas sans elle,
ni elle sans lui. Cependant ils ne croient pas pour cela qu'elle
occupe dans l'être le même rang que Dieu; mais, au contraire,
Dieu est (selon eux) la *cause* par laquelle elle existe, et elle est
pour lui ce que l'argile est pour le potier, ou ce que le fer est pour
le forgeron. Il crée dans elle ce qu'il veut : tantôt il en forme ciel
et terre, tantôt il en forme autre chose. Les partisans de cette
opinion croient que le ciel aussi est né et (qu'il est) périssable, mais
qu'il n'est pas né du néant, ni ne doit périr (de manière à retourner) au néant. Au contraire, de même que les individus des animaux naissent et périssent (en sortant) d'une matière qui existe
et (en retournant) à une matière qui existe, de même le ciel est
né et doit périr, et il en est de sa naissance et de sa corruption
comme de celles des autres êtres qui sont au-dessous de lui.
Ceux qui appartiennent à cette secte se divisent en plusieurs
classes, dont il est inutile de mentionner dans ce traité les divi-
sions et les opinions; mais (2) le principe universel de cette secte
est celui que je t'ai dit. Platon aussi professe cette opinion; tu
trouveras qu'Aristote rapporte de lui dans l'*Acroasis* (ou la Physique) qu'il croyait, — c'est-à-dire Platon, — que le ciel est né

---

(1) Voy. la IIIᵉ partie de cet ouvrage, chap. xv.
. (2) Les éditions de la version d'Ibn-Tibbon portent généralement
אם כן; il faut lire אבל, comme l'ont les mss.

et (qu'il est) périssable [1], et de même tu trouveras son opinion
clairement exprimée dans son livre à Timée [2]. Cependant il ne
croit pas ce que nous croyons, comme le pensent ceux qui
n'examinent pas les opinions et n'étudient pas avec soin, et qui
s'imaginent que notre opinion et la sienne sont semblables. Il
n'en est point ainsi ; car nous, nous croyons que le ciel est né,
non pas de quelque chose, mais du néant absolu, tandis que lui,
il croit qu'il existait (virtuellement) et qu'il a été formé de quelque chose [3]. Telle est la deuxième opinion.

(1) Voy. *Phys.*, liv. VIII, chap. 1, où Aristote dit que Platon seul con-
sidérait le temps comme *né ;* il est né, disait-il, en même temps que le
ciel, qui lui-même est *né :* Ἅμα μὲν γὰρ αὐτὸν τῷ οὐρανῷ γεγονέναι, τὸν
δ' οὐρανὸν γεγονέναι φησίν. On remarquera qu'Aristote dit seulement que, selon Platon, le ciel a été *produit*, mais non pas qu'il doive
périr ; ailleurs Aristote dit même expressément que, selon le Timée, le
ciel, quoique *né*, est impérissable et durera toujours (voy. le traité *Du
Ciel*, liv. I, à la fin du chap. 10). C'est donc à tort que Maïmonide dit ici
et plus loin (chap. xv et xxv) que, selon Platon, le ciel est *né* et sujet à
la corruption. Cf. Ibn-Falaquéra, *Moré ha-Moré*, pag. 95.

(2) Voy. le Timée, pag. 28 B.C : Γέγονεν (ὁ οὐρανός) · ὁρατὸς γὰρ ἁπτός
τέ ἐστι καὶ σῶμα ἔχων, πάντα δὲ τὰ τοιαῦτα αἰσθητά, τὰ δὲ αἰσθητά, δόξῃ
περιληπτὰ μετὰ αἰσθήσεως, γιγνόμενα καὶ γεννητὰ ἐφάνη. — Maïmonide a pu
lire le Timée, dont il existait une traduction arabe intitulée كتاب
طيماوس (Voy. Wenrich, *De auctorum græcorum versionibus, etc.*, p. 118).
Presque tous les mss. ar., ainsi que les deux versions hébraïques, ont
לטימאוס, *à Timée ;* nous avons reproduit cette leçon, quoiqu'elle renferme une inexactitude. Dans un de nos mss. on lit plus exactement : פי כתאבה טימאוס (sans ל), *dans son livre Timée ;* de même dans
le *Moré ha-Moré*, l. c. : בספרו טימיאוס.

(3) On voit que, selon Maïmonide, la différence entre Platon et Aristote est celle-ci : que ce dernier admet, non-seulement l'éternité de la
matière première, mais aussi celle du mouvement et du temps, tandis
que Platon, tout en admettant l'éternité de la matière et du chaos, croit
pourtant que le monde, tel qu'il est, a eu un commencement, que le ciel
a été, comme les choses sublunaires, produit du chaos, et que par
conséquent le mouvement et le temps ont eu un commencement. C'est
dans ce sens que l'opinion de Platon a été généralement interprétée par
les Arabes et par les scolastiques, et c'est dans ce sens encore que se

III. La *troisième opinion* est celle d'Aristote, de ses sectateurs et des commentateurs de ses ouvrages. Il soutient, avec les adeptes de la secte dont il vient d'être parlé, qu'aucune chose matérielle ne peut être produite sans une matière (préexistante),

prononce l'un des plus savants adeptes de la nouvelle école platonique d'Italie. Voici comment Léon Hébreu s'exprime sur cette question (*Dialoghi di amore*, III, édit. de Venise, 1572, fol. 145 et suiv.) : « Concedendo tutti gli huomini che'l sommo Dio genitore et opifice del mondo sia eterno, senza alcun principio temporale, son divisi nella produttion del mondo, se è ab eterno, o da qualche tempo in quà. Molti dei filosofi tengono essere prodotto ab eterno da Dio, e non havere mai havuto principio temporale, così come esso Dio non l'ha mai havuto, et di questa opinione è il grande Aristotile, e tutti i peripatetici... Ma gli fideli, et tutti quelli che credono la sacra legge di Moise, tengono che'l mondo fusse non ab eterno produtto, anzi di nulla creato in principio temporale, et ancora alcuni dei filosofi par che sentino questo; per quali è il divino Platone, che nel Timeo pone il mondo essere fatto et genito da Dio, produtto del chaos, che è la materia confusa, del quale le cose sono generate... È ben vero che lui fa il chaos, di che le cose sono fatte, eterno, cioè eternalmente produtto da Dio, laqual cosa non tengono gli fideli ; perche loro tengono che fino all' hora della creatione solo Dio fusse in essere senza mondo, et senza chaos, et che l'omnipotentia di Dio di nulla tutte le cose in principio di tempo habbia produtto, che in effetto non par già chiaramente in Moise, che'l ponga materia coeterna a Dio.—Sono adunque tre opinioni nella produttione del mondo da Dio: la prima d'Aristotile, che tutto il mondo fu produtto ab eterno ; la seconda di Platone, che solamente la materia, o chaos, fu produtto ab eterno, ma il mondo in principio di tempo ; et la terza delli fideli, che tutto sia produtto di nulla in principio di tempo. » — Mais on reconnaît par notre passage qu'à l'époque de Maïmonide, comme à toutes les époques, les opinions étaient divisées sur le vrai sens de la doctrine de Platon ; et, en effet, le langage poétique de Platon et l'enveloppe mythique sous laquelle il présente souvent ses doctrines ne justifient que trop cette divergence des opinions. Tandis que plusieurs des plus anciens Platoniciens, et plus tard les Néoplatoniciens, prétendaient que Platon avait admis, comme Aristote, l'éternité du monde, d'autres au contraire (notamment quelques chrétiens, comme par exemple Clément d'Alexandrie) allaient jusqu'à soutenir que Platon avait

mais il soutient en plus que le ciel n'est aucunement sujet à la naissance et à la corruption. Voici le résumé de son opinion : Il prétend que cet univers entier, tel qu'il est, a toujours été et sera toujours ainsi [1]; que la chose stable qui n'est point sujette

professé la doctrine de la création *ex nihilo*, en considérant Dieu comme l'auteur non-seulement de l'ordre du monde, mais de la matière même. La même divergence se fait remarquer encore parmi les savants de nos jours. On peut voir, à cet égard, Zeller, *Die Philosophie der Griechen*, t. II, pag. 508 et suiv. (2e édit. Tubingue, 1859), et Henri Martin, *Études sur le Timée de Platon*, t. II, pag. 179 et suiv. Ce dernier savant, après un examen approfondi des textes, arrive à des conclusions qui s'accordent avec l'opinion de Maïmonide et de Léon Hébreu, à savoir que, d'après le *Timée*, 1° Dieu n'a pas créé la matière première des corps, c'est-à-dire la substance indéterminée ; 2° il n'a pas même créé la matière seconde, c'est-à-dire le chaos éternel ; 3° il a produit l'ordre du monde, mais non de toute éternité. — La distinction entre la matière première incorporelle et le chaos corporel ne nous intéresse point ici, pas plus que la question de savoir comment Platon entendait la matière première et en quoi sa doctrine, à cet égard, diffère de celle d'Aristote. Qu'il nous suffise de dire que Platon admet un principe éternel opposé à l'*idée*, comme l'aveugle nécessité l'est à la raison, le non-être à l'être, le variable et le multiple au permanent et à l'*un* absolu. Mais ce n'est pas là la ὕλη d'Aristote, cet *être en puissance* qui appelle nécessairement la forme pour devenir *être en acte ;* car, selon Platon, c'est avec conscience et liberté, et non par nécessité, que l'idée se réalise dans le substratum indéterminé, qu'elle fait passer de la confusion à l'ordre. Le terme de ὕλη est lui-même inconnu à Platon, quoique Aristote emploie ce terme en parlant de la doctrine de son maître. Cette substance confuse et indéterminée que l'idée *ordonne* et dans laquelle elle se manifeste est appelée par Platon : *ce qui reçoit l'empreinte* (τὸ ἐκμαγεῖον), *ce dans quoi les choses naissent, le lieu, l'espace,* etc. ; elle est aussi présentée comme *la mère* ou *le réceptacle et la nourrice de toute génération ;* et Platon dit lui-même (*Timée*, pag. 49 a) que c'est une espèce bien obscure et bien difficile à comprendre. Cf. Ritter, *Geschichte der Philosophie*, t. II, pag. 347 et suiv. ; Brandis, *Handbuch der Geschichte der griechisch-römischen Philosophie*, t. II, A, pag. 297 et suiv. ; Zeller, *l. c.*, pag. 457 et suiv. ; Henri Martin, *l. c.*, t. I, pag. 16 et suiv.

(1) Littéralement : *n'a jamais cessé et ne cessera jamais (d'être) ainsi.*

à la naissance et à la corruption, c'est à-dire le ciel, ne cesse jamais d'être tel (qu'il est); que le temps et le mouvement sont éternels et permanents, sans naissance ni corruption ; que ce qui naît et périt, à savoir ce qui est au-dessous de la sphère de la lune, continue toujours ainsi [c'est-à-dire que cette matière première en elle-même n'est pas née et ne périra pas, mais que les formes se succèdent dans elle, de sorte que, dépouillée d'une forme, elle en revêt une autre]; enfin, que tout cet ordre (de l'univers), le supérieur comme l'inférieur, ne sera pas altéré et ne cessera pas, qu'il ne s'y produira rien de nouveau qui ne soit pas dans sa nature et qu'il n'y surviendra absolument rien [1] qui sorte de la règle. Il dit [car, bien qu'il ne s'exprime pas en ces termes, c'est pourtant ce qui résulte de son opinion] qu'il est, selon lui, de la catégorie de l'impossible que Dieu change son vouloir ou qu'il lui survienne une volonté nouvelle, et que tout cet univers, tel qu'il est, Dieu l'a fait exister par sa volonté, sans pourtant qu'il ait rien fait du néant. De même, pense-t-il, qu'il est de la catégorie de l'impossible que Dieu cesse d'exister ou que son essence change, de même il est de la catégorie de l'impossible qu'il change de volonté ou qu'il lui survienne un vouloir nouveau. Il s'ensuit par conséquent que tout cet univers, tel qu'il est maintenant, tel il a été de toute éternité et tel il sera à tout jamais.

Tel est le résumé de ces opinions et leur véritable sens ; et ce sont les opinions de ceux pour lesquels c'est une chose démontrée qu'il existe un Dieu pour cet univers. Quant à ceux qui n'ont pas reconnu l'existence de Dieu, mais qui ont pensé que

---

(1) Les mots ולא יטרי פיה טאר (littéralement : *et il n'y surviendra rien de frais*, ou *de nouveau*) ne sont pas exprimés dans la version d'Ibn-Tibbon ; celle d'Al-'Harîzi porte : ולא יתחדש בו מתחרש ממה שאין בטבעו ולא יוסיף בו תוספת שהיא חוץ מן הסברא בשום פנים.

les choses naissent et périssent [1] par l'*agrégation* et la *sépara-tion* [2], selon le hasard , et qu'il n'y a pas d'être qui gouverne et ordonne l'univers, — et ce sont Épicure, sa secte et ses semblables, comme le rapporte Alexandre, — il n'est d'aucune utilité pour nous de parler de ces sectes; car l'existence de Dieu a été démontrée, et il serait inutile de mentionner les opinions de gens qui ont construit leur système sur une base qui déjà a été renversée par la démonstration [3]. Il serait également inutile pour nous de faire des efforts pour établir la vérité de ce que disent les partisans de la deuxième opinion, à savoir que le ciel est *né* et qu'il est périssable; car ceux-là admettent l'éternité (de la matière), et il n'y a pas de différence, selon nous, entre ceux qui croient que le ciel est nécessairement né de quelque chose et qu'il y retournera en périssant, et l'opinion d'Aristote, qui croit qu'il n'est pas *né* et qu'il ne périra pas. En effet, tous ceux qui suivent la Loi de Moïse et de notre père Abraham, ou qui marchent sur leurs traces, ne tendent à autre chose qu'à cette croyance : qu'il n'existe absolument aucune chose éternelle à côté de Dieu, et que produire l'être du néant (absolu) n'est point pour Dieu de la catégorie de l'impossible; bien plus, dans l'opinion de certains penseurs , c'est même une chose nécessaire [4].

Après avoir établi les (différentes) opinions, je commence à

---

(1) Dans les éditions de la version d'Ibn-Tibbon, il faut ajouter ici les mots חוים נפסרים, qu'on trouve dans les mss. et dans l'édition *princeps.*

(2) L'auteur fait allusion aux anciens atomistes, selon lesquels la naissance et la destruction des choses consistent dans l'agrégation et la séparation des atomes. Cf. le t. 1 de cet ouvrage, pag. 378.

(3) Littéralement : *dont le renversement a déjà été démontré.*

(4) C'est-à-dire, certains penseurs considèrent même la création *ex nihilo* comme une chose nécessaire et parfaitement démontrable. L'auteur fait évidemment allusion aux *Motécallemîn*, qui sont souvent désignés sous la dénomination de אהל אלנטר. Voy. le t. 1, pag. 184, note 3, et *ibid.* chap. LXXIV.

exposer en résumé [1] les preuves d'Aristote (qu'il allègue) pour son opinion, et comment il y a été conduit.

CHAPITRE XIV.

Je n'ai pas besoin de répéter dans chaque chapitre que je n'ai composé pour toi ce traité que parce que je sais ce que tu possèdes [2]; il n'est donc pas nécessaire que je cite partout textuellement les paroles des philosophes, mais (il suffit d'en indiquer) les sujets, sans être long et en appelant seulement ton attention sur les méthodes (de démonstration) qu'ils avaient en vue, comme je l'ai fait pour les opinions des *Motécallemîn*. Je n'aurai point égard à ceux qui, outre Aristote, ont raisonné (sur ces matières); car ses opinions sont les seules qu'il faille examiner, et, si ce que nous lui objectons, ou le doute que nous élevons contre lui sur un point quelconque, est bien fondé [3], il le sera mieux encore et aura plus de force à l'égard de tous les autres qui contredisent les principes fondamentaux de la loi. — Je dis donc [4] :

(1) Tous les mss. ont פי תבי״ן ותלבי״ן ; la version d'Ibn-Tibbon a seulement בביאור ; celle d'Al-'Harizi porte לברר ולבאר.

(2) L'auteur s'adresse, comme dans d'autres endroits, au disciple pour lequel il a écrit cet ouvrage. Cf. le t. I, p. 312, n. 3.

(3) Littéralement : *et si l'objection ou la dubitation, dans ce que nous objectons ou que nous rendons douteux contre lui dans l'une d'elles* (c.-à-d. des opinions), *est bien établie.* Au lieu de או נרד, plusieurs mss. portent נריד אן ; mais les deux versions hébraïques confirment la leçon que nous avons adoptée et qui est aussi demandée par le sens de la phrase.

(4) L'auteur va citer sept démonstrations par lesquelles les péripatéticiens ont cru pouvoir établir l'éternité du monde. Ces sept méthodes démonstratives ont été citées, d'après Maïmonide, et réfutées par Albert le Grand. Voy. *Summa Theologiæ*, pars II, tract. I, quæst. IV, partie. 3 (Opp., t. XVIII, p. 58) : « De septem viis quas collegit rabbi Moyses, quibus probatur mundi æternitas. »

I. Aristote dit que le mouvement n'est pas né ni ne périra,
— c'est-à-dire le mouvement *par excellence* [1] — ; car, dit-il,
si le mouvement était nouvellement survenu, alors, toute chose
survenue étant précédée d'un mouvement, qui est son passage
(de la puissance) à l'acte et son *devenir* après ne pas avoir été,
il s'ensuivrait qu'il avait déjà existé un mouvement, à savoir
celui en vertu duquel existe ce mouvement postérieur. Donc, le
mouvement premier est nécessairement éternel; sinon, la chose
remonterait à l'infini [2]. Partant de ce principe, il dit encore que
le temps n'est pas né ni ne périra; car le temps accompagne le
mouvement et lui est inhérent, de sorte que le mouvement n'a
lieu que dans le temps et qu'on ne saurait penser le temps qu'avec
le mouvement, comme cela a été démontré [3]. — C'est là une
(première) méthode à lui, dont on peut conclure l'éternité du
monde.

II. Une *seconde méthode* à lui (est celle-ci) : La matière première, dit-il, commune aux quatre éléments, n'est pas née,
ni ne périra; car, si la matière première était *née*, elle aurait
(à son tour) une matière dont elle serait née, d'où il s'ensuivrait que cette matière *née* serait douée de forme, ce qui est la
vraie condition de la *naissance.* Or, comme nous l'avons supposée être une matière non douée de forme, il s'ensuit nécessairement qu'elle n'est point née de quelque chose; elle est donc

(1) L'auteur veut parler du mouvement de la sphère céleste. Dans
les éditions de la version d'Ibn-Tibbon, il manque ici le mot התנועה;
les mss. portent : ר"ל התנועה המוחלטת.

(2) Cette démonstration est fondée sur le raisonnement d'Aristote,
au chap. I du liv. VIII de la *Physique.*

(3) Voy. la XV° des propositions placées en tête de cette II° partie
(p. 15).

éternelle et elle ne périra pas [1]. Et cela conduit également à
l'éternité du monde [2].

III. *Troisième méthode* à lui : Dans la matière de la sphère
céleste tout entière, dit-il, il n'existe aucune espèce de *contrariété*, le mouvement circulaire n'ayant pas de *contraire*, comme
on l'a exposé; la contrariété, comme il a été démontré, n'a lieu
que dans le mouvement droit [3]. Or, dit-il, tout ce qui périt n'a
pour cause de sa perte que la contrariété qui est dans lui; mais,
comme il n'y a pas de contrariété dans la sphère céleste, celle-ci
ne périt pas [1], et ce qui ne périt pas n'est pas non plus *né*. Car

(1) Cette démonstration est tirée du liv. I de la *Physique*, chap. 9, où
Aristote montre que la matière relative seule est périssable, c'est-à-dire
ce qui est matière pour autre chose sans l'être en soi-même. La matière absolument première, c'est-à-dire celle qui est *puissance* et *substratum* dans un sens absolu, ne peut être sujette à la naissance et à la
corruption; car si elle était née, il faudrait qu'elle eût elle-même un
substratum dont elle fût née, c'est-à-dire un *substratum* d'une nature
identique à la sienne, de sorte qu'elle aurait existé avant de naître :
ὧς μὲν γὰρ τὸ ἐν ᾧ, καθ᾽ αὑτὸ φθείρεται (ἡ ὕλη). τὸ γὰρ φθειρόμενον ἐν τούτῳ
ἐστὶν ἡ στέρησις. ὡς δὲ κατὰ δύναμιν οὐ καθ᾽ αὑτὸ ἀλλ᾽ ἄφθαρτον
καὶ ἀγένητον ἀνάγκη αὐτὴν εἶναι. εἴτε γὰρ ἐγίγνετο, ὑποκείσεταί τι
δεῖ πρῶτον, τὸ ἐξ οὗ ἐνυπάρχοντος τοῦτο δ᾽ ἐστὶν αὐτὴ ἤ φύσις, ὥστ᾽ ἔσται
πρὶν γενέσθαι.

(2) Car, la matière première devant recevoir la forme, qui lui survient
par le mouvement, on remontera nécessairement jusqu'au *mouvement
éternel* de la sphère céleste, par lequel l'éternité du monde a été démontrée.

(3) Le mouvement en ligne droite se dirige vers un point opposé au
point de départ, tandis que le mouvement circulaire se dirige toujours
vers son point de départ, de sorte qu'on ne peut y signaler aucune
espèce de contrariété ni d'opposition. Cf. ci-dessus, chap. IV, p. 53.

(4) Voy. traité *du Ciel*, liv. I, chap. 3, où Aristote, en parlant du
corps céleste qui a le mouvement circulaire, s'exprime ainsi : ὁμοίως
δ᾽ εὔλογον ὑπολαβεῖν περὶ αὐτοῦ καὶ ὅτι ἀγένητον καὶ ἄφθαρτον καὶ ἀναυξές καὶ
ἀναλλοίωτον, διὰ τὸ γίγνεσθαι μὲν ἅπαν τὸ γιγνόμενον ἐξ ἐναντίου τε καὶ ὑποκειμένου τινός, καὶ φθείρεσθαι ὡσαύτως ὑποκειμένου τέ τινος καὶ ὑπ᾽ ἐναντίου
καὶ εἰς ἐναντίον, καθάπερ ἐν τοῖς πρώτοις εἴρηται λόγοις. κ. τ. λ. Cf. *Phys.*,
liv. I, chap. 5.

il énonce d'une manière absolue les propositions suivantes : tout ce qui est né est périssable ; tout ce qui est périssable est né ; tout ce qui n'est pas né n'est pas périssable ; tout ce qui n'est pas périssable n'est pas né [1]. C'est donc là encore une méthode par laquelle il arrive, comme il l'a pour but, à (établir) l'éternité du monde [2].

IV. *Quatrième méthode* : Dans tout ce qui survient (ou naît), dit-il, la possibilité de survenir précède temporellement ce qui survient ; et de même, dans tout ce qui change, la possibilité de changer en précède temporellement le changement. De cette proposition il conclut que le mouvement circulaire est perpétuel et qu'il n'a ni fin, ni commencement ; et c'est aussi par cette proposition que ses sectateurs modernes ont expliqué l'éternité du monde [3]. Avant que le monde fût, disent-ils, sa naissance devait être ou possible, ou nécessaire, ou impossible ; or, si sa

---

(1) Voy. le traité *du Ciel.*, liv. I, chap. 10 et suiv.; au chap. 12 (page 283 a, édit. de Bekker), Aristote se résume en ces termes : τὸ δὴ φάναι μηδὲν κωλύειν γινόμενόν τι ἄφθαρτον εἶναι καὶ ἀγένητον ὄν φθαρῆναι... ἀναιρεῖν ἐστι τῶν δεδομένων τι.

(2) Albert le Grand (*l. c.*, pag. 58-59), sans reproduire toute la démonstration, en expose ainsi la conclusion : « Tertia via est sumpta de natura cœli, cujus materia elongata est a generatione et corruptione ; propter quod omnes antiqui convenerunt, quod cœlum esset locus Dei. Manente autem cœlo nunquam defuit motus ejus ; manente motu, nunquam cessavit mundus producere animalia et plantas. Substantia orbis et motus sine initio manserunt, et manent, et manebunt sine fine ; ergo mundus sine initio mansit, manet, et manebit sine fine. »

(3) Nous avons fait voir plus haut, p. 27, n. 1, que la proposition dont il s'agit ne repose que sur l'interprétation d'un passage d'Aristote admise par Al-Farâbi, mais qu'Ibn-Roschd déclare erronée. — Albert le Grand (*l. c.* p. 59) fait remarquer aussi que cette IV⁰ méthode n'appartient pas à Aristote ; mais à ses commentateurs grecs et arabes ; cependant il se trompe sans doute en comptant aussi Averroès parmi ceux qui l'ont admise.

naissance a été *nécessaire*, il a toujours existé ; si sa naissance
a été *impossible*, il n'a jamais pu exister ; enfin si elle a été *possible*, quel serait donc le *substratum* de cette possibilité ? Il
fallait donc nécessairement qu'il existât quelque chose qui fût le
substratum de la possibilité et par quoi la chose en question pût
être dite *possible*. — C'est là une méthode très forte pour établir
l'éternité du monde. Quelques-uns des plus pénétrants parmi les
Motécallemin modernes ont prétendu résoudre la difficulté, en
disant : la possibilité réside dans l'agent et non pas dans l'objet
de l'action. Mais cela ne veut rien dire ; car il y a deux possibilités différentes. En effet, dans tout ce qui naît, la possibilité de
naître est antérieure à la naissance, et de même, dans l'agent
qui l'a fait naître, la possibilité de faire naître telle chose existait avant qu'il la fît naître ; il y a donc là indubitablement deux
possibilités : une possibilité dans la matière, (celle) de *devenir*
telle chose, et une possibilité dans l'agent, (celle) de *faire* telle
chose.

Telles sont les principales méthodes suivies par Aristote pour
établir l'éternité du monde, en prenant pour point de départ le
monde lui-même. Mais il y a quelques autres méthodes, men-
tionnées par ses successeurs, qui les ont tirées de sa philosophie,
et où ils établissent l'éternité du monde en prenant Dieu pour
point de départ.

V. L'une d'elles (est celle-ci) : Si, disent-ils, Dieu avait produit le
monde du néant, Dieu aurait été, avant de créer le monde, agent
en puissance, et en le créant, il serait devenu agent en acte.
Dieu aurait donc passé de la puissance à l'acte, et, par conséquent, il y aurait eu en lui une *possibilité* et il aurait eu besoin
d'un efficient qui l'eût fait passer de la puissance à l'acte [1]. —
C'est là encore une grande difficulté, sur laquelle tout homme

_____

(1) C'est-à-dire : Si on admettait un Dieu *créateur* du monde, ce Dieu
ne pourrait pas être l'agent absolu toujours en acte ; un tel agent suppose l'éternité de l'action, et, par conséquent, l'éternité du monde. Cf.
ci-dessus, chap. I, *quatrième spéculation* (p. 43).

intelligent doit méditer, afin de la résoudre et d'en pénétrer le mystère [1].

VI. *Autre méthode :* Si un agent, disent-ils, tantôt agit et tantôt n'agit pas, ce ne peut être qu'en raison des obstacles ou des besoins [2] qui lui surviennent ou (qui sont) dans lui ; les obstacles donc l'engagent à s'abstenir de faire ce qu'il aurait voulu, et les besoins [3] l'engagent à vouloir ce qu'il n'avait pas voulu auparavant. Or, comme le créateur n'a pas de besoins qui puissent amener un changement de volonté, et qu'il n'y a pour lui ni empêchements, ni obstacles, qui puissent survenir ou cesser, il n'y a pas de raison pour qu'il agisse dans un temps et n'agisse pas dans un autre temps ; son action, au contraire, doit perpétuellement exister en acte, comme il est lui-même perpétuel.

VII. *Autre méthode :* Les œuvres de Dieu, disent-ils, sont très parfaites, et il n'y a dans elles rien de défectueux, ni rien d'inutile ou de superflu. C'est ce qu'Aristote répète continuellement, en disant : la nature est sage et ne fait rien en vain, mais elle fait chaque chose de la manière la plus parfaite possible [4]. De là, disent-ils, il s'ensuit que cet univers est ce qu'il y a de plus parfait, et qu'il n'y a rien qui le surpasse [5] ; il faut donc qu'il soit perpétuel, car la sagesse de Dieu est perpétuelle

---

(1) Dans les éditions de la version d'Ibn-Tibbon, il manque quelques mots de cette dernière phrase ; les mss. portent : חהו כמו כן קשה מאד וזהו אשר צריך כל משכיל להתירו ולהראות סודו.

(2) Proprement : *des choses qui invitent* ou *appellent.*

(3) Le mot המקרים, dans les éditions de la version d'Ibn-Tibbon, est une faute ; les mss. portent המביאים.

(4) Voy. p. ex. traité *du Ciel*, liv. I, à la fin du chap. 4 : ὁ δὲ θεὸς καὶ ἡ φύσις οὐδὲν μάτην ποιοῦσιν. *Des parties des animaux*, liv. IV, chap. 13 : ..... ἐπεὶ οὔτε περίεργον οὐδὲν οὔτε μάτην ἡ φύσις ποιεῖ.

(5) Littéralement : *et il n'y a pas d'extrême (perfection) après lui.* Ibn-Tibbon traduit : ואי אפשר טוב ממנו, *et il n'est pas possible qu'il y ait quelque chose de meilleur ;* Al-'Harizi traduit littéralement : ואין אחריו תכלית

comme son essence, ou plutôt son essence est (elle-même) sa
sagesse qui a exigé l'existence de cet univers.

Tout ce que tu pourras trouver, en fait d'argumentations
(émanées) de ceux qui admettent l'éternité du monde, dérive de
ces méthodes et peut se ramener à l'une d'elles. Ils disent encore,
comme pour réduire à l'absurde : Comment se pourrait-il que
Dieu eût été oisif, ne faisant absolument rien et ne produisant
rien dans toute l'éternité passée [1], et qu'après n'avoir rien fait
pendant toute la durée de son existence éternelle qui est sans
fin, il eût depuis hier commencé (à créer) l'univers ? Car, lors
même que tu dirais, par exemple, qu'avant ce monde Dieu en
a créé beaucoup d'autres, aussi nombreux que les grains de
sénevé que pourrait contenir le globe de la sphère dernière, et
que chacun de ces mondes a existé pendant des années aussi
nombreuses que ce même contenu de grains de sénevé, tout cela
serait encore, par rapport à l'existence infinie de Dieu, comme si
tu disais que c'est d'hier que Dieu a créé le monde. En effet, dès
que nous affirmons que l'univers a *commencé* après le néant
absolu, il importe peu que tu admettes que cela a eu lieu depuis
des centaines de mille ans [2] ou depuis un temps très rappro-

---

(1) Littéralement : *Dans l'Éternité qui n'a pas cessé.* Au lieu de אלאזל,
l'éternité, l'un des mss. de Leyde (n° 18) porte אלחאל *l'état*; de même
Ibn-Tibbon : בענין אשר לא סר. Al-'Harizi traduit : ולא חדש חדוש
מקודם.

(2) Je dois avertir que, pour les numéraux מיי אלף (مِنِي أَلْب),
aucun des mss. que j'ai pu consulter ne présente l'orthographe que j'ai
adoptée. Ces mss. portent, les uns מנוין אלאף, les autres מיין אלאף.
Le pluriel אלאף (آلاف) est ici contraire aux règles de la grammaire
arabe; quant à la forme מיין (مِئِين, génitif pl.), elle a été probablement écrite ainsi par Maïmonide lui-même; mais j'ai cru devoir substituer l'état construit مِئِي, quoique j'avoue n'avoir jamais rencontré
cette forme.

ché; car ceux qui admettent l'éternité (du monde) trouvent cela également absurde.

On a argumenté encore de ce qui de tout temps a été généralement admis [1] par tous les peuples, et d'où il résulte que la chose est *naturelle* et non pas (simplement) hypothétique; de sorte qu'on est tombé d'accord à cet égard. Tous les hommes, dit Aristote, reconnaissent ouvertement la perpétuité et la stabilité du ciel, et, comme ils ont senti qu'il n'est pas né et qu'il n'est pas non plus périssable, ils en ont fait la demeure de Dieu et des êtres spirituels, c'est-à-dire des anges; ils l'ont attribué à Dieu pour indiquer sa perpétuité [2]. Il allègue, dans le même chapitre, d'autres choses de cette espèce, afin de fortifier, par les *opinions probables* [3], l'opinion que la spéculation lui avait fait reconnaître vraie.

CHAPITRE XV.

Mon but, dans ce chapitre, est d'exposer qu'Aristote n'a pas de démonstration sur l'éternité du monde (envisagée) selon son opinion. Il ne s'abuse même pas là-dessus; je veux dire qu'il

(1) Littéralement : *Et* (on a procédé) *aussi par voie d'argumentation de ce qui est généralement connu*, ou *admis*. Cette phrase n'a pas de verbe, et il faut sous-entendre *on a procédé;* l'auteur veut dire qu'on a employé le syllogisme *dialectique*, qui a pour base le suffrage de la totalité ou de la pluralité des hommes, et qui part, non pas de principes d'une vérité absolue, mais seulement *d'opinions probables* (ἐξ ἐνδόξων). Voy. Aristote, *Topiques*, liv. I, chap. 1, et cf. le t. I, p. 39, n. 1.

(2) C'est-à-dire, la perpétuité du Ciel. — Voy. traité *du Ciel*, liv. I, chap. 3 : Ἔοικε δ᾽ ὅ τε λόγος τοῖς φαινομένοις μαρτυρεῖν καὶ τὰ φαινόμενα τῷ λόγῳ. πάντες γὰρ ἄνθρωποι περὶ θεῶν ἔχουσιν ὑπόληψιν, καὶ πάντες τὸν ἀνωτάτω τῷ θείῳ τόπον ἀποδιδόασι, καὶ βάρβαροι καὶ Ἕλληνες, ὅσοι περ εἶναι νομίζουσι θεούς, δῆλον ὅτι ὡς τῷ ἀθανάτῳ τὸ ἀθάνατον συνηρτημένον. Averroës, dans son grand commentaire (édit. in-fol., t. V, f. 9, *col. b*), dit en expliquant ce passage : « Et cum dixit quod sensus testatur rationi, in hac ratione incœpit dare significationes *ex propositionibus famosis* (ἐξ ἐνδόξων) apud plures gentes, etc. »

(3) C'est-à-dire, par des syllogismes dialectiques.

sait lui-même qu'il n'a pas de démonstration là dessus, et que ces argumentations et ces preuves qu'il allègue sont (seulement) celles qui ont le plus d'apparence et vers lesquelles l'âme incline le plus. Elles sont (en effet), comme le soutient Alexandre, celles qui offrent le moins de doutes ; mais il ne faut point croire qu'un Aristote ait pu prendre ces raisonnements pour une démonstration, puisque c'est Aristote lui-même qui a enseigné aux hommes les méthodes de la (vraie) démonstration, ses règles et ses conditions. — Ce qui m'a engagé à parler de cela, c'est que les modernes d'entre les partisans d'Aristote prétendent que celui-ci a *démontré* l'éternité du monde. La plupart de ceux qui ont la prétention d'être philosophes suivent donc dans cette question l'autorité d'Aristote, croyant que tout ce qu'il a dit est une démonstration décisive dans laquelle il n'y a rien de douteux ; et ils trouvent même absurde de le contredire, ou (de supposer) que quelque chose ait pu lui rester caché[1] ou qu'il ait pu se tromper dans quoi que ce soit. C'est pourquoi j'ai cru devoir procéder avec eux suivant leur propre opinion, et leur montrer qu'Aristote lui-même ne prétend point donner une démonstration sur cette question. Ainsi, par exemple, il dit dans l'*Acroasis* : « Tous les physiciens qui nous ont précédés croyaient que le mouvement n'est pas né et qu'il est impérissable, à l'exception de Platon qui croyait que le mouvement est né et périssable ; et de même le ciel, selon lui, est né et périssable. » Telles sont ses expressions [2]. Or, il est clair que si cette question avait été démontrée par des démonstrations rigoureuses, Aristote n'aurait pas eu besoin de l'appuyer par l'opinion con-

---

(1) Au lieu de כסית (خَفِيَتْ) (plusieurs mss. portent כספאת, pour خَفَتْ), ce qui n'est qu'une faute d'orthographe très commune dans les verbes dont la 3ᵉ radicale est une lettre quiescente. Cf. le t. I, pag. 24, à la fin de la note.

(2) L'auteur, sans doute, a eu en vue le passage du VIIIᵉ liv. (ch. 1) de la *Physique*, que nous avons cité plus haut, p. 109, n. 1 ; mais la citation n'est pas textuelle.

forme des anciens physiciens [1], et il n'aurait pas en besoin non plus de dire tout ce qu'il a dit au même endroit pour montrer l'absurdité de ceux qui le contredisent et rendre méprisable leur opinion ; car, dès qu'une chose est démontrée, sa vérité ne saurait augmenter, ni sa certitude se fortifier, par le commun accord de tous les savants, et (d'un autre côté) sa vérité ne saurait diminuer, ni sa certitude s'affaiblir, par la contradiction de tous les habitants de la terre.

Tu trouveras aussi qu'Aristote, dans le traité *du Ciel et du Monde*, là où il commence à exposer que le ciel n'est pas né et qu'il est impérissable, s'exprime ainsi : « Nous voulons donc, après cela [2], faire encore des recherches sur le ciel, et nous disons : crois-tu qu'il soit né de quelque chose, ou qu'il ne le soit pas ? qu'il soit sujet à la corruption, ou qu'il ne doive jamais périr [3] ? » Après avoir posé cette question, voulant (comme il le dit) rapporter les arguments de ceux qui disent que le ciel est *né* [4], il continue dans les termes suivants : « Quand nous aurons fait cela, nos paroles seront accueillies avec plus de

---

(1) Littéralement : *par là que les physiciens qui ont précédé pensaient de même.*

(2) Les mots בְּעַד דִּלֶךְ, *après-cela*, n'ont pas été rendus dans la version d'Ibn-Tibbon.

(3) Voyez le traité *du Ciel*, liv. I, au commencement du chap. 10 : Τούτων δὲ διωρισμένων λέγωμεν μετὰ ταῦτα πότερον ἀγένητος ἢ γενητός καὶ ἄφθαρτος ἢ φθαρτός. — Il serait inutile d'insister sur les tournures de la version arabe que Maïmonide avait sous les yeux ; on verra tout à l'heure un exemple frappant de la manière dont elle paraphrasait le texte grec.

. (4) Il faut effacer dans la version d'Ibn-Tibbon les mots הֹוִים נִפְסָדִים ; les meilleurs manuscrits de cette version ont seulement בְּהִתְהַוּוֹת הַשָּׁמַיִם. Dans quelques manuscrits, cependant, on lit : בִּהְיוֹת הַשָּׁמַיִם הֹוִים נִפְסָדִים, et de même que dans l'un des mss. de Leyde (nº 18), בְּכַן אַלסְמָא כַּאִינָה פָאסְדָה ; mais il faut attribuer cette variante à l'inintelligence des copistes, qui ne comprennent pas le sens du mot arabe كَوْن employé ici dans le sens de γίνεσις.

bienveillance par ceux qui excellent dans la spéculation ; surtout quand ils auront d'abord entendu les argumentations des adversaires. Car si, sans rapporter les arguments de nos adversaires, nous disions seulement notre opinion et nos arguments, ceux-ci paraîtraient aux auditeurs trop faibles pour être acceptés. Il est digne de celui qui veut juger avec vérité de ne pas être hostile à celui qui le contredit ; il doit., au contraire, être bienveillant et impartial à son égard, en rendant justice à ses argumentations comme aux siennes propres [1]. »

Telles sont les paroles textuelles de cet homme. Et maintenant,

---

(1) Littéralement : *en lui concédant ce qu'il se concède à lui-même en fait de la justesse des argumentations.* — On reconnaîtrait à peine, dans la citation qu'on vient de lire, le texte grec auquel elle correspond (*l. c.* : Ἅμα δὲ καὶ μᾶλλον ἂν εἴη πιστὰ κ. τ.).), et dont voici la traduction littérale : « Ce qui va être dit paraîtra plus croyable à ceux qui auront entendu d'abord les justifications des raisons adverses ; car il nous conviendrait fort peu de paraître juger par contumace. En effet, ceux qui veulent prononcer un jugement suffisamment vrai doivent être des arbitres et non pas des adversaires. » Mais l'exactitude de la citation de Maïmonide, d'après la version arabe, nous est garantie par la version arabe-latine, qui, à son tour, a mal paraphrasé les termes arabes. Voyez les Œuvres d'Aristote avec les commentaires d'Averroès, édit. in-fol., t. V, f. 32, col. *d* : « Et nos cum hoc fecerimus, tunc sermo noster erit dignior ut recipiatur apud eos qui sunt bonæ discretionis (vel considerationis in discretione ipsorum, vel intellectu) ; et maxime, cum audierint rationes contradicentium primo. Et jam scimus quod cum nos dixerimus in aliquo, necesse est ut sic sit, aut sic visum est nobis, et cum hac opinione et necessitate non dixerimus rationes contradicentium in eis, tunc minus erunt recipiendæ apud audientes ex distinguentibus propositiones signorum, et contemplationes intellectuum ; et oportet qui voluerit judicare vere, ut non sit contradicens. Et odiens eum qui contradicit : sed oportet esse diligentem ipsum et pacificum ei. Et ex pacificatione est ut concedat ei, sicut concederet sibi de sermonibus recte et de scientia apud terminos demonstrationum ». — La version latine du traité *du Ciel*, attribuée dans l'édition imprimée à *Paul Israëlite*, est, à très peu de chose près, identique avec celle de Michel Scott, qui se trouve dans plusieurs mss. de la Bibliothèque impériale.

ô vous tous qui êtes penseurs ! y a t-il encore, après cette déclacla-
claration préliminaire, de quoi blâmer cet homme ? croira-t-on
encore, après de telles paroles, qu'il ait eu une démonstration
sur cette question ? Un homme quelconque, et à plus forte raison
Aristote, peut-il s'imaginer qu'une chose qui a été *démontrée*
puisse être faiblement accueillie si on n'a pas entendu les argumentations de ceux qui la contredisent ? — Ensuite, Aristote
déclarant que c'est là une opinion [1] à lui et que ses preuves là-
dessus ne sont que des argumentations (dialectiques), — est-ce
un Aristote qui pourrait ignorer la différence entre les argumentations et les démonstrations, entre les opinions qui paraissent
à la pensée fortes ou faibles et les choses démonstratives ? Enfin,
cette expression oratoire *d'impartialité envers l'adversaire*, qu'il
ajoute comme pour fortifier son opinion ! a-t-on besoin de tout
cela dans la démonstration ? Non, certes ; mais tout ce qu'il a
pour but, c'est de montrer que son opinion est plus vraie que celle
de ses adversaires, ou de ceux qui prétendent que la spéculation
philosophique conduit à (admettre) que le ciel est sujet à la naissance et à la corruption, mais que cependant il n'a jamais été
(absolument) non existant, — ou qu'il a été *formé* (de quelque
chose), — et qu'il ne périra pas (absolument) [2] ; et autres choses
semblables qu'il rapporte de ces opinions. Et cela est indubitablement vrai ; car (en effet) son opinion est plus près de la vérité
que la leur, quand on cherche à argumenter de la nature de
l'être. Mais nous ne pensons pas ainsi [3], comme je l'exposerai.
Cependant toutes les sectes, et même les philosophes, se sont lais-

(1) Les éditions de la version d'Ibn-Tibbon ont généralement הַדַעַת ;
il faut lire רְעַת, sans article, comme l'a l'édition *princeps*.

(2) L'auteur veut parler de ceux qui admettent que le ciel a eu un
commencement temporel, mais qu'il a été formé d'une matière éternelle, et qu'en périssant, il retourne à cette matière ; c'est-à-dire qu'il
se trouve dans les mêmes conditions que les choses sublunaires. Voy. au
chap. XIII, la IIᵉ opinion.

(3) C'est-à-dire, nous ne partageons pas l'opinion d'Aristote, bien
qu'à un certain point de vue elle soit plus près de la vérité.

sés entraîner par les passions, de sorte qu'ils ont voulu établir qu'Aristote a démontré cette question. Peut-être, selon leur opinion, Aristote a-t-il fait une démonstration sur cette question, sans s'en apercevoir lui-même [1], de sorte que ce ne serait qu'après lui qu'on en aurait fait la remarque! — Quant à moi, il me semble hors de doute que toutes les opinions qu'Aristote exprime sur ces sujets, — je veux parler de l'éternité du monde, de la cause des mouvements variés des sphères et de l'ordre des Intelligences, — que tout cela, dis-je, n'est pas susceptible d'une démonstration. Aussi Aristote n'a-t-il jamais eu la pensée que ces raisonnements pussent être (considérés comme) une démonstration; au contraire, comme il le dit lui-même, nous n'avons aucun moyen d'aborder ces choses par des méthodes démonstratives [2], et elles n'ont pour nous aucun principe dont nous puissions argumenter [3].

Tu connais le texte de ses paroles que voici : « et il y en a (des problèmes) sur lesquels nous n'avons pas d'argument, ou qui nous paraissent graves ; car il nous est difficile d'en dire le *pourquoi*, comme par exemple la question si le monde est éternel, ou non [4] » Telles sont ses expressions. Mais tu sais comment

____

(1) Littéralement : *sans s'apercevoir qu'il a démontré*. L'auteur dit ironiquement que, puisque Aristote ne donne pas ses preuves pour de véritables démonstrations, il se peut qu'il ne se soit pas aperçu lui-même de toute la force de ses arguments.

(2) Littéralement : *que les méthodes pour trouver des preuves sur ces choses laissent leurs portes fermées devant nous.*

(3) C'est-à-dire, il n'y a dans toutes ces choses aucun principe, aucun axiome, qui puisse servir de point de départ pour une démonstration.

(4) Voy. *Topiques*, liv. I, ch. 11 : ...... καὶ περὶ ὧν λόγον μὴ ἔχομεν, ὄντων μεγάλων· χαλεπὸν οἰόμενοι εἶναι τὸ διὰ τί ἀποδοῦναι, οἷον πότερον ὁ κόσμος ἀΐδιος, ἢ οὔ. — Au lieu de *ou qui nous paraissent graves*, il faudrait dire, d'après le texte grec : *parce qu'ils sont graves*. Tous les mss. ar. du *Guide* portent אֵו הִי עֲטֵימֹה עֲנְדְנָא ; dans la vers. ar. des *Topiques* (ms. ar. de la Biblioth. imp., 882 *a*, f. 247 *b*), on lit : ذٰلِ و عظيمة لظَنّنا.

Abou-Naçr (al-Farâbi) a interprété cet exemple, quelle explication il en a donnée et comment il a repoussé (l'idée) qu'Aristote
ait pu douter de l'éternité du monde [1]. Il parle de Gallien avec
un souverain mépris, parce que celui-ci avait dit que c'est là
une question obscure pour laquelle on ne connaît pas de démonstration [2]. Abou-Naçr pense que c'est une chose claire, évidente
et susceptible d'une démonstration (rigoureuse) que le ciel est
éternel et que ce qui est au dedans de lui est sujet à la naissance et
à la corruption.

En somme, ce n'est pas de l'une des manières que nous avons
rapportées dans ce chapitre qu'une opinion peut être confirmée,
ou détruite, ou mise en doute [3]. Nous n'avons fait ces citations
que parce que nous savons que la plupart de ceux qui prétendent
être des génies, quoiqu'ils ne comprennent aucune science,
tranchent sur l'éternité du monde, en suivant l'autorité des savants célèbres qui en ont proclamé l'éternité, et rejettent les
paroles de tous les prophètes, parce que celles-ci ne sont pas
conçues dans le style didactique [4], mais dans celui d'une proclamation de la part de Dieu. Dans cette voie (des prophètes) ne

(1) Moïse de Narbonne ne connaissait déjà plus l'ouvrage d'Al-Farâbi
auquel il est ici fait allusion : l'auteur, dit-il, se contente de le citer
brièvement, parce qu'il était très connu alors ; mais il ne nous est pas
parvenu.

(2) Cf. Gallien, *de Hippocratis et Platonis placitis*, liv. IX, chap. 7 (édit.
de Kühn, t. V, p. 780), où Gallien traite d'oiseuse et inutile la question de savoir si le monde est *né* ou non. Οὐ γὰρ δὴ, ὥσπερ γεγονέναι
τὸν κόσμον ἢ μὴ γεγονέναι, ζητεῖν ἄχρηστον, οὕτω καὶ περὶ προνοίας
καὶ θεῶν.

(3) L'auteur veut parler de la manière dont s'exprime Aristote dans
les différents passages cités dans ce chapitre, et il veut dire qu'on ne
peut rien inférer de ces expressions vagues, par lesquelles l'opinion de
l'*éternité du monde* n'est ni confirmée, ni détruite ou mise en doute.

(4) Littéralement : *parce que leur discours n'est pas dans la voie de l'enseignement (méthodique)*. Le mot مَعْرِض, *lieu où l'on se rencontre*, s'emploie,
comme مَجْرًى, dans le sens de *voie, manière, méthode*.

sont guidés que quelques-uns que l'intelligence a favorisés. Ce que nous désirons (établir), nous autres, relativement à la *nou-veauté du monde*, selon l'opinion de notre Loi, je le dirai dans les chapitres suivants.

CHAPITRE XVI.

Voici un chapitre dans lequel je t'exposerai ce que je pense sur cette question, et ensuite j'alléguerai des preuves sur ce que nous voulons (établir). Je dis donc, au sujet de tout ce que débitent ceux d'entre les *Motécallemîn* qui prétendent avoir démontré la nouveauté du monde, que je n'accepte pas ces preuves et que je ne veux pas m'abuser moi-même en décorant les méthodes sophistiques du nom de *démonstrations*. Si un homme prétend démontrer une certaine question par des sophismes, il ne fortifie point, selon moi, la croyance à cette chose qu'on cherche, mais, au contraire, il l'affaiblit et donne lieu à contester la chose; car la nullité de ces preuves étant devenue manifeste, l'âme se refuse à croire [1] ce qu'on a cherché à prouver. Mieux vaut encore que la chose sur laquelle il n'y a pas de démonstration reste simplement à l'état de question, ou qu'on accepte (traditionnel-lement) [2] l'un des deux termes de la contradiction. J'ai déjà rapporté les méthodes par lesquelles les *Motécallemîn* établissent la nouveauté du monde [3], et j'ai appelé ton attention sur la critique à laquelle elles donnent lieu. De même, tout ce qu'Aristote et ses successeurs ont dit pour prouver l'éternité du monde n'est point, selon moi, une démonstration rigoureuse; ce ne sont, au contraire, que des argumentations sujettes à des doutes graves, comme tu l'entendras (plus loin).

(1) Littéralement : *l'âme s'affaiblit dans la croyance de*, etc.

(2) Au lieu de יקבל, l'un des deux manuscrits de Leyde (n° 18) porte יטלק ; l'autre (n° 221) a יטלב.

(3) Voy. la 1ʳᵉ partie, chap. LXXIV.

Ce que je désire faire, moi, c'est de montrer que la nouveauté du monde, conformément à l'opinion de notre Loi que j'ai déjà exposée, n'est point impossible, et que toutes ces argumentations philosophiques, desquelles il semble résulter qu'il n'en est pas comme nous avons dit [1], — que tous ces raisonnements (dis-je) ont un côté par lequel on peut les détruire et empêcher qu'on les emploie comme arguments contre nous. Cela étant avéré pour moi, et cette question, — à savoir si le monde est éternel ou créé, — restant indécise [2], j'accepte la solution donnée par la *prophétie* [3], qui explique des choses auxquelles la faculté spéculative ne saurait arriver; car nous exposerons que la prophétie n'est pas une chose vaine, même selon l'opinion de celui qui admet l'éternité (du monde).

Après avoir exposé que ce que nous soutenons est possible, je chercherai également, par une preuve spéculative, à le faire prévaloir [4] sur l'autre (opinion); je veux dire, à faire prévaloir l'opinion de la *création* sur celle de l'*éternité*. J'exposerai que, si nous sommes conduits à quelque conséquence absurde en admettant la création, on est poussé à une absurdité plus forte encore en admettant l'éternité. Et maintenant j'essayerai de présenter une méthode pour détruire les preuves de tous ceux qui argumentent en faveur de l'éternité du monde.

CHAPITRE XVII.

Toute chose nouvelle qui naît après ne pas avoir existé, — bien que sa matière existât et que celle-ci ne fasse que se dé-

---

(1) C'est-à-dire que le monde n'a pas été *créé*, comme nous le disons, mais qu'il est éternel.

(2) Le texte dit : *étant possible*, c'est-à-dire, comme dans cette question l'une et l'autre des deux hypothèses sont *possibles*...

(3) Littéralement : *Elle sera acceptée par moi de la part de la prophétie.* Encore ici l'auteur s'est exprimé d'une manière elliptique et peu logique; car ce n'est pas la question qu'il accepte, mais la solution.

(4) Sur le mot ترجيح, voy. le t. I, p. 428, note 8.

poniller d'une forme et en revêtir une autre, — possède, après
être née, achevée et arrivée à son état définitif, une nature autre
que celle qu'elle avait au moment où elle naissait et commençait
à passer de la puissance à l'acte, et différente aussi de celle
qu'elle avait avant de se mouvoir pour passer à l'acte [1]. Ainsi,
par exemple, le sperme de la femelle, pendant qu'il n'est encore
que du sang dans les vaisseaux, a une nature différente de celle
qu'il a au moment de la conception, lorsqu'il a été touché par le
sperme du mâle et qu'il commence à se mouvoir ; et la nature
qu'il a dans ce moment-là est également différente de celle de
l'animal parfait après sa naissance. On ne peut en aucune façon argumenter de la nature qu'a une chose, après être née,
achevée et arrivée en définitive à son état le plus parfait, sur l'état
où se trouvait cette chose au moment où elle se mouvait pour
naître. On ne peut pas non plus argumenter de l'état où elle
était au moment de se mouvoir sur celui dans lequel elle se trouvait avant de commencer à se mouvoir. Dès que tu te trompes
là-dessus et que tu persistes à argumenter de la nature d'une
chose arrivée à l'acte sur celle qu'elle avait étant en puissance,
il te survient des doutes graves ; des choses qui doivent être te
paraissent absurdes [2], et des choses absurdes te semblent devoir être.

Que l'on fasse, au sujet de l'exemple que nous avons allégué,
la supposition suivante [3]: Un homme a été né avec un naturel

(1) Cf. sur ce passage, le t. I, p. 226, et *ibid.*, note 3.

(2) Le verbe تحكل ne vient pas ici de la racine حكل, mais doit être
considéré comme verbe dénominatif, dérivé de حَال, *chose inadmissi-*
ble, absurde, de même que de مَكَان, *lieu*, on forme le verbe تمكّن, *se*
fixer dans un lieu. Voy. ma *Notice sur Abou'l-Walid*, etc., p. 188 et 189
(*Journal Asiatique*, novembre–décembre 1850, p. 410 et 411).

(3) Littéralement : *suppose donc, au sujet de ce que nous avons donné*
pour exemple, que, etc. פְרֹאֵץ doit être considéré comme impératif
(فَافْرِض); dans la version d'Ibn-Tibbon, au lieu de וננּיח, les mss. ont,
plus exactement, וְהנַּח. La supposition que l'auteur va faire se rapporte à
l'exemple de la formation du fœtus, qu'il a cité plus haut.

très parfait [1] ; sa mère étant morte après l'avoir allaité quelques mois, le mari [2] s'occupa seul, dans une île retirée, d'achever l'éducation de cet enfant, jusqu'à ce qu'il eût grandi et qu'il fût devenu intelligent et instruit. N'ayant jamais vu ni femme, ni aucune femelle des animaux, il demanda un jour à un des hommes qui étaient avec lui : « Comment se fait-il que nous existons, et de quelle manière avons-nous été formés ? » Celui à qui il avait adressé la question lui répondit : « Chacun de nous a été formé dans le ventre d'un individu de notre espèce, semblable à nous, et qui était une femme ayant telle et telle forme ; chacun de nous était un petit corps dans l'intérieur du ventre, se mouvant, s'alimentant, croissant petit à petit, vivant, jusqu'à ce qu'arrivé à telle limite de grandeur, il s'ouvrit à lui, dans le bas du corps (de la femme), une porte par laquelle il apparut et sortit, et après cela il ne cessa de grandir jusqu'à ce qu'il fût devenu tel que tu nous vois. » Cet enfant orphelin interrogera

(1) فِطْرَة signifie *naturel, disposition naturelle qu'on apporte en naissant.* Cf. Appendice du *Moré ha-Moré*, p. 149 (première note sur le chap. II de la 1re partie). Les mots כאמל אלפטרה ont été paraphrasés, dans la version d'Ibn-Tibbon, par שלם בטבע המוטבע באדם, *parfait dans la connaissance innée à l'homme ;* cependant plusieurs manuscrits portent simplement שלם היצירה, *parfait de création ;* de même Al-'Harîzi : שלם הבריאה.

(2) Le texte arabe porte אלרנ׳ל, *l'homme,* et Ibn-Tibbon entend par ces mots le père de l'enfant ; il traduit (*édit. princeps*) : ונפרד אביו לבדו להשלים וכו׳. Dans plusieurs mss. du texte arabe, on lit אלרנ׳אל au pluriel, *les hommes ;* cette leçon est adoptée par Ibn-Falaquéra, qui traduit : ונפרדו אנשים להשלים וכו׳, *et quelques hommes s'occupèrent seuls d'achever,* etc. Cette leçon, dit-il, est confirmée par ce qui est dit un peu plus loin, que l'enfant interrogea *un des hommes qui étaient avec lui,* sans qu'il soit question du père. Voy. l'Appendice du *Moré ha-Moré*, p. 154. Al-'Harîzi traduit dans le même sens : והתעסקו אנשים, *des hommes s'occupèrent.* L'auteur, en effet, ne s'est pas exprimé avec toute la clarté désirable ; peut-être a-t-il voulu dire que le père se rendit, *avec quelques serviteurs* dans une île solitaire, pour y achever l'éducation de son enfant.

nécessairement de nouveau et dira : « Cet'individu d'entre nous, pendant qu'il était petit dans le ventre, vivant, se mouvant et croissant, mangeait-il ? buvait-il ? respirait-il par la bouche et le nez? déposait-il des excréments? » — Non, lui répondra-t on.
— Mais lui, il s'empressera indubitablement de nier cela, et il démontrera l'impossibilité de toutes ces choses, qui pourtant sont vraies [1], en argumentant de l'être parfait arrivé à son état définitif. « Si l'un de nous, dira-t-il, était pendant quelques moments privé de respiration, il mourrait, et ses mouvements cesseraient; et comment donc peut-on se figurer que quelqu'un d'entre nous puisse rester pendant des mois dans une membrane épaisse [2], enfermé dans l'intérieur d'un corps, et avec cela vivre et se mouvoir? Si l'un de nous pouvait avaler un moineau, certes, ce moineau mourrait instantanément dès qu'il arriverait dans l'estomac, et à plus forte raison dans le bas-ventre. Chacun de nous, s'il ne prenait pas de nourriture par la bouche et s'il ne buvait pas, mourrait indubitablement au bout de quelques jours; et comment donc un individu pourrait-il rester des mois sans manger ni boire? Si quelqu'un de nous, après s'être nourri, ne déposait pas d'excréments, il mourrait en peu de jours dans les douleurs les plus violentes ; comment donc celui-là aurait-il pu rester des mois sans déposer des excréments ? Si l'on perçait le ventre à l'un de nous, il mourrait au bout de quelques jours ; comment donc pourrait-on croire que ce fœtus ait eu l'ombilic ouvert ? comment enfin se fait-il qu'il n'ouvre pas ses yeux, ni n'étende ses mains, ni n'allonge ses pieds, comme vous le prétendez, puisque tous ses membres sont en bon état, et n'ont aucun mal ? » — Et ainsi il poursuivra ses raisonnements, (pour prou-

---

(1) Littéralement : *et il établira la démonstration contre toutes ces choses vraies*, (pour montrer) *qu'elles sont impossibles.*

(2) Ibn-Tibbon a : כים סתום, *une bourse fermée*; cette traduction a été blâmée avec raison par Ibn-Falaquéra (Appendice du *Moré ha-Moré*, p. 154), qui fait observer que le mot arabe ספיק ne signifie pas *fermé*, mais *fort*, *grossier* ou *épais*. Al-'Harizi a כלי קשה.

ver) qu'il est impossible que l'homme se forme de cette manière.

Examine bien. cet exemple et réfléchis-y, ô penseur ! et tu trouveras que c'est là également la condition dans laquelle nous sommes vis-à-vis d'Aristote. En effet, nous tous, les sectateurs de Moïse, notre maître, et d'Abraham, notre père, nous croyons que le monde a été formé de telle et telle manière, qu'il s'est développé de telle manière [1], et que telle chose a été créée après telle autre ; mais Aristote se prend à nous contredire, en argumentant contre nous de la nature de l'être arrivé à son état définitif, parfait et existant en acte, tandis que nous, nous lui affirmons qu'après être arrivé à son état définitif et être devenu parfait, il ne ressemble à rien de ce qu'il était au moment de naître, et qu'il a été produit du néant absolu. Quel argument donc peut-on tirer contre nous de tout ce qu'il dit ? car ces arguments ne frappent que celui qui prétend que c'est la nature de cet être, arrivée à son état définitif, qui prouve (elle-même) qu'il a été *créé*, tandis que je t'ai déjà fait savoir que, quant à moi, je ne soutiens pas cela.

Je vais maintenant reprendre les principes de ses méthodes [2], et je te montrerai comment il ne s'ensuit absolument rien pour nous qui soutenons que Dieu a produit le monde entier du néant et l'a formé (successivement) jusqu'à ce qu'il fût devenu parfait comme tu le vois.

La matière première, dit-il, n'est pas née ni ne périra ; et, argumentant des choses nées et périssables, il montre qu'il est impossible qu'elle soit née [3]. Et cela est vrai [4]. Car nous ne

---

(1) Littéralement : *qu'il a été tel de tel*, c'est-à-dire qu'il a eu telle forme qui s'est développée de telle autre.

(2) L'auteur veut parler des méthodes par lesquelles Aristote démontre l'éternité du monde, et qui sont énumérées au chap. XIV.

(3) Voir au chap. XIV, la deuxième méthode.

(4) C'est-à-dire : Il est vrai, en effet, comme le dit Aristote, qu'elle n'est pas née *de quelque chose ;* mais rien ne nous empêche d'admettre qu'elle est sortie du néant absolu.

soutenons pas que la matière première se soit formée, comme l'homme se forme du sperme, ni qu'elle doive périr, comme périt l'homme en devenant poussière; mais nous soutenons au contraire que Dieu l'a produite du néant, et qu'après sa production elle est telle qu'elle est [1], je veux dire que toute chose se forme d'elle et que tout ce qui s'est formé d'elle retourne à elle en périssant. Elle n'existe point dénuée de forme [2], et elle est le terme de la naissance et de la corruption. Quant à elle, elle n'est pas née (*de* quelque chose), comme naît tout ce qui se forme d'elle, et elle ne périra pas (*en* quelque chose), comme périt ce qui périt en elle; mais au contraire, elle est une chose *créée*, et quand son créateur le voudra, il la réduira au néant pur et absolu.

Nous dirons absolument la même chose du mouvement; car on a argumenté de la nature du mouvement pour prouver qu'il n'est pas né et qu'il ne périra pas [3]. Et cela est encore vrai [4]; car nous soutenons qu'il est inimaginable que, depuis que le mouvement a existé avec sa nature invariable et fixe, il ait pu, dans son universalité, être sujet à la naissance et à la corruption, comme le sont les mouvements partiels qui naissent et périssent [5]. Le même raisonnement s'applique à tout ce qui est in-

---

(1) En d'autres termes : elle est telle qu'elle doit être pour répondre à l'idée de *matière première;* car, après être sortie du néant, elle est absolument sans forme.

(2) C'est-à-dire : bien que dans notre pensée ce soit une matière sans forme, elle n'existe en réalité qu'avec la forme; car, immédiatement après sa production, les formes s'y succèdent sans cesse et y font place les unes aux autres.

(3) Voir au chap. XIV, la première méthode.

(4) C'est-à-dire, nous pouvons accorder cela, sans qu'il en résulte une preuve contre notre système de la *création*.

(5) Littéralement : *car nous soutenons que, après que le mouvement a existé selon cette nature sur laquelle il a été fixé, il est inimaginable qu'il ait pu naître et périr par une naissance totale et par une corruption totale, comme naissent les mouvements partiels qui naissent, et comme périssent les*

hérent à la nature du mouvement [1]. De même, quand il dit du mouvement circulaire qu'il n'a pas de commencement, cela est vrai (dans ce sens) qu'après la *production* du corps sphérique, qui se meut circulairement, on ne saurait se figurer dans son mouvement aucun commencement [2].

Nous en dirons autant de la *possibilité* qui doit précéder tout ce qui naît [3]; car cela n'est nécessaire que dans cet univers (complétement) établi, où tout ce qui naît ne naît que d'un être quelconque. Mais la chose produite du *néant* n'indique, ni pour les sens, ni pour l'intelligence, aucune chose (antérieure), de manière qu'elle dût être précédée d'une possibilité.

Enfin, nous raisonnerons encore de la même manière sur (ce qu'il dit) que dans le ciel il n'y a pas de *contrariété* [4]. Cela est encore vrai ; seulement (il faut remarquer) que nous ne soute-

---

mouvements partiels. L'auteur s'est exprimé d'une manière embarrassée et peu claire. Le sens est : Nous admettons avec Aristote que le mouvement universel du monde est de nature telle qu'il n'a pu naître d'un mouvement antérieur qui l'ait fait passer de la puissance à l'acte, comme cela a lieu dans les mouvements partiels, par exemple dans celui des animaux. Mais nous ne concluons pas de là que le mouvement universel soit éternel ; car, s'il est vrai qu'il n'a pu avoir pour cause un mouvement antérieur, il a pu cependant avoir un commencement et avoir été créé par Dieu. C'est dans ce sens qu'Albert le Grand réfute la *première méthode* d'Aristote, et il résume sa réfutation en ces termes : « Et de hac via constat, per antedicta, quod non probat motum non incepisse per creationem, sed quod non incepit per mutationem et motum. » Voy. *Summa theologiæ*, pars. II, tract. I, quæst. IV, partic. 3 (opp. t. XVIII, pag. 58, col. *b.*)

[1] L'auteur veut parler du *temps*, dont il est également question dans cette première méthode.

[2] L'auteur réfute ici, en passant, un argument tiré du mouvement *circulaire* de la sphère céleste ; ce mouvement n'ayant pas de point de départ, on a prétendu pouvoir conclure de là qu'il doit être éternel. Cet argument n'est pas compris dans les *méthodes* du chap. XIV.

[3] Voir au chap. XIV, la quatrième méthode.

[4] Voir au chap. XIV, la troisième méthode.

nons pas que le ciel se soit formé, comme se forment le cheval
et le palmier, et (par conséquent) nous ne soutenons pas qu'étant
composé, il doive périr, comme les plantes et les animaux, à
cause de la contrariété qui y existerait [1].

Le fond de la chose est ce que nous avons dit, (à savoir) que
l'être étant dans son état parfait et achevé, on ne saurait argumenter de son état actuel sur l'état (où il était) [2] avant sa
perfection. Nous ne trouvons non plus rien d'absurde dans ce
qu'on a dit que le ciel a été formé avant la terre, ou la terre avant
le ciel [3], ou que le ciel était d'abord sans astres, ou (qu'il existait) telle espèce d'animaux sans telle autre ; car tout cela s'applique à l'époque où cet ensemble (de l'univers) fut formé. Il en est
comme de l'animal lors de sa formation, le cœur étant formé avant
les testicules, comme on le reconnaît à la simple vue, et les veines
avant les os, quoique, dans son état parfait, aucun de ses membres n'existe indépendamment de tous les autres, sans lesquels
la conservation de l'individu est impossible. Il faut aussi (admettre) tout cela, dès qu'on prend le texte (de l'Ecriture) dans son
sens littéral, bien qu'il n'en soit pas ainsi, comme cela sera exposé
quand nous nous étendrons là-dessus [4]. — Il faut que tu fasses

---

(1) L'auteur veut dire : Nous accordons à Aristote que dans le ciel,
tel qu'il est, il n'y a pas de *contrariété*, par suite de laquelle il doive périr, et que, par conséquent, il n'a pu naître comme naissent les choses
sublunaires; mais aussi nous ne disons nullement qu'il soit *né* et composé comme ces dernières; et il ne s'ensuit point de la thèse d'Aristote
que Dieu n'ait pu le *créer*, en le faisant sortir du néant dans une simplicité absolue.

(2) Les mots הנמצא לו, qu'ajoutent ici les éditions de la version
d'Ibn-Tibbon, ne se trouvent pas dans les mss. de cette version, ni
dans celle d'Al-'Harîzi.

(3) L'auteur fait sans doute allusion à la discussion entre l'école de
Schamaï et celle de Hillel, rapportée dans le Talmud de Babylone, traité
Haghîgâ, fol. 12 a.

(4) Voir plus loin, chap. XXX, où l'auteur explique longuement divers
détails de la création.

bien attention à ce sujet [1]; car c'est un grand mur que j'ai
construit autour de la Loi et qui l'environne pour la protéger
contre les pierres qu'on lui lance. Si Aristote, — je veux dire
celui qui adopte son opinion, — argumentait contre nous,
en disant : Puisqu'on ne peut tirer aucune preuve de cet univers
(achevé), comment donc savez-vous, vous-mêmes, qu'il a été
créé et qu'il y avait une autre nature [2] qui l'a créé ? nous ré-
pondrions : Cela ne nous touche point par rapport à notre but
actuel [3]. En effet, nous ne voulons pas maintenant établir que
le monde a été créé; mais ce que nous voulons, c'est (de montrer)
qu'il est possible qu'il ait été créé; et on ne saurait démontrer la
fausseté de cette assertion, en argumentant de la nature de l'u-
nivers, avec laquelle nous ne nous mettons pas en opposition [4].
La possibilité de cette assertion étant établie, comme nous l'a-
vons exposé, nous chercherons ensuite à faire prévaloir l'opinion
de la *création*. Il ne resterait donc à cet égard (d'autre moyen
de nous réfuter) que de nous démontrer l'impossibilité de la création du monde, non pas par la nature de l'univers, mais par ce
que l'intelligence juge être nécessaire par rapport à Dieu; et
ce sont les trois méthodes dont je t'ai parlé précédemment, et par
lesquelles on cherche à démontrer l'éternité du monde en prenant
Dieu pour point de départ [5]. Je vais donc te montrer, dans le
chapitre suivant, de quelle manière on peut les mettre en doute,
de sorte qu'il ne puisse en résulter aucune preuve.

---

(1) C'est-à-dire, au sujet traité dans le présent chapitre, qui a
pour but de montrer que les arguments d'Aristote ne prouvent rien
contre la *création*.

(2) C'est-à-dire, un être d'une nature différente, qui est la Divinité.

(3) Dans la version d'Ibn-Tibbon, le mot arabe רומנא, *désir*, *effort*,
a été rendu par מחשבתנו, *notre pensée;* Ibn-Faláquéra (*l. c.*) fait observer qu'il faut le traduire par השתדלותנו. Al-'Harizi a בקשתנו.

(4) L'auteur fait allusion au reproche qu'il a adressé lui-même aux
Motécallemîn, à savoir, que leur système est en révolte ouverte contre
les lois de la nature. Voy. la Iʳᵉ partie, chap. LXXI, p. 349 et suiv.

(5) Voir au chap. XIV, les méthodes V, VI et VII.

CHAPITRE XVIII.

La première méthode dont ils parlent est celle où ils prétendent établir que, selon nous [1], Dieu aurait passé de la puissance à l'acte, puisqu'il aurait agi dans un certain moment et
pas dans un autre moment [2]. — Il sera très facile de réfuter
cette objection [3] : En effet, on ne peut raisonner de la sorte [4]
que (lorsqu'il s'agit) de quelque chose qui est composé d'une matière à l'état de *possibilité* et d'une forme. Sans aucun doute, si
un tel corps agit par sa forme après ne pas avoir agi, il y a eu
en lui quelque chose en puissance qui a passé à l'acte, et, par
conséquent, il a eu besoin d'un efficient; car, pour les choses
douées de matière, c'est là une proposition démontrée. Mais ce
qui est incorporel et immatériel n'a dans son essence aucune
possibilité, et tout ce qui est en lui est perpétuellement en acte.
On ne peut donc pas lui appliquer le raisonnement en question,
et pour lui il n'est point impossible que tantôt il agisse et tantôt
il n'agisse pas. Pour l'être *séparé*, ce n'est là ni un changement, ni un passage de la puissance à l'acte. Nous en avons une
preuve dans l'*intellect actif*, qui, selon l'opinion d'Aristote et de
ses sectateurs, est *séparé*, et qui, cependant, tantôt agit et tantôt

---

(1) Littéralement : *est celle par laquelle nous serions forcés, selon leur
opinion, d'admettre que, etc.*

(2) Voir au chap. XIV, la cinquième méthode.

(3) Littéralement : *La réfutation de ce doute est très évidente.*

(4) Littéralement : *Cette chose ne s'ensuit, etc. ;* c'est-à-dire : le raisonnement par lequel on conclut que l'agent qui tantôt agit et tantôt n'agit
pas a dû nécessairement passer de la puissance à l'acte, ce raisonnement, dis-je, ne peut s'appliquer qu'à un corps composé de matière et
de forme.

n'agit pas, comme l'a exposé Abou-Naçr dans son traité *de l'In-*
tellect [1]. Il s'y exprime en ces termes : « Il est évident que l'intellect actif n'agit pas perpétuellement ; mais, au contraire,
tantôt il agit et tantôt il n'agit pas. » Voilà ce qu'il dit textuellement, et c'est évidemment la vérité. Mais, bien qu'il en soit
ainsi, on ne dit pas cependant que l'intellect actif soit sujet au
changement, ni qu'après avoir été agent en puissance, il le soit
devenu en acte, parce qu'il aurait fait dans un certain moment
ce qu'il n'aurait pas fait auparavant ; car il n'y a pas de rapport
entre les corps et ce qui est incorporel, et il n'y a de similitude
(entre eux) ni au moment de l'action, ni au moment où ils s'abs-
tiennent d'agir. Si l'action des formes matérielles et celle de
l'être *séparé* sont (l'une et l'autre) appelées *action*, ce n'est que
par homonymie ; c'est pourquoi, si l'être *séparé* n'accomplit pas
dans un certain moment l'action qu'il accomplira plus tard, il
ne s'ensuit pas de là qu'il aura passé de la puissance à l'acte,
comme nous le trouvons dans les formes matérielles.

On pourra peut-être croire que dans ce que je viens de dire
il y a quelque sophisme : Si, dira-t-on, l'intellect actif nécessairement agit dans un certain moment et n'agit point dans un
autre moment, ce n'est point à cause de quelque chose qui soit
inhérent à son essence, mais à cause de la disposition des matières ; de sa part, l'action s'exerce perpétuellement sur tout ce
qui est *disposé*, et s'il y a quelque chose qui empêche l'action,
cela vient de la *disposition* de la matière, et non pas de l'intellect

.   .

(1) L'auteur veut parler d'un petit traité d'Al-Farâbi, intitulé
كتاب العقل والمعقولات, et qui a été publié en latin sous le titre de :
De Intellectu et intellecto (Voy. mes *Mélanges*, etc., p. 350, et *ibid.*, n. 2).
Le passage que l'auteur va citer se trouve vers la fin de ce traité. —
Récemment un jeune rabbin allemand, M. Michael Rosenstein, a publié,
comme *thèse* de doctorat, la version hébraïque de cet opuscule, accompagnée d'une traduction latine et de quelques notes : *Abû-Nassr Alfarabii*
de intellectu intellectisque commentatio, etc., Breslau, 1858, in-8°.

en lui-même [1]. — Que celui là donc qui pense ainsi [2] sache bien
que nous n'avons pas pour but de faire connaître la cause pour
laquelle Dieu a agi dans un certain moment et non dans un autre, et, en citant cet exemple, nous n'en avons pas conclu que,
puisque l'intellect actif, qui est *séparé*, agit dans un temps et
n'agit pas dans un autre, il doive en être de même de Dieu [3].
Nous n'avons pas dit cela, et nous n'avons pas fait cette conclusion ; et si nous avions fait cela, c'eût été en effet un sophisme.
Mais ce que nous en avons conclu, — et c'est une conclusion
vraie, — c'est que, bien que l'intellect actif, qui n'est ni un
corps ni une force dans un corps, agisse dans un certain moment et n'accomplisse pas la même action dans un autre moment, n'importe quelle en soit la cause, on ne dit pas pour
cela de lui qu'il ait passé de la puissance à l'acte, ni qu'il y
ait eu dans son essence une *possibilité*, ni enfin qu'il ait besoin
d'un efficient qui le fasse passer de la puissance à l'acte [4].

Ainsi se trouve écartée de nous cette grave objection qui nous
a été faite par ceux qui soutiennent l'éternité du monde ; car,

(1) Cf. le t. I, p. 311, et *ibid.*, note 4.

(2) C'est-à-dire, celui qui croit qu'en argumentant de l'*intellect actif*,
j'ai fait un raisonnement sophistique, et qu'il n'y a pas d'analogie entre
cet intellect et Dieu.

(3) L'auteur veut dire : De la similitude que nous avons établie entre
Dieu et l'intellect actif, nous n'avons pas conclu que l'action, chez l'un
et l'autre, dépende de la disposition de la matière, et que l'action de
Dieu puisse, comme celle de l'intellect actif, être quelquefois interrompue par les obstacles qui surviennent dans la matière. Cf. le t. I, *l. c.*,
où l'auteur dit que Dieu est toujours *intellect en acte*, et que sa perception n'éprouve aucun empêchement ni de lui-même, ni d'autre part. On
verra plus loin que la cause pourquoi Dieu a créé dans un certain moment, Maïmonide la cherche uniquement dans la volonté divine.

(4) L'auteur n'a pas complétement achevé sa pensée, et il fait sous-
entendre ce qui suit : Par conséquent, Dieu aussi a pu ne pas agir de
toute éternité et a pu créer le monde à une certaine époque, sans que
pour cela on soit fondé à soutenir qu'en créant le monde, il aurait passé
de la puissance à l'acte, ce qui supposerait un efficient antérieur à lui.

DEUXIÈME PARTIE. — CHAP. XVIII.

comme nous croyons que Dieu n'est ni un corps, ni une force dans un corps, il n'est point affecté de *changement* en agissant après ne pas avoir agi.

La deuxième méthode est celle où on conclut l'éternité du monde de ce que pour Dieu il n'y a ni besoins, ni rien qui survienne, ni obstacles [1]. La solution de cette objection est difficile et à la fois subtile; écoute-la. Sache que tout agent qui a une volonté et qui agit pour une raison quelconque doit nécessairement tantôt agir et tantôt ne pas agir, en raison de certains obstacles ou de besoins qui surviennent. Ainsi, par exemple, tel homme qui voudrait posséder une maison n'en bâtira point cependant, à cause des empêchements, soit qu'il n'en ait pas les matériaux sous la main, soit que ceux-ci, tout préparés qu'ils sont, ne soient pas prêts [2] à recevoir la forme, à cause du manque d'instruments. Il se peut aussi que les matériaux et les instruments soient prêts, et que cependant (l'homme) ne bâtisse pas, parce que, n'ayant pas besoin de demeure, il ne veut pas bâtir; mais lorsqu'il lui surviendra des accidents, comme la chaleur ou le froid, qui le forceront de chercher un abri, alors il voudra bâtir. Il est donc clair que les accidents survenus changent la volonté, et que les obstacles s'opposent à la volonté de manière qu'on ne puisse pas agir. Cependant, tout cela n'a lieu que lorsque les actions ont pour raison quelque chose en dehors de la volonté même. Mais lorsque l'action n'a absolument aucun autre but que celui d'obéir à une volonté, cette volonté n'a pas besoin d'invitation (du dehors); et (dans ce cas) il n'est pas nécessaire non plus que celui qui a la volonté, tout en n'ayant pas d'obstacles, agisse toujours; car il n'a pas de but extérieur qui le fasse agir, de manière qu'il soit forcé d'agir dès

---

(1) Voir au chap. XIV, la sixième méthode.

(2) Ibn-Tibbon traduit : ולא יבא; Ibn-Falaquéra (*Moré ha-Moré*, Append., p. 154) fait observer avec raison qu'il faudrait dire ולא יוכן, ou ואינו נאות. Dans la IIIe partie, chap. VIII, Ibn-Tibbon rend plus exactement les mots התחמר הנאות אלמאדה ג.למתאתיה par אלמאדה ג.למתאתיה.

qu'il n'y aurait pas d'obstacles pour atteindre le but, puisque l'action, dans ce cas, obéit à la seule volonté.

On pourrait nous objecter : Tout cela est vrai ; mais n'y a-t-il pas changement en cela même que tantôt on *veut* et tantôt on ne veut pas [1]? A cela nous répondrons : Non ; car ce qui constitue la véritable idée de la volonté, c'est de vouloir et de ne pas vouloir. Or, si cette volonté appartient à un être matériel, et que ce qu'on cherche par elle soit un but extérieur, ce sera une volonté sujette au changement, en raison des obstacles et de ce qui peut survenir ; mais la volonté de l'être *séparé*, qui n'est aucunement déterminée par autre chose, n'est point sujette au changement, et, s'il veut maintenant une chose et demain autre chose, cela ne constitue pas de changement dans son essence, ni n'exige une autre cause (en dehors de lui), de même qu'il n'y a point changement en ce que tantôt il agit et tantôt il n'agit pas, comme nous l'avons exposé. On exposera (plus loin) [2] que ce n'est que par homonymie qu'on applique à la fois à notre volonté et à celle de l'être séparé le nom de *volonté*, et qu'il n'y a point de similitude entre les deux volontés. — Ainsi donc, cette objection se trouve également détruite, et il est clair qu'il ne résulte pour nous de cette méthode rien d'inadmissible [3]. C'est là ce que nous voulions (obtenir), comme tu sais.

La troisième méthode est celle où l'on prouve l'éternité du monde (en raisonnant) ainsi : Quand la sagesse (divine) décide qu'une chose doit apparaître, elle a apparu [4] ; or, la sagesse

(1) C'est-à-dire : si l'on supposait que Dieu a créé le monde à une certaine époque, ayant voulu alors ce qu'il n'avait pas voulu auparavant, ne serait-ce pas là lui attribuer le changement?

(2) Les éditions de la version d'Ibn-Tibbon ont התבאר, au prétérit ; il faut lire יתבאר, au futur, comme l'ont les mss.

(3) C'est-à-dire, que de cette deuxième méthode on ne peut tirer aucune conclusion pour combattre notre système et en démontrer l'inadmissibilité.

(4) C'est-à-dire : Tout ce que la sagesse divine décide doit avoir lieu immédiatement ; car ce qu'elle décide est nécessaire et ne peut pas un seul instant ne pas exister.

de Dieu étant éternelle comme son essence, ce qui en résulte est (également) éternel [1]. — Mais c'est là un raisonnement très faible; car, de même que nous ignorons pourquoi sa sagesse a exigé que les sphères fussent (au nombre de) neuf, ni plus ni moins, que les étoiles fussent aussi nombreuses qu'elles sont, ni plus ni moins, et (qu'elles ne fussent) ni plus grandes ni plus petites, de même nous ignorons pourquoi la sagesse, à une époque (relativement) récente, a fait que l'univers existât après ne pas avoir existé [2]. Tout se conforme à sa sagesse perpétuelle et invariable; mais nous, nous ignorons complétement la loi de cette sagesse et ce qu'elle exige [3]. Car, selon notre opinion, la volonté se conforme également à la sagesse; tout (dans Dieu) est une seule et même chose, je veux dire que sa sagesse est son essence, car nous n'admettons pas les attributs [4]. Tu entendras beaucoup sur ce sujet, quand nous parlerons de la Providence [5] — Par cette considération donc, tombe aussi cette absurdité (qu'on nous attribue) [6].

Quant à ce qu'Aristote dit que les peuples, dans les temps anciens, croyaient d'un commun accord que les anges habitaient

---

(1) Voir au chap. XIV, la septième méthode.

(2) Littéralement : *De même que nous ignorons sa sagesse qui a exigé que....*, *de même nous ignorons sa sagesse en ce qu'il (Dieu) a fait exister, etc.*

(3) La version d'Ibn-Tibbon, qui porte דרך החכמה ההיא ומשפטה, n'est pas tout à fait exacte; Al-'Harizi traduit plus exactement : חק החכמה ההיא וחיובה.

(4) L'auteur veut dire : Nous ne pouvons pas même dire que la sagesse de Dieu soit déterminée par sa volonté, ou *vice versa ;* car, selon nous, la volonté et la sagesse, dans Dieu, sont une seule et même chose, l'une et l'autre étant son essence même. Cf. le t. I, chap. LIII, p. 214 et 215.

(5) Voy. la IIIe partie, chap. XIII et XVII, et cf. la Ire partie, chap. LXIX, p. 321, 322.

(6) C'est-à-dire, l'absurdité qu'on nous attribue implicitement par cette dernière démonstration de l'éternité du monde.

le ciel, et que Dieu aussi était au ciel [1], — chose que dit aussi le sens littéral des textes (sacrés), — cela ne peut pas servir de preuve pour l'éternité du monde, comme il le veut, lui; mais cela a été dit pour prouver que le ciel nous indique l'existence des Intelligences séparées, qui sont les êtres spirituels et les anges, et qu'il nous indique aussi l'existence de Dieu, qui le met en mouvement et qui le gouverne, ainsi que nous l'exposerons. Nous montrerons qu'il n'y a pas de preuve qui nous démontre mieux l'existence du Créateur, selon notre opinion [2], que celle tirée du ciel; et celui-ci, comme nous l'avons déjà dit, prouve aussi, selon l'opinion des philosophes, qu'il existe (un être) qui le met en mouvement, et que ce dernier n'est ni un corps, ni une force dans un corps.

Après t'avoir exposé que ce que nous affirmons est admissible, et que (tout au moins) ce n'est pas une chose impossible, comme le prétendent ceux qui soutiennent l'éternité (du monde), je vais montrer, dans les chapitres suivants, que notre opinion est préférable au point de vue spéculatif, et je révélerai les conséquences absurdes qu'a l'autre opinion [3].

CHAPITRE XIX [4].

Il résulte évidemment du système d'Aristote, comme du système de tous ceux qui professent l'éternité du monde, que selon lui cet univers est émané du Créateur *par nécessité*, que Dieu est la cause et ce monde l'effet, et que, par conséquent, celui-

---

(1) Voy. ci-dessus, p. 121.

(2) C'est-à-dire, selon l'opinion qui admet un Dieu créateur.

(3) Littéralement : *Ce qui s'attache à son opinion en fait d'absurdités.* Le suffixe dans ראיה (*son* opinion) se rapporte à Aristote, ou aux mots précédents : מן יקול באלקדם, *celui qui soutient l'éternité.*

(4) L'auteur aborde ici les preuves directes qu'on peut alléguer en faveur de la création *ex nihilo ;* il combat le système d'Aristote, selon

ci est *nécessaire*[1]. De même qu'on ne saurait dire de Dieu
pourquoi il existe, ni comment il existe *ainsi*, je veux dire *un* et
incorporel, de même on ne saurait dire de l'univers dans son
ensemble pourquoi il existe ni comment il existe ainsi (que nous
le voyons); car il est nécessaire que tout cela existe ainsi, (je
veux dire) la cause et son effet; et il est impossible pour tous
deux de ne pas exister ou de devenir autres qu'ils ne sont. Il
s'ensuit donc de cette opinion que toute chose doit nécessairement conserver toujours la nature qu'elle a, et qu'aucune chose
ne peut, en une façon quelconque, changer de nature. Selon cette
opinion, le changement de nature d'un être quelconque est chose
impossible, et, par conséquent, toutes ces choses n'ont pu naître par le dessein d'un être ayant une intention et qui aurait librement voulu qu'elles fussent ainsi; car, si elles étaient nées
par un tel dessein, elles n'auraient pas existé ainsi avant que le
dessein en fût arrêté[2]. Mais, selon notre opinion, à nous, il est

lequel tout dans l'univers suivrait une loi éternelle et immuable, et il
montre que, notamment dans les mouvements des sphères célestes, on
ne saurait méconnaître l'action d'une volonté libre agissant avec intention et non *par nécessité*. Maïmonide montre les invraisemblances qui
résultent du système d'Aristote, et il insiste notamment sur les difficultés que présentent certains passages du traité *du Ciel*. Ce chapitre
est un des plus importants dans la discussion engagée par Maïmonide
contre les péripatéticiens. Moïse de Narbonne ayant répondu à plusieurs objections de l'auteur et ayant affaibli par là, aux yeux de certains contemporains, l'effet que devait produire ce chapitre, Isaac
Abravanel l'a expliqué dans un commentaire particulier, accompagné de
plusieurs dissertations. Ce commentaire, intitulé שמים חדשים, *les Cieux
nouveaux*, était resté inédit; il a été publié, pour la première fois, par
Wolf Heidenheim, Rödelheim, 1828, in-4°.

(1) Cf. le t. I, chap. LXIX, p. 313-314.

(2) Littéralement : *Avant qu'on se les proposât*, ou *avant qu'elles fussent
l'objet du dessein;* c'est-à-dire : L'intention qui a voulu que les choses fussent de telle et telle manière, quoiqu'elles pussent être autrement, devait nécessairement précéder ces choses, et par conséquent elles n'auraient pas toujours été telles qu'elles sont.

clair que les choses sont par suite d'un dessein, et non par nécessité. Il se pourrait donc que celui qui a formé le dessein les
changeât et formât un autre dessein. Toutefois, ce ne pourrait
être, dans un sens absolu, un dessein *quelconque;* car il y a une
nature de l'impossible qui est stable et qui ne saurait être détruite [1], comme nous l'exposerons. — J'ai pour but, dans
ce chapitre, de te montrer, par des preuves qui approchent de
la *démonstration,* que cet univers nous indique nécessairement
un Créateur agissant avec intention [2], sans que pour cela je
veuille prendre à tâche ce qu'ont entrepris les *Motécallemîn,* en
détruisant la nature de l'être et en proclamant l'atome, la perpétuelle création des accidents et tout ce que je t'ai exposé de
leurs principes, dont le seul but est d'établir la *détermination* [3].

(1) C'est-à-dire : Il y a des choses naturellement impossibles et qu'il
ne dépend pas de Dieu de changer, parce qu'il est de leur nature même
d'être impossibles, comme, par exemple, la réunion des contraires dans
le même sujet et au même moment, ou la construction d'un carré dont
la diagonale soit égale aux côtés. Voy. la III° partie de cet ouvrage,
chap. XV, et cf. ci-dessus, p. 108.

(2) Littéralement : *Qu'il est* (ou *qu'il existe*) *par le dessein d'un* (*être*)
ayant une intention.

(3) Littéralement : *de leurs principes qu'ils ne se sont efforcés d'exposer que
pour faire trouver la détermination.* L'auteur veut dire que toutes les propositions des *Motécallemîn* ont uniquement pour but d'établir que c'est la
volonté divine qui *détermine* chaque chose dans l'univers. Sur le sens du
mot *détermination,* voy. le t. I, p. 426, note 3. — La version d'Ibn-Tibbon
est ici absolument inintelligible; elle porte : אשר אמנם השתדלתי
להציעו להמציא הביאור. Ibn-Falaquéra (*Moré ha-Moré,* p. 100) traduit plus exactement : אשר השתדלו להציעם להמצאת הסגול;
de même Al-'Harîzi : אשר השתדלו להציעם כדי להמציא ההנבלה.
On voit par les notes critiques d'Ibn-Falaquéra (Append., p. 154) que
les mss. d'Ibn-Tibbon portaient aussi הביאור, comme plus loin : וכונו
בהם הביאור; probablement ce dernier avait dans son texte arabe
אלתחליץ, au lieu de אלתבّציץ. La note d'Ibn-Falaquéra étant très corrompue dans l'édition imprimée, nous la reproduisons ici plus correctement : לאינّאר אלתבّציץ העתיק להמציא הביאור והעתקתו
להמציא הסגול או ההתיחד כי אינו ביאור ·

Il ne faut pas croire qu'ils aient dit aussi ce que je vais dire ; mais ce qu'on ne saurait mettre en doute, c'est qu'ils ont visé au même but que moi. Ils parlent donc aussi des choses dont je vais parler, ayant en vue la *détermination ;* mais pour eux, si telle plante est plutôt rouge que blanche, plutôt douce qu'amère, c'est une *particularisation* au même titre que celle du ciel ayant de préférence cette figure qu'il a, et non pas la figure carrée ou triangulaire [1]. Eux, ils ont établi la *détermination* au moyen de leurs propositions que tu connais déjà [2], tandis que moi, j'établirai la détermination, là où il le faut, au moyen de propositions philosophiques puisées dans la nature de l'être.

Je vais exposer cette méthode, après avoir d'abord posé en principe ce qui suit : toutes les fois qu'une matière [3] est commune à des choses qui diffèrent entre elles d'une manière quelconque, il a fallu nécessairement, en dehors de cette matière commune, une cause qui ait fait que ces choses eussent, les unes telle qualité, les autres telle autre, ou plutôt (il a fallu) autant de causes qu'il y a de choses différentes. C'est là une pro-

---

(1) Littéralement : *Seulement quant à eux, il n'y a pas de différence pour eux entre la particularisation de cette plante par la couleur rouge, à l'exclusion de la blancheur, ou par la douceur à l'exclusion de l'amertume, et la particularisation du ciel par cette figure qu'il a, à l'exclusion de la figure carrée et triangulaire.* En d'autres termes : Ils ne font pas de différence entre les choses sublunaires, soumises à certaines lois physiques qui en expliquent les propriétés particulières, et les corps célestes, dont les particularités ne peuvent pas toutes s'expliquer par une loi naturelle, et où l'on reconnaît la volonté de Dieu, laquelle a librement préféré tel état de choses à tel autre.

(2) C'est-à-dire, par des propositions qui nient toute loi de la nature et toute causalité, et qui attribuent les particularités de toutes les choses, tant sublunaires que célestes, à l'intervention directe et immédiate de la Divinité. Voy. surtout la VI⁰ proposition des *Motécallemîn* (t. I, chap. LXXIII, p. 388 et suiv.)

(3) La version d'Ibn-Tibbon porte : שהחמר, et celle d'Al-'Harîzi : כי החמר ; de même l'un des mss. ar. de Leyde (n° 18) אן אלמאדה. Il faut lire : אן כל מאדה, comme l'ont les autres mss.

position sur laquelle tombent d'accord les partisans de l'éternité (du monde) et ceux de la création. Après avoir posé ce principe, j'aborde l'exposition de ce que j'avais en vue, (en discutant) sous la forme de question et de réponse, sur l'opinion d'Aristote.

Nous posons d'abord à Aristote la question suivante : Tu nous as démontré que toutes les choses sublunaires ont une seule et même matière, commune à toutes ; quelle est donc alors la cause de la diversité des espèces qui existent ici-bas, et quelle est la cause de la diversité des individus de chacune de ces espèces ? — Là-dessus, il nous répondra : Ce qui cause la diversité, c'est que les choses composées de cette matière diffèrent de *mélange.* Cette matière commune a reçu d'abord quatre formes, dont chacune est accompagnée de deux *qualités* [1], et par ces quatre qualités elle devient les *éléments* de ce qui en est composé [2] ; car ils (les éléments) s'entremêlent d'abord par suite du mouvement de la sphère céleste, et ensuite, ayant formé un mélange tempéré [3], la diversité survient dans

---

(1) Ce sont les formes des quatre éléments, dont chacun a deux *qualités :* le feu est chaud et sec, l'air est chaud et humide, l'eau est froide et humide, et la terre est froide et sèche. Voy. mes *Mélanges de philosophie juive et arabe,* p. 88, note 1, et les passages d'Aristote et de Gallien qui y sont indiqués.

(2) C'est-à-dire : par les quatre qualités, qui, réunies deux à deux, constituent les quatre formes des éléments, la matière devient un quadruple corps élémentaire pour tout ce qui se compose de cette matière. —Le verbe צארת et le suffixe dans מנהא se rapportent à תלך אלמאדה, *cette matière.* Les deux traducteurs hébreux ont mis le verbe et le suffixe au pluriel ; Ibn-Tibbon a : היו יסודות למה שהורכב מהם ; Al-'Harizi : נעשו יסודות לכל מה שהורכב מהם. D'après ces versions, les deux formes féminines se rapporteraient grammaticalement aux *quatre formes* (ארבע צור), ce qui serait peu rationnel ; car ce qui constitue les *quatre éléments,* ce ne sont pas les *formes,* mais plutôt la matière universelle, revêtue de la forme élémentaire.

(3) Le verbe اختلط signifie *s'entremêler,* c'est-à-dire former un mélange confus (مزج), tandis que, par امتزج, on désigne un mélange

les choses mêlées, qui sont composées (des éléments) à des degrés différents de chaud, de froid, d'humide et de sec. Par ces mélanges divers, elle (la matière) acquiert des dispositions diverses pour recevoir des formes diverses, et ces formes, à leur tour, la disposent pour la réception d'autres formes, et ainsi de suite. La matière (substratum) d'une seule forme spécifique possède une grande étendue de quantité et de qualité, et c'est en raison de cette étendue qu'il y a une variété d'individus de la même espèce, comme cela a été exposé dans la science physique. — Tout cela est vrai et évident pour celui qui est équitable envers lui-même et qui ne veut pas s'abuser.

Ensuite, nous adresserons encore à Aristote cette autre question : S'il est vrai que le mélange des éléments est la cause qui dispose les matières à recevoir les formes diverses, qu'est-ce donc alors qui a disposé cette matière première de manière qu'une partie reçût la forme de *feu*, et une autre partie la forme de *terre*, et que ce qui est entre les deux (devînt apte) à recevoir la forme d'*eau* et d'*air*? Puisque le tout a une matière commune, qu'est-ce donc qui a rendu la matière de la terre plus propre à la forme de *terre*, et la matière du feu plus propre à la forme de *feu*? —. A cela Aristote fera la réponse suivante : Ce qui a fait cela, c'est la différence des lieux [1]; car ce sont ceux-ci qui ont produit dans la matière unique des dispositions diverses. La partie qui est plus près de la circonférence a reçu de celle-ci une impression de subtilité et de mouvement rapide et approche de sa nature, de sorte qu'ainsi préparée, elle a reçu la forme de *feu*; mais, à mesure que la matière s'éloigne de la circonférence (et qu'elle est) plus près du centre, elle devient plus épaisse, plus consistante et moins lumineuse; elle se fait alors *terre*, et, par la même raison, *eau* et *air*. Il doit nécessairement en être

où les éléments divers sont répartis partout avec une égalité parfaite, un mélange égal et proportionné (ἰσότης).

(1) C'est-à-dire, des différentes régions occupées par les quatre éléments. Voy. le t. I, p. 134, note 2, et p. 356.

ainsi ; car il serait absurde (de dire) que cette matière n'est point dans un lieu, ou que la circonférence est elle-même le centre, et *vice versa*. C'est donc là ce qui a fait qu'elle devait se *particulariser* par des formes diverses, je veux dire ce qui l'a disposée à recevoir des formes diverses.

Enfin nous lui demanderons encore : La matière de la circonférence, c'est-à-dire du ciel, est-elle la même que celle des éléments? — Non, répondra-t-il; mais, au contraire, celle-là est une autre matière, et elle a d'autres formes [1]. Si on donne en même temps aux corps d'ici-bas et à ceux-là (d'en haut) le nom de *corps*, ce n'est que par homonymie, comme l'ont exposé les modernes [2]. Tout cela a été démontré.

Écoute maintenant, ô lecteur de ce traité! ce que je dis, moi. — Tu sais qu'il a été démontré par Aristote que de la différence des actions on peut inférer la différence des formes [3]. Or, comme les mouvements des quatre éléments sont droits, tandis que le mouvement de la sphère céleste est circulaire, on reconnaît (d'abord) que la matière des uns n'est pas la même que celle de l'autre, ce qui est une vérité résultant de la spéculation

(1) Voy. le t. I, p. 247, note 3, et ci-dessus, p. 25, note 1.

(2) Selon Abravanel, l'auteur ferait allusion aux commentateurs d'Aristote, et notamment à Themistius. Celui-ci avait fait observer que la définition qu'Aristote donne du *corps*, à savoir qu'il est ce qui a longueur, largeur et profondeur (traité *du Ciel*, liv. I, chap. I), ne s'applique pas exactement aux corps célestes; car, ceux-ci étant d'une simplicité absolue, les dimensions ne s'y déterminent point, comme dans les corps sublunaires, par la forme corporelle survenue à la matière, mais s'y trouvent toujours en acte et sont inhérentes à leur matière. Ce sont donc des dimensions d'une autre nature, formant des corps d'une autre nature, et par conséquent ce n'est que par homonymie que les noms de *dimension* et de *corps* sont appliqués en même temps au ciel et aux choses sublunaires. Voy. Abravanel, *Schamaïm 'hadaschîm,* fol. 4.

(3) Ainsi qu'il a été dit plus haut (chap. XII), les corps n'agissent les uns sur les autres que par leur forme; toutes les fois donc qu'il y a une différence dans l'action respective qu'exercent certains corps, il faut supposer que leurs formes sont différentes.

physique ; mais, comme on trouve aussi que ceux·là (les éléments), qui ont les mouvements droits, diffèrent de direction, se
mouvant les uns vers le haut, les autres vers le bas, et que
ceux-là même qui se dirigent du même côté ont le mouvement
plus ou moins rapide ou lent, on reconnaît qu'ils diffèrent de
formes. C'est ainsi qu'on a reconnu que les éléments sont au
nombre de quatre [1]. C'est par une argumentation absolument
semblable qu'on arrive à conclure que toutes les sphères célestes ont une même matière ; car toutes elles se meuvent circulairement. Mais, en fait de *forme*, les sphères diffèrent les unes
des autres [2] ; car telle se meut de l'orient à l'occident, et telle
autre de l'occident à l'orient [3], et, en outre, les mouvements
diffèrent par la rapidité et la lenteur. On doit donc encore lui
adresser (c'est-à-dire à Aristote) la question suivante : Puisque toutes les sphères ont une matière commune, et que dans
chacune d'elles le substratum a une forme particulière qui n'est
pas celle des autres, qui est donc celui qui a *particularisé* ces

(1) Voy. Aristote, traité *du Ciel*, liv. IV, chap. 4 et 5.

(2) Littéralement : *Mais la forme de chaque sphère diffère de la forme de
l'autre sphère.*

(3) Les anciens, croyant la terre immobile et n'admettant pas, en
général, sa rotation autour de son axe (*Almageste* I, 6), durent chercher
à expliquer d'une autre manière comment il se fait que le soleil et toutes
les planètes accomplissent, en vingt-quatre heures, autour de la terre, un
mouvement d'orient en occident, opposé aux mouvements divers qui leur
sont propres et qu'ils accomplissent dans des périodes plus ou moins longues, en se transportant d'occident en orient, vers celles des étoiles fixes
qui arrivent plus tard au méridien. On croyait donc que la sphère supérieure, appelée la sphère diurne, avait seule un mouvement naturel
d'orient en occident, dans lequel elle entraînait avec elle les sphères
des sept planètes, ce qui n'empêchait pas ces dernières d'accomplir
leur propre mouvement périodique d'occident en orient. Voy. *Almageste*,
liv. I, chap. 7, et cf. le t. I de cet ouvrage, p. 357, note 3. Quant à la
sphère diurne, il y en a parmi les Arabes qui l'identifient avec celle
des étoiles fixes, tandis que d'autres en font une neuvième sphère dénuée d'étoiles. Voy. ci-dessus, p. 57, note 3.

substrata et qui les a disposés pour recevoir des formes diverses? Y a-t-il, après la sphère, autre chose à quoi on puisse attribuer cette *particularisation*, si ce n'est Dieu, le très haut ?

Je dois ici appeler ton attention sur la grande profondeur d'Aristote et sur sa compréhension extraordinaire, et (te faire remarquer) combien, sans doute, cette objection l'a embarrassé, et comment il s'est efforcé d'en sortir par des moyens où (la nature de) l'être ne lui venait pas en aide. Car, bien qu'il n'ait pas mentionné cette objection, il est pourtant évident, par ses paroles, qu'il désire nous présenter systématiquement l'existence des sphères, comme il a fait pour ce qui est au-dessous de la sphère céleste [1], de manière que tout ait lieu par une nécessité physique et non par l'intention d'un être qui poursuit le but qu'il veut et qui *détermine* (les choses) [2], de quelque manière qu'il lui plaise. Mais il n'y a point réussi, et on n'y réussira jamais. Il s'efforce de donner la raison 1° pourquoi le mouvement de la sphère part de l'orient et non de l'occident [3]; 2° pourquoi (les

(1) Littéralement : *Comme il nous a ordonné* (ou *rangé*) *l'existence de ce qui est au-dessous de la sphère.* Les éditions de la version d'Ibn-Tibbon portent : גלגל הירח, *la sphère de la lune;* mais les mss. portent simplement הגלגל, et de même tous les mss. ar., אלפלך.

(2) Littéralement : *Et par la détermination d'un déterminant.* Voy. le t. I, p. 426, note 3.

(3) L'auteur veut parler de la sphère supérieure, qui, comme on l'a vu, se meut d'orient en occident. Il fait évidemment allusion à un passage du traité *du Ciel,* liv. II, chap 5, où Aristote cherche à indiquer la raison pourquoi le ciel se meut de gauche à droite; de même, dit-il, que dans les mouvements droits (des éléments) celui qui se dirige vers le haut est le plus noble, de même, dans les mouvements circulaires des sphères célestes, c'est celui qui se dirige en avant ou vers la droite. Il paraîtrait donc qu'Aristote parle ici plutôt du mouvement des planètes que de celui du ciel supérieur; car, *en avant* (εἰς τὸ πρόσθεν), ou *vers la droite,* signifie *vers l'orient.* Cf. *ibid.,* chap. 2 : δεξιὸν γὰρ ἑκάστου λέγομεν, ὅθεν ἡ ἀρχὴ τῆς κατὰ τόπον κινήσεως · τοῦ δ' οὐρανοῦ ἀρχὴ τῆς περιφορᾶς, ὅθεν αἱ ἀνατολαὶ τῶν ἄστρων, ὥστε τοῦτ' ἂν εἴη δεξιόν, οὗ δ' αἱ δύσεις, ἀριστερόν. Mais l'assertion de Maïmonide est fondée sur la version arabe, qui,

sphères) ont le mouvement, les unes rapide, les autres lent, ce qui dépend de l'ordre de leur position vis-à-vis de la sphère supérieure [1]; 3° pourquoi chacune des sept planètes a plusieurs sphères, tandis que ce grand nombre (d'étoiles. fixes) est dans une seule sphère [2]. Il s'efforce d'indiquer les causes de tout cela, afin de nous présenter la chose suivant un ordre physique (existant) par nécessité. Cependant, il n'a réussi à rien de tout cela; car, si tout ce qu'il nous a exposé à l'égard des choses sublunaires est systématique et conforme à ce qui existe (réellement) et dont les causes sont manifestes, et si on peut dire que tout y a lieu par une *nécessité* (résultant) du mouvement et des forces de la sphère céleste, il n'a pu donner aucune raison évidente pour tout ce qu'il a dit à l'égard de la sphère céleste, et la chose ne se présente pas sous une forme systématique, de ma .

comme on le reconnaît par la version arabe-latine, avait sensiblement altéré le texte grec. La dernière phrase du chap. V (βέλτιστον γὰρ κινεῖσθαι ἁπλᾶν τε κίνησιν καὶ ἄπαυστον, καὶ ταύτην ἐπὶ τὸ τιμιώτερον) est ainsi paraphrasée dans la version arabe-latine (fol. 55, col. *b*) : « Melius enim et nobilius est ut cœlum moveatur semper sine cessatione, et quod motus ejus sit *ex nobilissimo locorum*, quod est dextrum. *Manifestum est igitur quare cœlum movetur ex oriente ad occidentem, et non e converso.* »

(1) Voy. *ibid.*, chap. 10, où Aristote dit que, les sphères des planètes ayant un mouvement opposé à celui du ciel supérieur, celle qui est la plus rapprochée de ce dernier a le mouvement le plus lent, celle qui en est la plus éloignée a le mouvement le plus rapide, et de même.le mouvement des autres est, en raison de leur distance respective du ciel supérieur, plus lent ou plus rapide : .... εὔλογον ἤδη τὸ μὲν ἐγγυτάτω τῆς ἁπλᾶς καὶ πρώτης περιφορᾶς ἐν πλείστῳ χρόνῳ διιέναι τὸν αὐτοῦ κύκλον, τὸ δὲ πορρωτάτω ἐν ἐλαχίστῳ, κ. τ. λ. — Ainsi, la révolution périodique de Saturne dure trente ans, celle de Jupiter douze ans, et ainsi de suite jusqu'à la révolution de la lune, qui s'accomplit en moins d'un mois.

(2) Voy. *ibid.*, chap. 12 : ἡ μὲν γὰρ πρώτη μία οὖσα πολλὰ κινεῖ τῶν σωμάτων τῶν θείων, αἱ δὲ πολλαὶ οὖσαι ἐν μόνον ἑκάστη · τῶν γὰρ πλανομένων ἐν ὁτιοῦν πλείους φέρεται φοράς, κ. τ. λ. Cf. *Métaph.*, liv. XII, chap. 8, où Aristote cite les opinions d'Eudoxe et de Callippe sur les différentes sphères qu'il faut supposer à chaque planète pour en expliquer le mouvement.

nière qu'on puisse en soutenir la *nécessité*. En effet, pour ce qui
est des sphères, nous voyons que tantôt celles qui ont le mouvement plus rapide sont au-dessus de celles qui ont le mouvement plus lent, tantôt celles qui ont le mouvement plus lent
sont au-dessus de celles qui ont le mouvement plus rapide, tantôt enfin elles ont les mouvements égaux, quoiqu'elles soient au-
dessus les unes des autres [1]. Il y a encore d'autres choses (qui

(1) Isaac Abravanel rapporte sur ce passage, qui est assez obscur,
l'interprétation d'un autre auteur, qni me paraît extrêmement forcée
(voy. *Schamaïm 'hadaschim*, fol. 6). Cet auteur croit que Maïmonide,
en disant qu'il y a des sphères plus rapides qui sont au-dessus de celles
qui ont le mouvement plus lent, veut parler, d'une part, des mouvements périodiques propres aux sphères respectives de chaque planète,
et, d'autre part, des mouvements des apogées des planètes qui lui sont
inférieures ; car le mouvement de précession de ces apogées est presque
aussi lent que celui de la sphère des étoiles fixes. Or, il est évident que
la sphère de Saturne, par exemple, est plus près de la huitième sphère
que l'apogée de Jupiter, et à plus forte raison que celui de Mars et des
autres planètes ; de même, la sphère de Jupiter est plus élevée que l'apogée de Mars, et ainsi de suite. Si ensuite Maïmonide dit qu'il y a des
sphères qui ont les mouvements égaux, quoiqu'elles soient au-dessus
les unes des autres, le même auteur pense qu'il veut parler de ces
mêmes apogées qui tous, à ce qu'il paraît, ont les mouvements égaux,
à l'exception de ceux de Mercure et de la lune; ou bien, des révolutions
périodiques du soleil, de Vénus et de Mercure, qu'on croyait être d'une
égale durée. — Mais il n'est pas probable que Maïmonide ait comparé
entre eux des mouvements d'une nature aussi diverse. Il se peut qu'en
disant que certaines sphères qui ont le mouvement plus rapide sont
au-dessus de celles qui ont le mouvement plus lent, il veuille parler
de la planète de Mercure, qui, selon une opinion qui lui paraît probable
(voy. ci-dessus, chap. IX), se trouve au-dessus du soleil, et dont le
mouvement périodique vrai est moins long que celui du soleil ; car on
lui attribuait une durée de dix mois environ. (Voy. Abravanel, *l. c.*)
Par les planètes aux mouvements égaux et dont le mouvement périodique s'accomplit dans le même espace de temps ou à peu près, Maïmonide entend peut-être Vénus et le soleil. Cependant nous n'osons rien
affirmer à cet égard ; car il y a beaucoup de divergence dans les données
qu'on trouve chez les astronomes arabes sur les révolutions périodiques

deviennent) très difficiles, dès qu'on se place au point de vue de
la *nécessité* [1], et je leur consacrerai un chapitre particulier de
ce traité [2].

En somme, Aristote, reconnaissant sans doute la faiblesse de
ce qu'il dit pour motiver ces choses et en indiquer les causes, a
mis en tête, en abordant ces recherches, des paroles dont voici
le texte : « Nous voulons maintenant examiner soigneusement
deux questions qu'il est nécessaire d'examiner, et nous en dirons ce que comportent notre intelligence [3], notre science et
notre opinion ; mais personne ne doit pour cela nous taxer d'ou-
trecuidance et d'audace. On doit, au contraire, admirer notre
passion et notre zèle pour la philosophie; et quand nous exa-
minons les questions grandes et nobles [4] et que nous parvenons
à leur donner une solution tant soit peu solide, l'auditeur doit

de Mercure et de Vénus, et il faudrait savoir quelles étaient les données
adoptées par Maïmonide. Cf. *Almageste*, liv. IX, chap. III et suiv.

(1) Plus littéralement : *A l'égard de l'opinion (qui admet) que la chose
est par nécessité.*

(2) Voy. ci-après le chap. XXIV, où l'auteur fait ressortir tout ce
que les hypothèses des épicycles et des excentriques ont d'invraisemblable et de contraire à la nature.

(3) Tous les mss. ont עקולנא, et la version d'Ibn-Tibbon (édit.
princeps) a שכלינו au pluriel, *nos intelligences;* mais il faut peut-être
considérer ici le mot عُقُول comme un *nom d'action.*

(4) Les mss. portent généralement : אלמסאיל אלגזילה אלשריפה,
et la version d'Ibn-Tibbon a : השאלות המעולות הנכבדות ; mais deux
versions arabes-latines du texte d'Aristote ont, l'une *quœstiones dispu-
tabiles*, l'autre *quœstiones topicas*, ce qui fait supposer que leur texte
arabe portait : المسائل الجدليّة. Il paraît que cette leçon se trouvait
aussi dans quelques mss. ar. du *Guide*, et qu'elle fut plus tard adoptée
par Ibn-Tibbon ; car, dans un ms. de la version de ce dernier (ms. hébr.
de la Biblioth. imp., n° 238, fol. 185 *a*), on lit : השאלות המחלקיות
הנכברות · פי' כי, et ces mots sont accompagnés de la glose suivante :
מלאכת מחלוקת הנצוח יש לה להניח שאלות בכל דבר ולבקש אמתם
· והיא כהצעה למלאכה המופת לבוא ולבאר האמת בהם

éprouver un grand plaisir et être dans la joie (1). » Tels sont ses
propres termes. Il est donc clair qu'il reconnaissait indubitablement la faiblesse de ce qu'il disait à cet égard ; d'autant plus
que la science des mathématiques était encore imparfaite de son
temps, et qu'on ne savait pas alors ce que nous savons aujour-
d'hui à l'égard des mouvements de la sphère céleste. Il me semble que, si Aristote dit, dans la *Métaphysique*, qu'on doit supposer une *intelligence séparée* pour chaque sphère, c'est égale-

(1) Ce passage est tiré du traité *du Ciel*, liv. II, chap. 12, où Aristote
examine les deux questions suivantes : 1° Pourquoi les mouvements
respectifs de chaque planète n'augmentent pas en raison de leur distance de la sphère supérieure, qui n'a qu'un seul mouvement ? car nous
voyons, au contraire, que le soleil et la lune ont moins de mouvements
que les planètes situées au-dessus, quoique celles-ci soient plus éloignées du centre et plus rapprochées de la sphère supérieure. 2° Pourquoi la sphère supérieure a un grand nombre d'étoiles, tandis que chacune des sphères inférieures n'en a qu'une seule ? — La version arabe
n'est qu'une paraphrase très libre du texte grec, dont nous nous con-
tentons de citer le commencement : δυοῖν δ'ἀπορίαιν οὖσαιν, περὶ ὧν
εἰκότως ἄν ὁστισοῦν ἀπορήσειε, πειρατέον λέγειν τὸ φαινόμενον. Ce qui
veut dire : « Comme il existe deux difficultés qui pourraient à bon
droit embarrasser chacun, il faut essayer de dire *ce qu'il nous en semble.* » On voit que les mots τὸ φαινόμενον, *id quod videtur*, ont été paraphrasés, en arabe, par *ce que comportent notre intelligence, notre science et
notre opinion*. Maïmonide s'est donc donné une peine inutile, en expliquant plus loin, d'une manière très subtile, ce qu'Aristote a voulu dire
par les trois mots *intelligence, science* et *opinion ;* car pas un seul de ces
mots ne se trouve dans le texte grec. — Les deux versions arabes-latines du traité *du Ciel* n'ont pas le mot *intelligence.* Celle de Michel Scott
(publiée sous le nom de *Paul Israélite*) porte : « Et volumus modo perscrutari de duabus quæstionibus, de quibus oportet perscrutatorem
perscrutari ; et dicemus in eis *secundum nostram scientiam et nostram opt-
nionem.* » L'autre version, anonyme et inédite (ms. lat. de la Biblioth.
imp., fonds de Saint-Victor, n° 872, fol. 147), a les termes suivants :
« Volo autem nunc inquirere de duabus quæstionibus inquisitione suffi-
ciente ; convenit autem ut inquirat de his inquisitor. Dicam ergo in
utrisque *secundum summam scientiæ nostræ et nostræ sententiæ.* »

ment à cause du sujet en question, (c'est à-dire) afin qu'il y ait une chose qui donne un mouvement particulier à chaque sphère [1]. Mais nous allons montrer qu'il ne gagne rien par là.

Quant à ce qu'il dit, dans le texte que j'ai cité : « ce que comportent notre intelligence, notre science et notre opinion, » je vais t'en expliquer le sens ; car je ne l'ai vu (exposé) par aucun des commentateurs. Par les mots *notre opinion*, il indique le point de vue de la *nécessité*, c'est-à-dire l'opinion de l'éternité du monde. Les mots *notre science* indiquent cette chose évidente sur laquelle on est d'accord, (à savoir) que chacune de ces choses (célestes) a nécessairement une cause et n'arrive point par un simple hasard. Les mots *notre intelligence* signifient : notre impuissance à indiquer, d'une manière tout à fait parfaite, les causes de pareilles choses ; cependant, il prétend pouvoir en dire *quelque peu de chose*. Et c'est en effet ce qu'il a fait ; car ce qu'il dit de la rapidité du mouvement universel et de la lenteur qu'a la sphère des étoiles fixes, (son mouvement) prenant une direction opposée, est un raisonnement étrange et étonnant [2].

(1) L'auteur veut dire que, les raisons qu'Aristote donne (dans le traité *du Ciel*) des mouvements divers des planètes ayant paru insuffisantes, c'est sans doute pour cela qu'il suppose à chaque sphère une *intelligence séparée*, qui concourt à en déterminer le mouvement particulier. Le passage auquel il est fait allusion se trouve au liv. XII de la *Métaphys.*, chap. VIII.

(2) Voy. ci-dessus p. 153, note 1. Sur la raison pourquoi les sphères ont le mouvement plus lent à mesure qu'elles sont plus rapprochées de la sphère supérieure (diurne), Aristote s'exprime en ces termes (*du Ciel*, II, 10) : τὸ μὲν γὰρ ἐγγυτάτω μάλιστα κρατεῖται, τὸ δὲ πορρωτάτω πάντων ἥκιστα διὰ τὴν ἀπόστασιν. Le sens est : que les sphères les plus rapprochées du mouvement diurne, qui va d'orient en occident, subissent le plus l'influence de ce mouvement, de sorte que leur mouvement opposé d'occident en orient est plus faible ; et au contraire, celles qui sont le plus éloignées du mouvement diurne sont moins arrêtées dans leur mouvement opposé, qui, par conséquent, est plus fort et plus rapide. — Ce raisonnement, en effet, paraît rationnel (εὔλογον), comme dit Aristote. Si Maïmonide le trouve étrange et étonnant, c'est probablement parce que la

De même il dit qu'à mesure qu'une sphère est plus éloignée de la
huitième, il faut que son mouvement soit plus rapide ; et pourtant il n'en est pas toujours ainsi, comme je te l'ai exposé [1]. Et
ce qui est encore plus grave que cela, c'est qu'il y a aussi des
sphères au-dessous de la huitième qui se meuvent de l'orient à
l'occident ; il faudrait donc que celles qui se meuvent de l'orient
à l'occident fussent (chacune d'elles) plus rapides que celles qui
sont au-dessous, et que (généralement) celles dont le mouvement
part de l'orient fussent plus rapides, à mesure qu'elles sont plus
près du mouvement (diurne) de la neuvième [2]. Mais, comme

lenteur ou la rapidité du mouvement *périodique* des sphères (d'occident
en orient) n'est pas proportionnée à leur distance respective de la sphère
supérieure, ou bien parce que, selon lui, il y a telle sphère plus rapide
que telle autre, et qui cependant se trouve au-dessus de cette dernière.
Le mot מסחגרבה, *étrange*, n'est pas rendu dans la version hébraïque
d'Ibn-Tibbon, ni dans celle d'Al-'Harîzi.

(1) Voy. ci-dessus p. 154, et *ibid.*, note 1.

(2) Selon Abravanel (*l. c.*, fol. 8 *a*), Maïmonide veut parler du mouvement rétrograde des nœuds des planètes, qui va d'orient en occident.
En effet, il n'est guère possible d'expliquer autrement ce passage ; car
aucune des sphères des planètes n'a un mouvement naturel d'orient en
occident. Comme on imaginait des sphères pour chaque mouvement,
on en attribuait aussi au mouvement rétrograde des nœuds. Ainsi les
Arabes donnent aux nœuds de la lune une sphère qu'ils appellent
فلك الجوزهر, ce que les auteurs juifs rendent par גלגל התנין (voy.
Yesôd 'olâm, liv. III, chap. VIII). Or, le mouvement des nœuds des planètes qui sont au-dessus de la lune est d'une lenteur extrême et presque insensible, par rapport au mouvement des nœuds de la lune, qui,
selon Maïmonide, parcourent en une année 18°, 44', 42″ (voy. Abrégé du
Talmud, traité *Kiddousch ha-hodesch*, chap. XVI, § 2). Mais, selon les
principes posés par Aristote, les sphères qui se meuvent d'orient en
occident devraient avoir un mouvement plus rapide, à mesure qu'elles
sont plus rapprochées de la sphère diurne et qu'elles subissent plus
l'influence de cette dernière. Tel paraît être le sens de l'objection de
Maïmonide, quelque subtile qu'elle puisse paraître. Sur les nœuds et
leurs mouvements, cf. Riccioli, *Almagestum novum*, t. I, pars I, p. 502.

je te l'ai déjà fait savoir, la science astronomique n'était pas de
son temps ce qu'elle est aujourd'hui.

Sache que, selon notre opinion à nous tous qui professons
la nouveauté du monde, tout cela est facile et marche bien (d'accord) avec nos principes ; car nous disons qu'il y a un être *dé-*
terminant, qui, pour chaque sphère, a déterminé comme il l'a
voulu la direction et la rapidité du mouvement, mais que nous
ignorons le mode de cette sagesse qui a fait naître telle chose de
telle manière. Si Aristote avait été capable de nous donner la
raison de la diversité du mouvement des sphères, de manière
que tout fût en harmonie avec leur position réciproque, comme
il le croyait, c'eût été à merveille ; et alors il en eût été de la
cause de ce qu'il y a de particulier (pour chaque sphère) dans
cette diversité des mouvements, comme il en est de la cause de
la diversité des éléments à l'égard de leur position (respective)
entre la circonférence et le centre (de l'univers) [1]. Mais la
chose n'est pas ainsi réglée, comme je te l'ai exposé.

Ce qui rend encore plus évidente l'existence de *la détermina-*
tion [2] dans la sphère céleste, de sorte que personne ne saurait
lui trouver d'autre cause *déterminante* que le dessein d'un être
agissant avec intention, c'est la manière d'exister des astres. En
effet, la sphère étant toujours en mouvement et l'astre restant
toujours fixe [3], cela prouve que la matière des astres n'est pas
la même que celle des sphères. Déjà Abou-Naçr (Al-Faràbi),
dans ses gloses sur l'*Acroasis*, s'est exprimé dans les termes suivants : « Entre la sphère et les astres il y a une différence ; car
la sphère est transparente, tandis que les astres ne le sont pas.
La cause en est qu'il y a entre les deux matières et entre les

_____

(1) C'est-à-dire : La diversité qu'on remarque dans le mouvement
des sphères aurait pu se ramener à une cause physique, aussi bien
qu'on peut expliquer, au point de vue physique, pourquoi les quatre
éléments occupent des positions diverses, les uns vers le centre, les
autres vers la circonférence.

(2) Voy. ci-dessus p. 146, note 3.

(3) Voy. ci-dessus chap. VIII, p. 78, et *ibid.*, note 4.

deux formes une différence, quoique *petite*. » Telles sont ses
expressions. Moi cependant je ne dis pas *petite*, mais (je dis)
qu'elles diffèrent *beaucoup*; car j'en tire la preuve, non pas
de la transparence, mais des mouvements. Il est donc clair
pour moi qu'il y a trois matières et trois formes : 1° des corps
qui, en eux-mêmes, sont toujours en repos, et ce sont les corps
des astres ; 2° des corps qui sont toujours en mouvement,
et ce sont les corps des sphères; 3° des corps qui tantôt se
meuvent, tantôt sont en repos, et ce sont les éléments. Or, je
voudrais savoir ce qui a pu réunir ensemble ces deux matières [1], — entre lesquelles il y a une différence extrême, comme
il me semble, ou (tout au moins) une petite différence [2], comme
le dit Abou-Naçr, — et qui est celui qui a préparé cette union ?
En somme, deux corps divers, dont l'un est fixé dans l'autre,
sans y être mêlé, et se trouvant, au contraire, circonscrit dans un
lieu particulier de ce dernier et fortement attaché, (tout cela)
sans le dessein d'un être agissant avec intention, ce serait là une
chose étonnante [3]. Mais, ce qui est encore plus étonnant, ce sont
ces étoiles nombreuses qui se trouvent dans la huitième (sphère),
toutes des globes, les unes petites, les autres grandes, ici une
étoile, là une autre [en apparence à la distance d'une coudée], ici
dix (étoiles) agglomérées ensemble, là une grande bande sans
rien. Quelle est donc la cause qui distingue particulièrement cette
bande par dix étoiles et cette autre par le manque d'étoiles ?
Enfin, le corps de la sphère est un seul corps simple, sans diversité ; par quelle cause donc telle partie de la sphère convient-elle

---

(1) C'est-à-dire, la matière des astres et celle des sphères.

(2) Ibn-Falaquéra (*Moré ha-Moré*, p. 102) fait observer, avec raison,
que Maïmonide se sert ici improprement du mot اختلاف (qui signifie
diversité ou *variété*), et qu'il fallait dire فَرْق, comme dans le texte
d'Abou-Naçr.

(3) L'auteur veut dire qu'il serait bien étonnant que l'astre fût fixé
dans sa sphère par suite d'une loi physique et nécessaire, et que cela
ne peut s'expliquer que par la volonté du Créateur agissant librement
et dans une certaine intention

à l'astre qui s'y trouve, plutôt que telle autre ? Tout cela, comme tout ce qui est de la même espèce, serait très invraisemblable, ou plutôt toucherait à l'impossible, si l'on admettait que tout vient de Dieu *par nécessité*, comme le pense Aristote. Mais, dès qu'on admet que tout est dû au dessein d'un être agissant avec intention et qui l'a fait ainsi, il ne reste plus rien dont il faille s'étonner [1], ni absolument rien d'invraisemblable ; et il n'y a plus lieu de scruter, à moins que tu ne demandes : quelle est la cause de ce *dessein ?*

Tout ce qu'on sait, en somme, c'est que tout cela a lieu pour une raison que nous ne connaissons pas, mais que ce n'est pas cependant une œuvre inutile, ni due au hasard. En effet, tu sais que les veines et les nerfs de l'individu chien ou âne ne sont pas l'œuvre du hasard, ni n'ont fortuitement telle mesure, et que ce n'est pas non plus par le simple hasard que telle veine est grosse et telle autre mince, que tel nerf se déploie en beaucoup de branches tandis que tel autre ne se déploie pas ainsi, que l'un descend tout droit tandis qu'un autre se replie sur lui-même ; car rien de tout cela n'a lieu que pour certains avantages dont on connaît la nécessité. Et comment donc un homme intelligent pourrait-il s'imaginer que les positions de ces astres, leurs mesures, leur nombre et les mouvements de leurs sphères diverses soient sans raison, ou l'œuvre du hasard ? Il n'y a pas de doute que chacune de ces choses ne soit nécessaire par rapport au dessein de celui qui a agi avec intention, et il est très difficile de concevoir que cet ordre des choses vienne d'une (aveugle) nécessité, et non pas d'un *dessein*.

Il n'y a pas, selon moi, de plus grande preuve du *dessein* que la variété des mouvements des sphères et les astres fixés dans les sphères ; c'est pourquoi tu trouveras que tous les prophètes ont pris les astres et les sphères pour preuve qu'il existe nécessairement un Dieu. Ce que la tradition sur Abraham rapporte de

(1) Littéralement : *Aucun étonnement n'accompagne cette opinion.*

son observation des astres est très connu [1]. Isaïe dit, pour appeler l'attention sur les preuves qu'on peut en tirer : *Elevez vos yeux vers le haut et voyez ; qui a créé ces choses ? etc.* (Is., XL. 26). De même Jérémie dit : *Celui qui a fait les cieux*[2]. Abraham a dit : *l'Eternel, Dieu des cieux* (Genèse, XXIV, 7), et le prince des prophètes : *Celui qui chevauche sur les cieux* (Deutér., XXXIII, 26), ce que nous avons expliqué [3]. Et c'est là en effet la véritable preuve, dans laquelle il n'y a rien de douteux. Je m'explique : S'il y a au-dessous de la sphère céleste tant de choses diverses, bien que leur matière soit *une*, comme nous l'avons exposé, tu peux dire que ce qui les a *particularisées*, ce sont les forces des sphères et les différentes positions de la matière vis-à-vis de la sphère céleste, comme nous l'a enseigné Aristote. Mais, pour ce qui est des *diversités* qui existent dans les sphères et les astres, qui a pu les *particulariser*, si ce n'est Dieu ? car, si quelqu'un disait (que ce sont) *les intelligences séparées*, il n'aurait rien gagné par cette assertion. En effet, les intelligences ne sont pas des corps, de sorte qu'ils puissent avoir une position vis-à-vis de la sphère ; pourquoi donc alors ce mouvement de désir (qui attire chaque sphère) vers son *intelligence séparée* [4], telle sphère le ferait-elle vers l'orient et telle autre vers l'occident ? Crois-tu que telle intelligence soit du côté de l'occident et telle autre du côté de l'orient ? Pourquoi encore telle (sphère) serait-elle plus lente et telle autre plus rapide, sans même qu'il y eût

---

(1) Le Talmud rapporte qu'Abrahâm possédait de grandes connaissances astronomiques, et que tous les rois d'Orient et d'Occident venaient le consulter. Voy. Talmud de Babylone, *Baba-Bathra*, fol. 16 *b ;* *Yoma*, fol. 28 *b ;* cf Josèphe, *Antiquités*, liv. I, chap. 8, § 2.

(2) L'auteur a fait ici une erreur de mémoire ; les mots עושה השמים ne se trouvent nulle part dans Jérémie. Il a pensé probablement à ce passage de Jérémie (XXXII, 17) : *O Seigneur Éternel ! c'est toi qui as fait les cieux, etc. ;* ou à cet autre passage (X, 12 ; LI, 15) : עושה ארץ בכחו וכו׳, *celui qui a fait la terre par sa force, etc.*

(3) Voy. le t. I, chap. LXX, p. 324.

(4) Voy. ci-dessus chap. IV, p. 54-56.

en cela une suite (régulière) en rapport avec leur distance (respective) les unes des autres [1], comme tu le sais ? Il faudrait donc dire nécessairement que c'est la nature même de telle sphère et sa substance qui ont exigé qu'elle se mût vers tel côté et avec tel degré de vitesse, et que le résultat de son désir fût telle chose (obtenue) de telle manière. Et c'est en effet ce que dit Aristote et ce qu'il proclame clairement [2].

Nous voilà donc revenus à notre point de départ, et nous disons : Puisque toutes (les sphères) ont une seule et même matière, qu'est-ce donc qui peut faire qu'elles se distinguent les unes des autres par une nature particulière [3], et que les unes aient un certain désir produisant telle espèce de mouvement et opposé au désir des autres produisant telle autre espèce de mouvement ? ne faut-il pas nécessairement quelque chose qui les *particularise ?* — Cette considération nous a conduit à examiner deux questions. L'une (est celle-ci) : peut-on, ou non, conclure de l'existence de cette diversité que tout se fasse nécessairement par le dessein d'un être ayant une intention, et non *par nécessité ?* La deuxième question (est celle ci) : Supposé que tout cela soit dû au dessein d'un être ayant une intention et qui ait ainsi *particularisé* les choses, peut-on conclure de là que tout ait été créé après ne pas avoir existé ? ou bien, doit-on ne pas en tirer cette conclusion et admettre au contraire que cette *particularisation* a eu lieu de toute éternité [4] ? — car cette opinion [5] a été professée aussi par quelques-uns de ceux qui admettent l'éternité (du monde). Je vais donc, dans les chapitres suivants, aborder ces deux questions et en exposer ce qui est nécessaire.

(1) Cf. ci-dessus, p. 157, note 2.

(2) Voy. ci-dessus p. 152, note 3, et p. 153, n. 1.

(3) Plus littéralement : *Grâce à quoi l'une se distingue-t-elle par une (certaine) nature à l'exclusion de la nature de l'autre.*

(4) Littéralement : *Que celui qui l'a particularisé (ou déterminé) n'a jamais cessé (d'agir) ainsi.*

(5) C'est-à-dire, l'opinion qui attribue tout à un être agissant avec intention et volonté, et non à une aveugle nécessité.

CHAPITRE XX.

Aristote démontre que les choses physiques en général n'arrivent pas par le hasard, et la démonstration qu'il en donne est celle-ci : les choses du hasard n'arrivent ni continuellement, ni même le plus fréquemment [1] ; mais toutes ces choses (physiques) arrivent ou continuellement, ou (du moins) très fréquemment. Quant au ciel, avec tout ce qu'il renferme, il reste continuellement dans certaines situations, sans subir aucun changement, comme nous l'avons exposé, ni dans son essence même, ni en changeant de place. Mais les choses physiques qui sont au-dessous de la sphère de la lune ont lieu, les unes continuellement, les autres le plus fréquemment : continuellement, comme, par exemple, le feu qui chauffe et la pierre qui descend vers le bas ; le plus fréquemment, comme, par exemple, les figures des individus de chaque espèce et ses actions [2]. Tout cela est clair. Or, puisque les choses partielles (du monde) [3] ne sont pas dues au hasard, comment le tout le serait-il ? Il est donc démontré que ces êtres ne sont point l'œuvre du hasard. Voici comment s'exprime Aristote, en réfutant ceux d'entre les anciens qui prétendaient que ce monde est venu du hasard et qu'il est né spontanément, sans cause : « D'autres, dit-il, ont donné pour

---

(1) Sur le mot אכתריה, voy. le t. I, p. 300, note 2. Il correspond ici aux mots grecs ἐπὶ πολύ, dont se sert Aristote dans cette démonstration. Voy. *Phys.*, liv. II, au commencement du chap. V.

(2) C'est-à-dire, le plus fréquemment, les individus d'une même espèce ont les mêmes figures et contours, sauf de rares exceptions, et de même il émane de chaque espèce certaines actions qui font rarement défaut.

(3) On ne voit pas à quoi se rapporte le suffixe masculin des mots נזא̈אתה et כלה ; il faut sous-entendre אלעאלם, *du monde*.

cause de ce ciel et de tous les mondes la *spontanéité* [1] ; car, disent ils, c'est spontanément que naît la révolution ainsi que le mouvement qui a tout distingué et constitué dans cet ordre. Mais il y a en cela quelque chose de fort étonnant : ils disent (d'une part), des animaux et des plantes, qu'ils ne sont ni ne naissent par le hasard, mais qu'ils ont pour cause, soit une nature, soit une intelligence, soit quelque autre chose de semblable ; car toute chose quelconque ne naît pas de toute semence ou de tout sperme (quelconque), mais de telle semence il naît un olivier, et de tel sperme il naît un homme. Et (d'autre part), ils disent du ciel et des corps qui (seuls) parmi tous les corps visibles sont (véritablement) *divins* [2], qu'ils ne sont nés que

---

(1) Les mots arabes תלקא אנפסהא correspondent, dans le texte grec, à τὸ αὐτόματον, et doivent être considérés, en quelque sorte, comme un substantif composé, dont la traduction littérale serait : le *sua sponte, la spontanéité*. Cf. ci-dessus, p. 17, à la fin de la XVIIe proposition, où les mots מן תלקאיה correspondent aux mots grecs ὑφ' ἑαυτοῦ. — La traduction arabe de ce passage d'Aristote est presque littérale, sauf quelques légères variantes, que nous retrouvons aussi dans la version arabe-latine. Voy. *Phys.*, liv. II, chap. 4 : Εἰσὶ δέ τινες οἳ καὶ τοὐρανοῦ τοῦδε καὶ τῶν κοσμικῶν πάντων αἰτιῶνται τὸ αὐτόματον, κ. τ. λ.).

(2) Maïmonide, interrogé par Samuel ibn-Tibbon sur le sens précis de ces paroles d'Aristote, lui donna, dans la lettre déjà citée (ci-dessus, p. 21 et 24), l'explication suivante : ענינו כי כל הגופים הנראים ר'ל המושגים בהרגשת הראות מהם על דרך משל הארץ והמים והזהב והכסף חולתם מזה הסוג ומהם השמים והכוכבים ואלה כלם אמר בהם בלבד נראים אבל השמים והכוכבים בלבד סגולה משאר הגופים הנראים קוראים אותם הפילוסופים הגופים האלהיים וכן יאמרו על הגלגל הגוף האלהי ענינו כי הוא הגוף אשר הוא קים בקיום האלהים לפי מחשבתם « Le sens est : Tous les corps visibles, c'est-à-dire perçus par le sens de la vue, comme, par exemple, la terre, l'eau, l'or, l'argent et d'autres choses semblables, on les appelle seulement *visibles*, et on y comprend aussi le ciel et les astres ; mais ces derniers seuls d'entre tous les corps visibles, les philosophes les appellent par excellence *les corps divins*. Et de même ils appellent la sphère céleste *le corps divin*, voulant dire par là qu'elle est, selon leur opinion, le corps qui est stable comme Dieu lui-même.

spontanément et qu'ils n'ont absolument aucune cause, comme en ont les animaux et les plantes. » Telles sont ses expressions, et il entre dans de longs détails pour montrer la fausseté de ce qu'ils ont présumé.

Il est donc clair qu'Aristote croit et démontre que tous ces êtres n'existent pas par le hasard ; ce qui réfute (l'opinion qui admet) qu'ils sont l'œuvre du hasard, c'est qu'ils existent *essentiellement*, c'est-à-dire qu'ils ont (évidemment) une cause qui veut qu'ils soient nécessairement ainsi, et par cette cause ils existent tels qu'ils sont. Voilà ce qui a été démontré et ce que croit Aristote. Mais (quant à la question de savoir) si, de ce qu'ils ne sont pas nés spontanément, il s'ensuit nécessairement qu'ils sont l'œuvre d'un dessein et d'une volonté libre [1], il ne m'est pas prouvé qu'Aristote croie cela ; car, réunir ensemble l'existence par nécessité et la naissance par un dessein et une volonté, de manière à en faire une seule et même chose, voilà ce qui me paraît bien près de la réunion de deux choses opposées. En effet, l'idée de la *nécessité* admise par Aristote est (celle-ci) : que tout ce qui d'entre les êtres n'est pas le produit de l'art a nécessairement une cause qui l'a produit et formé tel qu'il est ; cette cause a une deuxième cause, celle-ci une troisième, et ainsi de suite, jusqu'à ce qu'on arrive à une cause première de laquelle tout est émané ; car on ne saurait admettre un enchaînement (de causes) à l'infini. Mais il ne croit pas pour cela que l'existence du monde résulte nécessairement du Créateur, je veux dire de la cause première, comme l'ombre résulte du corps, ou comme la chaleur résulte du feu, ou comme la lumière résulte du soleil, comme le soutiennent de lui ceux qui ne comprennent pas ses paroles. Il croit, au contraire, qu'il en est de cette nécessité à peu près comme (quand nous disons que) l'intelligible résulte nécessairement de l'intellect, l'intellect étant

---

(1) Littéralement : *qu'ils sont par le dessein d'un (être) agissant avec intention et par la volonté d'un voulant.*

l'efficient de l'intelligible en tant qu'intelligible [1]; car, même selon lui (Aristote), cette cause première est un intellect au rang le plus élevé et le plus parfait de l'être. Mais, bien qu'il dise que Dieu *veut* ce qui émane de lui, qu'il en a de la joie et du plaisir [2] et qu'il ne pourrait vouloir le contraire, on ne saurait appeler cela *dessein* [3], et il n'y a pas là l'idée du dessein. En effet, l'homme désire avoir deux yeux et deux mains, il en éprouve de la joie et du plaisir, et il ne saurait vouloir le contraire; mais si tel individu a deux yeux et deux mains, ce n'est pas par un dessein (venant de lui), ni parce qu'il veut particulièrement telle figure et telles actions. L'idée du *dessein* et celle de la *détermination* ne s'appliquent qu'à une chose qui n'existe pas encore et qui peut exister ou ne pas exister telle qu'on l'a projetée ou déterminée. Je ne sais (du reste) si les modernes [4] ont compris les paroles d'Aristote, disant que les choses ont nécessairement une cause [5], dans le sens du *dessein* et de la *dé-*

(1) Voici le sens de ce passage : Aristote, tout en considérant l'existence du monde comme une chose *nécessaire*, ne croit pas pour cela que le monde soit l'œuvre d'une fatalité aveugle et qu'il soit issu d'une cause qui agit sans avoir la conscience de son œuvre, comme le corps, qui fait l'ombre; mais il croit, au contraire, que Dieu agit avec pleine conscience et qu'il est l'efficient du monde, comme l'intellect est l'efficient de l'intelligible, lequel, comme *intelligible*, est nécessairement pensé et compris par l'intellect.

(2) Cf. *Métaph.*, XII, 7 : ἐπεὶ καὶ ἡ ἡδονὴ ἐνέργεια τούτου, κ. τ. λ.

(3) Les éditions de la version d'Ibn-Tibbon ont ולזה לא יאמר לזה כונה, ms. וכו׳ ולא יאמר. Al-'Harizi a mieux rendu ce passage : ואפילו אם יאמר כי הוא רוצה מה שיתחייב ממנו ..... לא יאמר לזה כונה ·

(4) C'est-à-dire, ceux qui, tout en admettant l'éternité du monde, soutiennent qu'il y a de la part de Dieu *dessein* et *détermination*. Voy. à la fin du chapitre précédent.

(5) Ibn-Tibbon et Al-'Harizi ont : שתי סבות, *deux causes;* c'est qu'au lieu des deux mots סבב אן, ils ont lu סבבאן, au duel, ce qui d'ailleurs serait une faute, car il faudrait le génitif סבבין. Un de nos mss. a, en effet, cette dernière forme, mais ce n'est là qu'une prétendue correction du copiste.

termination; ou bien, s'ils l'ont contredit sur ce point et si ce sont eux qui ont préféré l'opinion du *dessein* et de la *détermination,* croyant qu'elle n'est pas en contradiction avec l'éternité (du monde). — Après cet exposé, j'aborde l'opinion de ces modernes.

CHAPITRE XXI.

Sache que, parmi les philosophes modernes qui professent l'éternité du monde, il y en a qui disent que Dieu est l'efficient du monde, dont il a préféré l'existence (à la non-existence), qu'il l'a fait avec dessein et l'a déterminé tel qu'il est, mais qu'il est inadmissible que cela ait eu lieu dans un temps plutôt que dans un autre, et qu'au contraire, cela a toujours été et sera toujours ainsi. Ce qui fait, disent-ils, que nous ne saurions nous figurer qu'un agent ait fait quelque chose sans que cet agent ait précédé son action dans le temps, c'est que dans ce que nous faisons, nous autres, il en est nécessairement ainsi ; car, dans tout agent de cette sorte [1], il y a une certaine *privation :* il est (d'abord) agent en puissance, et, après avoir agi, il a passé à l'acte. Mais Dieu, dans lequel il n'y a point de privation, ni absolument rien qui soit en puissance, ne précède point son action ; au contraire, il n'a jamais cessé d'agir, et de même qu'il y a une immense différence entre son essence et la nôtre, de même aussi le rapport qui existe entre son action et lui diffère de celui qui existe entre notre action et nous. Ils font le même raisonnement sur la *détermination* et la *volonté ;* car, peu importe que tu dises *agent,* ou *voulant,* ou *agissant avec dessein,* ou *préférant,* ou *déterminant,* (tous ces mots) ayant le même sens [2]. Il est

(1) C'est-à-dire, dans tout agent qui agit de la manière dont nous agissons.

(2) C'est-à-dire : De même que son action n'a pu commencer dans le temps, de même sa volonté, son dessein, etc., ont nécessairement existé de toute éternité.

inadmissible, disent-ils encore, que son action ou sa volonté soit sujette au changement, ainsi que nous l'avons exposé [1].

Il est donc clair pour toi, ô lecteur de mon présent traité, que ceux-là ont bien changé le mot *nécessité*, mais en ont laissé subsister l'idée. Peut-être ont-ils eu pour but de choisir une plus belle expression, ou (du moins) d'écarter quelque chose de malsonnant [2] ; car (si l'on dit) que l'univers est intimement lié à sa *cause*, — qui est Dieu, comme le dit Aristote, — et qu'il participe de sa perpétuité, c'est absolument la même idée que lorsqu'ils disent que le monde vient de l'*action* de Dieu, ou (qu'il a été fait) par son dessein, sa volonté, son choix et sa *détermination*, mais qu'il n'a jamais cessé et ne cessera jamais d'être tel qu'il est, de même que le lever du soleil est indubitablement l'efficient du jour, sans que l'un précède temporellement l'autre. Mais ce n'est pas là l'idée du *dessein* [3] tel que nous l'envisageons ; au contraire, nous voulons dire par là que le monde n'est pas *nécessairement* émané de Dieu, comme l'effet émane de sa cause, de laquelle il est tellement inséparable qu'il ne peut changer sans que la cause elle-même subisse un changement, ou que (du moins) elle change à l'égard d'une de ses conditions. Quand tu auras ainsi compris l'idée (du *dessein*), tu reconnaîtras combien il est faux de dire que le monde est une conséquence nécessaire de l'existence de Dieu, comme l'effet l'est de la cause, et (tu sauras) qu'il est venu de l'action (libre) de Dieu ou (qu'il existe) par sa *détermination*.

Après avoir ainsi exposé le sujet, nous arrivons à examiner (la question de) cette diversité qui existe dans le ciel et qui, comme il a été démontré, a nécessairement une cause ; (et nous

----

(1) Voy. ci-dessus chap. XIII, p. 112.

(2) C'est-à-dire : Ils croyaient peut-être qu'il était plus digne de Dieu de l'appeler *efficient* ou *agent*, et ils voulaient peut-être éviter les expressions malsonnantes de *cause première* et de *nécessité*. (Cf. le t. I, au commencement du chap. LXIX).

(3) C'est-à-dire, du dessein ou de l'intention que nous attribuons à Dieu. Ibn-Tibbon a ajouté les mots השם יתעלה pour plus de clarté.

demandons) si cette cause, par son existence même, a motivé
et rendu nécessaire cette diversité [1], ou bien si elle est l'efficient
de cette diversité qui l'a *déterminée* [2] de la manière que nous
croyons, nous, les sectateurs de Moïse, notre maître? Nous répondrons à cela, après avoir fait d'abord une observation préliminaire pour expliquer le sens de la *nécessité* admise par Aristote, afin que tu en conçoives l'idée; et ensuite je t'exposerai
la préférence que je donne à l'opinion de la *nouveauté du monde*,
(appuyée) par des preuves spéculatives, philosophiques et pures
de tout faux raisonnement.

S'il dit que l'Intelligence première est nécessairement émanée
de Dieu, la deuxième Intelligence de la première et la troisième
de la deuxième, et de même, s'il pense que les sphères sont émanées des Intelligences et (s'il proclame) cet ordre bien connu
que tu as pu étudier dans les passages y relatifs et que nous
avons ici exposés en abrégé [3], il est clair qu'il ne veut pas dire
par là que telle chose ait existé d'abord, et qu'ensuite soit *née*
d'elle cette autre chose qui en est la conséquence nécessaire;
car il n'admet la *naissance* d'aucune de ces choses. En disant
conséquence nécessaire, il ne veut parler que de la *causalité*,
comme s'il disait : l'Intelligence première est la cause de l'existence de la deuxième Intelligence, celle-ci est la cause de
l'existence de la troisième, et ainsi de suite; et il en est de même
de ce qu'il dit des sphères et de la matière première [4], car
toutes ces choses ne se *précèdent* point les unes les autres et

---

(1) Littéralement : *Si cette cause est la raison de cette diversité et si cela
résulte nécessairement de son existence.*

(2) Le participe אלמכّצّע, qui se rapporte à אלפّאעל, *l'efficient*, doit
être prononcé à la forme active; les éditions de la version d'Ibn-Tibbon
ont le participe passif המיוחדת, mais les mss. ont המיחדת.

(3) Voy. ci-dessus chap. IV, où l'auteur a parlé de l'ordre des Intelligences et des sphères, en attribuant à Aristote les théories des péripatéticiens arabes.

(4) C'est-à-dire, de la matière des choses sublunaires, qui émane des
sphères, lesquelles, à leur tour, émanent des Intelligences.

n'existent point, selon lui, les unes sans les autres [1]. Il en est, par exemple, comme si quelqu'un disait que, des *qualités premières* [2], résultent nécessairement l'aspérité, le lisse, la dureté, la mollesse, l'épaisseur et la qualité spongieuse [3] ; car personne ne met en doute que ce ne soient celles-là (les qualités premières), je veux dire la chaleur, la froideur, l'humidité et la sécheresse, qui aient fait naître l'aspérité, le lisse, la dureté, la mollesse, l'épaisseur, la qualité spongieuse et autres choses semblables, et que ces dernières ne soient nécessairement émanées des qualités premières, quoiqu'il soit impossible qu'il existe un corps qui, possédant les qualités premières, soit dénué de ces qualités secondaires [4]. C'est donc absolument de la même manière qu'Aristote dit [5], de l'univers en général, que telle chose est nécessairement émanée de telle autre, jusqu'à ce qu'on arrive à la *cause première*, comme il s'exprime, lui, ou à l'*Intelligence première*, ou [6] n'importe comme tu voudras

(1) Littéralement : *Et aucune de toutes ces choses ne précède l'autre et n'existe, selon lui* (Aristote), *sans elle.*

(2) Voy. ci-dessus p. 148, notes 1 et 2.

(3) Ibn-Tibbon, n'ayant pu trouver de mots hébreux pour désigner toutes ces qualités *secondaires*, a mis pour les deux premières, החלקות והפכו, *le lisse et son opposé*, et pour les deux dernières, הספוגיות והפכו, *la qualité spongieuse et son opposé*. Al-'Harîzi traduit : הגם והחלק והקשה והרך והעבה והפכו.

(4) L'auteur veut dire que, bien qu'il soit évident que les deux espèces de qualités existent simultanément, et que les qualités premières ne précèdent point temporellement les qualités secondaires, on dit pourtant que celles-ci sont émanées des premières, comme l'effet émane de la cause. Ibn-Tibbon ajoute, dans sa version, ces mots explicatifs : שאין נופל בזה ענין החדוש אך ענין הסבה. « Et il ne s'agit point ici de l'idée de *naissance*, mais de l'idée de *cause*. »

(5) Les éditions de la version d'Ibn-Tibbon ont : ויאמר ארסטו ; il faut lire יאמר, sans le ו conjonctif, comme l'ont les mss. Al-'Harizi : על זה הדמיון בעצמו אמר ארסטו.

(6) Il faut ajouter, dans la version d'Ibn-Tibbon, le mot או, qui se trouve dans les mss. — Dans la phrase suivante : כי כלנו וכו׳, il faut

l'appeler. Nous avons tous en vue un seul et même principe ;
mais lui, il pense que tout ce qui est en dehors (de ce principe)
en est émané *par nécessité*, comme je l'ai dit, tandis que nous,
nous disons que c'est Dieu qui a fait toutes ces choses avec dessein et en *voulant* cet univers, qui n'a pas existé d'abord et qui
maintenant a été appelé à l'existence par la volonté de Dieu.

Je vais maintenant, dans les chapitres suivants, produire les
preuves qui me font donner la préférence à (l'opinion qui admet)
que le monde a été *créé*.

CHAPITRE XXII.

C'est une proposition sur laquelle Aristote et tous les philosophes sont d'accord, que d'une chose simple il ne peut émaner
(directement) qu'une seule chose simple [1]. Si la chose est

---

effacer le mot כי, que les mss. n'ont pas, mais qui se trouve aussi dans
la version d'Al-'Harizi.

(1) Cette proposition, que Maïmonide a empruntée à Ibn-Sinâ, n'a
point été énoncée par Aristote ; mais on trouve dans les écrits de ce
dernier plusieurs passages qui ont pu y donner lieu. Ainsi, par exemple,
Aristote dit dans la *Physique* (liv. VIII, chap. VI fin) que ce qui n'est pas
mû (le moteur premier), restant simple et toujours le même, ne pourra
produire qu'un seul mouvement simple (τὸ δ'ἀκίνητον, ὥσπερ εἴρηται, ἅτε
ἁπλῶς καὶ ὡσαύτως καὶ ἐν τῷ αὐτῷ διαμένον, μίαν καὶ ἁπλῆν κίνησιν κινήσει).
Dans la *Métaphysique* (liv. XII, chap. VIII vers la fin), il est dit que
le moteur premier non mû étant *un* par l'idée et par le nombre, il
s'ensuit que ce qui est mû toujours et d'une manière continue est également *un ;* et que, par conséquent, il n'y a qu'un seul ciel (ἐν ἄρα καὶ
λόγῳ καὶ ἀριθμῷ τὸ πρῶτον κινοῦν ἀκίνητον ὄν · καὶ τὸ κινούμενον ἄρα ἀεὶ καὶ
συνεχῶς ἐν μόνον · εἷς ἄρα οὐρανὸς μόνος). Ici, comme ailleurs, Maïmonide
attribue à Aristote une théorie d'Ibn-Sinâ, qui dit que la cause première,
étant l'unité simple et absolue, n'a pu faire directement émaner d'elle
qu'une seule intelligence simple ; Ibn-Roschd fait observer que c'est par
erreur qu'on a attribué cette proposition à Aristote, en se méprenant
sur le sens que ce philosophe attache à l'idée d'*unité,* lorsqu'il présente

composée, il peut en émaner plusieurs choses, selon le nombre des simples qu'elle renferme et dont elle est composée. Le feu, par exemple, étant un composé de deux qualités (premières), la chaleur et la sécheresse, il en résulte qu'il chauffe par sa chaleur et dessèche par sa sécheresse [1]. De même, une chose étant composée de matière et de forme, il peut en émaner, si elle est de composition multiple, plusieurs choses du côté de sa matière et plusieurs autres du côté de sa forme. — Conformément à cette proposition, Aristote dit qu'il n'y a eu d'émanation primitive de Dieu qu'une seule intelligence simple, pas autre chose.

Deuxième proposition [2] : Toute chose quelconque ne saurait émaner fortuitement de toute chose quelconque, mais il faut toujours nécessairement qu'il y ait une certaine relation entre la cause et son effet. Les accidents eux-mêmes ne sauraient émaner au hasard les uns des autres, comme par exemple la quantité de la qualité, ou la qualité de la quantité. De même, une

l'univers comme une unité, ou un tout organique, émané d'une cause première et unique. Voy., sur ce sujet, mes *Mélanges de philosophie juive et arabe*, p. 360 et suiv. — L'auteur va montrer dans ce chapitre que tout l'échafaudage de l'émanation successive des Intelligences et des sphères, selon la théorie d'Aristote (ou mieux d'Ibn-Sinâ), ne suffit pas pour expliquer la multiplicité et la diversité qui règnent dans le monde, mais que toutes les difficultés disparaissent, dès qu'on admet un Dieu créateur, ayant créé le monde par sa libre volonté.

(1) Il y a ici une contradiction apparente avec ce que l'auteur a dit du feu au chap. LIII de la 1re partie (p. 207-208), où il cite l'exemple du feu pour montrer qu'une seule cause simple peut produire des effets en apparence divers, tandis qu'ici il dit expressément que le feu est en lui-même un composé de deux choses simples. Mais tous les effets du feu que l'auteur énumère dans le passage en question, il les attribue, en réalité, à l'une des deux qualités simples du feu, savoir à la chaleur.

(2) Cette proposition et les deux suivantes ne sont pas empruntées à Aristote ; l'auteur les énonce comme des axiomes, contre lesquels on ne saurait élever aucune objection.

forme ne saurait émaner de la matière ni une matière de la
forme

Troisième proposition : Tout agent qui agit avec dessein et
volonté, et non par sa nature, peut exercer des actions diverses
et nombreuses.

Quatrième proposition : Un tout composé de substances diverses *juxtaposées* forme plus véritablement une *composition*
qu'un tout composé de substances diverses *mêlées ensemble.*
Ainsi, par exemple, les os, ou la chair, ou les veines, ou les
nerfs, sont plus simples que l'ensemble de la main ou du pied,
composé de nerfs, de chair, de veines et d'os. — Cela est trop
clair pour qu'on ait besoin d'en dire davantage.

Après ces préliminaires, je dirai que, si Aristote dit [1] que la
première Intelligence sert de cause à la deuxième, la deuxième
à la troisième, et ainsi de suite, dût-il y en avoir des milliers
de degrés, la dernière [2] de ces intelligences sera toujours indubitablement simple. D'où donc alors viendrait la *composition*, qui,
selon l'opinion d'Aristote, existerait par *nécessité* dans ces êtres
(d'ici-bas)? Nous voulons bien être d'accord avec lui quand il
dit qu'à mesure que les Intelligences s'éloignent (de la cause
première), il se rencontre dans elles une plus grande composition d'idées (diverses), leurs intelligibles devenant de plus en plus
nombreux ; mais, tout en admettant avec lui cette opinion conjecturale, (nous lui demanderons) comment les intelligences ont-elles
pu devenir la cause des sphères émanant d'elles ? Quel rapport y
a-t-il entre la matière (des sphères) et l'Intelligence séparée, qui
est absolument immatérielle ? Supposé même que nous accordions
que chaque sphère a pour cause une Intelligence, ainsi qu'on l'a

---

(1) Ainsi que nous l'avons déjà fait observer, l'auteur attribue à
Aristote la théorie de l'émanation des Intelligences les unes des autres,
qui appartient à Al-Farâbi et à Ibn-Sinâ. Cf. ci-dessus p. 51, note 4, et
mes *Mélanges,* etc., p. 331 et 360.

(2) Les éditions de la version d'Ibn-Tibbon portent הראשן, ce qui
n'est qu'une faute d'impression ; les mss. ont האחרון.

dit, parce que cette intelligence est *composée* en ce qu'elle se pense elle-même et (qu'elle pense aussi) ce qui est en dehors d'elle,—de sorte qu'elle est en quelque sorte composée de deux choses, dont l'une produit l'autre intelligence qui est au-dessous d'elle, et dont l'autre produit la sphère [1], - on pourra encore lui demander : Cette chose une et simple de laquelle (selon vous) émane la sphère, comment a-t-elle pu produire la sphère, puisque celle ci est composée de deux matières et de deux formes (qui sont d'une part) la matière et la forme de la sphère et (d'autre part) la matière et la forme de l'astre fixé dans la sphère [2] ? Si donc tout se passait par voie de *nécessité,* il nous faudrait nécessairement supposer dans cette intelligence composée une cause également composée de deux parties, dont l'une pût produire le corps de la sphère et l'autre le corps de l'astre [3]. Et encore faudrait-il que la matière de tous les astres fût une seule et même [4]; mais il se peut que les étoiles brillantes soient

(1) Selon la théorie d'Ibn-Sinâ, chaque intelligence est en quelque sorte *composée,* en ce que, d'une part, elle se pense elle-même, et que, d'autre part, elle pense sa cause, ou l'Intelligence supérieure, qui lui sert de forme et dont elle est en quelque sorte le substratum. De la première de ces deux pensées émane la sphère, et de la seconde émane l'Intelligence inférieure. Cf. ci-dessus, vers la fin du chap. IV, p. 60 et suiv.

(2) Voy. ci-dessus p. 159-160.

(3) C'est-à-dire : Il ne suffirait plus de considérer chaque Intelligence comme composée de deux éléments simples ou de deux sortes de *pensées,* mais il faudrait que l'un de ces deux éléments fût lui-même composé pour pouvoir servir de cause aux deux espèces de matières et de formes qui sont dans la sphère et l'astre.

(4) Littéralement : *Et cela, si la matière de tous les astres était une seule;* c'est-à-dire l'hypothèse d'un *élément composé,* qui existerait dans les Intelligences séparées et dont seraient émanées la matière des sphères et celle des astres, cette hypothèse même, dis-je, ne suffirait qu'en admettant que la matière de tous les astres est une seule et même.

d'une substance à part, et les nébuleuses [1] d'une autre substance. Enfin, on sait que tout corps est composé de sa matière et de sa forme [2].

Il est donc clair que ces choses ne procèdent point par voie de *nécessité*, comme il le dit. De même, la diversité du mouvement des sphères n'est point en rapport avec leur ordre successif [3], les unes au-dessous des autres, de manière qu'on puisse soutenir à cet égard le système de la *nécessité*, ce dont nous avons déjà parlé [4]. Il y a encore (dans ce système) autre chose qui renverse tout ce qui a été établi à l'égard des choses physiques, si l'on considère l'état de la sphère céleste : Si la matière de toutes les sphères est *une*, comment se fait-il que la forme de telle sphère ne se transporte pas nécessairement à la matière de telle autre, comme cela arrive dans les choses sublunaires, à cause de l'aptitude de la matière [5] ? pourquoi telle

---

(1) Le mot אללטביה (اللطبيّة) désigne, selon Maïmonide (dans sa lettre à R. Samuel ibn-Tibbon), « les astres qui n'ont pas d'éclat, qu'on ne distingue pas bien, même dans l'obscurité de la nuit, et dont l'apparence diffère peu de celle du firmament » הכוכבים שאין להם זהר ואפילו באישון לילה ואפלה אינם נכרים ומראהם משונה מעט מן מראה הרקיע׳ Al-'Harîzi traduit ce mot par הכוכבים המעוננים, *les étoiles nébuleuses.*

(2) L'auteur veut dire qu'il faudrait encore supposer, dans les Intelligences, des éléments à part, comme causes efficientes des différentes matières, et d'autres éléments, comme causes des formes. Ainsi, par exemple, l'intelligence qui préside à la sphère des étoiles fixes devra renfermer un *élément composé* pour produire la matière et la forme de cette sphère, un deuxième pour produire la matière et la forme des étoiles brillantes, un troisième pour produire la matière et la forme des nébuleuses, et enfin un *élément simple* pour produire l'Intelligence qui est au-dessous d'elle, ou celle de la sphère de Saturne.

(3) Littéralement : *Ne conservent point la régularité de l'ordre.*

(4) Voy. ci-dessus p. 153-154.

(5) En d'autres termes : Comment se fait-il que les corps célestes, ayant une seule et même matière, ne reçoivent pas successivement la forme les unes des autres, comme cela arrive dans les éléments et en général dans les choses sublunaires que nous voyons constamment se

forme reste-t-elle toujours dans telle matière (déterminée),
puisque tout a une matière commune? — à moins, par Dieu,
qu'on ne veuille soutenir que chaque sphère a une matière différente de celle des autres, de sorte qu'alors la forme du mouvement ne serait plus une preuve pour (l'unité de) la matière [1];
mais ce serait là le renversement de tous les principes. Ensuite,
si la matière de tous les astres est *une*, par quoi (peut-on demander) se distinguent leurs individualités? Est-ce par des
formes ou par des accidents? Mais, dans n'importe laquelle des
deux hypothèses, il faudrait que, soit ces formes, soit ces accidents, se transportassent nécessairement sur chacun (des astres),
si l'on ne veut pas nier l'aptitude (de la matière) [2]. Tu comprendras donc par là que, si nous disons *matière des sphères*, ou
matière des astres, cela ne doit point être pris dans le même
sens que cette matière (sublunaire), et qu'il n'y a là qu'une
simple homonymie; car chacun de ces corps célestes a une
existence qui lui est particulière et à laquelle ne participent
point les autres. Mais (s'il en est ainsi), comment se fait-il pourtant qu'il y ait *communauté* en ce qui concerne le mouvement
circulaire des sphères ou la fixité des astres? — Cependant, si
nous admettons que tout cela a lieu par le dessein d'un être agissant avec intention, qui a tout fait et déterminé comme l'a exigé

servir mutuellement de substratum et de forme les unes aux autres, en
parcourant les différents degrés de l'individualité, de l'espèce et du
genre, parce que la matière première, qui est une, est apte à recevoir
toutes les formes?

(1) Car, c'est de la forme du mouvement, c'est-à-dire du mouvement circulaire commun à toutes les sphères, qu'on a conclu que leur
matière est une.

(2) Littéralement: *afin que l'aptitude ne soit pas détruite*, c'est-à-dire:
Afin qu'on ne soit pas obligé de nier que la matière, qu'on a supposée
être *une*, soit apte à recevoir toutes les formes et tous les accidents.
Ibn Tibbon a rendu le mot arabe אלאסתיהאל par la paraphrase suivante: היות החמר ראוי לכל אחד מהצורות ולכל אחד מהמקרים.

sa sagesse incompréhensible [1], on ne peut nous adresser aucune de toutes ces questions, que l'on n'est en droit de faire qu'à celui qui soutient que tout se fait par *nécessité* et non par une volonté libre [2]. Mais cette dernière opinion ne s'accorde point avec l'ordre de l'univers, et on n'a pu l'appuyer d'aucune raison ni d'aucune preuve suffisante. Et avec cela, il s'ensuit des choses extrêmement invraisemblables ; car Dieu, que tout homme intelligent affirme être doué de toutes les espèces de perfections, se trouverait, à l'égard de tous les êtres, dans l'impuissance de rien innover [3], et s'il voulait allonger l'aile d'une mouche ou raccourcir le pied d'un insecte, il ne le pourrait pas. Mais Aristote dira à cela que Dieu ne le veut point, et qu'il serait même inadmissible qu'il voulût qu'il en fût autrement ; ce ne serait pas là (dira-t-il) lui attribuer plus de perfection, et peut-être serait-ce plutôt une imperfection à certains égards [4].

Je te dirai en thèse générale, — car quoique je sache que beaucoup d'hommes passionnés [5] me reprocheront de peu

(1) Dans plusieurs éditions de la vers. d'Ibn-Tibbon, il manque ici, après le mot אשר, les mots לא תושג, ce qui rend la phrase inintelligible.

(2) Littéralement : *par la volonté d'un voulant.*

(3) Plus littéralement : *à savoir que Dieu... existerait vis-à-vis de tous les êtres (de manière) à ne rien innover.* La phrase arabe est un peu obscure, et les mss. ar. nous offrent quelques variantes. L'un des mss. de Leyde (n° 18) porte : והי כן אלאלאה אלדי יקר כל עאקל בכמאלה בגמיע אנואע אלכמאלאת מע כל אלמוגודאת לא יבדי שיא. La version d'Ibn-Tibbon est d'accord avec cette leçon, qui supprime les mots צאר וגודה et remplace la préposition ענד par מע ; mais le traducteur a suppléé le mot בענין, *de manière*. Al-'Harîzi a traduit un peu librement : .... והיא היות האלוה ית' לא יוכל לשנות דבר בכל הנמצאים.

(4) C'est-à-dire : si l'on supposait que l'ordre et la symétrie pussent être dérangés dans les moindres détails de l'univers, ce serait en quelque sorte attribuer à Dieu une imperfection.

(5) Sur le sens de אלמתעצבין, voy. le t. I, p. 438, n. 2. Al-'Harîzi rend ce mot par המקנאים, *hommes jaloux, passionnés ;* Ibn-Falaquéra (*Moré ha-Moré*, mss.) par המתגברים, *hommes violents.*

comprendre leurs paroles ou de m'en écarter à dessein, je ne m'abstiendrai pas pour cela de dire ce que j'ai saisi et compris selon ma faible intelligence, — et cette thèse la voici : Tout ce qu'Aristote a dit sur tout ce qui existe au-dessous de la sphère de la lune, jusqu'au centre de la terre, est indubitablement vrai ; et personne ne saurait s'en écarter, si ce n'est celui qui ne le comprend pas, ou bien celui qui a des opinions préconçues qu'il veut défendre (à tout prix) [1] ou qui le conduisent à nier une chose évidente. Mais, à partir de la sphère de la lune et au-dessus, tout ce qu'Aristote en dit ressemble, à peu de chose près, à de simples conjectures ; et à plus forte raison, ce qu'il dit de l'ordre des intelligences, ainsi que quelques-unes de ces opinions métaphysiques qu'il adopte, sans pouvoir les démontrer, mais qui renferment de grandes invraisemblances, des erreurs évidentes et manifestes (répandues) parmi les nations et de mauvaises doctrines qui se sont divulguées [2].

Il ne faut pas me critiquer pour avoir fait ressortir les doutes [3] qui s'attachent à son opinion. Est-ce bien par des doutes, me diras-tu, qu'on peut détruire une opinion, ou établir l'opinion opposée ? Certes, il n'en est point ainsi ; mais nous agissons avec ce philosophe, comme ses sectateurs nous ont recommandé d'agir avec lui. En effet, Alexandre a déjà exposé que, toutes les fois qu'une chose n'est pas susceptible d'être

---

(1) Voici comment Maïmonide lui-même, dans sa lettre à Ibn-Tibbon, explique ce passage : או מי שקרמו לו מרעות מטעות והוא רוצה להדחות הקושיות הסותרות את מרעיו המטעים, *ou qui a adopté d'avance des opinions erronées et qui veut repousser les objections qui renversent ses opinions erronnées.*

(2) Littéralement : *et des divulgations de maux.* Al-'Harîzi traduit : ולהרבות המחלוקות, *et (qui servent) à multiplier les disputes ;* au lieu de אלשרוד, il a lu אלשרוד.

(3) Littéral. : *pour avoir* NOUÉ *les doutes.* L'expression عقد الشكوك, *nouer les doutes* ou *les difficultés,* est opposée à حلّ الشكوك, *dénouer* ou *résoudre les difficultés.*

démontrée, il faut poser (successivement) les deux hypothèses contraires [1], voir quels sont les doutes qui s'attachent à chacun des deux cas opposés, et admettre celui qui offre le moins de doutes. Il en est ainsi, dit Alexandre, de tout ce qu'Aristote dit au sujet de certaines opinions métaphysiques pour lesquelles on n'a pas de démonstration ; car tous ceux qui sont venus après Aristote affirment que ce qu'Aristote en a dit offre moins de doutes que tout ce qu'on en pourrait dire [2]. Et c'est là ce que nous avons fait : après qu'il nous a été avéré que, dans la question de savoir si le ciel est né ou éternel, aucune des deux (hypothèses) opposées ne saurait être démontrée, et après avoir exposé les doutes inhérents à chacune des deux opinions, nous t'avons montré [3] que l'opinion de l'éternité (du monde) offre le plus de doutes et qu'elle est très dangereuse pour la croyance qu'il faut professer à l'égard de Dieu. Ajoutons à cela que la *nouveauté* (du monde) est l'opinion de notre père Abraham et de Moïse, notre prophète.

Puisque nous avons dit qu'il faut examiner les opinions au moyen des doutes (qu'elles renferment), je crois devoir entrer là-dessus dans quelques détails.

CHAPITRE XXIII.

Sache que, dans la comparaison (à établir) entre les doutes qui s'attachent à une certaine opinion et ceux qui s'attachent à l'opinion opposée, afin de donner la préférence à celle qui offre le moins de doutes, il ne s'agit pas de prendre en considération le plus grand nombre des doutes, mais plutôt l'importance de

---

(1) Littéralement : *les deux côtés de la contradiction dans cette chose.*

(2) Cf. ci-dessus, chap. XV, p. 122.

(3) Les éditions de la version d'Ibn-Tibbon portent généralement אראנו ; il faut lire הראינו, comme l'ont les mss. et l'édition *princeps*.

l'invraisemblance (qu'ils font ressortir) et des difficultés qu'on rencontre dans la nature de l'être [1]. Il se peut, en effet, que tel doute ait à lui seul plus d'importance que mille autres doutes.

Ensuite, cette comparaison ne pourra être établie avec profit que par celui qui attacherait une égale valeur aux deux (hypothèses) contraires ; mais si quelqu'un, soit à cause de son éducation, soit par un intérêt quelconque, préférait (d'avance) l'une des deux opinions, il resterait aveugle pour la vérité. Il est vrai que l'homme passionné ne saurait s'opiniâtrer contre une chose démontrable ; mais, quand il s'agit de pareilles choses (hypothétiques), il n'est que trop possible de s'y montrer rebelle. Tu peux quelquefois, si tu le veux, te dépouiller de ta passion, te débarrasser de l'habitude, ne t'appuyer que sur la seule spéculation, et choisir de préférence ce qui mérite d'être préféré ; mais il faut pour cela remplir plusieurs conditions : En premier lieu, savoir mesurer la capacité de ton esprit et la perfection de ton talent naturel ; et tu t'éclaireras là-dessus en étudiant toutes les sciences mathématiques [2] et en cherchant à comprendre les règles de la logique. En second lieu, connaître les sciences physiques et les approfondir, afin de te rendre un compte exact des points douteux [3]. En troisième lieu, (surveiller) tes

_____

(1) Littéralement : *mais plutôt l'importance de leur absurdité et de l'opposition que leur fait l'être.* L'auteur s'est exprimé d'une manière trop concise et même peu logique ; car ce ne sont pas les doutes qui sont plus ou moins absurdes et en contradiction avec la nature de l'être, mais les deux hypothèses opposées, objets des doutes. Voici en somme le sens de cette phrase : lorsqu'on compare entre elles les deux hypothèses opposées, pour examiner laquelle des deux paraît plus douteuse, il ne s'agit pas de constater de quel côté est le plus grand nombre des doutes, mais plutôt de peser les invraisemblances qui résulteraient de chacune des deux hypothèses, et de voir laquelle des deux est plus contraire aux lois de la nature.

(2) Les éditions de la version d'Ibn-Tibbon ajoutent ici les mots על אמתם, qui ne se trouvent pas dans les mss.

(3) Littéralement : *afin que tu connaisses les doutes dans leur réalité.*

mœurs; car, dès qu'un homme, soit par son naturel, soit par
une habitude acquise, se trouve entraîné aux appétits et aux
plaisirs, se laisse aller à la violence et à la colère, laisse prévaloir sa faculté irascible et lui lâche la bride, il fera toujours des
faux pas et bronchera partout où il ira, cherchant des opinions
qui puissent venir en aide à son penchant naturel.

J'ai appelé ton attention là-dessus, afin que tu ne te laisses
pas séduire; car il se peut que quelqu'un, un jour, t'induise en
erreur en élevant des doutes contre la nouveauté du monde, et
que tu sois trop prompt à te laisser tromper en adoptant une
opinion qui sape la religion par la base et proclame une hérésie
à l'égard de Dieu [1]. Il faut donc que ton esprit soit toujours sur
ses gardes à cet égard [2], et que tu suives les deux prophètes [3]
qui sont la colonne de l'amélioration de l'espèce humaine dans
ses croyances et sa vie sociale. Tu ne t'écarteras de l'opinion de
la nouveauté du monde que par suite d'une (vraie) démonstration; mais une telle n'existe pas dans la nature.

(1) Littéralement : *car cette opinion renferme le renversement de la base
de la loi, et une hérésie à l'égard de Dieu.* Par les mots *cette opinion*, l'auteur désigne l'opinion de l'éternité du monde, quoiqu'il n'en ait pas expressément parlé dans ce qui précède. Sur le mot אפּתיאת, que nous
traduisons ici par *hérésie*, voy. mes *Mélanges de philosophie juive et arabe,*
p. 269, n. 3, et Cf. la IIIe partie du *Guide*, au commencement du
chap. XVI.

(2) Littéralement : *sois donc toujours soupçonneux dans ton esprit là-
dessus.* Le mot דֹּהֹנַךְ, *ton esprit*, est ici un accusatif absolu, ou *terme
circonstanciel* (ذَهْنَك). Voy. Silv. de Sacy, *Grammaire arabe* (2e édit.),
t. II, n° 330.

(3) Les deux prophètes dont on parle ici sont Abraham et Moïse. Le
duel se fait reconnaître par le pronom הֻמַא (هُمَا); mais les mss. ont
la forme incorrecte אלדׄין (الَّذِين) pour اللَّذَان. Le ms. n° 18 de
Leyde a אלדׄין הם au pluriel, et cette leçon a été également suivie par
Al-'Harîzi et Ibn-Falaquéra (*Moré ha-Moré*, p. 112), qui ont vu dans
אלנבׄיין un pluriel; le premier a וְמֵקַבֵּל דַּעַת הַנְּבִיאִים, et le second
וְמְקַבֵּל מֵהַנְּבִיאִים.

Que le lecteur de ce traité veuille ne pas me critiquer de ce que je me suis servi ici de paroles oratoires pour appuyer l'opinion de la nouveauté du monde; car le prince des philosophes, Aristote, dans ses principaux écrits, a également employé des paroles oratoires pour appuyer son opinion de l'éternité du monde, et c'est en pareil cas qu'on peut dire en vérité: « Notre loi parfaite ne vaut-elle pas leurs discours frivoles [1]? » Si lui, il appuie son opinion par les folies des Sabiens [2], comment n'appuierions-nous pas la nôtre par les paroles de Moïse et d'Abraham et par tout ce qui s'ensuit ?

Je t'ai promis un chapitre [3] dans lequel je te parlerais des doutes graves qu'on peut opposer à celui qui croit que la science humaine peut rendre compte [4] de l'ordre des mouvements de la sphère céleste, et que ce sont là des choses physiques qui arrivent par une loi nécessaire et dont l'ordre et l'enchaînement sont clairs. J'en aborde donc maintenant l'exposition.

CHAPITRE XXIV.

Tu sais en fait d'astronomie ce que, dans mes leçons, tu as lu et compris du contenu du livre de l'*Almageste;* mais le temps n'était pas assez long pour te faire commencer une autre étude [5].

_____

(1) L'auteur se sert ici des paroles prononcées un jour par R. Io'hanan ben-Zaccaï, dans une discussion qu'il eut avec un saducéen. V. *Meghillath tâ'anith*, chap. V, et Talmud de Babylone, traité *Bâba bathra*, fol. 115 *b*.

(2) C'est-à-dire, des idolâtres; voy. le t. I, p. 280, note 2.

(3) Voy. ci-dessus, chap. xix, p. 155, et *ibid.*, note 2.

(4) Littéralement : *que l'homme a embrassé par la science l'ordre, etc.*

(5) Dans tout ce chapitre, Maïmonide s'adresse particulièrement au disciple pour lequel primitivement il composa le *Guide* (voy. le commencement de la Ire partie). Nous savons par d'autres documents que ce

Ce que tu sais déjà, c'est que, pour se rendre compte de la régularité des mouvements et pour que la marche des astres soit d'accord avec les phénomènes visibles, il faut admettre (une de ces) deux hypothèses [1], soit un épicycle, soit une sphère excentrique, ou même les deux à la fois [2]. Mais je vais te faire remarquer que

disciple, émigré du Magbreb et qui s'établit plus tard à Alep, ne passa qu'un court espace de temps auprès de Maïmonide, établi au vieux Caire, et que ce temps fut consacré à des études astronomiques. Cf. ma *Notice sur Joseph ben-Iehouda*, dans le *Journal Asiatique*, Juillet 1842, p. 14 et 34.

(1) Littéralement : *c'est que, à l'égard de la régularité des mouvements et de la conformité de la marche des astres avec ce qui se voit, tout suit deux principes.*

(2) Les astronomes anciens, pour expliquer les inégalités apparentes des mouvements des planètes, les font mouvoir, tantôt dans des excentriques, c'est-à-dire dans des sphères dont le centre s'écarte de celui du zodiaque ou de la terre, tantôt dans des épicycles, c'est-à-dire dans de petites sphères secondaires, portées par les grandes sphères concentriques ou excentriques, et dont le centre est supposé se mouvoir à la surface de la grande sphère sur la circonférence d'un grand cercle, appelé le *déférent* (Voy. *Almageste*, liv. VI, chap. 3). Ces hypothèses, purement géométriques, très ingénieuses et en même temps très compliquées, restèrent, pendant tout le moyen âge, une des bases de la science astronomique. Elles sont devenues inutiles par la découverte des orbes elliptiques des planètes et par celle des lois de l'attraction. Dès le commencement du XIIᵉ siècle, les philosophes arabes s'émurent de ce que les hypothèses de Ptolémée offraient d'invraisemblable et de peu conforme aux principes physiques et aux théories du mouvement développées par Aristote. On essaya de leur substituer d'autres hypothèses; mais on ne parvint point à élaborer un système qui pût lutter avec celui de Ptolémée (Voy. mes *Mélanges de philosophie juive et arabe*, p. 412, 430, 520 et suiv.). Ces tentatives n'eurent aucun succès parmi les astronomes, et Maïmonide lui-même, qui attaque ici les hypothèses de Ptolémée au point de vue philosophique, n'hésite pas, dans son traité *Kiddousch ha-'hodesch*, ou *de la fixation des néoménies*, à les admettre dans toute leur étendue et à les prendre pour bases de ses calculs astronomiques.

chacune de ces deux hypothèses est totalement [1] en dehors de
toute règle et contraire à tout ce qui a été exposé dans la science
physique. D'abord, établir un épicycle qui tourne sur une certaine sphère, sans tourner autour du centre de cette sphère qui
le porte, comme cela a été supposé pour la lune et pour les cinq
planètes [2], voilà une chose dont il s'ensuivrait nécessairement
qu'il y a *roulement*, c'est-à-dire que l'épicycle *roule* et change entièrement de place, chose inadmissible à laquelle on a voulu
échapper, (à savoir) qu'il y ait là (dans le ciel) quoi que ce soit
qui change de place [3]. C'est pourquoi Abou-Becr-ibn-al-Çâyeg,
dans un discours qui existe de lui sur l'astronomie, a dit que
l'existence de l'épicycle est inadmissible ; et, après avoir parlé de
ladite conséquence (du *roulement*), il dit qu'outre cette chose
inadmissible qui résulterait de l'existence de l'épicycle, il s'ensuivrait encore d'autres choses inadmissibles. Je vais te les exposer :
1° Il y aurait une révolution autour d'un centre qui ne serait pas
celui du monde ; et cependant c'est un principe fondamental de
tout cet univers, que les mouvements sont au nombre de trois :
un mouvement (partant) du milieu, un autre (se dirigeant) vers
le milieu et un autre autour du milieu [4]. Mais, s'il y avait un
épicycle, son mouvement ne se ferait ni du milieu, ni vers lui,
ni autour de lui. 2° C'est un des principes posés par Aristote,
dans la science physique, qu'il faut nécessairement quelque

(1) Le mot באלגמלה se rapporte, comme adverbe, aux mots כארגא
ען אלקיאס, et c'est à tort que les deux traducteurs hébreux l'ont rapporté à ce qui suit, en ajoutant un ו copulatif. Ibn-Tibbon traduit :
וסוף דבר חולק וכו׳, et Al-Harîzi : ועל דרך כלל הוא הפך. Un seul de
nos mss. (celui de Leyde, n. 18) a ובאלגמלה, avec le ו copulatif.

(2) Car pour le soleil, Ptolémée se borne à l'hypothèse d'une sphère
excentrique. Cf. ci-dessus, p. 93, n. 4.

(3) C'est-à-dire : on a établi que toutes les parties du ciel, bien que
perpétuellement en mouvement, ne changent jamais de place, et que les
différentes sphères, en tournant sur elles-mêmes, ne se transportent pas
d'un endroit à un autre.

(4) Cf. le t. I, chap. LXXII, p. 359.

chose de fixe autour de quoi se fasse le mouvement, et c'est là pourquoi il faut que la terre reste fixe ; mais, si l'épicycle existait, ce serait là un mouvement circulaire autour de rien de fixe.

J'ai entendu dire qu'Abou-Becr disait avoir trouvé un système astronomique dans lequel il n'y avait pas d'épicycle, mais (où tout s'expliquait) uniquement par des sphères excentriques; cependant, je n'ai point entendu cela (de la bouche) de ses disciples [1]. Mais, quand même il y aurait réussi, il n'y aurait pas gagné grand' chose ; car, dans (l'hypothèse de) l'*excentricité*, on s'écarte également des principes posés par Aristote et auxquels on ne peut rien ajouter. Et ceci est une observation qui m'appartient. En effet, dans l'*excentricité* aussi, nous trouvons un mouvement circulaire des sphères qui ne se fait pas autour du milieu (de l'univers), mais autour d'un point imaginaire qui s'écarte du centre du monde ; et c'est là également un mouvement qui ne se fait pas autour de quelque chose de fixe. Il est vrai que ceux qui n'ont pas de connaissances en astronomie prétendent que, puisque ces points (imaginaires) sont à l'intérieur de la sphère de la lune, comme cela paraît de prime abord, l'excentricité aussi admet un mouvement autour du milieu (de l'univers) ; et nous voudrions pouvoir leur accorder qu'il (le mouvement) se fait autour d'un point dans le feu ou dans l'air, bien que cela ne soit pas un mouvement autour de quelque chose de fixe [2]. Mais nous leur ex-

---

(1) Cf. ci-dessus, p. 82, où l'auteur dit avoir étudié chez un des disciples d'Abou-Becr Ibn-al-Çayeg.

. (2) C'est-à-dire : nous nous contenterions, au besoin, de leurs raisonnements, s'il était réellement établi que le centre de l'excentrique est toujours à l'intérieur de la sphère de la lune et qu'il se trouve dans la sphère du feu ou dans celle de l'air, bien qu'on puisse objecter que, même dans cette hypothèse, ce ne serait toujours pas là un mouvement autour de quelque chose de fixe. — Pour comprendre ce que l'auteur dit ici du mouvement *autour d'un point dans le feu ou dans l'air*, il faut se rappeler les théories d'Aristote sur la position des quatre éléments, à l'intérieur de la sphère de la lune, et sur leurs différentes régions. Voy. le t. 1, p. 134, n. 2, et p. 359, n. 1.

poserons que les mesures des excentricités ont été démontrées dans l'*Almageste*, selon les hypothèses qui y sont adoptées ; et les modernes ayant établi par une démonstration vraie, dans laquelle il n'y a rien de douteux, quelle est la mesure de ces excentricités relativement au demi-diamètre de la terre [1], comme aussi ils ont exposé toutes les distances et les grandeurs (des astres), il a été prouvé que le centre de l'excentrique du soleil [2] est nécessairement hors de la concavité de la sphère de la lune et au-dessous de la convexité de la sphère de Mercure [3]. De même, le point autour duquel tourne Mars, je veux dire le centre de son excentrique, est hors de la concavité de la sphère de Mercure et au-dessous de la convexité de la sphère de Vénus. De même encore, le centre de l'excentrique de Jupiter se trouve à cette même distance [4], je veux dire entre les sphères [5] de Mercure et de Vénus. Quant à Saturne, le centre de son excentrique tombe entre Mars et Jupiter. Vois [6], par conséquent, combien toutes ces

(1) L'auteur veut dire que les astronomes arabes ont fixé les distances entre les centres des excentriques et le centre du zodiaque ou de la terre, et de même les distances des planètes et leur grandeur, en prenant pour unité le rayon ou demi-diamètre de la terre. C'est, en effet, ce que fait Albatâni, ou Albategnius (mort en 929); Voir son traité d'astronomie, publié en latin sous le titre de *De Scientia stellarum*, chap. 50, et Cf. Delambre, *Histoire de l'astronomie du moyen âge*, p. 50. On verra plus loin que, selon notre auteur, c'est surtout Al-Kabici, ou Alkabitius, qui en a donné la démonstration complète.

(2) Littéralement : *que le point excentrique du monde, autour duquel tourne le soleil.*

(3) Il faut effacer, dans la version d'Ibn-Tibbon, le mot חמה.

(4) C'est-à-dire : il est à la même distance du centre du monde que le centre de l'excentrique de Mars.

(5) Tous les mss. ont, ici et dans la phrase suivante, פלך, au singulier; le duel פלכי (فلكَي) serait plus correct. Ibn-Tibbon a, la première fois, גלגל, et la seconde fois, גלגלי, au pluriel. Cf. ci-dessus, p. 80, n. 5.

(6) Sur la forme de l'impératif ארי, Voy. le t. I, p. 19, n. 2.

choses s'éloignent de la spéculation physique ! Tout cela te deviendra clair, quand tu auras étudié les distances et les grandeurs que l'on connaît pour chaque sphère et pour chaque astre ; et l'évaluation de tout cela se fait par le demi-diamètre de la terre, de sorte que tout (se calcule) d'après un seul et même rapport, sans en établir aucun entre l'excentricité et la sphère respective.

Mais il y a quelque chose de plus étrange encore et de bien plus obscur : c'est que, toutes les fois qu'il y a deux sphères placées l'une dans l'autre, appliquées de tous côtés l'une à l'autre, mais ayant des centres différents [1], il se peut que la petite se meuve dans la grande sans que cette dernière se meuve aussi ; mais il est impossible que la grande se meuve sur tout axe quelconque, sans que la petite se meuve aussi ; car toutes les fois que la grande se meut, elle emporte nécessairement la petite par son mouvement, excepté toutefois quand le mouvement se fait sur l'axe qui passe par les deux centres [2]. Or, en raison de cette pro-

---

(1) Au lieu de ומרכזהמא, plusieurs mss. portent ומרכזאהמא, ou ומרכזידהמא, au duel ; mais tous les mss. ont מבתלף, au singulier.

(2) Cette proposition est assez obscure. Voici, ce me semble, quel en est le sens : Les sphères célestes étant toutes exactement emboîtées les unes dans les autres, sans qu'il y ait aucun vide entre elles (voy. le t. I, p. 356-357), il faut nécessairement que, de deux sphères qui ont des centres différents, la supérieure, ou la plus grande, forme d'un côté sur la moins grande une voûte épaisse, tandis que, des autres côtés, elle formera autour de la petite sphère intérieure une enveloppe dont l'épaisseur ira diminuant, en raison de la distance des deux centres. Il est évident alors que, toutes les fois que la grande sphère se meut autour d'un axe autre que celui qui passe par les deux centres, elle entraînera toujours la petite par son mouvement. Mais, si le mouvement de la grande sphère se fait autour de l'axe qui passe par les deux centres, il ne sera pas gêné par la sphère intérieure, qui pourra toujours rester dans la même position ; de sorte que la grande sphère pourra rouler autour de la surface de la petite, sans l'entraîner par son mouvement. — Ibn-Tibbon s'est exprimé d'une manière inexacte, en disant : הקוטר העובר בין שני המרכזים ; au lieu de בין, il fallait dire על.

position démonstrative, en raison de ce qui a été démontré que le vide n'existe pas [1], et enfin, en raison de l'hypothèse de l'excentricité [2], il faudrait que, la (sphère) supérieure étant en mouvement, elle emportât l'inférieure, par son mouvement, autour de son (propre) centre ; et cependant nous ne trouvons pas qu'il en soit ainsi, mais au contraire nous trouvons qu'aucune des deux sphères, l'une contenant et l'autre contenue, ne se meut ni par le mouvement de l'autre, ni autour du centre de cette dernière, ni autour de ses pôles, et que chacune a un mouvement qui lui est particulier. C'est pourquoi on a été forcé d'admettre (qu'il existe), entre les sphères prises deux à deux, des corps autres que ceux des sphères (des planètes) [3]. Mais, combien resterait-il là encore d'obscurités, s'il en était réellement ainsi ! où supposerait-on les centres de ces corps qui existeraient entre chaque couple de sphères ? Et il faudrait que ces corps aussi eussent un mouvement particulier. — Déjà Thâbit [4] a exposé cela dans un

(1) Car, s'il y avait un vide suffisant dans l'intérieur de la grande sphère, son mouvement, n'importe autour de quel axe, ne serait plus gêné par la petite, qui, par conséquent, ne serait plus forcée de se mouvoir avec elle.

(2) C'est-à-dire, de l'hypothèse des sphères excentriques, qui suppose l'existence de sphères à centres différents emboîtées l'une dans l'autre.

(3) Cette hypothèse permet de supposer un intervalle entre les deux sphères, qui, n'étant plus enchaînées l'une à l'autre, restent libres et indépendantes dans leur mouvement respectif. Le vide est supposé être rempli par des corps sphériques qui ne participent point à la vie et aux mouvements de la sphère céleste, et qui varient de formes, selon le vide qu'ils ont à remplir. R. Lévi ben-Gerson, qui adopte cette hypothèse, appelle un tel corps : גשם בלתי שומר תמונתו. Voy. *Mil'hamoth Adonaï*, l. V, IIᵉ partie, chap. 2.

(4) C'est le célèbre astronome arabe Thâbit-ben-Korra (vulgairement appelé Thébith), Sabien de 'Hàrran, mort en 901. Voy. sur cet astronome, d'Herbelot, *Bibliothèque orientale*, édit. in-fol., p. 1015 ; Casiri, *Biblioth. arab. hisp.*, t. I, p. 386 et suiv. Maïmonide le cite encore dans la IIIᵉ partie de cet ouvrage, chap. XIV, où il lui attribue la même théorie des corps intermédiaires.

traité particulier, et il a démontré, selon ce que nous avons dit, qu'il faut nécessairement (admettre) un corps sphérique entre chaque couple de sphères. — Je ne t'ai point expliqué tout cela, quand tu suivais mes leçons, afin de ne pas te troubler dans ce que j'avais pour but de te faire comprendre.

Pour ce qui concerne l'*inclinaison* et l'*obliquité* dont il est question pour la latitude de Vénus et de Mercure [1], je t'ai exposé de vive voix et (clairement) montré qu'il est impossible de se figurer comment pareille chose peut exister dans les corps (célestes) [2]. Ptolémée en a clairement avoué la difficulté [3], comme tu l'as vu ; car il s'exprime en ces termes : « Que personne ne croie que ces principes et d'autres semblables puissent difficilement avoir lieu, en considérant ce que nous avons présenté ici comme des choses obtenues par artifice et par la subtilité de l'art, et qui peuvent difficilement avoir lieu ; car il ne convient pas de comparer les choses humaines aux choses divines [4]. » Tels sont ses propres termes, comme tu le sais.

---

(1) L'auteur veut parler des écarts de ces deux planètes en latitude. La théorie à laquelle il est fait allusion est exposée dans l'*Almageste*, liv. XIII, chap. I. et suiv. Cf. Al-Farghàni, *Elementa astronomica*, chap. XVIII. Les mots arabes ميل et الحراف correspondent aux mots grecs ἔγκλισις et λόξωσις ; Delambre pense que le premier de ces deux mots désigne l'inclinaison de l'excentrique sur le zodiaque, et le second, l'inclinaison de l'épicycle sur l'excentrique. Voy. les notes sur l'*Almageste*, édit. de l'abbé Halma, t. II, p. 25. La version hébraïque d'Ibn-Tibbon ne rend pas le mot אנחראף. Al-Harizi a הנטיה והיציאה.

(2) Delambre (l. c.) s'exprime à peu près dans le même sens sur la difficulté de cette théorie : « Tout ce chapitre, dit-il, est difficile à entendre, impossible à retenir. On ne peut se faire une idée bien précise de toute cette théorie qu'en examinant les tables où elle est renfermée. Cette remarque s'applique plus ou moins à tout ce qui suit, jusqu'aux tables. »

(3) Littéralement : *a manifesté l'impuissance en cela ;* c'est-à-dire : il a déclaré que l'homme est incapable de s'en faire une juste idée.

(4) Ce passage, tiré par Maïmonide de la vers. ar. de l'*Almageste* (liv. XIII, chap. 2), diffère un peu du texte grec, qui porte : Καὶ μηδεὶς

Je t'ai indiqué les endroits par lesquels tu peux vérifier tout ce que je t'ai dit, excepté cependant ce que je t'ai dit [1] de l'observation de ces points qui sont les centres des excentriques, (pour savoir) où ils tombent ; car je n'ai jamais rencontré aucun (auteur) qui s'en soit préoccupé. Mais cela te deviendra clair, quand tu sauras la mesure du diamètre de chaque sphère, et quelle est la distance entre les deux centres, relativement au demi diamètre de la terre, comme l'a démontré Al-Kabîci dans le traité *des Distances* [2]; car, quand tu examineras ces distances, tu reconnaîtras la vérité de ce que je t'ai fait remarquer.

τὰς τοιαύτας τῶν ὑποθέσεων ἐργώδεις νομισάτω, σκοπῶν τὸ τῶν παρ' ἐμῖν ἐπιτεχνημάτων κατασκελές · Οὐ γὰρ προσήκει παραβάλλειν τὰ ἀνθρώπινα τοῖς θείοις. « Que personne ne croie que de semblables hypothèses soient difficiles (à admettre), en considérant ce qu'il y a de dur dans les artifices employés par nous ; car il ne convient pas de comparer les choses humaines aux choses divines. »

(1) Les mots אלא מא דכרת לך, manquent dans le ms. de Leyde, n. 18, et les deux traducteurs hébreux les ont également négligés, quoiqu'ils soient nécessaires pour le sens de la phrase.

(2) Cf. ci-dessus, p. 187, n. 1, et la III° partie de cet ouvrage, chap. XIV. Nous ne trouvons nulle part des renseignements sur l'astronome Al-Kabîci, ni sur son traité *dès Distances*, et nous ne savons pas de quelle manière il a démontré les distances entre les centres des excentriques et le centre du zodiaque, en prenant pour unité le demi-diamètre ou le rayon de la terre. L'astronome dont il s'agit est sans doute le même que les scolastiques citent souvent sous le nom patronymique d'*Alkabitius*, et qui, selon Albert le Grand, s'appelait *Abdilazil*, ou mieux *'Abd-al-'Azîz*. Voy. *Speculum astronomiæ*, chap. V et XI (Opp. t. V, p. 659 et 663). La Biblioth. Imp. possède plusieurs mss. renfermant une *Introduction à l'astrologie*, par Alkabitius, qui commence par ces mots : *Postulata a Domino prolixitate vitæ Ceyfaddaula, id est gladii regni* (ms. du fonds de la Sorbonne, n. 976). On peut conclure de là que notre astronome vivait à la cour de Seif-ed-Daula, 'Ali-ben-'Hamdân, à Alep, et, par conséquent, qu'il florissait dans la première moitié du X° siècle de l'ère chrétienne. Cf. le *Dictionnaire bibliographique* de 'Hadji-Khalfa, édit. de M. Flügel, t. V, p. 473. Les deux ouvrages indiqués par le bibliographe arabe sous les n°° 11,681 et 11,682 me paraissent être identiques. Le

Regarde, par conséquent, combien tout cela est obscur ; si ce
qu'Aristote dit dans la science physique est la vérité, il n'y a [1] ni
épicycle ni excentrique, et tout tourne autour du centre de la
terre. Mais d'où viendraient alors aux planètes tous ces mouvements divers? Est-il possible, d'une manière quelconque, que le
mouvement soit parfaitement circulaire et égal, et qu'il réponde
(en même temps) aux phénomènes visibles, si ce n'est (en l'expliquant) par l'une des deux hypothèses [2] ou par les deux à la
fois? D'autant plus qu'en admettant tout ce que Ptolémée dit de
l'épicycle de la lune et de sa déviation vers un point en dehors du
centre du monde et aussi du centre de l'excentrique [3], les calculs faits d'après ces hypothèses ne se trouvent pas en défaut
d'une seule minute, et que la vérité en est attestée par la réalité
des éclipses, toujours calculées d'après ces hypothèses et pour
lesquelles on fixe si exactement les époques, ainsi que le temps et

premier, qui était dédié à Seif-ed-Daula, est anonyme; le second est attribué à 'Abd-al-'Aziz ben-'Othmân al-Kabîci. L'un et l'autre portent le
titre d'*Introduction à l'Astrologie*. — Quant au nom de القبيصي, on peut
le prononcer *Al Kabîci* ou *Al-Kobéici*; la version d'Ibn-Tibbon pourrait
justifier cette dernière prononciation, car elle porte הקבאיצי.

(1) Il faut supprimer dans la version d'Ibn-Tibbon les mots : כי לפי
דעתו, qui se trouvent aussi dans les mss. de cette version, mais qui sont
contraires à la construction de la phrase arabe.

(2) C'est-à-dire, par celle de l'excentrique ou par celle de l'épicycle.
Tous les mss. ont אצלין, sans article, et de même Ibn-Tibbon : באחד
משני שרשים; Al-Harizi העיקרים, avec l'article.

(3) L'auteur fait ici allusion à une observation ingénieuse de Ptolémée (*Almageste*, liv. V, chap. 5), relative au mouvement oscillatoire de
la ligne des apsides ou du diamètre de l'épicycle de la lune, et qui
forme un corollaire aux deux inégalités de l'*excentricité* et de l'*évection*.
Voy. mes Notes sur les découvertes attribuées aux Arabes relativement
aux inégalités du mouvement de la lune (*Comptes-rendus des séances de
l'Académie des sciences*, t. XVI, p. 1444 et suiv., et t. XVII, p. 76 et
suiv.), et le mémoire de M. Biot dans le *Journal des Savants*, octobre 1843,
p. 623 et suiv.

les mesures [1] de l'obscurcissement. — Comment encore se figurer la *rétrogradation* (apparente) d'une planète, avec ses autres
mouvements, sans (l'hypothèse de) l'épicycle [2]? Comment enfin
peut-on s'imaginer qu'il y ait là (dans le ciel) un *roulement* ou
mouvement autour d'un centre non fixe? Et c'est là une perplexité réelle.

Je t'ai déjà expliqué de vive voix que tout cela ne regarde pas
l'astronome; car celui-ci n'a pas pour but de nous faire connaître sous quelle forme les sphères existent, mais son but est de
poser un système par lequel il soit possible d'admettre des mouvements circulaires, uniformes et conformes à ce qui se perçoit
par la vue, n'importe que la chose soit (réellement) ainsi, ou non [3].
Tu sais qu'Abou-Becr ibn-al-Çâyeg, dans son discours sur la
Physique, exprime ce doute : si Aristote a connu l'excentricité du
soleil, et si, la passant sous silence, il ne s'est préoccupé que de ce
qui résulte de l'*inclinaison*, — l'effet de l'excentricité n'étant point
distinct de celui de l'inclinaison [4], — ou bien s'il ne l'a point connue. La vérité est qu'il ne l'a point connue et qu'il n'en avait jamais entendu parler; car les sciences mathématiques étaient im-

(1) C'est-à-dire, le moment où commence l'éclipse, et l'étendue de
la surface obscurcie. Le suffixe masculin dans מקאדירה (Ibn-Tibbon
ושעורו), *ses mesures*, se rapporte au mot אלאמהא, *leur obscurcissement;*
quelques mss. ont ומקאדירהא, *et leurs mesures*, le suffixe se rapportant
aux éclipses, et de même, la version d'Al-Harizi et quelques mss. de
celle d'Ibn-Tibbon ont ושעורם.

(2) Voy. Ptolémée, *Almageste,* liv. XII, chap. I et suiv. et Cf. ci-
dessus, p. 86, n. 2.

(3) C'est-à-dire : l'astronome, comme tel, ne se préoccupe pas de savoir si ses hypothèses peuvent être admissibles ou non, au point de vue
philosophique, mais seulement si elles suffisent pour expliquer les phénomènes. Cf. ci dessus, chap. XI, p. 92, 93.

(4) Ibn-al-Çâyeg voulait dire qu'Aristote connaissait peut-être l'hypothèse de l'excentricité, mais la croyait inutile, parce qu'il pensait qu'on
peut aussi bien trouver le lieu du soleil, au moyen de sphères homo-
centriques, en admettant une certaine inclinaison. Cf. ci-dessus, p. 57
note 1.

parfaites de son temps. S'il en avait entendu parler, il l'aurait
certainement repoussée avec violence ; et si elle lui avait été
avérée, il se serait trouvé dans une grande perplexité, à l'égard
de tout ce qu'il a établi sur cette matière. Ce que j'ai déjà dit
plus haut [1], je le répéterai ici : c'est que tout ce qu'Aristote a
dit sur les choses sublunaires a une suite logique ; ce sont des
choses dont la cause est connue et qui se déduisent les unes des
autres, et la place qu'y tiennent la sagesse et la prévoyance de
la nature est évidente et manifeste. Quant à tout ce qui est dans
le ciel, l'homme n'en connaît rien, si ce n'est ce peu de théories
mathématiques [2] ; et tu vois ce qu'il en est. Je dirai, en me servant d'une locution poétique : *Les cieux appartiennent à l'Eternel ; mais la terre, il l'a donnée aux fils d'Adam* (Ps. CXV, 16),
c'est-à-dire, que Dieu seul connaît parfaitement la véritable nature du ciel, sa substance, sa forme, ses mouvements et leurs
causes ; mais, pour ce qui est au-dessous du ciel, il a donné à
l'homme la faculté de le connaître, car c'est là son monde et la
demeure où il a été placé et dont il forme lui-même une partie.
Et c'est la vérité ; car il nous est impossible d'avoir les éléments
(nécessaires) pour raisonner sur le ciel, qui est loin de nous et
trop élevé [3] par sa place et son rang ; et même la preuve générale qu'on peut en tirer, (en disant) qu'il nous prouve (l'existence de) son moteur, est une chose à la connaissance de laquelle les intelligences humaines ne sauraient arriver [4]. Mais,

(1) Voy. ci-dessus, chap. XXII, p. 179.

(2) Littéralement : *l'homme n'en embrasse rien, si ce n'est cette petite dose
de mathématiques.*

(3) Les verbes masculins בָּעַר, et עֲלָא, se rapportent au *Ciel ; le*
subst. אַלְסַמָא est du genre commun, et le plus souvent l'auteur met au
féminin les ajectifs et les verbes qui s'y rapportent.

(4) La leçon de ce passage est uniforme dans tous les mss., excepté
que les mots אנה דלנא manquent dans l'un des mss. de Leyde
(nº 18). La version d'Al-Harizi s'accorde parfaitement avec la leçon de
nos mss. arabes ; elle porte : והראיה הכוללת המצואה מהם על מניעם
הוא דבר אשר לא יגיעו דעות בני אדם אליו. Ibn-Tibbon ajoute après

fatiguer les esprits avec ce qu'ils ne sauraient saisir, n'ayant même pas d'instruments pour y arriver, ne serait qu'un manque de bon sens et une espèce de folie. Arrêtons-nous donc à ce qui est en notre puissance; mais ce qui ne peut être saisi par le raisonnement, abandonnons-le à celui qui fut l'objet de la grande inspiration divine, de sorte qu'il mérita qu'il fût dit de lui : *Je lui parle bouche à bouche* (Nom. XII, 8).

Voilà tout ce que je sais dire sur cette question; mais il est possible qu'un autre possède une démonstration qui lui rende évidente la vérité de ce qui a été obscur pour moi. Le plus grand hommage que j'aie pu rendre à la vérité, c'est d'avoir ouvertement déclaré combien ces matières me jetaient dans la perplexité [1] et que je n'avais ni entendu, ni connu de démonstration pour aucune d'elles.

CHAPITRE XXV.

Sache que, si nous évitons de professer l'éternité du monde, ce n'est pas parce que le texte de la Loi proclamerait le monde *créé;* car les textes qui indiquent la nouveauté du monde ne

---

מניעם les mots אבל שאר ענינם, ce qui modifie essentiellement le sens de cette phrase, qui se traduirait ainsi : « La preuve générale qu'on peut en tirer, c'est qu'il nous prouve (l'existence de) son moteur; *mais le reste de ce qui le concerne* (c'est-à-dire, le ciel) est une chose à la connaissance de laquelle les intelligences humaines ne sauraient arriver. » La leçon d'Ibn-Tibbon paraît se justifier par d'autres passages de ce traité, où l'auteur dit expressément que le Ciel nous prouve en général l'existence d'un premier moteur, quoique nous ne puissions pas nous rendre un compte exact des lois du mouvement. Voy. p. ex. Ire partie, chap. IX. et ci-dessus, chap. II et chap. XVIII, p. 144.

(1) Littéralement : *le point extrême* (c'est-à-dire, la plus forte preuve) *de ma préférence pour la recherche de la vérité, c'est d'avoir manifesté et déclaré ma perplexité dans ces matières.* Dans la version d'Ibn-Tibbon, il faut écrire : שאני בארתי והגדתי בלבולי באלו העניינים, comme l'a l'édition *princeps.*

sont pas plus nombreux que ceux qui indiquent la corporéité de
Dieu. Au sujet de la nouveauté du monde aussi, les moyens
d'une interprétation allégorique ne nous manqueraient pas et ne
nous seraient pas interdits [1]; au contraire, nous pourrions employer ici ce mode d'interprétation, comme nous l'avons fait pour
écarter la corporéité (de Dieu). Peut-être même serait-ce beaucoup plus facile, et serions-nous très capable d'interpréter les
textes en question et d'établir l'éternité du monde, de même que
nous avons interprété les (autres) textes et écarté la corporéité de
Dieu. Mais deux raisons nous ont engagé à ne pas faire cela et
à ne pas l'admettre. L'une est celle-ci : l'incorporalité de Dieu a
été démontrée, et il faut nécessairement avoir recours à l'interprétation allégorique, toutes les fois que, le sens littéral étant réfuté par une démonstration, on sait (d'avance) qu'il est nécessairement sujet à l'interprétation [2]. Mais l'éternité du monde n'a
pas été démontrée, et, par conséquent, il ne convient pas de faire
violence aux textes et de les interpréter allégoriquement, pour
faire prévaloir une opinion dont on pourrait aussi bien faire prévaloir le contraire, en raisonnant d'une autre manière [3]. Voilà
donc une raison. — La seconde raison est celle-ci : notre
croyance de l'incorporalité de Dieu ne renverse aucune des bases

(1) Littéralement : *Les portes de l'interprétation allégorique ne seraient
pas non plus fermées devant nous, ni ne nous seraient inaccessibles, en ce qui
concerne la nouveauté du monde.* L'auteur veut dire que les textes relatifs
à *la création* du monde pourraient être interprétés allégoriquement,
comme doivent l'être ceux dont il semble résulter que Dieu est un être
corporel. Le mot تأويل désigne *l'interprétation allégorique* du texte
sacré, tandis que l'explication du sens littéral est désignée par le mot
تفسير.

(2) Plus littéralement : *et il faut nécessairement interpréter tout ce dont
une démonstration réfute le sens littéral et que l'on sait avoir besoin d'une interprétation.*

(3) Littéralement : *par d'autres modes de préférence ;* c'est-à-dire, en
motivant de différentes manières la préférence qu'on donnerait à cette
opinion contraire.

de notre religion, ni ne donne de démenti à rien de ce qu'ont proclamé les prophètes. Il n'y a en cela (aucun inconvénient), si ce n'est qu'au dire des ignorants, ce serait contraire aux textes (de l'Écriture); mais, ainsi que nous l'avons montré, il n'y a là rien qui lui soit contraire, et c'est là plutôt le but de l'Écriture. Mais, admettre l'éternité (du monde) telle que la croit Aristote, c'est-à-dire comme une *nécessité*, de sorte qu'aucune loi de la nature ne puisse être changée et que rien ne puisse sortir de son cours habituel, ce serait saper la religion par sa base, taxer nécessairement de mensonge tous les miracles, et nier [1] tout ce que la religion a fait espérer ou craindre, à moins, par Dieu! qu'on ne veuille aussi interpréter allégoriquement les miracles, comme l'ont fait les *Bâtenis* (ou allégoristes) [2] parmi les musulmans, ce qui conduirait à une espèce de folie. — Cependant, si l'on admet l'*éternité* selon la deuxième opinion que nous avons exposée [3], qui est celle de Platon, et selon laquelle le ciel aussi est périssable [4], cette opinion ne renverse pas les bases de la religion, et il ne s'ensuit point la négation du miracle, mais, au contraire, son admissibilité. On pourrait interpréter les textes dans

(1) Sur le sens du verbe عطّل, cf. le t. I, p. 115, note 1. — Tous les mss. ar. ont ici l'infinitif הַעֲטִיל, bien que les deux verbes précédents soient au participe. Les deux versions hébraïques ont le participe וּמְבַטֵּל.

(2) Par le mot باطني, *intérieur* (en hébreu תּוֹךְ). les Arabes désignent le sens allégorique des paroles du Corân, opposé à ظاهر, *extérieur*, qui désigne le sens littéral. De là vient le nom de *Bâtenis* (الباطنيّة ou اهل الباطني), c'est-à-dire, partisans du sens allégorique, secte musulmane mystique qui se forma sous l'influence des doctrines néo-platoniciennes et qui a beaucoup d'analogie avec les *kabbalistes* juifs. Voy. sur cette secte, sur ses noms et sur ses différentes branches, Schahrestâni, *Histoire des sectes religieuses et philosophiques*, texte arabe publié par M. Cureton, p. 147 et suiv. (trad. all. de M. Haarbrucker. t. I, p. 221 et suiv.).

(3) Voy. ci-dessus, chap. XIII, p. 107 et suiv.

(4) Cf. ci-dessus, p. 109, note 1.

son sens [1] et trouver [2], dans les textes du Pentateuque et ailleurs, beaucoup d'expressions analogues auxquelles elle pourrait se rattacher et qui pourraient même lui servir de preuve.
Cependant, aucune nécessité ne nous y oblige, à moins que cette
opinion ne pût être démontrée ; mais, puisqu'elle n'a pas été démontrée, nous n'inclinons pas vers cette opinion et nous n'y [3]
faisons même aucune attention. Nous prenons plutôt les textes
dans leur sens littéral, et nous disons que la religion nous a fait
connaître une chose que nous sommes incapables de concevoir,
et le *miracle* témoigne de la vérité de ce que nous soutenons.

Il faut savoir que, dès qu'on admet la nouveauté du monde,
tous les miracles devenant possibles, la (révélation de la) Loi
devient possible aussi, et toutes les questions qu'on pourrait
faire à ce sujet s'évanouissent. Si donc on demandait : Pourquoi
Dieu s'est-il révélé à tel homme et pas à tel autre ? pourquoi Dieu
a-t-il donné cette Loi à une nation particulière, sans en donner
une à d'autres ? pourquoi l'a-t-il donnée à telle époque et ne
l'a-t-il donnée ni avant ni après ? pourquoi a-t-il ordonné de faire
telles choses et défendu de faire telles autres ? pourquoi a-t il
signalé le prophète par tels miracles qu'on rapporte, sans qu'il
y en eût d'autres ? qu'est-ce que Dieu avait pour but dans cette
législation ? pourquoi enfin n'a-t-il pas inspiré à notre nature le
sentiment de ces choses ordonnées ou défendues, si tel a été son
but [4] ? — la réponse à toutes ces questions serait celle-ci : « c'est

(1) C'est-à-dire, dans le sens de cette opinion de Platon.

(2) La plupart des mss. ont וַיּוֹגַד à la forme active, et de même Al-
'Harîzi : וימצא לו דמיונים רבים. Nous avons préféré écrire וְיוֹגַד, au
passif, leçon que nous n'avons trouvée que dans un de nos mss., mais
qui est confirmée par la version d'Ibn-Tibbon, וימצאו לו וכו'

(3) Le texte répète inutilement les mots : הֹדָא אלראי אלאבֿר *à cette
autre opinion ;* au lieu de אלאבֿר, quelques mss. ont איצֿא, et de même
Ibn-Tibbon : גם כן.

(4) C'est-à-dire : pourquoi n'a-t-il pas fait que, par un sentiment naturel, nous fussions portés à faire ce qu'il a ordonné et à nous abstenir
de ce qu'il a défendu, s'il est vrai qu'il a eu uniquement pour but que
nous fissions telle chose et que nous nous abstinssions de telle autre ?

ainsi qu'il l'a voulu, » ou bien : « c'est ainsi que l'a exigé sa sagesse. » De même qu'il a fait naître le monde sous cette forme au moment où il l'a voulu, sans que nous puissions nous rendre compte de sa volonté à cet égard, ni de la sagesse qui lui a fait particulièrement choisir telles formes [1] et telle époque, de même nous ne saurions nous rendre compte de sa volonté, ni de ce qu'a demandé sa sagesse, quand il a *déterminé* tout ce qui fait l'objet des questions précédentes. Mais, si l'on soutenait que le monde est ainsi *par nécessité*, il faudrait nécessairement faire toutes ces questions, et on ne pourrait en sortir que par de méchantes réponses, qui renfermeraient le démenti et la négation de tous ces textes de la Loi dont un homme intelligent ne saurait mettre en doute l'acception littérale [2]. C'est pour cela qu'on a évité (de professer) cette opinion, et pour cela les hommes pieux ont passé et passeront leur vie à méditer sur cette question; car, si la nouveauté (du monde) était démontrée, ne fût-ce que selon l'opinion de Platon, tout ce que les philosophes ont dit pour nous réfuter tomberait; et de même, s'ils avaient réussi à démontrer l'éternité (du monde) [3] selon l'opinion d'Aristote, toute la religion tomberait, et on serait porté vers d'autres opinions. Je t'ai déjà exposé que tout dépend de cette question; sache-le bien.

(1) La plupart des mss. ont צורה, au pluriel *ses formes*, et de même Al-'Harîzi : צורותיו; le ms. de Leyde, n° 18, a צורתה au singulier, leçon qui a été adoptée par Ibn-Tibbon.

(2) Littéralement : ..... *le démenti et la négation de toutes les paroles extérieures de la loi au sujet desquelles il ne peut y avoir de doute pour un homme intelligent qu'elles ne soient (prises) dans ces acceptions extérieures* (ou *littérales*). Sur le mot ظاهر, au pluriel féminin ظواهر, cf. ci-devant, p. 197, note 2.

(3) Dans la plupart des éditions de la vers. d'Ibn-Tibbon, il manque ici les mots על הקדמות, qui se trouvent dans l'édition *princeps*.

CHAPITRE XXVI.

Dans les *Aphorismes* célèbres de Rabbi Eliézer le Grand, connus sous le titre de *Pirké Rabbi Eli'ézer,* j'ai vu un passage tel que je n'en ai jamais vu de plus étrange dans les discours d'aucun de ceux qui suivent la loi de Moïse, notre maître. Ecoute en quels termes il s'exprime [1] : « D'où furent créés les cieux ? Il (Dieu) prit de la lumière de son vêtement et l'étendit comme un drap ; et de là les cieux allèrent se déployant, ainsi qu'il a été dit : *Il s'enveloppe de lumière comme d'un vêtement, il étend les cieux comme un tapis* (Ps. CIV, 2). — D'où fut créée la terre ? Il prit de la neige de dessous *le trône de sa gloire* et la lança, ainsi qu'il a été dit : *Car à la neige il dit : sois terre* (Job, XXXVII, 6). » — Tels sont les termes du passage en question. Puissé-je savoir ce que croyait ce sage ! Croyait-il peut-être qu'il est inadmissible qu'une chose soit produite du néant et qu'il faut nécessairement une matière de laquelle soit formé tout ce qui naît ? Et est-ce pour cela qu'il cherchait pour le ciel et la terre (la matière) *d'où ils avaient été créés ?* Mais, de quelque manière qu'on comprenne sa réponse, on devra nécessairement lui demander : « D'où a été créée *la lumière de son vêtement ?* D'où a été créée la *neige* qui est sous *le trône de la gloire ?* D'où a été créé ce *trône* lui-même ? » — Que si, par la *lumière de son vêtement,* il avait voulu indiquer quelque chose d'incréé, et que de même (selon lui) le *trône de la gloire* fût incréé. ce serait là (une opinion) bien répréhensible [2]; car il aurait alors affirmé l'éternité du monde [3],

---

(1) Voy. les *Pirké R. Eli'ézer,* ch. III. La citation de Maïmonide est un peu abrégée.

(2) La version d'Ibn-Tibbon porte רחוק; il fallait dire מגונה. Al-'Harizi traduit : זאת דבה גדולה ורעה.

(3) L'auteur veut dire que R. Eliézer, dans ce cas, aurait affirmé l'éternité de la matière première, qu'il désignerait allégoriquement par la *lumière de son vêtement* et par *la neige de dessous le trône de la gloire.*

tout au moins dans le sens de l'opinion de Platon [1]. Pour ce qui est du *trône de la gloire*, les docteurs disent expressément qu'il est une des choses créées, quoiqu'ils s'expriment d'une manière singulière (en disant) qu'il a été créé avant la création du monde [2]. Quant aux textes des livres (sacrés), ils ne parlent point de *création* à son égard, à l'exception de ces paroles de David : *L'Éternel a érigé son trône dans les cieux* (Ps. CIII, 19); mais c'est un passage qui prête beaucoup à l'interprétation allégorique [3]. Ce que le texte déclare expressément, c'est sa durée éternelle : *Toi, Eternel, tu résides éternellement, ton trône (reste) de génération en génération* (Lament., V, 19). — Si donc R. Eliézer avait admis l'éternité du *trône*, celui-ci ne pourrait désigner qu'un attribut de Dieu et non pas un corps *créé* [4]; mais, comment alors serait-il possible que quelque chose fût né d'un *attribut?* — Mais ce qu'il y a de plus étonnant, c'est l'expression *la lumière de son vêtement*.

En somme, c'est là un passage qui trouble très fort le théo-

(1) Littéralement : *Si ce n'est que ce serait selon l'opinion de Platon;* c'est-à-dire : il aurait affirmé l'éternité de la matière, quoique dans un sens qui n'est pas aussi contraire à la religion que l'est l'opinion d'Aristote. Voy. ci-dessus, chap. XIII, *deuxième opinion.*

(2) Les anciens rabbins énumèrent sept choses créées avant la création du monde et au nombre desquelles se trouve *le trône de la gloire.* Voy. *Beréschtth rabbâ*, sect. 1, (fol. 1, col. 2); Talmud de Babylone, *Pesa'htm*, fol. 54 *a; Nedartm*, fol. 39 *b.* Cf. le *Khozari*, liv. III, § 73, et le *'Akédâ*, chap. 101.

(3) Sur le sens du mot תאויל, voy. ci-dessus, p. 196, note 1. Ibn-Tibbon emploie dans le même sens le mot hébreu פירוש, comme le fait observer Ibn-Falaquéra, dans l'Appendice du *Moré ha-Moré*, à notre passage (p. 154) :

וצריך שיובן פירוש בזה המקום כשתפורש המלה לענין פנימי לא כפי
מה שתורה עליו המלה מצד חלשון ועל זה מורה תאויל אצל המדברים
באלו הענינים׃

(4) Voy. la 1re partie de cet ouvrage, chap. IX.

logien, homme de science, dans sa foi [1]. Je ne saurais en donner
une interprétation suffisante, et je ne t'en ai parlé que pour que
tu ne te laisses pas induire en erreur; mais, quoi qu'il en soit,
il (l'auteur) nous a rendu par là un grand service, en disant
clairement que la matière du ciel est une autre que celle de la
terre et que ce sont deux matières bien distinctes. L'une, à cause
de son élévation et de sa majesté, est attribuée à Dieu et vient
de *la lumière de son vêtement* [2]; l'autre, éloignée de la lumière
et de la splendeur de Dieu, est la matière inférieure, qu'on fait
venir de *la neige qui est sous le trône de la gloire* [3]. — C'est là
ce qui m'a amené à interpréter les paroles du Pentateuque *Et
sous ses pieds il y avait comme un ouvrage de la blancheur du
saphir* (Exode, XXIV, 10), dans ce sens : qu'ils perçurent, dans
cette vision prophétique, la véritable condition de la *matière
première* inférieure; car Onkelos, comme je te l'ai expliqué,
considère (les mots) *ses pieds* comme se rapportant au *trône*, ce
qui indique clairement que ce *blanc*, qui était *sous le trône*, est la
matière terrestre [4]. Rabbi Eliézer a donc répété la même chose,
en s'exprimant plus clairement, à savoir, qu'il y a deux ma-

(1) La version d'Ibn-Tibbon manque ici de clarté, par sa trop grande
littéralité ; le mot אמונתו est le régime de יבלבל, et היודע, adjectif de
בעל הדת, a le sens de *savant*. La phrase hébraïque doit être construite
de cette manière : יבלבל. מאד אמונת בעל הדת היודע L'auteur
veut dire que ce passage met dans un grand embarras celui qui est à la
fois théologien orthodoxe et homme de science. Al-'Harizi traduit :
ועל דרך כלל הוא דבר משבש דעת המאמין בתורה וישחית לאיש החכם
אמונתו מאד מאד.

(2) Selon Moïse de Narbonne, l'auteur veut dire que, par cette expression, Rabbi Eliézer désigne évidemment une matière pure et bril-
lante, et non pas un attribut de Dieu.

(3) Cf. mes *Mélanges de philosophie juive et arabe*, p. 144-145, où j'ai
rapporté une explication curieuse de ce passage, attribuée à l'empereur
Frédéric II.

(4) Pour l'intelligence de ce passage, voy. la Iᵉ partie de cet ouvrage, chap. XXVIII, où l'auteur entre dans de longs détails sur ce
sujet.

tières, une supérieure et une inférieure, et que la matière de toute chose n'est point une seule. C'est là un grand mystère, et il ne faut pas dédaigner ce que les plus grands docteurs d'Israël en ont révélé; car c'est un des mystères de l'Être, et un des *secrets de la Torâ*. Dans le *Beréschith Rabbâ* on lit : « R. Eliézer dit : la création de tout ce qui est dans les cieux vient des cieux, et la création de tout ce qui appartient à la terre vient de la terre [1]. » Remarque bien comme ce docteur dit clairement que tout ce qui appartient à la terre, c'est-à-dire tout ce qui est au-dessous de la sphère de la lune, a une seule matière commune, et que la matière des cieux et de tout ce qui s'y trouve est une autre, distincte de la première [2]. Dans ses *Aphorismes*, il ajoute ce trait nouveau, concernant la majesté de l'une de ces matières, voisine de Dieu, ainsi que la défectuosité de l'autre et son espace circonscrit. Il faut te pénétrer de cela.

CHAPITRE XXVII.

Je t'ai déjà exposé que la croyance à la *nouveauté du monde* est nécessairement la base de toute la religion; mais que ce monde, création nouvelle, doive aussi périr un jour [3], ce n'est point là, selon nous, un article de religion, et, en croyant

---

(1) Voy. *Beréschith Rabbâ*, sect. 12 (fol. 11, col. 1). Cf. Talmud de Babylone, traité *Yômâ*, fol. 54 *b*.

(2) L'auteur insiste sur ce sujet, parce qu'il y a à cet égard divergence d'opinions, non-seulement parmi les docteurs (voy. *l. c.*), mais aussi parmi les philosophes; car les platoniciens, et notamment les Alexandrins, admettaient une seule matière qui, d'une extrême subtilité à son origine, va se condensant successivement de plus en plus. Parmi les philosophes juifs, c'est Ibn-Gebirol qui professe cette opinion, dans sa *Source de vie*.

(3) Littéralement : *mais sa destruction, après avoir été né et formé, n'est point, selon nous, etc.*

à sa perpépuité, on ne blesserait aucune de nos croyances. Tu
diras peut-être : « N'a-t-il pas été démontré que tout ce qui
naît est périssable? Donc, puisqu'il est né, il doit périr. » Mais,
sache bien que nous ne sommes pas obligés de raisonner ainsi[1];
car nous n'avons pas soutenu qu'il soit né comme naissent les
choses physiques, soumises à une loi naturelle[2]. En effet, ce
qui est né selon le cours naturel des choses doit nécessairement
périr selon le cours de la nature; car, de même qué sa nature a
exigé qu'il n'existât pas d'abord tel qu'il est[3] et qu'ensuite il
devînt tel, de même elle exige nécessairement qu'il n'existe pas
perpétuellement ainsi[4], puisqu'il est avéré que, par sa nature
même, cette manière d'exister ne lui convient pas perpétuellement. Mais, selon notre thèse religieuse, qui attribue l'existence
des choses et leur perte à la volonté de Dieu, et non à la *nécessité*,
selon cette opinion (dis−je), rien ne nous oblige d'admettre que
Dieu, après avoir produit une chose qui n'avait pas existé, doive
nécessairement détruire cette chose. Au contraire, cela dépendra,
ou bien de sa volonté qui sera libre de la détruire ou de la conserver, ou bien[5] de ce qu'exigera sa sagesse; il sera donc possible qu'il la conserve éternellement et qu'il lui accorde une

---

(1) Littéralement : *Que cela ne nous oblige pas*, ou *que cela ne s'ensuit
pas pour nous ;* c'est-à-dire, que ce raisonnement ne saurait s'appliquer
à l'opinion que nous avons soutenue.

(2) Dans les éditions de la version d'Ibn-Tibbon, הטבעי est une faute
d'impression; il faut lire טבעי, sans article.

(3) C'est-à-dire, qu'il n'existât pas sous cette forme qu'il a maintenant; car toutes les choses sublunaires naissent les unes des autres, et
toutes elles naissent du mélange des éléments. — Dans les éditions de
la version d'Ibn-Tibbon il manque ici, après נמצא, le mot כן, qui se
trouve dans les mss.

(4) C'est-à-dire, qu'il ne conserve pas perpétuellement la forme qu'il
a maintenant; car les choses *nées* finissent par perdre leurs formes et par
retourner à leurs premiers éléments.

(5) Il faut lire, dans la version d'Ibn-Tibbon, או בגזרת חכמתו; la
conjonction או manque dans la plupart des éditions, mais se trouve dans
l'édition *princeps*.

permanence semblable à la sienne propre. Tu sais (par exemple)
que les docteurs ont expressément déclaré que *le trône de la
gloire* est une chose créée, et cependant ils n'ont jamais dit qu'il
doive cesser d'être ; on n'a jamais entendu, dans le discours
d'aucun prophète, ni d'aucun docteur, que *le trône de la gloire*
doive périr ou cesser d'être, et le texte de l'Écriture en a même
proclamé la durée éternelle [1]. De même *les âmes des hommes
d'élite*, selon notre opinion, bien que *créées*, ne cessent jamais
d'exister [2]. Selon certaines opinions de ceux qui s'attachent au
sens littéral des *Midraschîm*, leurs corps aussi jouiront de délices
perpétuelles dans toute l'éternité, ce qui ressemble à la fameuse
croyance que certaines gens professent sur les habitants du paradis [3].

En somme, la spéculation (philosophique) amène à cette conclusion : que le monde n'est pas nécessairement soumis à la destruction. Il ne reste donc (à examiner) que le point de vue de la
prédiction des prophètes et des docteurs : a-t-il été prédit, ou
non, que le monde sera infailliblement réduit au néant ? En effet,
le vulgaire d'entre nous croit, pour la plupart, que cela a été
prédit et que ce monde tout entier doit périr ; mais je t'expose-

---

(1) Voy. ce qui a été dit, sur *le trône de la gloire*, au chapitre précédent. — Tous les mss. portent בל אלנע בתאבידה, phrase elliptique,
dans laquelle il faut sous-entendre le verbe קאל. Ibn-Tibbon a suppléé
cette ellipse en traduisant : אבל הכתובים אומרים בנצחותו.

(2) On a déjà vu ailleurs que notre auteur n'attribue l'immortalité
qu'aux âmes des justes, ou des hommes supérieurs, c'est-à-dire à celles
qui dans cette vie sont arrivées au degré de *l'intellect acquis*, tandis que
les âmes des impies, ou celles qui n'ont pas cherché à se perfectionner
ici-bas par la vertu ou la science, sont vouées à la destruction. Voy. le
t. I, p. 328, note 4. Et cf. le *Mischné-Torâ*, liv. I, traité *Teschoubâ* (de
la pénitence), chap. VIII, §§ 1-3.

(3) Plus littéralement : *Comme croient ceux dont la croyance est répandue, au sujet des gens du paradis.* L'auteur fait évidemment allusion aux
fables musulmanes relatives aux délices du paradis. — Cf. sur ce passage,
Maïmonide, *Commentaire sur la Mischnâ*, 4ᵉ partie, introduction au
Xᵉ (XIᵉ) chapitre du traité *Synhedrin*.

rai qu'il n'en est point ainsi, qu'au contraire un grand nombre de textes en proclament la perpétuité, et que tout ce qui, pris
dans le sens littéral [1], semble indiquer qu'il doit périr, est très
évidemment une allégorie, comme je l'expliquerai. Si quelque
partisan du sens littéral s'y refuse, disant qu'il doit nécessairement croire à la destruction (future) du monde, il ne faut pas le
chicaner pour cela [2]. Cependant, il faut lui faire savoir que, si
la destruction du monde est nécessaire, ce n'est pas parce qu'il est
créé, et que, si selon lui elle doit être admise, c'est plutôt par
une foi sincère dans ce qui a été prédit par cette expression allégorique qu'il a prise, lui, dans son sens littéral. Il n'y a en cela
aucune espèce de danger pour la religion.

CHAPITRE XXVIII.

Beaucoup de nos coreligionnaires croient que Salomon admettait l'éternité (du monde). Mais il est étonnant qu'on ait pu s'i-
maginer qu'un homme qui professait la religion de Moïse, notre
maître, ait pu admettre l'*éternité*. Si quelqu'un croyait, — ce

---

(1) La plupart des mss. ont : מן טֹּאהר נץ ; quelques-uns : מן טֹּאהר.
Les éditions de la version d'Ibn-Tibbon portent : מפשוטו כל דבר, il
faut lire : מפשוטו של דבר.

(2) Le verbe ישאח (يُشاحّ) est ici l'aoriste passif de la 3ᵉ forme de la
racine شَحّ, ayant le sens de *compter strictement avec quelqu'un, être avare
ou rigoureux, ne rien céder à quelqu'un*. C'est dans le même sens que les
talmudistes emploient le verbe הקפיד, et c'est par ce verbe que Maïmonide lui-même, dans sa lettre à Ibn-Tibbon, traduit notre verbe arabe :
— Dans la סאלתני כיף יתרגם פלא ישאחח תתרגם אין בזה הקפדה
plupart des mss., le verbe en question est écrit ישאחח, probablement
pour faire mieux reconnaître la racine. Dans l'introduction du *Kitâb
al-luma'*, le ms. d'Oxford a également אלמשאחחה, pour المُشاحّة. Voy.
ma *Notice sur Abou'l-Walid*, p. 133 (*Journal asiatique*, nov.-décemb. 1850,
p. 355).

dont Dieu nous garde! — qu'il a déserté en cela les opinions religieuses [1], comment donc tous les prophètes et docteurs l'auraient-ils accepté? comment ne l'auraient-ils pas attaqué sur ce
point et ne l'auraient-ils pas blâmé après sa mort, comme on dut
le faire [2] pour les *femmes étrangères* et pour d'autres choses?
Ce qui a donné lieu à le soupçonner à cet égard, c'est que les
docteurs disent: « On voulait supprimer le livre de l'*Ecclésiaste,*
parce que ses paroles inclinent vers les paroles des hérétiques [3]. »
Il en est ainsi, sans doute; je veux dire que ce livre, pris dans
son sens littéral, renferme des choses qui inclinent vers des
opinions hétérodoxes [4] et qui ont besoin d'une interprétation.
Mais l'éternité (du monde) n'est pas de ce nombre; il n'y
a (dans ce livre) aucun passage qui l'indique, et encore moins y
trouve-t-on un texte qui déclare manifestement l'éternité du
monde. Cependant, il renferme des passages qui en indiquent la
durée perpétuelle, laquelle est vraie; or, y ayant vu des passages
qui en indiquent la perpétuité, on a pensé que Salomon le croyait

(1) La version d'Ibn-Tibbon ajoute ici les mots ויציאה מעקרי הדת,
dont l'équivalent ne se trouve dans aucun de nos mss. arabes, ni dans
la version d'Al-'Harii. Cette addition peut provenir d'une observation
que Maïmonide, dans sa lettre, adressa au traducteur, au sujet du verbe
نشز, qui signifie, selon lui, *sortir du rang* ou *de la ligne, s'écarter d'une
opinion*. et qu'il dit avoir employé ici dans le sens de יציאה מעקרי הדת,
sortir (s'écarter) *des principes de la religion :*

אלנשח הו אלברוג׳ ען אלצף או ען אלראי פיתרגם הכדׄא שזה פשט
יד ויצא מעקרי הדת וחלילה לאל ׃

(2) La plupart des mss. ont וגב; l'un des mss. de Leyde (n° 18) a
נגד, et de même Al-'Harisi : כמו שנמצא, *comme nous le trouvons*. La
version de Ibn-Tibbon réunit les deux leçons : כמו שנמצא שחייבוחו; Ibn-
Tibbon avait mis sans doute en marge l'un des deux verbes, que les
copistes ont ensuite réunis.

(3) Voy. *Wayyikra Rabbâ*, sect. 28 (fol. 168, col. 4); *Midrasch-
Kohéleth*, au chap. I, vers. 3. La citation de Maïmonide, comme il arrive souvent, diffère un peu de nos éditions des *Midraschim*, qui portent : שמצאו בו דברים שהם נוטים לצד מינות.

(4) Littéralement : *Vers des opinions étrangères aux opinions de la loi.*

incréé, tandis qu'il n'en est point ainsi. Le passage sur la perpétuité est celui-ci : *et la terre reste à perpétuité,* לעולם (Ecclésiaste, I, 4); et ceux qui n'ont pas porté leur attention sur ce point curieux ont dû recourir à cette explication : *pendant le temps qui lui a été fixé* [1]. Ils ont dit de même, au sujet de ces paroles de Dieu : *Jamais tant que durera la terre* (Genèse, VIII, 22), qu'il s'agit là de la durée du temps qui lui a été fixé. Mais je voudrais savoir ce qu'on dira des paroles de David : *Il a fondé la terre sur ses bases, afin qu'elle ne chancelle point, à tout jamais* (Ps. CIV, 5); car si les mots עולם ועד, *in sæculum,* n'indiquaient pas non plus la durée perpétuelle, Dieu aussi aurait une certaine durée limitée, puisqu'on s'exprime sur sa perpétuité en ces termes : *l'Éternel régnera à jamais,* לעולם ועד (Exode, XV, 18) [2]. Mais ce qu'il faut savoir, c'est que עולם, *sæculum,* n'indique la durée perpétuelle que lorsque la particule עד y est jointe, soit après, comme, p. ex., עולם ועד, soit avant, comme, par exemple, עד עולם; ainsi donc, l'expression de Salomon, לעולם עמדת *reste à perpétuité,* dirait même moins que celle de David, בל תמוט עולם ועד, *afin qu'elle ne chancelle point, à tout jamais.* David, en effet, a clairement exposé la perpétuité du ciel et (déclaré) que ses lois, ainsi que tout ce qu'il renferme, resteront invariablement dans le même état. Il a dit : *Célébrez l'Éternel du haut des cieux, etc., car il a ordonné et ils furent créés; il les a établis pour toute éternité; il a fixé une loi qui reste invariable* (Ps. CXLVIII, 1, 5, 6), ce qui veut dire que ces lois qu'il a fixées ne seront jamais changées; car le mot חק (loi) est une allusion aux *lois du ciel et de la terre,* dont il a été parlé précédemment [3].

---

(1) C'est-à-dire : ceux qui n'ont pas su séparer l'éternité du monde de sa durée perpétuelle ont dû expliquer ces paroles de l'Ecclésiaste dans ce sens que la terre aura la durée qui lui a été fixée d'avance par le Créateur.

(2) Dans les éditions de la version d'Ibn-Tibbon, on cite ici le verset : ייי מלך עולם ועד (Ps. X, 16).

(3) Voy., ci-dessus, chap. X et *passim.*

Mais en même temps il déclare qu'elles ont été créées, en disant : *car il a ordonné, et ils* [1] *furent créés*. Jérémie a dit : *celui qui a destiné le soleil pour servir de lumière pendant le jour, (qui a prescrit) des lois à la lune et aux étoiles pour servir de lumière pendant la nuit, etc., si ces lois peuvent disparaître de devant moi, dit l'Éternel, la race d'Israël aussi cessera d'être une nation.* (Jérémie XXXI, 35) ; il a donc également déclaré que bien qu'elles aient été créées, à savoir ces lois, elles ne disparaîtront point.

Si donc on en poursuit la recherche, on trouvera (aussi cette doctrine) ailleurs que dans les paroles de Salomon. Mais Salomon (lui-même) a dit encore que ces œuvres de Dieu, c'est-à-dire le monde et ce qu'il renferme, resteront perpétuellement stables dans leur nature, bien qu'elles aient été *faites : Tout ce que Dieu a fait,* dit-il, *restera à perpétuité; il n'y a rien à y ajouter, rien à en retrancher* (Ecclésiaste, III, 14). Il a donc fait connaître par ce verset, que le monde est l'œuvre de Dieu et qu'il est d'une durée perpétuelle, et il a aussi donné la cause de sa perpétuité, en disant : *il n'y a rien à y ajouter, rien à en retrancher ;* car ceci est la cause pourquoi il *restera à perpétuité.* C'est comme s'il avait dit que la chose qui est sujette au changement ne l'est qu'à cause de ce qu'elle a de défectueux et qui doit être complété, ou (à cause) de ce qu'elle a de superflu et d'inutile, de sorte que ce superflu doit être retranché ; tandis que les œuvres de Dieu, étant extrêmement parfaites, de sorte qu'il est impossible d'y ajouter ou d'en retrancher, restent nécessairement telles qu'elles sont, rien dans elles ne pouvant amener le changement [2]. Il semblerait qu'il ait voulu aussi indiquer le but de la création, ou justifier les changements qui surviennent [3], en disant à la fin du

---

(1) C'est-à-dire , les cieux et leurs lois.

(2) Les éditions de la version d'Ibn-Tibbon portent כי אי אפשר המצא דבר מביא לשנוים. Les mots המצא דבר ne se trouvent pas dans les mss., et n'ont été ajoutés que pour plus de clarté.

(3) Littéralement : *C'est aussi comme s'il avait voulu donner un but à ce qui existe, ou excuser ce qui est changé, en disant,* etc. ; c'est-à-dire : il

verset : *Et Dieu l'a fait pour qu'on le craignît*, ce qui est une allusion aux miracles qui surviennent. Quand il dit ensuite (V, 15) :
*Ce qui a été est encore, et ce qui sera a déjà été, et Dieu veut cette
suite (continuelle)* ; il veut dire par là que Dieu veut la perpétuité
de l'univers et que tout s'y suive par un enchaînement mutuel.

Ce qu'il a dit de la perfection des œuvres de Dieu et de l'impossibilité d'y rien ajouter et d'en rien retrancher, le prince des savants [1] l'a déjà déclaré en disant : *Le rocher* (le Créateur), *son
œuvre est parfaite* (Deut., XXXII, 4) ; ce qui veut dire que toutes ses œuvres, à savoir ses créatures, sont extrêmement parfaites, qu'il ne s'y mêle aucune défectuosité, et qu'elles ne renferment rien de superflu ni rien d'inutile. Et de même, tout ce qui
s'accomplit pour ces créatures et par elles est parfaitement juste
et conforme à ce qu'exige la sagesse (divine), comme cela sera
exposé dans quelques chapitres de ce traité.

CHAPITRE XXIX.

Sache que celui qui ne comprend pas la langue d'un homme
qu'il entend parler, sait sans doute que cet homme parle, mais
il ignore ce qu'il veut dire. Mais, ce qui est encore plus grave,
c'est qu'on entend quelquefois dans le langage (d'un homme)
des mots qui, dans la langue de celui qui parle, indiquent un
certain sens, tandis que par hasard, dans la langue de l'audi-

---

semble que Salomon, par les derniers mots de ce verset, a voulu indiquer le but qu'avait Dieu en créant le monde, ou bien justifier le changement que les lois de la nature semblent subir, à certaines époques,
par l'intervention des miracles. — Les mots תכלית כונה, dans la version d'Ibn-Tibbon, sont une double traduction du mot arabe נאיה ; il
faut donc effacer l'un des deux mots.

(1) Cf. sur cette expression, appliquée à Moïse, le t. I, p. 216,
note 2.

teur, tel mot a un sens opposé à celui que l'interlocuteur voulait (exprimer); et cependant l'auditeur croit que le mot a, pour celui qui parle, la signification qu'il a pour lui-même. Si, par exemple, un Arabe entendait dire à un Hébreu *abâ*, l'Arabe croirait que l'autre veut parler de quelqu'un qui repousse une chose et qui ne la veut pas, tandis que l'Hébreu veut dire, au contraire, que la chose plaît à celui-là et qu'il la veut. C'est là également ce qui arrive au vulgaire avec le langage des prophètes; en partie, il ne le comprend pas du tout, mais c'est, comme a dit (le prophète) : *Toute vision est pour vous comme les paroles d'un livre scellé* (Isaïe, XXIX, 11); en partie, il le prend à rebours ou dans un sens opposé, comme a dit (un autre prophète) : *Et vous renversez les paroles du Dieu vivant* (Jérémie, XXIII, 36). Sache aussi que chaque prophète a un langage à lui propre, qui est en quelque sorte la langue (particulière) de ce personnage; et c'est de la même manière que la révélation, qui lui est personnelle, le fait parler à celui qui peut le comprendre.

Après ce préambule, il faut savoir que ce qui arrive fréquemment dans le discours d'Isaïe, — mais rarement dans celui des autres (prophètes), — c'est que, lorsqu'il veut parler de la chute d'une dynastie [1] ou de la ruine d'une grande nation, il se sert d'expressions telles que : *Les astres sont tombés, le ciel a été bouleversé* [2], *le soleil s'est obscurci, la terre a été dévastée et*

---

(1) Ibn-Tibbon traduit : עם נחיצת על ; Al-'Harizi dit plus exactement : על עקירת מלכות, car le mot arabe دولة, qu'Ibn-Tibbon traduit souvent par עם ou אומה, *nation*, signifie *dynastie, empire*.

(2) Le verbe كور, à la Ire et à la IIe forme, signifie *envelopper la tête* (d'un turban). Dans le Koran, كورت se dit du soleil (chap. LXXXI, v. 1) : اذا الشمس كورت. Les commentateurs ne sont pas d'accord sur le sens de ce verbe passif; on l'explique par *être obscurci* ou *enveloppé, se coucher, s'effacer*. Voy. le Commentaire des *Séances de Hariri*, p. 313. Maïmonide y attache l'idée de *bouleversement, destruction*, comme il le dit lui-même dans sa lettre à R. Samuel Ibn-Tibbon : ואלסמא כורת באלכאף ומעני ואלתכויר אבאדה אלסמא « Il faut lire כורת, par un *câf*. Ce verbe se dit de la *destruction du ciel*. »

ébranlée, et beaucoup d'autres métaphores semblables. C'est comme on dit chez les Arabes (en parlant) de celui qu'un grand malheur a frappé : *Son ciel a été renversé sur sa terre* [1]. De même, lorsqu'il décrit la prospérité d'une dynastie et un renouvellement de fortune, il se sert de métaphores telles que *l'augmentation de la lumière du soleil et de la lune*, *le renouvellement du ciel et de la terre*, et autres expressions analogues. C'est ainsi que (les autres prophètes), lorsqu'ils décrivent la ruine d'un individu, d'une nation ou d'une ville, attribuent à Dieu des dispositions de colère et de grande indignation contre eux ; mais, lorsqu'ils décrivent la prospérité d'un peuple, ils attribuent à Dieu des dispositions de joie et d'allégresse. Ils disent (en parlant) de ses dispositions de colère contre les hommes : *il est sorti*, *il est descendu*, *il a rugi*, *il a tonné*, *il a fait retentir sa voix*, et beaucoup d'autres mots semblables ; ils disent aussi : *il a ordonné*, *il a dit*, *il a agi*, *il a fait*, et ainsi de suite, comme je l'exposerai. En outre, lorsque le prophète raconte la ruine des habitants d'un certain endroit, il met quelquefois toute l'espèce (humaine) à la place des habitants de cet endroit ; c'est ainsi qu'Isaïe dit : *Et l'Éternel éloignera les hommes* (VI, 12), voulant parler de la ruine d'Israël [2]. Sephania dit dans le même sens : *J'exterminerai l'homme de la surface de la terre, et j'étendrai ma main contre Juda* (I, 3 et 4). Il faut te bien pénétrer de cela.

Après t'avoir exposé ce langage (des prophètes) en général, je vais te faire voir que ce que je dis est vrai et t'en donner la preuve [3].

Isaïe, — lorsque Dieu l'a chargé d'annoncer la chute de l'empire de Babylone, la destruction de San'hérib, celle de Ne—

---

(1) C'est-à-dire : il a été bouleversé sens dessus dessous.

(2) Saadia traduit dans le même sens : ואד יבער אללה האולא אלנאם, *et voici Dieu éloignera ces hommes* (les Israélites).

(3) Littéralement : *Je vais t'en faire voir la vérité et la démonstration ;* c'est-à-dire : Je vais te démontrer par des exemples que ce que je dis est vrai.

bouchadneçar qui apparut après lui, et la cessation de son règne, et que (le prophète) commence à dépeindre les calamités (qui devaient les frapper) à la fin de leur règne, leurs déroutes et ce qui devait les atteindre en fait de malheurs qui atteignent quiconque est mis en déroute et qui fuit devant le glaive victorieux, — (Isaïe, dis-je,) s'exprime ainsi : *Car les étoiles des cieux et leurs constellations ne feront pas luire leur lumière, le soleil sera obscurci dès son lever, et la lune ne fera pas resplendir sa clarté* (Isaïe, XIII, 10). Il dit encore dans la même description : *C'est pourquoi j'ébranlerai les cieux, et la terre sera remuée de sa place, par la fureur de Jehova Sebaoth, et au jour de sa brûlante colère* (ibid., v. 13). Je ne pense pas qu'il y ait un seul homme dans lequel l'ignorance, l'aveuglement, l'attachement au sens littéral des métaphores et des expressions oratoires, soient arrivés au point qu'il pense que les étoiles du ciel et la lumière du soleil et de la lune aient été altérées lorsque le royaume de Babylone périt, ou que la terre soit sortie de son centre, comme s'exprime (le prophète). Mais tout cela est la description de l'état d'un homme mis en fuite, qui, sans doute, voit toute lumière en noir, trouve toute douceur amère, et s'imagine que la terre lui est trop étroite et que le ciel s'est couvert [1] sur lui.

De même, quand il dépeint à quel état d'abaissement et d'humiliation devaient arriver les Israélites pendant les jours de l'impie San'hérib, lorsqu'il s'emparerait *de toutes les villes fortes de Juda* (ibid., XXXVI, 1), comment ils devaient être faits captifs et mis en déroute, quelles calamités devaient successivement venir (fondre) sur eux, de la part de ce roi, et comment la terre d'Israël devait périr alors par sa main, — il s'exprime ainsi : *Effroi, fosse et piége contre toi, habitant du pays. Celui qui fuira le bruit de l'effroi tombera dans la fosse; celui qui remontera de la fosse sera pris dans le piége; car les écluses des hauteurs (célestes) s'ouvrent, et les fondements de la terre sont ébranlés. La terre sera violem-*

---

(1) Ibn-Tibbon a : והשמים נהפכים עליו ; peut-être a-t-il lu, dans son texte arabe, מנקלבה au lieu de מנטבקה.

*ment secouée, crevassée, ébranlée. La terre chancellera comme
un ivrogne*, etc. (*ibid.*, XXIV, 17-20). A la fin de ce discours,
en décrivant ce que Dieu fera à San'hérib, la perte de sa domination altière (dans son expédition) contre Jérusalem, et la honte
dont Dieu le confondra devant cette ville, il dit allégoriquement [1] : *La lune rougira, le soleil sera confus; car l'Eternel Sebaoth régnera*, etc. (*ibid.*, v. 23). Jonathan ben Uziel a très
bien interprété ces paroles ; il dit que, lorsqu'il arrivera à San'-
hérib ce qui lui arrivera (dans son expédition) contre Jérusalem,
les adorateurs des astres sauront que c'est un acte divin, et ils
seront stupéfaits et troublés : *Ceux*, dit-il, *qui rendent un culte à
la lune rougiront, ceux qui se prosternent devant le soleil seront
humiliés, car le règne de Dieu se révélera*, etc. [2].

Ensuite, en dépeignant la tranquillité dont jouiront les Israélites quand San'hérib aura péri, la fertilité et le repeuplement
de leurs terres et la prospérité de leur empire sous Ezéchias, il
dit allégoriquement que la lumière du soleil et de la lune sera
augmentée ; car, de même qu'il a été dit, au sujet du vaincu, que
la lumière du soleil et de la lune s'en va et se change en ténèbres par rapport au vaincu, de même la lumière des deux (astres) augmente pour le vainqueur. Tu trouveras toujours que,
lorsqu'il arrive à l'homme un grand malheur, ses yeux s'obscurcissent, et la lumière de sa vue n'est pas claire, parce que l'*esprit
visuel* [3] se trouble par l'abondance des vapeurs et qu'en même
temps il s'affaiblit et s'amoindrit par la grande tristesse et par
le resserrement de l'âme. Dans la joie, au contraire, lorsque l'âme
se dilate et que l'*esprit* (*visuel*) s'éclaircit, l'homme voit en quelque sorte la lumière plus forte qu'auparavant. — Après avoir
dit : *Car, peuple dans Sion, qui habites dans Jérusalem ! tu ne
pleureras plus*, etc. (le prophète ajoute,) à la fin du discours :
La lumière de la lune sera comme la lumière du soleil, et la lu-

---

(1) Le ms. de Paris (n° 237) porte מתממא, *en terminant.*

(2) De même Saadia : פיכֹוא אלקמרין ויכֹיב אלשמסין.

(3) Voy. le t. I, p. 111, note 2, et p. 355, note 1.

mière du soleil sera septuple comme la lumière des sept jours,
lorsque Dieu pansera la fracture de son peuple et qu'il guérira la
plaie de sa blessure (ibid., XXX, 19 et 26); il veut dire : lorsqu'il les relèvera de leur chute [1] (qu'ils auront faite) par la main
de l'impie San'hérib. Quant à ces mots : *comme la lumière des*
sept jours, les commentateurs disent qu'il veut indiquer par là la
grande quantité (de lumière); car les Hébreux mettent *sept* pour
un grand nombre. Mais il me semble, à moi, qu'il fait allusion
aux *sept jours de la dédicace du Temple* qui eut lieu aux jours
de Salomon; car jamais la nation n'avait joui d'un bonheur,
d'une prospérité et d'une joie générale, comme dans ces jours-là.
Il dit donc que leur bonheur et leur prospérité seront alors
(grands) comme dans ces sept jours.

Lorsqu'il décrit la ruine des impies Iduméens, qui opprimaient
les Israélites, il dit : *Leurs morts seront jetés, et de leurs cada-*
vres s'élèvera une odeur infecte; les montagnes se fondront dans
leur sang. Toute l'armée céleste se dissoudra, les cieux se roule-
ront comme un livre, toute leur armée tombera comme tombent la
feuille de la vigne et le fruit flétri du figuier. Car mon glaive, dans
le ciel, est ivre; voici qu'il descend sur Edom, etc. (ibid., XXXIV,
3–5). Or, considérez, vous qui avez des yeux, s'il y a dans ces
textes quelque chose qui soit obscur, ou qui puisse faire penser
qu'il décrive un événement qui arrivera au ciel, et si c'est là au-

---

(1) Le verbe اقال, IVᵉ forme de la racine قول, ou قيل (Voy. le Commentaire des *Séances de Hariri,* p .6), signifie *résilier un marché, relever*
quelqu'un d'un engagement, lui pardonner; de là, اقال عثرته, *il l'a relevé de sa*
chute, au propre et au figuré. Maïmonide, dans sa lettre, avait conseillé
à Ibn-Tibbon de traduire les mots אקאלה עתרתהם par רפוי מחצתם,
la guérison de leur blessure, sans doute par allusion aux mots d'Isaïe,
ומחץ מכתו ירפא. Probablement Ibn-Tibbon trouva cette traduction
trop libre; il traduit plus littéralement : הקים כשלונם. Maïmonide emploie la même expression dans la IIIᵉ partie, chap. XVI : ועתרוא עתרה
כשלו כשלון אין תקומה, ce qu'Ibn-Tibbon traduit : לא אקאלה להם מנהא
להם ממנו, littéralement, *et ils ont fait un faux pas (ou une chute) dont ils*
ne sauraient se relever.

tre chose qu'une métaphore pour dire que leur règne sera détruit, que la protection de Dieu se retirera d'eux, que leur fortune
sera abattue, et que les dignités de leurs grands s'évanouiront [1]
au plus vite et avec une extrême rapidité. C'est comme s'il disait
que les personnages qui étaient comparables aux étoiles par la
solidité, par l'élévation de position et par l'éloignement des vicissitudes, tomberont, dans le plus court délai, *comme tombe la
feuille de la vigne*, etc. Ceci est trop clair pour qu'on en parle
dans un traité comme celui-ci, et, à plus forte raison, pour qu'on
s'y arrête. Mais la nécessité (nous) y a appelé; car le vulgaire,
et même ceux qu'on prend pour des gens distingués, tirent des
preuves de ce verset, sans faire attention à ce qui se trouve avant
et après, et sans réfléchir à quel sujet cela a été dit, (le considérant)
seulement comme un récit par lequel l'Écriture eût voulu nous annoncer la fin du ciel, comme elle nous en a raconté la naissance.

Ensuite, lorsqu'Isaïe annonce aux Israélites la ruine de San-
'hérib et de tous les peuples et rois qui étaient avec lui [comme
il est notoire] et la victoire qu'ils remporteront par l'aide de Dieu
seul, il leur dit allégoriquement: voyez comme ce ciel se dis-
sout, comme cette terre s'use; ceux qui l'habitent meurent, et
vous, vous êtes secourus. C'est comme s'il disait que ceux qui
ont embrassé toute la terre et que l'on croyait solides comme le

---

(1) Les mots וסקוט בכותהם וכמול חטוט עטמאיהם sont rendus, dans
la version d'Ibn-Tibbon, par והשפלם ושחות גדוליהם. On voit que ce
traducteur a négligé les mots בכות et חטוט. Al-'Harîzi traduit plus exactement: ורדת מזלם ושפלות גדולת נכבריהם. Ibn-Falaquéra, dans ses
observations critiques sur la version d'Ibn-Tibbon (Appendice du *Moré-
ha-moré*, p. 149), a déjà fait remarquer l'omission du mot חטוט, qui,
dit-il, a ici le sens de *dignités, honneurs* (cf. le t. I, p. 52, note 2); il y
fait observer en même temps que כמול a ici le sens de *disparition, éva-
nouissement :* וזו המלה (חט) היא בפרק כ"ט מהחלק השני וכמול חטוט
עטמאיהם העתיק ושחות גדוליהם ולא העתיק זו המלה והעתקתו
והתעלם מעלות גדוליהם כי כמול התעלם הפך הראות ומלת כמול
שהוא התעלם תורה על ענין שהוא יתעלם הכבור והמעלה.

ciel, — par hyperbole [1], — périront rapidement et s'en iront comme s'en va la fumée, et leurs monuments qui étaient en vue [2] et (paraissaient) stables comme la terre, ces monuments se perdront comme se perd un vêtement usé. Au commencement de ce discours, il dit : *Car Dieu consolera Sion, il consolera toutes ses ruines, etc. Écoutez-moi, mon peuple, etc. Ma justice est proche, mon salut apparaît, etc. Levez vos yeux vers les cieux, regardez la terre en bas, car les cieux se dissipent comme la fumée, la terre s'use comme un vêtement, et ses habitants périssent également; mais mon salut sera pour l'éternité et ma justice ne se brisera pas* (ibid., LI, 3-6).

En parlant de la restauration du royaume des Israélites, de sa stabilité et de sa durée, il dit que Dieu produira de nouveau un ciel et une terre; car, dans son langage, il s'exprime toujours au sujet du règne d'un roi, comme si c'était un monde propre à celui-ci, à savoir : un ciel et une terre. Après avoir commencé les consolations (par les mots) : *Moi, moi-même je vous console* (ibid., v. 12), et ce qui suit, il s'exprime ainsi : *Je mets mes paroles dans ta bouche et je te couvre de l'ombre de ma main, pour implanter les cieux, pour fonder la terre et pour dire à Sion : tu es mon peuple* (ibid., v. 16). Pour dire que la domination restera aux Israélites et qu'elle s'éloignera des puissants célèbres, il

_____

(1) Le mot אניא (اِغْيَآء, accusatif اِغْيَآءً) est le nom d'action de la IIe forme de la racine غي et est employé dans le sens d'*hyperbole* (dérivé de غايَة, *extrémité*). Cette signification du mot اغياه n'est pas indiquée dans les dictionnaires; mais Maïmonide emploie ce mot dans plusieurs passages de ce traité : par exemple, ci-après, chap. XLVII : אלאסתעאראת ואלאגניאאת, *les métaphores et les hyperboles*. On emploie aussi dans le même sens le mot تغاي, nom d'action de la VIe forme. Voy. mon édition du *Commentaire de R. Tan'houm sur 'Habakkouk*, p. 83, et la note 13 *b*, p. 98.

(2) Ibn-Tibbon traduit le mot וֹאתאראהם inexactement par ועניניהם; Al-'Harizi a ואותותיהם. L'un et l'autre ont omis de traduire אלטאהרה, qui manque aussi dans le ms. n° 18 de Leyde.

s'exprime ainsi : *Car les montagnes céderont,* etc. (*ibid.*, LIV, 10).
En parlant de la perpétuité du règne du Messie, et (pour dire) que
le règne d'Israël ne sera plus détruit depuis, il s'exprime ainsi : *Ton
soleil ne se couchera plus*, etc. (*ibid.*, LX, 20). — Enfin, pour
celui qui comprend le sens de ce langage, ce sont de pareilles
métaphores, souvent répétées, qu'Isaïe emploie dans son discours.
C'est ainsi que, décrivant les circonstances de l'exil et leurs
particularités, et ensuite le retour de la puissance et la disparition de tous ces deuils, il dit allégoriquement : Je créerai un autre ciel et une autre terre, ceux d'à présent [1] seront oubliés et
leur trace sera effacée. Puis il explique cela dans la suite du discours, et il dit : Si j'emploie les mots *je créerai* etc., je veux
dire par là que je vous formerai un état de joie continuelle et
d'allégresse en place de ces deuils et de cette affliction, et on ne
pensera plus à ces deuils précédents. Ecoute l'enchaînement des
idées et comment se suivent les versets qui s'y rapportent : d'a-
bord, en commençant ce sujet, il dit : *Je rappellerai les bontés
de l'Éternel, les louanges de l'Éternel*, etc. (*ibid.*, LXIII, 7).
Après cela, il dépeint tout d'abord les bontés de Dieu envers nous
(en disant) : *Il les a soulevés et il les a portés tous les jours de
l'éternité*, et tout l'ensemble du passage (*ibid.*, v. 9). Puis il décrit notre rébellion : *Ils se sont révoltés et ils ont irrité son esprit
saint*, et ce qui suit (*ibid.*, v. 10). Ensuite il décrit comment
l'ennemi s'est rendu maître de nous : *Nos ennemis ont foulé ton
sanctuaire; nous sommes (comme ceux) sur lesquels tu n'as jamais
dominé*, et ce qui suit (*ibid.*, v. 18 et 19). Ensuite, il prie pour
nous, et il dit : *Ne t'irrite pas trop, ô Éternel*, et ce qui suit
(*ibid.*, LXIV, 8). Après cela il rappelle de quelle manière nous
avons mérité le grave (châtiment) par lequel nous avons été
éprouvés, puisque nous avons été appelés à la vérité et que nous
n'avons pas répondu, et il dit : *Je me suis laissé chercher par
ceux qui n'avaient pas demandé*, etc. (*ibid.*, LXV, 1). Puis, il

---

(1) Tous les mss. arabes ont ‫ותנסי תלך‬, ce qu'Ibn-Tibbon et Al-
'Harîzi rendent par ‫וישכחו הראשונים‬.

promet le pardon et la miséricorde, et il dit : *Ainsi parle l'Eternel : comme le moût se trouve dans la grappe,* et ce qui suit (*ibid.*, v. 8). Il menace ensuite ceux qui nous ont opprimés, et il dit : *Voici, mes serviteurs mangeront, et vous, vous aurez faim,* etc. (*ibid.*, v. 13). Enfin, il ajoute à cela que les croyances de cette nation se corrigeront, qu'elle deviendra un objet de bénédiction sur la terre, et qu'elle oubliera toutes les vicissitudes précédentes; et il s'exprime en ces termes : *Et il appellera ses serviteurs par un autre nom; celui qui se bénira sur la terre se bénira par le vrai Dieu, et celui qui jurera sur la terre jurera par le vrai Dieu; car les premières détresses seront oubliées et dérobées à mes yeux. Car voici, je crée des cieux nouveaux et une terre nouvelle, on ne pensera plus à ce qui a précédé et on ne s'en souviendra plus. Mais, réjouissez-vous et tressaillez pour toujours à cause de ce que je crée; car voici, je crée Jérusalem pour l'allégresse, et son peuple pour la joie. Et je me réjouirai de Jérusalem,* etc. (*ibid.*, v. 15-19). — Tu as donc maintenant une explication claire de tout le sujet. C'est que, après avoir dit : *Car voici, je crée des cieux nouveaux et une terre nouvelle,* il l'explique immédiatement, en disant : *Car voici, je crée Jérusalem pour l'allégresse, et son peuple pour la joie.* Après ce préambule, il dit : De même que ces circonstances de la foi et de l'allégresse qui s'y rattache, (circonstances) que j'ai promis de créer [1], subsisteront toujours, — car la foi en Dieu et l'allégresse que cause cette foi sont deux circonstances qui ne peuvent jamais cesser ni s'altérer dans celui à qui elles sont arrivées [2]; — il dit donc : De même que cet état de foi et d'allé-

____

(1) Il faut effacer ici dans la version d'Ibn-Tibbon les mots וימלאו את הארץ, qui ne sont exprimés ni dans le texte arabe, ni dans la version d'Al-'Harîzi.

(2) Dans la version d'Ibn-Tibbon, au lieu de ממה שהגיע אליו, il faut lire : מכל מי שהיו לו, comme l'ont les mss. — La phrase ayant été interrompue ici par une parenthèse, l'auteur la recommence une seconde fois.

gresse, que j'annonce comme devant être universel sur la terre, sera perpétuel et stable, de même se perpétuera votre race et votre nom. C'est là ce qu'il dit après : *Car de même que ces cieux nouveaux et cette terre nouvelle que je ferai subsistent devant moi, dit l'Éternel, de même subsistera votre race et votre nom* (*ibid.*, LXVI, 22). Car il arrive quelquefois que la *race* reste, et que le *nom* ne reste pas ; tu trouves, par exemple, beaucoup de peuples qui indubitablement sont de la race des Perses ou des Grecs, et qui cependant ne sont plus connus par un nom particulier, mais qu'une autre nation a absorbés. Il y a là encore, selon moi, une allusion à la perpétuité de la Loi (de Moïse), à cause de laquelle nous avons un nom particulier.

Comme ces métaphores se rencontrent fréquemment dans Isaïe, j'ai dû, à cause de cela, les parcourir toutes : mais il s'en trouve aussi quelquefois dans le discours des autres (prophètes).

JÉRÉMIE dit, en décrivant la destruction de Jérusalem, due aux crimes de nos ancêtres : *J'ai vu la terre, et il n'y avait que le vide et le chaos* (IV, 23).

EZÉCHIEL dit, en décrivant la ruine du royaume d'Égypte et la chute du Pharaon par la main de Nebouchadneçar : *Je couvrirai les cieux en t'éteignant, et j'obscurcirai leurs astres ; je couvrirai le soleil d'un nuage, et la lune ne fera pas luire sa lumière. Toutes les clartés de lumière dans les cieux, je les obscurcirai sur toi, et je répandrai des ténèbres sur ta terre, dit le Seigneur, l'Éternel* (XXXII, 7–8).

JOEL, fils de Pethouel, dit (en parlant) de la multitude des sauterelles qui arrivèrent de son temps : *Devant elles la terre tremble, le ciel s'ébranle, le soleil et la lune s'obscurcissent, et les astres retirent leur clarté* (II, 10).

AMOS dit, en décrivant la destruction de Samarie : *Je ferai coucher le soleil en plein midi, et je couvrirai de ténèbres la terre au milieu de la clarté du jour ; je changerai vos fêtes en deuil, etc.* (VIII, 9 et 10).

MICHA dit, au sujet de la destruction de Samarie, en demeurant toujours dans ces expressions oratoires généralement connues : *Car voici, l'Éternel sort de sa résidence, il descend, et il foule les hauteurs de la terre; les montagnes se fondent, etc.* (I, 3-4).

'HAGGAÏ dit (en parlant) de la destruction du royaume des Perses et des Mèdes : *J'ébranlerai les cieux et la terre, la mer et le continent; je remuerai toutes les nations, etc.* (II, 6-7).

Au sujet de l'expédition de Joab contre les Araméens, lorsqu'il (David) dépeint combien la nation était faible et abaissée auparavant et comment (les Israélites) étaient vaincus et mis en fuite, et qu'il prie pour qu'ils soient victorieux dans ce moment, il s'exprime ainsi : *Tu as ébranlé la terre, tu l'as brisée; guéris ses fractures, car elle chancelle* (Ps. LX, 4). De même, pour nous avertir que nous ne devons rien craindre lorsque les peuples périssent et s'en vont, — parce que nous nous appuyons sur le secours du Très-Haut et non pas sur notre combat et sur notre force, comme a dit (Moïse) : *Peuple secouru de l'Éternel* (Deut., XXXIII, 29), — il dit : *C'est pourquoi nous ne craignons rien, lorsque la terre change et que les montagnes chancellent au cœur des mers* (Ps. XLVI, 3). Au sujet de la submersion des Égyptiens, on trouve (les expressions suivantes) : *Les eaux t'ont vu et elles ont tremblé, et les abîmes se sont émus. La voix de ton tonnerre dans le tourbillon etc., la terre tremblait et s'ébranlait* (Ps. LXXVII, 17 et 19). *L'Éternel est-il en colère contre les fleuves* (Habac., III, 8)? *La fumée monta dans ses narines etc.* (Ps. XVIII, 9). De même, dans le cantique de Débora : *la terre s'ébranla, etc.* (Juges, V, 4`.` — On rencontre beaucoup (d'autres passages) de ce genre ; ce que je n'ai pas cité, tu l'expliqueras d'une manière analogue [1].

Quant à ces paroles de Joel (III, 3-5) : *Je montrerai des prodiges dans les cieux et sur la terre, du sang, du feu et des colonnes de fumée. Le soleil sera changé en ténèbres et la lune en sang, avant qu'arrive le jour grand et terrible de l'Éternel. Et quiconque*

_____
(1) Littéralement : *Mesure-le* (ou *compare-le*) *avec ce que j'ai cité.*

invoquera le nom de l'Éternel sera sauvé; car sur le mont Sion et dans Jérusalem il y aura un refuge etc., — je serais très porté à croire qu'il veut décrire la ruine de San'hérib (dans son expédition) contre Jérusalem. Mais, si tu ne veux pas (admettre) cela, ce peut être la description de la ruine de Gôg (qui aura lieu) devant Jérusalem, aux jours du roi-Messie, bien qu'il ne soit question, dans ce passage, que du grand carnage, du ravage des flammes et de l'éclipse des deux astres. Tu diras peut-être : comment se fait-il que, selon notre explication, il appelle le jour de la ruine de San'hérib *le jour grand et terrible de l'Éternel?* Mais il faut savoir que chaque jour auquel a lieu une grande victoire ou une grande calamité est appelé *le jour grand et terrible de l'Éternel.* Joel a dit de même (en parlant) du jour où ces sauterelles arrivèrent contre eux [1] (II, 11) : *Car grand est le jour de l'Éternel et fort terrible; qui peut le supporter?*

On connaît déjà le but auquel nous visons; c'est (de prouver) qu'une destruction (future) de ce monde, un changement de l'état dans lequel il est, ou même un changement quelconque dans sa nature, de manière qu'il doive ensuite rester dans cet état altéré [2], est une chose qu'aucun texte prophétique, ni même aucun discours des docteurs ne vient appuyer; car, lorsque ces derniers disent : « Le monde dure six mille ans et pendant un millénaire il reste dévasté [3], » ce n'est pas (dans ce sens) que tout ce qui existe doive rentrer dans le néant, puisque ces mots même : *et pendant un millénaire il reste dévasté,* indiquent que

---

(1) Cette phrase manque dans les éditions de la version d'Ibn-Tibbon ; il faut ajouter, d'après les mss. : כבר אמר יואל זה על יום בוא הארבה עליהם.

(2) Par ces derniers mots, l'auteur, comme il va le dire lui-même, indique qu'il se peut bien qu'il survienne parfois un changement momentané, par suite d'un miracle; mais jamais les lois de la nature ne seront modifiées d'une manière définitive.

(3) Voy. Talmud de Babylone, *Rôsch ha-schanâ*, fol. 31 *a; Synhédrin,* fol. 97 *a.*

le *temps* restera [1]. Au reste, c'est là une opinion individuelle et (conçue) suivant une certaine manière de voir [2]. Mais, ce que tu trouves continuellement chez tous les docteurs, et ce qui est un principe fondamental dont chacun des docteurs de la *Mischnâ* et du *Talmud* tire des arguments, c'est que, selon cette parole : *Rien de nouveau sous le soleil* (Ecclésiaste, I, 9), aucun renouvellement n'aura lieu de quelque manière et par quelque cause que ce soit. Cela est si vrai, que celui-là même qui prend les mots (d'Isaïe) *cieux nouveaux* et *terre nouvelle* dans le sens qu'on leur attribue (par erreur) [3], dit pourtant : « Même les cieux et la terre qui seront produits un jour sont déjà créés et subsistent, puisqu'il est dit : *ils subsistent devant moi ;* on ne dit donc pas *ils subsisteront*, mais *ils subsistent* » ; et il prend pour argument ces mots, *rien de nouveau sous le soleil* [4]. Ne crois pas

(1) La mesure du temps par *un millénaire* prouve que, selon l'auteur de ce passage talmudique, le mouvement et le temps existeront. Donc il restera quelque chose de la *Création ;* car, dans le système orthodoxe, le mouvement et le temps ne sauraient être éternels, et nécessairement ils sont *créés*, comme le soutient Maïmonide contre Aristote (voy. ci-dessus chap. XIII, et, ci-après, chap. XXX, p. 231 et suiv.).

(2) C'est-à-dire, dans le système de ceux qui disent que le monde, après avoir parcouru un certain cycle, revient à son premier état de chaos, en sorte que Dieu crée toujours des mondes pour les détruire après un certain temps : בורא עולמות ומחריבן. Voy. *Beréschîth-Rabbâ*, sect. 3 (fol. 3, col. 3), et cf. ci-après, p. 233, et *ibd.*, notes 1 et 2.

(3) C'est-à-dire : Celui-là même qui ne prend point ces mots pour une métaphore, et qui croit au contraire qu'il s'agit réellement d'un renouvellement dans la nature, croit devoir supposer que ce renouvellement avait été prévu, et, pour ainsi dire, mis en réserve dès le moment de la création.

(4) L'auteur paraît avoir eu en vue le passage suivant du *Beréschîth rabbâ*, sect. I (fol. 2, col. 1) : אפילו אותן שכתוב בהן כי הנני בורא שמים חדשים כבר הן ברואים מששת ימי בראשית הה"ד כי כאשר השמים החדשים והארץ החדשה חדשה אין כתיב כאן אלא החדשה. On voit qu'il n'est point question ici du participe עומרים ni du verset de l'Ecclésiaste ; il paraîtrait que Maïmonide avait sous les yeux une autre rédaction de ce passage. Voy. le commentaire *Yephé toar* sur le *Beréschîth rabbâ*, sect. I, à la fin du § 18.

(du reste) que cela soit en opposition avec ce que j'ai exposé; il est possible, au contraire, qu'il ait voulu dire par là que la disposition physique qui devra alors produire ces circonstances promises (par le prophète) est créée depuis les six jours de la création; ce qui est vrai.

Si j'ai dit que rien ne changera sa nature, *de manière à rester dans cet état altéré*, ç'a été uniquement pour faire mes réserves au sujet des miracles; car, quoique le bâton (de Moïse) se fût changé en serpent et l'eau en sang, et que la main pure et glorieuse fût devenue blanche (par la lèpre), sans que cela fût le résultat d'une cause naturelle, ces circonstances pourtant et d'autres semblables ne durèrent point et ne devinrent point une autre nature; et on a dit au contraire : *Le monde suit sa marche habituelle* [1]. Telle est mon opinion, et c'est là ce qu'il faut croire. A la vérité, les docteurs se sont exprimés sur les miracles d'une manière fort extraordinaire, dans un passage que tu trouveras dans le *Beréschith rabbâ* et dans le *Midrasch Kohéleth*. Mais l'idée qu'ils ont voulu exprimer est celle-ci [2] : que les miracles sont aussi, en quelque sorte, dans la nature; car, disent-ils, lorsque Dieu créa cet univers et qu'il y mit ces dispositions physiques, il mit aussi dans ces dispositions (la faculté) de faire naître tous les miracles survenus au moment même où ils sont réellement survenus [3]. Le *signe* du prophète (selon cette opinion) consiste en ce que Dieu lui fait connaître le temps où il doit annoncer tel événement [4] et où telle chose recevra telle action, selon ce qui a été mis dans sa nature dès le principe de sa création.

S'il en est réellement ainsi, cela donne une haute idée de l'au-

----

(1) Phrase empruntée au Talmud , *'Abôdâ-Zarâ*, fol. 54 *b*.

(2) Littéralement : *Ce sujet est* (ou *signifie*) *qu'ils croient que les miracles*, etc. C'est-à-dire : la chose qu'ils ont voulu indiquer par le passage en question , c'est leur manière de voir au sujet des miracles.

(3) Sur cette opinion, que l'auteur expose aussi dans son Commentaire sur la *Mischnâ* , voy. le t. I, p. 296, note 1.

(4) Littéralement : *Le temps ou il doit avancer ce qu'il avance ;* c'est-à-dire où il doit proclamer l'arrivée de tel miracle.

teur de ce passage et nous montre qu'il trouvait extrêmement difficile (d'admettre)[1] qu'une disposition physique (quelconque) pût être changée après l'*œuvre de la création* [2], ou qu'il pût survenir une autre volonté (divine) après que tout a été ainsi fixé [3]. Son opinion paraît être, par exemple, qu'il a été mis dans la nature de l'eau d'être continue et de couler toujours de haut en bas, excepté à l'époque où les Égyptiens seraient submergés; alors seulement l'eau devait se diviser [4].

Ainsi je t'ai fait remarquer quel est le véritable esprit du passage en question, et que tout cela (a été dit) pour éviter d'admettre la rénovation de quoi que ce soit (dans la nature). Voici ce qu'on y dit [5] : « Rabbi Jonathan dit : Dieu avait fait des conditions avec la mer, pour qu'elle se divisât devant les Israélites; c'est là ce qui est écrit: לאיתנו ... וישב, *la mer retourna, vers le matin, à sa première* CONDITION (Exode, XIV, 27). R. Jérémie, fils d'Éléazar, dit : Ce ne fut pas seulement avec la mer que Dieu fit des conditions, mais avec tout ce qui fut créé dans les six

---

(1) Littéralement : *S'il en est comme tu le vois (ici), cela indique la grandeur de celui qui l'a dit, et (montre) qu'il trouvait extrêmement difficile, etc.*

(2) L'auteur emploie ici les mots hébreux מעשה בראשית, si usités chez les talmudistes pour désigner l'acte de la création et la relation qui en est faite dans le Iᵉʳ chapitre de la *Genèse*, commençant par le mot *Beréschtth.* Cf. le t. I, p. 9, note 2, et p. 349, note 2.

(3) Le texte dit : *Après qu'elle a été ainsi fixée.* Le verbe féminin אסתקדת peut se rapporter à טביעה, *nature, disposition physique*, ou à משׁיﬞה, *volonté;* je crois que, dans la pensée de l'auteur, le verbe se rapporte aux deux choses à la fois, et Ibn-Tibbon, en effet, a mis le verbe au pluriel (שהונחו). Il faut lire, dans la vers. hébr., יתחדש רצון אחר שהונחו כן. Les copistes ont négligé l'un des deux אחר, qu'ils ont pris pour une répétition inutile.

(4) L'auteur s'exprime d'une manière moins correcte, en disant littéralement : *Cette eau particulièrement devait se diviser;* il laisse sous-entendre l'*eau dans laquelle les Égyptiens furent submergés.*

(5) C'est-à-dire, dans le passage du *Midrasch*, indiqué plus haut. Voy. *Beréschtth Rabbâ*, sect. 5 (fol. 4, col. 3).

jours de la Création ; tel est le sens de ces mots : *Ce sont mes mains qui ont déployé les cieux, et j'ai ordonné à toute leur armée* (Isaïe, XLV, 12). J'ai ordonné à la mer de se diviser, au feu de ne pas nuire à Hanania, Mischaël et Asaria, aux lions de ne pas faire de mal à Daniel, à la baleine de vomir Jonas. » Et c'est d'une manière analogue qu'il faut expliquer les autres (miracles).

Maintenant la chose t'est claire, et l'opinion (que je professe) est nettement exposée. C'est que nous sommes d'accord avec Aristote pour la moitié de son opinion : nous croyons que cet univers existera toujours et perpétuellement avec cette nature que Dieu a voulu (y mettre) et que rien n'en sera changé de quelque manière que ce soit, si ce n'est dans quelque particularité et par miracle, quoique Dieu ait le pouvoir de le changer totalement ou de le réduire au néant, ou de faire cesser telle disposition qu'il lui plairait de ses dispositions physiques ; cependant, il a eu un commencement, et il n'y avait d'abord absolument rien d'existant, si ce n'est Dieu. Sa sagesse a exigé qu'il produisît la création, au moment où il l'a produite, que ce qu'il aurait produit ne fût pas réduit au néant, et que sa nature ne fût changée en rien, si ce n'est dans quelques particularités qu'il plairait à Dieu (de changer), lesquelles nous connaissons déjà en partie, mais qui, en partie, nous sont encore inconnues et appartiennent à l'avenir. Telle est notre opinion et tel est le principe fondamental de notre loi. Mais Aristote pense que, de même qu'il (l'univers) est perpétuel et impérissable, de même il est éternel et n'a pas été créé. Or, nous avons déjà dit et clairement exposé que cela ne peut bien s'arranger qu'avec la loi de la *nécessité*; mais (proclamer) la *nécessité,* ce serait professer une hérésie [1] à l'égard de Dieu, comme nous l'avons déjà montré.

La discussion étant arrivée à ce point, nous donnerons un chapitre dans lequel nous ferons aussi quelques observations sur des textes qui se trouvent dans le *récit de la création* [car le

[1] Cf. ci-dessus, p. 182, note 1.

but principal dans ce traité n'est autre que d'expliquer ce qu'il est possible d'expliquer dans le *Ma'asé beréschîth* et le *Ma'asé mercabâ*[1]] ; mais nous le ferons précéder de deux propositions générales.

L'UNE D'ELLES est la proposition que voici : « Tout ce qui est rapporté, dans le Pentateuque, sur l'*œuvre de la création*, ne doit pas toujours être pris dans son sens littéral, comme se l'imagine le vulgaire ; » car, s'il en était ainsi, les hommes de science n'auraient pas été si réservés[2] à cet égard, et les docteurs n'auraient pas tant recommandé de cacher ce sujet et de ne pas en entretenir le vulgaire. En effet, ces textes, pris à la lettre, conduisent à une grande corruption d'idées et à donner cours à des opinions mauvaises sur la divinité ; ou bien même (ils conduisent) à la pure *irréligion*[3] et à renier les fondements de la Loi (de Moïse). La vérité est, qu'on doit s'abstenir de les considérer avec la seule imagination et dénué[4] de science ; et il ne faut pas faire comme ces pauvres *darschanîm* (prédicateurs) et commentateurs, qui s'imaginent que la science consiste à connaître l'explication des mots, et aux yeux desquels c'est une très grande perfection que de parler avec abondance et prolixité ; mais d'y méditer avec une véritable intelligence, après s'être perfectionné dans les sciences démonstratives et dans la connaissance des mystères prophétiques, c'est là ce qui est un (véritable) devoir. Cepen-

---

(1) Voy. ci-dessus, p. 225, note 2, et cf. chap. II, p. 50.

(2) Tous les mss. ont מָן (avec *teth*) ; mais il faut lire צָן (صن *être avare, être réservé*), et c'est dans ce sens qu'ont traduit Ibn-Tibbon et Al-'Harizi : le premier a : לא היו מסתירים, le second : לא מנעוהו. Cf. le t. I, p. 67, note 2.

(3) Sur le mot חעטיל, voy. le t. I, p. 115, note 1.

(4) Ibn-Tibbon traduit הנטיה מן המכמה, *en s'écartant de la science*. Ibn-Falaquéra (Appendice du *Moré ha-Moré*, p. 154-155), fait observer que le traducteur a lu, sans doute, אלתעדי (par un *daleth*), au lieu de אלתערי (par *resch*) ; ce dernier mot, ajoute-t-il, doit être traduit par הערום, *le dénûment*, et le sens est ריקם מהחכמות, *vide de sciences*.

dant [1], quiconque aura acquis quelque connaissance de ce sujet, ne doit pas le divulguer, comme je l'ai exposé plusieurs fois dans le Commentaire sur la *Mischnâ* [2]. On a dit expressément : « Depuis le commencement du livre (de la Genèse) jusqu'ici, *la majesté de Dieu (demande) de cacher la chose* [3] ; » c'est ce qu'on a dit (dans le *Midrasch*) à la fin de la relation du·sixième jour (de la création). — Ainsi, ce que nous avons dit est clairement démontré. Cependant, comme le précepte divin oblige nécessairement quiconque a acquis une certaine perfection, de la répandre sur les autres [ainsi que nous l'expliquerons ci-après dans les chapitres sur la prophétie], tout savant qui est parvenu à comprendre quelque chose de ces mystères, soit par sa propre spéculation, soit par un guide qui l'y a conduit, ne peut se dispenser d'en parler ; mais, comme il est défendu d'en parler clairement, il fera de simples allusions [4]. De pareilles allusions, observations et indications se trouvent souvent aussi dans les discours de quelques-uns des docteurs ; mais elles sont confondues avec les paroles des autres et avec d'autres sujets [5]. C'est

_____

(1) Au lieu de לכן כל, quelques mss. portent לכל, mot qui dépendrait de פלאם, de sorte qu'il faudrait traduire : *C'est là un devoir pour quiconque en aura acquis quelque connaissance.* Al-'Harîzi a traduit dans ce dernier sens : והוא ראוי לכל מי שידע דבר זה : Ibn-Tibbon a suivi la leçon que nous avons adoptée dans notre texte : הוא ראוי אבל כל מי שידע מזה דבר.

(2) Voy., par exemple, le Commentaire sur le traité *'Haghigâ*, chap. II, § 1.

(3) Allusion à un passage des Proverbes (XXV, 2), que les anciens rabbins appliquent aux mystères contenus dans le 1ᵉʳ chapitre de la Genèse. Voy. *Beréschîth Rabba*, sect. 9, au commencement.

(4) Le verbe لَوَّحَ signifie proprement *faire entrevoir*. Ibn-Tibbon traduit (ms.) : והההראוה נמנע אבל ירָאו מהם מעט. Al-'Harîzi : והנלוי מנוע ואסור ועל כן צריך לרמוז בראשי דברים.

(5) Dans la version d'Ibn-Tibbon, il faut lire : אלא שהם מעורבות בדברי אחרים ובדברים אחרים, comme l'ont, en effet, les mss. et l'édition *princeps*. De même Al-'Harîzi : אבל הם מתערבים בדברי אחרים ובמאמרים אחרים.

pourquoi tu trouveras que, (en parlant) de ces mystères, je mentionne toujours la seule parole qui est la base du sujet, et j'abandonne le reste à ceux qui en sont dignes

LA SECONDE PROPOSITION est celle-ci : « Les prophètes [comme nous l'avons dit] emploient, dans leurs discours, des *homonymes* et des noms par lesquels ils n'ont pas·en vue ce que ces noms désignent dans leur première acception [1] ; mais plutôt, en employant tel nom, ils ont égard seulement à une certaine étymologie. » Ainsi, par exemple, de *makkel* SCHAKÉD (bâton de bois d'amandier), on déduit SCHÖKED (vigilant, attentif) [2], comme nous l'expliquerons dans les chapitres sur la prophétie [3]. C'est d'après la même idée que, dans le (récit du) *char*, on emploie le mot 'HASCHMAL (Ezéch., I, 4), comme on l'a expliqué ; de même REGHEL 'EGHEL et NE'HOSCHETH KALAL (*ibid.*, v. 7) [4] ; de même

___

(1) Sur les mots אלאול מהאלהא, cf. le t. I, p. 75, note 1.

(2) Selon les commentateurs, l'arbre שָׁקֵד, *amandier*, tire son nom de la racine שקד, *se hâter*, parce qu'il fleurit plus vite que les autres arbres. Voy. Raschi et Kim'hi sur le livre de Jérémie, chap. I, v. 12.

(3) Voy., ci-après, le chap. XLIII.

(4) Le mot חשמל est expliqué par les rabbins de différentes manières : les uns disent que les חשמלים sont חיות אש ממללות, *des animaux de feu qui parlent ;* d'autres disent que le mot vient de חשה, *se taire*, et de מלל, *parler*, car ces êtres célestes tantôt se taisent, tantôt parlent ; d'autres encore font venir le mot חשמל de חוש, *se hâter*, et de מול, *couper, cesser, s'arrêter*. Voy. la IIIe partie de cet ouvrage, chap. VII. Dans le mot עגל, *veau*, il y a une allusion à עגול, *rond ;* car les pieds des 'Hayoth, ou animaux célestes, sont *arrondis*. Maïmonide ne se prononce pas sur les allusions qu'il trouve dans les mots נחשת et קלל ; les commentateurs du *Guide* pensent que, dans נחשת, on fait allusion à השחתה, *corruption* (c'est-à-dire à ce qui est exempt de la corruption), et, dans קלל, à קל, *léger, rapide*. Cf., ci-dessus, chap. X (p. 91), et, plus loin, chap. XLIII. — Après נחשת קלל, la version d'Ibn-Tibbon ajoute les mots זה וזולת, et, de même, Al-'Harizi, זולתו. Le ms. de Leyde, n° 18, a en effet דלך וגיר.

ce que dit Zacharie (VI, 1) : *Et les montagnes étaient de* Ne'ho-scheth (airain) [1], et d'autres expressions semblables.

Après ces deux propositions, je donne le chapitre que j'ai promis.

CHAPITRE XXX.

Sache qu'il y a une différence entre le *premier* et le *principe*. C'est que le *principe* existe, ou *dans* la chose à laquelle il sert de principe, ou (simultanément) *avec* elle, quoiqu'il ne la précède pas temporellement [2]; on dit, par exemple, que le cœur est le principe de l'animal, et que l'élément est le *principe* de ce dont il est élément. On applique aussi quelquefois à cette idée

(1) Dans les *montagnes d'airain* de la vision de Zacharie, Raschi voit une allusion à la force des quatre *dynasties* représentées par les quatre chars. Voy. Raschi sur Zacharie, chap. VI, v. 1. Sur les allusions que Maïmonide trouve dans la vision de Zacharie, voy. ci-dessus, p. 91, note 1.

(2) L'auteur veut dire que *le principe*, comme tel, ne précède pas temporellement la chose dont il est principe; ainsi, dans les exemples que l'auteur va citer, le cœur ne peut être dit *principe* de l'animal qu'au moment où ce dernier est complètement formé et arrivé à la vie; et de même l'élément ne peut être dit élément d'une chose qu'au moment où cette chose existe. Le principe, ou bien existe *dans* la chose et en fait partie, ou bien n'existe que simultanément *avec* la chose sans en faire partie; aucun des deux exemples ne s'applique à ce dernier cas, et quelques commentateurs y suppléent en citant l'exemple du lever du soleil, qui est le principe et la cause du jour, quoiqu'il n'y ait entre les deux d'autre relation que la simultanéité. — Selon Moïse de Narbonne, les mots *quoiqu'il ne la précède pas temporellement* ne se rapporteraient qu'au second cas, ou celui de la simultanéité; et ce serait à ce même cas que s'appliquerait l'exemple du *cœur*, qui ne précède pas temporellement la vie animale dont il est le principe. Le second exemple, selon lui, s'appliquerait au principe qui est *dans* la chose à laquelle il sert de principe *et qui la précède temporellement;* car la matière première, ou la privation, et les fondements d'un édifice précèdent temporellement la

le mot *premier*. D'autres fois cependant [1] *premier* se dit de ce qui est seulement antérieur dans le temps, sans que cet antérieur soit la cause de ce qui lui est postérieur ; on dit, par exemple, « *le premier* qui ait habité cette maison était un tel, et après lui c'était tel autre, » sans que l'un puisse être appelé le *principe* de l'autre. Le mot qui, dans notre langue (hébraïque), indique la *priorité*, est TE'HILLA (תחלת) ; par exemple : *Première* (תחלת) *allocution de l'Éternel à Hosée* (Hos., I, 2). Celui qui désigne le *principe* est RÉSCHÎTH (ראשית) ; car il est dérivé de RÔSCH (ראש), la *tête*, qui est le *principe* (commencement) de l'animal, par sa position [2]. Or, le monde n'a pas été créé dans un commencement temporel, comme nous l'avons exposé, le temps étant (lui-même) du nombre des choses créées [3] ; c'est pourquoi on

chose à laquelle ils servent de principe. Voici les paroles textuelles de Moïse de Narbonne, d'après les mss. :

ירצה וזה שהההתחלה אשר בעצם לא במקרה כמו ההעדר נמצאת
במה היא לו התחלה ר״ל שהיא חלק ממנו ותקדם לו בזמן או עמו
אע״פ שלא תקדם לו בזמן כמו שיאמר שהלב התחלת החי וזה משל
על ההתחלה הנמצאת עם מה שהיא לו התחלה אשר לא תקדם בזמן
כי מיד שנוצר הלב רוח חיים בקרבו כמו שיאמר מהלב התחלת החיים
והיסוד התחלת מה שהוא לו יסוד וזה משל על ההתחלה הנמצאת במה
שיש לו התחלה ותקדם לו בזמן כמו החיולי הראשון ויסוד הבנין אם
טבעי ואם מלאכותי ּ

(1) Ibn-Tibbon traduit : אבל הראשון אמנם יאמר על הקודרם בזמן לבד.
Ibn-Falaquéra. אבל הראשון הוא אמור על הקרמון בזמן בלבד : Al-'Harizi (*l. c.*, p. 155) fait observer avec raison que ces deux traductions sont inxactes ; car on peut les entendre dans ce sens que le mot *premier* (اوّل) se dit *seulement* de ce qui est antérieur dans le temps (כי הראשון לא), יאמר אלא על הקודרם בזמן לבד), tandis que l'auteur vient de dire que ce mot est quelquefois synonyme de مبدأ. En effet, les deux traducteurs ont négligé la particule قد (dans פקר יקאל), qui signifie *quelquefois*, et Ibn-Falaquéra traduit : ואמנם הראשון לפעמים יאמר על הקודם בזמן לבד.

(2) C'est-à-dire, que la tête, par la place qu'elle occupe, est le commencement de l'animal ; car le véritable principe de la vie animale, c'est le cœur.

(3) Voy. ci-dessus, chap. XIII, p. 105.

a dit BE-RÉSCHÎTH (בראשית, Gen., I, 1), où la particule BE (בּ) a
le sens de *dans* [1]. La véritable traduction de ce verset est donc
celle-ci : *Dans le principe Dieu créa le haut et le bas (de l'uni-*
nivers); c'est là la seule explication qui s'accorde avec la *nou-*
veauté (du monde) [2]. — Quant à ce que tu trouves rapporté de
la part de quelques-uns des docteurs, tendant à établir que le
temps existait avant la création du monde, c'est très obscur; car
ce serait là, comme je te l'ai exposé, l'opinion d'Aristote, qui
pense qu'on ne saurait se figurer un commencement pour le
temps, ce qui est absurde. Ce qui les a amenés à professer une
pareille opinion, c'est qu'ils rencontraient [3] (les expressions) *un*
jour, deuxième jour (Gen., I, 5, 8). Celui-là donc qui professait
cette opinion prenait la chose à la lettre : puisque, se disait-il,
il n'y avait encore ni sphère qui tournât, ni soleil, par quelle
chose donc aurait été mesuré le *premier jour?* Voici le passage
textuel [4] : « *Premier jour* [5] : Il s'ensuit de là, dit R. Juda, fils de

(1) Le texte dit : *le* בּ *a le sens de* ﺝ *dans*, ce qu'Al-'Harîzi a rendu
exactement par והבית כמו פי בלשון ערב. Ibn-Tibbon a substitué :
והבית כבית כלי, « le BETH est (employé) comme BETH de *vase* (ou de
contenant), » c'est-à-dire, comme préposition indiquant un rapport circonstanciel de temps ou de lieu, en arabe ظَرْف. Cf. le *Sépher ha-rikmá,*
chap. VI, p. 31 : והבית … לענין כלי או מחזיק. Dans quelques mss.
de la version d'Ibn-Tibbon on lit : והבית כבית ביום; ce qui veut dire
que le *béth* est une préposition de temps, comme dans ביום.

(2) Le mot *principe*, comme l'auteur vient de le dire, n'implique point
un *commencement temporel*.

(3) Le texte dit : *parce qu'ils ont trouvé.* Les éditions d'Ibn-Tibbon
ont הוא מוצאם, et quelques mss., כאשר מצאו; Al-'Harîzi dit plus
exactement מפני שמצאו.

(4) Voy. *Beréschith rabbâ*, sect. 3 (fol. 3, col. 3). On remarquera qu'ici,
comme ailleurs, Maïmonide ne reproduit pas exactement le texte de nos
éditions du *Midrasch*, selon lesquelles l'opinion des deux docteurs se
fonde sur les mots ויהי ערב, *et il fut soir* (Genèse, I, 5). Ces mots n'é-
tant pas précédés de la parole créatrice יהי ערב, *qu'il y ait soir*, ils
croyaient y voir une allusion à la préexistence de l'*ordre du temps*.

(5) C'est-à-dire, puisqu'on parle d'un *premier jour*; car le texte bi-

R. Simon, que *l'ordre des temps* avait existé auparavant. R. Abbahou dit : il s'ensuit de là que le Très-Saint avait déjà créé des mondes qu'il avait ensuite détruits [1]. » Cette dernière opinion est encore plus blâmable que la première [2]. Tu comprends ce qui leur paraissait difficile à tous les deux, à savoir, que le temps existât avant l'existence de ce soleil ; mais on t'exposera tout à l'heure la solution de ce qui a pu leur paraître obscur à eux deux [3]. A moins, par Dieu ! que ces (deux docteurs) n'aient voulu soutenir que *l'ordre des temps* dut nécessairement exister de

blique ne porte pas יום ראשון, mais יום אחר, *un jour*. Dans les éditions de la version d'Ibn-Tibbon on a mis, en effet, יום אחר ; mais les mss. de cette version, ainsi que ceux du texte arabe et de la version d'Al-'Harizi, portent יום ראשון.

(1) On a vu (ci-dessus, p. 222) que, selon les talmudistes, chaque monde a une durée de six mille ans, suivis d'un septième millénaire de chaos, après lequel, selon l'opinion de R. Abbahou, il est créé un monde nouveau. —Léon Hébreu rattache cette opinion à celle de Platon, qui proclame l'éternité du chaos. Voy. *Dialoghi di amore*, édit. de Venise, 1572, fol. 151, et cf. ci-dessus, p. 109, note 3.

(2) R. Juda se borne à établir l'éternité du temps ; R. Abbahou y ajoute encore cette autre idée de mondes successivement créés et détruits, c'est-à-dire, de différents essais de création que Dieu aurait détruits parce qu'ils ne répondaient pas à l'idéal qu'il avait eu en vue, comme le dit expressément R. Abbahou dans un autre passage du *Bertschtth rabbá* (sect.,9, au commencement) : אמר רבי הנין לי יתהון לא הניין לי. C'est donc cette idée, si peu digne de la toute-puissance divine, que Maïmonide trouve plus blâmable que l'opinion de R. Juda, conforme à la doctrine péripatéticienne. — C'est dans ce sens que notre passage est expliqué dans le commentaire inédit de Moïse de Salerno (ms. hébr., n° 238, de la Biblioth. imp., fol. 220 b) :

אמר משה הקטן בדין גנה הרב רבנו המאמר הזה האחרון מן הראשון
וכי היה הקב"ה בונה עולמות שלו ולא היו עולים בידו כתקונן ולזה היה
מחריבן כאדם המתחיל במלאכה ומתקלקלת בידו ומרוב כעס מחריבן לא
מחכמה יצאו הדברים ·

(3) Cette solution, comme on va le voir, consiste dans la supposition que toutes les choses du ciel et de la terre ont été créées, du moins en germe, dès le premier moment de la création, et n'eurent besoin que de se développer et de s'organiser successivement.

toute éternité [1] ; — mais alors ce serait admettre l'éternité (du monde), chose que tout homme religieux doit repousser bien loin. Ce passage me paraît tout à fait semblable à celui de R. Eliézer : *D'où furent créés les cieux, etc.* [2]. En somme, il ne faut pas avoir égard, dans ces sujets, à ce qu'a pu dire un tel. Je t'ai déjà fait savoir que c'est le principe fondamental de toute la religion, que Dieu a produit le monde du néant absolu, et non pas dans un commencement temporel ; le temps, au contraire, est une chose *créée,* car il accompagne le mouvement de la sphère céleste, et celle-ci est *créée.*

Ce qu'il faut savoir aussi, c'est que, pour ce qui est du mot ETH (את) dans את השמים ואת הארץ (Gen., I, 1), les docteurs ont déclaré dans plusieurs endroits qu'il a le sens d'*avec.* Ils veulent dire par là que Dieu créa *avec* le ciel tout ce qui est dans le ciel, et *avec* la terre tout ce qui appartient à la terre [3]. Tu sais aussi qu'ils disent clairement que le ciel et la terre ont été créés à la fois, en alléguant ce passage : *Je les ai appelés, ils furent là ensemble* (Isaïe, XLVIII, 13) [4]. Tout donc fut créé simultanément, et ensuite les choses se distinguèrent successivement les unes des autres [5]. Il en est, selon eux, comme d'un laboureur [6] qui

(1) C'est-à-dire, à moins que ces deux docteurs ne se soient pas contentés de ladite solution, et qu'ils n'aient voulu soutenir tout simplement l'éternité du temps, et, par conséquent, l'éternité du monde.

(2) Voy. ci-dessus, chap. XXVI.

(3) Il faudrait, d'après cela, traduire ainsi le premier verset de la Genèse : « Au commencement Dieu créa *avec* le ciel et *avec* la terre.» La grammaire ne permet pas de prendre cette explication au sérieux ; car la particule את est ici évidemment le signe du régime direct. C'est ici une de ces interprétations subtiles qui, à côté du sens littéral, servent de *point d'appui* (אסמכתא) à une doctrine quelconque que les rabbins cherchaient à rattacher d'une manière ingénieuse au texte biblique.

(4) Voy. Talmud de Babylone, traité 'Haghîgâ, fol. 12 *a*; *Bereschîth rabbâ,* sect. 1, à la fin.

(5) Tous les mss. que nous avons pu consulter ont ותבינת; il nous a paru plus correct d'écrire ותבאינת, à la VI⁰ forme.

(6) Littéralement : *De sorte qu'ils ont comparé cela à un laboureur etc.*

a semé dans la terre, au même instant, des graines variées, dont une partie a poussé au bout d'un jour, une autre au bout de deux jours et une autre encore au bout de trois jours, bien que toute la semaille ait eu lieu au même moment. Selon cette opinion, qui est indubitablement vraie, se trouve dissipé le doute qui engagea R. Juda, fils de R. Simon, à dire ce qu'il a dit, parce qu'il lui était difficile de comprendre par quelle chose furent mesurés le premier, le deuxième, le troisième jour. Les docteurs se prononcent clairement là-dessus dans le *Beréschith rabbâ;* en parlant de la *lumière* qu'on dit. dans le Pentateuque, avoir été créée le premier jour (Gen., I, 3), ils s'expriment ainsi : « Ce sont là les *luminaires* (*ibid.*, v. 14) qui furent créés dès le premier jour, mais qu'il ne suspendit qu'au quatrième jour [1]. » Ce sujet est donc clairement exposé.

Ce qu'il faut savoir encore, c'est que ארץ (terre) est un *homonyme*, qui s'emploie d'une manière générale et spéciale. Il s'applique, en général, à tout ce qui est au-dessous de la sphère de la lune, c'est-à dire aux quatre éléments, et se dit aussi, en particulier, du dernier d'entre eux seulement, qui est la terre. Ce qui le prouve, c'est qu'on dit : *Et la terre était vacuité et chaos, des ténèbres étaient sur la surface de l'abîme, et le souffle de Dieu, etc.* (Gen., I, 2). On les appelle donc tous ארץ (terre) [2]; ensuite on dit : *Et Dieu appela la partie sèche* ארץ *terre* (*ibid.*, v. 10). —C'est là aussi un des grands mystères; (je

---

(1) Voy. Talmud de Babylone, traité 'Haghîgâ, fol. 12 *a*. L'auteur paraît avoir fait une erreur de mémoire en disant que ce passage se trouve dans le *Beréschith rabbâ;* dans nos éditions du *Midrasch*, on ne trouve que le commencement du passage talmudique : אור שברא הקב״ה .ביום ראשון אדם צופה ומביט בו מסוף העולם ועד סופו וכו׳ Voy. *Beréschith rabbâ*, sect. 11 et 12 (fol. 9, col. 2, et fol. 10, c. 3).

(2) C'est-à-dire, on les comprend tous sous le mot *terre* du verset 1. L'auteur veut dire que l'énumération des quatre éléments au verset 2 (cf. le paragraphe suivant) prouve que le mot *terre* du verset 1 les comprend tous les quatre; et, pour prouver plus clairement que le mot ארץ désigne en particulier l'élément de la terre, il cite encore le verset 10.

veux dire) que toutes les fois que tu trouves l'expression *et Dieu appela telle chose ainsi*, on a pour but de la séparer de l'autre idée (générale), dans laquelle le nom est commun aux deux choses[1]. C'est pourquoi je t'ai traduit le (premier) verset : *Dans le principe Dieu créa le* HAUT *et le* BAS (*de l'univers*); de sorte que le mot ארץ (terre) signifie, la première fois, le *monde inférieur*, je veux dire les quatre éléments, tandis qu'en disant : *Et Dieu appela la partie sèche* ארץ *terre*, on veut parler de la *terre* seule. Ceci est donc clair.

Ce qu'il faut remarquer encore, c'est que les quatre éléments sont mentionnés tout d'abord après le ciel; car, comme nous l'avons dit, ils sont désignés par le premier nom de ארץ, terre[2]. En effet on énumère : ארץ (la terre), מים (l'eau), רוח (le souffle ou l'air)[3] et חשך (les ténèbres).—Quant au mot חשך (ténèbres), il désigne *le feu élémentaire*, et il ne faut pas penser à autre chose; (Moïse, par exemple,) après avoir dit : *Et tu entendis ses paroles du milieu du feu* האש (Deut., IV, 36), dit ensuite : *Lorsque vous entendîtes la voix du milieu des ténèbres* החשך

---

(1) L'auteur s'est exprimé d'une manière embarrassée et peu claire; le sens est : on a pour but de prendre le nom dans son acception particulière et restreinte, et de le distinguer de l'autre acception générale, le nom ayant à la fois les deux sens. Ainsi, par exemple, dans le verset 1, le mot *terre* indique aussi bien le monde sublunaire en général, que l'élément de la terre en particulier; tandis que, dans les versets 2 et 10, on sépare cet élément de l'ensemble des quatre éléments, désignés également par le mot *terre*.

(2) C'est-à-dire, par le mot הארץ du verset 1. — Dans les éditions de la vers. d'Ibd-Tibbon, il y a ici une transposition; la leçon des mss. est conforme au texte arabe : כי היסודות הארבעה נזכרו תחלה אמר השמים אשר אמרנו ששם ארץ הראשון יורה עליהם. Ce qui a motivé la transposition, c'est sans doute l'ambiguïté qu'il y a dans le mot עליהם (ainsi que dans le mot ar. עליהא), qui se rapporte aux éléments; pour éviter cette ambiguïté, Al-'Harizi a substitué à עליהם les mots על ארבעתם

(3) Dans les mots רוח אלהים, qu'on traduit généralement par l'*esprit de Dieu*, l'auteur voit l'élément de l'air Cf. le t. I, p. 144, et *ibid.*, note 4.

(*ibid.*, V, 20); et ailleurs on dit: *Toutes les ténèbres* (calamités) *sont réservées à ses trésors, un feu non soufflé le dévorera* (Job, XX, 26) [1]. Si le *feu élémentaire* a été désigné par ce nom (de *ténèbres*), c'est parce qu'il n'est pas lumineux, mais seulement diaphane [2]; car, si le feu élémentaire était lumineux, nous verrions toute l'atmosphère enflammée pendant la nuit.—On les a énumérés (les éléments) selon leurs positions naturelles: la terre (d'abord), au-dessus d'elle l'eau, l'air s'attache à l'eau, et le feu est au-dessus de l'air; car, puisqu'on désigne l'air comme se trouvant *sur la surface de l'eau* (Gen., I, 2) [3], les *ténèbres* qui sont *sur la surface de l'abîme* (ibid.) se trouvent indubitablement au-dessus de *l'air* (רוח) [4]. Ce qui a motivé (pour désigner l'air) l'expression רוח אלהים, *le souffle* ou *le vent de Dieu*, c'est qu'on l'a supposé *en mouvement,* מרחפת, et que le mouvement du vent est toujours attribué à Dieu; par exemple: *Et un vent partit d'auprès de l'Éternel* (Nomb., XI, 31); *Tu as soufflé*

---

(1) Selon notre auteur, le parallélisme indique que חשך (ténèbres), dans ce dernier verset, a le même sens que אש (feu).

(2) Voici comment s'exprime Ibn-Sinâ, en parlant de la sphère du feu élémentaire : واما النار فانها طبقة واحدة ولا ضوء لها بل هي كالهواء المشف الذى لا لون له « Le feu ne forme qu'une seule couche; il n'a pas de lumière, mais il est comme l'air diaphane, qui n'a pas de couleur. » Voy. Schahrestâni, *Histoire des sectes religieuses et philosophiques*, p. 410 (trad. all., t. II, p. 305). — Il s'agit ici du *diaphane en puissance*, qui peut être même l'obscurité, tandis que le *diaphane en acte* est inséparable de la lumière. Cf. Aristote, traité *de l'Ame*, liv. II, chap. 7 : Φῶς δὲ ἐστιν ἡ τούτου ἐνέργεια τοῦ διαφανοῦς· ἧ διαφανὲς · δυνάμει δὲ ἐν ᾧ τοῦτ ἐστι, καὶ τὸ σκότος.

(3) Il faut évidemment lire בתבציצה, comme l'a le ms. de Leyde, nº 18, quoique la plupart des mss. portent תבציצה sans ב.

(4) Cette explication de Maïmonide est citée par saint Thomas : « Rabbi Moyses ..... ignem significatum esse dixit per tenebras, eó quod ignis in propria sphæra non luceat, et situs ejus declaratur in hoc quod dicitur *super faciem abyssi.* » Voy. *Quæstiones disputatæ*, de Creatione, Quæst. IV, art. 1 (édit. de Lyon, fol. 25 d). L'auteur du *Zohar* y fait également allusion; voy. mes *Mélanges de philosophie juive et arabe*, p. 278.

avec ton vent (Exode, XV, 10); *L'Éternel fit tourner un vent d'ouest* (*ibid.*, X, 19), et beaucoup d'autres passages. — Puisque le mot 'ʜOSCHEKH (חשך), la première fois (v. 5), employé comme nom de l'élément (du *feu*), est autre chose que le 'ʜOSCHEKH dont on parle ensuite et qui désigne les *ténèbres*, on l'explique et on le distingue en disant : *et il appela les ténèbres nuit* (v. 5), selon ce que nous avons exposé. Voilà donc qui est également clair.

Ce qu'il faut savoir encore, c'est que dans le passage : *Et il fit une séparation entre les eaux etc.* (v. 7), il ne s'agit pas (simplement) d'une séparation locale, de sorte qu'une partie (des eaux) aurait été en haut et une autre en bas, ayant l'une et l'autre la même nature; le sens est, au contraire, qu'il les sépara l'une de l'autre par une distinction physique, je veux dire par la *forme*, et qu'il fit de cette partie qu'il avait désignée d'abord par le nom d'*eau* [1] une chose à part, au moyen de la forme physique dont il la revêtit, tandis qu'il donna à l'autre partie une autre forme Cette dernière c'est l'eau (proprement dite) [2]; c'est pourquoi aussi il dit : *Et l'agrégation des eaux, il l'appela mers* (v. 10), te révélant par là que la première *eau*, dont il est question dans les mots *sur la surface des eaux* (v. 2), n'est pas celle qui est dans les mers, mais qu'une partie, au-dessus de l'atmosphère [3], fut distinguée par une forme (particulière), et qu'une autre partie est cette eau (inférieure). Il en est donc de l'expression : *Et il fit une séparation entre les eaux qui sont au-dessous du firmament etc.* (v. 7), comme de cette autre : *Et Dieu fit une séparation entre la lumière et les ténèbres* (v. 4), où

----

(1) C'est-à-dire, au verset 2, dans les mots *et le souffle de Dieu* (ou l'air) *planait sur la surface des eaux*. Ici, comme on l'a vu, le mot *eau* désigne l'eau *élémentaire* ou la sphère de l'élément de l'eau, et la forme dont cette eau fut revêtue, c'est *la forme élémentaire*.

(2) C'est-à-dire, l'eau terrestre, ou celle des mers, des fleuves, etc.

(3) Par le mot אלהוא (الهوا), il faut entendre ici l'atmosphère, et non pas la sphère de l'élément de l'air, qui est au-dessus de l'élément de l'eau.

il s'agit d'une distinction par une *forme*. Le firmament (רקיע)
lui-même fut formé de l'eau, comme on a dit : « La goutte du
milieu se consolida [1]. » — [L'expression *Et Dieu appela le
firmament ciel* (v. 8) a encore le but que je t'ai exposé [2], celui
de faire ressortir l'*homonymie* et (de faire comprendre) que le
ciel dont il est question d'abord, dans les mots *le ciel et la terre*
(v. 1), n'est pas ce que nous appelons (vulgairement) *ciel*, ce
qu'on a confirmé par les mots *devant le firmament des cieux*
(v. 20), déclarant ainsi que le *firmament* est autre chose que le
ciel. C'est à cause de cette homonymie que le véritable ciel est
aussi appelé quelquefois *firmament*, de même que le véritable
firmament est appelé *ciel ;* ainsi, on a dit : *Et Dieu les plaça* (les
astres) *dans le firmament des cieux* (v. 17). Il est clair aussi par
ces mots, — ce qui déjà a été démontré, — que tous les astres,
et (même) le soleil et la lune, sont fixés *dans* la sphère [3], parce
qu'il n'y a pas de vide dans le monde [4]; ils ne se trouvent pas à
la surface (inférieure) de la sphère, comme se l'imagine le vulgaire, puisqu'on dit DANS *le firmament des cieux*, et non pas SUR
le firmament des cieux.] — Il est donc clair qu'il y avait d'abord
une certaine matière commune, appelée *eau*, qui se distingua
ensuite par trois formes : une partie forma les mers, une autre
le firmament, et une troisième resta au-dessus de ce firmament ;
cette dernière est tout entière en dehors de la terre [5]. On a

---

(1) Voy. *Beréschtth rabbâ*, sect. 4, au commencement (fol. 3, col. 3).

(2) Littéralement : *Est aussi (à expliquer) selon ce que je t'ai exposé.*
L'auteur veut parler de l'observation qu'il a faite sur l'expression *et
Dieu appela telle chose par tel nom*. Voy. ci-dessus, p. 236, et *ibid.*, note 1.
Le passage que nous avons mis entre [   ] est une *note* qu'il faut séparer
du reste du paragraphe, qui traite de l'*eau*.

(3) Cf. ci-dessus, p. 78, note 4; et p. 159-160. — Tous les mss.
portent מרכואת, il serait plus correct d'écrire מרכזה.

(4) Si les astres étaient proéminents et qu'ils ne fussent pas fixés
dans la voûte même de la sphère, il faudrait nécessairement qu'il y eût
un vide entre les différentes sphères.

(5) Par cette troisième partie, l'auteur paraît entendre la sphère de
l'*eau élémentaire.*

donc adopté pour ce sujet une autre méthode [1], pour (indiquer)
des mystères extraordinaires. — Que cette chose qui est au-
dessus du firmament n'a été désignée comme *eau* que par le
seul nom ; et que ce n'est pas cette eau *spécifique* (d'ici-bas),
c'est ce qu'ont dit aussi les docteurs, dans ce passage : « Quatre
entrèrent dans le paradis (de la science), etc. [2]. Rabbi 'Akiba
leur dit : Quand vous arriverez aux pierres de marbre pur, ne
dites pas *de l'eau ! de l'eau !* car il est écrit : *Celui qui dit des
mensonges ne subsistera pas devant mes yeux* (Ps. CI, 7) [3]. »

(1) L'auteur veut dire, ce me semble, que ce sujet a été traité, dans
le récit de la Création, d'une manière plus énigmatique que le reste de
ce récit. R.| Samuel Ibn-Tibbôn appelle le passage qui traite de la sé-
paration des eaux : חדר אפל מאד וסוד עמוק סתום וחתום, *une chambre
très obscure et un profond mystère, scellé et fermé.* Voy. son traité *Yikkawou
ha-maïm*, chap. 20 (édit. de Presbourg, 1837, p. 137).

(2) Voy. Talmud de Babylone, traité *'Haghîgâ*, fol. 14 *b* ; cf. le t. I
de cet ouvrage, p. 110, note 5.

(3) C'est expliquer une énigme par une autre énigme ; car l'auteur
ne nous dit pas quel est, selon lui, le sens des paroles obscures de R.
'Akiba, qui ont été la croix des interprètes. Tout ce paragraphe, en général, est très obscur, et il semble que Maïmonide ait voulu se conformer
strictement aux prescriptions talmudiques en ne se prononçant qu'à
demi-mot sur le *Ma'asé Beréschîth* (voy. l'Introduction de cet ouvrage,
t. I, p. 10). Il paraît que notre auteur, combinant ensemble les paroles
de la Genèse et les théories péripatéticiennes, admettait, entre l'orbite
de la lune et notre atmosphère, l'existence des trois éléments du feu, de
l'air et de l'eau, formant des sphères qui environnent notre globe. Ces
sphères renferment la matière première sublunaire revêtue des formes
élémentaires ; ce ne sont là que les éléments *en puissance*, qui, dans
notre atmosphère, deviennent éléments *en acte*. Dans la 3e sphère, ou
l'eau, il se forma une séparation appelée le *firmament* (רקיע) ; la partie
supérieure resta l'eau comme *élément* dans toute son abstraction, tandis
que la partie inférieure devint l'eau proprement dite, qui remplit les ca-
vités de la terre. Ce serait donc, d'après notre auteur, l'eau supérieure,
l'élément humide et froid, que R. 'Akiba aurait désignée par les mots
marbre pur, et il aurait voulu dire qu'il faut bien se garder d'y voir de
l'eau semblable à celle d'ici-bas. Tel me paraît être le sens de l'ensemble
de ce paragraphe obscur. Cependant, selon Moïse de Narbonne et quel-

Réfléchis donc, si tu es de ceux qui réfléchissent, quel éclaircissement il (R. 'Akiba) a donné par ce passage, et comment il a révélé tout le sujet, pourvu que tu l'aies bien examiné, que tu aies compris tout ce qui a été démontré dans la *Météorologie*, et que tu aies parcouru tout ce qui a été dit sur chaque point [1].

Ce qui mérite encore de fixer ton attention, c'est la raison pourquoi, au second jour, on ne dit pas כי טוב, *que c'était bien* [2]. Tu connais les opinions que les docteurs ont émises à cet égard,

ques autres commentateurs, l'eau inférieure, l'eau des mers, serait elle-même ce qui constitue l'*élément* de l'eau; tandis que par l'eau supérieure, Maïmonide est supposé entendre la couche moyenne de l'air. Selon les péripatéticiens arabes, l'air se divise en trois couches : la première, près de l'élément du feu, est chaude et sèche, et donne naissance à différents météores, tels que les comètes, les étoiles filantes, la foudre, etc.; la deuxième, celle du milieu, est froide et humide, et les vapeurs qui y montent en redescendent sous la forme de pluie, de neige ou de grêle ; la troisième, près de la terre, est échauffée par la réverbération des rayons du soleil. Selon les commentateurs, c'est cette dernière couche de l'air que Maïmonide aurait considérée comme la *séparation*, ou le firmament, qui sépare l'eau inférieure, ou celle des mers (laquelle est elle-même l'eau élémentaire), de l'eau supérieure, ou de la deuxième couche de l'air, qui n'est qu'*eau en puissance*. Ce serait donc de cette dernière qu'aurait voulu parler R. 'Akiba en disant qu'il ne faut pas l'appeler *eau*. Voy. les commentaires de Moïse de Narbonne et de Schem-Tob, à notre passage, et le commentaire d'Isaac Abravanel sur le Pentateuque, au verset 6 du Iᵉʳ chapitre de la Genèse, IVᵉ opinion.

(1) Littéralement : *Tout ce que les gens ont dit sur chaque chose d'elle.* Les éditions de la version d'Ibn-Tibbon portent אנשי החכמה, au lieu de האנשים, leçon qu'ont les mss. Le suffixe dans מנהא se rapporte au pluriel אלאׁתֿאר (الآثار) (*les signes*, *les météores*), qui désigne ici la *Météorologie* d'Aristote, appelée par les Arabes : كتاب في الآثار العلوية.

(2) La formule *et Dieu vit que c'était bien*, par laquelle l'auteur de la Genèse termine la relation de chaque période de création, ne se trouve pas à celle du second jour, parce que, disent les rabbins, l'œuvre de l'eau ne fut achevée que le troisième jour. Aussi cette formule se trouve-t-elle deux fois dans la relation du troisième jour (versets 10 et 12).

selon leur méthode d'*interprétation* [1] ; ce qu'ils ont dit de meilleur, c'est : « que l'œuvre de *l'eau* n'était pas achevée [2]. » Selon moi aussi, la raison en est très claire : c'est que, toutes les
fois qu'on parle de l'une des œuvres de la création [3] dont
l'existence se prolonge et se perpétue et qui sont arrivées à leur
état définitif, on en dit *que c'était bien*. Mais ce firmament
(רקיע) et la chose qui est au-dessus, appelée *eau*, sont, comme
tu le vois, enveloppés d'obscurité. En effet, si on prend la chose
à la lettre et qu'on ne la considère que superficiellement [4], c'est
là quelque chose qui n'existe pas du tout ; car, entre nous et le ciel
inférieur, il n'y a d'autre corps que les éléments, et il n'y a pas
d'eau au-dessus de l'atmosphère [5]. Et que serait-ce, si quelqu'un
s'imaginait que le firmament en question, avec ce qu'il y a sur
lui, est au-dessus du ciel [6] ? car alors la chose serait ce qu'il y
a de plus impossible et de plus insaisissable. Mais (d'un autre
côté), si on prend la chose dans son sens ésotérique et selon ce

---

(1) Le mot דרש désigne, chez les rabbins, l'interprétation scolastique, ou allégorique, par opposition à l'explication littérale, appelée פשט.

(2) Voy. *Beréschtth rabba*, sect. 3 (fol. 4, col. 1) :

אמר ר' שמואל לפי שלא נגמרה מלאכת המים לפיכך כתוב בשלישי
כי טוב שני פעמים אחד למלאכת המים ואחד למלאכתו של יום ·

(3) Littéralement : *De l'une des choses créées de l'être* (ou *du monde*). Au
lieu du mot הנמצאות, qu'ont les éditions de la version d'Ibn-Tibbon,
les mss. portent, plus exactement, המציאות.

(4) Mot à mot : *Par un examen grossier* (ou *en gros*).

(5) C'est-à-dire : Pour celui qui ne connaît pas les doctrines spéculatives de la science physique, il n'existe, entre nous et la partie inférieure du ciel (ou l'orbite de la lune), d'autre corps que les éléments, et
il ne comprend pas qu'il puisse y avoir, outre l'eau proprement dite,
une autre eau au-dessus de l'atmosphère ; car ce qui a été dit de l'eau
élémentaire, ou de l'eau *en puissance*, lui est complétement inconnu.

(6) L'auteur s'est exprimé ici d'une manière peu exacte ; car il veut
dire évidemment : si quelqu'un s'imaginait que, par le *raki'a*, ou firmament, il faut entendre le véritable ciel, ou la sphère céleste, de sorte
que, selon la théorie biblique, il y aurait de l'eau au-dessus de la sphère
céleste.

qu'on a voulu dire (en effet), c'est extrêmement obscur ; car il
était nécessaire d'en faire un des mystères occultes[1], afin que
le vulgaire ne le sût pas. Or, comment serait-il permis de dire
d'une pareille chose *que c'était bien ?* Les mots *que c'était bien*
n'ont d'autre sens, si ce n'est que la chose est d'une utilité manifeste et évidente pour l'existence et la prolongation de cet univers. Mais la chose dont le (véritable) sens est caché, et qui
extérieurement ne se présente pas telle qu'elle est, quelle est
donc l'utilité qui s'y manifeste aux hommes, pour qu'on puisse
en dire *que c'était bien ?* — Il faut que je t'en donne encore une
autre explication : c'est que, bien que cette chose[2] forme une
partie très importante de la création, elle n'est pas cependant un
but qu'on ait eu en vue pour la prolongation de durée de l'univers[3], de sorte qu'on eût pu en dire *que c'était bien ;* mais
(elle a été faite) pour une certaine nécessité urgente, (c'est-à-
dire) afin que la terre fût à découvert. Il faut te bien pénétrer de
cela.

Il faut que tu saches encore que, selon l'explication des docteurs, les herbes et les arbres, Dieu ne les fit pousser de la terre
qu'après l'avoir arrosée de pluie[4], de sorte que le passage : *Et
une vapeur monta de la terre* (Genèse, II, 6) parle d'une circonstance antérieure, qui précéda (cet ordre:) *Que la terre fasse*

* * *

(1) Ibn-Tibbon a מן הסודות החתומים (des mystères *scellés*); il li-
sait : אלמכתומה avec un *câf* ponctué (المُختومة), mais tous nos mss.
ont אלמכתומה sans point (المكتومة), et de même Al-'Harizi : מן הסודות
הנסתרות (des mystères *cachés*).

(2) C'est-à-dire, la séparation des eaux au moyen du firmament.

(3) C'est-à-dire : La création du *raki'a*, ou firmament, n'avait pas
pour but la prolongation de durée de l'ensemble de l'univers ; car le
monde aurait pu exister et se perpétuer sans le firmament et la séparation des eaux.

(4) Littéralement : *Que les docteurs ont déjà exposé que les herbes et les
arbres que Dieu fit pousser de la terre, il ne les fit pousser qu'après avoir fait
pleuvoir sur elle.* — Voy. *Beréschîth rabbâ*, sect. 13 (fol. 11, col. 2):
אלו ואלו לא צמחו עד שירדו עליהם גשמים.

pousser des végétaux (*ibid.*, I, 11). C'est pourquoi Onkelos traduit : ועננא הוה סליק מן ארעא « et une vapeur *était montée* de
la terre. » C'est d'ailleurs ce qui résulte clairement du texte
même : *Aucune plante des champs n'était encore sur la terre*
(*ibid.*, II, 5). Voilà donc qui est clair.—Tu sais, ô lecteur ! que
les principales causes de la *naissance* et de la *corruption*, après
les forces des sphères célestes [1], sont la lumière et les ténèbres, à cause de la chaleur et du froid qu'elles ont pour conséquence [2]. C'est par suite du mouvement de la sphère céleste
que les éléments se mêlent ensemble, et leur mélange varie en
raison de la lumière et des ténèbres. Le premier mélange qui en
naît, ce sont les deux espèces d'*exhalaisons* [3] qui sont la première cause de tous les phénomènes supérieurs, du nombre desquels est la pluie, et qui sont aussi les causes des minéraux, et
ensuite, de la composition des plantes, à laquelle succède celle
des animaux et enfin celle de l'homme [4]. Les ténèbres [5] sont la
nature de l'être de tout le monde inférieur, et la lumière lui

(1) Voy. ci-dessus, chap. X, p. 89.

(2) Cf. le t. I, p. 362, et *ibid.*, note 2.

(3) Voy. Aristote, *Météorolog.*, liv. II, chap. 4 : Ἔστι γὰρ δύο εἴδη
τῆς ἀναθυμιάσεως, ὥς φαμεν, ἡ μὲν ὑγρὰ ἡ δὲ ξηρά · καλεῖται δ᾽ἡ μὲν
ἀτμίς, ἡ δὲ τὸ μὲν ὅλον ἀνώνυμος, τῷ δ᾽ἐπὶ μέρους ἀνάγκη χρωμένους καθόλου
προσαγορεύειν αὐτὴν οἷον καπνόν. *Ibid.*, liv. III, chap. 6 : Δύο μὲν γὰρ
αἱ ἀναθυμιάσεις, ἡ μὲν ἀτμιδώδης ἡ δὲ καπνώδης, ὥς φαμεν, εἰσίν. Cf.
Ibn-Sînâ, dans l'ouvrage de Schahrestâni, p. 410 et suiv. (trad. all.,
t. II, p. 306 et suiv.). — Le duel البخاران (البخاران) désigne ici à la
fois les deux espèces d'*exhalaisons* (ἀναθυμιάσεις), dont l'une (ἀτμίς, *vapeur*) est particulièrement désignée en arabe par le mot بخار, et l'autre
(καπνός, *fumée*) par le mot دخان.

(4) Cf. le t. I, p. 360 et *ibid.*, note 2.

(5) Le texte porte : ואן אלטלאם, *et que les ténèbres ;* la conjonction
ואן, *et que*, se rattache au commencement de ce passage ותקר עלמת...אן,
tu sais que, etc.

survient (comme accident) [1] ; il te suffit (de voir) que, dans l'absence de la lumière, tout reste dans un état immobile. — L'Écriture, dans le *récit de la Création*, suit absolument le même ordre, sans rien omettre de tout cela [2].

Ce qu'il faut savoir encore, c'est qu'ils (les docteurs) disent [3] : « Toutes les œuvres de la création furent créées dans leur stature (parfaite), avec toute leur intelligence [4] et dans toute leur beauté » ; ce qui veut dire que tout ce qui a été créé l'a été dans sa perfection quantitative, avec sa forme parfaite et avec ses plus belles qualités [5]. Ce sont ces dernières qu'indique le mot לצביונם (dans leur *beauté*) qui vient de צבי, *beauté*, *ornement*, par exemple : *le plus beau* (צבי) *de tous les pays* (Ezéch., XX, 6). Sache bien cela ; car c'est là un principe important, parfaitement vrai et clair.

Ce qui doit être un sujet de sérieuse méditation, c'est qu'après avoir parlé de la création de l'homme, dans les six jours de la création, en disant : *il les créa mâle et femelle* (Gen., I, 27), et après avoir entièrement conclu (le récit de) la création, en di-

---

(1) Les éditions de la version d'Ibn-Tibbon ont : מקרי חוצה לו מתחדש עליו מחוץ, ce qui est une double traduction des mots arabes טאַר עליה. Les mss. ont seulement : מקרי חוצה לו, et 'Al-'Harizi : והאור דבר מתחדש עליו.

(2) L'auteur veut dire que l'Écriture parle également de tout ce qui vient d'être dit ; après la sphère céleste, mentionnée au premier verset de la Genèse, on parle des éléments, de la lumière et des ténèbres, des exhalaisons (II, 6), des plantes, des animaux, et enfin de l'homme.

(3) Voy. Talmud de Babylone, *Rosch-ha-schanâ*, fol. 11 *a* ; *'Hullîn*, fol. 60 *a*.

(4) Le mot לרעתן, que notre auteur applique à la *forme,* se rapporte aux êtres raisonnables ; toutes les créatures, disent les rabbins, sortirent de la main du Créateur, non pas en germe, mais dans leur état le plus développé et le plus parfait.

(5) Le texte dit : *Avec ses plus beaux accidents ;* c'est-à-dire que les êtres, au moment de la création, possédaient aussi extérieurement toutes les belles qualités accidentelles dont ils étaient susceptibles.

sant : *Ainsi furent achevés le ciel et la terre et toute leur armée*
(*ibid.*, II, 1), on ouvre un nouveau chapitre, (pour raconter)
comment Ève fut créée d'Adam. On y parle de l'*arbre de la vie*
et de l'*arbre de la science*, de l'aventure du serpent et de ce qui
en arriva, et on présente tout cela comme ayant eu lieu après
qu'Adam eut été placé dans le jardin d'Eden. Tous les docteurs
tombent d'accord que tout cet événement eut lieu le vendredi,
et que rien ne fut changé, en aucune façon, après les six jours de
la création. Il ne faut donc rien voir de choquant dans aucune
de ces choses ; car, comme nous l'avons dit, il n'y avait encore
jusque-là aucune nature fixe[1].

Outre cela, ils ont dit d'autres choses que je dois te faire entendre, en les recueillant dans différents endroits, et je dois aussi
appeler ton attention sur certains points, comme ils ont fait eux-
mêmes à notre égard[2]. Il faut savoir que tout ce que je vais te
citer ici des discours des docteurs sont des paroles d'une extrême
perfection, dont l'interprétation était claire pour ceux à qui elles
s'adressaient, et qui sont d'une très grande précision. C'est
pourquoi je n'en pousserai pas trop loin l'explication et je ne les

(1) Littéralement : *Selon ce que nous avons dit qu'il n'y avait encore, etc.*
C'est-à-dire : jusqu'à la fin du sixième jour, la nature des choses n'é-
tait pas encore établie par des lois immuables ; il n'y a donc rien de
choquant dans les relations du IIe chapitre de la Genèse, dès qu'on admet que tout se passa dans le courant du sixième jour. Comparez ce que
l'auteur a dit plus haut (p. 235) au sujet de la lumière, en citant l'exemple
du laboureur et des semailles.

(2) Littéralement : *Et je te ferai aussi remarquer certaines choses comme
ils nous (les) ont fait remarquer eux-mêmes.* L'auteur veut dire qu'il fera
comme ont fait les docteurs, en se bornant à appeler l'attention du lecteur sur certains points, sans développer ses idées. — Au lieu de
נבהונא, les deux mss. de Leyde ont נבהוא, sans suffixe ; de même les
deux versions hébraïques : כמו שהעירו.

exposerai pas longuement [1], afin de ne pas *révéler un secret* [2];
mais il suffira, pour les faire comprendre à un homme comme
toi, que je les cite dans un certain ordre et avec une rapide observation.

C'est ainsi qu'ils disent [3] qu'Adam et Ève furent créés ensemble, unis dos contre dos; (cet homme double) ayant été divisé, il (Dieu) en prit la moitié, qui fut Ève, et elle fut donnée à
l'autre (à Adam) pour compagne [4]. Les mots אחת מצלעתיו
(Gen., II, 21) signifient (dit-on) *un de ses deux côtés* [5], et on a
cité pour preuve צלע המשכן (Exode, XXVI, 20, etc.), que le
Targoum rend par סטר משכנא, *côté du tabernacle*, de sorte, disent-ils, qu'ici (il faudrait traduire): מן סטרוהי, *de ses côtés*.
Comprends bien comment on a dit clairement qu'ils étaient en
quelque sorte *deux* et que cependant ils ne formaient qu'*un*, selon
ces mots : *un membre de mes membres et une chair de ma chair*
(Gen., II, 23), ce qu'on a encore confirmé davantage, en disant

(1) Les deux traducteurs hébreux ont pris les mots ולא אבסטהא
dans le sens de *je ne les rendrai pas simples*, c'est-à-dire, je n'en ferai pas
connaître le sens clairement et simplement. Ibn-Tibbon traduit :
ולא אפרש פשטם ; Al-'Harisi : ולא אשימם פשוטים.

(2) Par les mots hébreux מגלה סוד, l'auteur fait allusion à un passage des Proverbes, XI, 13.

(3) L'auteur a en vue un passage du *Beréschîth rabbâ*, sect. 8, au commencement (fol. 6, col. 2), où il est dit qu'Adam fut créé à la fois
homme et femme, et qu'il avait deux visages (דיו פרצופין), tournés de
deux côtés; cf. Talmud de Babylone, *'Eroubin*, fol. 18 *a*. Ce passage
rappelle la fable de l'*Androgyne*, dans le *Festin* de Platon (p. 189).

(4) Ibn-Tibbon traduit והובא אליו ; Al-'Harizi traduit plus exactement והקביל אותו בה : les mots וקובל בה (وقوبل بَ) signifient littéralement : *et elle* (cette moitié) *fut placée vis-à-vis de lui*. Ibn-Falaquéra a
déjà fait observer que l'auteur fait allusion aux mots עזר כנגדו, *un aide
vis-à-vis de lui* (Genèse, II, 18, 20). Voy. *Moré ha-Moré*, Appendice,
p. 155.

(5) La traduction d'Ibn-Tibbon אחד מחלקיו (une de ses *parties*) est
inexacte; voy. Ibn-Falaquéra, *l. c.*

que les deux ensemble étaient désignés par un seul nom : *Elle sera appelée* ISCHA, *parce qu'elle a été prise du* ISCH (*ibid.*); et, pour faire mieux encore ressortir leur union, on a dit : *Il s'attacherd à sa femme, et ils seront une seule chair* (*ibid.*, v. 25). — Combien est forte l'ignorance de ceux qui ne comprennent pas qu'il y a nécessairement au fond de tout cela une certaine idée ! Voilà donc qui est clair [1].

Un autre sujet qu'ils ont exposé dans le *Midrasch* et qu'il faut connaître est celui-ci : Le serpent, disent-ils, était monté par un cavalier, et il était aussi grand qu'un chameau ; ce fut son cavalier qui séduisit Ève, et ce cavalier fut *Sammaël* [2]. Ce nom, ils l'appliquent à Satan : ils disent, par exemple, dans plusieurs endroits, que Satan voulait faire faillir notre père Abraham, en sorte qu'il ne consentît pas à offrir Isaac (en holocauste), et de même il voulut faire faillir Isaac, en sorte qu'il n'obéît pas à son père ; et, dans cette occasion, je veux dire, au sujet du sacrifice d'Isaac, ils s'expriment ainsi : « *Sammaël* se rendit auprès de notre père Abraham et lui dit : Eh quoi, vieillard, tu as donc perdu ton bon sens, etc. [3]. » Il est donc clair que *Sammaël* est Satan. Ce nom, de même que celui du *na'hasch* (serpent), indique une certaine idée ; en rapportant comment ce dernier vint

---

(1) L'auteur veut dire : Il est clair que ce récit renferme une certaine idée philosophique ; il se contente de l'indiquer, mais ne juge pas convenable de l'exposer clairement. Selon les commentateurs, l'auteur voyait dans ce récit une allusion à l'union de la matière et de la forme, qui, dans notre pensée, sont deux choses distinctes, mais qui, en réalité, sont toujours unies ensemble et que la parole créatrice fit au même instant sortir du néant. L'auteur paraît faire allusion à la même idée au chap. VI de la Iʳᵉ partie, en disant que le mot ISCHA (femme) a été employé métaphoriquement pour toute chose destinée et prête à se joindre à une autre chose, ce qui indique la *matière première* destinée à recevoir la *forme*, ou le *mâle* (ISCH), et que nous en séparons dans notre pensée.

(2) Voy. *Pirké rabbi-'Eliézer*, chap. XIII.

(3) Voy. *Berèschîth rabbâ*, sect. 56 (fol. 49, col. 4).

tromper Ève, ils disent : « Sammaël était monté sur lui ; mais le Très-Saint se riait du chameau et de son cavalier [1]. »

Ce qui mérite encore de fixer ton attention, c'est que le serpent n'eut aucune espèce de rapport avec Adam et ne lui adressa pas la parole, mais qu'il ne conversa et n'eut de communication qu'avec Ève ; ce fut par l'intermédiaire d'Ève qu'il arriva du mal à Adam et que le serpent le perdit. La parfaite inimitié n'a lieu qu'entre le serpent et Ève, et entre la postérité de l'un et celle de l'autre, bien que sa *postérité à elle* (זרעה) soit indubitablement celle d'Adam [2]. Ce qui est encore plus remarquable, c'est que ce qui enchaîne le serpent à Ève, c'est-à-dire la postérité de l'un à celle de l'autre, c'est (d'une part) la *tête* et (d'autre part) le *talon*, de sorte qu'elle le dompte *par la tête* [3], tandis que lui il la dompte *par le talon* [4]. Voilà donc qui est également clair.

[1] Encore ici, l'auteur ne se prononce pas sur l'idée philosophique qu'il croit être cachée sous ce récit et indiquée par les noms qui y sont employés. Selon les commentateurs, le mot נחש, *serpent*, indiquerait la faculté imaginative et serait en rapport avec le mot נחש qui désigne la *divination*, où l'imagination joue un grand rôle ; le nom de Sammaël viendrait du verbe סמא, *aveugler*, et indiquerait la faculté appétitive, ou la concupiscence, qui aveugle l'homme ; enfin, Dieu qui se rit du chameau (serpent) et de son cavalier, c'est l'intelligence.

[2] Il faut se rappeler que Dieu dit au serpent : *Et je mettrai une inimitié entre toi et la femme, entre ta postérité et la sienne* (Genèse, III, 15).— Ainsi que nous venons de le dire, le serpent représente la faculté imaginative ; l'auteur veut indiquer ici, à ce qu'il paraît, ce sens allégorique : Que l'imagination n'affecte pas directement l'intelligence, représentée par Adam, et qu'elle ne trouble cette dernière que par un intermédiaire, qui est, ou la matière, ou la faculté sensible, représentée par Ève.

[3] C'est-à-dire, en le frappant sur la tête.

[4] Les commentateurs ne donnent que des explications peu satisfaisantes sur l'allégorie que l'auteur a pu avoir en vue dans ce dernier passage ; la plus plausible me paraît être celle de Schem-Tob, qui s'exprime à peu près ainsi : La postérité de la femme, ou l'être humain, par sa faculté rationnelle et spéculative, ou par son intelligence, l'emporte sur

Voici encore un de ces passages étonnants, dont le sens littéral
est extrêmement absurde, mais (dans lesquels), dès que tu auras
parfaitement bien compris les chapitres de ce traité, tu admi-
reras l'allégorie pleine de sagesse et conforme à (la nature de)
l'être[1]. «Au moment, disent-ils, où le serpent s'approcha d'Ève,
il l'entacha de souillure. Les israélites s'étant présentés au mont
Sinaï, leur souillure a été enlevée; quant aux gentils, qui ne se
sont pas présentés au mont Sinaï, leur souillure n'a pas été enlevée[2]. » Médite aussi là-dessus[3].

Un autre passage qu'il faut connaître est celui-ci : « L'arbre
de la vie a (une étendue de) cinq cents ans de marche, et toutes
les eaux de la création se répandent de dessous lui[4]. » On y a

l'imagination, qui a son siége dans *la tête* et en détruit les fantômes.
Mais souvent la faculté imaginative et les passions qui en naissent frappent l'homme *au talon*, c'est-à-dire l'empêchent de marcher en avant, de
développer ses facultés intellectuelles et d'arrriver à la conception des
choses *intelligibles*.

(1) Plus littéralement : *Du nombre des passages étonnants, etc., est ce qu'ils
disent*. Tous les mss. ont וְהוּ קוֹלהם, et de même Ibn-Tibbon : וְהוּא אמרם;
ces mots étant le *conséquent* des mots וּמן אלאקאויל, il eût été plus correct
d'écrire הו, sans le ו conjonctif. C'est sans doute l'auteur lui-même qui
a écrit והו, par inadvertance. — Quant au mot פהמת, Ibn-Tibbon l'a
considéré comme un verbe passif (فُهِمَتْ), dont le sujet est פצול, et l'a
traduit par וכשיובנו; mais le verbe תעֹנב qui suit montre avec évidence qu'il
faut prononcer فَهَمَتْ, verbe actif, dont פצול est le régime.

(2) Voy. Talmud de Babylone, *Schabbâth*, fol. 146 a; *Yebamôth*, fol.
103 b. Le sens du passage, selon Maïmonide, paraît être celui-ci : La faculté imaginative, en éveillant les passions, entache l'homme de souillure; les Israélites, en recevant une loi morale qui dompta leurs passions, se sont purifiés de cette souillure, dont les païens restaient toujours entachés.

(3) Le verbe תדבר doit être prononcé تَدَبَّرْ, impératif de la Vᵉ forme,
et c'est à tort qu'Ibn-Tibbon l'a traduit par והנהיג (mss. והנהיגו). Al-
'Harizi l'a mieux rendu par והעיר מחשבתך לזה.

(4) Voy. *Beréschîth rabbâ*, sect. 15 (fol. 13, col. 2); Talmud de Jérusalem, *Berakhôth*, chap. I, et le commentaire *Yephé mareh*, ibid., § 4.

déclaré qu'on a pour but (de désigner) par cette mesure l'épaisseur de son corps, et non pas l'étendue de ses branches: « Le but
de cette parole, disent-ils, n'est pas son branchage, mais c'est
son tronc (קורתו) [1] qui a (une étendue de) cinq cents ans de marche. » Par קורתו, on entend son bois épais qui est debout; ils ont
ajouté cette phrase complémentaire [2], pour compléter l'explication du sujet et lui donner plus de clarté. Voilà donc qui est clair
aussi [3].

Il faut aussi connaître le passage suivant : « Quant à l'*arbre
de la science*, le Très-Saint n'a jamais révélé cet arbre à aucun

---

(1) La plupart des mss. ar. du *Guide* et la version d'Al-'Harizi ont
כוורתו ; mais nos éditions du *Midrasch* et du Talmud de Jérusalem ont
קורתו, et cette leçon se trouve aussi dans un ancien ms. du *Beréschith
rabbâ* que possède la Bibliothèque impériale. Le mot קורה, qui signifie
poutre, est ici employé dans le sens de *tronc d'arbre*.

(2) Au lieu de ההשאלה, qu'ont ici les éditions de la version d'Ibn-
Tibbon, il faut lire ההשלמה comme l'ont les mss. de cette version et
celle d'Al-'Harizi.

(3) Encore ici, on ne peut qu'entrevoir le sens allégorique que l'auteur trouvait dans les paroles des docteurs. Ce qu'il y a de plus probable, c'est qu'il voyait dans l'*arbre de la vie* la science qui est la véritable vie de l'âme humaine. Cette science embrasse une étendue de
cinq cents ans de marche, c'est-à-dire elle s'étend sur tout ce qui existe
au-dessous de la sphère de la lune; car, selon les rabbins, il y a cinq
cents ans de chemin de la terre au ciel ou à la dernière des sphères célestes : מן הארץ עד לרקיע מהלך חמש מאות שנה (Talmud de Babylone, 'Haghigâ, fol. 13 *b*; cf. la IIIᵉ partie de cette ouvrage, chap. XIV;
Ces choses sublunaires, qui seules sont complétement accessibles à la
science humaine, sont désignées par le *tronc* de l'arbre ; ses branches,
qui s'étendent bien au delà de la sphère de la lune, représentent la
science des sphères célestes et la métaphysique, dont l'homme ne peut
acquérir qu'une connaissance plus ou moins imparfaite. Cf. les commentaires d'Ephôdi et de Schem-Tob.

homme et ne le révélera jamais [1]. » Et cela est vrai ; car la nature de l'être l'exige ainsi [2].

Le passage suivant mérite également que tu l'apprennes :
« *Et l'Éternel Dieu prit l'homme* (Genèse, II, 15), c'est-à-dire,
il l'éleva ; *et il l'établit* (ויניחהו) *dans le jardin d'Eden*, c'est-à-
dire, il lui donna le repos (הניח לו) [3]. » On n'a donc pas entendu
le texte [4] (dans ce sens) qu'il (Dieu) l'aurait retiré d'un endroit
et placé dans un autre endroit, mais (dans ce sens allégorique)
qu'il *éleva* le rang de son être, au milieu de ces êtres qui naissent
et périssent, et qu'il l'établit dans une certaine position [5].

Un autre point qu'il faut te faire remarquer, c'est avec quelle
sagesse les deux fils d'Adam furent désignés par les noms de

---

(1) Voy. *Beréschith rabbâ*, sect. 15, à la fin, où, après avoir rapporté
les opinions de plusieurs docteurs sur l'espèce à laquelle appartenait
l'arbre de la science, on cite celle de R. Josua ben-Levi, qui disait que
l'arbre de la science ne devait jamais être désigné avec précision, afin
qu'aucun homme ne pût connaître le fruit qui avait conduit au péché.

(2) Pour comprendre ce passage, il faut se rappeler la distinction
que l'auteur a établie, au chap. II de la Ire partie, entre la connaissance
du vrai et du faux et celle du bien et du mal. L'intelligence, par laquelle
l'homme connaît le vrai et le faux, fut donnée à l'homme dès le moment de la création, et c'est elle qui le rendait semblable à Dieu ; mais
la connaissance de ce qui est beau ou laid, bien ou mal, n'est qu'une
suite du péché de l'homme et de la perte de son état d'innocence. Selon
l'auteur donc, le passage du *Midrasch* qui vient d'être cité veut dire
que ce n'est pas Dieu qui révèle directement à l'homme, en lui donnant
l'intelligence, la connaissance de ce qui est beau ou laid, bienséant ou
inconvenant, et que les objets de cette connaissance n'existeraient pas
pour lui, s'il n'avait pas péché et s'il n'était pas entraîné par ses désirs et
ses mauvais penchants.

(3) Voy. *Beréschith rabbâ*, sect. 16 (fol. 14, col. 1).

(4) Ibn-Tibbon (ms.) a לא אמרו זה הלשון, ce qui est un contre-
sens ; car le mot אלנץ désigne ici le verset biblique. Al-'Harizi dit plus
exactement אין זה הפסוק להעלותו וכו׳.

(5) C'est-à-dire, dans une situation morale qui l'élevait au-dessus
de tous les êtres d'ici-bas, et c'est cette situation qui est désignée allégoriquement par les mots *jardin d'Eden*.

Kaïn et de *Hebel* (Abel), que ce fut Kaïn qui tua Hebel *au champ* (Genèse, IV, 8), qu'ils périrent tous deux, bien que celui qui avait exercé la violence fût traité avec indulgence[1], et enfin qu'il n'y eut d'existence durable que pour *Scheth : Car Dieu m'a établi* (SCHATH) *une autre postérité* (*ibid.*, v. 25). Tout cela est justifié[2].

Ce qui mérite encore de fixer ton attention, c'est le passage: *Et l'homme imposa des noms, etc.* (*ibid.*, II, 20), qui nous ap-

---

(1) Le verbe אמהל est au passif أُمْهِلَ. La traduction d'Ibn-Tibbon, שהאריך (pour שהאריך אף), n'est pas tout à fait exacte; quelques mss. ont שנמחל. Al-'Harîzi traduit : ואם האריכו חיי המתגבר והרוצח.

(2) L'auteur se borne à appeler la méditation du disciple sur le sens symbolique des noms de Kaïn, de Hébel et de Scheth, et sur les allégories que renferme le récit biblique. Le silence que garde l'auteur sur sa véritable pensée a donné lieu à des explications variées; les commentateurs s'accordent généralement à voir dans les trois fils d'Adam les symboles de différentes facultés de l'âme rationnelle. Kaïn représente la faculté des *arts pratiques*, nécessaires à la conservation du corps, et dont l'un des principaux est l'agriculture; le nom de *Kaïn*, que le texte biblique met en rapport avec le verbe *kanâ* (acquérir), signifie *acquisition*, *possession*. Hébel représente la *réflexion*, qui juge de l'opportunité des actions au point de vue moral, et qui détermine le régime de l'individu et des sociétés, représenté par l'image du pasteur. Le nom de *Hébel*, qui signifie *vanité*, indique que la faculté de la réflexion, quoique supérieure à celle des arts pratiques, est une chose vaine et périssable; car ce qui reste de l'homme après la mort, c'est la seule *intelligence*, représentée par *Scheth*, qui seul, parmi les fils d'Adam, ressemblait à son père créé à l'image de Dieu, comme l'a fait observer l'auteur dans la Iᵉ partie de cet ouvrage, chap. VII. Si Kaïn tue Hébel *au champ*, cela indique que l'homme qui vit en dehors des habitudes et des lois sociales ne possède pas des notions exactes de ce qui est juste ou injuste, et se livre à la violence. Voy. les commentaires de Moïse de Narbonne et d'Ephôdi; et cf. le passage de Maïmonide sur la partie rationnelle de l'âme, cité dans le t. I de cet ouvrage, p. 210, note 1. Voy. aussi, sur notre passage, le commentaire d'Isaac Abravanel sur le Pentateuque, Genèse, chap. IV, versets 1-8.

prend que les langues sont *conventionnelles* et non pas *naturelles* (1), comme on l'a cru (2).

Ce qui enfin mérite encore ta méditation, ce sont les quatre
mots employés pour (désigner) le rapport entre le ciel (3) et Dieu,
à savoir : ברא *créer*, עשה *faire*, קנה *acquérir, posséder*, et
אל *Dieu*. On dit, par exemple : *Dieu créa* (ברא) *le ciel et la terre*
(Gen., I, 1); *au jour où Dieu fit* (עשות) *terre et ciel* (ibid., II. 4);
auteur ou *possesseur* (קנה) *du ciel et de la terre* (ibid., XIV, 19
et 22); *le Dieu* (אל) *de l'univers* (ibid., XXI, 33) (4); *Dieu* (אלהי)

---

(1) C'est-à-dire, que les mots sont une chose de pure convention, et
qu'ils n'ont pas pris leur origine dans la nature même des choses qu'ils
servent à désigner. C'est ce qui résulte, selon l'auteur, du passage
en question, où l'on attribue la dénomination de tous les êtres à la seule
volonté d'Adam, qui invente les noms au hasard.

(2) L'auteur paraît faire allusion à un passage du *Midrasch*, où il est
dit que la sagesse d'Adam, c'est-à-dire sa connaissance des choses de
la nature, était supérieure à celle des anges; car ces derniers ignoraient
la nature des choses sublunaires et ne savaient pas les appeler par leurs
noms, tandis qu'Adam savait donner à chaque animal le nom qui lui
convenait naturellement et qui en caractérisait l'être : אמר לזה נאה
לקרותו שור ולזה ארי ולזה סוס ולזה חמור ולזה גמל ולזה נשר וכן
כלם שנאמר ויקרא האדם שמות לכל הבהמה וגו' . Voy. le *Midrasch*
Tan'houma, liv. des Nombres, section חקת (édit. de Vérone, fol. 77, col. 1);
Beréschith rabbâ, sect. 17 (fol. 14, col. 3). Les mots לזה נאה לקרותו וכו',
celui-ci il convient de l'appeler, etc., sont expliqués par Isaac Abravanel
en ces termes : לפי שלא היו אותם השמות מוסכמים כפי הרצון בלבד
אבל מונחים ונגזרים באופן נאות לטבעיהם ולצורותיהם « Parce que
ces noms n'étaient pas simplement conventionnels et arbitraires, mais
posés et dérivés de manière à convenir à la nature des objets et à leurs
formes. » Voy. la dissertation d'Abravanel sur la sagesse de Salomon,
chap. 2, dans son commentaire sur le livre des Rois, chap. III, v. 6 et
suiv. (*Commentarius in prophetas priores*, Lipsiæ, 1686, fol. 210, col. 3).
Cette opinion des anciens rabbins, qui est combattue ici par Maïmonide,
est aussi adoptée par R. Juda ha-Lévi, dans son *Khozari*, liv. IV, § 25
(édition de Buxtorf, p. 303).

(3) Par *ciel*, il faut entendre ici l'ensemble de l'univers.

(4) Voy. le t. I, p. 3, note 2.

du ciel et Dieu de la terre (*ibid*, XXIV, 3). Quant aux expressions : אשר כוננתה (*la lune et les étoiles*) *que tu as* ÉTABLIES (Ps. VIII, 4), טפחה שמים (*et ma droite*) *a* MESURÉ *par palmes les cieux*, נוטה שמים, *qui* ÉTEND *les cieux* (Ps. CIV, 2), elles sont toutes renfermées dans עשה, *faire*. Pour ce qui est du verbe יצר, *former*, il ne se rencontre pas (dans ce sens) [1]. Il me semble, en effet, que ce verbe s'applique à la formation de la figure et des linéaments, ou à un des autres accidents ; car la figure et les linéaments sont également des accidents. C'est pourquoi on dit : יוצר אור, *qui forme la lumière* (Isaïe, XLV, 7), car celle-ci est un accident ; יוצר הרים, *qui forme les montagnes* (Amos, IV, 13), signifie *qui en fait la figure* ; il en est de même de וייצר י׳ אלהים, *l'Éternel Dieu forma*, etc. (Genèse, II, 7 et 19). Mais, en parlant de cet être qui comprend l'ensemble de l'univers, c'est-à-dire le ciel et la terre, on emploie le verbe ברא, *créer*, qui, selon nous, signifie *produire du néant*. On dit aussi עשה, *faire*, (ce qui s'applique) aux formes [2] spécifiques qui leur ont été données, je veux dire à leurs caractères physiques. On leur a appliqué le verbe קנה, *posséder*, parce que Dieu les domine, comme le maître domine ses esclaves ; c'est pourquoi il est appelé *le Seigneur de toute la terre* (Josué, III, 11, 13) et (simplement) האדון, le *Seigneur* (Exode, XXIII, 17; XXXIV, 23). Mais, comme [3] il n'y a pas de *Seigneur* sans qu'il y ait en même temps une

---

(1) L'auteur veut dire que ce verbe n'est jamais employé lorsqu'il s'agit de la création du ciel et de la terre, ou de l'ensemble de l'univers ; car, en parlant de la terre seule, on dit aussi יוצר ארץ (Isaïe, XLV, 18), ce que l'auteur interprétait sans doute comme יוצר הרים.

(2) Les éditions de la version d'Ibn-Tibbon ont ליצירותיו, *à ses créatures*, ce qui évidemment est une faute ; les mss. portent לצורותיו ; mais il faut lire, d'après l'arabe, לצורותיהם, *à leurs formes*, où le suffixe se rapporte au ciel et à la terre.

(3) Tous les mss. ont ולמא avec ו, et ce mot par conséquent commence une nouvelle phrase. Dans plusieurs mss. de la version d'Ibn-Tibbon, le mot והאדון est suivi de כאשר, qui manque dans les éditions ; mais il faut lire וכאשר. Ce qui a causé l'erreur, c'est qu'on ne s'est pas aperçu que le mot והאדון forme une seconde citation biblique.

possession, ce qui semblerait supposer une certaine matière préexistante [1], on a (plutôt) employé les verbes ברא, *créer*, et עשה, *faire*. Quand on dit אלהי השמים, *Dieu du ciel*, et אל עולם, *Dieu de l'univers*, c'est au point de vue de la perfection de Dieu et de la perfection de ces derniers ; lui, il est ELOHÎM, c'est-à-dire *gouvernant*, et eux, ils sont *gouvernés* [2]. Il ne faut pas y voir l'idée de *domination*, car c'est là le sens de קונה, *possesseur* ; (en disant ELOHÎM) c'est au point de vue du *rang* [3] que Dieu occupe dans l'être et de leur rang à eux [4] ; car c'est lui, et non pas le ciel, qui est Dieu. Il faut te bien pénétrer de cela.

Ces observations sommaires [5], avec ce qui précède et ce qui sera dit encore sur ce sujet, sont suffisantes par rapport au but qu'on s'est proposé dans ce traité et par rapport au lecteur [6].

---

(1) Littéralement : *Et cela incline vers la croyance de l'éternité d'une certaine matière*. L'auteur veut dire : comme il y a une corrélation entre le maître et la possession, et que le mot קונה, *possesseur*, appliqué au créateur, paraît impliquer la préexistence d'une matière, on a généralement employé, pour désigner l'acte de la création, les verbes ברא (créer) et עשה (faire), qui renferment l'idée de *produire du néant*.

(2) Cf. le t. I, chap. II, p. 37, et ci-dessus, chap. VI, p. 66.

(3) Sur le sens du mot חֵם, cf. le t. I, p. 52, note 2.

(4) C'est-à-dire, de celui du ciel et de l'univers. Le suffixe dans וחטאה est mis, ainsi que les pronoms précédents, au féminin singulier, et non pas au duel, parce que les deux choses se confondaient dans la pensée de l'auteur, de sorte qu'il n'a eu égard qu'au mot féminin אלסמא, *le ciel*, comme on le voit à la fin de cette phrase, où il est dit mot à mot : *Car c'est lui qui est Dieu et non pas elle*, je veux dire אלסמא (le ciel).

(5) Littéralement : *Ces mesures*, ou *ces quantités-ci*.

(6) C'est-à-dire : elles suffisent pour le lecteur intelligent et instruit que l'auteur a eu en vue.

CHAPITRE XXXI.

Tu as peut-être déjà reconnu la raison pourquoi on a tant insisté sur la loi du sabbat et pourquoi elle a (pour pénalité) la *lapidation*, de sorte que le prince des prophètes a (en effet) infligé la mort à cause d'elle [1]. Elle occupe le troisième rang après l'existence de Dieu et la négation du dualisme [car la défense d'adorer un autre être que lui n'a d'autre but que d'affirmer l'unité] [2]. Tu sais déjà, par mes paroles [3], que les idées ne se conservent pas si elles ne sont pas accompagnées d'actions qui puissent les fixer, les publier et les perpétuer parmi le vulgaire. C'est pourquoi il nous a été prescrit d'honorer ce

---

(1) C'est-à-dire : Par tout ce qui a été dit précédemment sur l'importance du dogme de la création, tu as déjà pu comprendre, par toi-même, pourquoi la loi du sabbat a été si souvent répétée dans le Pentateuque, et pourquoi celui qui la transgresse est puni de la peine la plus grave, celle de la lapidation, peine qui en effet fut appliquée un jour par le législateur lui-même, comme le rapporte le livre des Nombres, chap. xv, v. 32-36. — Ce chapitre sur le sabbat se rattache, comme complément naturel, à tout ce que l'auteur a dit sur la *Création*, qui est symboliquement représentée par le repos solennel du septième jour de la semaine.

(2) L'auteur veut dire que, dans le Décalogue, la loi du sabbat, qui forme le quatrième commandement, occupe le troisième rang après les commandements relatifs à l'existence et à l'unité de Dieu; car le troisième commandement, ou la défense de *proférer en vain le nom de l'Éternel*, se rattache aux deux premiers commandements et ne proclame pas de nouveau principe fondamental, tandis que la loi du sabbat proclame le dogme de la Création. C'est ainsi que l'auteur a dit plus haut (chap. XIII, p. 107), en parlant de la *Création*, qu'elle est le *second principe* après celui de l'unité de Dieu.

(3) L'auteur fait allusion, ce me semble, à des entretiens qu'il avait eus avec son disciple sur les motifs qu'on peut supposer à certains préceptes relatifs aux pratiques religieuses. Voy. ce qu'il dit à cet égard dans la IIIᵉ partie de cet ouvrage, chap. XXVII et *passim*.

jour, afin que le principe de la nouveauté du monde fût établi
et publié dans l'univers par le repos auquel tout le monde se li-
vrerait [1] le même jour ; car, si l'on demandait quelle en est la
cause, la réponse serait : *Car en six jours l'Éternel a fait etc.*
(Exode, XX, 11).

Mais on a donné à cette loi deux causes différentes, qui devaient avoir deux conséquences différentes : dans le premier
Décalogue (Exode, chap. XX), on dit, pour motiver la glorification du sabbat : *Car en six jours l'Éternel a fait etc.*, tandis
que dans le Deutéronome (V, 15) on dit : *Et tu te souviendras
que tu as été esclave dans le pays d'Égypte* [2] .....; *c'est pourquoi l'Éternel ton Dieu t'a prescrit de célébrer le jour du sabbat.*
Et cela est juste [3]. En effet, la conséquence (indiquée) dans le
premier passage, c'est l'illustration et la glorification de ce jour,
comme on a dit : *C'est pourquoi l'Éternel a béni le jour du sabbat et l'a sanctifié* (Exode, XX, 10), ce qui est la conséquence résultant de la cause (indiquée par ces mots) : *Car en six
jours etc.* Mais, si on nous en a fait une *loi*, et s'il nous a été
ordonné, à nous, d'observer ce jour, c'est une conséquence (résultant) de cette autre cause : que nous étions *esclaves en
Égypte*, où nous ne travaillions pas selon notre choix et quand
nous voulions, et où nous n'étions pas libres de nous reposer.
On nous a donc prescrit l'inaction et le repos, afin de réunir
deux choses : 1° d'adopter une opinion vraie, à savoir (celle
de) la nouveauté du monde, qui, du premier abord et par
la plus légère réflexion, conduit à (reconnaître) l'existence de
Dieu ; 2° de nous rappeler le bien que Dieu nous a fait en nous

---

(1) Littéralement : *Lorsque tous les hommes resteraient oisifs.*

(2) Il est curieux que le texte arabe et la version hébraïque d'Ibn-
Tibbon portent ici, dans presque tous les mss. comme dans les éditions,
במצרים, tandis que le texte biblique porte בארץ מצרים. L'auteur a fait
probablement une erreur de mémoire en pensant à deux autres versets du Deutéronome (XVI, 12 ; XXIV, 18).

(3) C'est-à-dire : Les deux causes indiquées dans les deux Décalo-
gues se justifient par les conséquences dont il va être parlé.

accordant le repos *de dessous les charges de l'Égypte* (Exode,
VI, 6 et 7). C'est en quelque sorte un bienfait qui sert à la fois à
confirmer une opinion spéculative et à produire le bien-être du
corps [1].

<h2 style="text-align:center">CHAPITRE XXXII.</h2>

Il en est des opinions des hommes sur la prophétie comme de
leurs opinions concernant l'éternité ou la nouveauté du monde;
je veux dire que, de même que ceux pour qui l'existence de Dieu
est avérée professent trois opinions (diverses) sur l'éternité ou la
nouveauté du monde, comme nous l'avons exposé, de même
aussi les opinions concernant la prophétie sont au nombre de
trois [2]. Je ne m'arrêterai pas à l'opinion de l'épicurien, — car

(1) Littéralement : *un bienfait général pour la confirmation de l'opinion
spéculative et pour le bien-être de l'état corporel.* La plupart des mss. portent : פי צחיח אלראי אלנטרי. Et c'est aussi cette leçon que paraît exprimer Ibn-Tibbon, qui a : בדעת האמתי העיוני ; mais la construction
nous oblige de considérer ici le mot צחיח, comme un nom d'action, dans
le sens de תצחיח. Le ms. de Leyde (n° 18) porte en effet פי תצחיח, et
Al-'Harizi traduit : בקיום דעת העין.

(2) Nous croyons, avec Isaac Abravanel, que l'auteur voyait une certaine relation entre les trois opinions sur la prophétie et les trois opinions qu'il a rapportées plus haut (chap. XIII) sur l'origine du monde;
car on ne saurait supposer qu'il n'ait voulu parler que de la *triplicité*
des opinions dans les deux sujets, qui n'est qu'une chose tout acciden-
telle et qui n'aurait pas mérité que l'auteur y insistât. Selon Abravanel,
la première opinion sur la prophétie, celle de la foule vulgaire des
croyants, est analogue à la première opinion sur l'origine du monde,
celle qui fait tout émaner de la seule volonté de Dieu, sans admettre
aucune espèce de matière première ou de *substratum* préexistant et apte
à recevoir la forme. La deuxième opinion sur la prophétie correspond
à la troisième sur l'origine du monde, ou à celle des péripatéticiens.
Ces derniers, n'admettant rien de surnaturel, ne voient dans la prophétie que le développement et l'*entéléchie* d'une faculté que toute l'espèce
humaine possède en puissance, de même que, selon eux, il y a dans

celui-ci ne croit pas à l'existence d'un Dieu, et comment, à plus forte raison, croirait-il à la prophétie? — mais je n'ai pour but que de rapporter les opinions de ceux qui croient en Dieu[1].

I. La *première opinion*, professée par ceux d'entre les peuples païens[2] qui croyaient à la prophétie, est aussi admise par certaines gens du vulgaire appartenant à notre religion[3]. Dieu (disent-ils), choisissant celui qu'il veut d'entre les hommes, le rend prophète et lui donne une mission; et peu importe, selon eux, que cet homme soit savant ou ignorant, vieux ou jeune. Cependant ils mettent aussi pour condition qu'il soit un homme de bien et de bonnes mœurs; car personne n'a prétendu jusqu'ici que, selon cette opinion, Dieu accorde quelquefois le don de prophétie à un homme méchant, à moins qu'il ne l'ait d'abord ramené au bien.

l'univers une matière préexistante qui, de toute éternité, a reçu la forme. Enfin, la troisième opinion, qui attribue la prophétie à une faculté préexistante se développant par la volonté divine, est analogue à celle que Platon professe sur l'origine du monde, et selon laquelle le monde, sorti du chaos éternel, a eu un commencement temporel et a été *ordonné* par la libre volonté de Dieu. Voy. le commentaire d'Isaac Abravanel sur diverses parties du *Moré Néboukhim*, publié par M. J. Landau, IIe livraison (Prague, 1832, in-4°), fol. 20; cf. Isaac Arama, 'Akédâ, chap. 35.

(1) Les éditions de la version d'Ibn-Tibbon ajoutent le mot בנבואה. Selon cette leçon, il faudrait traduire : *Les opinions que ceux qui croient en Dieu professent sur la prophétie;* mais tous les mss. du texte arabe ont seulement ארא מעתקד אלאלאה, et de même Al-'Harîzi : דעות המאמינים בבורא.

(2) Ibn-Tibbon a : המון הסכלים, et Al-'Harîzi : המון הפתאים, c'est-à-dire la foule des ignorants; mais, si l'auteur avait voulu parler des *ignorants* en général, il aurait dit الجهّال. Par le mot الجاهليّة, l'auteur désigne, conformément à l'usage des auteurs arabes, l'état des peuples qui n'ont point été instruits par une révélation divine, ou l'époque du paganisme.

(3) La version d'Ibn-Tibbon porte וקצת עמי אנשי תורתנו (dans quelques mss., וקצת המון מאנשי תורתנו); il a lu : ובעץ עואם אהל שריעתנא, comme le porte en effet le ms. de Leyde, n° 18.

II. La *deuxième opinion* est celle des philosophes[1]; à savoir, que la prophétie est une certaine perfection (existant) dans la nature humaine; mais que l'individu humain n'obtient cette perfection qu'au moyen de l'*exercice*, qui fait passer à l'*acte* ce que l'espèce possède *en puissance*[2], à moins qu'il n'y soit mis obstacle par quelque empêchement tenant au tempérament ou par quelque cause extérieure. Car, toutes les fois que l'existence d'une perfection n'est que *possible* dans une certaine espèce, elle ne saurait exister jusqu'au dernier point dans chacun des individus de cette espèce[3], mais il faut nécessairement (qu'elle existe au moins) dans un individu quelconque[4]; et si cette perfection est de nature à avoir besoin d'une cause déterminante pour se réaliser, il faut une telle cause[5]. Selon cette opinion, il n'est pas possible que l'ignorant devienne prophète, ni qu'un homme sans avoir été prophète la veille le soit (subitement) le lendemain, comme quelqu'un qui fait une trouvaille. Mais voici, au contraire, ce qu'il en est : si l'homme supérieur, parfait dans ses qualités ration-

(1) L'auteur veut parler des péripatéticiens arabes, qui considèrent le don de prophétie comme le plus haut degré de développement des facultés rationnelles et morales de l'âme, degré auquel l'homme parvient moins par l'étude que par la purification de l'âme, en se détachant complétement des choses de ce monde et en se préparant ainsi à l'union la plus intime avec l'intellect actif, qui fait passer à l'acte toutes les facultés que notre âme possède en puissance. Voy. Ibn-Sînâ, dans l'analyse de Schahrestâni, p. 428-429 (trad. all., t. II, p. 331-332), et cf. mes *Mélanges de philosophie juive et arabe*, p. 364-365.

(2) Cf. la Iʳᵉ partie, chap. XXXIV, deuxième cause (t. I, p. 119).

(3) Littéralement : ..., *comme il en est de toute perfection dont l'existence est* POSSIBLE *dans une certaine espèce; car l'existence de cette perfection ne saurait aller jusqu'à son extrémité et sa fin dans chacun etc.*

(4) Car, comme l'auteur le dit ailleurs, ce qui est *possible* pour l'espèce ne peut pas ne pas arriver nécessairement. Voy. ci-dessus, p. 39, et *ibid.* note 2.

(5) Plus littéralement : *Et si cette perfection est une chose qui a besoin, pour se réaliser, de quelque chose qui la fasse sortir* (ou *passer à l'acte*), *il faut quelque chose qui la fasse sortir.*

nelles et morales, possède en même temps la faculté imaginative
la plus parfaite et s'est préparé de la manière que·tu entendras
(plus loin), il sera nécessairement prophète; car c'est là une
perfection que nous possédons *naturellement*. Il ne se peut donc
pas, selon cette opinion, qu'un individu, étant propre à la prophétie et s'y étant préparé, ne soit pas prophète, pas plus qu'il
ne se peut qu'un individu d'un tempérament sain se nourrisse
d'une bonne nourriture, sans qu'il en naisse un bon sang et autres choses semblables.

III. La *troisième opinion*, qui est celle de notre Loi et un principe fondamental de notre religion, est absolument semblable à
cette opinion philosophique, à l'exception d'un seul point [1]. En
effet, nous croyons que celui qui est propre à la prophétie et qui
y est préparé peut pourtant ne pas être prophète, ce qui dépend
de la volonté divine. Selon moi, il en est de cela comme de tous
les miracles, et c'est de la même catégorie [2]; car la nature
veut que tout homme qui, par sa constitution naturelle, est pro-

---

(1) L'opinion que l'auteur va exposer, et qu'il considère comme l'opinion orthodoxe, est loin d'être celle des principaux théologiens juifs, qui
croient en général que les hautes facultés que possèdent les prophètes
leur viennent de la volonté de Dieu, et non pas d'une certaine nature
innée, מצר הבורא ולא מצד עצמם, comme dit Saadia (*Livre des croyances et des opinions*, liv. III, chap. 4, fin). Aussi l'opinion de Maïmonide,
qui attribue aux facultés intellectuelles de l'homme une trop grande
part dans la prophétie, et qui ne fait intervenir la volonté divine que
comme un obstacle, n'a-t-elle pas manqué de trouver de nombreux contradicteurs. Voy. Joseph Albo, '*Ikkarîm*, liv. III, chap. 8; Isaac Arama,
'*Akedâ*, chap. 35 (édition de Presbourg, in-8°, t. II, fol. 10 *b* et suiv.),
et le post-scriptum d'Abravanel à son commentaire sur ce chapitre,
l. c., fol. 22 *a*.

(2) Littéralement : *et cela est, selon moi, semblable à tous les miracles et
courant dans le même ordre*. C'est-à-dire : Si l'homme, tout en remplis-
sant les conditions nécessaires pour la prophétie, n'arrive pourtant pas
à être prophète, il y a là, comme dans tous les miracles, une véritable
interruption des lois de la nature, qui doit être attribuée à la volonté
divine.

pre (à la prophétie) et qui s'est exercé par son éducation et par son étude, devienne réellement prophète; et, si cela lui est refusé, c'est comme quand on est empêché de mouvoir sa main, à l'exemple de Jéroboam (I Rois, XIII, 4), ou qu'on est empêché de voir, comme l'armée du roi de Syrie allant chercher [1] Elisée (II Rois, VI, 18). — Quant à ce (que j'ai dit) que c'est notre principe fondamental qu'il faut être préparé et s'être perfectionné dans les qualités morales et rationnelles, c'est ce qu'ont dit (les docteurs): « La prophétie ne réside que dans l'homme savant, fort et riche [2] ». Nous avons déjà exposé cela dans le Commentaire sur la *Mischnâ* [3] et dans le grand ouvrage [4], et nous avons fait connaître que les *élèves des prophètes* s'occupaient constamment de la préparation. Mais, que celui qui est préparé peut pourtant subir un empêchement et ne pas devenir prophète, c'est ce que tu peux apprendre par l'histoire de Baruch, fils de Neria : car celui-ci s'était fait le suivant de Jérémie, qui l'exerça [5], l'instruisit et le prépara; mais, tout animé

(1) Les deux versions hébraïques ont בעניין אלישע; au lieu de ענר קצרה, les deux traducteurs ont lu ענר קצ, leçon qui se trouve en effet dans le ms. de Leyde, n° 18, mais qui est incorrecte.

(2) Voy. Talmud de Babylone, *Schabbath*, fol. 92 *a*, et *Nedarim*, fol. 38 *a*, où les éditions portent : אין הקב״ה משרה שכינתו אלא וכו׳. L'auteur prend ici les mots *fort* et *riche* dans le sens moral qui leur est donné par Ben-Zôma : le *fort* est celui qui sait dompter ses passions; le *riche*, celui qui se contente de ce qu'il possède. Voy. *Mischnâ*, IV° partie, traité *Aboth*, chap. IV, § 1, et l'Introduction de Maïmonide à ce même traité, intitulée *Huit Chapitres*, chap. VII.

(3) Voy. l'Introduction de Maïmonide à la 1re partie de la *Mischnâ*, ou *Séder Zera'ïm* (Pococke, *Porta Mosis*, p. 18 et suiv.).

(4) C'est-à-dire, dans le *Mischnê-Tôrâ*, ou Abrégé du Talmud, liv. I, traité *Yésodé ha-Tôrâ*, chap. VII.

(5) Le sujet du verbe וראצה et des deux verbes suivants est nécessairement Jérémie, et il aurait été plus correct d'écrire פראצה; mais la leçon que nous avons adoptée est celle de tous les mss. La version d'Ibn-Tibbon ne rend que deux des trois verbes; les éditions ont והכינו ולמדו, et les mss. ולמדו והכינו. Al-'Harizi traduit : תהרגילו ולמדו והכין נפשו.

qu'il était du désir de devenir prophète, cela lui fut pourtant refusé, comme il le dit : *Je me suis lassé dans mes gémissements et je n'ai point trouvé le repos* (Jérémie, XLV, 3), et il lui fut répondu par l'intermédiaire de Jérémie : *Voici ce que tu lui diras : Ainsi dit l'Éternel etc. Toi, tu recherches des grandeurs ! Ne les recherche point* (ibid., vers. 4 et 5). A la vérité, on serait libre de dire qu'on a voulu déclarer par là que la prophétie, par rapport à Baruch, était trop de *grandeur* [1] ; de même on pourrait dire que dans le passage des Lamentations (II, 9) : *Même ses prophètes n'ont pas trouvé de vision de la part de l'Éternel*, (il faut

---

[1] Selon les commentaires rabbiniques, le mot *grandeurs*, dans les paroles de Jérémie, désigne la *prophétie* qu'ambitionnait Baruch et à laquelle il s'était préparé. Il résulterait donc de ce passage que, par la volonté divine, le don de prophétie peut être refusé à ceux-là même qui en sont dignes par leurs qualités naturelles et qui s'y sont dignement préparés. Cependant, ajoute l'auteur, il serait permis de voir dans les paroles de Jérémie la déclaration expresse que Baruch n'était pas suffisamment préparé, et que c'était de sa part une trop grande ambition que de vouloir être prophète, de sorte que le passage de Jérémie ne pourrait pas servir de preuve à la thèse qui vient d'être soutenue. — Les commentateurs s'étonnent que l'auteur réfute ainsi lui-même la seule preuve biblique qu'il a alléguée en faveur de sa thèse, et ils y voient l'aveu implicite qu'il préférait admettre l'opinion des philosophes sans aucune restriction. Mais l'auteur dit expressément que ceux qui voudraient entendre le passage du livre de Jérémie et celui des Lamentations (II, 9) dans ce sens que l'aptitude naturelle et la préparation suffisent seules pour former le prophète, trouveraient beaucoup d'autres passages, tant dans l'Écriture sainte que dans les écrits des docteurs, qui prouveraient que, par la volonté divine, le don de prophétie peut être refusé à celui-là même qui y est parfaitement préparé. Abravanel cite l'exemple des soixante-dix anciens, *qui prophétisèrent quand l'esprit reposait sur eux, mais qui ne continuèrent pas* (Nombres, XI, 35), ce qui prouve qu'ils cessèrent de prophétiser aussitôt que la volonté divine les en empêchait : de même les prophètes Hosée (XII, 11) et Amos (III, 8) font évidemment dépendre la prophétie de la parole de Dieu ou de sa volonté. Voy. Abravanel, *l. c.*, fol. 20 *b*.

sous—entendre) parce qu'ils étaient dans l'exil [1], comme nous l'exposerons. Mais nous trouvons de nombreux passages, tant des textes bibliques que des paroles des docteurs, qui tous insistent sur ce principe fondamental, à savoir, que Dieu rend prophète qui il veut et quand il le veut, pourvu que ce soit un homme extrêmement parfait et (vraiment) supérieur; car pour les ignorants d'entre le vulgaire, cela ne nous paraît pas possible, — je veux dire que Dieu rende prophète [2] l'un d'eux, — pas plus qu'il ne serait possible qu'il rendît prophète un âne ou une grenouille. Tel est notre principe, (je veux dire) qu'il est indispensable de s'exercer et de se perfectionner, et que par là seulement naît la *possibilité* à laquelle se rattache la puissance divine [3].

Ne te laisse pas induire en erreur par ce passage : *Avant que je te formasse dans les entrailles (de ta mère), je t'ai connu, et avant que tu sortisses de son sein, je t'ai sanctifié* (Jérém., I, 5) [4]; car c'est là la condition de tout prophète, (je veux dire) qu'il lui faut une

(1) C'est-à-dire, parce que les afflictions de l'exil ne leur laissaient pas le loisir nécessaire pour se préparer; car il faut que le prophète ait l'esprit tranquille et libre de toute préoccupation. Voy. Talmud de Babylone, *Schabbath*, fol. 30 *b* : אין השכינה שורה לא מתוך עצבות ולא מתוך עצלות; cf. Maïmonide, *Yesodé ha-Tôrâ*, chap. VII, § 4, et ci-après, chap. XXXVI (p. 287).

(2) Le verbe ינבי est évidemment actif (يَنْبِى) ayant pour sujet le mot אללה sous-entendu et pour régime אחדהם, et c'est à tort que les deux traducteurs hébreux l'ont traduit comme verbe neutre ou passif, l'un par שיִנָּבא et הנבא, l'autre par שיתנבא; nous avons donc écrit חמאראet צפרעא à l'accusatif, quoique les mss. portent חמאר et צפרע, sans א.

(3) C'est-à-dire : la puissance divine n'accorde le don de prophétie que lorsque cela est devenu possible par une bonne préparation. Tous les mss. ont קדרה אלאלאה, ce qu'Ibn-Tibbon a rendu par גזרת השם ית', en prenant קדרה dans le sens de קדר; Al-'Harizi a : כח האלוהי.

(4) L'auteur veut dire qu'il ne faut pas conclure de ce passage que certains hommes soient prédestinés à la prophétie, par la seule volonté de Dieu, et sans qu'il leur faille une préparation intellectuelle ou morale.

disposition naturelle dès sa constitution primitive, comme on l'exposera. Quant à ces mots : *Je suis un jeune homme*, NA'AR (*ibid.*, vers. 6)[1], tu sais que la langue hébraïque appelle le pieux Joseph NA'AR (jeune homme), bien qu'il fût âgé de trente ans[2], et qu'on appelle aussi Josué NA'AR, bien qu'il approchât alors de la soixantaine. En effet, on dit (de ce dernier), à l'époque de l'affaire du veau d'or : *Et son serviteur Josué, fils de Nun, jeune homme* (NA'AR), *ne bougeait pas etc.* (Exode, XXXIII, 11). Or Moïse, notre maître, avait alors quatre-vingt-un ans[3], et sa vie entière fut de cent vingt ans; mais Josué, qui vécut encore quatorze ans après lui, arriva à l'âge de cent dix ans. Il est donc clair que Josué avait, à l'époque en question, cinquante-sept ans au moins, et cependant on l'appelle NA'AR.

Il ne faut pas non plus te laisser induire en erreur par ce qui se trouve dans les promesses (prophétiques), où il est dit : *Je répandrai mon esprit sur tous les mortels, de sorte que vos fils et vos filles prophétiseront* (Joël, II, 28); car il (le prophète) a expliqué cela et a fait connaître quelle serait cette prophétie, en disant : *Vos vieillards feront des songes, vos jeunes gens auront des visions* (*ibid.*). En effet, quiconque prédit une chose incon-

---

(1) Jérémie dit : *Je ne sais pas parler, car je suis un jeune homme*, נַעַר; ce dont on pourrait inférer que, bien que jeune homme inexpérimenté, il pouvait être chargé d'une mission prophétique, et qu'il n'avait besoin d'aucune étude préparatoire. Pour répondre à cette objection, l'auteur cite quelques exemples qui prouvent que le mot hébreu NA'AR désigne aussi quelquefois un homme d'un âge mûr. Il désigne en effet le *serviteur*, n'importe de quel âge, comme le mot grec παῖς; et le mot latin *puer;* mais ce sens ne peut s'appliquer au passage de Jérémie, et l'explication de l'auteur est évidemment forcée.

(2) L'auteur paraît faire allusion aux paroles du chef des échansons de Pharaon (Genèse, XLI, 12), qui désigne Joseph comme NA'AR, ou *jeune homme*, quoiqu'il eût alors près de trente ans (cf. *ibid.*, vers. 46).

(3) Tous les mss. portent : אֶחָד וּתְמָאנִין; nous avons écrit plus correctement אַחֲרֵי au féminin, car il faut sous-entendre שָׁנָה. Plus loin les mss. portent incorrectement אַרְבָּעָה עָשָׂר, pour אַרְבַּע עֶשְׂרֵה; de même שִׁבְעָה pour שֶׁבַע, מָאיָה וְעֶשֶׂר pour מֵאָה וְעֶשְׂרֵה.

nue [1], soit au moyen de la magie et de la divination, soit au moyen d'un songe vrai [2], est également appelé *prophète*; c'est pourquoi les prophètes de Baal et ceux d'Aschérâ sont appelés *prophètes*. Ne vois-tu pas que Dieu a dit : *S'il s'élève au milieu de toi un prophète ou un* SONGEUR (Deut. XIII, 1)?

Quant à la *scène du mont Sinaï,* bien que tous (les Israélites), par la voie du miracle, vissent le grand feu et entendissent les sons redoutables et effrayants, il ne parvint pourtant au rang de la prophétie que ceux-là seuls qui y étaient propres, et cela à différents degrés. Tu le vois bien par ce passage : *Monte vers l'Éternel, toi, Aaron, Nadab, Abihu et soixante-dix d'entre les anciens d'Israël* (Exode, XXIV, 1). Lui (Moïse), il occupe le degré le plus élevé, comme il est dit : *Moïse seul s'approcha de Dieu, mais eux, ils ne s'approchèrent point (ibid.,* vers. 2); Aaron est placé au-dessous de lui, Nadab et Abihu sont au-dessous d'Aaron, les soixante-dix anciens au-dessous de Nadab et d'Abihu, et les autres au-dessous de ces derniers, selon leurs degrés de perfection. Un passage des docteurs dit : « Moïse forme une enceinte à part et Aaron une enceinte à part [3]. »

Puisque nous avons été amenés à parler de la *scène du mont Sinaï,* nous appellerons l'attention, dans un chapitre à part, sur les éclaircissements que fournissent, au sujet de cette *scène,* les

_____

(1) Les éditions de la version d'Ibn-Tibbon ont כל מגיד בעולם; au lieu de בעולם, il faut lire בנעלם comme l'ont les mss. Al-'Harizi traduit : כל מודיע העתידות.

(2) Il nous paraît évident que le mot רויא (رُؤيا) doit être pris ici dans le sens de رُؤيا, *songe,* et c'est à tort qu'Ibn-Tibbon a rendu ce mot par מחשבה, *pensée.* Le *songe vrai* est ce qu'Aristote appelle εὐθυονειρία. Voy. mes *Mélanges de philosophie juive et arabe,* p. 95, note 1.

(3) Le mot מחיצה, qui signifie proprement *paroi, mur de séparation, compartiment,* est ici employé au figuré pour désigner les différents degrés de perception. Voy. *Mekhiltha* ou comment. rabb. sur l'Exode, au chap. XIX, verset 24 (édit. de Venise, fol. 25, col. 1), et le commentaire de *Raschi* au même passage de l'Exode; cf. Abravanel, commentaire sur l'Exode, chap. XIX, 13ᵉ question.

textes (bibliques), quand on les examine bien, ainsi que les discours des docteurs.

CHAPITRE XXXIII.

.

Il est clair pour moi que, dans la *scène du mont Sinaï*, tout
ce qui parvint à Moïse ne parvint pas dans sa totalité à tout
Israël [1]. La parole, au contraire, s'adressa à Moïse seul [c'est
pourquoi l'allocution, dans le Décalogue, se fait à la deuxième
personne du singulier], et lui, descendu au pied de la montagne,
fit connaître au peuple ce qu'il avait entendu. Le texte du Pentateuque (dit) : *Je me tenais entre l'Éternel et vous, en ce temps-
là, pour vous rapporter la parole de l'Éternel* (Deutér , V, 5), et
on dit encore : *Moïse parlait et Dieu lui répondait par une voix*
(Exode, XIX, 19); il est dit expressément dans le *Mekhiltâ*
qu'il leur répétait chaque commandement comme il l'avait entendu [2]. Un autre passage du Pentateuque dit : *Afin que le
peuple entende quand je parlerai avec toi, etc.* (ibid., vers. 9), ce
qui prouve que la parole s'adressait à lui ; eux ils entendirent la
voix forte, mais ils ne distinguèrent pas les paroles [3], et c'est de
cette voix forte, entendue (par eux), qu'on a dit : *Quand vous
entendîtes la voix* (Deutér., V, 20). On a dit encore : *Vous en—*

---

(1) C'est-à-dire : Le peuple n'entendit pas distinctement, et dans
leur totalité, toutes les paroles divines qui parvinrent à l'oreille de Moïse.
— Dans la version d'Ibn-Tibbon, les mots נמיע et הו כלה n'ont pas
été reproduits; cependant le premier de ces mots est rendu dans les
mss. et dans les commentaires, qui ont : כל המגיע למשה. Quelques
mss. portent קול המגיע, ce qui est une faute. Al-'Harîzi traduit :
לא היו כל הדברים המגיעים למשה מגיעים לכל ישראל.

(2) Voy. *Mekhiltâ*, sur le verset וידבר אלהים (Exode, XX, 1) :
מלמד שאמר המקום עשרת הדברות בדבור אחד חזר ופרשן דבור
דבור בפני עצמו.

(3) Littéralement : *non la distinction du discours.*

tendiez une voix *de paroles, sans voir aucune figure; rien qu'une* voix (*ibid.*, IV, 12); mais on n'a pas dit *vous entendiez des paroles.* Toutes les fois donc qu'il est question de paroles entendues, on ne veut parler que de la *voix* qu'on entendait; ce fut Moïse qui entendit les paroles et qui les leur rapporta. Voilà ce qui est évident par le texte du Pentateuque et par plusieurs discours des docteurs.

Cependant, (je dois citer) de ces derniers une assertion rapportée dans plusieurs endroits des *Midraschîm* et qui se trouve aussi dans le Talmud; c'est celle-ci : « Je suis et tu n'auras point, ils les entendirent de la bouche de la Toute-Puissance [1]. » Ils veulent dire par là que ces paroles leur parvinrent (directement), comme elles parvinrent à Moïse, notre maître, et que ce ne fut pas Moïse qui les leur fit parvenir. En effet, ces deux principes, je veux dire l'existence de Dieu et son unité, on les conçoit par la (simple) spéculation humaine [2]; et tout ce qui peut être su par une démonstration l'est absolument au même titre par le prophète et par tout autre qui le sait, sans qu'il y ait là une supériorité de l'un sur l'autre. Ces deux principes donc ne sont pas connus seulement par la *prophétie*, (comme le dit) le texte du Pentateuque : *On te l'a fait voir afin que tu reconnusses etc.* (Deutér., IV, 35) [3]. Quant aux autres commande-

____

(1) C'est-à-dire : les deux premiers commandements, commençant l'un par les mots *je suis l'Éternel ton Dieu*, et l'autre par les mots *tu n'auras point d'autres dieux*, tous les Hébreux présents devant le mont Sinaï les entendirent prononcer par Dieu lui-même. Voy. Talmud de Babylone, traité *Maccoth*, fol. 24 a; *Midrasch du cantique*, ou *Schir ha-Schirim rabba*, fol. 3, col. 2. — Selon ce passage donc, les deux premiers commandements feraient une exception au principe que l'auteur vient de poser, puisque tout le peuple entendit directement chaque parole de la voix de Dieu, sans avoir besoin de l'intermédiaire de Moïse.

(2) C'est-à-dire : ce sont des principes philosophiques parfaitement démontrables, et pour lesquels on n'a pas besoin d'une révélation prophétique.

(3) Voici quel est, selon l'auteur, le sens de ce passage du Deutéronome : on t'a montré la voie pour *savoir*, c'est-à-dire pour *reconnaître*,

ments, ils sont de la catégorie des *opinions probables* et des choses acceptées par tradition, et non de la catégorie des choses *intelligibles* [1].

Mais, quoi qu'ils aient pu dire à cet égard, ce que comportent [2] les textes (bibliques) et les paroles des docteurs, c'est que tous les Israélites n'entendirent dans cette scène qu'un seul son, en une fois [3]; et c'est le son par lequel Moïse et tout Israël entendirent (les deux commandements) JE SUIS et TU N'AURAS POINT, que Moïse leur fit entendre (de nouveau) dans son propre langage, en prononçant distinctement des lettres intelligibles [4]. Les docteurs se

·

par la seule voie de l'intelligence et de la science, que Dieu existe et qu'il n'y a pas d'autre Dieu en dehors de lui.

(1) Les huit autres commandements concernent des choses qui ne sont pas du domaine de l'intelligence, et qui ne sauraient être l'objet d'un *syllogisme démonstratif;* ils concernent les vertus et les vices, le bien et le mal, qui sont du domaine des *opinions probables,* ou bien même ce sont des choses purement *traditionnelles*, comme par exemple le quatrième commandement relatif au sabbat. Sur le sens du mot אלמשהוראת, voy. le t. I, p. 39, note 1.

(2) Le verbe استقل a ici le sens de حمل, *supporter, comporter, admettre, permettre;* l'auteur veut dire que c'est l'opinion qui, d'après les textes, est admissible.

(3) C'est-à-dire: un seul son prolongé, sans aucun intervalle. Voy. *Mekhiltkâ, l. c.* (cf. *Yalkout*, t. I, nº 285): שאמר מלמר הדברים כל את ·כן לומר ודם לבשר אפשר שאי מה אחד בדבור הדבוה עשרת המקום *Cf. Midrasch Tan'houma,* section יתרן (fol. 51, col. 3): שעשרת ז"ל אמרו 'וכו הגבורה מפי יצאו אחד בקול כלן הדברות. Je pense que dans le texte arabe (ואחר קול), il faut considérer קול comme un mot hébreu signifiant *voix, son.* C'est aussi dans ce sens qu'il a été pris par Ibn-Tibbon, qui a: אחד קול, tandis qu'Al-'Harizi traduit: אחר דבור. Immédiatement après, les mots אלקול והו sont rendus dans la version d'Ibn-Tibbon par המאמר והוא, et dans celle d'Al-'Harizi par הדבור והוא. Cependant dans le commentaire d'Ephodi, on lit הקול וזהו.

(4) L'auteur juge donc admissible l'opinion de certains docteurs, qui disent que tous les Israélites entendirent proclamer les deux premiers commandements par la voix divine elle-même. Mais, selon le principe qu'il a posé au commencement du chapitre, il pense que Moïse seul les

sont prononcés dans ce sens, en s'appuyant de ces mots [1] : Une
fois *Dieu a parlé, deux fois j'ai entendu cela* (Ps. LXII, 12),
et ils ont clairement dit, au commencement du *Midrasch 'Hazî-
tha*, qu'ils n'entendirent pas d'autre *voix* émanée (directement)
de Dieu [2], ce qu'indique aussi le texte du Pentateuque : ... *avec*

entendit distinctement, tandis que pour le peuple ce n'était qu'un son
de voix confus ; ce qui signifie que, même ces choses purement intelligibles et parfaitement démontrables, Moïse en avait une intelligence
plus claire et plus profonde que tous les autres Israélites. Si l'on explique dans ce sens ce qui a été dit pour les deux premiers commandements, il faut supposer qu'en ce qui concerne les huit autres commandements, le peuple n'entendit même plus le son confus qu'il avait
entendu d'abord, et que ces commandements lui furent simplement
rapportés par Moïse, au nom de Dieu, comme tous les autres commandements de la loi divine. Mais, soit que l'on admette que le peuple ait
entendu directement de la voix divine tout le Décalogue, soit qu'il n'ait
entendu que les deux premiers commandements, ce que l'auteur veut
établir avant tout, c'est que le peuple n'entendit cette voix divine que
confusément et que les paroles ne frappèrent pas distinctement son
oreille.

(1) Littéralement : *Les docteurs ont mentionné cela, en l'appuyant, etc.*
L'auteur veut parler de ce son de voix prolongé et confus que les Israélites entendirent pendant la proclamation, soit de tout le Décalogue,
soit des deux premiers commandements seulement. Voy. *Mekhîltha*,
l. c., *Yalkout*, t. I, n° 285, et t. II, n° 783 :

שלא כמדת הקדוש ברוך הוא מדת בשר ודם בשר ודם אינו משמיע
ב׳ דברים כאחד אבל מי שאמר והיה העולם אמר עשרת הדברות בדבור
אחד שנאמר אחת דבר אלהים וידבר אלהים את כל הדברים האלה לאמר·

(2) Ici, les deux traducteurs hébreux ont considéré קול comme un
mot arabe et l'ont rendu, l'un par מאמר, l'autre par דבור ; mais il résulte de l'ensemble qu'il est toujours question de la *voix divine* entendue
par tous les Israélites, et qui leur inspira tant de terreur. Après la proclamation des commandements, dit l'auteur, ils n'entendirent plus cette
voix divine, mais seulement la voix du tonnerre. Dans le passage du
Midrasch que l'auteur invoque (*Schîr ha-Schîrim rabbâ, l. c.*), il est dit
que, selon R. Josué, fils de Lévi, les Israélites n'entendirent proclamer,
par la bouche de Dieu, que les deux premiers commandements, mais que,
selon les autres docteurs, ils entendirent tout le Décalogue ; tous s'ac-

une grande voix, qui ne continua point (Deutér., V, 19). Ce fut
après avoir entendu cette première voix, qu'arriva ce qu'on
raconte de la terreur qu'ils éprouvaient et de leur peur violente,
et (qu'ils prononcèrent) les paroles qu'on rapporte : *Et vous
dites : voici, l'Éternel, notre Dieu, nous a fait voir etc. Et maintenant pourquoi mourrions-nous etc.? Approche toi et écoute etc.*
(*ibid.*, vers. 21-24). Il s'avança donc, lui, le plus illustre des
mortels, une seconde fois, reçut le reste des commandements un
à un [1], descendit au pied de la montagne, et les leur fit entendre
au milieu de ce spectacle grandiose. Ils voyaient les feux et enten-
daient les voix, je veux dire ces voix [2] qui sont (désignées par les
mots) *des voix et des éclairs* (Exode, XIX, 16), comme le tonnerre et le fort retentissement du cor ; et partout où l'on parle
(dans cette occasion) de plusieurs *voix* qu'on entendait, comme
par exemple : *Et tout le peuple apercevait* [3] *les voix* (*ibid.*, XX,
15), il ne s'agit que du retentissement du cor, du tonnerre, etc.
Mais la *voix de l'Éternel*, je veux dire la *voix créée* [4], par laquelle fut communiquée la *parole* (de Dieu), ils ne l'entendirent
qu'une seule fois, comme le dit textuellement le Pentateuque et
comme l'ont exposé les docteurs à l'endroit que je t'ai fait remarquer. C'est cette voix (dont on a dit) que « leur âme s'é-

cordent donc à dire que par *les voix* dont il est question avant et après
le Décalogue, il ne faut pas entendre *la voix divine*, mais le retentissement des cors et du tonnerre. — Par מדרש חזית, on désigne le *Midrasch*
du Cantique des Cantiques, qui commence par la citation du verset
חזית איש מהיר במלאכתו (Prov. XXII, 29).

(1) L'auteur parle encore ici dans le sens de ceux qui disent que les
Israélites n'entendirent eux-mêmes directement que les deux premiers
commandements, opinion que l'auteur a jugée admissible et qu'en définitive il paraît adopter. Voy. ci-dessus, p. 270, note 4.

(2) Les mots אעני תלך אלאצואת n'ont pas été rendus dans les versions d'Ibn-Tibbon et d'Al-'Harîzi, et ne se trouvent pas non plus dans
le ms. de Leyde, n° 18.

(3) Littéralement : *voyait*. Cf. le t. I, chap. XLVI, p. 161.

(4) Voyez le t. I, chap. LXV, p. 290, et *ibid.*, note 2.

chappa en l'entendant [1], » et au moyen de laquelle furent perçus les deux premiers commandements.

Il faut savoir cependant que, pour cette *voix* même, leur degré (de perception) n'était point égal à celui de Moïse, notre maître. Je dois appeler ton attention sur ce mystère et te faire savoir que c'est là une chose traditionnellement admise par notre nation et connue par ses savants. En effet, tous les passages où tu trouves (les mots): *Et l'Éternel parla à Moïse en disant*, Onkelos les traduit (littéralement) par ומליל ייי, *Et l'Éternel parla etc.* Et de même (il traduit les mots): *Et l'Éternel prononça toutes ces paroles* (Exode, XX, 1) par ומליל ייי ית כל פתגמיא. Mais, ces paroles des Israélites (adressées) à Moïse: *Et que Dieu ne parle pas avec nous* (ibid., vers. 16), il les traduit par ולא יתמלל עמנא מן קדם ייי, *et qu'il ne soit pas parlé avec nous de la part de Dieu*. Il t'a donc révélé par là la distinction que nous avons établie [2]. Tu sais que ces choses re-

---

(1) Par les mots hébreux יצאה נשמתן כשמעו, l'auteur fait allusion à un passage du *Midrasch* du Cantique des Cantiques, chap. V, verset 6 (fol. 19, col. 4): נפשי יצאה בדברו מקול דבורו הראשון שאמר אנכי ה' אלהיך. Cf. *Yalkout*, au même verset du Cantique (t. II, n° 988, fol. 179, col. 4): בדבור ראשון יצאה נשמתן של ישראל.

(2) Littéralement: *L'ensemble que nous avons séparé*. L'auteur veut dire qu'Onkelos, par sa manière de traduire, a fait ressortir la distinction qu'il faut établir dans cette perception, commune à Moïse et aux autres Israélites, en indiquant que Moïse perçut la parole divine distinctement et directement par son intelligence qui la lui retraçait avec clarté, tandis que pour les autres Israélites elle était en quelque sorte voilée; car ceux-ci ne la perçurent que confusément, et elle ne put pas frapper si vivement leur intelligence, qui était troublée par les sens. — Selon R. Moïse ben-Na'hman (Commentaire sur le Pentateuque, Exode, XX, 16), l'observation de Maïmonide au sujet d'Onkelos serait peu fondée; il cite à ce sujet plusieurs passages de la version d'Onkelos, où la communication de la parole divine aux Israélites est exprimée par les mots מלל ייי (Voy. Exode, XX, 19; Deutéronome, V, 4, 19 et 21), et un autre passage où la communication faite à Moïse lui-même est exprimée par la périphrase מן קדם ייי (Voy. Exode, XIX, 19). — Abravanel, pour justifier Maïmonide, fait observer que, dans les quatre pre-

marquables et importantes, Onkelos, comme on l'a dit expressément, les apprit de la bouche de R. Eliézer et de R. Josué [1], qui sont les *docteurs d'Israël* par excellence [2].

Il faut savoir tout cela et te le rappeler ; car il est impossible de pénétrer dans la *scène du mont Sinaï* plus profondément qu'on ne l'a fait [3], (cette scène) étant du nombre des *secrets de la loi*. La vraie nature de cette perception et les circonstances qui l'accompagnaient sont pour nous une chose très obscure [4]; car il n'y en a jamais eu de semblable auparavant, et il n'y en aura pas dans l'avenir. Sache-le bien.

CHAPITRE XXXIV.

Quant à ce passage qu'on rencontre dans le Pentateuque, et qui dit : *Voici, j'envoie un ange devant toi etc.* (Exode, XXIII, 20), le sens de ce passage a été expliqué dans le Deutéronome (XXIII, 18), où on lit que Dieu dit à Moïse, dans la *scène du mont*

---

miers passages, le texte hébreu lui-même indique suffisamment que la parole se communiquait par un intermédiaire désigné par les mots *ciel* (מן השמים) et *feu* (מתוך האש), et que, par conséquent, Onkelos n'était pas obligé d'employer une périphrase ; quant au dernier passage, on y parle de la voix divine entendue à la fois par Moïse et par le peuple hébreu, et c'est pour cela qu'Onkelos a cru devoir se servir ici de la périphrase מן קדם ייי. Voy. le Commentaire d'Abravanel sur notre chapitre, fol. 26 *b* et 27 *a*.

(1) Voy. Talmud de Babylone, traité *Meghtllâ*, fol. 3 *a*.

(2) La version d'Ibn-Tibbon porte החכמים שבישראל, *les plus sages dans Israël*. Le mot החכמים doit être considéré comme un superlatif, par lequel le traducteur a voulu rendre le mot arabe באטלאק, *par excellence* ou *dans le sens absolu*. Al-'Harizi traduit : אשר הם חכמי ישראל במלה מוחלטת.

(3) Plus littéralement : *dans une mesure plus grande que ce qu'ils* (les docteurs) *en ont dit*.

(4) Littéralement : *la vérité de cette perception et quel en était l'état, c'est ce qui est très occulte pour nous*. Le mot כֿפי (خفّي) doit être considéré comme un adjectif neutre : *quelque chose d'occulte*.

Sinaï : Je leur susciterai un prophète etc. [1]. Ce qui le prouve [2],
c'est qu'on dit (en parlant) de cet ange : *Prends garde à lui et
écoute sa voix etc.* (Exode, XXIII, 21), ordre qui s'adresse indubitablement à la foule; mais l'ange ne se manifestait pas à la
foule, à laquelle il ne communiquait (directement) ni ordre, ni
défense, pour qu'elle dût être avertie de ne pas se montrer rebelle à lui. Le sens de ces paroles ne peut donc être que celui-ci :
que Dieu leur fît savoir qu'il y aurait parmi eux un prophète,
auquel viendrait un ange, qui lui parlerait, et qui lui communi-
querait des ordres et des défenses; Dieu nous ordonne donc de
ne pas être rebelles à cet ange dont le prophète nous ferait parvenir la parole, comme on a dit clairement dans le Deutéronome
(XVIII, 15) : *Vous lui obéirez*, et encore : *Et quiconque n'obéira
pas à mes paroles qu'il aura dites* EN MON NOM *etc.* (ibid., v. 19),
ce qui explique les mots *parce que* MON NOM *est en lui* (Exode,
XXIII, 21) [3].

Tout cela (leur fut dit) seulement pour leur donner l'avertissement suivant [4]: Ce spectacle grandiose que vous avez vu,
c'est-à-dire la *scène* [5] *du mont Sinaï*, n'est pas une chose qui

(1) L'auteur veut dire, non pas que le *messager*, ou l'ange, dont il est
question dans le passage de l'Exode, est lui-même le *prophète* dont parle
le Deutéronome, mais qu'il désigne l'*intellect actif* qui inspire le prophète. Il résulte évidemment de ce que l'auteur a dit plus haut (ch. VII,
p. 76), que, dans le passage de l'Exode, il faut entendre par *ange* celle
des intelligences *séparées*, ou des forces supérieures, par laquelle Dieu
communique avec le prophète.

(2) C'est-à-dire : ce qui prouve qu'il s'agit ici de la puissance supérieure qui est en rapport avec le prophète, et non pas d'un ange qui
aurait marché à la tête du peuple et qui se serait révélé à lui.

(3) Cf. la 1ʳᵉ partie de cet ouvrage, chap. LXIV (t. I, p. 286).

(4) Littéralement, *pour leur faire savoir que etc.* La conjonction اَنْ,
que, sert ici à introduire le discours direct. Cf. le t. I, p. 283, note 4.
Au lieu de אעלאמא (اِعْلَام), les mss. ont אעלאם; cet infinitif, il
me semble, doit être pris adverbialement et être mis à l'accusatif.

(5) Dans la version d'Ibn-Tibbon, il faut lire מעמד au lieu de
במעמד.

doive se continuer pour vous ; il n'y en aura pas de semblable
dans l'avenir, et il n'y aura pas non plus toujours de *feu* ni de *nuée*,
comme il y en a maintenant *continuellement sur le tabernacle* [1]. Mais un ange que j'enverrai à vos prophètes vous con-
querra les pays, déploiera [2] la terre devant vous, et vous fera
connaître ce que vous devez faire [3] ; c'est lui qui vous fera savoir ce qu'il faut aborder et ce qu'il faut éviter. — Par là aussi
a été donné le principe que je n'ai cessé d'exposer [4], à savoir,

(1) Voy. Exode, chap. XL, verset 38 ; Nombres, chap. IX, versets 15
et 16.

(2) Le verbe سَمَد signifie *étendre, déployer, préparer*. Le sens est : il
vous rendra accessible la terre que vous devez conquérir. Les éditions
de la version d'Ibn-Tibbon ont וישקיט, *il apaisera ;* dans quelques mss.
on lit ויזמן, *il préparera.* Al-'Harîzi a : ויושיבכם על הארץ.

(3) Ces mots se rapportent encore à ce qu'il y aurait à faire pour la
prise en possession du pays conquis, tandis que les mots suivants se
rapportent en général aux règles de conduite qu'ils devaient observer
dans la suite. La conjonction ف, dans פיעלמכם, indique que ce verbe
désigne une action nouvelle, suite ou conséquence de la précédente.
Dans la version d'Ibn-Tibbon, les mots וילמדכם מה שצריך לעשותו
peuvent paraître une répétition inutile de ויודיעכם מה שתעשוהו.

(4) C'est-à-dire : par l'explication du passage *Voici, j'envoie un ange
devant toi,* appliqué aux prophètes qui viendraient après Moïse, on a fait
connaître le principe que l'auteur a exposé ailleurs et dont traite le chapitre suivant, à savoir, que les autres prophètes, avant et après Moïse,
reçurent l'inspiration divine par un ange, c'est-à-dire par quelque chose
d'*intermédiaire*, comme l'intellect actif, ou seulement l'imagination.
Le verbe אעטי doit être considéré, je crois, comme prétérit passif
(أُعْطِي) : comme il précède le sujet אלואערה, il a pu être mis au
masculin, quoique ce sujet soit du féminin ; de même, selon la version
d'Ibn-Tibbon, le verbe נתן doit être prononcé נִתַּן, ce qui est indiqué
dans quelques mss. par l'écriture *pleine :* ניתן. Dans plusieurs de nos
mss. arabes on lit אעטא, ce qui doit être considéré comme un *nom
d'action* (أَعْطَاء), de sorte qu'il faudrait traduire en hébreu : ובזה גם
כן נתינת היסוד. Le mot איצא, *aussi,* ne se trouve pas dans tous les
mss. et n'a pas été rendu dans les deux versets hébreux.

qu'à tout prophète autre que Moïse, notre maître, la révélation arrivait par l'intermédiaire d'un ange. Sache bien cela.

CHAPITRE XXXV.

J'ai déjà exposé à tout le monde [1], dans le Commentaire sur la *Mischnâ* et dans le *Mischné Tôrâ*, les quatre différences par lesquelles la prophétie de Moïse, notre maître, se distinguait de celle des autres prophètes; et j'en ai donné les preuves et montré l'évidence [2]. Il n'est donc pas besoin de répéter cela, et c'est aussi en dehors du but de ce traité.

Je dois te faire savoir que tout ce que je dis sur la prophétie, dans les chapitres de ce traité, ne se rapporte qu'à la qualité prophétique de tous les prophètes qui furent avant Moïse et de ceux qui devaient venir après lui; mais, pour ce qui est de la prophétie de Moïse, notre maître, je ne l'aborderai pas, dans

---

(1) C'est-à-dire, dans un langage populaire, accessible à tout le monde, comme l'est celui des ouvrages talmudiques de notre auteur.

(2) Voy. le Comment. sur la *Mischnâ*, Introduction au Xe (XIe) chap. du traité *Synhédrīn*, septième article de foi (Pococke, *Porta Mosis*, p. 169-173); *Mischné Tôrâ* ou Abrégé du Talmud, traité *Yesôdé ha-Tôrâ*, chap. VII, § 6. L'auteur y signale les différences suivantes : 1° Dieu ne parlait à tous les prophètes en général que par un *intermédiaire*, tandis qu'il parlait à Moïse sans intermédiaire. 2° Tous les prophètes n'avaient leurs révélations divines que dans des songes ou des visions nocturnes, ou dans un état d'assoupissement, dans lequel les sens cessaient de fonctionner; mais Moïse avait ses inspirations dans l'état de veille et en pleine possession de toutes ses facultés. 3° Tous les prophètes éprouvaient, pendant leur vision, un tremblement convulsif et un trouble extrême; Moïse était toujours dans un calme parfait. 4° Tous les prophètes, quoique parfaitement préparés pour l'inspiration divine, n'étaient inspirés qu'à certaines époques, par une grâce particulière de la volonté divine; Moïse avait le privilége de pouvoir spontanément et à toute heure appeler l'inspiration divine.

ces chapitres, même par un seul mot, ni expressément, ni par allusion. En effet, selon moi, ce n'est que par *amphibologie* [1], que le nom de *prophète* s'applique à la fois à Moïse et aux autres; et il en est de même, selon moi, de ses miracles et de ceux des autres, car ses miracles ne sont pas de la même catégorie que ceux des autres prophètes. La preuve tirée de la loi, (pour établir) que sa prophétie était distincte de celle de tous ses prédécesseurs, est dans ces mots : *J'apparus à Abraham, etc., mais je ne me suis pas fait connaître à eux par mon nom* d'ÉTERNEL (Exode, VI, 3); car on nous a fait savoir par là que sa perception n'était point semblable à celle des patriarches, mais plus grande, ni, à plus forte raison, (semblable) à celles des autres (prophètes) antérieurs [2]. Mais, que sa prophétie était distincte aussi de celle de tous ses successeurs, c'est ce qui a été dit, sous forme de simple énoncé [3]: *Et il ne s'est plus levé, dans Israël, de prophète comme Moïse, que Dieu ait connu face à face* (Deut., XXXIV, 10): on a donc dit clairement que sa perception était distincte de la perception de tous ceux qui devaient lui succéder parmi les Israélites, — lesquels (pourtant) furent *un royaume de prêtres et un peuple saint* (Exode, XIX, 6), *et au milieu desquels était l'Éternel* (Nombres, XVI, 3), — et, à plus forte raison, parmi les autres nations [4]. Ce qui distingue généralement ses miracles de

(1) A un point de vue, on peut considérer le nom de *prophète* comme un nom *commun*, convenant à Moïse comme à tous les autres prophètes; mais, à un autre point de vue, on peut le considérer comme nom *homonyme*, puisqu'il y a une différence essentielle et bien tranchée entre Moïse et les autres prophètes. C'est donc ce qu'on appelle un *nom ambigu* ou *amphibologique*. Voy. le t. I de cet ouvrage, p. 6, note 3, et p. 229.

(2) Comme par exemple, Noé, Sem et Eber.

(3) L'auteur veut dire que, dans le passage qu'il va citer, la chose est simplement énoncée comme un fait, et non pas exposée sous forme de théorie.

(4) C'est-à-dire : et à plus forte raison la perception de Moïse devait-elle essentiellement différer de la perception de ceux qui, parmi les nations païennes, passaient pour prophètes, comme par exemple Bileam.

ceux de tout autre prophète en général, c'est que tous les miracles que faisaient les prophètes, ou qui étaient faits en leur faveur, n'étaient connus que de quelques personnes, comme par
exemple les miracles d'Élie et d'Élisée; ne vois-tu pas que le
roi d'Israël s'en informe [1], et demande à Guéhazi de les lui faire
connaître, comme il est dit : *Raconte-moi donc toutes les grandes
choses qu'Élisée a faites; et il raconta etc. Et Guéhazi dit : Mon
Seigneur, le Roi, voici cette femme et voici son fils qu'Élisée a
rappelé à la vie* (II Rois, VIII, 4 et 5). Il en est ainsi des miracles de tout prophète, à l'exception de Moïse, notre maître;
c'est pourquoi l'Écriture déclare au sujet de ce dernier, également
ment sous forme d'énoncé [2], qu'il ne s'élèvera jamais de prophète qui fera des miracles publiquement, devant l'ami et l'adversaire [3], comme a fait Moïse. C'est là ce qui est dit : *Et il ne
s'est plus levé de prophète etc., à l'égard de tous les signes et miracles etc., aux yeux de tout Israël* (Deut., XXXIV, 10-12);
on a donc ici lié ensemble et réuni à la fois [4] les deux choses :
qu'il ne se lèvera plus (de prophète) qui aura la même perception que lui, ni qui fera ce qu'il a fait. Ensuite on déclare que
ces miracles furent faits *devant Pharaon, tous ses serviteurs et
tout son pays*, ses adversaires, comme aussi en présence de tous
les Israélites, ses partisans : *aux yeux de tout Israël;* c'est là

----

(1) La version d'Ibn-Tibbon porte : תמה מהם, ou, selon quelques
mss., יתמה מהם, *s'en étonnait;* cette traduction est inexacte, comme l'a
déjà fait observer Ibn-Falaquéra. Voy. Append. du *Moré ha-Moré*,
p. 155 :

יסתפפהם ענהא העתיק יתמה מהם והעתקתו יבקש ידיעתם והתריזי
העתיק ישאל בערם ·

(2) Dans les éditions de la version d'Ibn-Tibbon, il manque les mots
על צר ההגרה, qui se trouvent dans quelques mss.

(3) La version d'Ibn-Tibbon porte : האוהב והשונא הנאות לו והחולק
עליו; c'est une double traduction des mots arabes אלמואלף לה
ואלמכאלף עליה.

(4) Ibn-Tibbon et Al-'Harîzi n'ont rendu que l'un des deux verbes
synonymes : כי קשר הנה שני ענינים יחד.

une chose qui n'avait eu lieu chez aucun prophète avant lui [1], et sa prédiction véridique a annoncé d'avance que cela n'aurait lieu chez aucun autre.

Ne te laisse pas induire en erreur par ce qu'on a dit au sujet de la lumière du soleil, qui s'arrêta pour Josué pendant des heures : *Et il dit en présence d'Israël* (Jos., X, 12); car on n'a pas dit *de* TOUT *Israël*, comme on l'a fait au sujet de Moïse. De même Élie, sur le mont Carmel, n'agit que devant un petit nombre d'hommes [2]. Si je dis *pendant des heures*, c'est qu'il me semble que les mots כיום תמים (*environ un jour entier*, Josué, X, 13) signifient *comme le plus long jour qui soit*; car תמים signifie *complet*. C'est donc comme si on avait dit que cette journée de Gabaon fut pour eux comme le plus long des jours d'été dans ces contrées [3].

Après que tu m'auras mis à part, dans ton esprit, la prophétie de Moïse et ses miracles, — car il s'agit là d'une perception et

(1) Le ms. de Leyde, n° 18, porte בעדה, *après lui;* de même Al-'Harîzi, אחריו.

(2) Voy. I Rois, chap. XVIII, versets 19-39.

(3) L'auteur n'exprime pas clairement toute sa pensée. Selon les commentateurs, il indique par les mots ענרהם, *pour eux*, et הנאך, *là* (c'est-à-dire, dans ces contrées), que le miracle était purement local et qu'il ne faut point penser à un véritable ralentissement dans le mouvement de la sphère du soleil; car un tel miracle aurait causé une catastrophe universelle. En effet, comme l'auteur le dit expressément ailleurs (Ire partie, chap. LXXII, p. 362) : « De même que, lorsque le cœur s'arrête un seul instant, l'individu meurt, et ses mouvements et ses facultés cessent, de même, si les sphères célestes s'arrêtaient, ce serait la mort de l'univers entier et l'anéantissement de tout ce qui s'y trouve. » — Maïmonide paraît donc insinuer ici que, lors du combat de Gabaon, le jour avait paru aux Israélites se prolonger au delà de ses limites ordinaires, à cause des grandes choses qui s'étaient accomplies; ou bien que, par un miracle, Dieu avait fait paraître une lumière indépendante de celle du soleil, de sorte qu'on aurait dit que le soleil lui-même s'était arrêté.

d'actes également extraordinaires[1], — et que tu seras convaincu que c'est là un degré que nous sommes incapables de comprendre dans toute sa réalité, tu entendras ce que je dirai, dans tous ces chapitres (suivants), sur la prophétie et sur les différents degrés qu'y occupent les prophètes, abstraction faite de ce premier degré (de Moïse)[2]. Voilà ce que j'avais à dire dans ce chapitre.

CHAPITRE XXXVI.

Sache que la prophétie, en réalité[3], est une émanation de Dieu, qui se répand, par l'intermédiaire de l'intellect actif, sur la faculté rationnelle d'abord, et ensuite sur la faculté imaginative; c'est le plus haut degré de l'homme et le terme de la perfection à laquelle son espèce peut atteindre, et cet état est la plus haute perfection de la faculté imaginative. C'est une chose qui ne saurait nullement exister dans tout homme, et ce n'est pas une chose à laquelle on puisse arriver en se perfectionnant dans les sciences spéculatives et par l'amélioration des mœurs, dussent-elles toutes être les meilleures et les plus belles, sans qu'il s'y joigne la plus grande perfection possible de la faculté de l'imagination dans sa formation primitive. Tu sais que la perfection de ces facultés corporelles, du nombre desquelles est la faculté imaginative, dépend de la meilleure complexion possible de tel organe portant telle faculté, de sa plus belle proportion et de la plus grande pureté de sa matière[4]; c'est là une chose dont il

_____

(1) Littéralement : *car la singularité de cette perception est comme la singularité de ces actes.*

(2) Littéralement : *tout cela après ce degré* (dont il a été parlé).

(3) Littéralement : *la réalité de la prophétie et sa quiddité.*

(4) Ibn-Tibbon rend ici le mot מאדה, *matière,* par ליחה, *humeur;* il en fait de même dans plusieurs autres passages. Voy., par exemple, le chap. LXXII de la Iʳᵉ partie, texte arabe, fol. 102 *a*, et trad. franç., p. 368.

n'est nullement possible de réparer la perte[1], ou de suppléer la
défectuosité, au moyen du régime. Car l'organe dont la complexion a été mauvaise dès le principe de sa formation, le régime réparateur peut tout au plus le conserver dans un certain
degré de santé, sans pouvoir le ramener à la meilleure constitution possible ; mais, si son infirmité provient de sa dispropor-
tion [2], de sa position, ou de sa substance, je veux dire de la
matière même dont il a été formé, alors il n'y a pas moyen d'y
remédier [3]. Tu sais bien tout cela ; il serait donc inutile d'entrer à ce sujet dans de longues explications.

Tu connais aussi les actions de cette faculté imaginative, con-
sistant à garder le souvenir des choses sensibles, à les combi-
ner [4], et, ce qui est (particulièrement) dans sa nature, à retracer (les images); son activité [5] la plus grande et la plus noble
n'a lieu que lorsque les sens reposent et cessent de fonctionner,
et c'est alors qu'il lui survient une certaine inspiration, (qui est)
en raison de sa disposition, et qui est la cause des songes vrais [6]
et aussi celle de la prophétie. Elle ne diffère que par le plus et le
moins, et non par l'espèce [7]. Tu sais qu'ils (les docteurs) ont

(1) Ibn-Tibbon n'a pas rendu les mots יוּבַּר פְּאִירָתה אַו ; la version
d'Al-'Harizi porte : וזה הדבר לא יתבן להשיג מה שאבד ממנו או
למלאות חסרונו.

(2) Littéralement : *de sa mesure*, c'est-à-dire de son volume trop
grand ou trop petit.

(3) Littéralement : *il n'y a pour cela aucun artifice.*

(4) Cf. Ibn-Sinâ, dans le résumé de Schahrestâni, p. 416 (trad. all.,
t. II, p. 314), où il est dit de la faculté imaginative, qu'elle garde le
souvenir de ce que le *sens commun* a reçu des (cinq) sens, et qu'elle le
conserve quand les choses sensibles ont disparu (تحفظ ما قبله الحسّ
المشترك من الحواس ويبقى فيها بعد غيبة المحسوسات).

(5) Le texte porte : *et que son activité etc.* ; la conjonction וַאֵן, *et que*,
se rattache au verbe יָלַמְת (tu connais, tu sais) qui se trouve au commencement de la phrase.

(6) Voy. ci-dessus, p. 267, note 2.

(7) C'est-à-dire : l'inspiration en question est de la même espèce
dans les songes et dans la prophétie, et elle ne diffère que par le plus

dit à différentes reprises : « le songe est un soixantième de la prophétie [1] » ; mais on ne saurait établir une proportion entre deux choses spécifiquement différentes, et il ne serait pas permis de dire par exemple : la perfection de l'homme est autant de fois le double de la perfection du cheval. Ils ont répété cette idée dans le *Beréschîth rabbâ*, en disant : « Le fruit abortif de la prophétie est le songe [2] ». C'est là une comparaison remarquable : en effet le fruit abortif (נובלת) est identiquement le fruit lui-même, si ce n'est qu'il est tombé avant sa parfaite maturité [3] ; de même, l'action de la faculté imaginative pendant le sommeil est la même que dans l'état de prophétie, si ce n'est qu'elle est encore insuffisante et qu'elle n'est pas arrivée à son terme. — Mais pourquoi t'instruirions-nous par les paroles des docteurs et laisserions-nous de côté les textes du Pentateuque ? (Comme par exemple :) *Si c'est un prophète d'entre vous, moi, l'Éternel, je me fais connaître à lui dans une vision, je lui parle dans un songe* (Nombres, XII, 6). Ici Dieu nous a fait connaître le véritable être de la prophétie, et nous a fait savoir que c'est une perfection qui arrive dans un *songe* ou dans une *vision*. Le mot *vision* (מראה) est dérivé de *voir* (ראה) ; car il arrive à la faculté imaginative d'agir si parfaitement, qu'elle voit la chose comme si elle existait au dehors et que la chose qui n'a son origine que dans elle [4] lui

ou moins d'intensité, étant beaucoup plus forte dans la prophétie que dans les songes. — Le verbe יתחלף, qui est au singulier masculin, se rapporte à פרץ, *inspiration,* et c'est à tort qu'Ibn-Tibbon l'a rendu par le pluriel יתחלפו.

(1) Voy. Talmud de Babylone, traité *Berakhôth*, fol. 57 *b*.

(2) Voy. *Beréschîth rabbâ*, sect. 17 (f. 14, col. 4), et sect. 44 (f. 39, col. 3).

(3) Littéralement : *avant sa perfection et avant d'avoir mûri.*

(4) Les mss. ont, les uns אבתראה, les autres אבחדא ou אבתרי. Ibn-Tibbon traduit : אשר יראהו (la chose *qu'elle voit*) ; il a donc lu, dans sa copie arabe, אלדי תראה, avec l'omission du mot מנהא, leçon qu'on trouve dans le ms. de Leyde, n° 18. Dans le ms. unique de la version d'Al-'Harîzi, ce passage manque. Nous adoptons la leçon אבתראה, que nous considérons comme un nom d'action avec suffixe, en prononçant ابتداءها (*son commencement* ou *son origine*).

semble être venue par la voie de la sensation extérieure. Dans
ces deux parties, je veux dire dans la *vision* et dans le *songe*,
sont renfermés tous les degrés de la prophétie. On sait que la
chose dont l'homme, dans l'état de veille et en se servant de ses
sens, est très occupé, à laquelle il s'applique et qui est l'objet de
son désir, (que cette chose, dis-je) est aussi celle dont s'occupe
la faculté imaginative pendant le sommeil, lorsque l'*intellect*
(*actif*) s'épanche sur elle, selon qu'elle y est préparée. Il serait
superflu de citer des exemples pour cela et d'en dire davantage ;
car c'est une chose claire que chacun connaît, et il en est comme
de la perception des sens, contre laquelle aucun des hommes de
bon sens n'élève d'objection.

Après ces préliminaires, il faut savoir qu'il s'agit ici d'un individu humain [1], dont la substance cérébrale, dans sa formation
primitive, serait extrêmement bien proportionnée, par la pureté
de sa matière et de la complexion particulière à chacune de ses
parties, par sa quantité et par sa position, et ne subirait point
de dérangements de complexion de la part d'un autre organe.
Ensuite, (il faudrait) que cet individu eût acquis la science et la
sagesse, de manière à passer de la *puissance* à l'*acte* [2]; qu'il pos-

----

(1) Littéralement : *que, s'il y avait un individu humain etc*. Nous nous
sommes vu obligé de modifier légèrement, dans notre traduction, les
premiers mots de cette phrase, qui commence une longue période hypothétique énumérant toutes les qualités physiques et morales requises
pour l'inspiration prophétique, et dont le complément grammatical ne
commence qu'aux mots : פאלשבץ אלדי הרה צפתה (fol. 79 *b*, ligne 10).
S'il y avait un individu humain, dit l'auteur, qui possédât toutes les
qualités qui vont être énumérées, cet individu, entraîné par l'action de
sa faculté imaginative parfaite et appelant par sa perfection spéculative
l'inspiration de l'intellect actif, percevrait indubitablement des choses
divines, extraordinaires, etc. (ci-après, p. 286). — Il était d'autant plus
nécessaire, pour la clarté, de couper cette période, que l'auteur lui-même
en a perdu le fil et s'est interrompu par une petite digression sur un
passage de l'*Éthique* d'Aristote.

(2) C'est-à-dire, de manière que toutes les facultés qu'il possède *en
puissance* pussent se développer et passer à la réalité ou à l'*acte*.

sédât une intelligence humaine toute parfaite et des mœurs humaines pures et *égales* [1]; que tous ses désirs se portassent sur la science des mystères de cet univers et sur la connaissance de leurs causes; que sa pensée se portât toujours sur les choses nobles; qu'il ne se préoccupât que de la connaissance de Dieu, de la contemplation de ses œuvres et de ce qu'il faut croire à cet égard; et enfin, que sa pensée et son désir fussent dégagés des choses animales [2], telles que la recherche des jouissances que procurent le manger, le boire, la cohabitation, et, en général, le sens du toucher, sens dont Aristote a expressément dit, dans l'*Éthique,* qu'il est une honte pour nous [3]. — [Et que c'est bien ce qu'il a dit! et combien il est vrai qu'il (ce sens) est une honte pour nous! car nous ne le possédons qu'en tant que nous sommes des animaux, comme les autres bêtes brutes, et il ne renferme rien qui s'applique à l'idée de l'*humanité.* Quant aux autres jouissances sensuelles, telles que celles de l'odorat, de l'ouïe et de la vue, bien qu'elles soient corporelles, il s'y trouve parfois un plaisir pour l'homme en tant qu'homme, comme l'a exposé Aristote. Nous avons été entraîné ici à parler de ce qui n'est pas dans notre but (actuel), mais cela était nécessaire; car trop souvent les pensées des savants distingués se préoccupent des plaisirs du sens en question et les désirent, et néanmoins ils s'étonnent de ne pas être *prophètes* [4], puisque, (disent-ils) la prophétie est quelque chose qui est dans la nature (de l'homme)]

----

(1) Il faut se rappeler que, selon Aristote, la vertu consiste à éviter les extrêmes et à savoir tenir dans nos penchants un juste milieu raisonnable, également éloigné du trop et du trop peu. Voy. *Éthique à Nicomaque,* liv. II, chap. 5 et 6.

(2) Mot à mot : *que sa pensée fût oisive et son désir inoccupé à l'égard des choses animales.*

(3) Voy. *Éthique à Nicomaque,* liv. III, chap. 13, où Aristote dit, en parlant du sens du toucher : Καὶ δόξειεν ἂν δικαίως ἐπονείδιστος εἶναι, ὅτι οὐχ ᾗ ἄνθρωποί ἐσμεν ὑπάρχει, ἀλλ' ᾗ ζῷα.

(4) Les mss. ont généralement la forme *vulgaire* יתנבוא, quelques-uns יתנבון; nous avons écrit plus correctement יתנבאון.

— Il faudrait aussi que la pensée et le désir de cet individu fussent dégagés des ambitions vaines [1], je veux parler du désir de dominer ou d'être exalté par les gens du peuple et de se concilier leurs hommages et leur obéissance sans aucun autre but [2] [car on doit plutôt considérer tous les hommes selon leurs positions [3], par rapport auxquelles ils sont assurément semblables, les uns aux bêtes domestiques, les autres aux bêtes féroces, sur qui l'homme parfait et *solitaire* [4] ne porte sa pensée, — si toutefois il y pense, — que pour se préserver du mal qu'elles peuvent lui faire, si par hasard il a affaire à elles, ou pour tirer profit des avantages qu'elles peuvent offrir, quand il s'y trouve réduit pour un besoin quelconque]. — Si donc, dans un individu tel que nous venons de le décrire, la faculté imaginative aussi parfaite que possible était en pleine activité, et que l'intellect (actif) s'épanchât sur elle en raison de la perfection spéculative de l'individu, celui-ci ne percevrait indubitablement que des choses divines fort extraordinaires, ne verrait que Dieu et ses

(1) Littéralement : *non vraies*, ou *non réelles ;* c'est-à-dire, des ambitions qui se portent sur des choses vaines, dénuées de toute véritable valeur.

(2) Littéralement : *uniquement pour cela*, c'est-à-dire pour le seul plaisir de recevoir des hommages et d'être respecté et obéi. Selon Abravanel (*l. c.*, fol. 38 *a*), l'auteur ferait allusion aux vues ambitieuses du prophète Mohammed.

(3) Nous considérons cette phrase comme une parenthèse, par laquelle l'auteur s'explique plus clairement sur ce qu'il a voulu indiquer par les mots *uniquement pour cela ;* il dit donc que le véritable sage, loin de chercher une puérile satisfaction dans les vains hommages de la foule, ne doit faire cas du respect et de la soumission que les hommes peuvent lui témoigner, qu'autant que ceux-ci se trouvent en position de lui être utiles ou de lui nuire.

(4) Il me semble que par *solitaire* l'auteur entend ici le sage, qui s'isole de la société des hommes, afin de se trouver hors des atteintes de leurs vices et de ne pas être troublé dans ses méditations; c'est le sage dont parle Ibn-Bâdja dans son traité *du Régime du solitaire*. Voy. mes *Mélanges de philosophie juive et arabe*, p. 388 et suiv.

anges, et la science qu'il acquerrait n'aurait pour objet que des opinions vraies et des règles de conduite embrassant les bonnes relations des hommes les uns avec les autres.

On sait que, dans les trois choses que nous avons posées pour conditions, à savoir, la perfection de la faculté rationnelle au moyen de l'étude, celle de la faculté imaginative dans sa formation (primitive), et celle des mœurs (qui s'obtient) lorsqu'on dégage sa pensée de tous les plaisirs corporels et qu'on fait taire le désir de toute espèce de sottes et pernicieuses grandeurs, (que dans ces trois choses, dis-je) les hommes parfaits ont une grande supériorité les uns sur les autres, et c'est en raison de la supériorité dans chacune de ces trois choses que tous les prophètes sont supérieurs en rang les uns aux autres.

Tu sais que toute faculté corporelle, tantôt s'émousse, s'affaiblit et se détériore, et tantôt se corrobore. Or, cette faculté imaginative est indubitablement une faculté corporelle ; c'est pourquoi tu trouveras que les prophètes, pendant la tristesse, la colère et autres (sentiments) semblables, cessent de prophétiser. Tu sais que les docteurs disent que « la prophétie n'arrive ni pendant la tristesse, ni pendant l'abattement [1] » ; que notre patriarche Jacob n'eut point de révélation pendant les jours de son deuil, parce que sa faculté imaginative était occupée de la perte de Joseph [2], et que Moïse n'eut pas de révélation, comme auparavant, depuis le malheureux événement [3] des *explorateurs* et jusqu'a ce que la génération du désert eût péri tout entière [4],

----

(1) Voy. Talmud de Babylone, traité *Schabbath,* fol. 30 b.

(2) Voy. *Pirké Rabbi Eli'ézer*, chap. XXXVIII, et cf. Maïmonide, *Huit chapitres*, ou Introduction au traité *Aboth*, chap. VII.

(3) נובה (نَوْبَة) signifie un *accident malheureux*. La traduction d'Ibn-Tibbon, qui a תלונת, *murmure*, n'est pas exacte. Al-'Harizi traduit : אחר נבואת המרגלים (après la *prophétie* des explorateurs), ce qui est un non-sens ; au lieu de נובה, il a lu נבואה, leçon qu'a en effet le ms. de Leyde, n° 18.

(4) Voy. Talmud de Babylone, traité *Ta'anith,* fol. 30 b.

parce qu'il était accablé par l'énormité de leur crime [quoique,
du reste, la faculté imaginative n'entrât pour rien dans sa prophétie et que l'*intellect (actif)* s'épanchât sur lui sans l'intermédiaire de cette faculté [1]; car, comme nous l'avons dit plusieurs
fois, il ne prophétisait pas, comme les autres prophètes, par des
paraboles [2], chose qui sera encore exposée ailleurs et qui n'est
pas le but de ce chapitre]. De même, tu trouveras que certains
prophètes, après avoir prophétisé pendant un certain temps,
furent dépouillés de la prophétie, qui, à cause d'un accident survenu, ne pouvait se continuer [3]. C'est là, indubitablement, la
cause essentielle et immédiate pour laquelle la prophétie a cessé
au temps de la captivité; peut-il exister pour un homme, dans
une circonstance quelconque, un motif plus grave d'*abattement*
ou de *tristesse* [4], que d'être esclave, propriété (d'un autre) et

(1) L'auteur, après avoir allégué incidemment l'exemple de Moïse,
qui confirme, en thèse générale, la sentence des docteurs qu'il vient
de citer, a jugé nécessaire d'ajouter que cet exemple ne s'applique pas,
comme celui de Jacob, à la réflexion qu'il vient de faire sur la maté-
rialité de la faculté imaginative, puisque celle-ci n'entrait pour rien dans
la prophétie de Moïse. Selon Éphôdi, l'auteur aurait voulu faire entendre ici, sans oser le dire clairement, que Moïse lui-même avait besoin,
jusqu'à un certain point, de la faculté imaginative, pour prédire l'avenir.
Abravanel (*l. c.*, fol. 35 *a*) considère cette opinion d'Éphôdi comme une
véritable hérésie.

(2) Voy. les passages indiqués plus haut, p. 277, note 2.

(3) Littéralement: *et cela ne pouvait se continuer;* le mot דלך, *cela,
cette chose,* se rapporte à la prophétie. Al-'Harizi traduit littéralement:
וזה לא היה נוהג; Ibn-Tibbon: ולא התמידה להם, *et elle ne se continua
pas pour eux.*

(4) Littéralement: *quel abattement ou (quelle) tristesse peut-il exister
pour un homme, dans une circonstance quelconque (qui soit) plus grave etc.*
— Ibn-Tibbon a rendu ce passage inexactement, en se méprenant sur
le sens du mot אי, qu'il a prononcé اَيْ, et qu'il a rendu par כלומר,
à savoir, tandis qu'il faut prononcer اَيّ; cette erreur l'a engagé à ajouter un ו conjonctif au mot אשר et à traduire יותר חזק. Le seul ms. de
Leyde, n° 18, a la leçon ואשר, qui peut bien n'être qu'une prétendue

soumis à des hommes ignorants et impies qui joignent l'absence
de la véritable raison à la plénitude des concupiscences animales, *et de ne rien pouvoir contre cela* [1]? C'est là ce dont nous
avons été menacés, et c'est ce qu'on a voulu dire par ces mots :
*Ils erreront pour chercher la parole de l'Éternel, et ils ne la trou-
veront pas* (Amos, VIII, 12); et on a dit encore : *Son roi et ses
princes sont parmi les nations, sans loi ; même ses prophètes n'ont
pas trouvé de vision de la part de l'Éternel* (Lament., II, 9).
Cela est vrai, et la raison en est manifeste; car l'instrument a
cessé de fonctionner [2]. C'est pour cette même raison aussi que
la prophétie nous reviendra à l'époque du Messie [puisse-t-il
bientôt se révéler !], comme on nous l'a promis.

CHAPITRE XXXVII.

Il est nécessaire d'appeler ton attention sur la nature de l'être
de cette émanation divine [3] qui nous arrive, par laquelle nous
pensons et (par laquelle) nos intelligences sont supérieures les
unes aux autres. C'est que tantôt elle arrive à un individu dans
une mesure suffisante pour le perfectionner lui-même, sans aller
au delà [4], tantôt ce qui en arrive à l'individu suffit au delà de

---

correction faite d'après la version d'Ibn-Tibbon. Al-'Harîzi n'a pas
mieux compris ce passage; il traduit : כי הוא עצבות או עצלות אשר
ימצא אדם בעניניו וכל שכן בהיותו עבד וכו׳.

(1) Les mots hébreux ואין לאל ידך (littéralement : *sans qu'il soit au
pouvoir de ta main*) sont empruntés au Deutéronome, chap. XXVIII,
verset 32. Dans les éditions de la version d'Ibn-Tibbon, ידן est une faute
d'impression; les mss. ont ידך.

(2) C'est-à-dire, l'instrument de la prophétie, qui est la force imaginative libre de toute préoccupation.

(3) Par le mot פיץ, *épanchement*, *émanation*, l'auteur entend ici l'influence que l'*intellect actif* exerce sur les facultés de l'homme.

(4) Littéralement : *C'est qu'il en arrive parfois quelque chose à un individu, de manière que la mesure de ce quelque chose qui lui arrive est assez
pour le perfectionner, pas autre chose.*

son propre perfectionnement [1], (de sorte qu'il lui en reste) pour
le perfectionnement des autres. Il en est de même pour tous les
êtres : il y en a qui ont assez de perfection pour gouverner les
autres (êtres), tandis qu'il y en a d'autres qui n'ont de perfection
qu'autant qu'il faut pour se laisser gouverner par d'autres [2],
comme nous l'avons exposé.

Cela étant, il faut que tu saches que, si cette émanation de
l'*intellect* (*actif*) se répand seulement sur la faculté rationnelle
(de l'homme), sans qu'il s'en répande rien sur la faculté imaginative [soit parce que l'émanation elle-même est insuffisante [3],
soit parce que la faculté imaginative est défectueuse dans sa formation primitive, de sorte qu'elle est incapable de recevoir l'émanation de l'intellect], c'est là (ce qui constitue) la classe des savants qui se livrent à la spéculation. Mais, si cette émanation se
répand à la fois sur les deux facultés, je veux dire sur la ration-

_____

(1) Au lieu de שלימותו, qu'ont la plupart des éditions de la version
d'Ibn-Tibbon, il faut lire השלמתו, comme l'ont les mss. et l'édition
princeps. La version d'Al-'Harizi est ici plus claire ; elle porte : שיעור
יותר ממה שיהיה שלם ויוכל להשלים בו לזולתו.

(2) Nous avons suivi la leçon qu'offrent la plupart des mss., qui portent : קדר יכון מדבר (מֻגֻّיّن) בגירה. La vers. d'Ibn-Tibbon porte :
כשיעור שיהיה מנהיג בו עצמו לא זולתו ; de même, Al-'Harizi :
כפי מה שינהיג בו לנפשו לא לזולתו, *qu'autant qu'il faut pour se gouverner
soi-même, et non les autres.* Les deux traducteurs ont lu : קדר יכון מדברא
בה נפסה לא גירה, leçon qu'on trouve en effet dans les deux mss.
de Leyde, et qui est plus conforme à la manière dont l'auteur s'exprime
plus haut, ch. XI (p. 95-96). D'après la leçon que nous avons adoptée,
le sens est : *tandis qu'il y a d'autres êtres dont toute la perfection consiste
à être constitués de manière à recevoir l'influence et la direction des êtres qui
leur sont supérieurs.* Il s'agit ici des êtres inférieurs régis par les êtres
supérieurs, dont les forces se communiquent à eux. Voy. ci-dessus,
ch. X et XI, et la I⁰ partie de cet ouvrage, ch. LXXII (t. I, p. 361).

(3) Littéralement : *à cause du peu* (*paucitatis*) *de la chose qui s'épanche ;* c'est-à-dire, parce que l'*intellect actif* ne s'épanche pas suffisamment.
Il va sans dire que cette insuffisance ne saurait être attribuée à l'intellect actif lui-même, qui est toujours en acte et qui agit toujours avec la

nelle et sur l'imaginative [comme nous l'avons exposé et comme
l'ont aussi exposé d'autres parmi les philosophes][1], et que l'i-
maginative a été créée primitivement dans toute sa perfection,
c'est là (ce qui constitue) la classe des prophètes. Si, enfin, l'émanation se répand seulement sur la faculté imaginative, et que la
faculté rationnelle reste en arrière, soit par suite de sa formation
primitive, soit par suite du peu d'exercice, c'est (ce qui constitue) la classe des hommes d'État qui font les lois [2], des devins,
des augures et de ceux qui font des songes vrais; et de même,
ceux qui font des miracles par des artifices extraordinaires et
des arts occultes, sans pourtant être des savants, sont tous de
cette troisième classe.

Ce dont il faut te pénétrer, c'est qu'à certains hommes de cette
troisième classe, il arrive, même quand ils sont éveillés,
d'étonnantes visions chimériques, des rêves et des agitations,
semblables aux visions prophétiques, de telle sorte qu'ils se
croient eux-mêmes prophètes; ils se complaisent donc beaucoup

même force; mais la matière sur laquelle il agit (ou l'intellect *hylique* de
l'homme) peut quelquefois ne pas être apte à recevoir la forme, de sorte
que l'action de l'*intellect actif*, qui donne la forme, se trouve arrêtée ou
affaiblie en apparence (voy. ci-dessus, p. 139, et le t. I, p. 311, note 4).
Selon Schem-Tob et Abravanel, il faut entendre par *la chose qui s'épanche*
la faculté rationnelle, qui répand sur la faculté imaginative ce qu'elle a
reçu de l'*intellect actif* et qui, selon qu'elle est plus ou moins forte, agit
plus ou moins sur la faculté imaginative. Abravanel, qui ne pouvait lire
que la version d'Ibn-Tibbon, croit devoir rapporter le mot ממנו (dans
ולא ישפע דבר ממנו) à la faculté rationnelle; mais le texte arabe qui
a מנה, au masculin, n'admet pas cette explication.

(1) Dans le ms. de Leyde, n° 18, on a omis les mots כמא בינא ובין
גירנו מן אלפלאספה וכאנת אלמתכילה. et les deux traducteurs hébreux
les ont également passés. L'auteur veut parler de ce que, dans le chapitre précédent, il a dit de la faculté imaginative et de l'émanation divine
se répandant d'abord sur la faculté rationnelle et ensuite sur la faculté
imaginative.

(2) Quelques mss. ont ואצעוא, avec le ו copulatif; d'après cette leçon
il faudrait traduire: *C'est la classe des hommes d'État, des législateurs, etc.*

dans ce qu'ils perçoivent de ces visions chimériques, croyant qu'ils ont acquis des sciences sans avoir fait des études, et ils apportent de grandes confusions dans les choses graves et spéculatives, mélant ensemble, d'une manière étonnante, les choses vraies et les chimères. Tout cela, parce que la faculté imaginative est forte (chez eux), tandis que la faculté rationnelle est faible et n'a absolument rien obtenu; je veux dire qu'elle n'a point passé à l'acte.

On sait que, dans chacune de ces trois classes, il y a un grand nombre de gradations[1]. Chacune des deux premières classes se divise en deux parties, comme nous l'avons exposé. En effet, l'émanation qui arrive à chacune des deux classes est, ou bien suffisante seulement pour perfectionner l'individu, et pas plus, ou bien elle est assez forte pour qu'il en reste à cet individu de quoi en perfectionner d'autres[2]. En ce qui concerne la première classe, celle des savants, tantôt ce qui se répand sur la faculté rationnelle[3] de l'individu est suffisant pour en faire un homme d'étude et d'intelligence, possédant des connaissances et du discernement, mais qui ne se sent pas porté à instruire les autres, ni à composer des ouvrages, n'ayant pour cela ni le goût ni la

---

(1) Littéralement : *beaucoup de supériorité réciproque;* c'est-à-dire, que les individus appartenant à chacune de ces catégories diffèrent beaucoup entre eux par la supériorité qu'ils ont les uns sur les autres. La version d'Ibn-Tibbon, qui porte יתרון רב מאד, manque de clarté; le sens est : יש יתרון רב מאד לבני אדם זה על זה. Au commencement de ce chapitre, les mots ותתפאצל עקולנא ont été plus exactement rendus par : ויהיה יתרון שכלינו זה על זה. Al-'Harizi traduit : וידוע כי כל מין ; משלשת המינים האלה יש יתרון גדול לזה על זה; d'après cette traduction, ce seraient les trois catégories elles-mêmes qui seraient déclarées avoir une supériorité les unes sur les autres, ce qui est un contre-sens.

(2) Littéralement : *ou bien, en quantité (suffisante) pour le perfectionner* (c'est-à-dire, l'individu auquel elle arrive), *pas autre chose, ou bien, en telle quantité qu'il en reste* (à l'individu), *après son perfectionnement, de quoi perfectionner d'autres.*

(3) Les éditions de la version d'Ibn-Tibbon ont השכלי ; il faut lire הדברי, comme l'ont les mss.

capacité (nécessaire); tantôt, ce qui se répand sur lui est d'une force suffisante pour le stimuler nécessairement à composer des ouvrages et à professer. Il en est de même de la deuxième classe : tantôt tel prophète a des inspirations qui servent seulement à le perfectionner lui-même; tantôt il est inspiré de manière à être forcé de faire un appel aux hommes, de les instruire et de répandre sur eux (une partie) de sa perfection. Il est donc clair que, sans cette perfection surabondante, on n'aurait pas composé de livres sur les sciences, et les prophètes n'auraient pas appelé les hommes à la connaissance de la vérité. En effet, un savant n'écrit rien pour lui-même, afin de s'enseigner à lui-même ce qu'il sait déjà; mais il est dans la nature de cet intellect (actif)[1] de se communiquer perpétuellement et d'étendre successivement son *épanchement* d'un individu à un autre[2], jusqu'à ce qu'il arrive à un individu au delà duquel son influence ne saurait se répandre[3] et qu'il ne fait que perfectionner (personnellement), comme nous l'avons expliqué, par une comparaison, dans un des chapitres de ce traité[4]. La nature de cette chose fait que celui qui a reçu cet *épanchement* surabondant prêche nécessairement aux hommes, n'importe qu'il soit écouté ou non, dût-il même exposer sa personne[5]; de sorte que nous trouvons des prophètes qui prêchèrent aux hommes jusqu'à se faire tuer, stimulés par cette inspiration divine qui ne leur lais-

(1) Ibn-Tibbon n'a pas exprimé le pronom démonstratif הדא; la version d'Al-'Harîzi porte זה השכל.

(2) Littéralement : *et de s'étendre de celui qui reçoit cet épanchement à un autre qui le reçoit après lui.* Les verbes הפיץ, תמתד et תגתתי sont au féminin, ayant pour sujet טביעה, *la nature*.

(3) Littéralement : *à un individu que cet épanchement ne peut pas dépasser.*

(4) Voy. ci-dessus, ch. XI (p. 96), l'exemple de l'homme riche. La version d'Ibn-Tibbon porte simplement כמו שביארנו; mais le verbe arabe מתל signifie *faire une comparaison.*

(5) Littéralement : *dût-il être endommagé dans son corps.* La version d'Ibn-Tibbon a בעצמו, pour בגופו.

sait ni tranquillité ni repos [1], lors même qu'ils étaient frappés de grands malheurs. C'est pourquoi tu vois Jérémie déclarer [2], qu'à cause du mépris qu'il essuyait de la part de ces hommes rebelles et incrédules qui existaient de son temps, il voulait cacher [3] sa mission prophétique et ne plus les appeler à la vérité qu'ils avaient rejetée, mais que cela lui était impossible : *Car la parole de l'Éternel*, dit-il, *est devenue pour moi une cause d'opprobre et de dérision tout le jour. Je me disais : Je ne ferai plus mention de lui, et je ne parlerai plus en son nom ; mais il y avait dans mon cœur comme un feu ardent, renfermé dans mes os ; j'étais las de le supporter, je ne le pouvais plus* (Jérémie, XX, 8, 9). C'est dans le même sens qu'un autre prophète a dit : *Le Seigneur, l'Éternel, a parlé ; qui ne prophétiserait pas* (Amos, III, 8)? — Il faut te pénétrer de cela.

CHAPITRE XXXVIII.

Sache que chaque homme possède nécessairement une *faculté de hardiesse* [4] ; sans cela, il ne serait pas mû par la pensée à

---

(1) Tous les mss. ont יקרׂהא et יסכנוא au mode subjonctif ; il faut sous-entendre la conjonction اَنْ. Voy. Silv. de Sacy, *grammaire arabe,* (2ᵉ édition), t. II, nᵒ 64.

(2) Les deux traducteurs hébreux ont omis de traduire le verbe צָרַח, qui manque aussi dans le ms. de Leyde, nᵒ 18.

(3) Ibn-Tibbon, qui a לסתום, paraît avoir lu יכתם (اَخْتِم), avec un ڄ ponctué ; d'après lui, il faudrait traduire : *il voulait clore sa mission prophétique.*

(4) C'est-à-dire : une certaine faculté de l'âme qui donne la hardiesse, et qui fait partie des facultés motrices. Dans nos éditions de la version d'Ibn-Tibbon, il faut effacer le ו de וּנְבוּרה. Le mot גְבוּרה d'ailleurs n'est pas bien choisi pour rendre le mot arabe اِقْدَام, qui signifie *hardiesse, courage.* Ibn-Falaquéra, en blâmant ici l'emploi du mot גבורה, propose de traduire כח קדימה, et s'exprime ainsi sur la faculté dési-

écarter ce qui lui est nuisible. Cette faculté, selon moi, est, parmi
les facultés de l'âme, ce que l'*expulsive* [1] est parmi les facultés
physiques. Cette faculté de hardiesse varie par la force et la
faiblesse, comme les autres facultés: de sorte que tu trouves tel
homme qui s'avance contre le lion, et tel autre qui s'enfuit devant une souris; tel qui s'avance seul contre une armée pour la
combattre, et tel autre qui tremble et a peur quand une femme
lui lance un cri. Il faut aussi qu'on possède, dès sa formation
primitive, une certaine prédisposition de complexion, laquelle,
avec une certaine manière de penser, s'accroîtra [de sorte que
ce qui est *en puissance* sortira par l'effort (qu'on fera) pour le
faire sortir], et qui, avec une autre façon de penser [2], diminuera
par le peu d'exercice. Dès le plus jeune âge, on reconnaît dans
les enfants si cette faculté [3] est forte ou faible chez eux.

De même, cette *faculté de divination* (qu'on rencontre chez
les prophètes) existe dans tous les hommes, mais varie par le
plus et le moins; (elle existe) particulièrement pour les choses
dont l'homme se préoccupe fortement et dans lesquelles il pro-
mène sa pensée. Tu devines, par exemple [4], qu'un tel a parlé
ou agi de telle manière dans telle circonstance, et il en est réel-

gnée par ce nom : וכח הקדימה הוא שיקרים האדם וילך להלחם עם
האריה או הדומה ולהכנס במקום סכנה ולא יפחד « Cette faculté est
celle en vertu de laquelle l'homme s'avance hardiment (יקדים) pour
combattre le lion ou autre chose semblable, ou pour se rendre sans
crainte dans un lieu de danger. » Voy. Appendice du *Moré ha-Moré*,
p. 155. Al-'Harizi appelle cette faculté כח אמצה.

(1) Cf. le t. I de cet ouvrage, p. 367, et *ibid.*, note 5.

(2) Selon Moïse de Narbonne et Schem-Tob, l'auteur, par les mots
avec une certaine manière de penser, veut dire qu'il faut aussi joindre à la
prédisposition naturelle une certaine manière de voir; selon qu'on
croira, par exemple, qu'avec la mort tout finit pour l'homme, ou qu'une
mort héroïque place l'homme au rang des êtres supérieurs, on négligera
cette disposition naturelle, ou on l'exercera.

(3) Les deux versions hébraïques ont אלו הכחות, *ces facultés;* mais
tous les mss. arabes ont le singulier אלקוה.

(4) Mot à mot : *de sorte que tu trouves dans ton âme.*

lement ainsi. Tu trouves tel homme chez lequel la faculté de conjecturer et de deviner [1] est tellement forte et juste, que presque tout ce que, dans son imagination, il croit être, est (réellement) tel qu'il se l'est imaginé, ou l'est (du moins) en partie [2]. Les causes en sont nombreuses, (et cela arrive) par un enchaînement de nombreuses circonstances [3], antérieures, postérieures et présentes ; mais, par la force de cette (faculté de) divination, l'esprit parcourt toutes ces prémisses et en tire les conclusions en si peu de temps qu'on dirait que c'est l'affaire d'un instant [4]. C'est par cette faculté que certains hommes avertissent [5] de choses graves qui doivent arriver.

Ces deux facultés, je veux dire, la faculté de *hardiesse* et la faculté de *divination*, doivent nécessairement être très fortes dans

---

(1) Ibn-Tibbon traduit : מי שדמיונו ומשערו וכו׳. Selon Ibn-Fala-quéra, les mots arabes حدس et شعور désignent la sagacité de l'esprit, ou la faculté de deviner soudainement l'inconnu par le connu (וענינם אצל חכמי המחקר זכות השכל שמבין הדבר הנסתר מתוך הדבר הנגלה במהירות ובזמן קצר מאד). Il blâme, comme une grave erreur, le mot רמיון, *imagination*, employé ici par Ibn-Tibbon. Voy. dans l'Appendice du *Moré ha-Moré*, p. 156, la note sur le chap. XLV.

(2) Littéralement : *qu'il ne peut presque pas s'imaginer qu'une chose soit, sans qu'elle soit (réellement) comme il se l'est imaginée, ou qu'elle soit en partie.*

(3) Le mot קראין (قرائن, plur. de قرينة) signifie *conjonctures, circonstances réunies.* Ibn-Tibbon traduit ce mot simplement par ענינים, et Al-'Harizi par ענינים דבקים. Selon Ibn-Falaquéra (*l. c.*, p. 156), ce mot serait employé dans le sens de *prémisses ;* car, dit-il, les prémisses, *réunies ensemble*, font naître la conclusion. Mais, s'il est vrai que l'auteur dit, immédiatement après, תלך אלמקדמאת, *ces prémisses*, il ne s'en-suit pas de là qu'il emploie le mot קראין dans le sens de *prémisses ;* il veut dire seulement que l'esprit parcourt rapidement toutes les circonstances qui se sont présentées à des moments différents, et qui, pour lui, s'enchaînent mutuellement en un clin d'œil et lui servent de pré-misses, dont il tire des conclusions.

(4) Littéralement : *que c'est dans un rien de temps.*

(5) Au lieu de ינדר, le ms. de Leyde, n° 221, porte יבבר ; de même Ibn-Tibbon ינידו, *annoncent*.

les prophètes. Lorsque l'*intellect* (*actif*) s'épanche sur eux, ces
deux facultés prennent une très grande force, et tu sais jusqu'où
est allé l'effet produit par là ; à savoir, qu'un homme isolé se
présentât hardiment[1], avec son bâton, devant un grand roi,
pour délivrer une nation de l'esclavage imposé par celui-ci, et
qu'il n'éprouvât ni terreur[2] ni crainte, parce qu'il lui avait été
dit (par Dieu) : *Car je serai avec toi* (Exode, III, 12). C'est là un
état qui varie bien chez eux (les prophètes), mais qui leur est
indispensable[3]. C'est ainsi qu'il fut dit à Jérémie : *N'aie pas
peur d'eux, etc. Ne tremble pas devant eux*, *etc. Voici, j'ai fait
de toi aujourd'hui une ville forte*, *etc.* (Jérémie, I, 8, 17, 18);
et à Ézéchiel il fut dit : *N'aie pas peur d'eux et ne crains point
leurs paroles* (Ézéch., II, 6). C'est ainsi que tu les trouves tous
doués d'une forte hardiesse. De même, par le grand développement de leurs facultés de divination, ils prédisent promptement
l'avenir ; mais, à cet égard aussi, il y a chez eux variation (de
degrés), comme tu le sais.

Il faut savoir que les *vrais prophètes* ont indubitablement aussi
des perceptions *spéculatives*, (mais d'une nature telle) que
l'homme, par la seule spéculation, ne saurait saisir les causes
qui peuvent amener une pareille *connaissance ;* c'est comme
quand ils prédisent des choses que l'homme ne saurait prédire
au moyen de la seule conjecture et de la divination vulgaire[4].

---

(1) Ibn-Tibbon a שהתגבר ; mais cette traduction est justement critiquée par Ibn-Falaquéra (*l. c.*, p. 155-156), qui traduit : והיא קדימת
האיש הנפרד.

(2) Le verbe וירתע est le futur apocopé de la VIIIe forme de la racine
עע (יִרְתַּע).

(3) C'est-à-dire : la hardiesse est indispensable à tous les prophètes,
quoiqu'ils la possèdent à des degrés différents.

(4) Le sens est : De même que les prophètes prédisent des choses
qu'il n'est pas donné à tout homme de prévoir par la seule faculté de
divination que nous possédons tous jusqu'à un certain point, de même
ils ont des connaissances spéculatives auxquelles l'homme vulgaire ne
saurait s'élever par la seule spéculation philosophique.

En effet, cette même inspiration [1] qui se répand sur la faculté imaginative, de manière à la perfectionner à tel point que son action va jusqu'à prédire l'avenir et à le percevoir comme s'il s'agissait de choses perçues par les sens et qui fussent parvenues à cette faculté imaginative par la voie des sens, (cette même inspiration, dis-je) perfectionne aussi l'action de la faculté rationnelle à tel point qu'elle arrive par cette action à connaître l'être réel des choses [2] et qu'elle en possède la perception comme si elle l'avait obtenue par des propositions spéculatives. Telle est la vérité que doit admettre quiconque aime à porter un jugement impartial [3]; car toutes les choses servent de témoignage et de preuve les unes aux autres. Cela convient même bien plus encore à la faculté rationnelle [4]. En effet, ce n'est que sur elle, en réalité, que s'épanche (directement) l'*intellect actif*, qui la fait passer à l'*acte*, et c'est par la faculté rationnelle que l'épanchement arrive à la faculté imaginative; comment donc alors se pourrait-il que la force imaginative fût parfaite au point de percevoir ce qui ne lui arrive pas par la voie des sens, sans qu'il en fût de même pour la faculté rationnelle, c'est-à-dire (sans qu'elle fût parfaite au point) de percevoir ce qu'elle ne saurait percevoir au moyen des prémisses, de la conclusion logique et de la réflexion? — Telle est la véritable idée du prophétisme, et telles · sont les opinions qui servent à caractériser l'enseignement prophétique. Si, dans ce que je viens de dire des prophètes, j'ai mis

---

(1) Littéralement : *ce même épanchement*, c'est-à-dire celui de l'intellect actif.

(2) Mot à mot : *des choses d'un être réel;* c'est-à-dire, les choses telles qu'elles sont dans toute leur réalité.

(3) Littéralement : *quiconque préfère la justice* (ou l'impartialité) *pour lui-même*.

(4) Après avoir cherché à établir, par la simple analogie, que la faculté rationnelle doit être, comme la faculté imaginative, beaucoup plus forte chez les prophètes que chez tous les autres hommes, l'auteur veut montrer, par une preuve plus directe, que ce qu'il a dit s'applique même mieux encore à la faculté rationnelle qu'à la faculté imaginative.

pour condition que ce soient de *vrais prophètes*, ç'a été pour faire mes réserves au sujet des gens de la troisième classe[1], qui possèdent, non pas des notions rationnelles, ni de la science, mais seulement des chimères et des opinions erronées. Il se peut aussi que ce que perçoivent ceux-là ne soit autre chose que des idées (vraies) qu'ils avaient (autrefois), et dont leurs chimères (actuelles) ont conservé les traces[2], à côté de tout ce qui est dans leur faculté imaginative; de sorte que, après avoir anéanti et fait disparaître beaucoup de leurs chimères, les traces[3] de ces (anciennes) idées soient restées seules et leur aient apparu comme une nouveauté[4] et comme une chose venue du dehors[5]. Je crois pouvoir les comparer à un homme qui a eu auprès de lui, dans sa maison, des milliers d'animaux; ceux-ci s'étant tous retirés de la maison, à l'exception d'un seul individu du nombre de ceux qui y étaient, l'homme, resté seul avec cet individu, s'imaginerait que celui-ci vient d'entrer auprès de lui dans la maison, tandis qu'il n'en est pas ainsi et qu'au contraire c'est celui-là même qui n'en est point sorti. C'est là ce qui a donné lieu aux erreurs les plus pernicieuses et ce qui a causé la perte de bien des hommes qui prétendaient avoir du discernement[6].

(1) Voy. le chapitre précédent, p. 291. — Au lieu de אלדין, les mss. ont généralement אלדי, ce qui est incorrect.

(2) Littéralement : *et dont les traces sont restées empreintes dans leurs chimères.*

(3) C'est probablement par distraction qu'Ibn-Tibbon a traduit ici par מקומות (endroits, lieux), le mot qu'un peu plus haut il rend lui-même par רשומים (traces), comme le fait observer Ibn-Falaquéra (Appendice du *Moré ha-Moré*, p. 156).

(4) Littéralement : *et leur aient apparu de manière qu'ils les crussent une chose nouvelle.*

(5) L'auteur veut dire qu'il se peut même que les prédictions de ces prétendus prophètes ne soient pas toujours basées sur de pures chimères, mais sur de vagues réminiscences qui, à leur insu, affectent leur imagination, à laquelle elles se présentent comme une révélation soudaine.

(6) Littéralement : *c'est un des lieux qui induisent en erreur et qui font*

Ainsi [1], tu trouves des gens qui appuient la vérité de leurs idées
sur des songes qu'ils ont eus, s'imaginant que ce qu'ils ont vu
dans le sommeil est autre chose que l'idée qu'ils ont conçue
(eux-mêmes) ou entendue dans l'état de veille. C'est pourquoi
il ne faut accorder aucune attention à ceux dont la faculté
rationnelle n'est point parfaite et qui ne sont pas arrivés à la plus
haute perfection spéculative; car celui-là seul qui est arrivé à
la perfection spéculative peut ensuite obtenir d'autres connaissances (supérieures), quand [2] l'intellect divin s'épanche sur lui.
C'est celui-là qui est véritablement prophète, et c'est ce qui a
été clairement dit (par les mots) ונביא לכב חכמה (Ps. XC, 12),
c'est-à-dire que *le véritable prophète* [3] *est* (*celui qui a*) *un
cœur plein de sagesse.* C'est là aussi ce dont il faut se pénétrer.

*périr ; et combien y en a-t-il qui ont péri par là de ceux qui prétendaient au
discernement?* L'auteur veut parler de ces soudaines inspirations, en
vertu desquelles certains hommes croient pouvoir s'arroger le don de
prophétie, et qui ne sont autre chose que des réminiscences d'anciennes
études et de certaines idées fort simples et fort rationnelles. — C'est à
tort qu'Ibn-Tibbon a rendu le mot אלמהלכה (qui font *périr*) par
הממיתים (qui font *mourir*), et de même וכם הלך (et combien *ont péri*,
par וכמה מתו (et combien *sont morts*); le terme arabe désigne ici une
perdition morale. Al-'Harîzi a les mots המאבידות et אברן. Les mots
אלדֿין ירידון אלחמיֹ (mot à mot : *ceux qui veulent le discernement*) admettent deux interprétations différentes; on peut traduire : *ceux qui prétendent au discernement ou à un bon jugement*, et c'est là le sens adopté
par Ibn-Tibbon, qui a המחזיקים עצמם כחכמים, *qui se prennent eux-
mêmes pour des sages;* ou bien on peut entendre par ces mots : *ceux qui
cherchent à bien discerner*, sens adopté par Al-'Harîzi, qui a רודפי האמת,
qui poursuivent la vérité.

(1) Le texte porte ומן אגֿל הדֿא, *c'est pourquoi*, mots qui se rapportent à ce que l'auteur a dit des réminiscences qui se mêlent aux fantômes de l'imagination.

(2) Au lieu de ענד פיץֿ, le ms. de Leyde, n° 18, a מן פיץֿ, et c'est
cette leçon qu'expriment les deux traducteurs hébreux; Ibn-Tibbon a
באמצעות שפע, et Al-'Harîzi, משפע.

(3) Maïmonide, à l'exemple de la version chaldaïque, considère ici le
mot נביא comme un substantif dans le sens de *prophète*, quoiqu'il soit
plus naturel d'y voir un verbe, *hiph'il* de בוא.

CHAPITRE XXXIX.

Après avoir parlé de l'essence de la prophétie, que nous avons fait connaître dans toute sa réalité, et après avoir exposé que la prophétie de Moïse, notre maître, se distingue de celle des autres, nous dirons que c'est cette perception seule (de Moïse) qui a eu pour conséquence nécessaire de nous appeler à la *loi*. En effet, un appel semblable à celui que nous fit Moïse n'avait jamais été fait par aucun de ceux que nous connaissons [1], depuis Adam jusqu'à lui, et il n'a pas été fait non plus d'appel semblable après lui, par aucun de nos prophètes. De même, c'est un principe fondamental de notre loi qu'il n'y en aura jamais d'autre; c'est pourquoi, selon notre opinion, il n'y a jamais eu et il n'y aura jamais qu'une seule Loi, celle de Moïse, notre maître. En voici une (plus ample) explication, d'après ce qui a été dit expressément dans les livres prophétiques et ce qui se trouve dans les traditions. C'est que, de tous les prophètes qui précédèrent Moïse, notre maître, tels que les patriarches, Sem, Eber, Noé, Méthusélah et Hénoch, aucun n'a jamais dit à une classe d'hommes : « Dieu [2] m'a envoyé vers vous et m'a ordonné de vous dire telle et telle chose; il vous défend de faire telle chose et vous ordonne de faire telle autre. » C'est là une chose qui n'est attestée par aucun texte du Pentateuque et qu'aucune tradition vraie ne rapporte. Ceux-là, au contraire, n'eurent de révéla-

---

(1) Au lieu de ממן עלמנאה, le ms. de Leyde, n° 18, porte ממן תקדם, *de ceux qui ont précédé*. Cette leçon a été suivie par les deux traducteurs hébreux; Ibn-Tibbon a ממי שקדם, et Al-'Harîzi, מן הקדומים.

(2) Le texte dit : אן אללה, QUE *Dieu*. On sait que la conjonction אן sert quelquefois à introduire le discours direct; cf. le t. I de cet ouvrage, p. 283, note 4.

tion[1] divine que dans le sens que nous avons déjà exposé[2];
et si quelqu'un d'entre eux était plus fortement inspiré, comme,
par exemple, Abraham, il rassemblait les hommes et les appelait, par la voie de l'enseignement et de la direction, à la vérité
qu'il avait perçue lui-même. C'est ainsi qu'Abraham instruisait
les hommes, leur montrant, par des preuves spéculatives, que
l'univers n'avait qu'un seul Dieu, que c'était lui qui avait créé
tout ce qui est en dehors de lui, et qu'il ne fallait point adorer
ces figures (des astres), ni aucune des choses créées. C'est là ce
qu'il inculquait aux hommes, les attirant par de beaux discours
et par la bienveillance; mais jamais il ne leur disait : « Dieu m'a
envoyé vers vous et m'a ordonné ou défendu (telle ou telle
chose). » Cela est si vrai que, lorsque la circoncision lui fut or-
donnée, pour lui, ses enfants et ceux qui lui appartenaient, il
les circoncit, mais n'invita point les (autres) hommes, par un
appel prophétique, à en faire autant. Ne vois-tu pas que le texte
de l'Écriture dit à son égard : *Car je l'ai distingué, etc.* (Genèse,
XVIII, 19)? d'où il résulte clairement qu'il procédait seulement
par voie de *prescription* [3]; et c'est sous la même forme qu'Isaac,
Jacob, Lévi, Kehath et Amram adressaient leurs appels aux
hommes. Tu trouves de même que les docteurs, en parlant des
prophètes antérieurs (à Moïse), disent : *Le tribunal d'Eber, le
tribunal de Méthusélah, l'école de Méthusélah* [4]; car tous ces

_____

(1) Un seul de nos mss., le n° 18 de Leyde, porte אלוהי, avec l'article, de même les deux versions hébraïques הנבואה.

(2) Voy. la Ire partie, ch. LXIII, p. 281-282.

(3) L'auteur a en vue ces mots du même verset : *afin qu'il prescrive à
ses fils et à sa maison après lui d'observer la voie de l'Éternel, etc.*, où il est
dit clairement qu'il se bornait à instruire les siens de ce qu'ils devaient
faire pour plaire à Dieu, sans dire que Dieu l'avait envoyé pour proclamer tel et tel commandement.

(4) Voy., par exemple, *Beréschîth rabba*, sect. 43 (fol. 55, col. 2, et
56, col. 1), où il est question de l'école de Sem et d'Éber. Je ne saurais
dire si, dans nos *Midraschîm*, on parle d'un *tribunal* ou d'une *école de
Méthusélah;* mais çà et là il est question de la grande piété de ce pa-

prophètes ne faisaient qu'instruire les hommes, en guise de précepteurs, d'instituteurs et de guides, mais ne disaient jamais : *l'Éternel m'a dit : Parle aux fils d'un tel* [1].

Voilà comment la chose se passa avant Moïse, notre maître. Quant à Moïse, tu sais ce qui lui fut dit et ce qu'il a dit, et (tu connais) cette parole que lui adressa tout le peuple : *Aujourd'hui nous avons vu que Dieu parle à un homme etc.* (Deut., V, 21). Quant à tous ceux de nos prophètes qui vinrent après Moïse, notre maître, tu sais de quelle manière ils s'expriment dans toutes leurs relations et qu'ils se présentent comme des prédicateurs qui invitent les hommes à suivre la loi de Moïse, menaçant ceux qui s'y montreraient rebelles et faisant des promesses à ceux qui s'efforceraient de la suivre [2]. Et nous croyons de même qu'il en sera toujours ainsi [3], comme il a été dit : *Elle n'est pas dans le ciel etc.* (*ibid.*, XXX, 12) ; *pour nous et pour nos enfants à jamais* (*ibid.*, XXIX, 28). Et cela doit être, en effet ; car, dès qu'une chose est la plus parfaite possible de son espèce, toute autre chose de la même espèce ne peut pas ne pas être d'une perfection moindre, soit en dépassant la juste mesure, soit en restant au-dessous. Si, par exemple, une complexion *égale* est ce qu'il y a de plus égal possible dans une espèce, toute complexion qui serait en dehors de cette égalité pécherait par la défectuosité, ou par l'excès. Il en est de même de cette loi, qu'on

---

triarche et de sa profonde science. Voy. p. ex. le *Midrasch Abkhir*, cité dans le *Yalkout*, t. I, n° 42.

(1) C'est-à-dire : aux descendants d'un tel, à telle tribu, ou à tel peuple.

(2) Littéralement : *qui se tiennent droit* (ou *debout*) *pour la suivre*, ce qu'Ibn-Tibbon a rendu par מי שהתחישר להמשך אחריה. Al-'Harizi traduit plus librement : ויבטיחו כל הרודף אחריה והולך בדרכיה.

(3) C'est-à-dire : que cette loi devra toujours être suivie, et qu'elle ne sera jamais remplacée par une autre ; car, comme dit l'Écriture, elle n'a pas besoin d'être cherchée dans le ciel, ni au delà des mers ; elle est dans notre bouche, dans notre cœur, et s'adapte parfaitement à la nature humaine.

a déclarée être *égale* (c.-à-d. *équitable* ou *juste*), en disant : *des statuts et des ordonnances* JUSTES צדיקים (*ibid.*, IV, 8) ; car tu sais que צדיקים (justes) signifie *égaux* (ou *équitables*) [1]. En effet, ce sont des pratiques religieuses dans lesquelles il n'y a ni fardeau, ni *excès*, comme (il y en a) dans le monachisme, dans la vie de pèlerin [2], etc., ni défectuosité (vice) qui conduise à la gloutonnerie et à la débauche, de manière à diminuer la perfection de l'homme, relativement aux mœurs et à l'étude, comme (le font) toutes les lois (religieuses) des peuples anciens [3]. Quand nous parlerons, dans ce traité, des motifs qu'on peut alléguer pour les lois (de Moïse [4]), tu auras tous les éclaircisse-

(1) L'auteur joue ici sur le double sens du mot arabe معتدل, qui désigne ce qui est *égal, en équilibre, bien proportionné*, et au figuré, ce qui est *équitable* ou *juste ;* il correspond aux mots latins *æquus* et *æqualis*, qui s'emploient également au propre et au figuré, tandis que le mot hébreu צדיק n'est usité que dans le sens figuré. Le jeu de mots dont il s'agit ici ne peut guère se rendre en français ; mais les mots *égal* et *équitable* ont la même étymologie.

(2) Le mot الرهبانية, qui signifie *la vie d'anachorète*, est rendu dans la version d'Ibn-Tibbon par cette périphrase : עבודת המתבודד בהרים הפורש עצמו מן הבשר והיין ודברים רבים מצרכי הגוף, *le culte de celui qui vit solitairement sur les montagnes, et qui s'abstient de viande, de vin et de beaucoup d'autres choses nécessaires au corps ;* le mot السياحة est rendu par טלטול לעבודה, *vie errante qui a pour objet le culte.* La version d'Al-'Harizi ne rend pas ces deux mots. — Au lieu de אלרהבאניה, le ms. de Leyde, n° 18, a אלבראהמה, *le brahmanisme.* Un ms. de la version d'Ibn-Tibbon (Biblioth. impér., anc. fonds, n° 238, fol. 235 *b*) a la singulière leçon כמופתיות, qui ferait supposer qu'on a lu dans le texte arabe אלברהאניה (au lieu de אלרהבאניה), leçon qui n'offre ici aucun sens.

(3) Au lieu de אלסאלפה, le ms. de Leyde, n° 18, a אלגאהליה ; de même, Ibn-Tibbon, הסכליות, et Al-'Harizi, הסכלות, ce qu'on doit entendre ici dans le sens de *païens.* Cf. ci-dessus, p. 260, note 2.

(4) Voy. la IIIe partie de cet ouvrage, ch. XXXI et suivants. — Dans la version d'Ibn-Tibbon les mots עלת טעמי sont une double traduction du mot תעליל ; Al-'Harizi a : בטעמי המצות.

ments nécessaires sur leur *égalité* [1] et leur sagesse; c'est pourquoi on en a dit : *La loi de l'Éternel est parfaite* (Ps. XIX, 8). Quand on prétend qu'elles imposent de grands et lourds fardeaux et qu'elles causent des tourments, c'est là une erreur du jugement. Je montrerai que, pour les hommes parfaits, elles sont faciles; c'est pourquoi on a dit : *Qu'est-ce que l'Éternel, ton Dieu, te demande? etc.* (Deutér., X, 12); et encore : *Ai-je été un désert pour Israël, etc.* (Jér., II, 31) [2]? Tout cela, certainement, (a été dit) par rapport aux hommes vertueux. Quant aux hommes impies, violents et despotes, ils considèrent, comme la chose la plus nuisible et la plus dure, qu'il y ait un juge qui empêche le despotisme; et de même, pour les hommes à passions ignobles, c'est la chose la plus dure que d'être empêchés de s'abandonner librement à la débauche et d'encourir le châtiment pour s'y être livrés [3]. Et c'est ainsi que tout homme vicieux considère comme un lourd fardeau l'empêchement du mal qu'il aime à faire par suite de sa corruption morale [4]. Il ne faut donc pas mesurer la facilité et la difficulté de la loi selon la passion de tout homme méchant, vil et de mœurs dépravées; mais il faut considérer cette loi au point de vue de l'homme parfait

---

(1) C'est-à-dire, sur leur juste proportion tenant le milieu entre le trop et le trop peu. Cf. ci-dessus, p. 285, note 1. — Le suffixe, dans אעתדאלהא וחכמתהא, se rapporte évidemment au pluriel אלשראיע (hébr. המצות), et Ibn-Tibbon a eu tort de mettre le suffixe au singulier : שוויה וחכמתה.

(2) Ces paroles signifieraient, selon l'auteur : ai-je été dur pour Israël, par mes commandements, comme un désert et une terre de profondes ténèbres, où le voyageur rencontre des difficultés à chaque pas? Cf. le commentaire d'Abravanel sur ce verset de Jérémie : ראו דבר ייי הביטו מצותיו ותורותיו אם יש בהם מעמס וטורח לבעלי התורה, « *voyez la parole de l'Éternel*, c'est-à-dire voyez s'il y a dans ses commandements et dans ses lois un fardeau et une fatigue pour ceux qui possèdent la loi. »

(3) Littéralement : *et que le châtiment frappe celui qui l'exerce.*

(4) Dans la version d'Ibn-Tibbon les mots גנות רוע sont une double traduction du mot arabe רדֿילה. Al-'Harizi a : כפי נבלות מדותיו.

qu'elle veut donner pour modèle à tous les hommes [1]. Cette loi
seule, nous l'appelons *Loi divine;* mais tout ce qu'il y a en dehors d'elle en fait de régimes politiques, comme les lois des
Grecs et les folies des Sabiens et d'autres (peuples), est l'œuvre
d'hommes politiques et non pas de prophètes, comme je l'ai exposé plusieurs fois.

CHAPITRE XL.

Il a été très clairement exposé que l'homme est naturellement
un être sociable [2], et que sa nature (exige) qu'il vive en société [3]; il n'est pas comme les autres animaux, pour lesquels la
réunion en société n'est pas une nécessité. A cause de la composition multiple de cette espèce (humaine), — car, comme tu le
sais, elle est ce qu'il y a de plus composé [4], — il y a, entre ses
individus, une différence tellement variée qu'on ne trouve presque pas deux individus en harmonie sous un rapport moral quel-

(1) Littéralement : *mais elle* (la loi) *doit être considérée en raison de
l'homme parfait, le but de la loi étant que tous les hommes soient (comme)
cet homme.* Les mss. arabes portent : אן יכן אלנאס כלהם דלך
אלאנסאן; le sens est : que tous les hommes soient identiquement cet
homme, c.-à-d. *lui ressemblent parfaitement.* Les deux versions hébraïques ont כמו האיש ההוא. — Le plus ancien des mss. d'Oxford (Uri,
n° 359, cf. le t. I, p. 462) a cette leçon singulière : אן יכן אלנאס
כלהם דלך אלזמאן כאמלין, *que tous les hommes fussent parfaits dans
ce temps-là.*

(2) Voy. la *Politique* d'Aristote, liv. I, ch. 1 : ἄνθρωπος φύσει πολιτικὸν
ζῶον. Cf. la IIIe partie de cet ouvrage, ch. XXVII.

(3) Littéralement : *qu'il soit réuni* (avec ses semblables).

(4) Nous remarquons dans l'ensemble des êtres sublunaires une progression du moins parfait au plus parfait. Outre les quatre éléments,
dont tous les êtres sont composés, les plantes ont l'âme végétative, à
laquelle, dans les animaux, se joint l'âme vitale; l'homme seul possède
aussi l'âme rationnelle et se trouve ainsi être le plus composé et le plus
parfait de tous les êtres sublunaires.

conque, pas plus qu'on ne pourrait trouver deux figures parfaitement semblables [1]. Ce qui en est la cause, c'est la différence
de complexion, qui produit une différence dans les matières
(respectives) et aussi dans les accidents qui accompagnent la
forme ; car chaque forme physique a certains accidents particuliers
qui l'accompagnent, outre les accidents qui accompagnent la
matière. Une si grande variation d'individu à individu ne se
rencontre dans aucune espèce d'animaux ; au contraire, la différence entre les individus de chaque espèce est peu sensible [2],
excepté chez l'homme. En effet, on peut trouver deux individus
qui diffèrent tellement dans chaque qualité morale, qu'on dirait
qu'ils appartiennent à deux espèces (différentes), de sorte que tu
trouveras (p. ex.) tel individu qui a de la cruauté au point [3]
d'égorger son jeune fils dans la violence de la colère, tandis
qu'un autre s'émeut (à l'idée) de tuer un moucheron ou un rep-
tile, ayant l'âme trop tendre pour cela ; et il en est de même dans
la plupart des accidents [4].

Or, comme l'espèce humaine, par sa nature, comporte cette
variation dans ses individus [5], et comme la vie sociale est nécessaire à sa nature, il est absolument impossible que la société soit
parfaite sans qu'elle ait un guide qui puisse régler les actions
des individus, en suppléant ce qui est défectueux et en modérant

---

(1) Littéralement : *que tu ne trouves presque pas deux individus qui soient
d'accord, d'une manière quelconque, dans une des espèces de mœurs, si ce
n'est comme tu trouves leurs figures extérieures d'accord.* Au lieu de אלא מא,
le ms. de Leyde, n° 18, porte כמא לא, et de même Ibn-Tibbon :
כמו שלא תראה ; Al-'Harîzi traduit : אלא כשתמצא.

(2) Littéralement : *est rapprochée* ou *tend à se rapprocher.*

(3) Au lieu de לחﬧ, *jusqu'à la limite, au point,* le ms. de Leyde, n° 18,
a les mots אלי חﬧ, qui ont le même sens ; la version d'Ibn-Tibbon a
simplement עﬧ, *jusqu'à ;* de même Ibn-Falaquéra, *Moré ha-Moré,* p. 116.

(4) C'est-à-dire, dans la plupart des qualités morales de l'âme.

(5) Littéralement : *comme sa nature* (celle de l'espèce humaine) *exige
qu'il y ait cette variation dans ses individus.*

ce qui est en excès[1], et qui puisse prescrire des actions et des
mœurs que tous doivent continuellement pratiquer, d'après la
même règle, afin que la variation naturelle soit cachée par la grande
harmonie conventionnelle et que la société soit en bon ordre.
C'est pourquoi je dis que la loi, bien qu'elle ne soit pas *naturelle,*
entre pourtant, à certains égards, dans la catégorie du naturel[2]; car il était de la sagesse divine, pour conserver cette espèce dont elle avait voulu l'existence, de mettre dans sa nature
(la condition) que ses individus possédassent une *faculté de*
régime. Tantôt l'individu est celui-là même à qui ce régime a été
inspiré, et c'est le prophète ou le législateur; tantôt il est celui qui
a la faculté de contraindre (les hommes) à pratiquer ce que ces
deux-là [3] ont prescrit, à le suivre et à le faire passer à l'acte,
et tels sont le souverain qui adopte cette loi (du législateur) et
le prétendu prophète qui adopte la loi du (vrai) prophète, soit
en totalité, soit en partie. Si (celui-ci) adopte une partie et
abandonne une autre partie[4], c'est ou bien parce que cela lui
est plus facile, ou bien parce que, par jalousie, il veut faire
croire que ces choses lui sont parvenues par la révélation (divine) et qu'il ne les a pas empruntées à un autre; car il y a tel
homme qui se plaît dans une certaine perfection, la trouve ex-
cellente et l'affectionne, et qui veut que les hommes s'imaginent

---

(1) Au lieu du premier אלמפרט, qu'il faut prononcer الْمُفْرِط, quelques mss. portent אלמקצר.

(2) Littéralement : *a pourtant une entrée dans la chose naturelle.*

(3) C'est-à-dire, le prophète et le législateur. Ibn-Tibbon a מה שצוה
הנביא ההוא, *ce que ce prophète a prescrit;* de même Al-'Harizi, במה
שצוה הנביא, et Ibn-Falaquéra (*l. c.*), מה שאמר אותו הנביא. Cette
traduction n'est justifiée que par un seul de nos mss., le n° 18 de Leyde,
qui porte : בעמל מא גא בה אלנביא.

(4) Au lieu de והרך, le ms. de Leyde, n° 18, a והרכה avec suffixe.
Ibn-Tibbon a והניח, sans suffixe. Au commencement de la phrase Ibn-
Tibbon a ויהיה, tandis que tous les mss. arabes ont יכן, sans le ו copulatif; הקצתו dans les éditions d'Ibn-Tibbon est une faute d'impression,
pour הקצת.

qu'il est lui-même doué de cette perfection, quoiqu'il sache bien qu'il ne possède aucune perfection. C'est ainsi que tu vois beaucoup d'hommes qui se vantent du poëme d'un autre et se l'attribuent ; et c'est là aussi ce qui s'est fait pour certains ouvrages des savants et pour beaucoup de détails scientifiques, (je veux dire) qu'une personne jalouse et paresseuse, étant tombée (par hasard) sur une chose inventée par un autre, prétendait l'avoir inventée. C'est aussi ce qui est arrivé pour cette perfection prophétique ; car nous trouvons que certains hommes, prétendant être prophètes, dirent des choses qui n'avaient jamais été révélées par Dieu [1], comme (le fit), par exemple, Sidkia, fils de Kenaana [2], et nous en trouvons d'autres qui, s'arrogeant la prophétie, dirent des choses que, sans doute, Dieu avait dites, je veux dire qu'elles avaient été révélées, mais à d'autres, comme (le fit), par exemple, Hanania, fils d'Azzour [3], — de sorte qu'ils se les attribuèrent et s'en parèrent.

Tout cela se reconnaît et se distingue très clairement ; mais

(1) Dans les éditions de la vers. d'Ibn-Tibbon, il manque ici les mots מה שלא באה נבואה בו מאת השם יום כלל ; les mss. portent : מאת השם. Le traducteur a employé le mot יום comme adverbe, dans le sens de *jamais*, à l'imitation de l'adverbe arabe يومًا.

(2) Voy. I Rois, ch. XXII, v. 11 et 24.

(3) Voy. Jérémie, ch. XXVIII, v. 1 et suiv. — Cet exemple, au premier abord, ne paraît pas bien choisi, puisque Hanania, aussi bien que Sidkia, est présenté comme un faux prophète, et que ses paroles sont expressément démenties par Jérémie. Ibn-Caspi, dans son comment. intitulé עמודי כסף, relève cette difficulté en ces termes : חמה איך יאמר הרי"ם זה כי עליו כתוב כמו על צדקיה כי סרה דבר ובכלל לא מצאתי הבדל בין צדקיה וחנניה. Mais, en établissant ici une distinction entre Sidkia et Hanania, Maïmonide n'a fait que suivre le Talmud, selon lequel le premier aurait prédit *des choses qu'il n'avait jamais entendues* (מתנבא מה שלא שמע), tandis que le second aurait prédit *ce qui ne lui avait pas été dit à lui* (מתנבא מה שלא נאמר לו), c.-à-d. qu'il n'aurait fait que reproduire une prophétie de Jérémie, dont il aurait faussé le sens ou qu'il aurait mal comprise. Selon le Talmud de Jérusalem (traité *Synhédrin*, dernier chapitre), Hanania, en prédisant que, *dans deux ans,*

je te l'exposerai, afin qu'il ne te reste rien d'obscur, et que tu
possèdes un *critérium* au moyen duquel tu puisses faire la distinction entre les régimes des lois conventionnelles [1], ceux de la Loi
divine et ceux émanés d'hommes qui ont fait des emprunts aux
paroles des prophètes, en s'en vantant et en se les attribuant.
Quant aux lois que leurs auteurs ont expressément déclarées
être l'œuvre de leur réflexion [2], tu n'as besoin [3] pour cela
d'aucune argumentation, l'aveu de l'adversaire rendant inutile
toute preuve. Je ne veux donc te faire connaître que les régimes
qu'on proclame prophétiques, et qui, en partie, sont réellement
prophétiques, je veux dire divins, en partie législatifs et en
partie des plagiats [4].

Si donc tu trouves une loi qui n'a d'autre fin et dont l'auteur,

---

Dieu briserait le joug du roi de Babylone, aurait cru être d'accord avec
Jérémie, qui prédisait *soixante-dix ans de captivité* (Jérémie, XXIX, 10),
lesquels, dans l'opinion de Hanania, avaient commencé pendant le règne
de Manassé. Selon le Talmud de Babylone (même traité, fol. 89 a), les
paroles de Hanania : *Je briserai le joug du roi de Babylone*, ne seraient
que la reproduction des paroles de Jérémie (XLIX, 35) : *voici, je brise
l'arc d'Élam ;* puisque, se disait Hanania, les Élyméens, qui n'étaient
que les auxiliaires de Babylone, devaient recevoir le châtiment céleste,
à plus forte raison les Chaldéens eux-mêmes.

(1) C'est-à-dire, les régimes ou les gouvernements fondés par un
simple législateur. — Plusieurs éditions de la version d'Ibn-Tibbon
portent המונחים לא המושמים ; au lieu de לא, il faut lire ל"א, abré-
viation de לשון אחר, car les mots המונחים et המושמים sont deux traductions différentes du mot arabe אלמוצועה. Cf. le t. I, p. 411, note 2.

(2) Littéralement : *que ce sont des lois qu'ils ont posées au moyen de leurs
réflexions.*

(3) Le verbe תחתאג est la 2ᵉ personne du masculin, le ms. de Leyde,
nᵒ 18, porte יחתאג, à la 3ᵉ personne, et de même Ibn-Tibbon, לא
יצטרך.

(4) C'est-à-dire, des emprunts faits aux prophètes, mais qu'on a voulu
faire passer pour des œuvres originales. — Le mot מנתחלה, qu'Al-
'Harizi rend par לקוחות מזולתו, a été ainsi paraphrasé par Ibn-Tibbon :
שיאמר אומרם שהוא אמרם מלבו ולקחם מזולתו. Cf. le t. I, p. 419,
note 1.

qui en a calculé les effets, n'a eu d'autre but que de mettre en bon ordre l'État et ses affaires et d'en écarter l'injustice et la violence, sans qu'on y insiste, en aucune façon, sur des choses spéculatives, sans qu'on y ait égard [1] au perfectionnement de la faculté rationnelle, et sans qu'on s'y préoccupe des opinions, qu'elles soient saines ou malades, tout le but étant, au contraire, de régler, à tous les égards, les rapports mutuels des hommes et (de faire) qu'ils obtiennent une certaine félicité présumée [2], selon l'opinion du législateur, —(si, dis-je, tu trouves une telle loi,) tu sauras que cette loi est (purement) législative et que son auteur, comme nous l'avons dit, est de la troisième classe, je veux dire de ceux qui n'ont d'autre perfection que celle de la faculté imaginative [3].

Mais, si tu trouves une loi dont toutes les dispositions visent [4] (non-seulement) à l'amélioration des intérêts corporels, dont on vient de parler, mais aussi à l'amélioration de la foi, s'efforçant tout d'abord de répandre des opinions saines sur Dieu et sur les anges, et tendant à rendre l'homme sage, intelligent et attentif, pour qu'il connaisse tout l'être selon sa vraie condition, alors tu sauras que ce régime émane de Dieu et que cette loi est divine. Mais il te restera encore à savoir si celui qui la proclame est lui-même l'homme parfait auquel elle a été révélée, ou si c'est une personne qui s'est vantée de ces discours et se les est faussement attribués. — Pour en faire l'expérience, il faut examiner (jus-qu'où va) la perfection de cette personne, épier [5] ses actions et

---

(1) Dans les éditions de la version d'Ibn-Tibbon, השנה est une faute d'impression pour השגחה.

(2) Le mot מטֹנונֹה, qu'Ibn-Tibbon a rendu par les mots ראה אותו, manque dans le ms. de Leyde, n° 18, et n'a pas été rendu dans la version d'Al-'Harîzi, qui porte : ושישיגו שום הצלחה בעצת המנהיג ההוא.

(3) Voy. ci-dessus, p. 291.

(4) Les éditions de la vers. d'Ibn-Tibbon ont מעיינים; il faut lire, selon les mss., מעיינים.

(5) Dans la version d'Ibn-Tibbon, le verbe arabe תעקّב est rendu par les deux verbes ולחקור ולדעת; les mss. ont ילחקור ולבדוק, ce qui

considérer sa conduite. Le plus important *critérium* que tu
puisses avoir, c'est la répulsion et le mépris (qu'aurait cette
personne) pour les plaisirs corporels ; car c'est là le premier pas
des hommes de science, et, à plus forte raison, des prophètes,
particulièrement en ce qui concerne celui des sens, qui est une
honte pour nous, comme le dit Aristote [1], et notamment la
souillure de la cohabitation qui en dérive. C'est pourquoi Dieu
a confondu [2] par cette dernière quiconque s'arrogeait (la prophétie), afin que la vérité fût connue à ceux qui la cherchaient
et qu'ils ne fussent pas égarés et induits en erreur. Tu en vois
un exemple [3] dans Sidkia, fils de Masséïa, et Achab, fils de
Kolaïa, qui s'arrogèrent la prophétie et attirèrent les hommes,
en débitant des discours prophétiques révélés à d'autres [4], mais
qui (en même temps) se livrèrent à l'ignoble plaisir vénérien,
au point de commettre l'adultère avec les femmes de leurs amis
et de leurs partisans, jusqu'à ce qu'enfin Dieu les dévoilât,
comme il en avait confondu d'autres, de sorte que le roi de Babylone les fit brûler, comme le dit clairement Jérémie : *On les
prendra comme exemple de malédiction pour tous les captifs de*

est une double traduction du verbe arabe. La version d'Al-'Harîzi porte
ולדקדק על פעליו.

(1) Voy. ci-dessus, p. 285, note 3.

(2) Le verbe פָּצַח, qui signifie *confondre, couvrir publiquement de honte*,
a été rendu, dans la version d'Ibn-Tibbon, par עבר ופרסם. Al-'Harîzi
traduit plus exactement : וע"כ נלה בה הבורא חרפת כל מתנחלי
הנבואה. — Après les mots כל מדַע, *quiconque s'arrogeait*, il faut sous-
entendre *le don de prophétie ;* les deux traducteurs hébreux ont suppléé
cette ellipse. Le sens de cette phrase est : que Dieu a confondu les faux
prophètes en démasquant leur hypocrisie et en faisant voir publiquement que c'étaient des hommes débauchés qui commettaient l'adultère.

(3) Littéralement : *Ne vois-tu pas Sidkia etc ?..., comment ils s'arrogèrent la prophétie, et les hommes les suivaient etc. ?*

(4) C'est ce que l'auteur paraît trouver dans les paroles de Jérémie,
citées ci-après : *et qu'ils avaient dit des paroles de mensonge que je ne leur
avais pas commandées.* Le mensonge consistait, selon l'auteur, en ce
qu'ils s'attribuaient des paroles prononcées par d'autres prophètes.

Juda qui sont à Babylone, et on dira : Que Dieu te rende sem-
blable à Sidkia et à Achab, que le roi de Babylone a fait consu-
mer par le feu. Parce qu'ils ont commis une indignité avec les
femmes de leurs prochains, et qu'ils ont dit en mon nom des pa-
roles de mensonge que je ne leur avais pas commandées. C'est moi
qui le sais et qui en suis témoin, dit l'Éternel (Jérém., XXIX, 22
et 23). Comprends bien l'intention de cela [1].

CHAPITRE XLI.

Je n'ai pas besoin d'expliquer ce que c'est que le *songe.* Quant
à la *vision* (מַרְאָה), — par exemple, *je me fais connaître à lui dans*
une vision (Nomb., XII, 6), — qu'on désigne par le nom de
מראה הנבואה, *vision prophétique* [2], qui (dans l'Écriture) est
aussi appelée יד יי, *main de l'Éternel* [3], et qui porte aussi le
nom de MA'HAZÉ (מחזה) [4], c'est un état d'agitation et de terreur
qui saisit le prophète quand il est éveillé, comme cela est exposé
au sujet de Daniel, dans ces mots : *Je vis cette grande vision, et*
il ne resta pas de force en moi; ma bonne mine se changea et se
décomposa, et je ne conservais pas de vigueur; et il continue : *Je*
tombai étourdi sur ma face, ayant le visage contre terre (Daniel,
X, 8, 9). Quand ensuite l'ange lui adresse la parole et le fait
lever, cela se passe encore dans la *vision prophétique.* Dans un

(1) C'est-à-dire : l'intention de ce qui a été dit dans ce dernier paragraphe, pour faire la distinction entre le véritable prophète et le pla-
giaire.

(2) L'auteur veut dire que ce que l'Écriture appelle מַרְאָה, les théologiens l'expliquent par מראה הנבואה, *ce qui est vu dans l'état de pro-*
phétie, vision prophétique.

(3) Voy. II Rois, III, 15; Ézéchiel, I, 3; III, 22; XXXVII, 1;
XL, 1.

(4) Mot dérivé du verbe 'HAZA (חזה), *voir.* Voy. Genèse, XV, 1;
Nombres, XXIV, 4 et 16.

pareil état, les sens cessent de fonctionner ; cet épanchement (dont
j'ai parlé) se répand sur la faculté rationnelle, et de là sur la faculté imaginative, de sorte que celle-ci se perfectionne et fonc-
tionne [1]. Parfois la révélation commence par une vision prophétique ; puis cette agitation et cette forte émotion, suite de
l'action parfaite de l'imagination, vont s'augmentant, et alors
arrive la révélation (véritable). C'est là ce qui eut lieu pour
Abraham ; car (en parlant) de cette révélation, on commence
par dire : *La parole de l'Éternel fut adressée à Abram dans une
vision* (Genèse, XV, 1), et à la fin (on dit), *et un profond assoupissement pesa sur Abram* (*ibid.*, v. 12) ; et ensuite : *Et il dit à
Abram etc.* (*ibid.*, v. 13-16).

Sache que ceux d'entre les prophètes qui racontent avoir eu
une révélation, tantôt l'attribuent (expressément) à un ange,
tantôt à Dieu, bien qu'elle ait eu lieu indubitablement par l'intermédiaire d'un ange ; les docteurs se sont prononcés là-dessus,
en disant : « *Et l'Éternel lui dit* (*ibid*, XXV, 23), par l'intermédiaire d'un ange [2]. » — Il faut savoir que, toutes les fois qu'un
passage (de l'Écriture) dit de quelqu'un qu'un ange lui parla,
ou que la parole de Dieu lui fut adressée, cela n'a pu avoir lieu
autrement que dans un songe ou dans une vision prophétique.

Les termes employés dans les livres prophétiques nous présentent quatre modes de s'exprimer sur la parole adressée aux
prophètes [3] : Le premier mode, (c'est quand) le prophète dit
expressément [4] que ce discours est venu de l'*ange*, dans un

---

(1) Voy. ci-dessus, au commencement du chap. XXXVII.

(2) Voy. *Beréschith rabbâ*, sect. 63 (fol. 55, col. 2), où R. Levi dit,
au nom de R. Aba, que Dieu parla à Rebecca par l'intermédiaire d'un
ange.

(3) Littéralement : *La relation* (ou *l'énoncé*) *de la parole adressée aux
prophètes, selon l'expression qui se présente dans les livres prophétiques, se
fait de quatre manières.*

(4) Dans aucun de nos mss. le verbe יצרח n'est précédé de la conjonction אן ; et de même, Ibn-Tibbon a simplement יגלה. La version
d'Al-'Harîzi porte שיאמר הנביא.

songe ou dans une *vision*. Le deuxième mode, c'est qu'il rapporte seulement le discours qui lui a été adressé par l'*ange*, sans
dire expressément que ç'a été dans un songe, ou dans une vision,
étant sûr que c'est une chose (généralement) connue qu'il
n'existe de révélation que de l'une des deux manières : *Je me
fais connaître à lui dans une vision, je lui parle dans un songe*
(Nombres, XII, 6). Le troisième mode, c'est qu'il ne parle point
d'un ange, mais qu'il attribue la parole à *Dieu*, qui la lui aurait
adressée lui-même, déclarant toutefois que cette parole lui est
parvenue dans une *vision* ou dans un *songe*. Le quatrième mode,
c'est que le prophète dit simplement que *Dieu* lui a parlé, ou
qu'il lui a ordonné d'agir [1], de faire (telle chose) ou de parler
de telle manière, sans qu'il parle expressément ni d'ange, ni de
songe, en se fiant à ce qui est connu et a été posé en principe [2],
(à savoir) qu'aucune prophétie, aucune révélation, n'arrive autrement que dans un songe, ou dans une vision, et par l'intermédiaire d'un ange.

Ou s'exprime selon le premier mode dans les passages suivants : *Et l'ange de Dieu me dit dans un songe* (Genèse, XXXI,
11); *Et Dieu dit à Israël dans les visions de la nuit* (ibid. XLVI,
2); *Et Dieu vint à Bileam; Et Dieu dit à Bileam* (Nomb., XXII,
9 et 12) [3]. — Pour le deuxième mode, on peut citer les exem-

----

(1) Les deux traducteurs hébreux ont omis l'impératif אִפְעַל, à cause
de sa synonymie avec אֶעֱנַךְ.

(2) Dans la version d'Ibn-Tibbon, même dans les mss., on lit וְהֻשּׁוֹרַשׁ,
ce qui évidemment est une faute de copiste, pour וְהֻשְׁרַשׁ.

(3) Dans les trois derniers exemples, comme dans ceux du deuxième
mode, le mot ÉLOHIM (Dieu) désigne, selon notre auteur, un *ange* (voy.
le t. I, ch. II, p. 37, et ci-dessus, ch. VI, p. 66), et il est à remarquer
que, pour le troisième et le quatrième mode, l'auteur ne cite que des
exemples où Dieu est désigné par le nom *tétragramme*. En ce qui concerne les deux derniers exemples, il faut se rappeler que, s'il n'y est pas
dit expressément que la vision de Bileam eut lieu dans un songe, cela
résulte du verset 8, où Bileam dit aux ambassadeurs de Balak : *Passez ici
la nuit, et je vous rendrai réponse.* — Le deuxième et le troisième exemple
manquent dans la version d'Ibn-Tibbon.

ples suivants : *Et Dieu dit à Jacob : Lève-toi, monte à Béthel*
(Genèse, XXXV, 1) ; *Et Dieu lui dit : ton nom est Jacob* (ibid ,
v. 10) ; *Et un ange de l'Éternel lui cria du ciel ; Et l'ange de l'É-
ternel lui cria une seconde fois etc.* (ibid., XXII, 11 et 15) ; *Et
Dieu dit à Noé* (ibid., VI, 13) ; *Et Dieu parla à Noé* (ibid.,
VIII, 15). — Un exemple du troisième mode se trouve dans ce
passage : *La parole de l'Éternel fut adressée à Abram dans une
vision etc.* (ibid., XV, 1). — Pour le quatrième mode, on trouve
les exemples suivants : *Et l'Éternel dit à Abram* (ibid., XII, 1) ;
L'Éternel dit à Jacob : Retourne dans le pays de tes pères (ibid.,
XXXI, 3) ; *Et l'Éternel dit à Josué* (Josué, III, 7) ; *Et l'Éternel
dit à Gédéon* (Juges, VII, 2)[1]. Et c'est ainsi qu'ils (les prophètes)
s'expriment pour la plupart : *Et l'Éternel me dit* (Isaïe, VIII, 1) ;
Et la parole de l'Éternel me fut adressée (Ézéchiel, XXIV, 1) ;
Et la parole de l'Éternel fut adressée (II Sam., XXIV, 11 ; I Rois,
XVIII, 1) ; *Et voilà que lui arriva la parole de l'Éternel* (I Rois,
XIX, 9)[2] ; *La parole de l'Éternel fut adressée* (Ézéch., I, 3) ;
Première allocution de l'Éternel à Hosée (Hos., I, 2) ; *La main
de l'Éternel fut sur moi* (Ézéch., XXXVII, 1 ; XL, 1). Il y a
beaucoup d'exemples de cette espèce.

Tout ce qui est présenté selon l'un de ces quatre modes est
une prophétie, et celui qui le prononce est un prophète. Mais,
quand on dit : « Dieu *vint* auprès d'un tel dans un *songe* de la
nuit, » il ne s'agit point là de prophétie, et cette personne n'est
point prophète. En effet, on veut dire (seulement) qu'il est venu
à cette personne un avertissement de la part de Dieu, et on nous
déclare ensuite que cet avertissement se fit au moyen d'un

---

(1) Si l'auteur cite ici l'exemple de Gédéon, il faut l'entendre dans
ce sens que la parole de l'Éternel s'adressa à un prophète qui parla à
Gédéon ; car Gédéon lui-même n'était point prophète, comme le déclare
l'auteur plus loin, chap. XLVI.

(2) Les mots והנה דבר ייי אליו se trouvent aussi au chap. XV de la
Genèse, verset 4 ; mais l'auteur n'a pu avoir en vue ce passage, qui se
rattache au verset 1 du même chapitre, et appartient, par conséquent,
au troisième mode.

songe; car, de même que Dieu fait que telle personne se mette en mouvement pour sauver une autre personne ou pour la perdre, de même il fait naître, au moyen de ce qu'on voit dans un songe, certaines choses qu'il veut faire naître. Certes, nous ne doutons pas que l'Araméen Laban ne fût un parfait scélérat et en même temps un idolâtre; et, pour ce qui est d'Abimélech, bien qu'au milieu de son peuple il fût un homme pieux, notre père Abraham dit de sa ville et de son royaume : *Certes, il n'y a pas de crainte de Dieu dans ce lieu* (Genèse, XX, 11); et cependant, de chacun des deux, je veux dire de Laban et d'Abimélech, on dit (que Dieu lui apparut dans un songe) : *Et Dieu vint auprès d'Abimélech dans un songe de la nuit* (*ibid*, v. 3), et de même (on dit) de Laban : *Dans un songe de la nuit* (*ibid.*, XXXI, 24) [1]. Il faut donc te pénétrer de cela et faire attention à la différence qu'il y a entre les expressions : *Dieu vint* et *Dieu dit*, et entre les expressions *dans un songe de la nuit* et *dans les visions de la nuit*; car de Jacob on dit : *Dieu* DIT *à Israël dans les visions de la nuit* (*ibid.*, XLVI, 2), tandis que de Laban et d'Abimélech (on dit) : *Et Dieu* VINT *etc. dans un songe de la nuit;* c'est pourquoi [2] Onkelos le traduit par ואתא מימר מן קדם ייי, *et il vint une* PAROLE *de la part de Dieu*, et il ne dit point (en parlant) des deux derniers : ואתגלי ייי, *et Dieu se révéla*.

Il faut savoir aussi qu'on dit parfois : *l'Éternel dit à un tel*, sans qu'il s'agisse (directement) de ce personnage [3], et sans

(1) Au lieu des mots וכדלך פי לבן בחלום הלילה, qu'ont généralement les mss. arabes, mais qui ont été supprimés dans le ms. de Leyde, n° 18, et dans la version d'Al-'Harîzi, Ibn-Tibbon donne textuellement le passage de la Genèse, ch. XXXI, v. 24 : ויבא אלהים אל לבן הארמי בחלום הלילה. En général, la construction de cette phrase est peu logique, et nous avons dû suppléer dans notre traduction les mots : *que Dieu lui apparut dans un songe*, qui sont sous-entendus.

(2) Les éditions de la version d'Ibn-Tibbon ont וכל זה, ce qui n'est qu'une faute d'impression pour ולזה, leçon des mss.

(3) Littéralement : *sans que ce soit ce tel;* c'est-à-dire, sans que ce soit à lui que la parole divine se soit adressée directement. — La plupart

qu'il ait jamais eu de révélation, mais où la communication s'est faite par l'intermédiaire d'un prophète. Ainsi, par exemple, au sujet de ce passage : *Et elle alla interroger l'Éternel* (ibid., XXV, 22), on a dit expressément (qu'elle s'adressa) « à l'école d'Eber [1] » ; ce fut celui-ci qui lui répondit, de sorte que c'est de lui qu'on a parlé en disant : *Et l'ÉTERNEL lui dit* (ibid., v. 23)[2]. S'il est vrai qu'on a dit aussi : « *Et l'ÉTERNEL lui dit*, par l'intermédiaire d'un MALAKH (*ange* ou *messager*)[3], » on peut interpréter cela (dans ce sens) que c'est Eber qui est le MALAKH ; car le prophète aussi est appelé MALAKH, comme nous l'exposerons[4]. Il se peut aussi qu'on ait voulu indiquer l'*ange* qui apporta cette prophétie à Eber ; ou bien, (il se peut) qu'on ait voulu déclarer par là que, partout où l'on trouve un discours simplement attribué à Dieu, il faut admettre l'intermédiaire d'un ange, (et cela) pour tous[5] les prophètes (en général), comme nous l'avons exposé.

des mss. portent : אלים יכן דלך אלפלוני ולא אתאה, et c'est cette leçon que nous avons adoptée. Au lieu de אלפלוני, le ms. de Leyde, n° 18, porte לפלוני, leçon qu'a aussi la version d'Ibn-Tibbon. Le ms. de la Biblioth. imp. (anc. fonds hébr., n° 237) porte : ולים יכבן דלך אלפלוני אתאה, en supprimant le mot ולא, qu'ont tous les autres mss. arabes, ainsi que les deux versions hébraïques. Le ms. de Leyde, n° 221, porte : ולם יכן דלך אלפלוני נביא, « sans que ce tel fût *prophète.* » Al-'Harizi traduit : ולא ידבר עם פלוני ולא באה נבואה אליו מעולם. Ces différentes variantes ne proviennent que de ce que la leçon primitive offre de singulier au premier coup d'œil ; car les mots ולים יכבן דלך אלפלוני peuvent se traduire : *sans que ce tel fût* (ou *existât*).

(1) Voy. *Beréschith rabbâ*, sect. 63 (fol. 55, col. 2). Au lieu de עבר, les éditions de la version d'Ibn-Tibbon ont, comme les éditions du *Midrasch*, שם ועבר,

(2) C'est-à-dire : que ce fut Éber qui répondit à Rébecca au nom de l'Éternel.

(3) Voy. ci-dessus, p. 314, note 2.

(4) Voy. le chap. suivant.

(5) Le mot סאיר est ici employé dans le sens de כל ou גמיע, *totalité*, *tous*, et c'est dans le même sens qu'il faut aussi prendre quelquefois, dans les versions hébraïques, le mot שאר. — Les éditions de la ver-

CHAPITRE XLII.

Nous avons déjà exposé que, partout où on a parlé de l'apparition d'un ange, ou d'une allocution faite par lui, il ne peut être question que d'une *vision prophétique*, ou d'un *songe* [1], n'importe qu'on l'ait ou non déclaré expressément, comme cela a été dit précédemment. Il faut savoir cela et t'en bien pénétrer. Peu importe qu'on dise tout d'abord de quelqu'un qu'il a vu l'ange, ou qu'on semble dire qu'il le prenait d'abord pour un individu humain, et qu'à la fin il devint manifeste pour lui que c'était un ange [2]; dès que tu trouves dans le dénoûment que celui qui a été vu et qui a parlé était un ange, tu sauras et tu seras certain que dès le commencement c'était une *vision prophétique*, ou un *songe prophétique*. En effet, dans la vision prophétique ou dans le songe prophétique, tantôt le prophète voit Dieu qui lui parle, comme nous l'exposerons, tantôt il voit un ange qui lui parle, tantôt il entend quelqu'un qui lui parle, sans voir la personne qui parle, tantôt enfin il voit un individu humain qui lui adresse la parole, et ensuite il lui devient manifeste que celui qui parlait était un ange [3]. Dans la prophétie de cette dernière espèce, il raconte qu'il a vu un homme agir ou parler, et qu'ensuite il a su que c'était un ange.

C'est ce principe important [4] qu'a professé un des docteurs,

---

sion d'Ibn-Tibbon ont ici כשאר (avec *câph*); il faut lire בשאר (avec *beth*).

(1) C'est-à-dire, d'un état où la faculté imaginative prend le dessus sur la perception des sens.

(2) Comme, par exemple, les *trois hommes* que vit Abraham (Genèse, XVIII, 2), et l'*homme* que vit Josué (Jos., V, 13).

(3) Sur ces différents degrés de prophétie, voy. ci-après, ch. XLV.

(4) C'est-à-dire, ce principe que, dans toutes les apparitions relatées de l'une des quatre manières dont il vient d'être parlé, il s'agit d'une vision ou d'un songe.

et même un des plus grands d'entre eux, à savoir R. 'Hayya le
Grand, au sujet de ce passage du Pentateuque : *Et l'Éternel lui
apparut aux Chènes de Mamré, etc.* (Genèse, XVIII, 1 ; car,
après avoir d'abord dit sommairement que Dieu lui apparut, on
commence par expliquer sous quelle forme eut lieu cette apparition, et on dit qu'il vit d'abord trois hommes, qu'il courut (au
devant d'eux), qu'ils parlèrent et qu'il leur fut parlé [1]. Celui-là
donc qui donne cette interprétation dit que ces paroles d'Abraham : *Seigneur! si j'ai trouvé grâce à tes yeux, ne passe pas
ainsi devant ton serviteur* (ibid., v. 3) sont aussi une relation de
ce que, dans la vision prophétique, il dit à l'un d'entre eux :
« Ce fut, dit-il, au plus grand d'entre eux qu'il adressa la
parole [2]. » Il faut aussi te bien pénétrer de ce sujet, car il ren-

---

(1) Les éditions de la version d'Ibn-Tibbon portent ואמרו מאמר
אליהם; le mot מאמר n'est qu'une faute d'impression, pour ונאמר.
Al-'Harizi traduit : ודברו עמו והשיב להם.

(2) Voy. *Beréschîth rabbâ*, sect. 48 (fol. 42, col. 4). — Ce passage est
très obscur ; car on ne comprend pas comment l'auteur a trouvé tout ce
qu'il dit ici dans les quelques paroles de R. 'Hayya, qui ne paraissent
avoir d'autre but que d'expliquer l'emploi du singulier dans le verset 3,
tandis que dans les versets suivants Abraham s'adresse aux trois anges
à la fois et parle toujours au pluriel. R. 'Hayya dit donc qu'Abraham
adressa la parole au principal d'entre eux, qui était Micaël. Pour résoudre la difficulté, Abravanel (Comment. sur le *Moré*, II, fol. 40 *a*) pense
qu'il faut se reporter aux deux opinions émises par les docteurs sur le
mot ארני, *Seigneur*, employé dans le verset 3 ; selon les uns, ce mot
remplace le nom *tétragramme* du verset 1 et désigne Dieu lui-même ;
selon les autres, il désigne l'un des *trois hommes* dont parle le verset 2.
Selon la première opinion, la vision, dans laquelle Abraham se représen-
tait dans son esprit Dieu lui-même, ou la *cause suprême*, aurait été interrompue par l'apparition des *trois hommes*, et Abraham, distrait par cette
apparition, aurait prié Dieu de ne pas s'éloigner de lui, c'est-à-dire, qu'il
aurait fait des efforts pour ne pas se laisser interrompre dans sa contemplation de la Divinité. Selon la seconde opinion, l'apparition des trois
hommes serait identique avec celle de Dieu, dont parle le verset 1 ; de
sorte que le verset 2 et les suivants ne feraient qu'expliquer en détail
la nature de la manifestation divine du verset 1. Or, R. 'Hayya, profes-

ferme un profond mystère [1]. Je dis de même que, dans l'histoire de Jacob, quand on dit : *Et un homme lutta avec lui* (*ibid.*, XXXII, 25), il s'agit d'une révélation prophétique, puisqu'on dit clairement à la fin (versets 29 et suiv.) que c'était un ange. Il en est exactement comme de l'histoire d'Abraham, où l'on raconte d'abord sommairement que *Dieu lui apparut etc.*, et ensuite on commence à expliquer comment cela se passa. De même, au sujet de Jacob, on dit (d'abord) : *Des anges de Dieu le rencontrèrent* (*ibid.*, v. 2); ensuite on commence à exposer ce qui se passa jusqu'au moment où *ils le rencontrèrent*, et on dit qu'il envoya des messagers (à Esaü), et qu'après avoir agi et avoir fait (telle et telle chose), *Jacob resta seul etc.* (*ibid.*, v. 25); car ici il s'agit de ces mêmes anges de Dieu dont on a dit d'abord *des anges de Dieu le rencontrèrent* [2], et cette lutte, ainsi que tout

sant évidemment la seconde opinion, il s'ensuit que, selon lui, tous les détails racontés à partir du verset 2 sont une vision prophétique, au même titre que l'apparition de Dieu au verset 1, qui ne ferait que résumer l'ensemble des détails qui suivent. — Sans doute, c'est expliquer avec trop de subtilité les simples paroles de R. 'Hayya; mais c'est conforme à la manière dont Maïmonide, en général, interprète les paroles souvent si naïves des anciens docteurs.

(1) Littéralement : *car il est un mystère d'entre les mystères.* La version d'Ibn-Tibbon porte : בסוד מן הסודות; au lieu de בסוד (mss. כסוד), il faut lire כי הוא סוד, comme a la version d'Al-'Harizi. — Le mystère dont l'auteur veut parler, c'est que tous les détails racontés au ch. XVIII de la Genèse, le repas que firent les *trois hommes*, les paroles qu'ils adressèrent à Sara, etc., n'arrivèrent pas réellement et ne se passèrent que dans l'imagination d'Abraham, c.-à-d. dans une vision prophétique. Il en est de même, comme l'auteur va le dire, de la lutte de l'ange avec Jacob, de ce qui arriva à Bileam avec son ânesse, de l'ange qui apparut à Josué devant Jéricho, et de beaucoup d'autres récits bibliques, qui doivent être considérés comme des visions prophétiques. Cette opinion, comme on le pense bien, a trouvé, parmi les théologiens juifs, de nombreux contradicteurs. Voy. notamment la polémique de R. Moïse ben-Na'hman, dans son commentaire sur la Genèse, au ch. XVIII.

(2) L'auteur veut dire qu'au verset 25, où l'on dit : *Jacob étant resté seul, un homme lutta avec lui*, il faut voir, dans l'*homme qui lutta*, l'un des *anges de Dieu* dont parle le verset 2.

le dialogue (qui suit), eut lieu dans une *vision prophétique*. De
même, tout ce qui se passa avec Bileam *sur le chemin* (Nombres,
XXII, 22 et suiv.), ainsi que le discours de l'ânesse, (tout cela,
dis-je,) eut lieu dans une vision prophétique[1], puisqu'on dit
expressément à la fin (verset 32) que *l'ange de l'Éternel* lui
parla [2]. De même encore, au sujet de ces paroles (du livre) de
Josué (V, 13), *il leva ses yeux et vit qu'un* HOMME *se tenait en
face de lui*, je dis que cela eut lieu dans la vision prophétique,
puisqu'il est clairement dit ensuite (v. 14 et 15) que c'était *un
prince de l'armée de l'Eternel.* —[Quant à ce passage *Et un*
MALAKH (messager) *de l'Eternel monta de Guilgal etc. Et lorsque le* MALAKH *de l'Eternel dit ces paroles à tout Israël* (Juges,
II, 1 et 4), les docteurs ont écrit que *le* MALAKH *de l'Eternel* dont
on parle ici est Pinehas; ils s'expriment ainsi : « c'est Pinehas,
qui, au moment où la majesté divine reposait sur lui, ressemblait à un *malakh* (ange) de l'Éternel [3]. » Nous avons déjà exposé que le nom de *malakh* est homonyme, et que le prophète
aussi est appelé *malakh* [4], comme, par exemple, dans les passages suivants : *Il envoya un* MALAKH *et nous fit sortir d'Egypte*
(Nomb., XX, 16); *Et 'Haggaï, le* MALAKH *de l'Eternel, dit, suivant un message de l'Eternel* (Hag., I, 13); *Et ils se raillaient des*
MALAKHIM (*messagers*) *de Dieu*(II Chron., XXXVI, 16).]—Quand

_____

(1) Il faut rappeler ici que, selon les anciens docteurs juifs, le don
de prophétie était accordé aussi à certains sages païens, qui avaient
pour mission de prédire la fortune du peuple d'Israël. Voy. ce qui est
dit, au sujet de Bileam, dans le *Midrasch* du Lévitique ou *Wayyikra rabbâ*,
sect. 1 (fol. 147, col. 1), et dans le *Midrasch* du Cantique, ou *Schîr ha-
schîrîm rabbâ*, au ch. II, v. 3 (fol. 9, col. 4).

(2) Ce qui, comme le dit l'auteur au commencement de ce chapitre,
indique un songe, ou une vision prophétique.

(3) Cette citation n'est pas textuelle; car l'auteur paraît avoir en
vue le passage suivant du *Wayyikra rabbâ*, sect. 1 (fol. 146, col. 1):
וכי מלאך היה והלא פינחס היה ולמה קורא אותו מלאך אלא אמר
ר' סימון פינחס בשעה שהיתה רוח הקדש שורה עליו פניו בוערות כלפידים׃

(4) Voy. ci-dessus, ch. VI, p. 68, et cf. *Wayyikra rabbâ* (*l. c.*).

Daniel dit : *Et Gabriel, ce personnage que j'avais vu d'abord dans une vision, arriva à moi d'un vol rapide, vers le temps de l'oblation du soir* (Dan., IX, 21), tout cela aussi eut lieu dans une vision prophétique; et il ne doit point te venir à l'idée qu'on ait pu voir un ange, ou entendre les paroles d'un ange, autrement que dans une *vision prophétique* ou dans un *songe prophétique*, comme il a été posé en principe (dans ce passage) : *Je me fais connaître à lui dans une vision, je lui parle dans un songe* (Nomb., XII, 6). De ce que j'ai cité, tu tireras la preuve pour d'autres passages que je n'ai pas cités.

Par ce que nous avons dit précédemment de la nécessité d'une préparation pour la prophétie [1], et par ce que nous avons dit de l'homonymie du nom de *malakh*, tu sauras que l'Égyptienne Hagar n'était pas une prophétesse, et que Manoah et sa femme n'étaient pas non plus prophètes [2]; car la parole qu'ils entendirent, ou qui frappa leur esprit, était quelque chose de semblable à ce *son de voix* dont les docteurs parlent constamment et qui désigne une certaine situation dans laquelle peut se trouver une personne non préparée [3]. Ce qui a donné lieu à se tromper là-dessus, c'est uniquement l'homony-

---

(1) Voy. ci-dessus, ch. XXXII, troisième opinion.

(2) L'auteur veut expliquer ici ce qu'il faut entendre par l'ange qui apparut à Hagar (Genèse, XVI, 7 et suiv.; XXI, 17), et par celui que virent Manoah et sa femme (Juges, XXII, 3 et 11).

(3) L'auteur veut indiquer ici que la voix céleste dont il est souvent question dans les écrits des anciens rabbins (cf. Évangile de Matthieu, III, 17), et qu'ils appellent בת קול, *fille de voix, son de voix, écho,* n'est autre chose que le produit d'une imagination exaltée, par laquelle certaines personnes, qui ne possèdent aucune des qualités nécessaires pour les visions prophétiques, croient entendre des paroles qui leur sont adressées du ciel. Souvent même ces personnes croient voir des apparitions célestes, mais ce ne sont là que des fantômes de leur imagination; et c'est ce qui arriva à Hagar, ainsi qu'à Manoah et à sa femme.

'mie [1]; mais c'est là (précisément) le principe qui lève [2] la plupart des difficultés du Pentateuque. — Remarque bien que l'expression : *Et l'ange la trouva* (וימצאה) *près de la source d'eau etc.* (Genèse, XVI, 7) ressemble à celle employée au sujet de Joseph : *Et un homme le trouva* (וימצאהו) *errant dans la campagne* (ibid., XXXVII, 15), où tous les *Midraschîm* disent que c'était un *ange* [3].

CHAPITRE XLIII.

Nous avons déjà exposé, dans nos ouvrages, que les prophètes présentent quelquefois leurs prophéties sous forme de paraboles [4]; c'est que parfois (le prophète) voit une chose par parabole, et ensuite le sens de la parabole lui est expliqué dans

---

(1) C'est-à-dire : l'homonymie du mot *malakh*, qui est employé dans des acceptions diverses, a donné lieu à croire que, dans ce qui est dit de Hagar, ainsi que de Manoah et de sa femme, il s'agit réellement de l'apparition d'un ange.

(2) Au lieu de ירפע (avec *résch*), plusieurs mss. ont ידפע (avec *daleth*); de même Ibn-Tibbon, העקר הדוחה, et Al-'Harîzi, העקר אשר ידחה, *le principe qui repousse* (ou *réfute*). L'auteur veut dire que c'est justement l'homonymie du mot MALAKH, posée en principe, qui sert à lever les difficultés et à éclaircir les passages douteux.

(3) L'auteur fait observer en terminant qu'on emploie, au sujet de Hagar, la même expression qu'au sujet de Joseph. Selon les *Midraschîm*, ou interprétations allégoriques, l'homme qui rencontra Joseph était un ange; mais on n'a pu vouloir attribuer à ce jeune enfant les perceptions sublimes des prophètes, et il est clair qu'on n'a parlé que d'une apparition que lui présentait son imagination surexcitée. Il en serait donc de même pour Hagar, au sujet de laquelle le texte de l'Écriture emploie les mêmes termes.

(4) Littéralement : *que les prophètes prophétisent quelquefois par des paraboles.* Voy. Abrégé du Talmud, traité *Yesôdé ha-Tôrâ*, ch. VII, § 3. — Les mss. arabes ont généralement תואליפנא, au pluriel, *nos ouvrages ;* les versions hébraïques ont, l'une בחבורנו, l'autre בספרנו, au sing.

cette même vision prophétique. Il en est comme [1] d'un homme qui a un songe, et qui, dans ce songe même, s'imagine qu'il s'est éveillé, qu'il a raconté le songe à un autre, et que celui-ci lui en a expliqué le sens, tandis que le tout n'était qu'un songe. C'est là ce qu'on appelle : « un songe qui a été interprété dans un songe [2], » tandis qu'il y a aussi des songes dont on connaît le sens après s'être éveillé. De même, le sens des paraboles prophétiques est parfois expliqué dans la vision prophétique, comme cela est évident à l'égard de Zacharie, qui dit, après avoir d'abord présenté certaines paraboles : *Et l'ange qui m'avait parlé revint, et m'éveilla comme un homme qu'on éveille de son sommeil; et il me dit : que vois-tu? etc.* (Zach., IV, 1 et 2); ensuite il (l'ange) lui explique la (nouvelle) parabole [3]. Et cela est de même évident à l'égard de Daniel; car il est dit d'abord : *Daniel vit un songe, et sur sa couche (il eut) des visions dans sa tête* (Dan., VIII, 1); et après avoir rapporté toutes les paraboles et avoir exprimé combien il était affligé de ne pas en connaître l'explication, il interroge enfin l'ange, et celui-ci lui en fait connaître l'explication, dans cette même vision : *Je m'approchai, dit-il, de l'un des assistants, et je lui demandai la vérité sur tout cela; il me parla et me fit connaître l'interprétation de ces choses* (ibid., v. 16). Après avoir dit qu'il *vit un songe*, il appelle tout l'événement 'HAZÒN (une vision), parce que, comme il le dit, ce fut un ange qui le lui expliqua dans un songe prophétique. Il dit donc, après cela : *Une vision ('HAZÒN) m'apparut, à moi Daniel, après celle qui m'était apparue d'abord* (ibid., VIII, 1). Cela

----

(1) Dans les éditions de la version d'Ibn-Tibbon, il faut effacer le mot כי, et lire seulement כמו, comme ont les mss., et aussi Al-'Harizi.

(2) Voy. Talmud de Babylone, traité *Berakhôth*, fol. 55 *b*.

(3) Zacharie, après avoir présenté, dans les ch. I-III, plusieurs paraboles, raconte au ch. IV une nouvelle vision qu'il a eue et qui est présentée par la parabole du chandelier à sept branches; puis le sens de cette parabole lui est expliqué par l'ange dans cette même vision, d'abord le sens général et ensuite les détails (ch. IV, v. 6-14).

est clair [1]; car 'HAZÔN est dérivé du verbe 'HAZA, comme MAREA
(vision) est dérivé de RAA, et les deux verbes ont le même sens
(celui de *voir*), de sorte qu'il n'y a pas de différence entre les
mots MAREA, MA'HAZÉ et 'HAZÔN. Il n'y a pas de troisième voie
(de prophétie) outre ces deux voies dont parle le Pentateuque :
Je me fais connaître à lui dans une VISION, *je lui parle dans un*
SONGE (Nombres, XII, 6) [2]; mais il y a en cela des gradations,
comme on l'exposera [3]. — Cependant, parmi les paraboles prophétiques, il y en a aussi beaucoup dont le sens n'est point expliqué dans la vision prophétique, mais dont le prophète connaît
l'intention après s'être réveillé, comme il en est, par exemple,
des *houlettes* que prit Zacharie dans une vision prophétique [4].

Il faut savoir que, de même que les prophètes voient des
choses qui ont un sens parabolique, — comme, par exemple, les
lampes de Zacharie (Zach., IV, 2), les *chevaux* et les *montagnes*
(*ibid.*, VI, 1-7), le *rouleau* d'Ezéchiel (II, 9), le *mur* fait au *niveau*
que vit [5] Amos (VII, 7), les *animaux* que vit Daniel (ch. VII et
VIII), la *marmite bouillante* que vit Jérémie (I, 13), et d'autres

---

(1) C'est-à-dire : il est clair qu'il s'agit ici d'une *vision*, désignée par
le mot 'HAZÔN.

(2) L'auteur veut dire que le mot 'HAZÔN (חזון) ne saurait indiquer
une troisième voie d'inspiration prophétique, et il est nécessairement
synonyme de MAREA (מראה) et de MA'HAZÉ (מחזה).

(3) Voir ci-après, ch. XLV.

(4) Voy. Zacharie, ch. XI, v. 7 et suiv. Le sens de cette parabole ne
fut point expliqué au prophète dans sa vision, comme le fut celle du
chandelier, mentionnée plus haut. Notre auteur essaye lui-même plus
loin d'en indiquer le sens.

(5) Presque tous les mss. portent : אלֹי רֹזֶּה; le mot ראה doit se
prononcer רֹאֶה; il eût été plus correct de dire אלתי ראהא, le mot חומה
étant du féminin ; mais peut-être l'auteur a-t-il pensé au mot masculin
אנך, ou à un mot arabe masculin tel que حائط ou سور, *mur*. Le ms.
du suppl. hébreu de la Bibliothèque impériale, n° 63, écrit de la main
de R. Saadia Ibn-Danan, porte אלתי ראה.

paraboles semblables, par lesquelles on a pour but de retracer
certaines idées, — de même ils voient aussi des choses par lesquelles on veut (indiquer) ce que le *nom* de la chose vue rappelle
par son étymologie ou par son homonymie, de manière que l'action de la faculté imaginative consiste en quelque sorte à faire
voir une chose portant un nom homonyme, par l'une des acceptions duquel on est guidé vers une autre, ce qui aussi est
une des espèces de l'allégorie [1]. Quand, par exemple, Jérémie
dit : (qu'il voyait) MAKKEL SCHAKED, *un bâton de bois d'amandier*,
son intention est de déduire (quelque chose) de l'homonymie du
mot SCHAKED [2], et il dit ensuite : *Car je suis* SCHÔKED, *vigilant, etc.*
(Jér., I, 11 et 12); car il ne s'agit ni de l'idée du *bâton*, ni de celle
de l'*amandier*. De même, quand Amos voit KELOUB KAÏÇ, *un pa-
nier de fruits d'été*, c'est pour en déduire l'accomplissement du
temps; et il dit : Car *le* KÉÇ (ou *le terme*) *est venu* (Amos, VIII,
2). — Ce qui est encore plus étonnant, c'est quand on éveille
l'attention au moyen d'un certain nom dont les lettres sont
aussi celles d'un autre nom, dans un ordre interverti [3], quoiqu'il n'y ait entre ces deux noms aucun rapport étymologique,
ni aucune communauté de sens, comme on le trouve (par exemple) dans les paraboles de Zacharie, quand, dans une vision

---

(1) En d'autres termes : Les prophètes voient quelquefois des choses
qui ne représentent pas par elles-mêmes un sujet allégorique, mais dont
le nom seulement rappelle, par son étymologie, une certaine idée qui
s'exprime par un nom semblable, de sorte que toute la vision ne se
fonde que sur un jeu de mots, comme l'auteur va l'expliquer par quelques exemples.

(2) C'est-à-dire, de jouer sur le double sens de la racine שקד, de
laquelle dérivent à la fois le mot qui signifie *amandier*, et celui qui signifie *vigilant, attentif*, de sorte que la vision de l'*amandier* indique ces
paroles de Dieu : *car je suis vigilant pour accomplir ma parole.* Cf. ci-
dessus, ch. XXIX, p. 229, et *ibid.*, note 2.

(3) C'est-à-dire, quand le prophète, pour faire allusion à un certain
sujet, se sert d'un nom qui, par lui-même, a un tout autre sens, mais
dont les lettres transposées donnent le nom du sujet en question.

prophétique, il prend les deux *houlettes* [1] pour faire paître le troupeau et qu'il donne à l'une le nom de No'AM (grâce, faveur) et à l'autre, celui de 'Hôbelîm (destructeurs) [2]. Dans cette parabole, on a pour but (d'indiquer) : que la nation, dans son état primitif, jouissait de la *faveur de l'Éternel* qui l'a guidé et l'a dirigé, qu'elle était joyeuse d'obéir à Dieu et en éprouvait du plaisir [3], et que Dieu lui était propice et l'aimait — [comme il est dit : *Tu as aujourd'hui exalté l'Éternel etc. et l'Eternel t'a exalté etc.* (Deut. XXVI, 17 et 18) [4]] —, lorsqu'elle était guidée et dirigée par Moïse et par les Prophètes qui lui succédèrent ; mais qu'ensuite elle changea tellement de disposition qu'elle eut en aversion l'obéissance à Dieu, de sorte que Dieu l'eut en aversion et qu'il fit de ses chefs *des destructeurs*, comme Jeroboam et Manassé. Voilà (quel est le sens) selon l'étymologie ; car 'HOBELÎM (חובלים) est de (la même racine que) ME'HABBELÎM, מחבלים כרמים (*qui* DÉTRUISENT *les vignes*, Cantique, II, 15). Ensuite, il en déduit également, — je veux dire du nom de 'HOBELIM, — qu'ils avaient en *aversion* la Loi et que Dieu les avait en aversion. Mais ce sens ne peut être dérivé de 'HOBELÎM

(1) Plusieurs mss. ont les formes incorrectes אלעצאין et אלעציאן ; d'autres ont le pluriel אלעצי, et de même Ibn-Tibbon, בלקחו המקלות, tandis qu'Al-'Harîzi a בקחתו שני מקלות.

(2) Voy. Zacharie, ch. XI, v. 7 ; comme on va le voir, l'auteur, en citant cet exemple, a en vue le mot 'HÔBELÎM.

(3) Au lieu de מסתלדה, le ms. de Leyde, n° 18, a מסרורה, qui a le même sens. Ce dernier mot a pu être changé en מסרדה, ce qui explique pourquoi la version d'Ibn-Tibbon a מיושרת ; Al-'Harîzi traduit מאושרת בה.

(4) Nous supposons que Maïmonide adopte pour le verbe האמיר le sens que lui attribue Ibn-Djana'h, dans son dictionnaire : ומענאה ענדי אלעלא ואלתרפיע ולדלך קיל ללגצן אלעאלי אמיר פמעני האמירך רפער ואעלאך « Il a, selon moi, le sens d'*élévation* et d'*exaltation ;* c'est pourquoi on appelle la branche supérieure אָמִיר (Isaïe, XVII, 6). Le sens de האמירך est donc : il t'a *exalté* et *élevé*. » Cf. le Dictionnaire de David Kim'hi.

qu'au moyen de la transposition des lettres 'H, B, L; il dit donc,
à l'égard de l'idée d'*aversion* et d'*abomination* que renferme cette
parabole : *Mon âme s'est retirée d'eux* [1] *et leur âme aussi a eu
de l'aversion* (BA'HALA) *pour moi* (Zach., XI, 8), et il transpose
les lettres 'H B L (חבל) pour en faire B 'H L (בחל).

Selon cette méthode [2], on trouve des choses extraordinaires, qui sont également des mystères, dans les mots NE-
'HOSCHETH (נחשת), KALAL (קלל), RÉGHEL (רגל), 'ÉGHEL (עגל), et
'HASCHMAL (חשמל) employés dans la *Mercabâ* [3]. Dans divers
passages, (on trouve) d'autres mots qui, après cette observation, te deviendront clairs par l'ensemble du discours, si tu les
examines bien dans chaque passage [4].

(1) Nous traduisons l'expression ותקצר נפשי dans le sens que l'auteur indique lui-même, au ch. XLI de la 1re partie (p. 147).

(2) C'est-à-dire, selon la méthode des allusions faites par l'étymologie
ou l'homonymie des noms que portent les sujets représentés dans les
paraboles.

(3) C'est-à-dire, dans la vision d'Ézéchiel. Tous les mss. ar. ont וקלל
et ועגל avec le ו copulatif, ce qui prouve que l'observation de l'auteur
ne s'applique pas aux expressions נחשת קלל et רגל עגל (Ézéch., I, 7),
comme pourrait le faire croire la version d'Ibn-Tibbon, mais à chacun
des quatre mots à part. Cf. ci-dessus, p. 229, et *ibid.*, note 4.

(4) Nous avons dû, pour la clarté, intervertir l'ordre des mots dans
cette dernière phrase, dont voici la traduction littérale : *Et dans (certains) endroits, il y a d'autres (mots) que ceux-là, qui, si tu les poursuis
par ton esprit dans chaque endroit, te deviendront clairs par l'intention du
discours, après cette observation.* L'auteur veut dire, qu'outre les mots
d'Ézéchiel qui viennent d'être cités, on en trouve çà et là d'autres,
dont le sens, après l'observation faite ci-dessus, pourra être facilement
deviné par l'ensemble de chaque passage, si on y applique bien son esprit. — Il faut ajouter, après בדרכנך, les mots פי כל מוצע, qui se trouvent dans la plupart des mss. et que les deux versions hébraïques rendent par בכל מקום; ces mots manquent dans quelques mss. et ont été
omis dans notre texte arabe.

CHAPITRE XLIV.

La prophétie n'a lieu qu'au moyen d'une *vision* ou d'un *songe*, comme nous l'avons exposé plusieurs fois, de sorte que nous n'avons plus à le répéter. Nous dirons maintenant que, lorsque le prophète est inspiré, il voit parfois une parabole, comme nous l'avons exposé à plusieurs reprises. Parfois il croit voir [1] Dieu qui lui parle dans une vision prophétique, comme a dit Isaïe (VI, 8) : *Et j'entendis la voix de l'Éternel qui disait : Qui enverrai-je et qui ira pour nous ?* D'autres fois il entend un ange qui lui parle et qu'il voit, ce qui est très fréquent, comme dans ces passages : *Et l'ange de Dieu me dit etc.* (Genèse, XXXI, 11) [2]; *Et il me dit : Ne sais-tu pas ce que signifient ces choses ? Et l'ange qui me parlait répondit etc.* (Zach., IV, 5) [3]; *Et j'entendis un saint qui parlait* (Daniel, VIII, 13); cela est trop fréquent pour qu'on puisse énumérer (tous les exemples). D'autres fois le prophète voit un personnage humain qui lui parle, comme il est dit dans Ézéchiel (XL, 3 et 4) : *Et voici un personnage dont l'aspect était comme celui de l'airain etc.*; *Et ce personnage me dit : Fils de l'homme etc.*, après qu'on avait dit d'abord (v. 1) :

---

(1) Le texte dit simplement : ירא, *il voit;* mais le sens est nécessairement : *il croit voir*, ou *il lui semble voir*, et encore cela ne peut-il arriver dans une *vision* proprement dite, mais seulement dans un songe. Voy. ci-dessus, p. 314, et ci-après, chap. XLV, septième degré, et *ibid.*, XIe degré, p. 344, note 3.

(2) Ce passage a été omis dans la version d'Ibn-Tibbon ; mais il se trouve dans tous les mss. du texte arabe et dans la version d'Al-'Harîzi.

(3) Dans cette citation, le passage biblique a été transposé, sans doute par une erreur de mémoire. Nous avons reproduit la citation telle qu'elle se trouve dans tous les mss. arabes et dans les deux versions hébraïques.

La main de l'Éternel fut sur moi [1]. D'autres fois enfin, le prophète, dans la vision prophétique, ne voit aucune figure, mais entend seulement des paroles qui s'adressent à lui, comme a dit Daniel : *Et j'entendis la voix d'un homme du milieu du (fleuve) Oulaï* (Dan., VIII, 16), et comme a dit Éliphaz : *Il y avait du silence, et j'entendis une voix* (Job, IV, 16), et comme a dit aussi Ézéchiel : *Et j'entendis quelqu'un qui me parlait* (Ézéch., II, 2) ; car ce qui lui parlait, ce n'était pas cette chose qu'il avait perçue dans la vision prophétique ; mais, après avoir raconté en détail cette chose étonnante et extraordinaire qu'il déclare avoir perçue, il commence (à exposer) le sujet et la forme de la révélation, et il dit : *J'entendis quelqu'un qui me parlait* [2].

Après avoir d'abord parlé de cette division (des révélations prophétiques), qui est justifiée par les textes, je dirai que ces paroles que le prophète entend dans la vision prophétique, son imagination les lui présente quelquefois extrêmement fortes, comme quand un homme rêve qu'il entend un fort tonnerre, ou qu'il voit un tremblement de terre ou un feu du ciel [3] ; car souvent

---

(1) L'expression יד ייָ, *la main de l'Éternel*, prouve qu'il s'agit d'une vision prophétique. Voy. ci-dessus, au commencement du ch. XLI.

(2) L'auteur veut justifier la citation qu'il fait du passage d'Ézéchiel à l'appui de cette 5e catégorie, où le prophète entend une voix sans voir aucune figure. Il dit donc qu'il ne faut pas croire que ce qui parlait à Ézéchiel, c'était cette sublime apparition dont il parle au ch. I, v. 26, et dont il décrit l'entourage avec tant de détails ; ce fut, au contraire, un être invisible qui lui parlait pour lui donner la mission exposée au ch. II, v. 3 et suiv.

(3) Le mot صاعقة désigne le *feu du ciel*, ou la *foudre ;* dans deux passages du t. Ier, p. 220 et p. 369, ce mot a été inexactement traduit par *orage ;* Ibn-Tibbon l'a rendu dans les trois passages par זועה, ce qui n'est pas exact ; au chap. XII de la IIIe partie, il a plus exactement : הברקים העצומים. Selon la définition d'Al-Kazwini, le mot صاعقة désigne un météore igné : c'est un feu qui tombe du ciel, qui brûle tous les corps qu'il rencontre, et qui pénètre dans la terre et dans les rochers les plus durs. Voy. Al-Kazwini, *'Adjâyib al-makhloukât*, publié par M. Wüstenfeld (Gœtting, 1849, in-4°), p. 91.

on a de ces rêves. D'autres fois, les paroles qu'il entend dans la
vision prophétique sont semblables au langage habituel et fami-
lier, de sorte qu'il n'y trouve rien d'étrange. C'est ce qui te
deviendra clair par l'histoire du prophète Samuel, qui, lorsque
Dieu l'appela dans un moment d'inspiration, croyait que c'était
le prêtre Éli qui l'avait appelé trois fois successivement; ensuite
l'Écriture en explique la cause, et on dit que ce qui lui produi-
sait cet effet, de sorte qu'il croyait que c'était Éli, c'est qu'il ne
savait pas alors que la parole de Dieu s'adressait aux prophètes
sous cette forme, ce mystère ne lui ayant pas encore été révélé.
On dit donc, pour en donner la raison [1] : *Samuel ne connaissait
pas encore l'Éternel, et la parole de l'Éternel ne lui avait pas encore
été révélée* (1 Sam., III, 7), ce qui veut dire qu'il ne savait pas
encore et qu'il ne lui avait pas encore été révélé que c'était ainsi
(que se manifestait) la *parole de l'Éternel.* Quand on dit [2] qu'il
ne connaissait pas encore l'Éternel, cela signifie qu'il n'avait eu
auparavant aucune inspiration prophétique; car il a été dit de
celui qui prophétise : *Je me fais connaître à lui dans une vision*
(Nomb., XII, 6). La traduction du verset, si on a égard (seulement) au sens, serait donc celle-ci : « Samuel n'avait pas prophétisé auparavant, et il ne savait même pas [3] que ce fût là la forme
de l'inspiration prophétique. » Il faut te pénétrer de cela.

(1) Ibn-Tibbon, peut-être pour éviter une répétition inutile, a mis
simplement ואמר ; והוא אמרו ; Al-'Harizi traduit plus littéralement :
בטעם זה.

(2) La version d'Ibn-Tibbon porte : או יהיה אמרו ; celle d'Al-'Harizi
a plus exactement ומה שאמר.

(3) La traduction d'Ibn-Tibbon, ולזה לא ידע, est inexacte; il faudrait traduire ולא ידע גם כן.

CHAPITRE XLV.

Après avoir exposé préalablement le vrai sens de la prophétie, selon ce qu'exige la spéculation (combinée) avec ce qui a été exposé dans notre Loi, il faut que je t'énumère les *degrés* [1] *de la prophétie* selon ces deux bases [2]. Si je les appelle *degrés de la prophétie,* ce n'est pas que celui qui en occupe un degré quelconque soit prophète; car, au contraire, le premier et le deuxième degrés ne sont que des marches (pour arriver) à la prophétie, et celui qui est arrivé à l'une de ces marches n'est pas compté au nombre des prophètes dont on a parlé précédemment. Si parfois il est appelé prophète, ce n'est que par une espèce de généralisation, parce qu'il est très près des prophètes.

Il ne faut pas te laisser induire en erreur au sujet de ces *degrés,* si tu trouves dans les livres prophétiques qu'un prophète [3] a été inspiré sous la forme de l'un de ces degrés, et qu'ensuite on déclare de ce même prophète qu'il a eu une révélation sous la forme d'un autre degré; car il se peut que tel prophète, après avoir eu une révélation sous la forme de l'un des degrés que je

---

(1) Abravanel (Commentaire sur le *Moré*, II, fol. 42 *b*) subtilise sur le mot מעלות qu'ont ici plusieurs mss. de la version d'Ibn-Tibbon, et qui, selon lui, aurait été employé ici avec intention, parce que les degrés sont énumérés par l'auteur dans une progression *ascendante;* mais l'observation d'Abravanel ne peut s'adapter ni au mot מראתב, qu'a le texte arabe, ni au mot מדרגות qu'ont les éditions de la version d'Ibn-Tibbon.

(2) C'est-à-dire, selon la spéculation philosophique et la loi religieuse.

(3) Dans la version d'Ibn-Tibbon il faut lire בספרי הנבואה נביא, comme l'ont les mss.; le mot הנבואה manque dans toutes les éditions.

vais énumérer [1], ait ensuite, dans un autre moment, une autre révélation, à un degré inférieur à celui de la première révélation [2]. En effet, de même que le prophète ne prophétise pas pendant toute sa vie, sans interruption, et qu'au contraire, après avoir prophétisé dans un moment, l'inspiration prophétique l'abandonne dans d'autres moments, de même il se peut [3] qu'il prophétise dans un certain moment sous la forme d'un degré supérieur, et qu'ensuite, dans un autre moment, il prophétise sous la forme d'un degré inférieur au premier. Il se peut donc qu'il n'atteigne ce degré supérieur qu'une seule fois dans sa vie, et qu'ensuite il en soit privé (pour toujours) [4], comme il se peut aussi qu'il conserve un degré inférieur (d'inspiration), jusqu'au moment où son inspiration prophétique cesse complétement; car l'inspiration prophétique abandonne nécessairement tous les prophètes [5] plus ou moins de temps avant leur mort, comme on l'a déclaré à l'égard de Jérémie, en disant : *Quand la parole de l'Éternel eut cessé (de sortir) de la bouche de Jérémie*

(1) Mot à mot : *car, quant à ces degrés que je vais énumérer, il se peut que la révélation de tel prophète lui arrive en partie sous une certaine forme d'entre eux ;* c'est-à-dire, sous la forme de l'un de ces degrés. Ibn-Tibbon supplée le mot אחת, en rendant les mots בחסב צורה מנהא, qu'ont tous les mss. ar., par לפי צורת אחת מהם.

(2) Selon Abravanel (*l. c.*), l'auteur ferait allusion à Samuel et à Jérémie, qui, l'un et l'autre, après avoir parlé et écrit sous l'*inspiration prophétique*, ont aussi laissé des écrits qui ont été classés parmi les *Hagiographes*, auxquels on n'attribue qu'un degré inférieur d'inspiration, appelée *esprit saint* (רוח הקודש). Ce fut sous cette inspiration que Samuel écrivit le livre de *Ruth* et Jérémie ses *Lamentations*.

(3) Ce membre de phrase se trouve sous l'influence de la particule קד, *quelquefois, souvent*, placé après בל, et qu'il aurait été plus logique de placer après כולך. La version d'Ibn-Tibbon ne rend pas cette nuance.

(4) L'auteur ne s'est pas exprimé ici avec toute la précision désirable; car il veut dire évidemment : *et qu'ensuite il soit privé, pour toujours, du don de prophétie.*

(5) Le mot סאיר a ici le sens de *tous ;* cf. ci-dessus, p. 318, note 5.

(Ezra, I, 1) [1], et comme on l'a déclaré à l'égard de David, en disant : *Voici les dernières paroles de David* (II Sam., XXIII, 1). Et de là on peut conclure pour tous (les autres).

Après avoir fait l'observation préliminaire qui précède [2], je commence à énumérer les *degrés* en question [3], et je dis :

I. PREMIER DEGRÉ : Le premier pas vers la prophétie, c'est quand un secours divin accompagne l'individu, lequel il met en mouvement et qu'il encourage pour une action vertueuse, grande et d'une haute importance [4], comme, par exemple, de délivrer une société d'hommes vertueux d'une société de méchants, ou de sauver un grand homme vertueux, ou de répandre le bien sur une multitude de gens, de sorte que (cet individu) trouve en lui-même quelque chose qui le pousse et qui l'invite à agir. C'est là ce qu'on appelle *l'esprit de l'Éternel*, et on dit de l'individu qui se trouve dans cet état : que *l'esprit de l'Eternel a pénétré dans lui* [5], ou que *l'esprit de l'Eternel l'a revêtu* [6], ou que *l'esprit de l'Eternel repose sur lui* [7], ou *l'Eternel est avec lui* [8], et

---

(1) L'auteur a détourné ces mots de leur vrai sens, qui est celui-ci : *pour accomplir la parole de l'Éternel (annoncée) par la bouche de Jérémie.*

(2) Littéralement : *Après avoir fait précéder cette observation préliminaire et l'avoir donnée comme préparation.*

(3) L'auteur va énumérer onze degrés, dont les deux premiers ne sont qu'un acheminement vers la prophétie et caractérisent l'*esprit saint;* les cinq degrés suivants appartiennent au *songe prophétique*, et les quatre derniers à la *vision* prophétique.

(4) Les mots די קדר, qui se trouvent dans tous les mss. du texte arabe, ont été omis dans les deux versions hébraïques.

(5) Voy. Juges, ch. XIV, v. 6 et 19; I Samuel, ch. X, v. 6; ch. XVI, v. 13, et *passim*. L'expression צלח על signifie proprement *fondre sur, envahir, survenir.*

(6) Voy. Juges, ch. VI, v. 34; I Chron., ch. XII, v. 18; II Chron., ch. XXIV, v. 20.

(7) Voy. Nombres, ch. XI, v. 25 et 26; Isaïe, ch. XI, v. 2.

(8) Voy. Juges, ch. II, v. 18; I Samuel, ch. III, v. 19; ch. XVIII, v. 12.

d'autres expressions [1] semblables. Tel fut le degré de tous les juges d'Israël, dont il a été dit en général : *Et quand l'Eternel leur établissait des juges, l'Eternel était avec le juge, et les délivrait etc.* (Juges, II, 18); et tel fut aussi le degré de tous les rois [2] vertueux d'Israël. Cela a été déclaré particulièrement à l'égard de plusieurs juges et rois, p. ex. : *Et l'esprit de l'Eternel fut sur Jephté* (ibid., XI, 29); de Samson on dit : *L'esprit de l'Eternel pénétra dans lui* (ibid., XIV, 19); on a dit encore : *Et l'esprit de Dieu pénétra dans Saül lorsqu'il entendit ces paroles* (I Sam., XI, 6); de même enfin on a dit d'Amasa, mû par l'esprit saint pour aller au secours de David : *Et l'esprit revêtit Amasaï, le principal des capitaines; à toi* (dit-il), *ô David! et avec toi, fils d'Isaï, la paix! etc.* (I Chron., XII, 18) [3]. — Sache que ce genre de force restait inséparable de Moïse, depuis le moment où il avait atteint l'âge viril [4]; c'est pourquoi il se sentit porté à tuer l'Égyptien et à repousser celui des deux querelleurs qui avait tort [5]. Cette force était tellement violente en lui que [6], même après avoir eu peur et avoir pris la fuite, lorsque, arrivé [7] à Midian étranger et craintif, il vit quel-

(1) Le texte dit : *et d'autres* NOMS; ainsi que nous l'avons déjà fait observer (t. I, p. 6, note 1), l'auteur entend par *nom*, non-seulement les substantifs et les adjectifs, mais aussi les infinitifs des verbes.

(2) Tous les mss. du texte arabe ont ici le mot hébreu מְשִׁיחֵי, *oints*, c.-à-d. *rois;* la version d'Ibn-Tibbon a substitué le mot יוֹעֲצֵי, *conseillers*, et celle d'Al-'Harîzi, le mot שָׂרֵי, *princes*.

(3) Amasa, quoiqu'il ne fût ni juge, ni roi, a été cité ici parce qu'il sauva *un grand homme vertueux*, le roi David.

(4) Littéralement : *la limite des hommes*.

(5) Voy. Exode, ch. II, v. 11 à 13.

(6) Au lieu de חתי אנה בער, quelques mss. portent חתי בער, en omettant le mot אנה; c'est cette leçon que paraît exprimer la version d'Al-'Harîzi, qui porte : וּמֵרוֹב זֶה הַכֹּחַ אֲשֶׁר בּוֹ אֲפִילוּ בִּשְׁעַת פַּחְדּוֹ וּבָרְחוֹ, « cette force étant encore restée grande en lui, même au moment de sa peur et de sa fuite. »

(7) Dans les éditions de la version d'Ibn-Tibbon, on lit וְהִגִּיעָן, ce qui est une faute; il faut lire בְּהַגִּיעָן, comme l'ont quelques mss., et comme l'a aussi la version d'Al-'Harîzi. Tous nos mss. ar. portent עִנד וצולה.

que injustice, il ne put gagner sur lui-même de ne pas la faire cesser et n'eut pas la force de la supporter, comme il est dit : *Et Moïse se leva et les secourut* (Exode, II, 17). De même encore, une force semblable s'était attachée à David depuis qu'il avait été *oint de l'huile d'onction*, comme dit l'Écriture : *Et l'esprit de l'Éternel pénétra David, depuis ce jour-là* (I Sam., XVI, 13); c'est pourquoi il aborda courageusement le lion, l'ours et le Philistin. Mais un semblable *esprit de l'Éternel* n'inspira jamais, à aucun de ceux-là, une parole (prophétique) quelconque; cette force, au contraire, n'aboutit qu'à pousser l'homme fortifié à une certaine action, non pas à quelque action que ce soit, mais à secourir un opprimé, soit un grand individu, soit une société, ou du moins (elle pousse) à ce qui conduit à cela. Car, de même que tous ceux qui font un *songe vrai* ne sont pas pour cela prophètes, de même on ne saurait dire de chacun de ceux qu'un secours (divin) assiste pour une chose quelconque, comme, par exemple, pour acquérir une fortune, ou pour atteindre un but personnel, que *l'esprit de l'Éternel* l'accompagne, ou que *l'Éternel est avec lui*, et que c'est par l'*esprit saint* qu'il a fait ce qu'il a fait. Nous ne disons cela, au contraire, que de celui qui a accompli une œuvre noble, d'une haute importance [1], ou du moins (qui a fait) ce qui peut y conduire, comme, par exemple, l'*action prospère* [2] de Joseph dans la maison de l'Égyptien, laquelle fut la première cause des événements importants qui arrivèrent ensuite, comme cela est évident.

II. Le DEUXIÈME DEGRÉ, c'est quand il semble à un individu que quelque chose a pénétré dans lui et qu'il lui est survenu une force nouvelle qui le fait parler, de sorte qu'il prononce des

---

(1) Au lieu de לה קרר עטם, quelques mss. ont לה עטם. Ibn-Tibbon traduit succinctement : במי שעשה טוב גדול מאד; Al-'Harîzi : במי שעשה טובה אשר יש לה מעלה גדולה.

(2) L'auteur se sert ici du nom d'action hébreu הצלחה, par allusion au verbe הצליח, *prospérer*, dont se sert l'Écriture en parlant des services de Joseph dans la maison de Putiphar. Voy. Genèse, ch. XXXIX, v. 2.

maximes de sagesse, ou une louange (de Dieu) [1], ou des aver-
tissements salutaires, ou des discours relatifs au régime politique ou à la métaphysique, et tout cela dans l'état de veille,
lorsque les sens fonctionnent selon leur coutume. C'est d'un tel
homme qu'on dit qu'il *parle par l'esprit saint.* Ce fut par cette
sorte d'*esprit saint* que David composa les Psaumes et que Salomon composa les Proverbes, l'Ecclésiaste et le Cantique des
Cantiques. De même, ce fut par cette sorte d'*esprit saint* que
furent composés Daniel, Job, les Chroniques et les autres Hagiographes ; c'est pourquoi on les appelle KETHOUBIM (Hagiographes), voulant dire qu'ils sont *écrits au moyen de l'esprit saint.*
On a dit expressément : « Le livre d'Esther a été dicté par l'esprit saint [2]. » C'est en parlant de cette sorte d'esprit saint que
David a dit : *L'esprit de l'Eternel a parlé dans moi, et sa parole est
sur ma langue* (II Sam., XXIII, 2), ce qui veut dire que c'est
lui qui lui a fait prononcer ces paroles. De cette classe furent
aussi les *soixante-dix anciens,* dont il est dit : *Et quand l'esprit
reposa sur eux, ils prophétisèrent, mais ils ne continuèrent
point* (Nombres, XI, 25) ; et de même Eldad et Médad
(*Ibid.,* v. 26). De même, tout grand prêtre, interrogé au moyen
des *Ourîm* et *Tummîm* [3], appartient à cette classe, c'est-à-dire
— comme s'expriment les docteurs — : « la majesté divine repose sur lui, et il parle par l'esprit saint [4]. » De cette classe
est aussi Jahaziel, fils de Zacharie, dont il est dit dans les Chro-

---

(1) Tous les mss. ar. ont בתסביח au singulier ; Ibn-Tibbon a le mot
בתשבחות, qui, dans l'hébreu rabbinique, ne s'emploie guère qu'au
pluriel.

(2) Voy. Talmud de Babylone, traité *Meghillâ,* fol. 7 a. L'auteur veut
dire que ce qui est dit expressément du livre d'Esther s'applique aussi
à tous les autres hagiographes.

(3) On sait que tel est le nom du sort sacré que consultait le grand
prêtre et qui était placé dans le *pectoral.* Voy., sur cet oracle des anciens Hébreux, mon Histoire de la *Palestine,* p. 176.

(4) Voy. Talmud de Babylone, traité *Yôma,* fol. 73 b : כל כהן שאינו
מדבר ברוח הקרש ושכינה שורה עליו אין שואלין בו.

niques : *L'esprit de l'Eternel fut sur lui, au milieu de l'assemblée. Et il dit : soyez attentifs, vous tous (hommes) de Juda et habitants de Jérusalem et toi, roi Josaphat! Ainsi vous parle l'Éternel, etc.* (II Chron., XX, 14 et 15). De même, Zacharie, fils de Jehoïada, le prêtre, appartient à cette classe; car il est dit de lui : *Et l'esprit de Dieu revêtit Zacharie, fils de Jehoïada le prêtre, et il se tint debout au-dessus du peuple, et leur dit : Ainsi a dit Dieu etc.* (Ibid., XXIV, 20). De même, Azaria, fils d'Oded, dont il est dit : « *L'esprit de Dieu fut sur Azaria, fils d'Oded; et il sortit au-devant d'Asa, etc.* (Ibid., XV, 1-2). Il en est de même de tous ceux sur lesquels on s'exprime de la même manière. Il faut savoir que Bileam aussi, tant qu'il était pieux, appartenait à cette catégorie. C'est ce qu'on a voulu indiquer par ces mots : *Et l'Éternel mit une parole dans la bouche de Bileam* (Nombres, XXIII, 5), car c'est comme si on avait dit *qu'il parlait par l'esprit de l'Eternel*; et c'est dans ce sens qu'il dit de lui-même : *celui qui entend les paroles de Dieu* (Ibid., XXIV, 4). —Ce que nous devons faire observer, c'est que David, Salomon et Daniel sont aussi de cette classe et qu'ils n'appartiennent pas à la classe d'Isaïe, de Jérémie, du prophète Nathan, d'Ahia le Silonite [1], et de leurs semblables; car ceux-là, je veux dire David, Salomon et Daniel, ne parlaient et ne disaient tout ce qu'ils disaient que par l'esprit saint [2]. Quant à ces paroles de David : *le Dieu d'Israël a dit, le rocher d'Israël m'a parlé* (II Sam., XXIII, 3), il faut les entendre dans ce sens qu'il lui avait fait des promesses par un prophète, soit par Nathan, soit par un autre; il en est comme de ce passage : *Et l'Éternel lui dit* (Genèse, XXV, 26 [3]), et comme de cet autre passage : *Et l'Éternel dit à Salomon : puisque tu pensais ainsi et que tu n'as pas observé mon alliance* (I Rois, XI, 11), ce qui indubitablement est

---

(1) Ahia, ou A'hiyya, était un prophète contemporain de Salomon. Voy. I Rois, ch. XI, v. 29.

(2) C'est-à-dire : ils n'étaient inspirés que par l'*esprit saint* et n'avaient pas de véritable inspiration *prophétique*.

(3) Voy. ci-dessus, ch. XLI, p. 318.

une menace qui lui fut adressée par l'intermédiaire d'Ahia le
Silonite, ou d'un autre prophète. De même, quand il est dit au
sujet de Salomon : *A Gabaon, l'Eternel apparut à Salomon dans
un songe de la nuit, et Dieu dit, etc.* (*Ibid.*, III, 5), il ne s'agit
pas là d'une vraie *prophétie.* Il n'en est point comme de ce passage : *La parole de l'Eternel fut à Abrâm dans une vision* (Genèse, XV, 1), ni comme de cet autre : *Et Dieu dit à Israël dans
les visions de la nuit* (*Ibid.*, XLVI, 2), ni comme des prophéties
d'Isaïe et de Jérémie ; car, bien que ce fût par un songe que chacun de ceux-là [1] eût sa révélation, cette révélation elle-même
lui fit savoir qu'il s'agissait d'une prophétie et qu'il lui était venu
une révélation (de Dieu). Mais, dans ce récit sur Salomon, on dit
(expressément) à la fin : *Salomon s'éveilla, et c'était un songe*
(I Rois, III, 15) ; et de même, on dit dans le second récit : *Et
l'Eternel apparut à Salomon une seconde fois, comme il lui était
apparu à Gabaon* (*Ibid.*, IX, 2), où on avait dit expressément
que c'était un songe. C'est là un degré inférieur à celui dont
il est dit : *Je lui parle dans un songe* (Nombres, XII, 6) ; car
ceux qui ont une (véritable) inspiration prophétique dans un
songe n'appellent nullement *un songe* celui dans lequel la prophétie leur est arrivée, mais déclarent positivement que c'était
une *révélation* (divine). C'est dans ce sens que s'est exprimé
notre père Jacob ; car, après s'être éveillé de son songe prophétique, il ne dit point que c'était un songe, mais déclara positivement : *Vraiment, l'Eternel est dans ce lieu etc.* (Genèse,
XXVIII, 16), et (plus loin) il dit : *Le Dieu tout-puissant m'est
apparu à Luz, dans le pays de Chanaan* (*Ibid.*, XLVIII, 3), déclarant ainsi que c'était une *révélation*, tandis qu'à l'égard de
Salomon, on dit : *Salomon s'éveilla, et c'était un songe.* Et de
même, tu vois Daniel déclarer simplement [2] qu'il a eu *des songes;*

_____

(1) L'auteur veut parler d'Abraham et d'Israël, ou Jacob.

(2) Littéralement : *solvere, dimittere sermonem*, c'est-à-dire parler
dans un sens absolu. Ibn-Tibbon traduit trop littéralement les mots
יטלק אלקול‎ par מתיר המאמר‎, au lieu de dire אומר במוחלט‎.

et, bien qu'il y eût vu un ange dont il avait entendu les paroles, il les appelait des *songes*, même après y avoir puisé les (hautes) instructions qu'il avait reçues : *Alors*, dit-il, *le secret fut révélé à Daniel dans une vision de la nuit* (Dan., II, 19). Plus loin il dit : *Alors il écrivit le songe, etc. J'ai vu dans ma vision pendant la nuit etc.* (*Ibid.*, VII, 1, 2); *Et ces visions de ma tête me troublèrent* (*Ibid.*, v. 15); et il dit encore : *J'étais étonné de la vision, que personne ne comprenait* (*Ibid.*, VIII, 27). C'est là indubitablement un degré inférieur aux degrés de ceux dont il est dit : *Je lui parle dans un songe* (Nombres, XII, 6). C'est pourquoi on s'est accordé [1], dans notre communion, à ranger le livre de Daniel parmi les Hagiographes, et non parmi les Prophètes. J'ai donc dû te faire observer que, bien que dans cette sorte de vision prophétique qu'eurent Daniel et Salomon ils vissent [2] un ange dans un songe, ils ne la prirent pas cependant eux-mêmes pour une vraie *prophétie*, mais pour un *songe* qui devait faire connaître la vérité de certaines choses, ce qui rentre dans la catégorie de ceux qui parlent par l'*esprit saint*, et forme le *deuxième degré*. C'est ainsi que, dans le classement des Hagiographes, on ne fait pas de différence entre les Proverbes, l'Ecclésiaste, Daniel, les Psaumes, et les livres de Ruth et d'Esther, qui tous ont été écrits au moyen de l'esprit saint et (dont les auteurs) s'appellent tous *prophètes* par un terme général.

III. Le TROISIÈME DEGRÉ [qui est le premier degré de ceux qui disent : *La parole de l'Éternel me fut adressée*, ou qui se servent

---

(1) Presque tous les mss. ont ici le nom d'action אִנְמַאע; littéral. *la convention de la nation (a été) de ranger etc.* Ibn-Tibbon a le prétérit הסכּימה. L'un des mss. de Leyde (nº 221) porte : אִנְמַע אלעלמא, *les savants sont convenus.*

(2) Les mss. arabes ont ראי, verbe qu'il faut considérer comme prétérit passif et prononcer رَأَى ou mieux رُئِّ; c'est-à-dire : *bien que…. il ait été vu un ange etc.* Ibn-Tibbon a substitué le pluriel du prétérit actif : אי׳׳עפ שראו. Al-'Harîzi a שראה, au singulier actif, ce qui est inexact.

d'autres expressions ayant un sens analogue], c'est lorsque le prophète voit une *parabole* dans un *songe*, avec toutes les conditions qui ont été posées précédemment pour la véritable prophétie, et que dans ce même *songe prophétique* on lui explique le sens qu'on a voulu indiquer par la parabole, comme cela a lieu pour la plupart des paraboles de Zacharie [1].

IV. Le QUATRIÈME DEGRÉ, c'est quand il entend, dans un *songe prophétique*, des paroles claires et distinctes, sans voir celui qui les prononce; ce qui arriva à Samuel lorsqu'il eut sa première révélation, comme nous l'avons exposé à son sujet [2].

V. Le CINQUIÈME DEGRÉ, c'est quand un *personnage* lui parle dans un *songe*, comme il est dit dans l'une des prophéties d'Ézéchiel : *Et ce personnage me dit : Fils de l'homme, etc.* (Ézéch., XL, 4) [3].

VI. Le SIXIÈME DEGRÉ, c'est quand un *ange* lui parle dans un *songe;* et telle est la condition de la plupart des prophètes, comme il est dit : *Et l'ange de Dieu me dit dans un songe, etc.* (Genèse, XXXI, 11) [4].

VII. Le SEPTIÈME DEGRÉ, c'est quand il lui semble, dans un *songe prophétique*, que *Dieu* lui parle [5], comme lorsqu'Isaïe dit : *Je vis l'Éternel etc., et il dit : Qui enverrai-je? etc.* (Isaïe, VI, 1 et 8) [6], et comme lorsque Michaïahou, fils de Yimla, dit : *J'ai vu l'Éternel etc.* (I Rois, XXII, 19; II Chron., XVIII, 18).

VIII. Le HUITIÈME DEGRÉ, c'est lorsqu'il a une révélation dans

_____

(1) Voy. ci-dessus, ch. XLIII, p. 325.

(2) Voy. ci-dessus, ch. XLIV, p. 332.

(3) Voy. ci-dessus, ch. XLIV, p. 330.

(4) Voy. *ibid.*, p. 330.

(5) Voy. ci-dessus, chap. XLI, p. 314 et 315, chap. XLII, p. 320, chap. XLIV, p. 330, et *ibid.*, note 1.

(6) Nous avons reproduit la leçon qu'on trouve dans presque tous les mss., où ces deux versets sont cités inexactement; c'est l'auteur lui-même, à ce qu'il paraît, qui a fait ici une erreur de mémoire, en écrivant ראיתי, au lieu de ואראה, et ויאמר, au lieu de ואשמע את קול אדני אמר.

une *vision prophétique* et qu'il voit des *paraboles*, comme, par exemple, Abraham dans la *vision entre les morceaux* (des animaux dépecés) [1] ; car ces visions paraboliques eurent lieu pendant le jour [2], comme on l'a déclaré [3].

IX. Le NEUVIÈME DEGRÉ, c'est quand il entend des *paroles* dans une *vision*, comme on a dit au sujet d'Abraham : *Et voilà que lui arriva la parole de l'Éternel en disant : Celui-ci n'héritera pas de toi* (Genèse, XV, 4).

X. Le DIXIÈME DEGRÉ, c'est quand, dans une vision prophétique, il voit un *personnage* qui lui parle, comme, par exemple, Abraham aux Chênes de Mamré, et Josué à Jéricho [4].

XI. Le ONZIÈME DEGRÉ, c'est quand, dans une *vision*, il voit un *ange* qui lui parle, comme, par exemple, Abraham au moment du sacrifice d'Isaac. C'est ici, selon moi, le plus haut degré qu'aient atteint les prophètes proclamés par les livres (saints) [5], pourvu qu'on pose en fait, comme on l'a établi, la perfection des qualités rationnelles de l'individu obtenue par la spéculation, et

---

(1) Voy. Genèse, ch. XV, v. 9 et 10.

(2) Littéralement : *car ces paraboles furent dans une vision (qui eut lieu) pendant le jour*. Le mot במראה manque dans quelques mss. arabes, ainsi que dans la version d'Al-'Harîzi.

(3) C'est-à-dire, comme l'a déclaré le texte biblique lui-même, en disant : *le soleil était près de se coucher* (Genèse, XV, 12), d'où il s'ensuit qu'il faisait encore jour. Si, dans un passage antérieur (v. 5), Dieu dit à Abraham de compter les étoiles, il ne faut pas en conclure qu'il faisait nuit ; car il ne faut pas oublier qu'il ne s'agit point ici de la réalité, mais d'une *vision*, dans laquelle il pouvait sembler à Abraham qu'il faisait nuit et qu'on voyait les étoiles. Cette vision se compose de deux actes, dont le second, signalé par le profond sommeil du *voyant*, constitue une vision *parabolique* qui forme le huitième degré, et dont le premier, comme on va le voir, constitue un degré supérieur, sans parabole, qui est le neuvième. Voy. ci-dessus, ch. XLI, p. 314, et cf. le Commentaire d'Abravanel sur la Genèse, ch. XV, au commencement.

(4) Voy. ci-dessus, ch. XLII, p. 320-322.

(5) Littéralement : *le plus haut des degrés des prophètes, dont les livres (saints) attestent l'état.*

qu'on excepte de la règle commune Moïse, notre maître [1]. Quant
à (la question de savoir) s'il est possible que, dans la *vision prophétique* aussi, le prophète croie entendre la parole de *Dieu* [2],
(j'avoue que) selon moi, c'est là quelque chose d'invraisemblable, et la force d'action de la faculté imaginative [3] ne va pas
jusque-là ; en effet, nous n'avons point rencontré cet état de

(1) Littéralement : *après avoir établi ce qui a été établi de la perfection des
qualités rationnelles de l'individu selon ce qu'a pour résultat la spéculation,
et après avoir statué une exception pour Moïse, notre maître.* L'auteur veut
dire que ce onzième degré est le degré le plus élevé auquel le prophète
puisse parvenir, mais que pour ce degré, comme pour tous les autres,
il faut avant tout supposer dans la personne du prophète des dispositions naturelles cultivées par la spéculation et par l'exercice des qualités
morales, comme cela a été établi plus haut (voir ch. XXXII, troisième
opinion) ; en outre, ajoute l'auteur, il faut qu'on sache bien qu'en disant
que c'est ici le degré le plus élevé qu'aient atteint les prophètes, il entend établir une exception pour Moïse qui n'est compris dans aucune
des catégories qu'on vient d'énumérer et qui forme une catégorie à
part (voir ci-dessus, ch. XXXV). Pour les mots תקריר מא תקרר, le
ms. de Leyde, n° 221, porte en marge la variante תקרים מא תקרם ;
c'est cette dernière leçon que paraît exprimer la version d'Al-'Harîzi,
qui porte אחר הצעת מה שראוי להציע. Les mots ובעד אלאסתתנא,
qui signifient *et après avoir excepté* ou *établi une exception*, sont rendus
dans la version d'Ibn-Tibbon par ואחר ההתנות, *et après avoir posé une
condition.* Al-'Harîzi traduit plus exactement : ואחרי שנוציא מן התנאי
משה רבנו.

(2) Littéralement : *le prophète croie que Dieu lui parle.* L'auteur se demande s'il ne faudrait pas établir, pour la *vision*, encore un degré supérieur, qui serait analogue au septième degré, relatif au *songe;* et il répond
d'une manière négative.

(3) Tous les mss. portent קוה פעל אלמתכילה, ce qu'Ibn-Tibbon
rend par פעל הכח המדמה, et Al-'Harîzi, par יכולת הכח המחשבית ;
il y a dans ces versions une légère inexactitude, et il aurait fallu dire :
כח פעל המדמה. — L'auteur veut dire que la faculté imaginative, telle
qu'elle agit dans la *vision*, ne va pas jusqu'à faire croire au prophète que
la Divinité elle-même lui adresse la parole, tandis que dans le *songe*, où
l'imagination est troublée par toute sorte de fantômes, le prophète peut
croire que c'est Dieu lui-même qui lui parle.

choses chez les prophètes ordinaires [1]. C'est pourquoi on a dit expressément dans le Pentateuque : *Je me* FAIS CONNAÎTRE *à lui dans une vision, je lui* PARLE *dans un songe* (Nombres, XII, 6) ; on a donc placé la parole dans le *songe* seulement, tandis qu'on a placé dans la *vision* l'union [2] et l'épanchement de l'intellect (actif), ce qu'on a exprimé par אתודע, *je me fais connaître*, qui est un verbe réfléchi [3] (dérivé) de ידע, *connaître, savoir* [4]. Mais on n'a point dit clairement que, dans la *vision*, on puisse entendre [5] des paroles venant de Dieu.

Ayant trouvé des textes qui rendent témoignage des paroles que le prophète aurait entendues et où (néanmoins) il est clair qu'il s'agit d'une *vision*, j'ai dit, par simple conjecture [6], que peut-être, là où on dit que des paroles peuvent être entendues (seulement) dans un songe et qu'il ne saurait en être de même

---

(1) Littéralement : *chez les autres prophètes*. L'auteur veut dire : chez les prophètes autres que Moïse ; car ce dernier voyait Dieu *face à face* et Dieu lui parlait *bouche à bouche*, ce qui veut dire que Dieu se manifestait clairement à son intelligence, sans l'intermédiaire de l'imagination.

(2) Sur le sens du mot אתצאל, *union*, cf. le t. I, p. 37, note 1.

(3) Le texte arabe dit אפתעאל, terme qui désigne la VIIIe forme des verbes arabes, et que les rabbins arabes emploient improprement pour désigner le *hithpa'el* des verbes hébreux. Voy. mon édition du *Commentaire de R. Tan'houm de Jérusalem, sur le livre de 'Habakkouk* (dans le t. XII de la Bible de M. S. Cahen), p. 94, note 3.

(4) L'auteur veut dire que ce verbe indique qu'il s'agit ici d'une perception intellectuelle qui, bien que sous l'action de la faculté imaginative, conserve cependant assez de clarté et n'est point dominée par les fantômes d'une imagination confuse.

(5) Littéralement : *il y ait audition d'un discours de la part de Dieu*. Ibn-Tibbon a traduit les mots סמאע כלאם littéralement par שמע דבר ; les éditeurs ont substitué au substantif שמע le verbe ישמע.

(6) Le mot חרם (خَدْس) désigne une *opinion fondée sur une simple conjecture*, et c'est avec raison qu'Ibn-Falaquéra a critiqué ici la version d'Ibn-Tibbon, qui porte על צד המחשבה. Selon Ibn-Falaquéra, il faudrait traduire על צד האומר. Voy. Appendice du *Moré ha-Moré*, p. 156, et cf. ci-dessus, p. 296, note 1.

dans une *vision*, c'est (dans l'hypothèse) que ce soit Dieu lui-
même qu'il (le prophète) s'imagine lui adresser la parole [1]; et
tout cela (je l'ai dit) en m'attachant au sens littéral [2]. Cependant,
on pourrait dire que toute *vision* où il est question de *paroles*
entendues était en effet, de prime abord, une *vision*, mais qu'ensuite elle aboutissait à un profond assoupissement et devenait un
songe, comme nous l'avons exposé au sujet de ces mots : *Et un
profond assoupissement pesa sur Abrâm* (Genèse, XV, 12) [3], dont ils

---

(1) En d'autres termes : c'est dans l'hypothèse que le prophète s'imagine que c'est Dieu lui-même qui lui adresse la parole. — Ce passage,
qui est assez obscur, notamment dans la version hébraïque, a embarrassé les commentateurs. Voici quel en est évidemment le sens : L'auteur, après avoir déclaré invraisemblable que le prophète, dans une
vision, puisse croire entendre la parole de Dieu, va au-devant d'une objection qu'on pourrait lui faire, en se fondant sur certains passages
bibliques, où évidemment il est question de la *parole divine* adressée au
prophète dans une *vision*, comme par exemple Genèse, ch. XV, v. 1
et 4. Il répond que, selon son opinion purement conjecturale, il ne s'agit
dans ces passages que de la parole divine adressée au prophète par
l'intermédiaire d'une *voix* inconnue, d'un *personnage* ou d'un *ange* (ce qui
constitue les IXe, X^e et XIe degrés), tandis que dans le passage des Nombres, XII, 6, il s'agit de la parole immédiate de Dieu que le prophète
croit entendre, ce qui ne peut avoir lieu que dans le songe. Cependant,
continue l'auteur ensuite, il serait permis aussi de prêter au passage des
Nombres un sens plus général ; car il se peut que ce passage veuille dire
que dans la *vision* on n'entend jamais aucune parole de quelque nature
qu'elle soit, et qu'on y voit seulement des *paraboles ;* de sorte qu'il faudrait admettre que, partout où il est question de *paroles* dans une *vision*,
il s'agit d'une révélation qui, après avoir commencé par une vision, finit
par un *songe*. Dans ce cas, dit l'auteur en terminant, il n'y aurait que
huit degrés de prophétie ; car les différents degrés de la vision se rédui-
raient à un seul, à savoir le huitième, où l'intellect divin agit sur le prophète, dans l'état de veille, par des visions paraboliques.

(2) L'auteur veut dire que le sens littéral (אלמ̇אהר) du passage des
Nombres favorise l'interprétation qu'il en a donnée, à savoir qu'on n'y
exclut de la vision que la parole immédiate de Dieu que le prophète peut
croire entendre dans le *songe*.

(3) Voy. ci-dessus, ch. XLI, p. 314.

(les docteurs) ont dit : « C'est l'assoupissement de la prophétie [1]. »
Toutes les fois donc qu'on entendait des paroles, n'importe de
quelle manière, c'était dans un *songe*, comme dit le texte : *Je lui
parle dans un songe* (Nombres, XII, 6), tandis que dans la *vision
prophétique*, on ne percevait que des *paraboles*, ou des commu-
nications de l'intellect [2] faisant connaître des choses scientifiques semblables à celles qu'on obtient au moyen de la spéculation, comme nous l'avons exposé, et c'est là ce qu'on aurait
voulu dire (par les mots) *je me fais connaître à lui dans une vision*
(*ibid.*). Selon cette dernière interprétation donc, les degrés de la
prophétie seraient au nombre de *huit* [3], dont le plus élevé et le
plus parfait serait celui, en général, où le prophète est inspiré
par une vision, quand même ce ne serait qu'un *personnage* qui
lui parlerait [4], comme il a été dit.

Tu me feras peut-être une objection en me disant : « Tu as
compté, parmi les degrés de la prophétie, celui où le prophète
entendrait des paroles qui lui seraient adressées (directement)

----

(1) Voy. *Beréschlth rabbâ*, sect. 17 (fol. 14, col. 4), et sect. 44
(fol. 39, col. 2 et 3).

(2) Mot à mot : *ou des unions intelligibles*, c'est-à-dire des révélations
provenant de l'union de l'intellect actif universel avec l'intelligence du
prophète. — Ibn-Tibbon rend ici le mot אתّצّאלّאת, *unions*, par השגות,
perceptions, ce qui est inexact.

(3) Tous les mss. ont תّמאן ; mais, à l'état construit, il est plus correct d'écrire תّמאני.

(4) C'est-à-dire : lors même que, dans la relation de la vision, il serait question d'un *personnage* qui aurait parlé au prophète, ce qui, selon
ce qui a été dit auparavant, ne constituerait pas encore le degré le plus
élevé de la prophétie, mais seulement l'avant-dernier degré (le X°).
L'auteur veut dire que, selon cette dernière interprétation, la vision ne
formerait qu'un seul degré général, celui de la *révélation parabolique*,
dans lequel on n'aurait plus d'autres gradations à établir, comme on l'a
fait pour le songe ; car, si dans la vision parabolique on parle aussi
quelquefois de paroles adressées au prophète par un personnage ou un
ange, ce ne peut être que par une simple allégorie, ou pour indiquer
que la *vision* a fini par devenir un *songe*.

par Dieu, comme, par exemple, Isaïe et Michaïahou. Mais, comment cela peut-il être, puisque nous avons pour principe que tout prophète n'entend la parole (de Dieu) que par l'intermédiaire d'un ange, à l'exception de Moïse, notre maître, dont il a été dit : *Je lui parle bouche à bouche* (Nombres, XII, 8)? » Sache donc qu'il en est ainsi en effet, et que ce qui sert ici d'intermédiaire, c'est la faculté imaginative ; car ce n'est que dans le *songe prophétique* que le prophète entend Dieu qui lui parle [1], tandis que Moïse, notre maître, l'entendait *de dessus le propitiatoire, d'entre les deux chérubins* (Exode, XXV, 22) [2], sans se servir de là faculté imaginative. Nous avons déjà exposé dans le *Mischné Tôrâ* les différences de cette prophétie (de Moïse), et nous avons expliqué le sens des mots *bouche à bouche* (Nombres, XII, 8), des mots *comme un homme parle à son prochain* (Exode, XXXIII, 11), et d'autres expressions [3]. C'est donc là que tu peux en puiser l'intelligence, et il n'est pas nécessaire de répéter ce qui déjà a été dit.

CHAPITRE XLVI.

D'un seul individu on peut conclure sur tous les individus de la même espèce et apprendre que chacun de ses individus a telle forme [4]. En disant cela, j'ai pour but (d'établir) que, de

---

(1) Toute cette observation nous paraît superflue; car il nous semble que l'auteur s'est déjà suffisamment expliqué plus haut, en disant que c'est dans le songe seul que le prophète peut croire entendre directement la parole de Dieu. Cf. p. 344, note 3.

(2) C'est-à-dire, par l'influence directe de l'intellect actif universel, qui se communiquait à l'intelligence de Moïse, sans que l'imagination y eût aucune part.

(3) Voy. *Mischné Tôrâ*, ou Abrégé du Talmud, traité *Yésôdé ha-Tôrâ*, ch. VII, § 6, et cf. ci-dessus, ch. XXXV (p. 277, note 2).

(4) En d'autres termes : En examinant un seul individu d'une espèce

la forme de l'une des relations des prophètes [1], tu peux conclure sur toutes les autres relations de la même espèce.

Après cette observation préliminaire, il faut savoir que, de même qu'un homme croit voir, dans un songe, qu'il a fait un voyage dans tel pays, qu'il s'y est marié, et qu'après y être resté un certain temps, il lui est né un fils à qui il a donné tel nom et qui se trouvait dans tel état et dans telle circonstance [2], de même ces paraboles prophétiques qui apparaissent (au prophète),

quelconque, et en reconnaissant ce qui en fait la forme essentielle ou la *quiddité*, on en conclut, par induction, que tous les individus de la même espèce ont la même quiddité. — Le mot צורה désigne ici *une forme spécifique*, et c'est à tort qu'Ibn-Tibbon l'a rendu par תכונה, *constitution*. La version d'Al-'Harîzi porte : ויודע כי זאת צורת כל איש ממנו.

(1) Mot à mot : *d'une seule forme d'entre les formes des relations des prophètes*. L'auteur veut dire, ce me semble, qu'il suffit d'avoir reconnu la forme d'une certaine partie de la relation du prophète pour en conclure sur toutes les parties de cette relation ; si l'une dès parties de la vision relatée par le prophète se fait reconnaître comme parabole, tout le reste aura également un sens parabolique. Le sens que j'attribue à notre passage me semble ressortir de l'exemple suivant d'un songe dans lequel on croit faire un voyage et où l'on voit toute sorte de détails imaginaires. Chacun des exemples que l'auteur va citer d'Ézéchiel et d'autres prophètes se fait reconnaître comme vision par une des expressions qui désignent la vision prophétique, et dès lors tous les détails rapportés par le prophète font partie de cette même vision.

(2) Littéralement : *et il en était de son état et de sa chose* (ou *condition*) *de telle et telle manière*. Les mots בית וכית ne se trouvent que dans un seul des mss. que j'ai pu consulter, et où ils ont été ajoutés par une main plus récente. Cependant le sens de la phrase demande ces mots, ou une autre expression semblable. La version d'Al-'Harîzi paraît exprimer les mots בית וכית ; elle porte : והיה עניינו כך וכך. Ibn-Tibbon traduit : והיה מעניינו מה שהיה, ce qui ferait supposer que son exemplaire arabe avait מא כאן. Les deux traducteurs ont rendu ces deux mots חאל et אמר, à peu près synonymes, par le seul mot ענין. Maïmonide avait peut-être écrit : וכאן מן חאלה ומן אמרה כדלך ; les copistes ont pu omettre le mot כדלך, parce que ce mot était répété immédiatement après .... כדלך הדה אלאמתאל.

ou qui, dans la vision prophétique, se traduisent en action [1]
[quand la parabole exige [2] un acte quelconque], ainsi que certaines choses que le prophète exécute, les intervalles de temps
qu'on mentionne paraboliquement entre les différentes actions
et les translations d'un endroit à un autre, tout cela (dis-je)
n'existe que dans la vision prophétique, et ce ne sont pas des
actions réelles (existant) pour les sens extérieurs [3]. Quelques-
unes (de ces choses) sont rapportées, dans les livres prophétiques, d'une manière absolue [4]; car, dès qu'on sait que tout
l'ensemble était une vision prophétique, il était inutile de répéter
à chaque détail de la parabole qu'il avait eu lieu dans la vision
prophétique. Ainsi, le prophète ayant dit : *Et l'Éternel me dit*,
n'a pas besoin de déclarer que c'était dans un songe [5]; mais

(1) Littéralement : *qui sont vues, ou qui sont faites, dans la vision prophétique, etc.*

(2) La version d'Ibn-Tibbon porte : במה שיורה, ce qui est inexact.
Al-'Harîzi traduit : וכל מה שיחייב המשל ההוא ממעשה וכו'; ici le
verbe arabe אקתצי est rendu exactement par שיחייב; mais les mots
וכל מה sont une traduction inexacte des mots arabes פי מא.

(3) L'auteur veut dire que tous les détails racontés dans une vision
prophétique, ainsi que tous les actes qu'on y attribue au prophète, font
partie de la vision et ne doivent pas être considérés comme des faits
réels.

(4) C'est-à-dire : quelques-uns de ces détails sont racontés simplement et d'une manière absolue, sans qu'on dise expressément qu'ils
appartiennent à la vision, de sorte que le vulgaire les prend pour des
faits réels. — Au lieu de בעצהא, le ms. de Leyde, n° 18, a בעדה,
leçon peu plausible, mais qui a été reproduite par Al-'Harîzi : ובא זכרון
זה בספרי הנבואה אחר זה במאמר מוחלט. Au lieu de l'adverbe
מטלקא (mss. מטלק), plusieurs mss. ont מטלקה, adjectif qui se rapporte à בעצהא; de même Ibn-Tibbon : קצחם מוחלטים.

(5) Car, comme l'auteur l'a dit plus haut (chap. XLI, p. 314):
«Toutes les fois qu'un passage (de l'Écriture) dit de quelqu'un qu'un
ange lui parla, ou que la parole de Dieu lui fut adressée, cela n'a pu
avoir lieu autrement que dans un songe ou dans une vision prophétique.»
L'auteur fait ici allusion à plusieurs passages où l'on trouve la formule

le vulgaire s'imagine que ces actions, ces déplacements, ces questions et réponses, que tout cela (dis-je) a eu lieu dans l'état de la perception des sens [1], et non pas dans la *vision prophétique*.

Je vais t'en citer un exemple sur lequel personne n'a pu se tromper, et j'y rattacherai quelques autres exemples de la même espèce; de ces quelques exemples, tu pourras conclure sur ce que je n'aurai pas cité. Ce qui est clair et sur quoi personne ne peut se tromper, c'est quand Ézéchiel dit : *J'étais assis dans ma maison, et les anciens de Juda étaient assis devant moi, etc. Un vent me porta entre la terre et le ciel et me fit entrer à Jérusalem, dans les* VISIONS DE DIEU (Ézéch., VIII, 1 et 3). De même quand il dit : *Je me levai et je sortis vers la vallée (Ibid.,* III, 23), ce n'était également que dans les *visions de Dieu*, comme il est dit aussi au sujet d'Abraham : *Et il le fit sortir dehors* (Genèse, XV, 5), ce qui eut lieu *dans une vision (Ibid.,* v. 1). De même quand il dit : *Et il me déposa au milieu de la vallée* (Ézéchiel, XXXVII, 1), ce fut encore *dans les visions de Dieu*. Ézéchiel, dans cette vision où il fut introduit dans Jérusalem, s'exprime [2] en ces termes : *Je vis, et il y avait une ouverture dans le mur. Et il me dit : Fils de l'homme ! creuse donc dans le mur, et je creusai dans le mur, et il se trouva là une porte (Ibid.,* VIII, 7-8). De même donc qu'il lui avait semblé *dans les visions de Dieu* qu'on lui ordonnait de creuser le mur afin d'y entrer et de voir ce qui se faisait là, et qu'ensuite il creusa, comme il le dit, dans ces mêmes *visions de Dieu*, entra par l'ouverture et vit ce qu'il vit, tout cela dans une vision prophétique, de même, quand Dieu lui dit : *Prends une*

וַיֹּאמֶר יְיָ אֵלַי, *et l'Éternel me dit*, et où l'on attribue au prophète soit des actions, soit des déplacements, soit des entretiens avec Dieu. Voy. p. ex. : Jérémie, chap. I, v. 7, 9, 12 et 14; chap. XIII, v. 6 et suiv.; Ézéchiel, chap. XLIV, v. 1 et suiv.; Zacharie, chap. XI, v. 13 et suiv.

(1) C'est-à-dire, que ce sont des faits réels, accomplis par le prophète pendant que ses sens fonctionnaient et manifestaient toute leur activité.

(2) Le verbe קָאַל est un pléonasme qui répète inutilement le verbe וְדִבֵּר. Ibn-Tibbon n'a pas traduit le verbe קָאַל.

brique etc., *couche-toi sur le côté gauche etc. Prends du froment,
de l'orge etc.* (*Ibid.* IV, 1, 4 et 9), et de même encore, quand
il lui dit : *Et passe* (*le rasoir*) *sur ta tête et sur ta barbe, etc.*
(*Ibid.*, V, 1), tout cela (signifie que), dans une vision prophétique, il lui semblait qu'il faisait les actions qu'il lui avait été
ordonné de faire. Loin de Dieu de rendre ses prophètes une risée
pour les sots et un objet de plaisanterie [1], et de leur ordonner
de faire des actes de démence [2] ! Ajoutons à cela qu'on lui aurait
ordonné de désobéir (à la Loi) ; car, comme il était prêtre, il se
serait rendu coupable de deux transgressions pour chaque coin
de barbe ou de chevelure (qu'il aurait coupé) [3]. Mais tout cela

---

(1) La plupart de nos mss. portent : צֻחכֵה ללספהא וסבריה, et c'est
cette leçon qu'exprime la version d'Al-'Harizi, qui porte : לעג לדקים והתול.
Au lieu de צֻחכֵה, *risée*, quelques mss. ont הדפֵא, *un point de mire*, leçon
qu'avait aussi Ibn-Falaquéra, qui critique Ibn-Tibbon pour avoir mis
dans sa version : דומים לשוטים ולשכורים (voy. Appendice du *Moré
ha-Moré*, p. 156). On ne comprend pas d'où Ibn-Tibbon a pris le mot
דומים, *semblables*. Quant au mot ולשכורים, Ibn-Falaquéra fait observer
qu'au lieu de סבריה (سخْرِيَة) ou סברה (سخْرة), qui signifie *risée* (לעג וקלם),
Ibn-Tibbon a lu סכרה, avec un כ sans point, c'est-à-dire سكّر, pluriel
de سكِر, *homme ivre*; mais, dans ce cas, la construction demandait
ואלסכרה ou וללסכרה, avec l'article.

(2) Dans les éditions de la version d'Ibn-Tibbon, ces derniers mots
sont traduits deux fois : ויצום לעשות מעשה השוטים ויצום לעשות
מעשה השגעון. Le mot אלברק est considéré une fois comme pluriel
(خُرْق, pluriel de أخْرَق) et une fois comme singulier dans le sens de
stupidité, démence; les mss. ont seulement la 2ᵉ version, מעשה השגעון,
et de même Al-'Harizi.

(3) L'auteur veut parler du dernier passage d'Ézéchiel qu'il vient de
citer (chap. V, vers. 1), et où il est ordonné au prophète de passer le
rasoir sur sa tête et sur sa barbe. En faisant cela, Ézéchiel, qui était
prêtre (*ibid.*, chap. I, v. 3), aurait deux fois violé la loi de Moïse; car,
non-seulement il est défendu à tout israélite de se couper les coins de
la chevelure et de raser les coins de la barbe (Lévitique, XIX, 27),
mais cette défense est encore particulièrement répétée pour les prêtres
(*ibid.*, XXI, 5). — Tous les mss. ar. du *Guide*, ainsi que ceux de la
version d'Ibn-Tibbon, ont : או פאת ראש, et c'est à tort que, dans les

n'eut ⬛⬛que dans une *vision prophétique*. De même, quand on
dit : *Comme mon serviteur Isaïe a marché nu et déchaussé* (Isaïe,
XX, 3), cela n'a eu lieu que dans les *visions de Dieu*. Il n'y a
que les hommes faibles en raisonnement qui croient que dans
tous ces passages le prophète raconte qu'il lui avait été (réellement) ordonné de faire telle chose, et qu'il l'a faite ; c'est ainsi
qu'il raconterait qu'il lui avait été ordonné de creuser le mur qui
était sur la montagne du temple (à Jérusalem), quoiqu'il fût
alors à Babylone, et il ajouterait qu'il le creusa (réellement),
comme il le dit : *Et je creusai dans le mur* (Ézéch., VIII, 8).
Cependant, il dit expressément que cela eut lieu dans les *visions
de Dieu*. C'est comme on lit au sujet d'Abraham : *La parole de
l'Éternel fut à Abrâm dans une vision, en disant* (Genèse, XV, 1),
et on dit dans cette même vision prophétique : *Et il le fit sortir
dehors et dit : Regarde donc vers le ciel, et compte les étoiles* (Ibid.,
v. 5) ; il est donc clair que ce fut dans la vision prophétique [1]
qu'il lui semblait être emmené hors du lieu où il se trouvait, de
sorte qu'il vit le ciel, et qu'ensuite on lui dit : *Compte les étoiles*.
Tel est le récit, ainsi que tu le vois. J'en dirai autant de l'ordre
qui fut donné à Jérémie de cacher la ceinture dans l'Euphrate ;
l'ayant cachée, il alla la chercher après un long espace de temps
et la trouva pourrie et corrompue [2]. Tout cela, ce sont des paraboles de la vision prophétique [3] ; car Jérémie n'était pas parti
du pays d'Israel pour Babylone et n'avait pas vu l'Euphrate.
De même, ces paroles adressées à Hosée : *Prends une femme
prostituée et (aie d'elle) des enfants (nés) de prostitution* (Hos.,
I, 2), et tout ce récit de la naissance des enfants et des noms tel

---

éditions de la version d'Ibn-Tibbon et dans le ms. d'Al-'Harizi, on a
mis ופאת ראש.

(1) Dans la version d'Ibn-Tibbon, au lieu de מראה נבואה, il faut
lire, d'après le texte arabe, במראה הנבואה.

(2) Voy. Jérémie, chap. XIII, v. 4-7.

(3) Littéralement : *Toutes ces paraboles (furent) dans la vision prophétique.*

et tel qui leur furent donnés, tout cela eut lieu dans une vision prophétique. En effet, dès qu'on a déclaré que ce ne sont là que des paraboles, il n'y a plus lieu de soupçonner qu'un détail quelconque y ait eu de la réalité [1], à moins qu'on ne nous applique ce qui a été dit [2] : *Et toute vision est pour vous comme les paroles d'un livre scellé* (Isaïe, XXIX, 11). — De même, il me semble que ce qu'on raconte, au sujet de Gédéon, de la *toison* et d'autre chose (miraculeuse) [3], n'eut lieu que dans une vision. Cependant, je n'appellerai pas cela une *vision prophétique*, dans le sens absolu; car Gédéon n'était pas parvenu au rang des pro-

---

(1) Littéralement : *la chose ne reste plus enveloppée, de manière (à faire supposer) que quelque chose de cela ait eu de la réalité.* Cette phrase ne se rapporte pas seulement à l'exemple tiré d'Hosée, mais aussi aux exemples précédents. L'auteur veut dire : dès qu'il est clair que l'ensemble de ces visions a un sens parabolique et qu'il ne s'y agit point de faits réels, il n'y a plus lieu d'avoir des doutes sur aucun détail et de supposer qu'un seul de ces faits particuliers ait eu lieu en réalité; à moins, continue l'auteur, que nous ne soyons complétement incapables de comprendre les visions prophétiques, de manière qu'elles soient pour nous *un livre scellé*, comme dit Isaïe.

(2) Littéralement : *si ce n'est lorsqu'il aurait été dit de nous ;* c'est-à-dire nous ne pourrions tomber dans de semblables erreurs, à moins que ce ne soit à nous que s'appliquent ces paroles d'Isaïe : *Et toute vision etc.* — Nous avons adopté la leçon de la grande majorité des mss., qui portent: אלא כשנאמר בהם; Ibn-Tibbon a : אלא ענד מא קיל פינא; il a donc lu פיהם au lieu de פינא. Le ms. de Leyde, n° 18, a פיה au singulier; mais cette leçon, comme celle d'Ibn-Tibbon, nous paraît offrir plus de difficultés que la nôtre. Le ms. du supplément hébreu de la Bibliothèque impériale, n° 63, écrit de la main de R. Saadia ibn-Danan, porte : אלא ענד מן קיל פיה, *si ce n'est pour celui dont il a été dit;* c'est-à-dire, il ne peut y avoir doute à cet égard que pour ceux dont a parlé Isaïe dans le passage cité. Cette leçon, à la vérité, offre un sens plus simple; mais c'est précisément à cause de cela qu'elle nous paraît suspecte, et que nous ne pouvons y voir qu'une correction arbitraire du texte primitif. Dans le ms. de la version d'Al-'Harîzi toute cette phrase manque.

(3) Voy. Juges, chap. VI, v. 21, 37 et suiv.

phètes, et comment donc serait-il allé jusqu'à faire des miracles[1]?
Son plus grand mérite fut d'être compris parmi les juges d'Israel [2] [car ils (les docteurs) l'ont même mis au nombre des
hommes *les moins considérables du monde* [3]], comme nous
l'avons exposé [4]. Mais tout cela n'eut lieu que dans un songe,
semblable au songe de Laban et (à celui) d'Abimélech, dont
nous avons parlé [5]. — De même encore [6], ce que dit Zacharie : *Je fis paître les brebis destinées au carnage, certes, les plus
pauvres des brebis, et je pris deux houlettes* (Zach., XI, 7)[7],
ainsi que la suite du récit, à savoir : le salaire demandé avec
douceur, l'acceptation du salaire, l'argent compté qui est jeté

(1) Littéralement : *et comment donc (serait-il parvenu) au rang des
miracles ?*

(2) La version trop littérale d'Ibn-Tibbon, שישיג בשופטי ישראל,
n'est pas assez claire, et les éditeurs ont complétement altéré le sens,
en écrivant בשופטי au lieu de בשופטי. Al-'Harizi a mieux traduit :
ותכלית מעלתו שהיה נמנה בשופטי ישראל.

(3) Voy. Talmud de Babylone, traité *Rôsch ha-Schaná*, fol. 25 a, b,
où il est dit que, dans un verset du premier livre de Samuel, chap. XII,
vers. 11, on a opposé trois hommes *des moins importants* du monde
(קלי עולם), Jérubbaal (Gédéon), Bedân (Samson) et Jephté, aux trois
hommes *les plus importants* du monde (חמורי עולם), qui sont Moïse,
Aaron et Samuel, mentionnés ensemble au Psaume XCIX, v. 6.

(4) L'auteur fait allusion probablement à ce qu'il a dit, dans le chapitre précédent (1er degré), au sujet des juges d'Israel, qu'il place dans
un rang de beaucoup inférieur à celui des véritables prophètes.

(5) Voy. ci-dessus, chap. XLI, p. 317.

(6) L'exemple de Zacharie que l'auteur va citer fait suite à ce que
l'auteur a dit au sujet des détails rapportés dans certaines visions des
prophètes Ézéchiel, Isaïe, Jérémie et Hosée ; car le passage relatif à
Gédéon n'est qu'une observation que l'auteur a intercalée ici en passant,
parce que Gédéon aussi, dans une espèce de vision ou de songe, croyait
voir certains faits particuliers qui n'eurent lieu que dans son imagination.

(7) Selon l'auteur, ce n'est pas Dieu qui est présenté ici sous l'image
du pasteur, comme le croient la plupart des commentateurs, mais c'est
le prophète Zacharie, qui, dans une vision prophétique, prend les deux
houlettes et fait les actions symboliques dont on parle dans la suite.

dans le trésor (*Ibid.*, v. 12 et 13), tout cela, il lui semblait, dans une vision prophétique, qu'on lui ordonnait de le faire, et il le fit dans la vision prophétique ou dans le songe prophétique. C'est là une chose dont on ne saurait douter, et qui ne peut être ignorée que par celui qui confond ensemble le possible et l'impossible.

De ce que j'ai cité, tu pourras conclure sur ce que je n'ai pas cité; tout est d'une même espèce et d'une même méthode, tout est *vision prophétique*. Toutes les fois donc qu'on dit que, dans telle *vision*, il agit [1], ou il entendit, ou il sortit, ou il entra, ou il dit, ou il lui fut dit, ou il se leva, ou il s'assit, ou il monta, ou il descendit, ou il voyagea, ou il interrogea, ou il fut interrogé, le tout (a eu lieu) dans la vision prophétique. Quand même les actions désignées auraient duré longtemps et se rattacheraient à certaines époques, à tels individus indiqués et à de certains lieux, dès qu'il sera clair pour toi que telle action est une parabole [2], tu sauras d'une manière certaine qu'elle a eu lieu dans la vision prophétique.

CHAPITRE XLVII.

Il est indubitablement clair et manifeste que les prophètes, le plus souvent, prophétisent par des paraboles [3]; car ce qui sert d'instrument pour cela, je veux dire la faculté imaginative, produit cet effet. Il faut, de même, qu'on sache quelque chose

---

(1) Les éditions de la version d'Ibn-Tibbon ont : שהוא עשה כן; il faut lire, selon les mss., שהוא עשה בו.

(2) C'est-à-dire, qu'elle fait partie de l'ensemble d'un récit qui a un sens parabolique.

(3) Mot à mot : *que la plupart de la prophétie des prophètes (se fait) par des paraboles.* Ibn-Tibbon a : שרוב נבואות, « que la plupart *des prophéties* ». Al-'Harizi a plus exactement נבואת au singulier.

des métaphores et des hyperboles (1) ; car il s'en trouve parfois
dans les textes des livres prophétiques. Si l'on y prenait (telle
expression) au pied de la lettre (2), sans savoir que c'est une
hyperbole et une exagération, ou si l'on prenait (telle autre
expression) dans le sens qu'indiquent les mots selon leur acception primitive, sans savoir que c'est une métaphore, il en naîtrait
des absurdités. Ils (les docteurs) ont dit clairement : « L'Écriture
emploie le langage exagéré », c'est-à-dire *l'hyperbole*, et ils ont
cité pour preuve ces mots : *des villes grandes et fortes, jusqu'au
ciel* (Deutér., I, 28) (3), ce qui est juste. De la catégorie de l'hyperbole sont aussi ces mots : *car l'oiseau du ciel emportera la
voix* (Ecclésiaste, X, 20). De la même manière on a dit : ... *dont
la hauteur était comme celle des cèdres, etc.* (Amos, II, 9). Cette
manière (de s'exprimer) se rencontre fréquemment dans les
paroles de tous les prophètes, je veux parler des expressions
employées par manière d'hyperbole et d'exagération, et non
(pour parler) avec précision et exactitude.

De cette catégorie n'est point ce que le Pentateuque dit de 'Og :
הנה ערשו ערש ברזל וגו׳, *son lit, un lit de fer etc.* (Deutéronome,
III, 11) ; car ערש est le *lit*, comme אף ערשנו רעננה, *notre* LIT *est
verdoyant* (Cant., I, 16). Or, le lit d'un homme n'a pas exacte-

(1) Sur le mot אגיא (إِغْيَآء), nom d'action de la IV° forme de la racine غ, voy. ci-dessus, pag. 217, note 1. La version d'Ibn-Tibbon a,
pour le mot ואלאניאאת, les deux mots וההפלגות והגהמות ; son ms.
arabe avait peut-être en plus le mot ואלמבאלגאת, de même qu'on lit
plus loin : אגיא ומבאלגה.

(2) Les mots עלי תחריר signifient proprement *d'une manière exacte;*
c'est-à-dire : si on s'attachait au sens exact des termes, sans y voir rien
d'hyperbolique. Dans la version d'Ibn-Tibbon, les mots כמשמעם
מדוקדקים sont une double traduction des mots arabes עלי תחריר.
Al-'Harîzi traduit : ובשיובן על השיעור, comme s'il avait lu dans son
texte arabe עלי תקדיר; cette leçon se trouve en effet dans un de nos
mss., mais elle n'offre pas de sens plausible.

(3) Voy. Talmud de Babylone, traité *'Hullin*, fol. 90 *b;* traité *Tamîd*,
chap. II, § 1.

ment la mesure de celui-ci ; car ce n'est pas un vêtement dont
il se revête. Au contraire, le lit est toujours plus grand que la
personne qui y couche, et il est d'usage, comme on sait, qu'il
dépasse d'environ un tiers la longueur de la personne. Si donc la
longueur de ce lit est de neuf coudées, la longueur de celui qui y
couche sera, selon la proportion habituelle des lits, de six coudées, ou un peu plus. Les mots באמת אי, *selon la coudée d'un
homme* (Deutéron , *l. c.*), signifient : selon la coudée d'une personne *d'entre nous*, je veux dire, d'entre le reste des hommes,
et non pas selon la coudée de 'Og ; car tout individu a ordinairement les membres proportionnés [1]. On voulait donc dire
que la taille de 'Og était deux fois [2] celle d'une personne d'entre
les autres hommes, ou un peu plus [3]. Sans doute, c'est là une
anomalie pour les individus de l'espèce ; mais ce n'est nullement
impossible.

Quant à ce que le Pentateuque rapporte en fait du chiffre [4]

___

(1) Et, par conséquent, la coudée de 'Og était plus grande qu'une
coudée ordinaire.

(2) Au lieu du duel מתלי, plusieurs mss. ont מתל au singulier ; de
même Al-'Harîzi : כמו אורך איש, COMME *la longueur d'une personne etc.*
Mais c'est là une faute très grave, et la version d'Ibn-Tibbon, qui a
כפל, *le double,* confirme la leçon מתלי (pour laquelle quelques mss. ont
incorrectement מתלא). L'auteur veut dire que le texte du Deutéronome,
en donnant au lit de 'Og une longueur de *neuf coudées*, fixe la taille de
'Og à six coudées, ce qui fait le double de la taille d'un homme ordinaire. — L'ancienne coudée hébraïque était d'environ 525 millimètres
(voy. mon Histoire de *la Palestine*, p. 397), et la longueur que l'auteur
attribue ici à la taille ordinaire ferait 1 mètre 575 millimètres ; par conséquent, la taille de 'Og aurait été de mètres 3,15.

(3) Tous les mss. arabes ont אכתר, et de même Al-'Harîzi, או יותר
מעט. Ibn-Tibbon a, par erreur : או פחות מעט, *ou un peu moins.* Dans
un ms. on lit : או פחות או יותר מעט, *un peu plus ou moins.*

(4) Au lieu de תחריר, qui signifie ici *indication exacte, en toutes lettres,*
quelques mss. ont תחריד (avec *daleth*), *fixation, détermination.* Ibn-
Tibbon a traduit dans ce sens : ממדת ימי האנשים ההם ; Al-'Harîzi :
מעניין אורך ימי האנשים הקדמונים.

des âges de certaines personnes, je dis, moi, que la personne
(chaque fois) désignée atteignit seule cet âge (qu'on lui attribue),
tandis que les autres hommes n'atteignaient que les âges naturels
et habituels. L'anomalie, dans tel individu, ou bien provenait
de plusieurs causes (existant) dans sa manière de se nourrir et
dans son régime, ou bien il faut y voir l'effet d'un miracle [1]. Il
n'y a pas moyen de raisonner là-dessus d'une autre manière.

De même encore, il faut porter une grande attention aux choses
qui ont été dites par *métaphore*. Il y en a qui sont claires et évidentes et qui n'ont d'obscurité pour personne, comme, par
exemple, quand on dit : *Les montagnes et les collines éclateront
de joie devant vous. et tous les arbres des champs frapperont des
mains* (Isaïe, LV, 12). ce qui évidemment est une métaphore.
Il en est de même, quand on dit : *Même les cyprès se sont réjouis
à cause de toi etc.* (*Ibid.*, XIV, 8), ce que Jonathan ben–Uziel
a paraphrasé ainsi : « même les souverains se sont réjouis à
cause de toi, ceux qui sont riches en biens », y voyant une
allégorie comme (dans ce passage) : *la crème des vaches et le
lait des brebis etc.* (Deutéron., XXXII, 14) [2]. Ces métaphores
sont extrêmement nombreuses dans les livres prophétiques ; il
y en a dans lesquelles le vulgaire même reconnaît des métaphores, mais il y en a d'autres qu'il ne prend pas pour telles. En
effet, personne ne saurait douter que ces paroles : *l'Éternel
t'ouvrira son bon trésor etc.* (Deutéron., XXVIII, 12) ne soient
une métaphore, Dieu n'ayant pas de trésor qui renferme la pluie.
De même, quand on dit : *Il a ouvert les battants du ciel et leur a
fait pleuvoir la manne* (Ps. LXXVIII, 23-24), personne ne
croira qu'il y ait dans le ciel une porte et des battants ; mais cela

---

(1) Littéralement : *ou bien par la voie du miracle et procédant à la guise
de celui-ci.*

(2) L'auteur veut dire que la paraphrase chaldaïque de Jonathan, au
passage d'Isaïe, est semblable à celle que donne Onkelos au passage du
Deutéronome (XXXII, 14) : יהב להון בזת מלכיהון ושליטיהון וכו',
Il leur a donné le butin de leurs rois et de leurs souverains, etc.

(est dit) selon la manière de la *similitude*, qui est une espèce de la métaphore. C'est ainsi qu'il faut entendre ces expressions : *Les cieux s'ouvrirent* (Ézéch., I, 1) ; *sinon, efface-moi de ton livre que tu as écrit* (Exode, XXXII, 32) ; *je l'effacerai de mon livre* (*Ibid.*, v. 33) ; *qu'ils soient effacés du livre des vivants* (Ps. LXIX, 29). Tout cela (est dit) selon la manière de la *similitude* ; non que Dieu ait un livre, dans lequel il écrive et efface, comme le croit le vulgaire, ne s'apercevant pas qu'il y a ici une métaphore.

Tout (ce que j'ai dit) est de la même catégorie. Tout ce que je n'ai pas cité, tu le compareras à ce que j'ai cité dans ce chapitre ; sépare et distingue les choses par ton intelligence, et tu comprendras ce qui a été dit par allégorie, ce qui a été dit par métaphore, ce qui a été dit par hyperbole, et ce qui a été dit exactement selon ce qu'indique l'acception primitive (des termes). Et alors toutes les prophéties te deviendront claires et évidentes ; tu auras des croyances raisonnables, bien ordonnées et agréables à Dieu, car la vérité seule est agréable à Dieu, et le mensonge seul lui est odieux. Que tes idées et tes pensées ne s'embrouillent pas, de manière que tu admettes des opinions peu saines, très éloignées de la vérité, et que tu les prennes pour de la religion ! Les préceptes religieux ne sont que la vérité pure, si on les comprend comme on doit ; il est dit : *Tes préceptes sont éternellement justes etc.* (Ps. CXIX, 144), et il est dit encore : *Moi, l'Éternel, je profère ce qui est juste* (Isaïe, XLV, 19). Par ces réflexions, tu échapperas aussi à l'imagination d'un monde que Dieu n'a pas créé [1] et à ces idées corrompues dont quelques-unes peuvent conduire à l'irréligion et à faire admettre dans Dieu une défectuosité, comme les circonstances de la corporéité, des

---

(1) Littéralement : *par cette considération aussi, tu seras sauvé de l'imagination d'un être que Dieu n'a pas produit ;* c'est-à-dire : en te pénétrant bien de tout ce qui vient d'être dit, tu ne seras plus exposé à t'imaginer l'existence de ces êtres extraordinaires qui n'ont jamais existé dans le monde réel.

attributs et des passions, ainsi que nous l'avons exposé [1], à moins que tu ne croies que ces discours prophétiques soient un mensonge [2]. Tout le mal qui conduit à cela, c'est qu'on néglige [3] les choses sur lesquelles nous avons appelé l'attention; mais ce sont là aussi des sujets (qui font partie) des *secrets de la Loi*, et, quoique nous n'ayons parlé là-dessus que d'une manière sommaire, il sera facile, par ce qui précède, d'en connaître les détails.

CHAPITRE XLVIII.

Il est très évident que toute chose *née* a nécessairement une cause prochaine qui l'a fait naître; cette cause (à son tour) a une cause, jusqu'à ce qu'on arrive à la cause première de toute chose, c'est-à-dire à la libre volonté de Dieu [4]. C'est pourquoi on omet quelquefois, dans les discours des prophètes [5], toutes ces causes intermédiaires, et on attribue directement à Dieu tel acte individuel qui se produit, en disant que c'est Dieu qui l'a

(1) Voy. la Iʳᵉ partie, chap LV, et *passim*.

(2) Cette phrase est elliptique; voici quel en est le sens: si tu ne voulais pas admettre ce que j'ai dit, alors tu n'aurais pas d'autre moyen, pour échapper à ces idées fausses dont je viens de parler, que de croire que les paroles des prophètes sont mensongères.—Dans la version d'Ibn-Tibbon, au lieu de או יחשוב (ou יחשב), il faut lire או תחשוב, comme l'a Al-'Harîzi; tous les mss. ar. ont תֶּמֻן, à la seconde personne.

(3) Ibn-Tibbon a העלם, ce qui est inexact. Al-'Harîzi traduit plus exactement: כשתתרשל במה שעוררנוך.

(4) Littéralement: *la volonté de Dieu et son choix* ou *libre arbitre*. Cf. la Iʳᵉ partie, chap. LXIX.

(5) Les mots פי אקאויל manquent dans quelques mss., où on lit תחדף אלאנביא. D'après cette leçon, אלאנביא serait le sujet du verbe תחדף, qui serait à la forme active (تَحْذِفُ), de sorte qu'il faudrait traduire: *les prophètes omettent quelquefois;* mais cela ne cadrerait point avec les deux verbes passifs suivants: ויקאל et וינסב. Cependant cette

fait. Tout cela est connu ; nous en avons déjà parlé nous-mêmes, ainsi que d'autres d'entre les vrais philosophes [1], et c'est l'opinion de tous nos théologiens [2].

Après cette observation préliminaire, écoute ce que je vais exposer dans ce chapitre, et portes-y une attention toute particulière, en sus de l'attention que tu dois porter à tous les chapitres de ce traité. La chose que je veux t'exposer, la voici : Sache que toutes les causes prochaines, desquelles naît ce qui naît, n'importe que ces causes soient essentielles et naturelles, ou arbitraires, ou accidentelles et dues au hasard [3] [par *arbitraires*, je veux dire que la cause de ce qui naît soit le *libre arbitre* d'un homme], et dût même la cause n'être que la volonté d'un animal quelconque [4], — toutes ces causes (dis-je) sont, dans les livres des pro-

---

leçon a été adoptée par Al-'Harizi et par Ibn-Falaquéra; le premier traduit : כן ירחו הנביאים לפעמים הסבות ההם האמצעיות ומיחסים ; le second (*Moré ha-Moré*, p. 117) : זה הפעל לבורא ויאמרו וגו' ומפני זה יחסרו הנביאים אותן הסבות האמצעיות וייוחס לאלוה ית' אותו הפעל האיש ויאמר וכו'. La version d'Ibn-Tibbon exprime les mots פי אקאויל ; mais la construction de la phrase y est un peu modifiée.

(1) Par אלמחקקין, *ceux qui établissent la vérité*, l'auteur paraît désigner ici les vrais philosophes, par opposition aux *Motécallemîn*, qui voient dans Dieu la *cause immédiate* de chaque fait particulier.

(2) Sur l'expression אהל שריעה, cf. le t. I, p. 68, note 3.

(3) L'auteur a ici en vue l'exposé des *causes*, donné par Aristote, *Phys.*, liv. II, chap. 3-6. Par ذاتیة, l'auteur entend ce qui est cause en soi-même (καθ' αὐτό), ou *essentiellement* et par sa nature; par اختیاریة, *arbitraires*, il entend les causes situées dans un *choix* moral (προαίρεσις), dans une intention réfléchie (διάνοια); le mot عرضیة désigne les causes *accidentelles* (κατὰ συμβεβηκός), et le mot اتفاقیة, les causes dues au hasard (ἀπὸ τύχης). Cf. *Métaphysique*, liv. V, chap. 30; liv. XI, chap. 8. — Le mot אהתפאקיה n'est pas rendu dans la version d'Ibn-Tibbon; Ibn-Falaquéra (*l. c.*) traduit : או מקריות הזדמניות.

(4) L'auteur paraît faire allusion à ce qu'Aristote appelle τὸ αὐτόματον, *ce qui se fait de soi-même*, *le spontané*, et qu'il semble réduire aux actes des animaux et aux phénomènes des choses inanimées, qui ne sont pas le produit d'une volonté douée de libre arbitre : τὸ δ'αὐτόματον καὶ τοῖς

phètes, attribuées à Dieu ; et, dans leurs manières de s'exprimer,
on dit simplement, de tel fait, que Dieu l'a fait, ou l'a ordonné,
ou l'a dit. Pour toutes ces choses, on emploie les verbes *dire*,
parler, *ordonner*, *appeler*, *envoyer*, et c'est là le sujet sur lequel
j'ai voulu appeler l'attention dans ce chapitre. En effet, comme
c'est Dieu [ainsi qu'il a été établi [1]] qui a excité telle volonté
dans tel animal irraisonnable, comme c'est lui qui a fait que
l'animal raisonnable eût le libre arbitre, et comme c'est lui enfin
qui a déterminé le cours des choses naturelles [car le *hasard* n'est
qu'un excédant du naturel, comme il a été exposé, et le plus
souvent il participe de la nature, du libre arbitre et de la volonté [2]], on doit, en raison de tout cela, dire de ce qui résulte
de ces causes, que Dieu a ordonné de faire telle chose, ou qu'il

---

ἄλλοις ζώοις καὶ πολλοῖς τῶν ἀψύχων, κ. τ. λ. *Phys.*, liv. II, chap. 6. Ailleurs
Aristote dit qu'on peut attribuer aux enfants et aux animaux la *spontanéité*, mais non le *choix moral* ou l'*intention* : τοῦ μὲν γὰρ ἑκουσίου καὶ
παῖδες καὶ τἆλλα ζῷα κοινωνεῖ, προαιρέσεως δ'οὔ. *Éthique* à Nicomaque,
liv. III, chap. 4.

(1) Ibn-Tibbon a ici deux verbes : כפי מה שהונח והתישב, et de
même Ibn-Falaquéra (*l. c.*) ; les mss. ar. n'ont que le verbe קׇרׇ.

(2) L'auteur, après avoir parlé de l'intervention de Dieu dans la volonté de l'animal irraisonnable, dans le libre arbitre et dans le cours
des choses naturelles ou dans les *causes essentielles*, ajoute cette parenthèse, pour faire comprendre qu'il s'ensuit nécessairement de ce qui
vient d'être dit que le hasard aussi est une cause qui doit être ramenée
à Dieu ; car le hasard (τύχη), selon la définition d'Aristote, sans être lui-
même le but, est toujours en rapport avec un but de la nature ou avec
l'intention et le libre choix (προαίρεσις) d'un être raisonnable (voy. *Phys.*,
liv. II, chap. 5 : ἔστι δ'ἕνεκά του ὅσα τε ἀπὸ διανοίας ἂν πραχθείη καὶ ὅσα
ἀπὸ φύσεως · τὰ δὴ τοιαῦτα ὅταν κατὰ συμβεβηκὸς γένηται, ἀπὸ τύχης φάμεν
εἶναι, κ. τ. λ. Cf. *Métaphys.*, liv. XI, chap. 8, vers la fin). On peut donc
dire que le hasard est un excédant, ou un accessoire, du but auquel vise
soit la nature, soit l'intention d'un être raisonnable (le libre arbitre) ; le
plus souvent, le hasard participe de ce but, comme il se peut aussi qu'il
participe de la volonté animale, cette volonté pouvant accidentellement
devenir la cause d'un effet qu'elle n'aurait pas eu pour but.

a dit : « Que telle chose soit ». Je vais te citer de tout cela des exemples auxquels tu pourras comparer tout ce que je n'aurai pas mentionné (expressément).

En parlant des choses naturelles qui suivent toujours leur cours, comme (par exemple) de la neige qui fond quand l'air est chaud, et de l'eau de la mer qui est agitée quand le vent souffle, on s'exprime ainsi : *Il* ENVOIE *sa parole et les fait fondre* (Ps. CXLVII, 18) ; *il* PARLE *et fait lever un vent de tempête qui élève les vagues* (Ps. CVII, 25) ; de la pluie qui tombe, il est dit : *Et* J'ORDONNERAI *aux nuages de ne pas faire tomber de pluie etc.* (Isaïe, V, 6).

En parlant de ce qui a pour cause le libre arbitre de l'homme, comme (par exemple) de la guerre qu'un peuple puissant fait à un autre peuple [1], ou d'un individu qui se met en mouvement pour faire du mal à un autre individu, et lors même qu'il n'aurait fait que l'injurier, on s'exprime ainsi : *J'ai* COMMANDÉ *à ceux qui me sont consacrés, et j'ai* APPELÉ *mes héros pour (exécuter) ma colère* (Isaïe, XIII, 3), — où il est question de la tyrannie de l'impie Nebouchadneçar et de ses armées [2] ; — et ailleurs : *Je* L'ENVERRAI *contre un peuple hypocrite* (*Ibid.*, X, 6). Dans l'affaire de Siméï, fils de Guéra, on dit : *Car l'Éternel lui a* DIT : *Maudis David* (II Sam., XVI, 10). Au sujet du pieux Joseph délivré du cachot, on dit : *Il* ENVOYA *un roi qui le fit relâcher* (Ps. CV, 20). Au sujet de la victoire des Perses et des Mèdes sur les Chaldéens, il est dit : *Et* J'ENVERRAI *contre Babylone des barbares qui la disperseront* (Jér., LI, 2). Dans l'histoire d'Élie, lorsque Dieu charge une femme de le nourrir [3], il lui dit :

----

(1) Littéralement : *comme de la guerre d'un peuple qui domine sur un (autre) peuple.* Au lieu de סלטוא, un de nos mss. porte טׁלמוא.

(2) Ceci est inexact, comme le fait observer Ibn-Caspi dans son commentaire *'Ammoudé Keseph ;* car les paroles citées s'appliquent à l'armée des Mèdes et des Perses, appelée à détruire l'empire babylonien.

(3) La version d'Ibn-Tibbon porte : כאשר סבב השם לו פרנסתו, *lorsque Dieu lui occasionna son alimentation ;* on voit qu'Ibn-Tibbon n'avait pas, dans son texte arabe, le mot אמראה, *une femme,* et qu'au lieu de تَقُوِّنُهُ, il prononçait تَقَوِّتَهُ.

J'ai COMMANDÉ *là à une femme veuve de te nourrir* (I Rois, XVII, 9). Le pieux Joseph dit : *Ce n'est pas vous qui m'avez* ENVOYÉ *ici, mais Dieu* (Genèse, XLV, 8) [1].

En parlant de ce qui a pour cause la volonté d'un animal, qui est mis en mouvement par ses besoins animaux (on dit, par exemple) : *Et l'Éternel* PARLA *au poisson* (Jonas, II, 11); car (on veut dire que) ce fut Dieu qui excita en lui cette volonté, et non pas qu'il l'ait rendu prophète et qu'il se soit révélé à lui. De même, il est dit au sujet des sauterelles qui arrivèrent aux jours de Joel, fils de Pethouel : *Car l'exécuteur de sa* PAROLE *est puissant* (Joel, II, 11). De même encore, il est dit au sujet des bêtes sauvages qui s'emparèrent de la terre d'Édom, lorsqu'elle fut dévastée aux jours de San'hérib : *Et il leur a jeté le sort, et sa main la leur a distribuée au cordeau* (Isaïe, XXXIV, 17). Quoiqu'on n'ait employé ici aucune des expressions *dire, ordonner, envoyer,* le sens est évidemment analogue; et tu jugeras de même de toutes les phrases qui ont une tournure semblable [2].

---

(1) Il semblerait que ce passage serait mieux placé parmi les exemples du *hasard ;* car le résultat de la vente de Joseph fut tout autre que celui que ses frères avaient eu l'intention d'obtenir ; et en effet, l'auteur cite plus loin, parmi les exemples du *hasard,* le verset 7, qui se rapporte au même fait. Quelques commentateurs ont cherché à expliquer cette espèce de contradiction, en faisant une distinction subtile entre le verset 7 et le verset 8 (voir les commentaires d'Ibn-Caspi et d'Éphôdi). Il paraît que l'auteur veut faire entendre que Joseph, après avoir attribué à Dieu, au vers. 7, le résultat accidentel de l'acte émané du libre arbitre de ses frères, se reprend au vers. 8, en disant qu'un résultat d'une si haute importance ne saurait être purement *accidentel,* et que c'est nécessairement Dieu lui-même qui a dirigé le libre arbitre des fils de Jacob, de manière à leur faire accomplir, à leur insu, un grand acte qui était dans le plan de sa divine providence. Cf. le commentaire d'Abravanel sur la Genèse, chap. XLV, aux deux versets en question.

(2) Dans quelques mss., cette phrase offre de légères variantes qui la rendent assez obscure : לכן טעני דלך קיאס בֿין עלי מא שאבה הֹדֹה אלציגה איצֿא מן אלקול פקט. Al-'Harizi a adopté cette rédaction, qu'il

Au sujet des choses accidentelles, de pur hasard, on dit, par
exemple, dans l'histoire de Rebecca : *Et qu'elle soit (donnée)*
pour femme au fils de ton maître, comme l'Éternel a PARLÉ
(Genèse, XXIV, 51) [1]. Dans l'histoire de David et de Jonathan,
on dit : *Va-t'en; car l'Éternel te* RENVOIE (I Sam., XX, 22) [2].
Dans l'histoire de Joseph (il est dit) : *Et Dieu m'a* ENVOYÉ *devant*
vous (Genèse, XLV, 7).

Tu vois donc clairement que, pour (désigner) la disposition
des causes, — n'importe de quelle manière elles soient disposées,
que ce soient des causes par essence [3], ou par accident, ou par
libre arbitre, ou par volonté (animale), — on emploie ces cinq
expressions, à savoir : *ordonner, dire, parler, envoyer* et *appeler*.
Sache bien cela, et réfléchis-y [4] dans chaque passage (pour
l'expliquer) comme il lui convient ; alors beaucoup d'absurdités
disparaîtront, et tu reconnaîtras le vrai sens de tel ██sage qu'on
pourrait croire éloigné de la vérité [5].

---

a rendue d'une manière peu intelligible : אך ענין זה הסברא גלויה
Quel-.על מה שיזרמן (?שידמה lisez) לו לזה הבנין מן המאמר בלבד
ques mss. de la version d'Ibn-Tibbon reproduisent la même leçon :
אלא עניינו היקש מבואר על מה שרומה לזאת המרה עוד מן האמירה לבד.
D'autres mss. de cette version, ainsi que les éditions, confirment la
leçon que nous avons adoptée ; mais il faut effacer, dans les éditions, le
mot הבאים, qui est de trop et qui ne se trouve pas dans les mss.

(1) La mission d'Éliézer avait pour but d'aller chercher une femme
pour Isaac dans le pays natal d'Abraham, sans qu'il fût directement
question de Rebecca ; ce fut par hasard que celle-ci se présenta la première au choix d'Éliézer.

(2) Encore ici, on attribue à Dieu un enchaînement de circonstances
fortuites, qui nécessitèrent le départ de David.

(3) C'est-à-dire : des causes *naturelles*, procédant des lois de la
nature.

(4) La version d'Ibn-Tibbon porte : והנהיגנהו ; celle d'Al-'Harizi a :
והבינהו, ce qui est préférable ; cf. ci-dessus, p. 250, note 3. Au lieu de
ותדברה, quelques mss. ont ותזכרה, *et souviens-t'en*.

(5) Mot à mot : *et la réalité de la chose se manifestera à toi dans tel*
passage qui pourrait faire soupçonner un éloignement de la vérité.

Me voici arrivé au terme de ce que j'avais à dire [1] au sujet
de la prophétie, de ses paraboles et de ses expressions. C'est là
tout ce que je te dirai sur ce sujet dans le présent traité [2]; nous
allons donc aborder d'autres sujets avec l'aide du Tout-Puissant.

[1] Littéralement : *c'est ici le terme de ce à quoi le discours m'a fait
aboutir ou arriver.* — Au lieu de אנתהי בי אלקול, quelques mss. ont
אנתהי באלקול; quelques autres ont בה au lieu de בי. — Dans plusieurs
éditions de la version d'Ibn-Tibbbon on lit, par une faute typographique : אל המאמר או; au lieu de או, il faut lire בו, comme l'a l'édition
princeps.

[2] Les mots פי הדה אלמקאלה, *dans ce traité,* qui se trouvent dans
tous les mss. arabes, n'ont pas été rendus dans la version d'Ibn-Tibbon.
L'auteur voulait peut-être faire entendre par ces mots qu'il se proposait
de revenir ailleurs sur cette matière; nous savons en effet qu'il avait
commencé la rédaction d'un ouvrage particulier *sur la Prophétie.* Voy.
le t. I de cet ouvrage, p. 15.

FIN DE LA DEUXIÈME PARTIE

DU GUIDE DES ÉGARÉS.

ADDITIONS ET RECTIFICATIONS.

Page 32, avant-dernière ligne : « Et elle se divisera par la division du corps, etc.» Littéralement : *elle se divisera donc par sa division* (c'est-à-dire, par la division du corps). Ibn-Tibbon traduit : אחר שיתחלק בהחלקו, « *puisqu*'elle se divise par sa division. » C'est probablement à dessein que le traducteur s'est permis cette légère modification, afin de faire sentir que la *divisibilité de la force* est une condition essentielle pour l'application de la douzième proposition ; voir la note 2. Ibn-Falaquéra (*Moré ha-Moré*, p. 74) a reproduit la leçon d'Ibn-Tibbon ; Al-'Harizi traduit dans le même sens : כי היא נחלקת וגו'.

Page 48, ligne 9 : « Les théories. » Littéralement : *les opinions.* Ibn-Tibbon a דעת, au singulier, tandis que tous nos mss. arabes ont ארא, au pluriel.

Page 51, ligne 13 : « Aux énoncés. » Les éditions de la version d'Ibn-Tibbon portent לדרכי ; mais ce n'est là qu'une faute d'impression, car les mss. ont לדברי.

Page 60, note 3. Cf. l'analyse de la Métaphysique d'Ibn-Sinâ par Schahrestâni, p. 394, où il est dit que celui dont l'âme est arrivée au plus haut degré de perfection, qui est celui de la prophétie, entend la voix de Dieu et voit les *anges qui approchent* de lui : يسمع كلام الله ويرى ملائكته المقربين. Cependant, l'emploi de l'expression en question remonte plus haut chez les auteurs juifs, et elle parait avoir été empruntée par eux aux *Molécallemîn* musulmans ; elle se trouve déjà dans le commentaire de R. Saadia sur le livre de Job, chap. IV ; au verset 7, où Saadia résume tout le discours d'Éliphaz, on lit ces mots : לאנה מן אלמחאל אן תכון אנת אעדל מן רבך הוא קולה האנוש מאלוה יצדק לא ולא אלמלאיכה אלמקרבון כקולה הן בעבדיו לא יאמין, « ... car il est inadmissible que tu sois plus juste que ton Seigneur ; et « c'est là ce qu'il dit : *L'homme peut-il être plus juste que Dieu ?* Non, pas « même les *anges qui approchent*, comme il est dit : *Il n'a pas confiance en* « *ceux qui l'approchent.* » Saadia traduit עבדיו (v. 18) par מקרבוה. — Ce passage m'a été communiqué par M. B. Goldberg, qui a copié le commentaire de Saadia sur le ms. de la bibliothèque Bodléienne.

Page 62, lignes 4 et 5 : « Qu'elles conçoivent et perçoivent Dieu, et qu'elles perçoivent aussi leurs principes. » Dans presque toutes les éditions de la version d'Ibn-Tibbon, il manque ici les deux mots : וישיגו השם ; l'édition *princeps* porte, conformément au texte arabe : יציירו וישיגו השם וישיגו התחלותיהם.

Page 65, ligne 10 : « Par la force qui de la sphère céleste découle sur lui. » Le texte porte באלקוי, au pluriel ; il faut donc traduire : « Par *les forces* qui de la sphère céleste *découlent* sur lui. »

Page 75, avant-dernière ligne : « Et qui n'ont pas la conscience de leur action. » La version d'Ibn-Tibbon a le pluriel פעולותיהם, *leurs actions;* Al-'Harîzi a, conformément au texte arabe, פעולהם, au singulier.

Page 87, ligne 2 : « La sphère des étoiles fixes. » Les éditions de la vers. d'Ibn-Tibbon portent : שאר הכוכבים העומדים ; il faut effacer le mot שאר, qui ne se trouve pas dans les mss. de cette version.

Page 96, ligne 1 : « Pour que la chose elle-même soit parfaite. » Ibn-Tibbon et Ibn-Falaquéra (*Moré ha-Moré*, p. 92) ont : בגבול שישלים עצמו, de même Al-'Harîzi : בענין שישלים עצמו. Ces traducteurs ont considéré יכמל comme un verbe transitif (يُكَمِّل); mais il me semble qu'il vaut mieux le considérer comme un verbe de la Iʳᵉ forme et prononcer يَكْمُل. — Dans la version d'Ibn-Tibbon, il faudrait ajouter, après השלימות ההוא, le mot בן, qu'ont Al-'Harîzi et Ibn-Falaquéra, et qui correspond au mot פיה du texte arabe.

Page 99, ligne 13 : « Au moyen d'une force qui se répand de lui », c'est-à-dire de l'aimant. Ibn-Tibbon, en traduisant les mots arabes בקוה תנבת מנה, a écrit par distraction en confondant les genres, בכח יתפזר ממנה ; cependant quelques mss. ont בכח תהפזר ממנו. Al-'Harîzi a fait la même faute; il traduit : וכן האבן השואבת הנקראת מגניטס לא תמשוך הברזל אלא בכח אשר התפשט ממנו׳.

Ibid., ligne 20 : « Celle-ci ne peut plus se fondre par elle », c'est-à-dire par la chaleur du feu. Ibn-Tibbon a : לא תתך ממנה ; il faut lire, selon les mss., ממנו, le pronom se rapportant à חום.

Page 103, ligne 6 : « Tout vice rationnel ou moral. » Ibn-Tibbon a : כל חסרון בדבר או במדות. Il faut se rappeler que les traducteurs hébreux emploient le mot דבר dans le sens du mot arabe نطق, *raison.* Ibn-Falaquéra (*l. c.*, p. 94) traduit : כל חסרון שכלי או יצרי׳.

Page 122, ligne 8 : « Ses règles. » Les éditions de la version d'Ibn-Tibbon ont וסתרין, ce qui n'est qu'une faute typographique pour וסדרין׳.

Page 126, avant-dernière ligne : « Comme par exemple la question. »

Les éditions de la version d'Ibn-Tibbon portent מאמרנו, faute qui rend tout ce passage inintelligible; il faut lire כמאמרנו, comme ont les mss.

Page 128, ligne 17 : « Ce qu'on a cherché à prouver. » Les éditions de la version d'Ibn-Tibbon ont généralement : כאשר נעשה עליו הראיה; il faut lire באשר (avec *béth*).

Page 137, ligne 7 : « Qui l'a créé. » La plupart des éditions hébraïques portent הווחו, ou הויחו; il faut lire : הווהו (c'est-à-dire : הַוְהוּ), comme a l'édition *princeps*.

Page 140, ligne 4 : « Nous n'en avons pas conclu. » Les éditions de la version d'Ibn-Tibbon portent : ולא אחייבנו; il faut lire : חייבנו, comme ont les mss.

Page 146, ligne 10 : « Je veuille prendre à tâche. » Dans les éditions de la version d'Ibn-Tibbon, le mot על, après שאעמום, est une faute d'impression pour עלי.

Page 149, ligne 3 : « Par ces mélanges divers, elle (la matière) acquiert des dispositions diverses, etc. » Ibn-Tibbon a : והיו בהם באלו המזגים וכו'; c'est par erreur, il me semble, qu'Ibn-Tibbon a encore ici mis le pluriel (cf. p. 148, note 2). Je crois qu'il fallait traduire tout ce passage ainsi : באלו המזגים המתחלפים (i. e. בחמר) היו בו הכנות מתחלפות לקבל צורות מתחלפות ובצורות ההם ג"כ יהיה מוכן לקבל צורות אחרות. Le mot ובצורות se trouve dans les mss.; la leçon והצורות, qu'ont les éditions, a encore augmenté la confusion, de sorte que ce passage est entièrement inintelligible dans la version d'Ibn-Tibbon. La confusion est encore plus grande dans la version d'Al-'Harizi, qui porte : ויעשו בהם אלה הטמסכים המתחלפים הכונות (הכנות 1.) מתחלפות מוכנות לקבל צורות אחרות.

Page 150, notes 1 et 2. Cf. aussi le t. I, chap. LXXVI, p. 454.

Page 159, ligne 20 : « D'autre cause déterminante. » Ibn-Tibbon a : סבה מיוחדת, *cause déterminée* ou *particulière*; de même Al-'Harizi : סבה מוגבלת, et Ibn-Falaquéra (*l. c.*, p. 102) סבה מסוגלת. Ces traducteurs ont prononcé dans le texte arabe (fol. 43 *a*, avant-dernière ligne) le participe מכצצא à la forme passive (مُخَصَّصًا), tandis que le sens exige la forme active (مُخَصِّصًا). D'ailleurs, si l'auteur avait voulu exprimer le sens donné par les traducteurs, il aurait plutôt employé le participe passif de la Iʳᵉ forme (مَخْصُوصًا). Il faut donc, dans la version d'Ibn-Tibbon, corriger מיוחדת en מיַחדת, et c'est en effet ce qu'a fait Abravanel dans son commentaire sur ce passage (*Schamaïm 'hadaschîm*, p. 9).

Page 161, ligne 22 : « Et les mouvements de leurs sphères diverses.»

Ibn-Tibbon traduit : ‎ותנועות גלגליהם המתחלפות‎, *et les mouvements divers de leurs sphères*, ce qui en effet est plus conforme à l'expression qu'on trouve plus loin, ligne 29 : « La variété des mouvements des sphères. » La version d'Al-'Harizi porte : ‎ותנועות גלגליהם המתחלפים‎, *et les mouvements de leurs sphères diverses*. Les mots arabes ‎וחרכאת אפלאכהא‎ ‎אלמכתלפה‎ sont ambigus et admettent les deux manières de traduire. Le sens n'y est point intéressé; de toutes les manières, l'auteur veut parler des divers mouvements qu'ont les différentes sphères, car une seule et même sphère n'a qu'un seul mouvement.

Page 168, avant-dernière ligne : « Ou préférant. » Il faut ajouter dans la version d'Ibn-Tibbon les mots ‎או בוחר‎, qui manquent dans les éditions, mais qui se trouvent dans les mss.

Page 172, ligne 7 : Produire les preuves qui me font donner la pré- « férence, etc. » Littéralement : *mentionner mes preuves et ma préférence pour (cette thèse) que le monde a été créé, conformément à notre opinion*. Les mots ‎עלי ראינא‎ ont été omis dans notre traduction.

Page 175, ligne 11 : « Il nous faudrait nécessairement supposer dans cette intelligence composée une cause également composée de deux parties, dont l'une etc. » Littéralement : *il nous faudrait nécessairement, pour ce composé, une cause composée, (de sorte) que d'une partie d'elle pût résulter le corps de la sphère, et de son autre partie, le corps de l'astre*.

Page 179, note 1. Le verbe ‎ذَبَّ‎ signifie *parer un coup, protéger, défendre*. Les mots ‎ירוד אלד'ב ענהא‎ ont été paraphrasés par Ibn-Tibbon, selon le sens indiqué dans la lettre de Maïmonide : ‎ירצה להרחיק מהם‎ ‎כל סותר ולשמרם‎. Al-'Harizi et Ibn-Falaquéra (*Moré ha-Moré*, p. 106) traduisent plus simplement : ‎ירצה להגן בערם‎.

Page 189, note 3. Sur ce que R. Lévi ben-Gerson entend par l'expression ‎שמירת התמונה‎, cf. le même ouvrage, liv. VI, I‎re‎ partie, à la fin du chap. 17.

Page 190, ligne 13 : « En considérant ce que nous avons présenté ici comme des choses obtenues par artifice, etc. » Plus littéralement : *en considérant ce que nous avons présenté ici comme il considérerait ce qui fait partie des choses obtenues par artifice, etc.* Dans la version d'Ibn-Tibbon, il faut entendre le mot ‎המשלנו‎ dans le sens de *présenter* qu'a ici le verbe arabe ‎מתלנא‎, et au lieu de ‎בעיונו‎ (ou ‎בעיינו‎), il faut lire ‎כעיונו‎ (avec *câph*); Al-'Harizi a : ‎כמו עיונו‎.

Page 194, ligne 18 : « Où il a été *placé*. » Le verbe arabe ‎حَطَّ‎ signifie proprement *déposer, faire descendre d'un lieu supérieur*, et comme verbe neutre, *descendre*. Ibn-Tibbon l'a pris dans ce dernier sens, et a traduit : ‎אשר ירד בו‎.

Page 204, ligne 16 : « Doive nécessairement détruire cette chose. »
Ibn-Tibbon a considéré יפסד comme verbe neutre (يَفْسُد), et a traduit :
שיפסד הנמצא ההוא בהכרח. Il est plus naturel de prononcer ici يُفْسِد
comme verbe actif, et de le traduire en hébreu par יפסיד.

Page 221, ligne 16 : « Et non pas sur notre combat. » Ibn-Tibbon a
חרבנו, *notre épée*, confondant le mot arabe حَرْب avec le mot hébreu
חרב ; Al-'Harizi dit plus exactement : מלחמתנו.

Page 222, ligne 19 : « Dans cet état altéré. » Les éditions de la version
d'Ibn-Tibbon ont : אל השנוי ההוא ; au lieu de אל, il faut lire על,
comme l'ont les mss.

Page 225, ligne 5 : « Qu'il a été mis, etc. » Les éditions de la version
d'Ibn-Tibbon ont ici : שהוא שם, ce qui n'est qu'une faute d'impression,
pour שהושם, leçon qu'ont les mss.

Page 232, ligne 14 : « Ni sphère qui tournât. » Ibn-Tibbon a :
גלגל מקיף, expression ambiguë, qui peut aussi se traduire par *sphère
environnante;* il fallait dire : גלגל סובב.

Page 237, ligne 6 : « On les a énumérés (les éléments) selon leurs
positions naturelles, etc. » L'auteur veut dire que la *position* relative des
éléments les uns à l'égard des autres résulte clairement du verset 2,
quoiqu'ils ne soient pas mentionnés ici dans l'*ordre* de leurs positions ;
après avoir d'abord mentionné la terre, l'Écriture indique clairement,
comme le montre l'auteur, que l'eau se trouve au-dessous de l'air et
celui-ci au-dessous du feu.

Page 243, note 4, ligne 3 : « *Sur elle.* » Dans les éditions de la version
d'Ibn-Tibbon, עליהם est une faute typographique ; les mss. ont עליה,
et de même Al-'Harizi.

Page 264, ligne 1 : « Tout animé qu'il était du *désir* de devenir prophète. » Au lieu de *désir*, Ibn-Tibbon met *espoir*, והיה מקוה להתנבא ;
de même Al-'Harizi : והיה מקוה שיתנבא. Mais l'expression أطْمَعَ نَفْسَه
signifie littéralement : *cupidam effecit animam suam.*

Page 275, ligne 8 : « Qu'il y aurait parmi eux un prophète. » Ibn-
Tibbon : שיקים נביא להם, *qu'il leur susciterait un prophète*, ce qui correspond à la leçon du ms. de Leyde, n° 18 : אן נביא יבעה פיהם. Al-
'Harizi n'a pas rendu le verbe dont il s'agit ; il traduit : כי נביא מהם
יבוא אליו מלאך.

Page 279, ligne 3 : « N'étaient connus que de quelques personnes. »
Le texte porte אכבר (أَخْبَر) בהא אחאר מן אלנאם, *quelques personnes*

(*seulement*) *en étaient informées.* Ibn-Tibbon traduit : הגידו בהם יחידים מבני אדם, ce qui n'est pas bien clair, et doit être entendu dans ce sens : *on ne les annonçait qu'à quelques personnes.* Al-'Harîzi s'exprime avec plus de clarté : הגידו אותם ליחידים מבני אדם.

Page 284, ligne 3. Après les mots « sont renfermés tous les degrés de la prophétie », il faut ajouter : « comme on l'exposera ».

Ibid., ligne 12 : « Aucun des hommes de bon sens » ; littéralement : aucun de ceux qui sont parfaits en sens naturel. Ibn-Tibbon paraphrase ici le mot arabe אלפטר par הדעת המוטבעת באדם. Al-'Harîzi traduit : מן השלמים בבריאתם וטבעם.

Page 287, dernière ligne : « La génération du désert. » La version d'Ibn-Tibbon ajoute les mots אנשי המלחמה, *les gens de guerre*, qui ne se trouvent dans aucun de nos mss. arabes, ni dans la version d'Al-'Harîzi.

Page 291, note 2. La leçon que nous avons adoptée dans le texte est évidemment préférable. Les mots אלמדברון ללמדן ואצّעوא אלנואמיس ne désignent qu'une seule et même classe d'hommes et signifient littéralement : *ceux qui régissent les États et posent les lois.* Il peut paraître étrange que l'auteur place les législateurs à côté des devins et les compte au nombre de ceux chez lesquels l'imagination domine sur la raison. Mais on voit plus loin (chap. XL, p. 310-311) que l'auteur ne veut pas parler ici des législations purement politiques et qui, comme il le dit lui-même, sont l'œuvre de la réflexion ; il n'a en vue que ceux des anciens législateurs qui se croyaient inspirés, se prétendaient prophètes, et présentaient leurs lois comme dictées par une divinité, ainsi que le faisaient en général les anciens législateurs de l'Orient. L'auteur essaye (*l. c.*) de caractériser la différence qu'il y a entre ces lois purement humaines et les lois véritablement divines proclamées par les prophètes hébreux.

Ibid., dernière ligne : « Ils se complaisent donc beaucoup, etc. » Ibn-Tibbon : ויפלאו מאד; *ils s'étonnent beaucoup;* mais si le verbe arabe ויענבون avait ici le sens de *s'étonner*, il serait suivi de ממّא, et non pas de בما. Ibn-Tibbon, qui a également במה, a peut-être employé le verbe ויפלאו dans le sens de *se complaire* que nous donnons ici au verbe arabe. Quant au mot הדמיונות, il y manque le préfixe מ; les mss. ont מהרמיונות. Al-'Harîzi a mieux rendu ce passage : ותיקר נפשם מאד בעיניהם במה שהשיגו מן התעתועים ההם.

Page 303, ligne 20 : « Si par exemple une complexion *égale* est ce qu'il y a de plus égal possible, etc. » Littéralement : *comme (p. ex.) la complexion égale, qui serait ce qu'il y a de plus égal possible, etc.* Les éditions de la version d'Ibn-Tibbon ont généralement כמזג השוה; il faut lire כמזג השוה (avec *câph*), comme l'ont les mss. et l'édition *princeps*.

Page 312, ligne 7 : « Qui en dérive. » Littéralement : *qui en est*, c'est-à-dire qui fait partie du sens du toucher. La version d'Ibn-Tibbon porte : וכל שכן מאום המשגל מהם; dans le texte arabe, le suffixe féminin de מנהא se rapporte à אלחאסה, *le sens*, de sorte qu'en hébreu il faudrait dire ממנו, se rapportant à החוש; et l'on ne voit pas à quoi se rapporterait le pluriel מהם, qui se trouve aussi dans les mss. de la version d'Ibn-Tibbon. Al-'Harizi, qui a simplement וכל שכן טנוף המשגל, n'a pas rendu le mot מנהא.

Page 317, ligne 3 : « Au moyen de ce qu'on voit dans un songe. » Ibn-Tibbon : בחלום לילה; Al-'Harizi a plus exactement : במראה החלום.

Page 319, ligne 13 : « Tantôt le prophète voit Dieu. » Le sens est : *il croit voir*, ou *il lui semble voir*. Voy. p. 330, note 1.

Page 322, ligne 6 : « Au sujet de ces paroles (du livre) de Josué. » Ibn-Tibbon traduit, d'après le sens : במראה יהושע, *au sujet de la vision de Josué*.

Page 324, ligne 10 : « C'est que parfois (le prophète) voit, etc. » Le mot *parfois*, que nous avons cru devoir ajouter ici, est pris dans la conjonction פקד, qui suit (פקד ישרח), et qu'Ibn-Tibbon a rendue par un simple ו copulatif (ויפורש).

Page 330, ligne 6 : « Parfois il croit voir Dieu qui lui parle dans une vision prophétique. » Il faut traduire plus exactement : « Parfois il croit voir, dans une vision prophétique, Dieu qui lui parle. »

Page 332, ligne 5 : « Dans un moment d'inspiration. » Littéralement : *dans l'état de l'inspiration;* les mots בענין הנבואה qu'a la version d'Ibn-Tibbon ne rendent pas exactement le sens. Al-'Harizi a בדרך הנבואה, ce qui n'est pas plus exact.

Page 340, ligne 20 : « N'appellent nullement un songe celui dans lequel la prophétie leur est arrivée. » Littéralement : *n'appellent cela en aucune façon un songe, après que la prophétie leur est arrivée dans un songe.*

Page 352, note 3. Dans un ms. de la version d'Ibn-Tibbon nous trouvons : וחייב על שני לאוין על פאת זקן ופאת ראש. Les variantes qu'offrent dans ce passage certains mss. de la version d'Ibn-Tibbon ne paraissent avoir pour but que de justifier les *deux transgressions;* car, d'après les décisions des talmudistes et de Maïmonide lui-même, les deux passages du Lévitique (XIX, 27, et XXI, 5) ne font que se compléter mutuellement, et le prêtre, comme le simple israélite, ne se rend coupable que d'*une seule transgression* pour chaque coin de chevelure ou

de barbe qu'il aurait coupé. La variante que nous venons de citer ne
lève point la difficulté; car on ne voit toujours pas pourquoi l'auteur
parle de la qualité de prêtre qu'avait Ézéchiel, puisque, d'après les talmudistes, elle n'aurait rien ajouté à sa culpabilité, dût-on même en
faire un *grand prêtre* (כהן גדול), comme dit, par erreur, la version
d'Ibn-Tibbon. — Ayant eu l'occasion de parler de cette difficulté à
M. Klein, grand rabbin de Colmar, ce savant talmudiste m'a communiqué la note suivante :

« Ce passage paraît être en contradiction formelle avec le principe
établi par Maïmonide dans le ספר המצות, nᵒ 170 :

ומזה המין בעצמו האזהרה שהזהיר הכהנים לא יקרחו קרחה בראשם
ואלו ג' לאוין כבר קדמו כל ישראל בכלל ואמר לא תקיפו פאת ראשכם
ולא תשימו קרחה בין עיניכם ושרט לנפש ואולם נכפלו בכהנים להשלים
הדין לבד כמו שהתבאר בסוף מכות כשבארו משפטי אלה הג' מצות
ואלו היו לאוין מיוחדים לכהנים ולא יהיו להשלים הדין אבל מצות
בעצמן היה כהן בכל מעשה מהן חייב ב'' מלקיות מצד שהוא ישראל
ומצד שהוא כהן ואין הענין כן אבל מלקות אחת כשאר ישראל כמו
שהתבאר במקומו והבן זה ·

De même, nᵒ 171, il dit :

הזהירנו מלעשות קרחה בראש ונכפלה אזהרה זו בכהנים להשלים
הדין הזה וכו' · וכל מי שגלח שער ראשו בקרחה על מת לבד כגרים
לוקה בין היה או ישראל לוקה יעל כל קרחה וקרחה מלקות אחת
וכן כפל בכהנים ופאת זקנם לא יגלחו אמנם בא להשלים דין מצוה זו ·

D'ailleurs, ni dans le Talmud, ni dans les casuistes, ni dans les autres ouvrages de Maïmonide, nous ne trouvons que pour ces transgressions le כהן s'expose à une flagellation de plus que le ישראל, comme
il paraît résulter du passage qui nous occupe. Pour mettre Maïmonide
d'accord avec lui-même, nous croyons que ce passage peut s'expliquer
de la manière suivante :

Après avoir parlé des actes de folie et des puérilités que Dieu aurait
fait commettre au prophète, il dit : Ajoutons encore que Dieu, en lui
ordonnant de se raser les coins de la tête et de la barbe, lui aurait fait
commettre une désobéissance grave. D'abord, parce qu'il était *Cohen*
(prêtre); or, Maïmonide, dans le *Yad 'hazakâ*, traité *de l'idolâtrie*, ch. XII,
et dans le *Moré*, IIIᵉ partie, chap. XXXVII, dit que le motif de la défense
de se raser les coins de la tête et de la barbe, c'est de ne pas imiter les
prêtres idolâtres; dès lors, commander une telle transgression à un
prêtre a plus de gravité que de la commander à un laïque. Puis, comme
il y a transgression pour chaque coin de la tête et pour chaque coin de la
barbe, Dieu, en ordonnant au prophète de se raser la tête et la barbe,

lui aurait fait commettre simultanément une double transgression pour chaque coin de la tête et de la barbe. »

Cette note ne fait que me confirmer dans la pensée que Maïmonide raisonne ici simplement sur le texte du Pentateuque, sans se préoccuper des décisions rabbiniques qu'il admet lui-même dans ses ouvrages talmudiques. On trouvera un cas analogue, au ch. XLVIII de la IIIe partie, dans ce que l'auteur dit au sujet de l'enlèvement des *nids d'oiseaux*. Seulement ce qui frappe ici le lecteur, c'est que le texte arabe lui-même a les mots וחייב שני לאוין וכו' en hébreu, ce qui paraît indiquer une citation talmudique.

Page 360, ligne 11 : « Sépare et distingue. » Ibn-Tibbon n'a pas rendu le mot וּמַיְּזָהא; Al-'Harîzi traduit : והבדל הדברים בשכלך והכירם.

NOUVELLES ADDITIONS ET RECTIFICATIONS

Page 3, note 1. Dans la IIe partie du *Guide* (texte ar., fol. 11 *b*, l. 5 et 16), l'auteur désigne également cette introduction par le mot صَدْر.

Page 46, note 1. Cf. IIe partie, chap. XIX (p. 155).

Page 86, note 2. Les mots فِي ذلِك المكان ont été rendus dans la version d'Ibn-Tibbon par במקום ההוא; dans les mss. de cette version et dans l'édition *princeps*, on lit : התמרת העומד במקום אחר במקום ההוא.

Page 106, dernière ligne : « Et le mouvement circulaire de la sphère céleste. » Ibn-Tibbon et Al-'Harîzi traduisent : והיות הגלגל עגול, *et que la sphère céleste soit circulaire*. C'est évidemment un contre-sens ; car l'auteur n'a pu vouloir dire qu'il y a des gens, fussent-ils les plus ignorants, qui contestent la *forme* circulaire de la sphère céleste. Le participe arabe مستدير signifie ici *se mouvant en cercle ;* si l'auteur avait voulu exprimer le sens de עגול, *rond, circulaire,* il aurait dit دائر.

Page 117, lignes 5 et 6 : « Soit par la démonstration lorsque celle-ci est possible, soit par des argumentations solides quand ce moyen est praticable. » Par برهان (מופת), on entend la *démonstration rigoureuse*, tandis que حُجّة (טענה) désigne l'*argumentation dialectique*. Cf. p. 39, note 1.

Page 128, note 4. La leçon אלפא est peut-être la meilleure ; selon la pensée de l'auteur, les mots נבון לחש doivent peut-être se traduire par *qui sait parler à mots couverts.*

Page 139, ligne 9. Au lieu de פנים כפנים, lisez פנים אל פנים.

Page 158, ligne 22 : « Ni ne se trouve dans un corps. » Les éditions de la version d'Ibn-Tibbon portent ולא כח בגשם; le mot כח est de trop et ne se trouve pas dans les mss. de cette version. Celle d'Al-'Harizi porte ולא בגוף.

Page 179, note 2, ligne 6 : « Leur intelligence et la suprême *intelligence séparée.* » Plus exactement : leur intellect et l'intelligence séparée. Voy. II⁰ partie, chap. X (p. 88, et *ibid.*, note 1).

Page 186, fin de la note. Il ne serait pas impossible que les termes de *monades* et de *substantia simplex* eussent été empruntés par Leibnitz aux *Motécallemîn* arabes, qu'il connaissait par la lecture du *Guide* de Maïmonide. Le savant éditeur des œuvres de Leibnitz, M. le comte Foucher de Careil, a découvert dans la Bibliothèque de Hanovre, entre autres pièces inédites, un cahier renfermant des extraits du *Guide* faits par Leibnitz, d'après la version latine de Buxtorf, et accompagnés d'un petit nombre d'observations. Je dois à l'extrême obligeance de M. Foucher de Careil une copie de ce cahier, qui porte en tête les lignes suivantes, très-remarquables par le jugement que l'illustre philosophe y porte sur Maïmonide :

« Egregium video esse librum rabbi Mosis Maimonidis qui inscribitur
« *Doctor perplexorum*, et magis philosophicum quam putaram, dignum
« adeo lectione attenta. Fuit in philosophia, mathematicis, medica arte,
« denique sacræ Scripturæ intelligentia insignis. Legi versionem a
« Buxtorfio editam, Basileæ, 1629, in-4°. »

A la fin des extraits de la I⁰ partie du *Guide*, Leibnitz ajoute cette note : « Præclare distinguit Maimonides inter intellectionem et imagi-
« nationem, docetque non hanc, sed illam, de possibilitate judicare. »

Page 195, ligne 1 : « Par une de ses capacités spéculatives ou morales. » Les éditions de la version d'Ibn-Tibbon portent בטבע מטבעיו העיוניים או המדות; les mss. de cette version ont plus exactement : בקנין מקניניו; mais on y lit également le mot המדות, qu'il faut probablement changer en המדותיים.

Page 220, ligne 21 ; « Les orages destructeurs »; mieux *les feux du ciel destructeurs*, ou *les foudres destructrices*. Voy. le t. II, p. 331, note 3.

Page 221, lignes 10-13 : « C'est ainsi que toutes les actions (attribuées à Dieu) sont des actions semblables à celles qui chez les hommes émanent de passions et de dispositions de l'âme; mais, de la part de Dieu, elles n'émanent nullement etc. » Il faut peut-être (comme me l'a fait observer M. Wogue) un peu modifier cette phrase et traduire ainsi : « C'est ainsi que toutes les actions (attribuées à Dieu), — quand ce sont des actions semblables à celles qui chez les hommes émanent de passions et de dispositions de l'âme, — n'émanent nullement, chez Dieu, de quelque chose d'accessoire à son essence. » Cependant cette dernière traduction n'est admissible qu'à la condition qu'on lise dans le texte ar. (fol. 65 *b*, ligne 19) הי, au lieu de והי ; en effet, les deux versions hébraïques ont הם sans le ו copulatif.

Page 269, note 2. C'est pour avoir reconnu dans le nom tétragramme le sens d'*être* que les rabbins du moyen âge l'ont appelé שם ההויה, *le nom de l'être* ou *de l'existence*. Cependant cette opinion est rejetée par une des autorités les plus imposantes de nos jours ; voy. S.-D. Luzzatto, *Il profeta Isaia volgarizzato e commentato*, ad uso degl' Israeliti, p. 28, note.

Page 273, lignes 16 et 18 : « Une fois par semaine. » Au lieu de *par semaine*, il faut traduire : *par heptade* ou *par sept ans ;* car le mot שבוע signifie ici, comme dans plusieurs autres passages du Talmud, *une semaine d'années*, ou *un espace de sept ans*. Maïmonide, dans son *Mischné Tôrâ* (traité de la Prière, chap. XIV, § 10), remplace le mot שבוע de notre passage par שבע שנים.

Page 306, note, ligne 20 : « Les uns invoquant l'autorité d'Alexandre d'Aphrodise, etc. » Toute la théorie des Arabes a été empruntée en substance à Alexandre, qui a introduit, à ce qu'il paraît, le terme d'intellect hylique (νοῦς ὑλικός), et qui désigne cet intellect comme une certaine *disposition* ou *aptitude* à recevoir les formes : ἐπιτηδειότης τις ἄρα μόνον ἐστὶν ὁ ὑλικὸς νοῦς, πρὸς τὴν τῶν εἰδῶν ὑποδοχήν. Voy. *Alexandri Aphrodisiensis libri duo de anima et de fato unus* (à la suite des Œuvres de Thémistius), Venise 1534, in-fol., lib. I, fol. 138 *b ;* cf. lib. II, fol. 143 *b*.

Page 363, ligne 15 : « Une certaine faculté. » Ici et dans ce qui suit, nous préférons substituer au mot *faculté* le mot *force*. V. le t. II, p. 89, et *ibid.*, note 1.

Page 369, ligne 5 : « Les violents orages » ; mieux : *les feux du ciel* ou *les foudres*. Voy. le t. II, p. 331, note 3.

NOTE

SUR LE TITRE DE CET OUVRAGE [1].

————

La traduction du titre arabe (دلالة الحائرين) présente quelques difficultés; il signifie : *Indication*, ou *Guide pour ceux qui sont dans la perplexité*, *dans le trouble* ou *dans l'indécision*, et l'auteur nous explique lui-même dans l'introduction pourquoi il a choisi ce titre (voy. page 8). On voit qu'il serait difficile d'en donner une traduction qui remplît à la fois la condition de parfaite exactitude et celle de la clarté et de la concision qu'exige un titre. La traduction qui se rapprocherait le plus du sens littéral serait celle de *Guide des perplexes*, ou *Guide des indécis ;* mais elle aurait l'inconvénient de paraître prétentieuse et de ne pas présenter au premier coup d'œil une idée bien nette. La traduction hébraïque est intitulée *Moré Neboukhîm* (מורה נבוכים), et ce titre, parfaitement conforme au titre arabe, présente les mêmes difficultés. Le mot biblique נבוכים (Exode XIV, 3) a été traduit, tantôt par *embarrassés* ou *resserrés*, tantôt par *égarés* (Sept. πλανῶνται, vulg. *coarctati*). Grâce à ce double sens, le titre de notre ouvrage a été traduit de différentes manières. Buxtorf l'a rendu par *Doctor perplexorum*, ce qui, pour le premier mot, n'est pas exact ; מורה signifie ici *Ductor* ou *Indicator*. L'ancienne version latine, publiée à Paris en 1520, a pour titre : *Dux seu Director dubitantium aut perplexorum*. Raymond Martin, dans le *Pugio fidei*, cite l'ouvrage de Maïmonide sous le titre de *Director neutrorum;* Paul de Burgos, dans le *Scrutinium scripturarum*, donne le titre de *Directio perplexorum* (qui est le plus exact), et Alphonse de Spina, dans le *Fortalitium fidei*, appelle notre ouvrage *Demonstrator errantium* (Cf. Wolf, *Biblioth. hebræa*, t. III, pag. 779). Enfin, Ladvocat, dans son *Dictionnaire historique*, à l'article *Maïmonide*, traduit : *le Docteur de ceux qui chancellent.*

Ces traductions variées, auxquelles nous pourrions en ajouter d'autres encore, prouvent la difficulté qu'il y a à reproduire le titre original d'une manière à la fois concise et entièrement exacte. Le titre que j'ai adopté est depuis long-temps consacré et généralement usité chez les juifs d'Europe, notamment en Allemagne, et je n'aurais guère pu m'en écarter sans m'exposer à être taxé de pédantisme. La traduction allemande de la 3ᵉ partie, par M. Scheyer, porte le titre de *Zurechtweisung der Verirrten ;* et en France aussi, le titre de *Guide des égarés* a été adopté

—————

[1] Cette note formant, dans le t. I, un carton qui n'a pas été intercalé dans tous les exemplaires, on a cru devoir la reproduire ici.

déjà dans plusieurs écrits, et notamment dans l'excellent article que
M. Franck a consacré à Maïmonide (voy. *Dictionnaire des sciences philosophiques*, t. IV, p. 31). Ce titre a d'ailleurs l'avantage de la concision et celui de présenter au lecteur une idée précise et des mots qui s'as-
socient ensemble d'une manière naturelle. Il s'agit seulement d'avertir
que, par *égarés*, il faut ici entendre ceux qui ne savent trouver la
vraie voie dans l'interprétation de l'Écriture Sainte, hésitant entre le
sens littéral, qui blesse quelquefois la raison, et le sens allégorique, que
la foi religieuse paraît réprouver. Ceux-là, l'auteur a pour but de leur
indiquer la voie et de les tirer de leur perplexité.

Au reste, le mot *égarés* ne s'écarte pas trop de celui qui est employé
dans l'original; car le verbe حار signifie aussi quelquefois *errer, s'égarer*,
et l'on appelle, par exemple, les *planètes*, الكواكب المتحيّرة, c'est-à-
dire, astres errants (comme πλανῆτες, de πλανῶμαι). Aussi d'Herbelot
(*Biblioth. orient.*, pag. 538) n'a-t-il pas hésité à traduire le titre *arabe*
de l'ouvrage de Maïmonide par *la Guide des dévoyés*, ce qui est conforme
à notre titre de *Guide des égarés*.

FAUTES A CORRIGER.

DANS LA TRADUCTION.

Page 25, ligne dern.: mette,   *lisez* met
— 71 — 12 qui est véritablement — qui est (véritablement)
— 80 — 12 la sphère — celui de la sphère
— 91 — 4 *vents* — *vents du ciel*
— 93 — 1 qu'il a — qu'il ait
— 105 — dern. Gallien — Galien
— 144 — 3 du monde — du ciel
— 177 — 11 nécessairement — successivement
— 197 — 17 est périssable — est né et périssable
— 233 — 8 ces (deux docteurs) — ces deux (docteurs)
— 238 — 3 (*v.* 5) — (*v.* 2)
— 258 — 27 deux choses — les deux choses
— 267 — 13 *s'approcha* — *s'approchera*
— 267 — 14 *s'approchèrent* — *s'approcheront*
— 285 — 4 leurs causes — ses causes
— 285 מ 13   *effacez* pour nous
— 303 — 6 faciles   *lisez* en réalité faciles
— 313 — 3 après *indignité*, ajoutez *en Israel et consommé l'adultère*
— 316 — 4 *lui cria*   lisez *cria à Abraham*
— 328 — 5 l'a guidé et l'a dirigé — la guidait et la dirigeait

DANS LES NOTES.

Page 8, note 2, ligne 4 : être un seul instant, *lisez* un seul instant n'être
— 12 — 2 — dern. détermine — déterminent
— 16 — 3 — 2 un commencement — au commencement
— 18 — 3 — 4 en lui-même — en soi-même
— 39 — 3 — 2 en lui-même — en soi même.
— 57 — 1 — 2 est oblique — soit oblique
— 123 — 4 — 4 de même que — de même
— 124 — 4 — 7 contradicens. Et — contradicens, et
— 176 — 3 — 1 conservent — conserve
— 177 — 2 — 5 לכל אחד — לכל אחת
— 217 — 1 — 2 IIe forme — IVe forme
— 227 — 4 — 1 המכמה — החכמה
— 236 — 2 — 3 אמר — אחר
— 250 — 1 — 1 *tête* et — *tête*, et
— 288 — 4 — 6 חזק — רע
— 331 — 3 — 9 Gœtting — Gœttingue

Au tome I, page 14, ligne 15 : *ce très-profond*, lisez *c'est très-profond* ;
p. 239, notes, l. 25 : الذى, lis. النفى ; p. 335, n. 2, l. 11 : elles s'y pre-
naient, lis. elle s'y prenait ; p. 446, n. 2, l. 2 : *contés*, lis. *comptés* ; p. 456,
n. 2, l. 1 : (*existés*), lis. (*exister*) ; p. 462, l. 3 d'en-bas : mentionnait, lis.
mentionné.

FAUTES DU TEXTE ARABE.

Fol.	8 *a*	ligne	6	אלאמור	*lisez*	אלאמר
—	9 *a*	—	11	אֹכרֹג	—	אֹכרֹג
—	16 *a*	—	17	אלמלאכיה	—	אלמלאיכה
—	19 *b*	—	19	נדׄא	—	נרא
—	20 *a*	—	19	גדׄא	—	גרא
—	21 *b*	—	8	אלמחרכה	—	אלחרכה
—	28 *b*	—	8	הדׄא	—	הדׄה
—	29 *a*	—	23	כמה	—	כמא
—	34 *a*	—	3	כלמא	—	כל מא
—	39 *a*	—	23	קול	—	קיל
—	39 *b*	—	4	כרלאלה	—	כרלאלה
—	48 *b*	—	10	והכדׄא	—	והכדא
—	52 *b*	—	6	אלמריך	—	אלמריך
—	57 *a*	—	7	פצל כ	—	פצל כז
—	61 *a*	—	5	אלמדׄום	—	אלמחזום
—	65 *a*	—	13	מנהא	—	מנה
—	65 *b*	—	22	דׄכר	—	דׄכר
—	72 *a*	—	16	מכתלפתאן	—	מכתלפתאן
—	77 *a*	—	5	אעטם	—	אעטׄם
—	83 *b*	—	8	דׄלך	—	דׄלך
—	83 *b*	—	19	לאחד	—	לאחד
—	89 *a*	—	10	ותׄחקק	—	ותׄחקק
—	90 *a*	—	4	בעת	—	כעת
—	91 *b*	—	15		—	בלהנך פי כל מוצׄע
—	101 *b*	—	19		—	גם קראתי
—	102 *a*	—	13	אלמחצׄה	—	אלמחצׄה

Au tome I, fol. 64 *b*, ligne 18, au lieu de מחצׄה lisez מחצׄה

— fol. 71 *a*, ligne 17, — ואנטׄאמא — ואנטׄאמא

ואמתאלהא ועבאראתהא והדׄא גמלה מא אדׄכרה לך מן
חדׄא אלגרץׄ פי הדׄה אלמקאלה פלנקבל עלי מעאני
אכׄרי בעזרת שדי :

כמל הדׄא אלנזׄ אלתאני

מן דׄלאלה אלחאירין

יתלוה אלנזׄ אלתׄאלתׄ

אלדׄי אולה

מקדמה קד בינא מראׄד אן מעטׄם אלגרץׄ

סבב אללה לה אמראה תקותה קיל לה הנה צויתי שם אשה

אמנה לכלכלך וקאל יוסף הצדיק לא אתם שלחתם אתי

הנה כי האלהים · וקאל פי מא יכון סבבה אראדה חיואן

ותחרכה בדואעיה לחיואניה ויאמר יי לדג אך ואללה הו

אלדי אתאר לה תלך לאראדה לא אנה געלה נביא ואוחי

אליה וכדלך קיל פי אלגראד אלדי אתי פי איאם יואל

בן פתואל כי עצום דברו וכדלך איצא קיל פי

אסתילא אלוחוש עלי ארץ אדום ענד כראבהא פי איאם

סנחריב והוא הפיל להן גורל וידו חלקתה להם בקו ואן

כאן לם ידבר הנא לשון אמירה ולא צווי ולא שליחה

לכן מעני דלך קאים בין ועלי מא שאכה הדה אלצינה

איצא מן אקול פקם · וקאל איצא פי יאמר לאתפאקיה

מהצה אלאתפאק קאל פי קצה רבקה זתהי אשה לבן

אדניך כאשר דבר יי ופי קצה דוד ויהונתן קאל לך כי

שלחך יי ופי קצה יוסף וישלחני אלהים לפניכם · פקד

חבין לך כיף יעבר ען תהו אלאסבאב כיף תהיארת סוא

כאנת אסבאב כאלדאת או באלארץ או באכתיאר

או באראדה כהדה אלכם עבאראת והי צווי אמירה

דבור שליחה קריאה פאעלם הדא ותדבר פי כל

מכאן בחסבה פתרתפע שנאעאת כתירה ותבין לך חקיקה

אלאמר פי דלך אלמוצע אלדי יוהם בעדא ען אלחק ·

והדא גאיה מא אנתהי בי אלקול פיה פי אמר אלנבוה

ולשון שליחה והרא הו אלמעני אלדי ארדת אלתנביה
עליה פי הדא אלפצל אנה למא כאן אלאלאה עלי
מא קْרْר הו אלדי אתאר תלך אלאראדה לדלך אלחיואן
אלגיר נאטק והו אלדי אונב דלך אלאכתיאר ללחיואן
אלנאטק והו אלדי אגרי אלאמור אטביעיה עלי מנראהא
ואלאתْסאק. הו מן פצל זאמר אטביעי כמא בْן ואכתרה
משתרך בין אלטבע ואלאכתיאר ואלאראדה לזם בחסב
חדא כלה אן יקאל אן מא לזם ען תלך אלאסבאב אן
אללה אמר אן ינפעל כדא או קאל יכْן כדא ואנא אדْכר
לך מן הדה כלהא אמתלה ועליהא קֹם כל מא לם
אקْלה · קאל פי מא יגרי מן אלאמור אלטביעיْה דאימא
כדّובאן אלתלג אדא אחתרْ אלהוא ותמّוْ מא אْכחר ענד
הבוב אלריח קאל ישלח דברו וימסם ויאמר ויעמד רוח
סערה ותרומם גליו וקאל פי נזול אלמטר ועל העבים
אצוה מהמטיר.וגי · וקאל פי מא יכון סבבה אלאכתיאראת
אנסאניْה כקתאל קום סלטוא עלי קום או שכץ תחדّך
לאדיה שכّץ אכר חתי ולו שתמח קאל פי תסלّט נבוכדנצר
הרשע ועסאכרה אני צזיתי למקדשי קראתי גבורי לאפי
וקאל בَגוי חَגֵף אשלחנו ופי קצّח שמעי בן גרא קאל כי
יי. אמר לו קלל את חוד ופי כלאץ יוסף הצדיק מן אֹסْגْ
קאל שלח מלך ויתירדהו ופי טֹסْר פרס ומדי באלכשדים
קאל ושלחתי לבבל גרים וזרוח ופי קצّה אליהו עיה לטא

פצל מח

בׄין הו גׄרא אן כל שׄ חׄארת פלא בד לה מן סבב קׄריב
אחׄדתׄה ולׄדלך אלסבב סבב והכׄדא אלי אן ינתהי
דׄלך ללסבב אלאול לכל שׄ אעׄני משיאה אללה ואכׄתיארה
ולׄדלך קׄד תׄחׄדׄף פי אקׄאויל אלאנביא תׄלך אלאסבאב
אלמתוסׄטה כלהא וינסב הׄדׄא אלפעל אלשׄכׄצי אלחׄארת
ללה ויקׄאל אנה תעאלי פעלה והׄדׄא כלה מעלום וקׄד
קׄלנא פיה נחׄן וגׄירנא מן אלמחקׄקׄין ותׄו ראי אהל שׄריעתנא
באגׄמעהם · ובׄעד הׄרׄה אׄתׄוטיׄה אסמעׄ מא אבׄינה פי הׄדׄא
אלפצׄל ואעתברׄה אעתבאראׄ כׄציצׄא בׄה זאידׄא עלי
אעתבארך לסאיר פצׄול הׄרׄה אלמקׄאלה ואלשׄי אלׄדׄי
אבׄינה לך הו הׄדׄא אעׄלם אן אלאסבאב אלקׄריבׄה כלהא
אלתׄי עׄנהא חׄדׄתׄ מא חׄדׄתׄ לא פרק בׄין אן תׄכׄון תׄלך
אלאסבאב דׄאתׄיׄה טׄביעׄיׄה אׄו אכׄתׄיאריׄה אׄו ערׄציׄה
אׄתׄפׄאקׄיׄה ואעׄני באׄלאכׄתׄיאריׄה אן יכׄון דׄלך אׄלחׄארׄת
אכׄתׄיאר אׄנסאן חׄתׄי ולו כׄאן אלסבׄב אראׄדׄה חׄיואן מן
סׄאיר אלחׄיואׄנׄאׄת פׄאן הׄדׄא כׄלה ינסב ללה תׄעׄאׄלׄי פׄי
כׄתׄב אׄלאׄנׄבׄיא ויׄטׄלׄק עלי דׄלך אׄלׄפׄעׄל פׄי עׄבׄאׄרׄאׄתׄהׄם
אׄן אׄללׄה פׄעׄלׄה אׄו אׄמׄר בׄה אׄו קׄאׄלׄה וׄנׄא פׄי הׄרׄה אׄאׄשׄׄיׄא
כׄלׄהׄא לׄשׄׄון אׄמׄׄירׄה וׄלׄשׄׄון דׄבׄׄור וׄלׄשׄׄון צׄׄוׄׄי וׄלׄשׄׄון קׄׄרׄׄיׄׄאׄׄה

לא אן תם ספר לה תעאלי יכתב פיה וימחי כמא יטׁן
אלגמהור בכונהם לם ישערוא במוצׁע אלאסתעארה הנא
ואלכל מן קביל ואחד ואחמל כל מא לם אדכרה עלי מא
דכרתה פי הדׁא אלפצׁל וסׁצׁל אלאשיא בעקלך וסׁׁזׁחהׁא
יבן לך מא קיל עלי נהה אלמתׁל ומא קיל עלי נהה
אלאסתעארה ומא קיל עלי נהה אלאגניא ומא קיל עלי
מא ידלׁ עליה אלוצׁע אלאול בתחריר פתבן לך חׁינׁדׁ
אלנבׁואת כלהא ותתׁצח ותבקי מעך אעתקׁאראת מעקׁולה
גׁאריה עלי נסׁאם מרצׁיׁׁה ענד אללה אד לא ירצׁיה תעאלי
אלא אלחׁק ולא יסכטה אלא אכׁאטׁל ולא תתשׁשׁ אראׁוׁך
ואסׁבׁארך פתעׁתקׁד אראׁ גׁיר צׁחׁיחׁה בעׁידׁה גׁדׁא מן אלחׁק
וחׁתׁנׁהׁא שׁריעׁה ואלשׁראיׁע אנׁמׁא הׁי חׁק מחׁץׁ אדׁא
פׁהׁמׁת. כמא יגׁב קׁאל צדק עדותיך לעולם וגו׳ וקׁאל אני
יי׳ דובר צדק ובהדׁא אלאעׁתׁבׁאר איצׁא תתכלף מן תכׁילׁ
וגׁוד לם יונׁדׁה אללה ומן אראׁ קׁביחׁהׁ קׁד רבׁמׁא יׁדׁי
בעׁצׁהׁא לכפר ואעׁתׁקׁאד נקׁץ פי חׁק אללה כאחׁואׁל
אלתׁגׁסׁם ואלצׁפׁאׁת ואלאׁנׁפׁעׁאלאׁת כמׁא בׁיׁנׁא או חׁטׁן
בתׁלך אלאקׁאׁוׁיׁל אלנׁבׁוׁיׁה אנׁהׁא כׁאׁטׁל ואלאׁׁפׁׁה כׁלׁהׁא
אראׁעׁיׁה לׁדׁלׁך דׁו אהׁמׁׁאׁל מׁא נׁבׁׁהׁנׁא עׁלׁׁיׁה פׁהׁדׁה איׁצׁא
מׁעׁאׁנׁׁי מׁן סׁתׁרׁׁי תׁוׁרׁה ואׁן כׁׁאׁן קׁוׁלׁנׁׁא פׁׁיׁהׁׁא פׁׁיׁׁה אׁגׁמׁׁאׁל
פׁׁתׁׁפׁׁצׁׁׁׁיׁׁלׁׁה סׁׁׁהׁׁל בׁׁעׁׁׁד מׁׁא תׁׁקׁׁׁׁדׁׁם :

מן אלנוח · ואמא מא נצّת בה אלתורה מן תחריר אעמאה

אולאיך לאשכאץ פאני אקול אנה לם יעש דלך אלעמו

אלא דלך אלשכّץ אלמדכור וחדה ואמّא סאיר אלנאם

סעאשוא אלאעמאר אלטביעיّה אלמעתאדה ויכן הדא

אלשדוד פי דלך אלשכّץ אמّא באסבאב כתירה פי אנהّ דאיה

ותדבירה אז עלי טריק אלמעגז וגّאריّא פי אחכّאמה ולא

יתّסע אן יקאל פי הדא סّוי הדא · והכّדא איצّא ינבני אן

יתّאמّל גדّא אלאמור אלמקולה עלי גהת אלאסתّעّארה

פמנהא מא הו בّיّן ואצّח לא ישّכّל עלי אחד מתّל קולה

הّהרים והّגבעות יפّצחו לפּניכם רנّה וכל עצّי הّשّדה ימחّאו

כף פّאן הّדא בّיّן אלאסّתّעّארה וכّדּלך קّולה גם בّרושّים

שּׂמחו לּך וּגוّ תّרגם יּונתּן בּן עזّיאל אּף שּׂלטּונּין חّדّיאّ

לّך עّתּירי נּכּסּין גّעּלּה מּן בּאּב אּמּתּל מּתّل חّמּאת בּקّר

וחّלّב צּאּן וּגוّ וّהּדّה אּלّאּסّתّעּארّאּת כּתּירّה גּדّאּ גّדّאّ פّי

כּתّבّ אּנּבّוّה מּנּהّא מّא יّשّער אّّנּמّّחּור בּכּّונּהّא מּסּתّעّّארّّ

וّמّنّהّّא מّّא יّّّّّנּّّّّהّ גּّّّّّّّ מּּּּּّّّ לّّّّ אּּּّّّ לّ

פّי קּּّלّّ יّפّתّّ יّّ לّّ אّّ אּّّّ וّגّّ אّّ הّّّ אּּּّّّ

וّאّّ לّّ לّّّ אּّّ יّّّ פּّ אّ אּّّ

שּׂמּّ פּّ וّّّ עּّّ מّّ לّّ יּّّ אּّّ

אّלّ בّ וּّّ בּّ הّ עּّ גّ אּّّ וّ

נّ מّ אּّّ וّ יّّ אّ יّ קّ נّ

הّ וّ אّ אّ מּ נّ מּ אّ כّ אّ

מّ יّ מּ חّ כّ הّ עّ גّ אّ

ואלאניאארת טרף לאנה קד יאתי דלך פי נצוץ אלכתב
אלנבויה פארא חמל דלך עלי תחריר ולא יעלם אנה
אניא ומבאלגה או חמל עלי מא יגל עליה אללפט בחסב
אצע אלאול ולם יעלם אנה מסתעאר חדתת אלשנאעאת
וקד בינא. וקאלוא דברה תורה לשון הבאי יעני אלאניא
ואסתדלוא בקולה ערים גדלות ובצורות בשמים וחדא צחיח
זמן קביל אלאניא קולה כי עוף השמים יוליך את הקול
ובחסב הדא קיל אשר כגבה ארזים גבהו וגו' והדא אנהו
מונד כתירא פי כלאם אלאנביא כלהם אעני אמורא קילת
עלי גהה אלאניא ומבאלנה לא עלי גהה אלתחדיד ואלתחריר·
ולים מן הדא אלקביל מא נצת אלתורה פי עוג הנה ערשו
ערש ברזל וגו' לאן ערש הו אלסריר אף ערשנו רעננה
ולים סריר לאנסאן עלי קדרה סוא לאנה לים הו תובא
ילבסה בל אלסריר יכון אבדא אכבר מן אלשכץ אלדי·
ינאם· עליה ואלמעתאד אלמתעארף אנה יכון אטול מן
אלשכץ בקדר תלת טולה ואדא כאן טול הדא אלסריר
תסע אדרע פיבון טול אלנאים עליה עלי אלמעתאד פי
נסבה לאסרה סת אדרע או אכתר קלילא וקולה באמת
איש יריד בה בדראע אלשכץ מנא אעני מן סאיר אנאם
לא אן דלך בדראע עוג לאן כל שכץ פהו מרתנאסב
אאעצא עלי אלאכתר פיקול. אן טול עוג כאן מתלי טול
אלשכץ מן סאיר אלנאס. או אכתר קלילא והדא בלא
שך מן שדוד אלשבאן אלגנוע לבנה לים באלממתנע מנה

וקד עה"ח מקלי עולם כמא בי"נא ואנמא הו"א כלה בחלום מת'ל חלום לבן ואבימלך. כמא ד'כרנא כד'לך קול זכריה וארעה. את צאן ההרגה לכן עניי הצאן ואקח לי שני מקלות ואלקצה אלי א'כרהא מן טלב אג'רה בפתור ואכ'ד' אלאג'רה ועדד אלדראהם ורמיהא פי בית היוצר כל הד'א ראי פי מראה הנבואה אנה אמר בפעלה ופעלה פי מראה הנבואה או בחלום של נבואה הד'א ש' לא יסתריב בה ולא יג'הלה אלא מן תכ'לט ענדה אלממכנאת באלממתנעאת וממא ד'כרת תסתדל עלי מא לם אד'כרה אלכל נוע ואחד וטריק ואחד אלכל מראה נבואה פכל מא יקאל פי ד'לך אלמראה אנה פעל פיה או סמע או כ'רג' או דכ'ל או קאל או קיל לה או קאם או קעד או טלע או נזל או סאפר או סאל או סיל אלכל פי מראה נבואה ולו טאלת תלך אלאפעאל אלמוצופה וקידת באזמנה ובאשכ'אץ משאר אליהם ובאמכנה מנד' יבין לך אן ד'לך אלעמל מת'ל פאעלם עלמא יקינא אנה כאן במראה הנבואה :

פצל מז

לא שך אנה קד תבין ואת'צח אן מעט'ם נבוה אלאנביא באלאמת'אל אד' אלאלה פי ד'לך הד'א פעלהא אעני אלמתכ'ילה וכד'לך ינבגי אן יעלם איצ'א מן אמר אלאסתעארה

אנמא כאן דלך במראות אלהים ואנמא יזהם אלצעפא
אלקיאם פי הדא כלה כון אלנבי יצף אנה אמר אן יפעל
כדא פפעל והכדא וצף אנה אמר אן יחפר אלחאיט אלדי
פי הר הבית והו כאן פי בכל פדכר אנה חפרה כמא
קאל ואחתר בקיר וקד בין אן דלך כאן במראות אלהים
וכמא גא פי אברהם היה דבר יי אל אברם במחזה לאמר
וקיל פי דלך אלמראה נבואה ויוצא אתו החוצה ויאמר
הבט נא השמימה וספר הכוכבים פהדא בין אנה פי
מראה הנבואה כאן ירי אנה אכרג מן מוצע כאן פיה חתי
אבצר אלסמא תם קיל לה וספר הכוכבים ולא וצף דלך
כמא תראה וכדלך אקול פי יאמר אלדי אמר בה ירמיה
כאן ידפן אלאזור פי פרת ודפנה ואפתקדה בעד מדה
כבירה פוגדה קד עפן ופסד כל הדה לאמתאל במראה
הנבואה ולא כרג ירמיה מן ארץ ישראל לבבל ולא ראי
פרת וכדלך קולה להושע קח לך אשת זנונים וילדי
זנונים ותלך אלקצה כלהא מן ולאדה לאולאד ותסמיתהם
פלאנא ופלאנא אלכל במראה הנבואה לאנה בעד אהצריח
בכונהא אמתאלא מא בקי יאמר ילבם כאן שיא מן דלך
כאן לה ונוד אלא ענד מא קיל פינא ותחי לכם חזות
הכל כדברי הספר וגו' וכדלך יבח לי אן קצה גדעון פי
אלנצה וגירהא אנמא כאן פי אלמראה ולא אסמّה
מראה נבואה מטלקא לאן גדעון מא וצל דרגה לאנביא
פכיף דרגה אלמעגזאת ותאיתה אן ילחק בשופטי ישראל

אחד פיה ואﭏחׄק בדׄלך בעץ מא הו מן נועה ומן דׄלך אﭏבעץ
המחׄדׄל עלי מא לם אדׄכרה פממא הו בין ולא יתוהם
אחד פיה קול יחזקאל אני יושב בביתי וזקני יהודה יושבים
לפני וגו׳ ותשא אתי רוח בין הארץ ובין השמים ותבא
אתי ירושלמה במראות אלהים כדׄלך קולה ואקום ואצא
אל הבקעה אנמא כאן במראות אלהים כמא קיל פי אברהם
ויוצא אתו החוצה ודׄלך כאן במחזה כדׄלך קולה ויניחני
בתוך הבקעה אנמא כאן במראות אלהים ודׄכר יחזקאל
פי תלך אﭏמראה אלתי אﭏדׄכל פיהא ליר ושלם קאל כלאמא
הדׄא נצה וארא ה והנה חר אחד בקיר ויאמר אלי בן אדם
חתר נא בקיר ואחתר בקיר והנה פתח אחד וגו׳ פכמא
כאן ראי במראות אלהים אנה אׄמר אן יחפר חׄאיטא חתי
ידׄכל וירי מא יﭏפעל תגׄאך פחפר כמא דׄכר במראות אלהים
ודׄכל מן אלנקב וראי מא ראי וכל דׄלך במראה הנבואה
כדׄלך קולה לה ואתה קח לך לבנה וגו׳ ואתה שכב על
צדך השמאלי וגו׳ ואתה קח לך חטין ושעורים וגו׳ ובדׄלך
קולה לה והעברת על ראשך ועל זקנך כל דׄלך במראה
הנבואה ראי אנה פעל הדׄה אﭏאפעאל אלתי אׄמר כפעלהא
ותעﭏי אללה ען אן ינׄעל. אנביאה צׄחכוﬣ ללספהא וסכׄריﬣ
ודאמרﭏהם כאן יﭏפעלוﭏ אﭏפעאל אﭏרק מצׄאﬕא אלי אׄמר
כאﭏעצׄיאן לאנה כאן כהן וחייב שני לאוׄן על כל פאת
זקן או פאת ראש.ואנמא כאן הדׄא. כלה במראה הנבואה
כדׄלך פי. קולה. כאשר הלך עבדי ישעיהו ערום ויחף

פצל מו

מן אלשׂכׁץ אלוֹאחד יסׂתדׁל עלי גׁמלה אשׂכׁאץ אלנוֹע
וׁיעלם אן הדׁה צׁורׂה כׁל שׂכׁץ מנה וׁאלׁדׁי ארידה
בהדׁא אלקוֹל אן מן צׁורׁה אלוֹאחדׂה מן צׁור אכׁבׁאראׂת
אלאנבׁיא תסׂתדׁל עלי גׁמיע אלאכׁבׁאראׂת אלׂתי פי דׁלך
אׁלנוֹע וׁבׁעד הדׁה אׁתוֹטׁיה פלׁתעלם אנה כׁמא ירי אׁאנסׁאן
פי אׁנוֹם אנׁה קׁד סׁאפׁר ללבׁלד אׁפׁלׁאני וׁתזׁוׁגׁ הׁנאׁך וׁאׁקׁאם
מׂדׁה וׁׂולׁד לׁה וׁלׁד וׁסׁמׁׂאה פׁלׁאׁנׁׂא וׁכׁאׁן מׁן חׁאׁלׁה וׁׂמן
אׁמׁׂרׁה כׁׂית וׁכׁׂית כׁׂדׁׂלׁך הׁׂדׁׂה אׁלׁׂאׁסׁׂתׁׂאׁל אׁלׁׂנׁבׁׂוׁׁׂיׂה אׁלׁׂתׁׂי
תׁׂׂרׁי אׁוׁ תׁׂﬞפׁׂﬞﬞﬞﬞﬞﬞﬞﬞﬞﬞ פׁׂﬞﬞﬞﬞﬞﬞﬞﬞﬞﬞﬞﬞﬞﬞﬞﬞﬞﬞﬞﬞﬞﬞﬞﬞﬞﬞﬞﬞﬞﬞ
עׁמׁל מׁן אׁלׁאׁעׁמׁׂﬞﬞﬞﬞ וׁﬞﬞﬞﬞﬞﬞﬞﬞﬞ
תׁׁדׁׁכׁׁר בׁׁיׁׁן פׁׁﬞﬞﬞﬞ
לׁמׁׂﬞﬞﬞﬞ
אׁﬞﬞﬞﬞ
אׁﬞﬞﬞﬞ
בׁﬞﬞﬞﬞ
אׁﬞﬞﬞﬞ
וׁﬞﬞﬞﬞ
ﬞﬞﬞﬞ

מראה תם אנתהי ללאסתגראק וצאר חלום כמא בֿינֿא
פי קולה ותרדמה נפלה על אברם וקאלוא זו תרדמה של
נבואה ויכון כל כלאם יסמע עלי אי וגה סֹמע אנמא כאן
בחלום כמא גא אלנץ בחלום אדבר בו ואמא פי מראה
הנבואה פלא ידרך פיה אלא אמתאלא או אהצאלאת
עקליה תֹהֹצֹל אמורא עלמיה שבה אלתי תֹהֹצל ען אלנטֿר
כמא בֿינֿא והו קולה במראה אליו אתודע פבחסב הדא
אלתֿאויל אלאכיר תכון טראתב אלנבוֹה תמאני מראתב
ואעלאהא ואכמלהא אן יתנבא במראה עלי אלתגֿמיל
ולו כלֹמה איש כמא דֹבר ולעלך תעתרצֹני ותקול קד
עדדת פי מראתב אנבוֹה אן יכון אלנבי יסמע אלכטאב
מן אללה יכאטבה כישעיה ומיכיהו וכיף יכון הדֹא
וקאעדתנא אן כל נבי אנמא יסמע אלכטאב בוסאטֹה
מלאך אלא משה רבנו אלדֹ קיל פיה פה אל פה אדבר
בו פלתעלם אן אלאמר כדלך ואן אלואסטה הנא הי
אלקוֹה אלמתכֿיֹלֹה לאנה אנמא. יסמע אן אללֹה בלֹמה
בחלום של נבואה ומשה רבנו מעל הכפרת מבין שני
הכרובים דון תצרֹף אלקוֹה אלמתכֿיֹלֹה וקד בֿינֿא פי משנה
תורה פצול תלך אנבוֹה ושרחנא מעני פה אל פה וכאשר
ידבר איש אל רעהו וגיר דלך פתפהמה מן הנאך פלא
חאגֹה לתכראר מא קד קיל :

אלמרתבה אלעאשרה

אן ירי איש יכלّמה במראה הנבואה כאברהם איצّא פי
אלّוני ממרא וכיהושע פי יריחו ·

אלמרתבה אלחאדّיה עשרה

אן ירי מלאך יכלّמה במראה כאברהם בשעת העקידה
והרה ענדי אעלי מראתב אלנביّין אלّדין שהדת אלכתב
בחאלהם בעד תקריר מא תקרّר מן כמאל .נתקّיאת
אלשכّץ עלי מא יונבה אלנטّר ובעד אלאסתתנא במשה
רבנו אמא .חל .הל ימכן אן ירי אלנבי איצّא במראה הנבואה
כאן אללה יכّאטבה פהו בעד ענדי ולא תצّל קוّה פעל
אלמתכّילה לדלך ולא ונדנא הדה אלחאלה פי סאיר
אّנביّין ולהדא בّן פי אלתורה וקאל במראה אליו אתّודע
בחלום אדבר בו נّעל אלّדّבّור בחלום פקّט ונّעל ללמראה
אّתّצّאל אّעّקל ופّיצّה'והו קّולה אליו אתّודע לאנה אّפّתّעّאל
מן ידّע ולם יّצّרّّח באן פי אלמראה סّמّאע כّלّאם מן אללה ·
פّלّמّא ונדת אלّנّצّוّץ תّשّהּד בכّלّאם סّמّעה אלّנّבי וּבّّן
אן דّלّך במראה קّלּת עّלּי נّחּّ אלّחּّרّם אّנּה ימّכּן אّן
יّכّון הّדّא אّלّכّלّّאם אّלּّדּّי יّّסّמّע בּחّלّום וّלّا יّّצּّח מּתּّלّה
במّراّّה הّו אّن יّכּון אّלّّה הّו אّלّّדّّי אّלّّّّّّّ לّה אّّّّّ יّכّّاّّّّّّّ
חّّّّّّّ בّّّّ עّّّّ נّّّّ טّבּّ טّّّّ וّّّّّ אّّّّ יّّّّّ אّّّّّ
אّّّّّّّّّّّّّّّّّّّّّّّّ

אלמרתבה אלכאמסה

הי אן יכלמה איש בחלום כמא קאל פי בעץ נבואת
יחזקאל וידבר אלי האיש בן אדם וגו׳ ·

אלמרתבה אלסאדסה

אן יכלמה מלאך בחלום והדה חאלה אכתר אלנביאים
כקולה ויאמר אלי מלאך האלהים בחלום וגו׳ ·

אלמרתבה אלסאבעה

אן ירי פי חלום של נבואה כאנה תעאלי יכלמה כקול
ישעיה ראיתי את יי וגו׳ ויאמר את מי אשלח וגו׳ וכקול
מיכיהו בן ימלא ראיתי את יי וגו׳ ·

אלמרתבה אלתאמנה

אן יאתיה וחי במראה הנבואה וירי אמתאלא כאברהם
במראה בין הבתרים לאן תלך אלאמתאל כאנת במראה
נתאראْ כמא תבّן ·

אלמרתבה אלתאסעה

אן יסמע כלאמא במראה כמא גא פי אברהם והנה
דבר יי אליו לאמר לא יירשך זה ·

ראשי יבהלנני וקאל ואשתומם על המראה ואין מבין ולא
שך אן הדה רתבה דון רתבה הון רתבה אלדין קיל פיהם בחלום אדבר
בו ולדלך אגמאע אّאמה עלי תרתיב ספר דניאל מן גמלה
כתובים לא מן נביאים פלדלך נבّהתך אן הדא אלנחו מן
אלנבוה אלדי אתי דניאל ושלמה ואן כאן ראי פיה מלאך
בחלום פאנהמא לם יגרא פי אנפסהמא אן תלך נבוה
מחצה בל חלום יّנבי בחקיקה אמור פהו מן קביל מן
יתכלם ברוח הקדש והדה הי אלמרתבה אלّתّאניה והכדא
פי תרתיב כתבי הקדש לם יגّעלוא פרקא בין משלי וקהלת
ודניאל ותלים ובין מגלת רות או מגלת אסתר הכל ברוח
הקדש נכתבו והאולא איצّא כלהם יתסّמّון אנّביא בעמום ·

אלמרתבה אלّתّאלתה

והי אול מראתב מן יקול ויהי דבר יّי אלי ומّא נّחי מן
אלעבّאראת נחו הדא אלמעני הו אן ידי אלנבי מתّאלّא
בחלום ובתלך אّשראיט כّלהא אלّתי תקّדמת פי חّקיקה
אלנבוה ופי נפס דלך אלّחלום של נבואה יבין לה מעני
דלך אלّמّתّל אי שי אריד בה מתّל אכתר אמّתּאל זכריה
כّלהא ·

אלّמרתבה אלّראבّעה

אן יסמע כّלאמّא בّחלום של נבואה משׂרוחא בّّינّא ולא
ידי קّאילה כّמّא אّעّתّרّי שמואל פי אّול והّי אّתّّאّה עّלّי
מّא בּّّّّّّה מّן אّמّّרّה ·

לשלמה יען אשר היתה זאת עמך ולא שמרת בריתי אלדי

דלך בלא שך תואעד לה עלי יד נבי אחיה השילוני או

גירה וכדלך קולה פי שלמה בגבעון נראה יי אל שלמה

בחלום הלילה ויאמר אלהים וגו' ליסת הדה נבוה מחצّ

לא מתל היה דבר יי אל אברם במחזה לאמר ולא מתל

ויאמר אלהים לישראל במראות הלילה ולא מתל נבוה

ישעיה וירמיה לאן כל ואחד מן האולא ואן אתאה אלוחי

בחלום פדלך אّוחי יّנביه אנהא נבוה ואנה אתאה אלוחי

ופי הדה קצّה שלמה קאל פי אֹّכִרהא ויקץ שלמה והנה

חלום וכדלך פי אלקצّה אלّתאניה קאל פיהא וירא יי אל

שלמה שנית כאשר נראה אליו בגבעון אלדי תבّין אנה

חלום והדה דרגה דון אדרגה אّלמקול ענהא בחלום אדבר

בו לאן אّדין יתנבّאון בחלום לים יסמّון דלך חלום בונה

בעד וצّול אלנבוה .להם בחלום אלא יקטעון קטעّא כאן

דלך וחי כמא קאל יעקב אבינו לאנה למא אנתבה מן

דלך חלום של נבואה לם יקّל אן הרא חלום בל קטע

וקאל אכן יש יי במקום הזה וגו' וקאל אל שדי נראّה

אלי בלוז בארץ כנען פקטע אן דלך וחי אמא פי שלמה

פקאל ויקץ שלמה והנה חלום וכדלך דניאל תّגרה יטלק

אלקול אנהא מנאמאת ואן כאן ירי פיהא מלאّכّא ויסמע

כלאמה ויסّמّיהא מנאמאת ולו בעד עלמה מנהא .מא עלם

קאל אّדין לדניאל בחזוא די ליליא רזא גלי וקאל איّצّא

באّדין חלמא כתّב וגו' חזה הוית בחזוי עם ליליא וגו' וחזוי

זמן הדׄה אלטבקה כאנוא שבעים זקנים אלמקׄול פיהם

ויהי כנוח עליהם הרוח ויתנבאו ולא יספו וכׄדׄלך אלדׄד

ומׄידׄד וכׄדׄלך כל כהן גדול הנשאל באורים ותמים הו מן

הדׄה אלטבקה אעני אנה כמא דׄכרוא שכינה שׄורה עליו

ומדבר ברוח הקדש וכׄדׄלך יחזׄיאל בן זכׄריהו מן הדׄה

אלטבקה והו אלמקׄול ענה פי דברי הימים היתה עליו

רוח ייי בתוך הקהל ויאמר הקשיבו כל יהודה ויושבי

ירושלם והמלך יהושפט כה אמר ייי לכם וגו׳ וכׄדׄלך זכׄריהו

בן יהוידע הכהן מן הדׄה אלטבקה לאנה קׄיל פיה ורוח

אלהים לבשה את זכריה בן יהוידע הכהן ויעמד מעל

לעם ויאמר להם כה אמר האלהים וכׄדׄלך עזׄריהו בן עודד

אלדׄי קׄיל פיה ועזׄריהו בן עודד היתׄה עליו רוח אלהים

ויצא לפני אסא וגו׳ והכׄרא כל מן גׄא פיה מתׄל הדׄא

ואעלם אן בלעם איצׄא מן הדׄא אלקׄביל כאן פי חׄאל

צׄלאחה והדׄא אׄלמעני יריד בקׄולה וישם ייי דבר בפי בלעם

כאנה יקׄול אן ברוח ייׄי ידבר וען הדׄא אׄלמעני יקׄול הג׳

ען נפסה שומע אמרי אל · וממׄא יגׄב אן ננבׄה עליה אן

דוד ושלמה ודניאל הם מן הדׄה אׄלטבקה וליסוא הם מן

טבקׄה ישעיה וירמיה ונתן הנביא ואחׄיה השׁילוני ואנטׄארהם

לאן האולׄא אעני דוד ושׁלמה ודניאל אנמׄא תכׄלׄמוא

ודׄכרוא מא דׄכׄרוא ברוח הקדש פאמׄא קׄול דוד אמר אלהי

ישראל לי דבר צור ישראל פמעני דׄלך אנה ועדה עלׄי יד

נבי אמׄא נתן או גירה מתׄל ויאמר ייי לה ומתׄל ויאמר ייי·

אתֿפק אלא לנצרה מטלום אמא ואחד עטים או גמאעה
או למא יודֿי לדֿלך וכמא אן לים כל מן ראי מנאמא צאדקא
נביא כדֿלך לים כל מן צחבתה מעונה לאמר מא אי אמר
אתֿפק מתֿל כסב אלמאל או ניל גרץ יכֿצֿה יקאל ענה
אנה צחבתה רוח יי או יי עמו ואנה פעל מא פעל ברוח
הקדש ואנמא נקול דֿלך פי מן פעל פעלא כֿירא לה קדר
עטים או מא יודֿי לדֿלך מתֿל הצלחת יוסף בבית המצרי
אלתי כאנת סבבא אולא לאמור עטימה חדתֿת בעד דֿלך
כמא באן ·

אלמרתבה אלתֿאניה

הי אן יגד אלשׁכֿץ כאן אמראﹰ מא חלﹼ פיה וקוה אכֿרי
טרת עליה פתֿנטקה פיתכלם בחכֿם או בתסביח או באקאויל
ועטיﹼה נאפעה או באמור תדֿבירﹼה או אﹼﻻהﹼיה והדֿא כלה
פי חאל אליקטֿה ותצרﹼף אלחואסﹼ עלי מעתאדﹼהא והדֿא
הﹸ אלדֿי יקאל ענה אנה מדבר ברוח הקדש ובהדֿא
אנחﹸ מן רוח הקדש אלﹼף דוד תלים ואלﹼף שלמה משלי
וקהלת ושיר השירים וכדֿלך דניאל ואיוב ודברי הימים
וסאיר אלכתֿזבים בהדֿא אלנחﹸ מן רוח הקדש אלﹼפת
ולדֿלך יסמﹸונהא כתֿזבים יענון אנהא כתֿובים ברוח
הקדש ובכﹼיאן קאלﹸוא מגלת אסתר ברוח הקדש נאמרה
וען מתֿל הדֿה אלרוח קדש קאל חד רוח יי דבר בי
ומלתו על לשוני יעני אנהא אנטקתה בהדֿה אלאקאויל

מחֹרכֹא וראעיא ללעמל והרה תתסמֹי רוח ײי ואלשבֹץ
אלדֹי תצחבה הדה אלחאלה יקאל ענה אנה צלחה עליו
רוח ײי אֹ לבשה אותו רוח ײי או נחה עליו רוח ײי
או היה ײי עמו ונחו הדה דֹאסמא והדה הי דרגֹה שופטי
ישראל כלהם אלדֹין קיל פיהם עלי אלעמום וכי הקים
ײי להם שפטים והיה ײי עם השפט והושיעם והדה איצֹא
הי דרגֹה משיחי ישראל אֹפצֹלא כלהם ותבֹין דֹלך בהֹכֹציץ
פי בעץ אֹשֹפטים ואֹמֹלכים ותהי על יפתח רוח ײי וקיל
פי שמשון ותצלח עליו רוח ײי וקֹיל ותצלח רוח אלהים
על שאול כשמעו את הדברים וכֹדֹלך קֹיל פי עמשֹא למא
חֹרֹכֹתה רוח הקֹרש לנֹצֹרֹה דוד ורוח לבשה אֹת עמשֹ
ראֹש השלישים לך דויד ועמך בן ישֹ שלום וגֹ ואעלם
אן מתֹל הדה אֹלקֹוֹה לם תֹפֹארק משה רבֹנו מן וקֹת בֹלוֹגֹה
חֹד אלרגֹאל ולֹדֹלך תֹחֹרֹך לקֹתֹל אֹמצרי ולרדע אלכֹאטֹי
מן אֹמֹתֹשֹאגֹֹרֹין ומן שֹדֹה הֹדה אֹלקֹוה פֹיה חֹתֹי אֹנה בֹעד
כֹופה והרבֹה ענֹד וצֹולה מֹדֹין והו גֹריב כֹאֹיף למֹא ראֹי
שֹא מן אֹלשֹלֹם לם יתֹמֹאֹלך עֹן אֹזֹאֹלתֹה ולא וסעה
אלצֹבֹר עליה כמֹא קֹאֹל ויקם משה ויושען והכֹדֹא צֹחבֹת
דוד מתֹל הֹדֹה אֹלקֹוֹה מֹנֹדֹ נֹמֹשֹח בֹשֹמֹן הֹמֹשֹחֹה כֹמֹא
גֹא אֹלֹנֹץ ותצלח רוח ײי אל דוד מהֹיום ההֹוֹא ומֹעֹלה
ולֹדֹלך קֹדֹם עלי אֹלֹאֹֹרֹי ואֹלֹדֹֹב ואֹלֹֹֹֹלשֹתֹי ומֹתֹל הֹדֹה
אֹלֹרֹוֹח ײי לם תֹֹֹֹֹֹֹֹֹֹֹֹֹֹֹֹ בֹשֹ בֹל גֹאֹיֹה הֹדֹה
אֹלקֹוֹה אֹן תֹֹֹֹֹֹֹֹֹֹֹֹֹ למֹֹֹֹֹֹֹֹֹֹֹֹ

אלנבוה נביא אתאה אלוחי בצורה אחרי הרה אלמראתב
ויבין פי דלך אלנבי בעינה אנה אתאה אלוחי בצורה מרתבה
אכרי ודלך אן הרה אלמראתב אלתי אדכרהא קד יכון וחי
דלך אלנבי אתאה בעצה בחסב צורה מנהא ויאתיה וחי
אכר פי וקת וקת אכר בחסב מרתבה דון מרתבה אלוחי אלואל
לאנה כמא אן אלנבי לא יתנבא טול עמרה באתצאל בל
קד יתנבא וקתא ותפארקה אלנבוה אוקאתא כדלך יתנבא
וקתא מא בצורה מרתבה עאליה תם יתנבא וקתא בצורה
מרתבה דונהא וזקד רבמא לא ינאל תלך אלמרתבה אלעאליה
אלא מרה ואחדה פי עמרה תם יסלבהא ורבמא בקי
עלי מרתבה דונהא אלי חין אנקטאע נבותה לאנה לא
בד מן ארתפאע אלנבוה מן סאיר אלנביין קבל מותה
אמא במדה יסירה או כבירה כמא תבין פי ירמיה בקולה
לכלות דבר יי מפי ירמיה וכמא תבין פי דוד פי קולה
ואלה דברי דוד האחרנים והו אלקיאס פי אלכל ובעד
תקדימי הרה אלמקדמה ותוטיתהא אכד פי דכר אלמראתב
אלמשאר אליהא פאקול ·

אלמרתבה אלאולי

אול מראתב אלנבוה אן תצחב אלשכץ מעזנה אלאהיה
תחרכה ותנשטה לעמל צאלח עטים די קדר מתל תכליץ
גמאעה פצלאי מן גמאעה אשראר או תכליץ פאצל כביר
או אפאצה כיר עלי קום כתירין ויגד מן נפסה לדלך

אלוחי מן אן עלי הכהן אסתדעאה אלמרה בעד אלמרה
תלאת מראת תם בין אלכתאב עלה דלך וקאל אן אלרי
אוגב לה הדא וכונה מ̇נה עלי ל̇מא כאן לם יעלם חיניד
באן כלאם אללה ללאנביא יכון בהדה אלצורה ולא כאן
אנכשף לה הדא אלס̇ר בעד̇ פקאל פי תעליל דלך ושמואל
טרם ידע את יי וטרם יגלה אליו דבר יי יעני אנה מא
כאן עלם ולא אנכשף לה אן הכדא הו דבר יי ואמא קולה
טרם ידע את יי יעני אנה לם תתקדם לה נבוה לאן אלרי
יתגבא קד קיל פיה במראה אליו אתודע פיכון שרח
אלפסוק בחסב מענאה הכדא ושמואל לם יתגבא קבל
דלך ולא עלם איצא אן הכדא תכון צורה אנבוה פאעלם
הדא :

פצל מה

ובעד מא תקד̇ם מן תביין חקיקה אלנבוה בחסב מא
יקתציה אלנט̇ר מע מא תבין פי שריעתנא פאנה
ינבגי אן אדכר לך מראתב אלנבוה בחסב האדין אלאצלין
והדה אלתי אסמ̇יהא מראתב אלנבוה ליס כל מן הו פי
מרתבה מנהא הו נבי בל כל אלמרתבה אלאולי ואלתאניה
הי דרגאת ללנבוה ולא ינעד̇ מן וצל לדרגה מנהמא נביא
מן גמלה אאנביא אלרין תקד̇ם אלכלאם פיהם ואן ס̇מי
וקתא̇ מא נביא פבעמום מא לכונה קריבא מן אלאנביא
גרא ולא יגלטך פי הדה אלמראתב כונך תגד פי כתב

ישעיה ואשמע את קול יי אומר את מי אשלח ומי ילך

לנו וקד יסמע מלאכא יכלמה והו יראה והדא כתיר גדא

כמא קאל ויאמר אלי מלאך האלהים וגו' ויאמר אלי הלא

ידעת מה המה אלה ויען המלאך הדובר בי וגו' ואשמעה

אחד קדוש מדבר והדא אכתר מן אן יחצי וקד ירי אלנבי

שכץ אנסאן יכלמה כמא קאל פי יחזקאל והנה איש

מראהו כמראה נחשת וגו' וידבר אלי האיש בן אדם

וגו' בעד אן צדר לקול היתה עלי יד יי וקד לא ירי אלנבי

צורה אצלא אלא יסמע כלאמא פקט פי מראה הנבואה

ינאדיה כמא קאל דניאל ואשמע קול אדם בין אולי וכמא

קאל אליפז דממה וקול אשמע וכמא קאל יחזקאל איצא

ואשמע את מדבר אלי לאן לים דלך אלמעני אלדי אדרך

במראה הנבואה הו אלדי כלמה בל פצל תלך אלקצה

אלעגיבה אלגריבה אלתי צרח באנה אדרכהא ואכתרי

בגרץ אלוחי וצורתה פקאל ואשמע את מדבר אלי ובעד

מא קדמנאה מן הדא אתקסים אלדי שהדת בה אלנצוץ

אקול אן דלך אלכלאם אלדי יסמעה אלנבי במראה

הנבואה קד יכיל לה איצא אנה פי נאים אלעטם כמא

יחלם אלאנסאן אנה סמע רעדא עטימא או ראי זלזלה

או צאעקה פכתירא איצא מא יחלם הדא וקד יסמע דלך

אלכלאם אלדי יסמעה במראה הנבואה כאלכלאם אלמתאמר

אלמתעארף חתי לא ינכר מנה שיא יתבין לך דלך מן קצה

שמואל הנביא אלדי למא נאדראה אללה תעאלי פי חאל

וסדרהא וכאנת מנתבטה בטאעה אללה מסתהלה. לדלך
ואללה ראף ענהא מחב להא כמא קאל את ײ האמרת
היום וגו' וײ' האמירך היום וגו' ומרבּרהא ומרשדהא חינד
משה ומן בעדה מן אלנביין תם אנתקל חאלחא אלי אן
כרהת טאעה אללה פכרהתהא אללה פנעל מקדמיתהא
חובלים כירבעם ומנשה פהדא בחסב ואשתקאק לאן
חובלים מן מחבלים כרמים תם אסתדל מן דלך איצֹא
אעני מן אסמיה חובלים עלי כראהתהם אשריעה וכֹרה
אללה להם והדא אלמעני לא ישתק מן חובלים אלא
כתבדיל תרתיב אלחא ואלבא ואללאם פקאל פי מעני
אלכראהה ואלמקת מן הדא אלמתל ותקצר נפשי כהם
וגם נפשם כחלה בי פקלב אחרף חבל וגעלה בחל ונא
כחסב הדה אלטריקה אמור נריכה נדא הי איצֹא סודות
פי קולה פי אלמרכבה נחשת וקלל ורגל ועגל וחשמל
ופי מואצֹע גיר הדה ארא תתבّעתהא בדהנך באנת לך
מן פֹחֹוי הדא אלקול בעד הדא אלתנביה:

פצל מד

אלנבוה אנמא תכון כמראה או בחלום כמא בّנّא
מראת פלא נעיד הדא. ראّמא ולנקّל אלאן
אנה ארא תנבّא אנבّא פקד ירי מתלא כמא בّנّא מראת
וקד ירי אללה תעאלי פי טראה. חנבואת ובלמה כמא קאל

כתירה לם ישרח מעאנאהא פי מראה הנבואה לכן בעד
אלאגתבאה יעלם מא כאן אלקצד מתל אלמקלות
אלתי אהֹכר זכריה במראה הנבואה · ואעלם אנה כמא
ירון לאנביא אשיא יֹמראד בהא מֹתֹל מתל נרות זכריה
ואלסוסים ואלהרים ומגלת יחזקאל וחומת אנך אלדי
ראֹה עמום ואלחיות אלתי ראי דניאל וסיר נפוח אלדי
ראי ירמיה ומא אשבה דלך מן אלאמתאל אלתי יֹמראד
בהא מחאכאה מעאני כדלך ירון איצֹא אשיא אלמראד
בהא מא ינבֹה עליה אסם דלך אלשי אלמראֹ מן גהה
אלאשתקאק או לאשתראך פי לאסמיה וכאן פעל אלקוה
אלמתכֹיֹלה הי אֹתהאר שי לה אסם משתרך יסתדל מן
אחד מעאניה עלי מעני אכר פאן הדא איצֹא נוע מן
אלמתֹיל מתֹל קול ירמיה מקל שקד כאן אלגרץ לאֹסתדלאל
מן אשתֹראך שקד פקאל כי שוקד אני וגו' לא מן מעני
לעצא ולא מן מעני אללוז וכדלך רויה עטום כלוב קיץ
ליסתדֹל מנה עלי תֹמאם אלמדֹה פקאל בא הקץ ואעגֹב
מן הדא אן יכן לֹתגביה באסם מא אחרף דלך אלאסם
הי אחרף אסם אכר כתגֹיֹר תרתיבהא ואן כאן ליס תם
אשתקאק בין דֹינך לאסמין ולא אשתראך מעני בינהמא
בֹוֹנֹה כמא הגֹד פי אמתֹאל זכריה פי אהֹכֹארֹת לֹעצוֹך
לרעי אלֹגנם במראה הנבואה וכונה סֹמֹי אלואחד נעם
ואלאכר חובלים וכאן אלגרץ בהדא אֹמתֹל אן אלמלה
פי אוליה חֹאלהא כאנת פי נֹעם יי והו אלדֹי קֹאֹדֹהֹא

מעני דלך אלמתל פי דלך מראה הנבואה בעינה כמתל
מא ירי אלאנסאן מנאמא ויתכﭏל פי מנאמה דﭏך אנה
קד אנחבה וקﬢ אלמנאם עלי גידה ושרח לה מענאה
ואלכל מנאם והדא הו אלדי יסﬞמונה חלום שנפתר בתוך
חלום ומן אלמנאמארת איצא מא יﬞעלם מענאהא בעד.
אנתבאה כדלך ﭏאמתﭏל אנבויה קד תﬞשרח מעאניהא
במראה הנבואה.כמא תב﬩ פי זכריה פי קולה בעד אן צדר
תלך ﭏאמתﭏל וישב המלאך. הדובר בי ויעירני כאיש אשר
יעור משנתו ויאמר אלי מה אתה ראה וגﬡ תם שרח לה
אלמתל וכמא תב﬩ פי דניאל פי קולה דניאל חלם חזה
וחזוי ראשה על משכבה תם דכר אלמתﭏﭏארת כלהא
ודכר אנתמאמה לעדם מערפﬦ שרחהא חתי סאל ﭏמלאך
פעﭏמה שרחהא פי דלך ﭏמראה נפסה והו קולה קרבת
על חד מן קאטיא ויציבא אבעא מנה על כל דנה ואמר
לי ופשר מליﬡ יהודענני וסﬦﬞ גמיע אלקצﬦ חזון בעד
אן דכר אנה חלם חזה אר ושרחה לה מלאך כמא דכר
פי חלום של נבואה והו קולה בעד דלך חזון נראה אלי
אני דניאל אחרי הנראה אלי בתחלה והדא ב﬩ לאן חזון
משתק מן חזה ומראה משתק מן ראה וחזה וראה
במעני ואחד פלא פרק בין קולך במראה או במחזה
או בחזון לים תם פריק תאלת גיר אﬞטריקשׂ אלﬞד﬩ נצ﬩
בהמא א﬩ﬤורה במראה אליו אתודע בחלום אדבר בו לﬤ
פ﬩ דלך מראתב כמא סיב﬩ ומן ﭏאמתﭏל אנבויה אמתﭏ

נֹא אלנץ וישלח מלאך ויוצאנו ממצרים וקאל ויאמר
חֹגי מלאך יי במלאכות יי וקאל ויהיו מלעיבים במלאכי
האלהים וקול דניאל איצֿא והאיש גבריאל אשר ראיתי
בחזון בתחלה מועף ביעף נוגע אלי בעת מנחת ערב כל
דֿלך במראה הנבואה לא יכֿטר בכֿאטרך מנה אן תֿם
הֿיהֿ מלאך או סמאע כלאם מלאך אלא במראה הנבואה
או בחלום של נבואה כמא תאצֿל במראה אליו אתודע
בחלום אדבר בו וממא דֿכרת תסתדל עלי מא בקי ממא
לם אדֿכרה · וממא קדמנאה מן צֿרורה אלתהיו ללנבוה
וממא דֿכרנאה פי אשתראך אסם מלאך תעלם אן הגר
המצרית ליסת נביאה ולא מנוח ואשתו אנביא לאן הדֿא
אלכלאם אלדֿי סמעוה או חצל פי רֹועהם הו שבה בת
קול אלתי ידֿכרונהא אלחכמים דאימא והי חאלה מא
תצחב אלשכֿץ אלגיר מתהיו ואנמא יגלט פי דֿלך אשתראך
אלאסם פהו אלאצל אלדֿי ירפע אכֿתר אלמשכלאת אלתי
פי אלתורה ואעתבר קולה וימצאה מלאך יי על עין המים
וגו׳ כמא קיל פי יוסף וימצאהו איש והנה תועה בשדה
ונץ אלמדרשות כלהא אנה מלאך :

פצל מג

קד בינא פי תואליפנא אן אלאנביא קד יתנבאון באלאמתאל
ודֿלך אנה ירי שיא עלי גהה אלמתל פקד ישרח לה

וקאלוא וקיל להם וקאל הדא אלדי תאול הדא אלתאויל

אן קול אברהם ויאמר אדני אם נא מצאתי חן בעיניך אל

נא תעבר מעל עבדך אן דלך איצא וצّף מא קאל פי מראה

הנבואה לאחדהם וקאל לגדול שבחם אמרו פאפתהם הדה

אלקצה איצא פהי סّר מן אלאסראר וכדלך אקול איצא

פי קצה יעקב פי קולה ויאבק איש עמו אן דלך פי צורה

אלוחי אד ותבّן אכירא אנה מלאך והי מתّל קצה אברהם

סוא אלדי קدّם אלבארא גמלא וירא אליו יי וג' ותّם

אכד אן יבّן כיף כאן דלך והכّרא פי יעקב קאל ויפגעו

בו מלאכי אלהים תّם אכّר אן יבّן כיף פגעו בו

פקאל אנה ארסל רّסלא ופעל וצנע ויותר יעקב לבדّ וג'

והדא הו מלאכי אלהים אّמקّל עّתהם אولא ויפגעו בו

מלאכי אלהים והדא אלצّראע ואלכّטאב כّלה במראה

הנבואה וכדלך קצّה בלעם כّלהא בדרך וכّלאם אלאתאן

כّל דלך במראה הנבואה אד ותבّן אכّירא כّטאב מלאך

יّי לה וכّדלך אקّל פי קّול יהושע וישא עיניו וירא והנה

איש עומד לנגדו אן דלך במראה הנבואה אد ותבّן אّכّר

אלאמר אנה שר צבא יّי אמא קّלה ויّעל מלاך יّי מן

הגّלגّל וג' ויהי כדבר מلاך יّי את הדברים האלה אל

כّל בני ישראל פאّן אّלّחכّמים קد נצّוا אّן מلاך יّי

אّלّמקّل הّנّا הו פّנחם וקّאלّוא זה פّנחם שّבّשّעّה

שّהּّשّכּّינּّה שّّّ עّّليّّ דّّמּّ לّّמّלّّ יّّ פَّّّ بّّّ אّّ

אّّّ מّلّّ מّّّ וّّّ אّّّ אّّّ יّّّ מّّّ כّّّ

מנסובא ללה מטלקא פאנה עלי ידי מלאך פי סאיר אלאנביא
כמא בינא :

פצל מב

קד בינא אן חית מא דכר רדה מלאך אז כתאבה פאן
דלך אנמא הו במראה הנבואה או בחלם סוא צרח
בדלך או לם יצרח כמא תקדם פאעלם הדא ותפהמה
גדא גדא ולא פרק בין אן ינך אולא באנה ראי אלמלאך
או יכון סאהר אלקול אזלא אנה מנה שכץ אנסאן תם
פי אכר אלאמר תבין לה אנה מלאך מנד תגד מאל
אלאמר אן דלך אלדי ראי וכאתב כאן מלאבא פאעלם
ותחקק אן מן אוליה אלחאל כאנת מראה הנבזאה אז
חלום של נבזאה ודלך אן פי מראה הנבזאה או חלום
של נבזאה קד ירי אלנבי אללה יכלמה כמא סנבין זקד
ירי מלאבא יכלמה וקד יסמע מן יכלמה ולא ידי שכצא
מהכלמא וקד ירי שכץ אנסאן יכלמה תם בעד דלך יתבין
לה אן דלך אלמתכלם מלאך ופי מתל הדא אלנחו מן
אלנבוה ידכר אנה ראי אנסאנא יפעל או יקול זבעד דלך
עלם אנה מלאך ולהדא אלאצל אעטים רהב אחד אחכמים
דל כל כביר מן כבראיהם וחו ר' חייא הגדול פי נץ אתורה
וירא אליו יי' באלני ממרא זג' פאנה למא אן קדם גמלה
וחי זאן אללה תגלי עליה אכד אן יבין כיף כאנת צורה
דלך אלתגלי פקאל אנה אולא ראי שלשה אנשים וגי

לאן מעגאה אנה אתי תנביה מן קבל אללה לדלך לושבץ
תם בין לנא אן דלך אלתנביה כאן במנאם לאנה כמא
יסבב אללה תחרך הדא אלשבץ לנגאה שבץ אכר או
לאהלאכה כדלך סבב חדות אמור אראד חדותהא ברויה
מנאם לאגא לא נשך אן לבן הארמי רשע. נמזר עובד
עבודה זרה איצא ואבימלך ואן כאן רגלא צאלחא פי
קומה פקד קאל אברהם אבינו ען בלדה. ומטלכתה רק אין
יראת אלהים במקום הזה וגא פי כל ואחד מנהמא אעני
לבן ואבימלך ויבא אלהים אל אבימלך בחלום הלילה.
וכדלך פי לבן בחלום הלילה פאעלם הדא ותאמל אפרק
בין קולה ויבא אלהים ובין קולה ויאמר אלהים ובין קולה
בחלום הלילה ובין קולה במראות הלילה פגא פי יעקב.
ויאמר אלהים לישראל במראות הלילה וכי לבן ואבימלך
ויבא אלהים וגו בחלום הלילה ולדלך שרחה אנקלוס
ואתא מימר מן קדם יי ולם יקל פיהמא ואתגלי יי ואעלם
אנה קד יקאל ויאמר יי לפלוני ולים יכון דלך אלפלוני
נלא אתאה וחי קט לכן קיל לה דלך עלי יד נבי כמא
גא אלנץ ותלך לדרש את יי וקאלוא כביאן לבית מדרשו
של עבר והו גאובהא פקיל ענה ויאמר יי לה ואן כאן
קד קיל איצא ויאמר יי לה על ידי מלאך פיתאול פי דלך
אן יכון עבר דהו אלמלאך לאן אלנבי קד סמי מלאך
כמא סנבין או יכון אשאר ללמלאך אלדי אתי עבר בהדה
אלנבוה או יכון דלך ללתצריח באן חית מא תגד כלאמא

ללה אנה קאלה לה לכנה יצֹרֹח באנה אתֹאה דֹלך אלכלאם
במראה או בחלום. וצֹורה ארבעה אן יקול אלנבי קולא
מטלקא אן אללה כלֹמה או קאל לה אפֹעל אא אצֹנע אא
קֹל כֹדֹא מן גיר תצֹריח לא בדֹכר מלאך ולא בדֹכר חלום
אחֹבֹאלֹא עלי מא קד עלם והֹאצֹל אן לא נבוֹה ולא וחי
יאתי אלא בחלום או במראה או עלי ידי מלאך. פאמא מא
גֹא עלי אלצֹורה אלאולי פנחו קולה ויאמר אלי מלאך
האלהים בחלום ויאמר אלהים לישראל במראות הלילה
ויבא אלהים אל בלעם ויאמר אלהים אל בלעם ואמא
מא גֹא עלי אלצֹורה אלתֹאניֹה פנחו קולה ויאמר אלהים
אל יעקב קום עלה בית אל ויאמר לו אלהים שמך יעקב
ויקרא אליו מלאך ייֹ מן השמים ויקרא מלאך ייֹ לאברהם
שנית וגוֹ ויאמר אלהים לנח וידבר אלהים אל נח ואמא
מא גֹא עלי אצֹורה אלתֹאלתֹה פנחו קולה היה דבר ייֹ אל
אברם במחזה וגוֹ ואמא מא גֹא עלי אלצֹורה אלראבעה
פנחו קולה ויאמר ייֹ אל אברם ויאמר ייֹ אל יעקב שוב
אל ארץ אבותיך ויאמר ייֹ אל יהושע ויאמר ייֹ אל גדעון
וכֹדֹלך קול אבתֹרהם ויאמר ייֹ אלי ויהי דבר ייֹ אלי ודבר
ייֹ היה והנה דבר ייֹ אליו היה היה דבר ייֹ תחלת דבר
ייֹ בהושע היתה עלי יד ייֹ והדֹא אלנחֹ כתֹיר גֹדא פֹכל
מא ינֹי עלי אחד הדֹה אלארבע צֹור פֹהו נבוֹה וקאילה
נבי אמֹא מא יקאל פיה ויבא אלהים אל פלוני בחלום
חלילה פֹליסת תלך נבוֹה אצֹלא ולא דֹלך אלשכֹץ נביֹא

כׄטאב אלמלאך לה ואקאמתה לה פכר דׄלך במראה
הנבואת פפי מתׄל הדׄה אלׄחאלה תתעטל אלׄחואסׄ איצׄא ען
פעלהא ויאתי דׄלך אלפיץׄ ללקוׄה אנאטׄקה ויפיץׄ מנהא
עלי אלׄמתכׄילה פתכׄמל ותפעל פעלהא וקד יכׄתרי אלׄוחׄי
במראה הנבואה תׄם יעטׄם דׄלך אלאנזעאג ואלאנפעאל
אלשדׄיד אלתׄאבע לכׄמאל פעל אלׄמתכׄילה וחׄינׄד יאׄתי
אׄוחׄי כמא גׄא פי אברהם אלדׄי גׄא פי אבׄתרא דׄלך אׄוחׄי
היה דבר יי אל אברם במחזה וׄאׄברה ותרדמה נפלה
על אברם וגו׳ ובעד דׄלך ויאמר לאברם וגו׳ · ואעלם אן
כׄל מן דׄכר מן אלאנביא אנה אתׄאה אלׄוחׄי פׄאן מנהם
מן ינסׄב דׄלך למלאך ומנהם מן ינסׄב דׄלך ללה ואן כאן
דׄלך עלי ידי מלאך בׄלא שך קד נצׄוא אלחכמים זׄל עלי
דׄלך וקׄאלוא ויאמר יי לה על ידי מלאך ואעלם אן כל
מן גׄא פׄיה נץׄ אן כׄלמה מלאך אׄו אתׄאה כׄלאם מן אללה
פׄאן דׄלך לא יכון בׄונׄה אלא בׄחלום אׄו במראה הנבואה
וקׄד גׄא אׄלׄאׄכבׄאר ען אׄכׄלאם אלׄואׄצׄל ללאנביא עלי מא
גׄאת בׄה אׄלׄעבׄארה פׄי אׄכׄתב אׄנׄבׄויׄה עלי ארבע צׄור · אׄצׄורה
אלׄאולי יצׄרׄח אלנבי אן דׄלך אלׄכׄטׄאב כׄאן מן אלׄמלאך
בׄחלום אׄו במראה · ואלצׄורה אלׄתׄאׄנׄיׄה אן ידׄכר כׄטׄאב
אלׄמלאך לה פׄקׄט ולא יצׄרׄח אן דׄלך כׄאן בׄחלום אׄו במראה
אׄתׄכׄאלׄא עלי מא קׄד עׄלם אן לא וחי אלא עלי אחד
אלׄוׄגׄהׄין במראה אליו אתׄודׄע בׄחלום אדׄבר בו · ואלצׄורה
אלׄתׄאׄלׄתׄה הׄי אן לא ידׄכר מלאך אצׄלא בׄל ינסׄב אׄלׄקׄול

אלתי הי עאר עלינא כמא דכר ארסטו ולא סימא קראַרה
אנכאה מנהא ולדלך פצّח אללה בהא כל מדَע ליתבّן
אלחק ללמחקّקין ולא יצّלוא ולא ינלטוא אלא חרי צדקיה
בן מעשיה ואחאّב בן קוליה כיף אדّעיא אנבוّה ותבّעוהמא
אנאם ואתיא באקאויל וחיّ גארת לגירהמא ואנהמכא פי
כَבّאסה לדّה אלגّמאע חרّי זניא בנסא אצחאבכהמא
וّתّבّאעהמא חתّי אשהרהמא אללה כמא פצّח גירהמא
פّאחרקّהמא מّלך בבל כמא בّן ירמיّה וקّאל ולקח מהם
קללה לכל גלות יהודה אשר בבבל לאמר ישׂמך יי כצדקיהו
וכאחב אשר קלם מלך בבל באש יען אשר עׂשו נבלה
בישׂראל וינאפו את נשׂי רעיהם וידברו דבר בׂשמי שקר
אשר לא צויתים ואנכי הׂיודע ועד נאם יי פّאפהם הדא
אלמקّצّד :

פצל מא

לא אَחתּאג אן אבّן אלחُלּוֹם מא הו אמּא אלّמَרّאָה וّהו
קّולה במראה אליו אתּודّע והי אלתי תّהّסّّ מראה
הנّבוّאה ותّّهّسّّ איّצّא יד יّי והי איّצّّא תّّهّסّّ מחוّה פّהי
 חّאלה מّّّّّّ'עّّّّّّّّّّّ תّצّחּב אלّנّבּי פّי חّّّّאّל איّّّّّّّّّّ כّמّא
תّבּّّן פّי דּנّّّّّّّ פּّّّّ קّולּّّّ וּّّّّ אּّّّّ הּּّّ הّّّ הّّ הّّ הّّّ
ולא נשׂאר בי כח והודי נהפך עלי למׂשחית ולא עצרתי
כח וקّّ וّّ הּּّ הּّ נّّ נ נּّ הּّّّ פّّّ פّّ אּّّ פّّ

אלתי ידֹעי פיהא אנהא נבויה ומנהא נבויה חקיקיה אעני
אלאהיה ומנהא נאמוסיה ומנהא מנתחלה · פאדֹא מא
וגדת שריעה מא גאיתהא כלהא וקצד ראיסהא כלה אלדי
קדֹר אפעאלהא אנמא הו אנתטֹאם אלמדינה ואחואלהא
ורפע אטֹלם ואתגאלב מנהא ולא יכן פיהא תעריג בונה
עלי אמור · נטריה ולא אתפאת לתכמיל אלקוה אלנאטקה
ולא יבאלי פיהא ען אלארא כאנת צחיחה או סקימה
בל אקצד כלה אנתטֹאם אחואל אנאם בעצֹהם מע בעץֹ
באי וגה כאן ואן ינאלוא סעאדה מא מטֹנונה בחסב ראי
דלך אלראיס פהעלם אן תלך אלשריעה נאמוסיה ואאצֹעהא
כמא דכרנא מן אהל אלצנף אלתאלת אעני אלכאמלין פי
אלקוה אלמתכֹילה פקט · ואדֹא וגדת שריעה נמיע תדביראתהא
תנטֹר פי מא תקדֹם מן צלאח אלאחואל אלבדניה ופי צלאח
אלאעתקאד איצֹא ותנעל וכֹדהא אעֹטֹא ארא צחיחה פי
אללה תעאלי אולא ופי אלמלאיכה ותרום תחכים אלאנסאן
ותפהימה ותנביהה. חתי יעלם אלונוד כלה עלי צורה
אלחק פאעלם אן דלך אלתדביר מן קבלה תעאלי ואן תלך
אלשריעה אלאהיה ובקי אן תעלם הל מֹדֹעי דלך הו אלכאמל
אלדי אוחי עליה בהא או הו שבֹץ אדֹעי תלך לאקאויל
ואנתחלהא · וונה אמתחאן דלך הו אעתבאר כמאל דלך
אלשבֹץ ותעקֹב אפעאלה ותאמֹל סירתה ואכבר עלאמאתך
אטראח אללדֹאת אלבדניה ואלתהאוֹן בהא פאן הדא אול
דרגאת אהל אלעלם פנאהיך אלאנביא וכבאצֹה אלחכמה

ואכראנה ללפעל והמא אסלטאן אלאכר כדלך אנאמום
ומדעי אלנבוה אלאכר בשריעה אלנבי אמא אמא כלהא או
בעצהא יכן אכּרה אלבעץ ותרך אלבעץ אמא לאן דלך
כאן אסהל עליה או ליוהם אן הדה אן אאמר אתתה באלוחי
ולים הֶן תאבעאּ פיהא לגירה עלי נהה אלחסד לאן מן
אנאם מן יענבה כמאל מא ויסתלדה ויהואה ויריד אן יתכّל
פיה אלנאם אן ענדה דלך אלכמאל ואן כאן הו יעלם
אן לא כמאל ענדה כמא תרי כתירין ידّעון שער נירהם
וינתחלונה וכדלך פّעל פי בעץ תואליף אהל אלעלם ופי
גّזאّאת עלום עלום כתירה יסקט לשבּץ חאסד מתّוﭏ שי אבחﭏדﭏﭏﭏﭏ
נירה פידّעי אנה אבﭏחﭏﭏﭏﭏדﭏﭏ

נוע מן אנואע אלאכלאק בונה אלא מא תגד צורתהמא
אטאהרה מתֹשקה ועלה דלך אלכתלאף אלמזאג פתכתלף
אלמואד פתכתלף איצֹא אלאעראץׁ אלתאבעה ללצורה לאן
לכל צורה טביעיה אעראצֹא מא כציצֹה תאבעה להא גיר
אלאעראץ אלתאבעה ללמאדה וליס מתל הדא אלאכתלאף
אלשכצי אלעטֹים מוגודא פי שׁ מן אנואע אלחיואן כל
אלאכתלאף בין אשכאץ כל נוע מתקארב אלא אלאנסאן
פאנך תגד אלשכצין מנֹא באנהמא מן נועין פי כל כֹלק
וכֹלק חתי תגד קסאוה שכץ תצל לחֹז אן ידֹבח צגיר בניה
מן שדה אלגצֹב ואבר ישפק עלי קתֹל בקה או אחד אלחשראת
ותרֹק נפסה לדלך והכדא פי אכתר אלאעראץ פלמא כאנת
טביעתה תקתצֹי אן יכון פי אשכאצה הדא אלאכתלאף
וטביעתה צרורי להא אלאגתמאע לם ימכן בונה אן יתֹם
אגתמאעה אלא במדבֹר צרורה יקֹדֹר אפעאלהם ויכמֹל
אלמֹפֹרֹט ויקֹצֹר אלמֹפֹרֹט ויסֹן אפעאלא ואכלאקא יפעלונהא
כלהֹם עלי סנן ואחד דאימא אלי אן יכפי אלאכתלאף
אלטביעי פי כתֹרה אלאהֹפאק אלוצֹעי פינתֹם אלגמע
ולדלך אקולֹ אן אלשריעה ואן לם תכֹן טביעיה פלהא
מדכל פי אלאמר אלטביעי פכאן מן חכמה אלאלאה פי
בקא הדא אלנוע למא שא וגודה אן גֹעל פי טביעתה אן
יכון לאשכאצה קוֹה תדביר פמנהם מן יכון הו נפסה אלדי
אֹנבֹי בדלך אׁלתדביר והו אלנבֹי או ואצֹע אֹנאמוס ומנהם
מן חמֹן לה קוֹה ללאלואם בעמל מא וצֹעאה ראנך ותבעה

סהולתהא באלחקיקה ענד אלקאמלין ולד'לך קאל מה יי
אלהיך שואל מעמך וגו' וקאל המדבר הייתי לישראל וגו'
לכן הד'א כלה באלאצ'אפה ללפצלא אמא אהל אלטלם
ואלגצב ואלתסלט פאצ'ר שי ענדהם ואצעבה אן יכון תם
קאץ' ימנע אלתסלט וכד'לך אלשרהן אלאכ'סא אצעב שי
ענדהם מנע אתס'יב פי אלזנא ואיקאע אלקצאץ בפאעלה
והכד'א כל נאקץ ירי אן מנע אלשר אלד'י יותרה בחסב
רד'ילתה אלבלקיה כלפה. עטימה ולים תקאים סהולה
אלשריעה וצעובתהא בחסב הוי כל שריר כסים די רד'איל
כלקיה ואנמא תעתבר. בחסב אלכאמל מן אלנאם אלד'י
מקצוד הד'ה אלשריעה. אן יכון אלנאם כלהם דלך ל'אנסאן
סהרדה. אלשריעה פקט הי אלתי נסמיהא שריעה אלאהיה
אמא מא סואהא מן אלתדביראת אלמדניה כנואמים איונאן
והד'יאנאת אלצאבה. תירדהם פכל דלך מן פעל אקואם
מדברין לא אנביא כמא בינת מראת:

פצל מ

קד בּין גאיה אלמאן אן אלאנסאן מדני באלטבע ואן
טביעתה אן יכון מגתמעא ולים הו כסאיר אלחיואן
אלד'י לים מן צ'רוריאתה אלאגתמאע ולכתרה אלתרכיב
פי הד'א נוע לאנה. אכ'ר מרכב כמא עלמת כתר אתבאן
בין אשכאצה חתי יכאד אן לא תגד שכצין מתّפקין פי

ומרשדון לא אן יקולוא ויאמר יי אלי דבר אל בני פלוני

הכדא כאן לאמר קבל משה רבנו ואמא משה פקד עלמת

מא קיל לה ומא קאל וקול אלכאפה לה היום הזה ראינו

כי ידבר אלהים וגו' אמא כל נבי מנא תאבֿר בעד משה

רבנו פקד עלמת נץ קצצהם כלהא וכונהם במנזלה אלﭏﭏאﭏﭏ

ללנאם דאעין לשריעה משה יתואעדון לאראגב ענהא וייועדון

מן אסתקאם פי תבעהא וכדלך נעתקד אן הכדא לאמר

דאימא כמא קאל לא בשמים היא וגו' לנו ולבנינו עד עולם

והכדא ילזם אן יכון לאן אלשי אלכאמל עלי גאיה מא

ימכן פי נועה לא ימכן אן יוגד גירה פי נועה אלא נאקצא

ען דלך אלכמאל אמא באפראט או בתפריט כאלמזאג

אלמעתדל אלדי הו גאיה אעתדאל דלך אלנוע פאן כל

מזאג כארג ען דלך לאעתדאל יכון פיה תפריט או אפראט

כדלך לאמר פי הדה לשריעה כמא בﭏ מן אעתדאלהא

וקאל חקים ומשפטים צדיקים וקד עלמת אן מעני צדיקים

מעתדלה ודלך אנהא עבאדאת לא כלפה פיהא ולא

אפראט כאלרהבאניה ואלסיאחה ונחוהמא ולא תפריט

יוגב אלשרה ואלאנהמאך חתי ינקץ כמאל אלאנסאן פי

אכלאקה ונצֿרה כמתל סאיר נואמים אלמלל לאמלה לסאלפה

ואדא תכלמנא פי הדה לﭏמקאלה פי תעליל לשראיע תבﭏ

לך מן אעתדאלהא וחכמתהא מא ינבני אן יתבﭏ ולדלך

קיל פיהא תורת יי תמימה ואמא מן יזעם אן כלפהא שדידה

וצעבה ואן פיהא משקה פכל דלך גלט. פי לתאמל וסאבﭏ

שריעה משה רבנו וביאן דלך בחסב מא נצֿת עליה אכתב
אנבייֿה ונֿא פי אלאֿתֿאר הו אן כל מן תקדֿם משה רבנו
מן אֿאנביא מתֿל אֿאבות ושם ועבר ונח ומתושלח וחנוך
לם יקֿל אחד מנהם קט לצנֿף מן אֿנאם אן אללה ארסלני
לכם ואמרני אן אקול לכם כדֿא וכדֿא וקד נהאכם ען פעל
כדֿא ואמרכם בפעל כדֿא הדֿא שֿי לא נץ אלתורה שהד בה ולא
כבר צחיח אתי בה בל אנמא כאנוא האולא יאתיהם וחי מן
אללה עלי מא בֿינֿא פמן עטם עליה דלך אלפין מתֿל
אברהם גמע אנאם ודעאהם עלי גהֿה אלתעלים ואֿארשֿאד
אלי חק קד אדרכה כמא כאן אברהם יעלם אנאם ויבֿיֿן
להם באדלֿה נטֿריֿה אן ללעאלם אלאהֿא ואחדֿא ואנה כֿלק
כל מא סואה ואנה לא ינבני אן תֿעבד הדֿה אלצור ולא
שֿי מן אלמכֿלוקאֿת וייהֿד אלנאם עלי דלך ויגֿדבהם
בכֿטב חסנֿה ואחסאן להם לא אנה קאל יֿמא קט אן
אללה בעתֿני לכם ואמרני ונהֿאני חתֿי אנה למא אֿמר
באלכֿתאן הו ובנוה ודֿוה כֿתנהם ולם ידֿע אלנאם לדֿלך
בצורה דעוֹה אֿנבוֿה אלא תרי נץ אלתורה פיהֿ כי ידעתיו
וגוׂ פקד בֿיֿן אנה עלי גהֿה אלוציה פקט כאן יפעל וכֿדלך
יצחק ויעקב ולוי וקהת ועמרם עלי הדֿה אלצורה כאנוא
ידֿעון אלנאם וכֿדלך הגד אֿחכמים יקולון פי מן תקדֿמה
מן אלנביֿין בירת דינו של שם עבר בירת דינו של מתושלח
מדרשו של מתושלח כלהם עליהם אֿסלאם אנמא כאנוא
אנביא יעלﬞמון אלנאם אלנאם בצורﬣ אנהם מדרסון ומעלﬞמון

מֹן אנה אלאן רכל עליה ללבית ולים אלאמר כֹדלך בל
חו מן גמלה מן לם יכרג ודהֹא מוצֹע מן אֹמוֹאצֹע אֹמנלטה
אלמהלכה וכם הלך כֹה מן אלדין ירידון אלתמייז ומן
אגֹל הדֹא תגֹד אקואמא צֹחْחוֹא אראהם כמנْאמאת ראוْהْא
פْטֹנْוْא אן דלך אْמראْ פֹי אלנום הו שֹי ניר אْראْ אלדֹי
אעْתקדוה או סْמעוה פֹי חֹאל אْליקْטֹה פْלْדלך ינْבֹני אן
לא יْלْתْפְֹת למْן לם תْכْמל קוْתה אْנْאטْקْה ולא חْצֹל עלי
גْאْיה אْלْכْמאْל אْלْנْטֹרי פֹאْן דלך אْלْהْאْצֹל עْלי אْלْכְֹמאْל
אْנْטֹרי הו אْלْדֹי יْמْכْן אْן יْדْרْך מְעْלוْמאْת אْכْרי עْנْד פֹיץְ
אْלْעْקْל אْלْאْלْאהْי עْליה והْו אْלْדֹי הْו נْבֹי בْאْלْחْקْיקْה קْד
גْא אْלْתْצْרْיْח בֹْדלך ונْבֹיْא לْבֹב חْכْמה יْקֹול ְ אْן אְֹלْנْבֹי
בْאْלْחْקْיקْה הْו לْבֹב חْכْמה פْהֹדْא אْיْצֹא מْמْא ינْבֹני אן
יְٔעْלْם :

פצל לט

וْא־֫דֹ ותْכْלْמْנْא פֹי מْאْהْיה אْלْנْבֹוْה וערֹפْנְא ְחْקֹיקْתْהْא
וْבْיْנֹْא אْן נْבֹוְה מْשה רْבֹנו מْכْאْינה לْנْבֹוְה מְֹן סْוْאْה
פْלْנְקֹל אْן עْן דְֹלך אْלْאْרْדֹאْך וْחْרْה לْזْמْת אْלْדֹעְֹוה אْלي
אْשْרْיْעֹْה וْדֹْלך אْן הְֹדה דْעְֹוْה מْשה רْבֹנו לْנْא לْם תْתְֹקْדْם
מْתֹלְהְֹא לْאْחْד מְמْן עْלْמْנְֹאה מְן אْדְֹם אْליْה וْלא תْאْכְֹרْת
בْעْדْה דْעְֹוְה מْתֹלְהְֹא לְֹאْחْד מْן אْנْבֹיْאْיْנְֹא וْכְֹדְֹלך קְֹאْעְֹדْה
שْרْיْעْתْנְֹא אْנְֹה לْא יْכְֹון נْיْרْהְֹא אْבֹْדا פْלֹْדْלך בْחْסְֹב ְראْינְֹא
לְֹם תْבֹْן תְֹם שْרْיْעֹْה וْלא תְֹכْون נْיْר שْרْיْעֹْה וْאْחְֹרْה וْהْי

הו איצ'א יכמל פעל אקוה אנאטקה חתי יחצל מן פעלהא
אן תעלם אמורא חקיקיה אוגד ויחצל להא הדא לאדראך
כאנהא אדרכתה ען מקדמאת נט'ריה הדא הו אלחק אלד'י
יעתקדה מן יוֹתֹר לאאנצאף לנפסה לאן לאאשיא כלהא תשהד
בעצ'הא לבעץ' ותדל בעצ'הא עלי בעץ' והדא ינבני אן יכון
פי אלקוה אנאטקה אחרי. אד' חקיקה פי~ אֹעקל אֹפעאל
אנמא הו עליהא והו יכרנהא ללפעל ומן אקוה אנאטקה
יצל אלפי~ן ללמתכֹילה פכי~ף יחצל מן כמאל אֹמתכֹילה
הדא אלקדר והו אדראך מא לם יצלהא מן אֹחואסֹ ולא
יצל מתֹל הדא ללנאטקה והו אדראך מא לם תדרכה
במקדמאת ותנתיג' ופכר והדא הו חקיקה מעני אלנבוה
ותלך לאארא הי אלתי יכתֹן בהא לאֹעלאם אֹנבֹי ואנמא
אשתרטת פי קולי אלאנביא אֹחקיקין לאתכֹלץ מן אהל
אלצנף אלתאאלֹת אלדין לא נטקיאֹת להם אצלא ולא
עלם אלא מא מנרד כיאלאת וט'נון ולעלהא איצ'א אֹעני תלך
אלחי ידרכונהא אֹולאיך אנמא הי ארא כאנת להם ובקיה
אֹתאראֹת מרתסמה פי כיאלאתהם מע ג'מיע מא פי קותהם
אֹמתכֹילה פלמא עטֹלוא כיאלאת כתֹירה ואבטלוהא בקית
אֹתאר תלך אלאארא וחדהא פטֹהרת להם פט'ננוהא שיא
טאריא ואמרֹא ג'א מן כֹארג' ומתאלהם ענדי מתֹאל אנמאן
מעה פי ביתה אלאﬞﬞף מן אשכֹאץ אלחיואן פכֹרג' כל מן
פי דֹלך אלבית אלא שבֹץ ואחד כאן פי ג'מלה מן פי
אלבית פלמא בקי דֹלך אלאנסאן מע דֹלך אלשבֹץ וחדה

אן מן קוֹה הרא אֹשעוֹר יֹמֹ אֹלֹדֹהן עלי תֹלֹך אֹמֹקֹדֹמֹאת
כֹלֹהֹא וינֹהֹג מנהא פי אקֹצֹר זֹמֹאן חֹתי יֹטֹן אן דֹלֹך פי
לא זֹמֹאן וֹבֹהֹדֹה אֹלֹקוֹה ינֹדֹר בֹעֹץֹ אֹנֹאם בֹכֹאינֹאת עֹטֹימֹה·
ולא בֹד אן תֹכוֹן הֹאתֹאן אֹלֹקוֹתֹאן פי אֹאנבֹיא קוֹיֹתֹין גֹדֹא
אֹעֹני קוֹֹה אֹאקֹדֹאם וקוֹֹה אֹשֹעוֹר וֹעֹנֹד פֹיֹץֹ· אֹעֹקֹל עֹליהם
תֹקוֹי הֹאתֹאן אֹלֹקוֹתֹאן גֹדֹא גֹדֹא חֹתי יֹכוֹן אֹנֹתֹהֹי דֹלֹך לֹמֹא
עֹלֹמֹת וֹהֹו אן קֹדֹם אֹלֹשֹבֹץֹ אֹמֹפֹרֹד בֹעֹצֹאה עֹלי אֹלֹמֹלֹך
אֹעֹטֹים ליֹכֹלֹץֹ מֹלֹה מן תחת רֹקֹה זֹלֹם ירֹתֹע וֹלֹא אֹסֹתֹהֹוֹל
דֹלֹך לֹמֹא קֹיל לֹה כי אֹהֹיֹה עֹמֹך וֹהֹדֹה חֹאֹלֹה תֹכֹתֹלֹף
איֹצֹא פֹיהם לֹכֹן לא בֹד מֹנֹהא כֹמֹא קֹיל ליֹרֹמֹיֹה אל תֹירֹא
מֹפֹניהם וגֹ' אל תֹחת מֹפֹניהם וֹנֹי' הֹנֹה נֹתֹתֹיך היֹוֹם לֹעֹיר
מֹבֹצֹר וֹנֹי' וֹליֹחֹזֹקֹאל קֹיל אל תֹירֹא מֹהֹם וֹמֹדֹבֹריהם וֹהֹכֹדֹא
הֹגֹרֹהם כֹלֹהם עֹליהם אֹסֹלֹאם דֹוי אֹקֹדֹאם שֹדֹיד וֹבֹוֹפֹוֹר
קוֹֹה אֹשֹעוֹר איֹצֹא פֹיהם יֹכֹבֹרוֹן בֹאֹכֹאינֹאת פי אֹסֹרֹע וקֹת
וֹיֹכֹתֹלֹף דֹלֹך איֹצֹא פֹיהם כֹמֹא עֹלֹמֹת· וֹאֹעֹלֹם אן אֹאנבֹיא
אֹלֹחֹקֹיקֹיֹין תֹחֹצֹל לֹהם אֹדֹרֹאֹכֹאת נֹטֹריֹֹה בֹלֹא שֹך לֹא
יֹקֹדֹר אֹלֹאנֹסֹאן בֹמֹגֹֹרֹד אֹלֹנֹטֹר עֹלי אֹדֹרֹאֹך אֹלֹאֹסֹבֹאב
אֹלֹתי יֹלֹזֹם עֹנֹהֹא דֹלֹך אֹלֹמֹעֹלֹום וֹנֹטֹיר הֹדֹא אֹבֹבֹאֹרֹהם
בֹאֹשֹיֹא לא יֹקֹדֹר אֹאנֹסֹאן בֹמֹגֹֹרֹד אֹחֹדֹם· וֹאֹלֹשֹעוֹר אֹעֹאם
אֹן יֹכֹבֹר בֹהֹא לֹאֹן דֹלֹך אֹלֹפֹיֹץֹ בֹעֹינֹה אֹלֹדֹי פֹאֹץֹ עֹלי
אֹלֹקוֹֹה אֹלֹכֹיֹאֹליֹה חֹתֹי כֹמֹלֹֹהֹא אֹלֹי אן חֹצֹל מן פֹעֹלֹהֹא
אן תֹכֹבֹר בֹמֹא סֹיֹכוֹן וֹתֹדֹרֹכֹה כֹאֹנֹהֹא אֹמֹור קֹד אֹחֹֹסֹת
בֹהֹא אֹחוֹאֹֹם וֹוֹצֹלֹת אֹלֹי הֹדֹה אֹלֹמֹתֹכֹֹילֹה מן נֹחֹֹו אֹחוֹאֹֹם

פצל לח

אעלם אן פי כל אנסאן קוה אקדאם צרורה ולולא דלך
למא תחרך בפכרה לדפע מא יאדיה והדה
אלקוה פי אלקוי אנפסאניה ענדי שבה אלקוה אלדאפעה
פי אלקוי אלטביעיה והדה קוה לאקדאם תכתלף באשדה
ואלצעף כסאיר אלקוי חתי אנך תגד מן אנאם מן יקדם
עלי אלאסד ומנהם מן ינפר מן אלפאר ותגד אלואחד
אלדי יקדם עלי אלגיש ויחארבה ותגד מן אלא צאחרת
אמראה עליה רעד ובאף ולא בד איצא אן יכון תם תחזֹ
מזאגי פי אצל אלגבלה ויתזוד דלך ויכרג מא פי אלקוה
באלאסתחכראג ובחסב ראי מא וכדלך ינקץ איצא בקלה
אלמבאשרה ובחסב ראי מא ומן סֹן אלטפוליֹה יתבין לך
פי אלצביאן ופור הדה אלקוה פיהם או צעפהא · וכדלך
הדה קוה אלשעור הי מוגודה פי גמיע אלנאם ותכתלף
באלאקל ואלאכתר וככאצה פי אלאמור אלתי ללאנסאן
בהא ענאיה שדידה ופכרתה גאילה פיהא חתי אנך תגד
פי נפסך אן פלאנֹא קד קאל כדא או פעל כדא פי אלקצה
אפלאניה פיכון אלאמר כדלך ותגד מן אנאם מן חדסה
תשעורה קוֹ גדא צאיב חתי יכאד אן לא יתכֹל אן אמרֹא
יכון אלא ויכון כמא תכֹיל או יכון בעצה ואסבאב דלך
כתירה מן קראין עדה מתקדמה ומתאכרה ואאצרה ניר

מנה מא יוגב לה אן ידעו אלנאס ויעלמהם ויפיץ עליהם
מן כמאלה פקד תבין לך אן לולא הדא אכמאל אלאזיד
למא אלפת אלעלום פי אלכתב ולא רעוא אלאנביא אנאם
אלי עלם אלחק לאן לא יזלף עאלם שיא לנפסה ליעלם
נפסה מא קד עלם בל טביעה הדא אלעקל אלכדא הי
אנהא תפיץ אבדא ותמתד מן קאבל דלך אלפיץ לקאבל
אכר בעדה חתי תנתהי אלי שכץ לא יתכן אן יתעדﾣאה דלך
אלפיץ בל יכמלה פקט כמא מתלנא פי בעץ פצול הדה
אלמקאלה וטביעה הדא אלאמר תוגב למן וצל לה הדא
אלקדר אלזאיד מן אלפיץ אן ידעו אלנאס ולא בד קﾣבל
מנה או לם יקבל ולו אדי פי נסמה חתי אנﾣא וגרנא
אנביא רעוא אנאם אלי אן קﾣתלוא ודלך אלפיץ לﾣאלאהי
יחרﾣכהם ולא יתרכהם יקרﾣוא ולא יסכנוא בוגה ולו לקוא
אלשדאיד ולדלך תגד ירמיה עליה אלסלאם צﾣרח אנה
לﾣמא לחקה מן אהאנה אולאיך אﾣלעצאﾣ ואלכאפרין אלדﾣין
כאנוא פי זמאנה ראם אן יכתם נבﾣותה ולא ידעוהם אלי
אלחק אלדﾣי רפצוﾣה פלם יסתטﾣﾣﾣ עלי דלך קﾣאל כי היה
דבר יי לי לחרפה ולקלﾣﾣ כל היום ואמרתי לא אזכרנו
ולא אדבר עוד בשמו והיה בלבי כאש בﾣﾣﾣ
ונלאיתי כלכל ולא אוכל והדא הו מעני קול אנבי אﾣאכר
אדני אלהים דבר מי לא ינבא פאעלם הדא :

ואצ̇עוא אלנואמים ואלבֿהֿאן ואלזאגרון וארבאב אלאחלאם

אלצאדקה וכדֿלך אלדֿין יעמלון אלענﱠב באלחיל אלגריבה

ואלצנאיע אלכפיﱠה מע כונהם גיר עﱠלמא הם כלהם מן

הדֿא אלצנף אלתֿאלת וממא יגב אן תחﱠקקה הו אן בעץ

אהל הדֿא אלצנף אלתֿאלת תחדתֿ להם כיאלאת ענﱠיבה

ואחלאם ודהשאת פי חאל איקטֿ שבה מראה הנבואה

חתי יטֿנﱡוא כאנפסהם אנהם אנביא ויעﱠגבון גדא במא

דרכונה מן תלך אלכיﱠאלאת ויטֿﱡנﱡון אנהם קד חצלﱠת להם

עלום לא כתﱠעﱠלים ויאתﱡון בהﱠשוﱠישﱠאת עטﱠﱠימﱠה פי אלﱠאמור

אלﱠעﱠטﱠﱠימה אלﱠנﱠטﱠﱠﱠﱠﱠﱠﱠﱠﱠﱠﱠﱠﱠﱠﱠﱠﱠﱠﱠﱠﱠﱠﱠﱠﱠ אלﱠﱠﱠﱠﱠﱠﱠﱠﱠ

לנא עלי מעהאדהא לימות המשיח מהרה זגלה כמא

זער :

פצל לז

ינבגי אן תתנבה עלי טביעה אלוגוד פי הדא אלפין
זאלאהי אלואצל אלינא אלדי בה נעקל ותחפאצל
עקולנא ודלך אנה קד יצר מנח שי לשכץ מא פיכון
מקדאר דלך אלשי צזאצל לה קדרא יכמלה לא גיר וקד
יכון אלשי אלואצל אלי אלשבץ קדרא יפין ען תכמילה
לתכמיל נירה כמא גרי אלאמר פי אלמונודאת כלהא
אלתי מנהא מא חצל לה מן אכמאל מא ידבר בה גירה
ומנהא מא לם יחצל לה מן אלכמאל אלא קדר יכן
מדברא בגירה כמא בינא · ובער הדא פלתעלם אן הדא
אלפין אלעקלי ארא כאן פאיצא עלי אלקוה אלנאטקה
פקט ולא יפין מנה שי עלי אלקוה צמתכילה אמא לקלה
אלשי צפאיץ או לנקץ כאן פי צמתכילה פי אצל אנבלה
פלא יכמכנהא קבול פין אלעקל פאן הדא הו צנף צאעלמא
אהל אלנטר ואדא כאן דלך אלפין עלי אלקוחין גמיעא
אעני אלנאטקה ואלמתכילה כמא בינא וכן גירנא מן
אלפלאספה וכאנת צמתכילה עלי גאיה כמאלהא אלנבלי
פאן הדא הו צנף צאנף צאנביא פאן כאן אלפין עלי צמתכילה
פקט ויכון תקציר אלנאטקה אמא מן אצל אלנבלה או
לקלה ארתיאץ פאן הדא אלצנף הם אלמדברון ללמט

וקתא ותצה וקתא אכר והרה אלקוה אלמתכ֗ילה קוה בדניה
בלא שך פלדלך תגד לאנביא תעטלת נבותהם ענד אחזן
או אלנגֹצב ונחווהמא קד עלמת קולהם אין הנבואה שורה
לא מתוך עצבות ולא מתוך עצלות ואן יעקב אבינו לם
יאתה וחי טול איאם חזנה לאשתגאל קותה אלמתכ֗ילה
בפקד יוסף ואן משה עליה אלסלאם לם יאתה וחי עלי
מא כאן יאתיה מן קבל מן בעד נובה אלמרגלים אלי אן
פני דור המדבר בגמלתהם למא עטם עליה אמרהם
בשרה תגֹניהם ואן כאן עליה אלסלאם לם תכֹן ללקוה
אלמתכ֗ילה פי נבותה מדכל בל פיץ אלעקל עליה דון
תוסֹטהא כמא דכרנא מראת אנה לם יתנבא באלאמתל
כסאיר אֹלנביין וסיבין דלך וליס הדא גרץ אלפצל וכדלך
איצא תגד בעץ אלאנביא תנבאוא מדה מא תם ארתפעת
ענהם אלנבוה ולם יכֹן דלך מסתמרא לעארץ טרי והדא
הו אלסבב אלדֹאתי אלקריב פי ארתפאע אלנבוה פי זמאן
אלגלות בלא שך אֹי עצלות או עצבות תכון ללאנסאן
כתֹאלה מן אלחאלאת אשֹד מן כונה עבדא ממלוכא
מסתרקֹא ללנֹאהליה אלפסקה אלדֹין גמעוא עדם אלנטק
אחקיקי וכמאל שתֹאה אלכהאים ואין לאל ידך ובהדֹא
תֹאאעדנא והו אלדֹי אראד בקולה ישוטטו לבקש את דבר
יי ולא ימצאו וקאל֗ מלכה ושריה בגוים אין תורה גם
נביאיה לא מצאו חזון מיי והדא צחיח בֹן אלעלה לאן
אלֹאלה קד תעטלת והו אלסבב איצא פי רנוע אלנבוה

איצֹא אן יכון הדא אלשכֹץ קד תעטלת פכרתה וכטל
תשׁוֹקה ללריאסאת אלגיר חקיקיֹה אעני טלב אלנגלבה או
תעטים אלעואםֹ לה ואסתגלאב כראמתהם וטאעתהם
למגרד דלך בל ינטר אלנאס כלהם בחסב אהֹואלהם
אלתי הם בחסבהא כלא שך אמא כאלסאימה או
כאלמפתרסה אלתי לא יפכר אלכאמל אלמתוחֹד אדא
סכר פיהא גיר פי וגה אלכלאץ מן אדיה אלמודי מנהא
אן אתֹפקת לה מעהא משׁארכה או אלאסתנבאע
במא יסתנגפע בה מנהא אן אצׄטֹר לדלך פי צֹרוריה מן
צֹרוריאתה פאלשכֹץ אלדי הדה צפתה לא שך אנה ענד
מא תפעל קותה אלמתכֹילה אלתי הי עלי אכמל מא יכון
ויפיץ עליהא מן אלעקל בחסב כמאלה אנטרי פאנה לא
ידרך אלא אמורא אלאהיה גריבה גרא ולא ירי גיר אללה
ומלאיכתה ולא ישער ולא יחצל לה עלם אלא כאמור הי
ארא צֹחיחה ותדביראת עאֹמֹה לצלאח אלנאס בעצׄהם
מע בעץ ומעלום אן הדה אֹתֹלתה אנראֹץ אלתי צֹמֹאהא
והי כמאל אלקוה אלנאטקה באלתעלם וכמאל אלקוה
אלמתכֹילה באלגבלה וכמאל אלכלק כתעטיל אלפכרה
פי גמיע אללֹדֹאת אלבדניה ואזאלה אלשׁוק לאנואע
אלתעטימאת אלגאהליה אֹשׁרירה יתפאצֹל פיהא אלכאמלון
תפאצֹלא כתירא גרא ובחסב אלתפאצֹל פי כל גרץ מן
הדה אֹתֹלתה אנראֹץ יכון תפאצֹל דרגאת אלאנביא כלהם •
וקד עלמת אן כל קוה בדניה פאנהא תכל ותצֹעף ותכתֹל

שَכّץ מן אלנאם גّוהר דמאנה פי אצל גّבלתה עלי גّאיה
אעתדאלה פי צפא מאדתה ומזאגّה אלכאّן בכّל גّז מן
אגّזאיה ופי מקדّארה וצّצّעה ולם תעקّה עّואיק מזّאגّיّה מן
אגّל עצّו עّצّו תّם אן דّלך אלשّכّץ תّעّלّם ותّחכّّם חתّי
כّרגّ מן אלקוّה אלי אלפّעל וצّאר לّה עّקّל אّנّסّאני עّלّי
כّמّאלה ותّמّאמّה וّלّّק אّّנّסّّאّנّיّה טּּّّّّّّّّّّّّ
תّّّّّّّّّّّّّّّّّ
אּّّّّّّّّ
וּّّّ

שَכّץ מן אלנאם גّוהר דמאנה פי אצל גّבלתה עלי גّאיה
אעתדאלה פי צפא מאדתה ומזאגّה אלכאّן בכّל גّז מן
אגّזאיה ופי מקדّארה וצّעّה ולם תעקّה עّואיק מזّאגّיّה מן
אגّל עצّו עّצّו תّם אן דّלך אלשّכّץ תّעّלّם ותّחכّّם חתّי
כّרגّ מן אלקוّה אלי אלפّעל וצّّّّ

ולא יקע אלתקדיר בין שיין מכתלפין באלנוע מא יסוג
אן יקאל כמאל לאנסאן כדא וכדא צעף מן כמאל אפרם
וקד כררחא הדא מעני פי בראשית רבה וקאלוא נובלת
נבואה חלום והדא תשביה עגיב ודלך אן אנובלת הי אפרי
בעינה ושלצה גיר אנה סקט קבל כמאלה וקבל אן יחין
לה כדלך פעל אלקוה אלמתכֿילה פי חאל אלנום הו
פעלהא פי חאל אלנבוה אלא אן פיהא תקציר ולם תצל
גאיתהא ולאי שי נעלמך מן כלאמהם זל ונתרך נצוץ
אלתורה אם יהיה נביאכם יי במראה אליו אתודע בחלום
אדבר בו פקד אכברנא תעאלי בחקיקה אלנבוה ומאהיתהא
ואעלמנא אנה כמאל יאתי בחלום או במראה ומראה
משתק מן ראה והו אן יחצל ללקוה אלמתכֿילה מן כמאל
אפעל חתי תרי אלשי כאנה מן כארג ויכון אלאמר אלדי
אבתדאוה מנהא כאנה גאוה עלי טריק אלאחסאם אלכארג
והדאן אלקסמאן פיהמא מראתב אלנבוה כלהא כמא
סיבין אעני במראה או בחלום וקד עלם אן אלאמר
אלדי יכון לאנסאן פי חאל יקטתה ותצרֿף חואסה משתגלא
בה גרא מכבא עליה מתשוקא לה הו אלדי תפעל אלקוה
אלמתכֿילה פיה פי חאל אלנום ענד פיץ אלעקל עליהא
בחסב תהֿוֿהֿא ואלתמתיל פי הדא ותכתיר אלקול פיה
פצל אר הדא אמר בין קד ערפה כל אחד והו שבח
אדראך אלחואם אלדי לא יכתלף פיה אחד מן סאלמי
אלפטר · ובעד הדה אלמקדמאת פלתעלם אנה ארא כאן

ימכן אן יונד לנועה ותלך אלחאלה הי נאיה כמאל אלקוה
אלמתכילה והדא אמר לא ימכן פי כל אנסאן מנה ולא
הו אמרא יצל אליה באכמאל פי אעלום אנטריה ותחסין
אלאכלאק חתי תכון כלהא עלי אחסן מא יכון ואנגמלה
דון אן ינצאף לדלך כמאל אלקוה אלמתכילה פי אצל
אלגבלה עלי גאיה מא ימכן וקד עלמת אן כמאל הדה
אלקוי אלבדניה אלתי מן גמלתהא אלקוה אלמתכילה
אנמא הו תאבע לאפצל מזאג יכון לדלך אלעצו אחאמל
לתלך אלקוה ולאחסן מקדאר יכון לה ולאצפי מאדה
תכון לה והדא אמר לא ימכן אן יגבר פאיתה או יכמל
נקצה באלתדביר מנה לאן אלעצו אלדי קד סא מזאגה
פי אצל אלגבלה גאיה אלתדביר אלמעדל לה אן יבקיה
עלי צחה מא לא אן ירדה לאפצל היאאתה אמא אן כאנת
אפתה מן מקדארה או וצעה או גוהרה אעני גוהר אלמאדה
אלתי תכון מנהא פהדא מא לא חילה פיה ואנה עאלם
בהדא כלה פלא פאידה פי אתטויל פי ביאנה וקד עלמת
ארצא אפעאל הדה אלקוה אלמתכילה מן חפט אלמחסוסאת
ותרכיבהא ואלמחאכאה אלתי פי טביעתהא ואן אעטם
פעלהא ואשרפה אנמא יכון ענד סכון אחואם ותעטלהא
ען אפעאלהא חיניד יפיץ עליהא פיץ מא בחסב אלתהיו
דה אלסבב פי אלמנאמאת אלצאדקה והו בעינה סבב
אלנבוה ואנמא יכתלף באלאכתר ואלאקל לא באלנוע
קד עלמת תראדף קולהם חלום אחד משׁשׁים בנבואה

תם בֿן אן תלך לאיאת כאנת לפרעה ולכל עבדֿיו ולכל
ארצו אלמכאלפין עליה וכאנת איצֹא במחצֹר כל ישראל
אתֿאבעין לה לעיני כל ישראל והדֿא שי מא וגֿד לנבֿי
קבלה וקד תקדֿם אכבארה לצֿאדק אנה לא יכן לנגֿדֿה
דֿלך ולא יגֿלטך מא גֿא פי תבאת צֹ אלשֿמס ליהושע
תלך אלמסאאת ויאמר לעיני ישראל לאנה לם יקל כל
ישראל כמא גֿא פי משה וכדֿלך אליהו כהר הכרמל פי
נזֹר מן אלנאס ואנמא קלת תלך אלמסאאת לאנה יבֿחֿד
לי פי קולה כיום תמים אנה כאטֹול יום יכן לאן תמים
כאמל כאנה קאל אן דֿלך אליום כאן ענדהם פי גֿבעון
כאטֹול יום יכן מן איאם אלצֹיף חתֿאך ובעד אן תעֹזל לי
פי דֿהנך נבוֹה משה ומעֹנֹזאתה אד נראכה דֿלך לאדֿראך
כגֿראבה תלך אלאפעאל ותֿעתקֿד הדֿה רתבֿה נקצֹר עֹ
אדֿראכחא עלי חֿקיקתהא תסמע קולי פי הדֿה אלפצֹול
כלהא פי אלנבוֹה ופי מראתב אלאנביא פיהא כל דֿלך
בעד הדֿה אלרתבֿה והדֿא כאן גֿרץֹ הדֿא אלפצֹל:

פצל לו

אעלם אן חֿקיקה אלנבוֹה ומאהיתהא הו פיץֹ יפיץֹ מן
אללה עז וגֿל בוסאטֿה אלעקל אלפעאל עלי אלקוֹה
אלנאטקה אולא תם עלי אלקוֹה אלמתֿכֿילה בעד דֿלך
והדֿה הי אעלי מרתבֿה אלאנסאן וגֿאיה אלכמאל אלדֿי

ליסת מן קביל מעגזאת סאיר אלנביין אמא אלדליל
אלשרעי עלי כון נבוّתה מבّאינה לכל מן תקדّמה פהו
קולה וארא אל אברהם וגו' ושמי יי לא נודעתי להם
פקّד אّעלמנא אן אדראכה לים כאדראך אלאבות כל
אّעטם נאהיך אדראّך גירהם ממן תקדّם ואّמא מבّאינתהא
לّנבّוّה כל מן יתّאّכר פהו קולה עלי נּהّ אלאכבאר ולא
קّם. נביא עוד בישראל כמשה אשר ידעו יי פנים אל
פנים פّקّד בّין אן אדראّכה מבّאين לّאّדראّך כל מן יתّאّכר
בّעّדّה. פّי ישראל אّלّדّין הם ממّלّכّת כהנים וגّוّי קّדّוّש
זّכּّתּוّכّם יי נّאּהּיّךّ פّי סّאّّّّّّّّّّّّّّّّّّّّ
עّلّّّّّّّّّّّّّّّّّّّّّّّّّّّّّ

ואנמא הדא כלה אעלאמّ להם אן הדא אלמשהד אלעטים
אלדי ראיתמוה אענّי מעמד הר סיני לים הו אמרא דאימא
מעכם ולא יכון פי אלמסתקבל מתלה ולא. תכון דאימא
לא אש ולא ענן כמא הו אלאן על המשכן תמיד ואנמא
יפתח לכם אלכלאד וימהד לכם אלארץ ויעלמכם במא
תפעלונה מלאך ארסלה לאנביאיכם פיעלמכם מא ינבני
אתיאנה ומא ילזם אגתנאבה ופי הדא. איצא אעטי אלקאעדה
אלתי לם אזל אבّינהא והי אן כל נבי גיר משה רבנו
פאנה יאתיה אלוחי עלי ידי מלאך פאעלמה :

פצל לה

קّד בّינת ללנאס כאפّה אלארבעה פצّול אלתי אנגצלת
בהא נבוה משה רבנו מן נבוה סאיר אנביין ואסתדללת
עלי. דלך. ואוّצّחתה פי שרח אלמשנה ופי משנה תורה
פלא חאגה לאעאדה דלך. ולא הו מן גרץ אלמקאלה
ואלדי אעלّמך בה אן. כל. כלאם אקולה פי אלנבוה פי
פצّול הדה אלמקאלה אנמא הו פי צורה נבוה נמיע אנביין
אלדין קבל משה ואלדין יאתון בעדה אמّא נבוה משה
הבנו פלא אתّערّץ. להא פי הדה אלפצّול בכלמّה לא
בתצריח ולא בתלויח ודלך אן אסם נביא אנמא הו ענדי
מקול עלי משה ועלי מן סואה. בתّשכיך וכדלך איצّא
אלّמّל ענדי פי מעגّזאתה ומעגّזאת מן סואה פאן מעגّזאתה

והדה אלמעאני אלגריבה אלגלילה קד עלמת אן אנקלוס ראהא מפי רבי אליעזר ורבי יהושע אלדאן המא חכמי ישראל באתפאק כמא בינא פאעלם דלך ותדכרה לאנה לא ימכן אן יתערץ למעמד הר סיני באכתר מן הדא אלקדר אדי דכרוה לאנה מן גמלה סתרי תורה וחקיקה דלך אדראך וכיף כאן אחאל פיה כמא ענא גרא לאנה לם יתקדם מתלה ולא יתאכר פאעלמה :

פצל לד

הדא אלנץ אלדי גא פי אלתורה והו קולה הנה אנכי שלח מלאך לפניך וגו׳ מעני הדא אלנץ הו אלדי תבין פי משנה תורה אן אללה קאל למשה פי מעמד הר סיני נביא אקים להם וגו׳ ודליל דלך קולה פי הדא אלמלאך השמר מפניו ושמע בקולו וגו׳ ולא שך אן הדה אלוציה אנמא הי לגמהור אלנאס ולים גמהור אלנאס יתגלי להם אלמלאך ולא יאמרהם ולא ינהאהם חתי יומרוא אן לא יכאלפוה ואנמא מעני הדה אלקולה אנה תעאלי אעלמהם אן נביא יכון פיהם יאתיה מלאך יכלמה ויאמרה וינהאה פנהאנא אללה ען מכאלפה דלך אלמלאך אלדי יוצל אלינא אנבי כלאמה כמא בין פי משנה תורה וקאל אליו תשמעון וקאל והיה האיש אשר לא ישמע אל דברי אשר ידבר בשמי וגו׳ והו ביאן קולה כי שמי בקרבו

קול אכר מן קבלה תעאלי ונץ אלתורה קול גדול ולא
יסף ובעד סמאע דלך אלקול אלאול כאן מא דכר מן
אסתחואלהם ואמר וכופהם אשדיד ומא חכי מן קולהם
וזאמרו הן הראנו יי וגו׳ ועתה למה נמות וגו׳ קרב אתה
ושמע וגו׳ פתקדם הו גّל מן מולוד תאגיّ֗ה ותלקי בקّוّה
אלדברות ואחרה ואחרה ונזל לאספל אלגבל ואסמעהם
איאהא פי דלך אלמשהד אלעטים והם יבצרון אלאנואר ויסמעון
אלאצואת אעני תלך אלאצואת אלתי הי קולות וברקים
כאّרעד וקול שופר חזק וכל מא תגّד מן דכר סמאע קולות
כתירה כמא קאל וכל העם ראים את הקולות וגו׳ אגّמא
הו קול שופר ורעוד וגחוהא אמא קול יי אעני אלצות
אّמכלוק אלדّי מנה פّהם אלدّבّור פّלם יסמעוה גיر מרّה
ואّחدّה פקט כמא נّצّ אלתורה וכמא בّیّנّא אלחכמים
פי אלמוצّע אלدّי נّבּהّתّך עליה והו אלקול אלدّי יצّאّ
גّשמّתّن בّשّמّעّו ואّدّرّك בّה שّתّי הדברות הראשונות ואّעّלّם
אן הّדّא אّّקّول איّצّא ליّس מّرّّّّّّّّّّّّّّّّّّّّّّّّّّّّّّّّّ פّیّה גّוّا מّع מّرּّّّّّّّّّّّ
משה רّبّّّّّّّّّّّّّّّّّّّّّ ואّّّّّّّّّّّ עّّّّّّ הّدّا אّّّّ ואּּّّّّّّّ
אמר מّّّّّّّ פּّ אّמّّّّّّ מّّّّّّّّّ עّّّّّّ עּّّّّّّ וּّّّّّّ אّّ
כّّّّ מّّّّّ תّّّّّ פּّ פّّّ וּּּّّّ יّّ אّّ מּّّّّّ לאّّ יּّّّّّ
אّّّّّّّ וּّّّ יّّ וּּّّّّ וּּּّّ אّّ אّ כّّ הּّّّّّ וّّّ
יّ יّ כּّ פּּّّ וּّّّ וّّ קּّ יّّ לّّ ואّ ידבّ
עّّّ אّّّ פּّّ ולא יّّّ עّّ מّ קّ יّ פّّ
שّّ לّ עّّ אّّ עّ אּّ אّ סּّّّ

דלך אלצות אלעטׄים קאל כשמעכם את הקול וקאל קול

דברים אתם שמעים ותמונה אינכם ראים זולתי קול ולם

יקֿל דברים אתם שמעים. וכל מא גא מן סמאע אכלאם

אנמא אלמראד בה סמאע אלקול. ומשה הו אלדֿי יסמע

אלכלאם. ויחכיה לחם הדֿא הו אלטֿאהר מן נץ אלתורה

ומן אכתֿר כלאם אלחכמים זׄל. לכן לחם איצֿא קולה

מנצוצה פי עדה מואצֿע מן אֿמדרשות והי פי אלתלמוד

איצֿא והי קולהם אנכי ולא יהיה לך מפי הגבורה שמעום

יענון. אנהא וצלת לחם כמתֿל מא וצלת למשה רבנו ולם

יכֿן משה רבנו מוצלהא לחם ודלך אן האדֿין אֿלאצֿלין אֿעני

וגֿוד אלאלאה וכונה ואחֿדֿא אנמא ידרך. דלך כאלנטֿר

אֿלאנסאני וכל מא יעלם בברהֿאן פחכם אלנבי פיה וחכם

כל מן עלמה סוא. לא תפאצֿל ולא עלם הֿאדֿאן אֿלאצֿלאן

מן גהה אֿנבוה פקט נץ. אלתורה אתה הראת לדעת וגו׳

אמא סאיר אֿדברות פהי מן קביל אֿלמשהוראת ואֿלמקבולאת

לא מן קביל אלמעקולאת ומע מא דֿכרוא איצֿא מן דלך

פאן אלדֿי תסתׄקֿל בה אלנצוץ וכלאם אֿלחכמים הדֿא הֿן

אנהם לם יסמעוא גֿמיע ישראל פי דלך אלמעמד גיר

קול ואחֿד פקט מרה. ואחֿדֿה והו אֿלקול אלדֿי אדרך משה

וכל׳ ישראל מנה אנכי ולא יהיה לך ואסמעהם משה

דלך בכלאמה בתפציל אֿחֿרף מסמועה וקד דֿכרוא

אלחכמים דלך ואסנדוה לקולה אחת דבר אלחים שתֿים

זו שמעתי ובינוא פי אול מדרש חזית אנהם לם יסמעוא

נחן אלמעני פלם יחצל פי דרגה אלנבוה אלא מן יצלח
ועלי מראתב איצא אלא תרי קולה עלה אל יי אתה
ואהרן נדב ואביהוא ושבעים מזקני ישראל הו עאם פי
אעלי מרתבה כמא קאל ונגש משה לבדו אל יי והם לא
יגשו ואהרן דונה ונדב ואביהוא דון אהרן ושבעים זקנים
דון נדב ואביהוא וסאיר אלנאם דון האולא עלי חסב
כמאלאתהם וגץ אלחכמים זל משה מחיצה בפני עצמה ואהרן
מחיצה בפני עצמה וארד ואנדרג לנא דכר מעמד הר סיני
פלנגבה עלי מא יבין מן אלנצוץ ענד אלתאמל אלהסן
זמן כלאם אלחכמים פי דלך אלמעמד כיף כאן פי פצל
מפרד :

פצל לג

יבין לי אן פי מעמד הר סיני לם יכן גמיע אלואצל
למשה הו כלה אלואצל לגמיע ישראל בל צכמאב
למשה וחדה ולדלך גא כטאב עשר הדברות כלה מכאטבה
אלואחד אלמפרד והו עיאם יגול אלי אספל אלגבל ויכבר
אלנאם כמא סמע נץ אלתורה אנכי עמד בין יי ובניכם
בעת תהיא להגיד לכם את דבר יי וקאל איצא משה ידבר
והאלהים יעננו בקול וכביאן פי אלמכילתא אן כל דבור
ודבור יעידה להם כמא סמע ונץ אלתורה איצא בעבור
ישמע העם בדברי עמך וגו דליל אן אלכטאב לה והם
יסמעון אלצות אלעטים לא תפציל אלכלאם וען סמאע

פלא יטכן דלך ענדנא אעני אן ינבّי אחדّהם אלא כאמכאן

אן ינבّי חמארא או צפדעא הדה קאעדתנא אנה לא בדّ

מן אׂ־ארתיאן וׂאכמאל וחיניד יכון ׂאמכאן אלדי תתעלק

בח קדרה לׂאלאה ולא יגלטך קולה בטרם אצרך בבטן

ידעתיך וכטרם תצא מרחם הקדשתיך לאן הדה חאל כל

נבי לא בד לה מן תהّזّ טביעי פי אצל גבלתה כמא יבّן

ואמא קולה נער אנכי פקד עלמת תסמיה אלעבראניّ

יוסף הצדיק נער והו אבן תלאתין סנה ותסמיה יהושע

גער והו קד נאהז אלסתין והו קולה פי חין מעשה עגל

ומשרתו יהושע בן נון נער לא ימוש וגו׳ ומשה רבנו חיניד

אבן אחדי ותמאנין וגמלה עמרה מאיّה ועשרון ועאש יהושע

בעדה ארבע עשרה סנה ועמר יהושע מאיّה ועשר פקד

כאן אן יהושע חיניד אבן סבע וכמסין סנה אקّל דלך

וסמّאה נער ולא יגלטך איצא מא גא פי אלמואעיד פי

קולה אשפוך את רוחי על כל בשר ונבאו בניכם ובנותיכם

לאנה קד פסّר דלך ואלבר מא תכון תלך לׂנבוّה פקאל

זקניכם חלמות יחלמון בחוריכם חזיונות יראו לאן כל

מלכבר כגיב מן נחו אלתכהّן ואלשעור כאן דלך או מן

נחו רויّה צאדקה פאנה יתסמי איצא נביא ולדלך יّסמّי

נביאי תבעל ונביאי האשרה נביאים אלא תרי קולה

תעאלי כי יקום בקרבך נביא או חלם חלום פאמא

מעמד הר סיני ואן כאנוא כלהם משאהדין אלנאר

אלעטימה סאמעין אלאצואת אלמהולה אלמפזעה עלי

אפלסמי בעינה אלא פי שי ואחד ודלך אנא נעתקד אן
אלדי יצלח ללנבוה אלמתהי לחא קד לא יתנבא ודלך
במשיה אלאהיה והדא ענדי הו שבח אלמענזאת כלהא
וגאך פי נסקהא פאן אלאמר אלסביעי אן כל מן יצלח
בחסב גבלתה וארתאץ בחסב תרביתה ותעלימה סיתנבא
ואלממנוע מן דלך אנמא הו כמן מנע תחריך ידה כירבעם
או מנע ׳אבצאר כעסכר מלך .ארם ענד קצדה אלישע
אמא כון קאעדתנא אלתהי ואלכמאל פי אלכלקיאת
ואלנטקיאת ולא בד פהו קולהם אין הנבואה שורה אלא
על חכם נבור ועשיר וקד בינא דלך פי שרח אלמשנה
ופי אתאליף אכביר ואכברנא בכון בני הנביאים משתגלין
דאימא באלתהי ואמא כון אלמתהי קד ימנע ולא יתנבא
פתעלם דלך מן קצה ברוך בן נריה לאנה תבע ירמיה
וראצה ועלמה והיאה וכאן יטמע נפסה כאנה יתנבא פמנע
כמא קאל יגעתי באנחתי ומנוחה לא מצאתי פקיל לה
עלי יד ירמיה כה תאמר אליו כה אמר יי וגו' ואתה
תבקש לך גדולות אל תבקש ולקד כאן יתהם אן יקאל
כאן הדא תצריח באן אנבוה פי חק ברוך גדולות ומדלך
כאן יקאל' אן קולה גם נביאיה לא מצאו חזון מיי מן
אגל כונהם פי אלגלות כמא נבין לכן נגד נצוצא כתירה
מנהא נצוץ כתב ומנהא כלאם חכמים כלהא מסחמלה
עלי הדה אלקאעדה והי אן אללה ינבי מן שא מתי שא
לכן ללכאמל אפאצל פי אנאיה אמא אנהאל מן אלעואם

נאהלא בביר אלסֹן או צֹניר אלסֹן לכנהם ישתרטון פיה
אٰיצֹא כירّﻩ מא וצֹלאחיﺓ אכٰלאק לאן אלנאס אלי הדֻה
אלגאיﺓ מא קאלוא אנה קד ינבֹّי אללה רגֻלא שרירא אלא
באן ירדֻﻩ כירא אולא בחסב הדא אלראי · ואלראי
אלתֻ'אני ראי אלפלאספﺓ והו אן אלנבﻮﺓ כמאל מא
פֹי טֹביעﺓ אלאנסאן ודֻלך אٰכٰמאל לא יחצֹל ללשٰכٰץ מן
אלנאס אלא בעד ארתٖיאٖץ יכٰרٖגֻ מא פֹי קֻוﺓ אלנוע ללפٖעל
אן לם יעֻﻖ עْן דֻלך עאיֻﻖ מזאגֻי או סבב מא מן כٰארגֻ
כٰחכם כל כٰמٖאﻝ יﻤכֻן וגֻﻮדﻩ פֹי נﻮﻉ מא פٖאנה לא יﻜٖﺪّ
וגֻﻮﺪ דֻלך אﻟכﻤﺎﻝ עֻﻠﻲ גֻאﻳﺘﻪ ונﻬﺎﻳﺘﻪ פٖﻲ ﻛﻞ שٰכٰﺺ מן
אﺷٰכٰﺎﺹ דﻟﻚ אﻟﻨﻮﻉ ﺑﻞ פٖﻲ שٰכٰﺺ מא וﻟﺎ ﺑﺪّ צٖﺮﻭﺭﺓ ואﻦ
ﻛﺎﻦ דﻟﻚ אﻟﻜﻤﺎﻝ ﻣﻤّﺎ יﺤﺘﺎﺝ פٖﻲ חצֹﻮﻟﻪ ﻟﻤٖכٰﺮﺝ פٖﻠﺎ
ﺑﺪّ מﻦ מﺨﺮﺝ וﺑﺤﺴﺐ הﺪﺍ אﻟﺮﺍﻱ · ﻟﺎ יﻤכﻦ אﻦ יﺘﻬﻴّﺎ
אﻟﻨﺎﻫﻞ וﻟﺎ יﻜﻮﻦ ﻟﺎﻧﺴﺎﻦ יﻤﺴﻲ ﻏﻴﺮ ﻧﺒﻲ ויﺼֹﺒﺢ ﻧﺒﻴﺎ כﻤﻦ
יﻨﺎﻢ וﻏﺮﺓ ﺑﻞ יﻜﻮﻦ אﻟﺎﻣﺮ הﻜﺪﺍ ודﻟﻚ אﻦ אٰשٰכٰﺺ אﻟﻔﺎﺿֹﻞ
אﻟﻜﺎﻤﻞ פֹﻲ ﻧﻄﻘﻴﺎﺮﺗﻪ וﻛﻠﻘﻴﺎﺮﺗﻪ אﺪﺍ כﺎﻧﺖ ﻗﻮّﺗﻪ
אﻟﻤﺘﺨﻴّﻠﻪ עﻠﻲ אכٰﻤﻞ מﺎ ﺗﻜﻮﻦ וﺗﻬﻴّﺎ אﻟﺘﻬﻴّﻮّ אﻟﺪﻱ
סﺘﺴﻤﻌﻪ פٖﺎﻧﻪ יﺘﻬﻴّﺎ צٖﺮﻭﺭﺓ אٰﺮ הﺪﺍ כﻤﺎﻝ הﻮ ﻟﻨﺎ
ﺑﺎﻟﻄﺒﻊ וﻟﺎ יﺼֹﺢ ﺑﺤﺴﺐ הﺪﺍ אﻟﺮﺍﻱ אﻦ יﻜﻮﻦ שٰכٰﺺ יﺼֹﻠﺢ
ﻟﻠﻨﺒﻮّﺓ ويﺘﻬﻴّﺎ ﻟﻬﺎ וﻟﺎ יﺘﻬﻴّﺎ אﻟﺎ מﺎ יﺼֹﺢ אﻦ יﻨﺘﺮﻱ
שٰכٰﺺ צֹﺤﻴﺢ אﻟﻤﺰﺍﺝ אﻟﻤﺰﺍﺝ ﺑﺠﻨﺲ מﺤﻤﻮﺪ פٖﻠﺎ יﺘﻮﻟّﺪ מﻦ דﻟﻚ
אﻟﻨﺮﺍ ﺪﻢ ﻧﻴّﺪ וﻣﺎ אﺷﺒﻪ הﺪﺍ · ואﻟﺮﺍﻱ אﻟﺘﺎﻟﺖ
והﻮ ﺮﺍﻱ שﺮﻳﻌﺘﻨﺎ וﻗﺎﻋﺪﺓ מﺪהﺒﻨﺎ הﻮ מﺘֻﻞ הﺪﺍ אﻟﺮﺍﻱ

אליום ותעט׳ימה כמא קאל על כן ברך יי את יום השבת ויקדשהו הד׳א הו אלמעלול אלתאבע לעלה׳ כי ששת ימים וגו׳ אמא תשריענא בה׳ ואמ׳רנא נחן בחפט׳ה פהו מעלול תאבע לעלה׳ כוננא עבדים במצרים אלד׳י לם נכן נכ׳דם באכ׳תיארנא ומרתי שינא ולא נסתטיע אלעטלה׳ פשרענא באלעטלה׳ ואלראחה׳ לנג׳מע׳ אמרין אעתקאד ראי צחיח והו חדת׳ אלעאלם אלדאל עלי וג׳וד אלאלאה באול כ׳אטר ואסהל נט׳ר ותד׳כר אפצ׳אל אללה עלינא פי אראחתנא מתחת סבלות מצרים פכאנה אפצ׳אל עאם׳ פי צחיח אלראי אלנט׳רי וצלאח אלחאל אלג׳סמאני :

פצל לב

ארא אלנאס פי אלנבוה׳ כאראיהם פי קדם אלעאלם וחדות׳ה אריד בד׳לך אן כמא אן אלד׳ין צח׳ ענדהם וג׳וד אלאלאה להם ת׳לת׳ה׳ ארא פי קדם אלעאלם וחדות׳ה כמא בינא כד׳לך אלארא איצ׳א פי אלנבוה׳ ת׳לת׳ה׳ ולא אערג׳ עלי ראי אפיקורוס לאנה לא יעתקד וג׳וד אלאה פצ׳לא אן יעתקד נבוה׳ ואנמא אקצד לד׳כר ארא מעתקד אלאלאה · אלראי אלאול והו ראי ג׳מהור אלג׳אהליה׳ ממן יצדק באלנבוה׳ ובעץ׳ עואם׳ שריעתנא איצ׳א יעתקדה והו אן אללה תעאלי יכ׳תאר מן ישא מן אלנאס פינביה׳ ויבעת׳ה לא פרק אן יכון ד׳לך אלשכ׳ץ ענדהם עאלמא או

חאכם והי מחכומה לים במעני אלאסתילא אד̇ דלך הו מעני קונה ואנמא הו במעני אעתבאר חט̇ה תעאלי פי אוגוד וחט̇הא פאנה אלאה לא הי אעני אסמא פאעלם הד̇א. והד̇ה אמקאדיר הנא מע מא תקדם ומע מא יאתי פי הד̇א אלמעני כאפיה בחסב גרץ̇ אלמקאלה ובחסב אלנאט̇ר פיהא :

פצל לא

לעלה קד תבין לך אלעלה פי תאכיד שריעה אלסבת וכונהא בסקילה וסי̇ד אלנביין קתל עליהא והי תאלתה וגוד אלאלאה ונפי אלתנויה אד̇ אלנהי ען עבאדה סואה אנמא הו לתקריר אלתוחיד וקד עלמת מן כלאמי אן אראא אן לם תכן להא אעמאל תתבתהא ותשהרהא ותכלדהא פי אגמהור לם תבק̇ פלדלך שרענא בתפציל הד̇א אליום חתי תתבת קאעדה חדת̇ אלעאלם ותשהר פי אלוגוד אד̇א עטל אלנאס כלהם פי יום ואחד פאד̇א סי̇ל מא עלה דלך כאן אלגואב כי ששת ימים עשה יי וקד גא פי הד̇ה אלשריעה עלתאן מכתלפתאן לאנהמא למעלולין מכתלפין ודלך אנה קאל פי עלה̇ תעט̇ים אסבת פי עשר הדברות אלאולי קאל כי ששת ימים עשה יי וגו' וקאל פי משנה תורה וזכרת כי עבד היית במצרים על כן צוך יי אלהיך לעשות את יום השבת והד̇א צחיח לאן אלמעלול פי אלקול אלאול הו תשריף

ואנה לם יצّה אלוֹנוד אלא לשת כי שת לי אלהים זרע

אחר פקד צّה הדّא · וממא יגّב אן תّעלמה ותתّנבّה עליה

קולה · ויקרא האדם שמות וגّוْ אّעלמנא אّן אّללّגّאת

אצّטלאחיّה לّא טביעיّה כמא קד ﭏ ﮟ דלך · וממא יגّב

אן תّעתבّרה הדّה אלّארבעّה אלّפّאّﯫ אלّתי גّאّת פי נסכّה

אלّסّמّא ללّה והי ברא ועשׂה וקנה ואّל קّﭏ ברא, אלהים

את השמים ואת הארץ וקّﭏ ביום עשות יי אלהים ארץ

ושמים וקّﭏ קונה שמים וארץ וקّﭏ אّל עולם וקّﭏ אّלّהי

השמים ואّלّהי הארץ אّמّא קّולّה אّשّר כוננתّה וטّפّחّת

שמים ונוטה שמים פّכّל הדّה יّﲹّﰿ עשׂה אّמّא לפّﲹّﱞ

יצّירّח פّמّא גّאّת לّאנّה יّﲹّﱞ לי אّן לّﭏّﳣ אّנّמّא תّקّﻉ

עלי תّשّכּיل ותّכّﲢّﳟ אّו ערץ מן אّﻻّﻋّרّאّﱎ אّﻻّﳣّﱝ אּﳣّﳑ

אّﳟ אّלّשّכּﭏ ואّﳊّﲢّﳟ אّﳣّﳑ ערץ ולّדّלّﳝ קّﭏ יוצר אور

לّאّﳟّ ערץ ויّוצّר ﳍّﱝ מّﳩّﳑّﳏّﳑّ וכّדّלّﳝ וַיִּיצֶר יי אלהים

וגّוْ אّﳣّﳑ הّדّא אّﳊّﱝّﱝّ אّﳊّﲼّﱝّﳟ בّﳕّﳑّﳑّ אّﳣّﱝّﳑّ אّﳊّﳏّ הّﳟ

אّﳊّﳣّﳑ ואّﳊّﳑّﳟّ פّﳑّﲱّﳑّﳝ עّﱝّﳑّﳏّ ברّﳑّ لّﳑّﳟّﳝّ עّﳟّﳏّﳑّ אّﳣّﳟّﳑّﳏّ

מّﳟّ עدם וקّﭏ אّﳕّﳑّ עّﳕّﳗ לّﲸّﳑّﳏّﳑّﳑّ אّﳟّﳩّﳑّﳏّﳑّ אّﳊّﳏّ אّﳝّﲼّﳑّﳏّﱞ

אّﳣّﳟّﳑّ טّﳕّﳑّﳑّﳨّﳑّﳑّ وقّﭏ פّﳑّﳍّﳑّ קّﳟّﳏّ لّﳑّﲼّﳗّﳑّﱝّﳕّﳑّﱝّ تّﳣّﳑّﳑّ

עّﳝّﳑّﲼّﳑّ אّﲼّﳗّﳑّﳑّ אّﳝّﲼّﳑّﳏّ עّﳑّ עّﱝّﳑّﳏّ ولّﳏّﳝّﳝّ تّﲽّﳓّ אّﳏّﳟّ כל

הארץ והّאّﳏّﳟّ ולّﳑّﳑّ لّﳑّ יכּﳟّ אّﳏّﳟّ אّﳑّﳑّ בّﳑّﳟّ יכّﳟّ לّﳏّ קّﳟّﳟّ

והّﳏّﳑّ ינّﲢّﳑّ נّﲢّﳑّ אّﳣّﳇّﳑّﳑّﳍّ קّﳏّﳓّ מّﳑّﳎّﳏّ מّﳑّ אّﳇّﳇّﳇّﳑّﳑّﳛّ פّﳑّﲼّﳑّ

لّﳗّﳑّﳑّ בّﳏّﳑّ וّﳇّﳑّﳗّ פّﳑّﳣّﳑّ אّﳝّﳗّﳑّ הّﳇّﳣّﳑّﳑّ · וכّﳕّﳑّﳝّ אّﳝّ עّﳑّﳑّﳝّ

פّﳑّﳑّﳑّ בّﳑّﳑּﳤّﳑّﳑّﳑّﳏّ כّﳣّﳑّﳑّﳝّﱝّ تّﳑّﳑّﳑّﳑّﳝّ וכּﳣّﳑّﳝّﳤّﳑّ פّﳑّﳑّ אّﳝّﳑּﱝّﳑّ אّﱿ

והו נאלב לחא בעקב פהדא איצֹא בֹין · ומן אלאקאויל
איצֹא אלעגיבה אלתי מאהרהא פי גאיה אלשנאעה ואנא
פהמת פצול הדה אלמקאלה חק פהמהא תעגֹב מן חכמה
הדא אלמתל וממאבקתה ללוגֹוד והו קולהם משבא נחש
על חוה הטיל בה זוהמא ישראל שעמדו על הר סיני
פסקה זוהמתן ותֹהמתן גוים שלא עמדו על הר סיני לא פסקה
זוהמתן פתדבֹר הדא איצֹא · וממא יגֹב אן תעלמהא
קולהם עץ החיים מהלך חמש מאות שנה וכל מימי
בראשית מתפלגין מתחתיו וביֹנוא פי דלך אן אלגֹרץ
בהדא אלמקדאר רֹו גֹלֹטֹ גֹרמה לא אמתדאד אגצֹאנה
קאלוא לא סוף דבר נופו אלא קורתו מהלך חמש מאות
שנה ושרח קורתו גֹלֹטֹ כשבהה אלקאימה והדא אֹתֹחֹתֹים
מנהם לאתמאם שרח אלמעני וביאנה פקד כֹאן הדא ·
וממא יגֹב אן תעלמה איצֹא קולהם עץ הדעת לא גֹלה
הקבֹה אותו אילן לאדם ולא עתיד לגלותו והדא צֹחיח
אד ־ סֹביעֹהֹ אֹיֹצֹֹוֹ כֹדֹלֹך אקתצֹת · וממא יגֹב אן תעלמה
קולהם ויקח יֹי אלהים את האדם עלה אותו ויניחהו בגן
עדן הגיח לו לֹם יגֹעלוא הדא אלנץ לשילה מן מכאן וחֹטֹה
פי מכאן אלא תרפיע מרתבה וגֹודה פי הדה אלמוגֹודאת
אלכאינה אלפאסדה ואקראארה עלי חאלה מא · וממא
יגֹב אן תעלמה איצֹא ותתנבה עליה וגֹה אלחכמה פי
חסמיה ולדֹי אדם קין והבל וכון קין הו אלקאתל להבל
בשדה ואנהמא גֹמיעא תלפא ואן כֹאן אמהל אלמתגֹלב

אתנאן בנהה מא והמא ואחד כמא קאל עצם מעצמי ובשר
מבשרי וזאר דלך תאכידא בקולה אן אלאסמיה עליהמא
גמיעא ואחדה אשה כי מאיש לקחה זאת ואכד אהחאראחמא
וקאל ודבק באשתו והיו לבשר אחד פמא אשד נהל מן
לא יפהם אן הרא כלה למעני צרורה פקד באן הדא ·
וממא יגב אן תעלמה מא בינוה פי אמדרש ודלך אנהם
דכרוא אן אלנחש מרכוב ואנה כאן כדר גמל ואן ראכבה
הו אלדי אגוי חוה ואן אלראכב כאן סמאל והדה אלאסמיה
הם יטלקונהא עלי אשטן תגדהם יקולון פי עדה מואצע
אן אלשטן אראד אן יעתר אברהם אבינו חתי לא יגיב
אלי תקריב יצחק וכדלך אראד אן יעתר יצחק חתי לא
יטיע אבאה ודכרוא איצא פי. הדה אלקצה אענו פי אלעקידה
קאלוא בא סמאל אצל אבינו אברהם אמר לו מה סבא
הוכדת לבך וגו' פקד באן לך אן אן סמאל הו אלשטן והדה
אלאסמיה איצא למעני כמא אן אסמיה אלנחש למעני
וקאלוא פי מנّה לכרע חוה היה היה סמאל רוכב עליו והקב̇ה
שוחק על גמל ורוכבו · וממא יגב אן תעלמה ותתגבה
עליה כון אלנחש לם יבאשר אדם בונה ולא כלמה ואנמא
כאנת מחאורתה ומבאשרתה לחוה ובתוסّט חוה תאלّי
אדם ואהלכה אלנחש ואלעדאוה אלכאמלה אנמא הי
האצלה בין אלנחש וחוה ובין זרעו וזרעה ולא שך אן
זרעה הו זרע אדם ואנגרב מן הדא ארתבאט אלנחש בחוה
אעני זרעו בזרעה ראש ועקב וכונהא נאלבה לה בראש

קולה לצביותם מן צבי היא לכל הארצות פאעלם הדא
איצ׳א פהו אצל כביר קד צ׳ה ובאן · וממא יגב אן תעתברה
גדא כונה דכר כלק אדם פי ששת ימי בראשית וקאל
זכר ונקבה ברא אותם וכתם אלכלק כלה וקאל ויכלו
השמים והארץ וכל צבאם תם אפתתח אפתתאחא אכ׳ר
לכלק חוה מן אדם · ודכר עץ החיים ועץ הדעת וחדית
אלנחש ותלך אלקצה וגעל הדא כלה אנה כאן בעד אן
ג׳על אדם פי ג׳ן עדן וכל אלחכמים ז״ל מג׳מעון אן הדה
אלקצה כלהא כאנת יום אלג׳מעה ואנה לם יתג׳יר אמר
מנה בעד ששת ימי בראשית פלדלך לא יסתשנע שי מן
תלך אלאמור כמא קלנא אנה אלי אלאן לם תחצל טביעה
מסתקרה ומע הדא קד דכרוא אשיא סאסמעהא לך
מלתקטה מן אמאכנהא ואנבהך איצ׳א עלי אשיא כמתל
מא נבהונא הם ז״ל ואעלם אן הדה לאשיא אלתי אדכרהא
לך מן כלאם אלחכמים אנמא הי אקאויל פי נאיה לכמאל
בינת אתאויל ללדי דכרוהא לה מחכמה גדא פלדלך לא
אבאלג פי שרחהא ולא אבסטהא לאן לא אכון מגלה
סוד לכן דכרי להא כתרתיב מא ובתגביה יסיר יכפי פי
פהמהא למתלך פמן דלך קולהם אן אדם וחוה כלקא
מעא מתחדין מהרא לטהר ואנה קסם פאכד נצפה והן חות
נקבל בה וקולה אחת מצלעותיו יעני אחד שקיה ואסתדלוא
מן צלע המשכן אלדי תרגמתה סטר משכנא וכדא
קאלוא מן סטרוחי פאפהם כיף כאן אלתביין אנחמא

לכנה ליס בגאיה מקצודה לאסתמראר אלוגוד פיקאל פיה
כי טוב בל לצרורה לזמה לתנכשף אארץ פאפהם הדא ·
וממא יגב אן תעלמה אן אחכמים קד בינוא אן אלעשב
ואאשגאר אלתי אנבתהא אללה מן אארץ אנמא אנבתהא
בעד אן אמטר עליהא ואן קולה ואד יעלה מן הארץ וגו'
אנמא הו וצף אלחאלה אלאולי אלתי כאנת קבל תדשא
הארץ דשא ולדלך תרגם אנקלום וענגא הוה סליק
מן ארעא ובין הו דלך מן אלנץ לקולה וכל שיח השדה
טרם יהיה בארץ פקד באן הדא · וקד עלמת איהא אנאטר
אן אול אסבאב אלכון ואלפסאד בעד אלקוי אלפלכיה
אלצו ואטלאם למא יתבעהמא מן אלחר ואלברד ובחרכה
אלפלך תכתלט אלאסטקסאת ובאלצו ואלטלאם יכתלף
אמתזאגהא ואול אמתזאג יחדת מנהא אלבכאראן אלדאן
המא אול אסבאב אלאאתאר · ֹ ועלויה כלהא אלתי אלמטר
מנהא והמא איצא אסבאב אלמעאדן ובעד דלך תרכיב
אנבאת ובעד אלנבאת אלחיואן ואכר תרכיב הו אלאנסאן
ואן אלטלאם הו טביעה וגוד אלעאלם אספלי כלה ואלצו
טאר עליה חסבך אן בעדם אלצו תבקי אחאלה. אלמסתקרה
והכדא גא אלנץ פי מעשה בראשית עלי הדא אלתרתיב
סוא לם יגאדר שיא מן הדא · וממא יגב אן תעלמת
קולהם כל מעשה בראשית לקומתן נבראו לדעתן נבראו
לצביונם נבראו יקול' אן כל מא בלק אנמא בלק עלי
כמאל כמיתה ועלי כמאל צורתה ובאחסן אעראצה ותג:

ופהמת כל מא תברהן פי אלאֹתֹאר ותטלעת עלי כל מא
קאלת אנאם פי כל שֹי מנהא · וממא ינבגי אן תעלמה
ותתנבה עליה אלעלה אלתֹי מן אגלהא לם יֹקֹל פי יום
אלתֹאני כי טוב וקד עלמת אקאויל אלחכמים זל אלתֹי
קאלוהא פי דלך עלי נהֹו אלדרש אחסנהא קולהם לפי
שלא שלמה מלאכת המים ועלה דלך איצֹא ענדי בﬞינה
גדא זדלך אנה כלמא דכר אמרא מן אמור אוגוד אֹחֹאֹרֹתֹﬞﬞﬞ﬚
אלמוגודה עלי אלאסתמראר אלדאימה אﬞמסתקרﬞה קאל
פﬞ דלך כי טוב והדֹא אלרקיע ואלשי אלדֹי עליה אלדֹי
סﬞמﬞי מים אלאמר פיה מן אלכפא כמא תראה ודלך אנה
אן אֹכֹד עלי מֹאהרה בגליל אֹנﬞ﬚טﬞר כאן אמרא גיר מוגוד
אצלא לאן ליס תֹם גסם אכֹר גיר אלאסטקס﬚ארֹת ﬖﬠﬖﬣﬖ﬚ﬗﬡ
ובין א﬚סמא אלדניא ולא ת﬚ מא﬚ פוק אלהוא ונאהיך אן
ת﬚ﬗﬖﬖ מת﬚ﬗﬕﬗ אן הדֹא אלרקיע ומא עליה הו פוק א﬚סמא
סﬖﬗﬣ﬚ אלאמר אש﬚ אמתנאﬠﬕﬗ ואבעד ﬠﬥ אן ידרך ואן
אֹכﬖﬣ עלי באﬗﬠﬕﬗ ומא אריד בה כאן אש﬚ כﬖﬠﬕﬔ לאנה
וﬗב אן יכון מן אלאﬤﬖﬣﬣ אלﬖﬗﬕﬗﬖﬢﬕ חתﬕ לא יעלﬕﬗ
אﬗﬖﬗﬣ פﬕﬗﬣ הﬣ ה﬚ﬔﬣﬕ כﬕ﬛ יﬔﬖﬗ אﬥ יﬔﬕﬗ פﬕﬔ כﬕ טﬖﬗ
וא﬛ﬗﬕ ﬖﬠﬕﬔ כﬕ טﬖﬗ א﬛ﬔ ﬖﬕﬔﬥﬣ אﬗﬔﬖﬔﬠﬔﬗ וﬔﬕﬣﬔﬕ פﬕ
ﬖﬠﬖﬣ הﬣﬕ אﬖﬗﬣ וﬕﬤﬖﬗﬖﬣﬕﬣﬔ ﬖﬕﬗﬕ ﬕﬕﬗﬣ א﬛ﬔﬖﬔ אﬗﬔﬠﬕﬔ
אﬗﬣﬕ ﬖﬕﬔﬣﬔ גﬕﬣ ﬖﬖ﬙ﬖﬣ ﬔﬣﬗﬕ פﬕﬕ ﬖﬕﬗﬤﬠﬔﬔ פﬕﬔ ﬖﬕﬔﬣﬔ
ﬗﬗﬕﬕﬖ חﬔﬕ ﬕﬔﬕﬗ פﬕﬔ ﬔﬕ טﬖﬗ ﬖﬗﬕ ﬖﬣ ﬗﬕ אﬥ א﬙ﬕﬣﬔ ﬖﬕﬕﬕﬕ
ﬖﬗﬖ אﬥ הﬣﬕ וﬕﬥ ﬔﬕﬥ ﬖ﬙ﬕ ﬔﬕﬣﬕ ﬔﬖﬕﬣﬕ ﬖﬣﬕ ﬙ﬥ ﬕﬗﬖﬖﬖﬖﬕﬕﬣﬔ

18

תכֹן כמא קאלוא חונלדרה טפה האמצעירת וקולה איצא
ויקרא אלהים לרקיע שמים עלי מא בינת לך ליבֹן
אשתראך אלאסם ואן ליס שמים מקול אולא פי קולה
את השמים ואת הארץ הי הדה אלתי סֹמית שמים ואבֹר
הדא למעני בקולה על פני רקיע השמים ליבֹן אן ארקיע
גיר אלשמים ומן אגל הדא אאשתראך פי אלאסמיה קד
יסמי איצא אלשמים אלחקיקיה רקיע כמא אסמי ארקיע
אחקיקי שמים והו קולה ויתן אותם אלהים ברקיע השמים
ותבין איצא בהדא אלקול מא קד תברהן מן כון אלכואכב
כלהא ואלשמס ואלקמר מרכוזאת פי אפלך אד לא כלא
פי אלעאלם וליסת עלי סטח פלך כמא יתכֹיל אלגמהור
מן קולה ברקיע השמים ולם יקל על רקיע השמים פקד
באן אן מאדה מא כאנת משתרכה וסֹמאהא מים תם
אנפצלת בתֹלת צור וצאר מנהא שֹ ימים וצאר מנהא
שֹ רקיע וצאר מנהא שֹ פוק דלך אלרקיע והדא כלה
כארגֹא ען אלארץ פקד אבר פי יאמר מאבֹרא אבֹר לאסראר
עניבה אמא אן כון דלך אלדי פוק אלרקיע סֹמי מאَا פי
אאסמיה פקט לא אנה הדא אלמאَ אלנועי פקד קאלה
אלחכמים זל איצא קאלוא פי קולהם ארבעה נכנסו
לפרדס וגו' אמר להם ר' עקיבא כשאתם מניעין לאבני
שיש מהור אל תאמרו מים מים שבך כתוב דובר שקרים
לא יכון לנגד עיני פאעתבר אן כנת מן אהל אאעתבאר
כם בֹן בהדה אלקולה וכיף כשף מאמר כלה אדא תאמלתה

מׄצׄיׄא בל שׄפׄאפׄא ולו כׄאנת אלנׄאר אלאסׄטקׄסׄיׄא מׄצׄיׄא
לׄראׄינׄא אלׄגׄו כׄלה באׄלׄלׄיׄל מׄלׄתׄהׄבׄא נׄאׄרׄא וקׄד גׄא
דׄכׄרׄהׄא עׄלׄי אוׄצׄאׄעׄהׄא אׄלׄטׄבׄיׄעׄיׄא אׄלׄארׄץׄ ופׄוׄקׄהׄא אׄלׄמׄאׄ
ׄוׄהׄוׄ לׄאׄזׄק כׄׄאׄמׄׄ ואׄׄלׄנׄאׄר פׄׄוׄק אׄׄהׄׄוׄ לׄאׄן כׄׄתׄׄכׄׄצׄׄיׄׄצׄׄׄה אׄׄׄהׄׄׄוׄ
ׄעׄל פׄנׄי הׄמׄים יׄכׄוׄן אׄׄחׄׄשׄׄך אׄׄׄלׄׄׄי עׄל פׄׄנׄׄי תׄׄהׄׄום פׄׄׄוׄׄׄק אׄׄׄׄרׄׄׄׄוׄׄׄׄחׄ בׄׄׄׄלׄׄׄׄא
שׄׄׄׄך וׄׄׄׄאׄׄׄׄלׄׄׄׄדׄׄׄׄי אׄׄׄׄׄוׄׄׄׄׄגׄׄׄׄׄב אׄׄׄׄׄן יׄׄׄׄׄקׄׄׄׄׄוׄׄׄׄׄל רׄׄׄׄׄוׄׄׄׄׄח אׄׄׄׄׄלׄׄׄׄׄהׄׄׄׄׄים לׄׄׄׄׄכׄׄׄׄׄוׄׄׄׄׄנׄׄׄׄׄה פׄׄׄׄׄרׄׄׄׄׄצׄׄׄׄׄהׄׄׄׄׄא מׄׄׄׄׄתׄׄׄׄׄחׄׄׄׄׄרׄׄׄׄׄכׄׄׄׄׄה
אׄׄׄׄׄׄעׄׄׄׄׄׄנׄׄׄׄׄׄי מׄׄׄׄׄׄרׄׄׄׄׄׄחׄׄׄׄׄׄפׄׄׄׄׄׄת וׄׄׄׄׄׄחׄׄׄׄׄׄרׄׄׄׄׄׄכׄׄׄׄׄׄה אׄׄׄׄׄׄרׄׄׄׄׄׄיׄׄׄׄׄׄח אׄׄׄׄׄׄבׄׄׄׄׄׄדׄׄׄׄׄׄא מׄׄׄׄׄׄנׄׄׄׄׄׄסׄׄׄׄׄׄוׄׄׄׄׄׄבׄׄׄׄׄׄח לׄׄׄׄׄׄלׄׄׄׄׄׄה וׄׄׄׄׄׄרׄׄׄׄׄׄוׄׄׄׄׄׄח נׄׄׄׄׄׄסׄׄׄׄׄׄע
מׄׄׄׄׄׄׄאׄׄׄׄׄׄׄת יׄׄׄׄׄׄׄי נׄׄׄׄׄׄׄשׄׄׄׄׄׄׄפׄׄׄׄׄׄׄת בׄׄׄׄׄׄׄרׄׄׄׄׄׄׄוׄׄׄׄׄׄׄחׄׄׄׄׄׄׄך וׄׄׄׄׄׄׄיׄׄׄׄׄׄׄהׄׄׄׄׄׄׄפׄׄׄׄׄׄׄך יׄׄׄׄׄׄׄי רׄׄׄׄׄׄׄוׄׄׄׄׄׄׄח יׄׄׄׄׄׄׄם וׄׄׄׄׄׄׄהׄׄׄׄׄׄׄדׄׄׄׄׄׄׄא כׄׄׄׄׄׄׄתׄׄׄׄׄׄׄיׄׄׄׄׄׄׄר וׄׄׄׄׄׄׄלׄׄׄׄׄׄׄמׄׄׄׄׄׄׄא
כׄׄׄׄׄׄׄׄאׄׄׄׄׄׄׄׄן אׄׄׄׄׄׄׄׄחׄׄׄׄׄׄׄׄשׄׄׄׄׄׄׄׄך אׄׄׄׄׄׄׄׄלׄׄׄׄׄׄׄׄמׄׄׄׄׄׄׄׄקׄׄׄׄׄׄׄׄוׄׄׄׄׄׄׄׄל אׄׄׄׄׄׄׄׄוׄׄׄׄׄׄׄׄלׄׄׄׄׄׄׄׄא אׄׄׄׄׄׄׄׄלׄׄׄׄׄׄׄׄדׄׄׄׄׄׄׄׄי הׄׄׄׄׄׄׄׄו אׄׄׄׄׄׄׄׄסׄׄׄׄׄׄׄׄם אׄׄׄׄׄׄׄׄלׄׄׄׄׄׄׄׄאׄׄׄׄׄׄׄׄסׄׄׄׄׄׄׄׄטׄׄׄׄׄׄׄׄקׄׄׄׄׄׄׄׄס נׄׄׄׄׄׄׄׄיׄׄׄׄׄׄׄׄר
אׄׄׄׄׄׄׄׄׄלׄׄׄׄׄׄׄׄׄחׄׄׄׄׄׄׄׄׄשׄׄׄׄׄׄׄׄׄך אׄׄׄׄׄׄׄׄׄמׄׄׄׄׄׄׄׄׄקׄׄׄׄׄׄׄׄׄוׄׄׄׄׄׄׄׄׄל אׄׄׄׄׄׄׄׄׄכׄׄׄׄׄׄׄׄׄיׄׄׄׄׄׄׄׄׄרׄׄׄׄׄׄׄׄׄא אׄׄׄׄׄׄׄׄׄלׄׄׄׄׄׄׄׄׄדׄׄׄׄׄׄׄׄׄי הׄׄׄׄׄׄׄׄׄו אׄׄׄׄׄׄׄׄׄלׄׄׄׄׄׄׄׄׄטׄׄׄׄׄׄׄׄׄלׄׄׄׄׄׄׄׄׄאׄׄׄׄׄׄׄׄׄם אׄׄׄׄׄׄׄׄׄכׄׄׄׄׄׄׄׄׄר אׄׄׄׄׄׄׄׄׄן יׄׄׄׄׄׄׄׄׄבׄׄׄׄׄׄׄׄׄׄן
וׄׄׄׄׄׄׄׄׄׄיׄׄׄׄׄׄׄׄׄׄפׄׄׄׄׄׄׄׄׄׄצׄׄׄׄׄׄׄׄׄׄל פׄׄׄׄׄׄׄׄׄׄקׄׄׄׄׄׄׄׄׄׄאׄׄׄׄׄׄׄׄׄׄל וׄׄׄׄׄׄׄׄׄׄלׄׄׄׄׄׄׄׄׄׄחׄׄׄׄׄׄׄׄׄׄשׄׄׄׄׄׄׄׄׄׄך קׄׄׄׄׄׄׄׄׄׄרׄׄׄׄׄׄׄׄׄׄא לׄׄׄׄׄׄׄׄׄׄיׄׄׄׄׄׄׄׄׄׄלׄׄׄׄׄׄׄׄׄׄה עׄׄׄׄׄׄׄׄׄׄלׄׄׄׄׄׄׄׄׄׄא מׄׄׄׄׄׄׄׄׄׄא בׄׄׄׄׄׄׄׄׄׄיׄׄׄׄׄׄׄׄׄׄנׄׄׄׄׄׄׄׄׄׄא פׄׄׄׄׄׄׄׄׄׄקׄׄׄׄׄׄׄׄׄׄד בׄׄׄׄׄׄׄׄׄׄאׄׄׄׄׄׄׄׄׄׄן
הׄׄׄׄׄׄׄׄׄׄׄדׄׄׄׄׄׄׄׄׄׄׄא · וׄׄׄׄׄׄׄׄׄׄׄמׄׄׄׄׄׄׄׄׄׄׄמׄׄׄׄׄׄׄׄׄׄׄא יׄׄׄׄׄׄׄׄׄׄׄגׄׄׄׄׄׄׄׄׄׄׄב אׄׄׄׄׄׄׄׄׄׄׄן תׄׄׄׄׄׄׄׄׄׄׄעׄׄׄׄׄׄׄׄׄׄׄלׄׄׄׄׄׄׄׄׄׄׄמׄׄׄׄׄׄׄׄׄׄׄה אׄׄׄׄׄׄׄׄׄׄׄן קׄׄׄׄׄׄׄׄׄׄׄוׄׄׄׄׄׄׄׄׄׄׄלׄׄׄׄׄׄׄׄׄׄׄה וׄׄׄׄׄׄׄׄׄׄׄיׄׄׄׄׄׄׄׄׄׄׄבׄׄׄׄׄׄׄׄׄׄׄדׄׄׄׄׄׄׄׄׄׄׄל בׄׄׄׄׄׄׄׄׄׄׄין הׄׄׄׄׄׄׄׄׄׄׄמׄׄׄׄׄׄׄׄׄׄׄים
וׄׄׄׄׄׄׄׄׄׄׄׄגׄׄׄׄׄׄׄׄׄׄׄׄ׳ לׄׄׄׄׄׄׄׄׄׄׄׄיׄׄׄׄׄׄׄׄׄׄׄׄם הׄׄׄׄׄׄׄׄׄׄׄׄו פׄׄׄׄׄׄׄׄׄׄׄׄצׄׄׄׄׄׄׄׄׄׄׄׄל בׄׄׄׄׄׄׄׄׄׄׄׄאׄׄׄׄׄׄׄׄׄׄׄׄלׄׄׄׄׄׄׄׄׄׄׄׄמׄׄׄׄׄׄׄׄׄׄׄׄוׄׄׄׄׄׄׄׄׄׄׄׄצׄׄׄׄׄׄׄׄׄׄׄׄע אׄׄׄׄׄׄׄׄׄׄׄׄן צׄׄׄׄׄׄׄׄׄׄׄׄאׄׄׄׄׄׄׄׄׄׄׄׄר הׄׄׄׄׄׄׄׄׄׄׄׄדׄׄׄׄׄׄׄׄׄׄׄׄא פׄׄׄׄׄׄׄׄׄׄׄׄוׄׄׄׄׄׄׄׄׄׄׄׄק וׄׄׄׄׄׄׄׄׄׄׄׄהׄׄׄׄׄׄׄׄׄׄׄׄדׄׄׄׄׄׄׄׄׄׄׄׄא אׄׄׄׄׄׄׄׄׄׄׄׄסׄׄׄׄׄׄׄׄׄׄׄׄפׄׄׄׄׄׄׄׄׄׄׄׄל
וׄׄׄׄׄׄׄׄׄׄׄׄׄטׄׄׄׄׄׄׄׄׄׄׄׄׄבׄׄׄׄׄׄׄׄׄׄׄׄׄיׄׄׄׄׄׄׄׄׄׄׄׄׄעׄׄׄׄׄׄׄׄׄׄׄׄׄתׄׄׄׄׄׄׄׄׄׄׄׄׄהׄׄׄׄׄׄׄׄׄׄׄׄׄמׄׄׄׄׄׄׄׄׄׄׄׄׄא וׄׄׄׄׄׄׄׄׄׄׄׄׄאׄׄׄׄׄׄׄׄׄׄׄׄׄחׄׄׄׄׄׄׄׄׄׄׄׄׄדׄׄׄׄׄׄׄׄׄׄׄׄׄה וׄׄׄׄׄׄׄׄׄׄׄׄׄאׄׄׄׄׄׄׄׄׄׄׄׄׄנׄׄׄׄׄׄׄׄׄׄׄׄׄמׄׄׄׄׄׄׄׄׄׄׄׄׄא שׄׄׄׄׄׄׄׄׄׄׄׄׄרׄׄׄׄׄׄׄׄׄׄׄׄׄחׄׄׄׄׄׄׄׄׄׄׄׄׄה אׄׄׄׄׄׄׄׄׄׄׄׄׄנׄׄׄׄׄׄׄׄׄׄׄׄׄת פׄׄׄׄׄׄׄׄׄׄׄׄׄצׄׄׄׄׄׄׄׄׄׄׄׄׄל בׄׄׄׄׄׄׄׄׄׄׄׄׄיׄׄׄׄׄׄׄׄׄׄׄׄׄנׄׄׄׄׄׄׄׄׄׄׄׄׄהׄׄׄׄׄׄׄׄׄׄׄׄׄמׄׄׄׄׄׄׄׄׄׄׄׄׄא
בׄׄׄׄׄׄׄׄׄׄׄׄׄׄאׄׄׄׄׄׄׄׄׄׄׄׄׄׄלׄׄׄׄׄׄׄׄׄׄׄׄׄׄפׄׄׄׄׄׄׄׄׄׄׄׄׄׄצׄׄׄׄׄׄׄׄׄׄׄׄׄׄל אׄׄׄׄׄׄׄׄׄׄׄׄׄׄלׄׄׄׄׄׄׄׄׄׄׄׄׄׄטׄׄׄׄׄׄׄׄׄׄׄׄׄׄבׄׄׄׄׄׄׄׄׄׄׄׄׄׄיׄׄׄׄׄׄׄׄׄׄׄׄׄׄעׄׄׄׄׄׄׄׄׄׄׄׄׄׄי אׄׄׄׄׄׄׄׄׄׄׄׄׄׄעׄׄׄׄׄׄׄׄׄׄׄׄׄׄנׄׄׄׄׄׄׄׄׄׄׄׄׄׄי בׄׄׄׄׄׄׄׄׄׄׄׄׄׄאׄׄׄׄׄׄׄׄׄׄׄׄׄׄלׄׄׄׄׄׄׄׄׄׄׄׄׄׄצׄׄׄׄׄׄׄׄׄׄׄׄׄׄוׄׄׄׄׄׄׄׄׄׄׄׄׄׄרׄׄׄׄׄׄׄׄׄׄׄׄׄׄה וׄׄׄׄׄׄׄׄׄׄׄׄׄׄגׄׄׄׄׄׄׄׄׄׄׄׄׄׄעׄׄׄׄׄׄׄׄׄׄׄׄׄׄל בׄׄׄׄׄׄׄׄׄׄׄׄׄׄעׄׄׄׄׄׄׄׄׄׄׄׄׄׄץׄׄׄׄׄׄׄׄׄׄׄׄׄׄ דׄׄׄׄׄׄׄׄׄׄׄׄׄׄלׄׄׄׄׄׄׄׄׄׄׄׄׄׄך אׄׄׄׄׄׄׄׄׄׄׄׄׄׄלׄׄׄׄׄׄׄׄׄׄׄׄׄׄדׄׄׄׄׄׄׄׄׄׄׄׄׄׄי
סׄׄׄׄׄׄׄׄׄׄׄׄׄׄׄמׄׄׄׄׄׄׄׄׄׄׄׄׄׄׄאׄׄׄׄׄׄׄׄׄׄׄׄׄׄׄה מׄׄׄׄׄׄׄׄׄׄׄׄׄׄׄאׄׄׄׄׄׄׄׄׄׄׄׄׄׄׄ אׄׄׄׄׄׄׄׄׄׄׄׄׄׄׄוׄׄׄׄׄׄׄׄׄׄׄׄׄׄׄלׄׄׄׄׄׄׄׄׄׄׄׄׄׄׄא שׄׄׄׄׄׄׄׄׄׄׄׄׄׄׄיׄׄׄׄׄׄׄׄׄׄׄׄׄׄׄא אׄׄׄׄׄׄׄׄׄׄׄׄׄׄׄכׄׄׄׄׄׄׄׄׄׄׄׄׄׄׄר בׄׄׄׄׄׄׄׄׄׄׄׄׄׄׄצׄׄׄׄׄׄׄׄׄׄׄׄׄׄׄוׄׄׄׄׄׄׄׄׄׄׄׄׄׄׄרׄׄׄׄׄׄׄׄׄׄׄׄׄׄׄה טׄׄׄׄׄׄׄׄׄׄׄׄׄׄׄבׄׄׄׄׄׄׄׄׄׄׄׄׄׄׄיׄׄׄׄׄׄׄׄׄׄׄׄׄׄׄעׄׄׄׄׄׄׄׄׄׄׄׄׄׄׄיׄׄׄׄׄׄׄׄׄׄׄׄׄׄׄא אׄׄׄׄׄׄׄׄׄׄׄׄׄׄׄבׄׄׄׄׄׄׄׄׄׄׄׄׄׄׄסׄׄׄׄׄׄׄׄׄׄׄׄׄׄׄה וׄׄׄׄׄׄׄׄׄׄׄׄׄׄׄגׄׄׄׄׄׄׄׄׄׄׄׄׄׄׄעׄׄׄׄׄׄׄׄׄׄׄׄׄׄׄל
בׄׄׄׄׄׄׄׄׄׄׄׄׄׄׄׄעׄׄׄׄׄׄׄׄׄׄׄׄׄׄׄׄצׄׄׄׄׄׄׄׄׄׄׄׄׄׄׄׄה בׄׄׄׄׄׄׄׄׄׄׄׄׄׄׄׄצׄׄׄׄׄׄׄׄׄׄׄׄׄׄׄׄוׄׄׄׄׄׄׄׄׄׄׄׄׄׄׄׄרׄׄׄׄׄׄׄׄׄׄׄׄׄׄׄׄה אׄׄׄׄׄׄׄׄׄׄׄׄׄׄׄׄכׄׄׄׄׄׄׄׄׄׄׄׄׄׄׄׄרׄׄׄׄׄׄׄׄׄׄׄׄׄׄׄׄי וׄׄׄׄׄׄׄׄׄׄׄׄׄׄׄׄהׄׄׄׄׄׄׄׄׄׄׄׄׄׄׄׄדׄׄׄׄׄׄׄׄׄׄׄׄׄׄׄׄא הׄׄׄׄׄׄׄׄׄׄׄׄׄׄׄׄו אׄׄׄׄׄׄׄׄׄׄׄׄׄׄׄׄלׄׄׄׄׄׄׄׄׄׄׄׄׄׄׄׄמׄׄׄׄׄׄׄׄׄׄׄׄׄׄׄׄאׄׄׄׄׄׄׄׄׄׄׄׄׄׄׄׄ וׄׄׄׄׄׄׄׄׄׄׄׄׄׄׄׄלׄׄׄׄׄׄׄׄׄׄׄׄׄׄׄׄדׄׄׄׄׄׄׄׄׄׄׄׄׄׄׄׄלׄׄׄׄׄׄׄׄׄׄׄׄׄׄׄׄך אׄׄׄׄׄׄׄׄׄׄׄׄׄׄׄׄיׄׄׄׄׄׄׄׄׄׄׄׄׄׄׄׄצׄׄׄׄׄׄׄׄׄׄׄׄׄׄׄׄא קׄׄׄׄׄׄׄׄׄׄׄׄׄׄׄׄאׄׄׄׄׄׄׄׄׄׄׄׄׄׄׄׄלׄׄׄׄׄׄׄׄׄׄׄׄׄׄׄׄ
וׄׄׄׄׄׄׄׄׄׄׄׄׄׄׄׄׄלׄׄׄׄׄׄׄׄׄׄׄׄׄׄׄׄׄמׄׄׄׄׄׄׄׄׄׄׄׄׄׄׄׄׄקׄׄׄׄׄׄׄׄׄׄׄׄׄׄׄׄׄוׄׄׄׄׄׄׄׄׄׄׄׄׄׄׄׄׄה הׄׄׄׄׄׄׄׄׄׄׄׄׄׄׄׄׄמׄׄׄׄׄׄׄׄׄׄׄׄׄׄׄׄׄים קׄׄׄׄׄׄׄׄׄׄׄׄׄׄׄׄׄרׄׄׄׄׄׄׄׄׄׄׄׄׄׄׄׄׄא יׄׄׄׄׄׄׄׄׄׄׄׄׄׄׄׄׄמׄׄׄׄׄׄׄׄׄׄׄׄׄׄׄׄׄים פׄׄׄׄׄׄׄׄׄׄׄׄׄׄׄׄׄקׄׄׄׄׄׄׄׄׄׄׄׄׄׄׄׄׄד צׄׄׄׄׄׄׄׄׄׄׄׄׄׄׄׄׄרׄׄׄׄׄׄׄׄׄׄׄׄׄׄׄׄׄח לׄׄׄׄׄׄׄׄׄׄׄׄׄׄׄׄׄך אׄׄׄׄׄׄׄׄׄׄׄׄׄׄׄׄׄן דׄׄׄׄׄׄׄׄׄׄׄׄׄׄׄׄׄלׄׄׄׄׄׄׄׄׄׄׄׄׄׄׄׄׄך אׄׄׄׄׄׄׄׄׄׄׄׄׄׄׄׄׄלׄׄׄׄׄׄׄׄׄׄׄׄׄׄׄׄׄמׄׄׄׄׄׄׄׄׄׄׄׄׄׄׄׄׄים
אׄׄׄׄׄׄׄׄׄׄׄׄׄׄׄׄׄׄלׄׄׄׄׄׄׄׄׄׄׄׄׄׄׄׄׄׄאׄׄׄׄׄׄׄׄׄׄׄׄׄׄׄׄׄׄוׄׄׄׄׄׄׄׄׄׄׄׄׄׄׄׄׄׄל אׄׄׄׄׄׄׄׄׄׄׄׄׄׄׄׄׄׄלׄׄׄׄׄׄׄׄׄׄׄׄׄׄׄׄׄׄמׄׄׄׄׄׄׄׄׄׄׄׄׄׄׄׄׄׄקׄׄׄׄׄׄׄׄׄׄׄׄׄׄׄׄׄׄוׄׄׄׄׄׄׄׄׄׄׄׄׄׄׄׄׄׄל פׄׄׄׄׄׄׄׄׄׄׄׄׄׄׄׄׄׄיׄׄׄׄׄׄׄׄׄׄׄׄׄׄׄׄׄׄה עׄׄׄׄׄׄׄׄׄׄׄׄׄׄׄׄׄׄל פׄׄׄׄׄׄׄׄׄׄׄׄׄׄׄׄׄׄנׄׄׄׄׄׄׄׄׄׄׄׄׄׄׄׄׄׄי הׄׄׄׄׄׄׄׄׄׄׄׄׄׄׄׄׄׄמׄׄׄׄׄׄׄׄׄׄׄׄׄׄׄׄׄׄים מׄׄׄׄׄׄׄׄׄׄׄׄׄׄׄׄׄׄא הׄׄׄׄׄׄׄׄׄׄׄׄׄׄׄׄׄׄו הׄׄׄׄׄׄׄׄׄׄׄׄׄׄׄׄׄׄדׄׄׄׄׄׄׄׄׄׄׄׄׄׄׄׄׄׄא אׄׄׄׄׄׄׄׄׄׄׄׄׄׄׄׄׄׄלׄׄׄׄׄׄׄׄׄׄׄׄׄׄׄׄׄׄדׄׄׄׄׄׄׄׄׄׄׄׄׄׄׄׄׄׄי פׄׄׄׄׄׄׄׄׄׄׄׄׄׄׄׄׄׄי
אׄׄׄׄׄׄׄׄׄׄׄׄׄׄׄׄׄׄׄלׄׄׄׄׄׄׄׄׄׄׄׄׄׄׄׄׄׄׄאׄׄׄׄׄׄׄׄׄׄׄׄׄׄׄׄׄׄׄיׄׄׄׄׄׄׄׄׄׄׄׄׄׄׄׄׄׄׄם בׄׄׄׄׄׄׄׄׄׄׄׄׄׄׄׄׄׄׄל בׄׄׄׄׄׄׄׄׄׄׄׄׄׄׄׄׄׄׄעׄׄׄׄׄׄׄׄׄׄׄׄׄׄׄׄׄׄׄצׄׄׄׄׄׄׄׄׄׄׄׄׄׄׄׄׄׄׄה פׄׄׄׄׄׄׄׄׄׄׄׄׄׄׄׄׄׄׄצׄׄׄׄׄׄׄׄׄׄׄׄׄׄׄׄׄׄׄל בׄׄׄׄׄׄׄׄׄׄׄׄׄׄׄׄׄׄׄצׄׄׄׄׄׄׄׄׄׄׄׄׄׄׄׄׄׄׄוׄׄׄׄׄׄׄׄׄׄׄׄׄׄׄׄׄׄׄרׄׄׄׄׄׄׄׄׄׄׄׄׄׄׄׄׄׄׄה מׄׄׄׄׄׄׄׄׄׄׄׄׄׄׄׄׄׄׄא פׄׄׄׄׄׄׄׄׄׄׄׄׄׄׄׄׄׄׄוׄׄׄׄׄׄׄׄׄׄׄׄׄׄׄׄׄׄׄק אׄׄׄׄׄׄׄׄׄׄׄׄׄׄׄׄׄׄׄלׄׄׄׄׄׄׄׄׄׄׄׄׄׄׄׄׄׄׄהׄׄׄׄׄׄׄׄׄׄׄׄׄׄׄׄׄׄׄוׄׄׄׄׄׄׄׄׄׄׄׄׄׄׄׄׄׄׄא וׄׄׄׄׄׄׄׄׄׄׄׄׄׄׄׄׄׄׄבׄׄׄׄׄׄׄׄׄׄׄׄׄׄׄׄׄׄׄעׄׄׄׄׄׄׄׄׄׄׄׄׄׄׄׄׄׄׄצׄׄׄׄׄׄׄׄׄׄׄׄׄׄׄׄׄׄׄה הׄׄׄׄׄׄׄׄׄׄׄׄׄׄׄׄׄׄׄו
הׄׄׄׄׄׄׄׄׄׄׄׄׄׄׄׄׄׄׄׄדׄׄׄׄׄׄׄׄׄׄׄׄׄׄׄׄׄׄׄׄא אׄׄׄׄׄׄׄׄׄׄׄׄׄׄׄׄׄׄׄׄלׄׄׄׄׄׄׄׄׄׄׄׄׄׄׄׄׄׄׄׄמׄׄׄׄׄׄׄׄׄׄׄׄׄׄׄׄׄׄׄׄאׄׄׄׄׄׄׄׄׄׄׄׄׄׄׄׄׄׄׄׄ וׄׄׄׄׄׄׄׄׄׄׄׄׄׄׄׄׄׄׄׄיׄׄׄׄׄׄׄׄׄׄׄׄׄׄׄׄׄׄׄׄכׄׄׄׄׄׄׄׄׄׄׄׄׄׄׄׄׄׄׄׄוׄׄׄׄׄׄׄׄׄׄׄׄׄׄׄׄׄׄׄׄן קׄׄׄׄׄׄׄׄׄׄׄׄׄׄׄׄׄׄׄׄוׄׄׄׄׄׄׄׄׄׄׄׄׄׄׄׄׄׄׄׄלׄׄׄׄׄׄׄׄׄׄׄׄׄׄׄׄׄׄׄׄה וׄׄׄׄׄׄׄׄׄׄׄׄׄׄׄׄׄׄׄׄיׄׄׄׄׄׄׄׄׄׄׄׄׄׄׄׄׄׄׄׄבׄׄׄׄׄׄׄׄׄׄׄׄׄׄׄׄׄׄׄׄדׄׄׄׄׄׄׄׄׄׄׄׄׄׄׄׄׄׄׄׄל בׄׄׄׄׄׄׄׄׄׄׄׄׄׄׄׄׄׄׄׄין הׄׄׄׄׄׄׄׄׄׄׄׄׄׄׄׄׄׄׄׄמׄׄׄׄׄׄׄׄׄׄׄׄׄׄׄׄׄׄׄׄים אׄׄׄׄׄׄׄׄׄׄׄׄׄׄׄׄׄׄׄׄשׄׄׄׄׄׄׄׄׄׄׄׄׄׄׄׄׄׄׄׄר מׄׄׄׄׄׄׄׄׄׄׄׄׄׄׄׄׄׄׄׄחׄׄׄׄׄׄׄׄׄׄׄׄׄׄׄׄׄׄׄׄתׄׄׄׄׄׄׄׄׄׄׄׄׄׄׄׄׄׄׄׄ
לׄׄׄׄׄׄׄׄׄׄׄׄׄׄׄׄׄׄׄׄׄרׄׄׄׄׄׄׄׄׄׄׄׄׄׄׄׄׄׄׄׄׄקׄׄׄׄׄׄׄׄׄׄׄׄׄׄׄׄׄׄׄׄׄיׄׄׄׄׄׄׄׄׄׄׄׄׄׄׄׄׄׄׄׄׄע וׄׄׄׄׄׄׄׄׄׄׄׄׄׄׄׄׄׄׄׄׄגׄׄׄׄׄׄׄׄׄׄׄׄׄׄׄׄׄׄׄׄׄ׳ מׄׄׄׄׄׄׄׄׄׄׄׄׄׄׄׄׄׄׄׄׄתׄׄׄׄׄׄׄׄׄׄׄׄׄׄׄׄׄׄׄׄׄל קׄׄׄׄׄׄׄׄׄׄׄׄׄׄׄׄׄׄׄׄׄוׄׄׄׄׄׄׄׄׄׄׄׄׄׄׄׄׄׄׄׄׄלׄׄׄׄׄׄׄׄׄׄׄׄׄׄׄׄׄׄׄׄׄה וׄׄׄׄׄׄׄׄׄׄׄׄׄׄׄׄׄׄׄׄׄיׄׄׄׄׄׄׄׄׄׄׄׄׄׄׄׄׄׄׄׄׄבׄׄׄׄׄׄׄׄׄׄׄׄׄׄׄׄׄׄׄׄׄדׄׄׄׄׄׄׄׄׄׄׄׄׄׄׄׄׄׄׄׄׄל אׄׄׄׄׄׄׄׄׄׄׄׄׄׄׄׄׄׄׄׄׄלׄׄׄׄׄׄׄׄׄׄׄׄׄׄׄׄׄׄׄׄׄהׄׄׄׄׄׄׄׄׄׄׄׄׄׄׄׄׄׄׄׄׄים בׄׄׄׄׄׄׄׄׄׄׄׄׄׄׄׄׄׄׄׄׄין הׄׄׄׄׄׄׄׄׄׄׄׄׄׄׄׄׄׄׄׄׄאׄׄׄׄׄׄׄׄׄׄׄׄׄׄׄׄׄׄׄׄׄוׄׄׄׄׄׄׄׄׄׄׄׄׄׄׄׄׄׄׄׄׄר וׄׄׄׄׄׄׄׄׄׄׄׄׄׄׄׄׄׄׄׄׄבׄׄׄׄׄׄׄׄׄׄׄׄׄׄׄׄׄׄׄׄׄין הׄׄׄׄׄׄׄׄׄׄׄׄׄׄׄׄׄׄׄׄׄחׄׄׄׄׄׄׄׄׄׄׄׄׄׄׄׄׄׄׄׄׄשׄׄׄׄׄׄׄׄׄׄׄׄׄׄׄׄׄׄׄׄׄך
אׄׄׄׄׄׄׄׄׄׄׄׄׄׄׄׄׄׄׄׄׄׄלׄׄׄׄׄׄׄׄׄׄׄׄׄׄׄׄׄׄׄׄׄׄדׄׄׄׄׄׄׄׄׄׄׄׄׄׄׄׄׄׄׄׄׄׄי חׄׄׄׄׄׄׄׄׄׄׄׄׄׄׄׄׄׄׄׄׄׄ כׄׄׄׄׄׄׄׄׄׄׄׄׄׄׄׄׄׄׄׄׄׄאׄׄׄׄׄׄׄׄׄׄׄׄׄׄׄׄׄׄׄׄׄׄלׄׄׄׄׄׄׄׄׄׄׄׄׄׄׄׄׄׄׄׄׄׄפׄׄׄׄׄׄׄׄׄׄׄׄׄׄׄׄׄׄׄׄׄׄצׄׄׄׄׄׄׄׄׄׄׄׄׄׄׄׄׄׄׄׄׄׄל פׄׄׄׄׄׄׄׄׄׄׄׄׄׄׄׄׄׄׄׄׄׄי צׄׄׄׄׄׄׄׄׄׄׄׄׄׄׄׄׄׄׄׄׄׄוׄׄׄׄׄׄׄׄׄׄׄׄׄׄׄׄׄׄׄׄׄׄרׄׄׄׄׄׄׄׄׄׄׄׄׄׄׄׄׄׄׄׄׄׄה מׄׄׄׄׄׄׄׄׄׄׄׄׄׄׄׄׄׄׄׄׄׄא וׄׄׄׄׄׄׄׄׄׄׄׄׄׄׄׄׄׄׄׄׄׄאׄׄׄׄׄׄׄׄׄׄׄׄׄׄׄׄׄׄׄׄׄׄלׄׄׄׄׄׄׄׄׄׄׄׄׄׄׄׄׄׄׄׄׄׄרׄׄׄׄׄׄׄׄׄׄׄׄׄׄׄׄׄׄׄׄׄׄקׄׄׄׄׄׄׄׄׄׄׄׄׄׄׄׄׄׄׄׄׄׄیׄׄׄׄׄׄׄׄׄׄׄׄׄׄׄׄׄׄׄׄׄׄע נׄׄׄׄׄׄׄׄׄׄׄׄׄׄׄׄׄׄׄׄׄׄפׄׄׄׄׄׄׄׄׄׄׄׄׄׄׄׄׄׄׄׄׄׄסׄׄׄׄׄׄׄׄׄׄׄׄׄׄׄׄׄׄׄׄׄׄה מׄׄׄׄׄׄׄׄׄׄׄׄׄׄׄׄׄׄׄׄׄׄן אׄׄׄׄׄׄׄׄׄׄׄׄׄׄׄׄׄׄׄׄׄׄלׄׄׄׄׄׄׄׄׄׄׄׄׄׄׄׄׄׄׄׄׄׄמׄׄׄׄׄׄׄׄׄׄׄׄׄׄׄׄׄׄׄׄׄׄאׄׄׄׄׄׄׄׄׄׄׄׄׄׄׄׄׄׄׄׄׄׄ

ללחכמים זّל פי בראשית רבה קאלוا פי אלאّור אّתדّמّר
פי. אלתّורה אנّה נברא ביום ראשון קאלوا בהדّא אלנّץ
הّן הّן מאורות שנבראו ביום ראשון ולا תלّאן עד יום
רביעי פّקّד וקّע אלתّצריح בהדّا אלגّרّץ · וממّא יגّبّ אן
תّעלמّה אן ארﭏ אסّם משّתّרّך יّקאל בّעّמّום וכّצّוּץ אّמّا
בّעّמّום פّעّלّי כל מّا הّן פّלّך אלקّמّر אّעّני גﻼّסّטّקّסّאّﺓ
אלארבّעّﺓ ויّקאל בّכّצّוּץ עّלّי אלّואّحّד אלّاّכّبّר מّنّהّא והّﺫ
אלاّרﭏ דّלّيّל דّלّﭏ קّוّلّﺓ והארﭏ היّﺓّה תّהּוّ ובّהّוّ וّحّﺷّﭏ
על פّنّي תّחّוّם ורّוّח אﻻّﻫّﻳّﻢ וﻏّﻧّ פّﻗّﺩ ﺳّﻤّ كّﻠّﻫّﺍ אّרﭏ ﺛّﻢ
ﻗّﺍﻝ וّﻳّﻗّﺮﺍ אﻻّﻫّﻳّﻢ ﻟّﻴّﺒّﺷّﺓ ﺍّﺭﭏ וﻫّﺪﺍ אّﻳﭏﺍ ﺳّﺮّ ﻋّﻄّﻳّﻢ
ﻣّﻦ ﺍّﻻﺳّﺮﺍﺭ ﺍّﻧّﻪ כﻝ ﻣّﺍ ﺗّﻐّﺩّﻩ ﻳّﻗّﻮّﻝ וّﻳّﻗّﺮﺍ אﻻّﻫّﻳّﻢ ﻟّﺒّﻙ
כّﻛّﺓ ﺍّﻧّﻤّﺍ ﻫّﻮ ﻟّﻴّﻔّﺻّﻠّﺓ ﻣّﻦ ﺍّﻟّﻤّﻌّﻧّﻲ ﺍّﻻّכّﺮ ﺍّﻟّﺪّﻱ אّﺷّﺮّﻙ
ﺑّﻴّﻨّﺤّﻤّﺍ ﻓّﻴّﻪ ﻫّﺪﺍ ﻓّﺎّﺳّﻢ וّﻟّﻬّﺪﺍ ﺷّﺮّﺣّﺕ ﻟّﻙ ﻫّﺪﺍ אّﻓّﺳّﻮّﻕ
ﻓّﻲ ﺑّﺪﺍﺓ כّﻠّﻕ כّﻠّﻕ אﻻّﻫّﺓ ﺍّﻟّﻌّﻠّﻮّ וّﺍّﻟّﺳّﻔّﻝ ﻓّﻴّﻛّﻮّﻥ אّﺭﭏ אّﻣّﻗّﻮّﻝ
ﺍّﻻّﺍ ﻫّﻮ ﺍّﻟّﺳّﻔّﻝ אّﻋّﻧّﻲ ﺍّﻻّﺳّﻄّﻗّﺳّﺎّﺓ ﺍّﺍّﺭﺑّﻌّﺓ וّﺍّﻟّﻤّﻗّﻮّﻝ
ﻋّﻧّﻬّﺍ וّﻳّﻗّﺮﺍ אﻻّﻫّﻳّﻢ ﻟّﻴّﺒّﺷّﺓ אّﺭﭏ ﺣّﻲ אّﻻّﺭﭏ וّﺣّﺪّﺣّﺍ ﻓّﻗّﺪ
בّﺍّﻥ ﻫّﺪﺍ · וّﻣّﻤّﺍ ﻳّﮔّﺐ אّﻥ תّﻌّﻠّﻤّﻩ אّﻥ ﻼّﺍّﺳّﻄّﻗّﺳّﺎّﺓ ﻼّﺍّﺭﺑّﻌّﺓ
ﺫّﻛّﺮﺕ אّﻮّﻻ ﺑّﻌّﺩ ﺍّﺳّﻤّﺍ ﺍّﻟّﺪّﻱ ﻗّﻠّﻧّﺍ אّﻥ אّﺳّﻢ אّﺭﭏ ﺍّﻻّﻮّﻝ
ﻳّﺩّﻝ ﻋّﻠّﻴّﻬّﺍ ﻻّﺍّﻧّﻪ ﺫّﻛّﺮ אّﺭﭏ וّﻣّﻴّﻢ ورّوّح וّﺣّﺷّﻙ וّﺣّﺷّﻙ ﺣّﺓ
אّﻟّﻨّﻮّﺭ ﻼّﺍّﺳّﻄّﻗّﺳّﻴّﺓ ﻻّ תّﻈّﻦ ﻧّﻳّﺮ ﺩّﻟّﻙ קّﺍّﻝ וּﺩּﺑّﺮّﻳّﻮّ שّﻤّﻌّﺓ
מّתّﻮّﻙ ﺣّﺍّﺷّ וّﻗّﺍّﻝ כّﺷّﻤّﻌّכّﻢ אּﺕ ﺣּﻗّﻮّﻝ ﻣّﺗّﻮّﻙ ﺣّﺣّﺷّﻙ וّﻗّﺍّﻝ
כّﻝ ﺣّﺷّﻙ ﻃّﻤّﻦ ﻟّﺼّﻔّﻮّﻧّﻴّﻮّ תّﺍّﻛّﻠّﺕّﻮّ אّﺷ ﻻّ ﻧّﻔّﺕ וّﺍّﻧّﻤّﺍّﺍ
ﺳّﻤّﻳّﺕ ﺍّﻟّﻨّﻮّﺭ ﺍّﻻّﺳّﻄّﻗّﺳّﻴّﺓ ﺑّﺣّﺪﺍ ﺍّﻻّﺳّﻢ ﻟّﻤّﻧّﺣّﺍ ﺟّﻴّﺓ

והדא אשנע מן אלאול ואנת תתאמל מא צעב עליהמא
והו וגוד זמאן קבל וגוד הדה אלשמם וסיבין לך הל הדא
אלדי אשכל עלי האדֹין ען קריב אלהם אלא אן כאן יריד
האדאן אן יקולא אנה לא בד מן סדר זמנים קדימא
פהדא הו אעתקאד אלקדם וכל מתשרע יחאשא ען הדא
זמא הדה אלקולה ענדי אלא נטיר קולה ר׳ אליעזר שמים
מהיכן נבראו ובאלגמלה לא תנטר פי הדה אלמואצע
לקול מן קאל קד אעלמתך באן קאערה אלשריעה כלהא
אן אללה אוגד אלעאלם לא מן שי פי גיר מבדא זמאני
בל אזמאן מכלוק אד הו תאבע לחרכֹה אלפלך ואלפלך
מכלוק · וממא יגב אן תעלמה אן כלמה את אלמקולה
פי קולה את השמים ואת הארץ קד צרחוא אלחכמים פי
עדֹה מואצע אנהא במעני מע יענון בדלך אנה כלק מע
אלסמאואת כל מא פי אלסמא ומע אלארץ כל מא פי
אלארץ וקד עלמת תביינהם אן אלסמא ואלארץ כֹלקא
מעא לקולה קרא אני אליהם יעמדו יחדו פיכון אלכל
כֹלק מעא ותבאינת לאשיא כלהא אולא אולא חתי אנהם
מתֹלוא דלך באכֹאר בדר חבא מכתלפה פי לארץ פי
רקיקה ואחדה פנגם בעצֹהא בעד יום ובעצֹהא בעד יומן
ובעצֹהא בעד תלתה ואלזראעה כלהא כאנת פי סאעה
ואחדה וכחסב הדא אלראי אצחיח בלא שך ינחל אלשך
אלדי אונב לר׳ יהודה ביר סימן אן יקול מא קאל וצעב
עליה באי שי קֹדר יום ראשון ויום שני ושלישי ובכיאן

יתקדמה באלזמאן כמא יקאל אן אלקלב מבדא אלחיואן
ואלאסטקס מבדא מא הו לה אסטקם וקד יטלק איצא
עלי הדא אלמעני אנה אול ואמא אלאול פקד יקאל
עלי אלמתקדם באלזמאן פקט מן גיר אן יכון דלך
אלמתקדם באזמאן סבבא ללמתאכר מן בעדה כמא יקאל
אול מן סבן חדה אלדאר פלאן ובערה פלאן ולא יקאל
אן פלאנא מבדא פלאן ואללפט אלדי ידל עלי אאול פי
לנתנא הו תחלה תחלת דבר יי בהושע ואלדי ידל עלי
אמבדא ראשית לאנה משתק מן ראש אלדי הו מבדא
אלחיואן בחסב וצעה ואלעאלם לם יכלק פי מבדא זמאני
כמא בינא אד אזמאן מן גמלה אמכלוקאת פלדלך קאל
בראשית ואלבא במעני פי פתרגמה הדא אלפסוק אלחקיקיה
הכדא פי בדאה כלק אללה אלעלו ואלספל הדא הז
אלתפסיר אלדי יטאבק אלחדות אמא מא תגדה מנצוצא
לבעץ אלחכמים מן אתבאת זמאן מוגוד קבל כלק אלעאלם
פמשכל גרא לאן הדא הו ראי ארסטו אלדי בינת לך
אלדי ירי אן אזמאן לא יתצור לה אול והדא שניע ואלדי
רעא אלקאילין אלי הדא אלקול למא וגדוא יום אחד ויום
שני וחמל קאיל הדא אלקול אלאמר עלי טאהרה וזעם
אנה אדא לם יכן תם פלך דאיר ולא שמם פבאי שי
קדר יום ראשון פקאלוא בהדא אלנץ יום ראשון אמר
רבי יהודה בר סימון מכאן שהיה סדר זמנים קודם לכן
אמר ר' אבהו מכאן שהיה הקב"ה בורא עולמות ומחריבן

מא אן יפיצה עלי גירה כמא נבין פי פצול תאתי פי אנבוﬠ
צאר כל עאלם סׄפר בפהם שי מן הדה אלאסראר אמא
מן נטׄרה או מן מרשד ארשדה לדׄלך לא בד לה אן יקול
שיא ואחצריח ממנוﬠ פילזﬦ פקד וקﬠ מן תלך אﬡתלויחאת
ואלתנביהאת ואﬡאשארﬡת כתיר פי אקאויל אﬡחכמים ז''ל
לאﬡאר מנהם איצא לכנהא מכתלטﬡ פי אקאויל אﬡﬧין
ופי אקאויל אכרי פלדׄלך תגרני דאימא פי הדה אﬡﬢתרים
אדׄכר אﬡקולﬡ אלואﬡﬥﬡ אלתי הי ﬠﬣﬢﬡ אﬡﬠ﬩ ואתרﬧ
מא סﬥﬡ דﬡﬢ למן יצﬡﬥ אן יﬨﬧﬧ ﬢﬦ · אﬡﬥﬢﬦﬡ אﬡ﬩ﬡﬤ ﬢ
אן אﬡﬡﬤﬢﬤ כﬤﬡ ﬢﬡﬤﬡ ﬢﬢﬡﬨﬢﬤ ﬢﬡﬡﬡﬠﬢﬡ אﬢﬢﬨﬧﬢﬡ
ﬢﬡﬡﬤﬢﬡ ﬡﬤﬤ אﬡﬢﬢﬣﬢ ﬢﬡﬡ ﬢﬡ ﬨﬢﬣﬡﬠ ﬢﬢﬨﬡﬡﬡﬡ אﬡﬡﬡ
ﬢﬡ ﬤﬢﬢﬢ ﬢﬢﬢ אﬡﬡﬢ ﬢﬤ אﬤﬡ אﬢﬨﬢﬡﬢ ﬢﬡ ﬢﬨﬡ ﬢﬢﬡ
ﬢﬢﬢ ﬡﬢﬨﬢﬢﬡ ﬢﬤﬡ ﬠﬡﬢ ﬢﬡﬢﬢﬢ אﬤﬢ ﬢﬤﬡ ﬢﬢ ﬢﬨﬡﬡ ﬢﬢ ﬢﬨﬡﬡ
אﬡﬤﬡﬢﬨﬦ ﬢﬡﬢﬢﬡ ﬢﬢﬡ אﬡﬢﬡﬢﬢ קﬢﬢ פﬢ אﬡﬢﬢﬢﬢ חﬢﬢﬢ
כﬢﬡ ﬢﬢﬤﬡ ﬢﬢﬢﬢﬢ ﬧﬢﬢ ﬠﬤﬢ ﬢﬤﬢﬢ קﬢﬢ ﬢﬢﬢﬢﬢ קﬢﬢ
ﬦﬢﬡﬢ ﬢﬤﬢﬡﬢ ﬤﬡﬡ ﬤﬢﬢ ﬢﬤﬡﬧ ﬢﬢﬢ ﬢﬢ קﬢﬢ · ﬢﬢﬠﬢ ﬡﬡﬡﬡ
אﬡﬢﬤﬡﬢﬢﬨ ﬡﬨﬢ ﬢﬡﬡﬢﬤ אﬡﬢﬢ ﬠﬢﬢﬡ ﬢﬠﬢﬡ ﬢﬡ :

פצל ל

אﬠﬡﬦ אﬡﬡ ﬧﬡﬧ ﬢﬢﬡ אﬡﬡﬢﬡ ﬢﬡﬡﬢﬢﬡﬡ ﬢﬤﬡﬢ אﬡ אﬢﬢﬤﬡ
ﬢﬢ ﬢﬢﬨﬢﬤ פﬢ ﬢﬡ ﬢﬢ ﬡﬢ ﬢﬢﬤﬡ אﬢ ﬢﬠﬢ ﬢﬡﬡ ﬡﬡ ﬡﬦ

מן גאפתיאת פי חק גאלאה מא קד בינّאה · ואד ואנתהי
אלקול אלי הדא פלגאתי בפצל נדכר פיה איّצّא בעץ
תנביהאת עלי נצוץ גאת פי מעשה בראשית אד אלגרץ
אלאול פי הדה אלמקאלה אנמא כאן תביין סّא יّמכן
תביّינה מן מעשה בראשית ומעשה מרכבה בעד אן נקّדّם
מקדّמתין עאמّתין · אחדאהמא הדה גّמקדّמה והי אן כל
מא דّכר פי מעשה בראשית פי גّתורה ליّם הו כלה עלי
ظّאהרה עלי מא יّתّכّّיّל מנה גّלّגמהור לאנה לו כאן גّّّّّّאّّّّّّّّ
כّדّלّّّّّّّ למّّّّّّّ צّ'ّّّّّّّّّ בّّّّّّ בّّ אّّّّّّ בّّ אّ אّّ אّ אّّ אّ אّ אّ אّ אّ אّ אّ אّ אّ אّ

דלך אלזקת אלדי גרק פיה אלמצריון ודלך אלמא כאצّה
פאנה ינקסם וקד נבّהתך עלי רוח הדא אّקול ואן דלך כלה
הרב מן אסתגדאד שי הנאך קיל אמר רבי יונתן תנאים
התנה הקّבّה עם הים שיהא נקרע לפני ישראל הדא היא
וישב הים לפנות בקר לאיתנו אמר ר' ירמיה בן אלעזר
לא עם הים בלבד התנה הקّבّה אלא עם כל מה שנברא
כששת ימי בראשית הדא היא אני ידי נטו שמים וכל
צבאם צויתי צויתי את הים שיקרע את האור שלא תזיק
לחנניה מישאל ועזריה את האריות שלא יזיקו לדניאל
את הרג שיקיא ארת יונה והו אלקّיאם פי סאירהא פקד
באן לך אלאמר ותלבّץ אّמדّהב ודלך אّנא נואפק ארסטו
פי אّנצّף מן ראיה וّנעתקד אן הדא אّלוّנّד אّבّדי סّרّמדי
עלי הדה אّלّסّביעّה אّלתי שّאّהא תّעאّלי לא יّתّגّّّר מّנّהّא
שי מּّנّה אّלّא פי גּّّזאّّה עّלّי גּّّהّّה אّלّמّّّענّז ואّן כّّّاّן לّّّה
תّّّّّّّّّّّّّّّّّّّّّّّّّّّّّّّّّّّّّ

הטן הדא מנאקצّא למא בّינתה בל יֹמכן אנה יריד אן תלך
אלחאלאת אלמועוד בהא אלטביעה ّ אّמונבّה להא חّינّיّד
מן ששّת ימי בראשית הי מכלוקה והדא צّחّיח ואנמא
קלת אנה לא יתגّّיّّר שّי מן טבّיעתה. ויסתמّّר עלי דלך
אלתّגّّיّّר תחّّّّדّّّّّّّ מן אלמעּּّّّّّّّّّّّّّّנّאת לאנה ואן כّّّّّّّّّّّّّّّّ כانت אنקלבّت
אלעצّא תّعّבّאנّא ואنّ קّّّّّّّّّّّّّّّّّّלّب אלّמּّّّّّّّّّّّّّّّّّّّّّّّّّّّّّّّّّّّّّّّّ
אلכّّّّّّّّّّّّّّّّّّّّ' מن גّّّّّّّّّ'ּّّّّّّّّّّّ ّ
אلּّّّّّّّّّّّّّّّّّّّ

יקרא בשם יי ימלט כי בהר ציון ובירושלים תהיה
פליטה וגו' פאלאקוי ענדי אנה יצף הלאך סנחריב עלי
ירושלים פאן לם תֻרֻדֻ דלך פיכון וצף הלאך גוג עלי
ירושלים בימי המלך המשיח מע כונה איצא לם ידכר פי
הדה אלקצה גיר כתרה אלקתל וחרק אלניראן וכסוף
אֻנֻדֻרֻין ולעלך תקול כיף יסמّי יום יי הגדול והנורא יום
הלאך סנחריב פי תאוילנא פלתעלם אן כל יום תכון פיה
נצרה עטّימה אﬞו פארדח עטّימה פאנה יסמّי יום יי הגדול
והנורא קד קאל יואל הרא ען יום מני דלך אﬞגראﬞד עליהם
כי גדול יום יי ונורא מאד ומי יכילנו · ואﬞמעני אלדי נחום
נחוה קד תביّן והו אן פסאד הרא אלעאלם ותגﬞירה עמّא
הו עליה או תגיﬞר שי מן טביעתה ואסתמראירה עלי דלך
אלתגיﬞר הו שי לם יאﬞתﬞגא פיה נץ נבי ולא כלאם חכמים
איצא לאן קולהם שהא אלפי שנין הוי עלמא וחד חרוב
לים הו עדם אﬞוﬞנוﬞד גמלה לקולה וחד חרוב דﬞל עלי בקא
אלזמאן והרא איצא קול יחיד והו עלי צורה מא ואלדי
תגד לנמיע אלחכמים דאימא והי קאעדה יסתדלّ בהא
כל אחד מן חכמי משנה וחכמי תלמוד הו קולה אין כל
חדש תחת השמש ואן לים תם אסתגדאﬞד בונה ולא בסבב
חתי אן אלדי אﬞכד אﬞכד שמים חדשים וארץ חדשת עלי מא
יﬞﬞﬞ קאל אף שמים וארץ שעתידין להבראות כבר הן
ברויין ועומדין שנאמר עומדים לפני יעמדו לא נאמר אלא
עומדים ואﬞסתדלّ בקולה אין כל חדש תחת השמש ולא

פי אלגראד אעטים אלדי גא פי איאמה קאל לפניו רגזה ארץ רעשו שמים שמש וירח קדרו וכוכבים אספו נגהם · וקאל עמוס פי וצף כ'ראב שמרון קאל והבאתי השמש בצהרים והחשכתי לארץ ביום אור והפכתי חגיכם וגו' · וקאל מיכה פי הלאך שמרון מסתמרא עלי אלאקאויל אלכ'טביה אמשהורה אמעלומה כי הנה יי יוצא ממקומו וירד ודרך על במותי ארץ ונמסו ההרים וגו' · וקאל חגי פי נקץ מלכות פרס ומדי ואני מרעיש את השמים ואת הארץ ואת הים ואת החרבה והרעשתי את כל הגוים · ופי גזוה יואב לארם למא אראד יצף כיף כאן צעף אמלה וכמולהא מן קבל וכונהם כאנוא מגלובין מהזומין ושפע פי נצרתהם אלאן פקאל הרעשתה ארץ פצמתה רפה שבריה כי מטה וקאל איצא פי מעני אנא לא נכאף נחן אדא הלכת אלמלל ובאדוא לכוננא מתכלין עלי נצרתה תעאלי לא עלי חרבנא וקותנא במא קאל עם נושע ביי קאל על כן לא נירא בהמיר ארץ ובמוט הרים בלב ימים · וגא פי וצף גרק אלמצריין ראוך מים יחילו אף ירגזו תהמות קול רעמך בגלגל וגו' רגזה ותרעש הארץ הבנהרים חרה יי וגו' עלה עשן באפו וגו' וכדלך פי שירת דבורה ארץ רעשה וגו' וגא מן הדא כת'יר ומא לם נדכר מנה קסה עלי מא דכרת · פאמא קול יואל ונתתי מופתים בשמים ובארץ דם ואש ותמרות עשן השמש יהפך לחשך והירח לדם לפני בוא יום יי' הגדול והנורא והיה כל אשר

חדשים וארץ חדשה פْסֹר דלך עלי אלאתْצْאל וקאל כי
הנני בורא את ירושלם גילה ועמה משוש ובעד הדה
אלמקדמה קאל אן תלך חْאלאת אלאימאן ואלסْרור בה
אלתי וערْתْך אנْי סאכלקْהא כמא הי תْאْבْתْה דאימא לאן
אלאימאן באללה ואלסْרור כדלך אלאימאן חْאלהאן לא
יْמכן אן תْזוْל ולא תْתْגْיْר אבْדْא מן כל מן חْצْלת לה פْקْאל
כמא אן תלך חْאלْה אלאימאן ואלסْרור בה אלתי וערْת
אנْהא סْתْעْםْ אלארْץْ דْאימْה תْאْבْתْה כדْלך ידْום נْסْלْכْם
ואסْמْכْם והْו קֹולֹה בْעْד הْדْא כי כאשר השמים החדשים
והארץ החדשה אשר אני עשה עמדים לפני נאם יי
כן יעמד זרעכם ושמכם לאْנْה קْד יבْקْי אלזْْרْע ולא יבْקْי
אלْשْם כמא תْגْד אْמْמْא כْתْירْה לْא שْך אْנْהْם מן נْסْל
פْרْם או יْזן לْכן לא יْעْרْפْוْן בْאْסם מْכْצْוْץ בْל אْעْמֹْْתْהם
מْלْה אْכْרْی והْרْא איْצْא עْנْדْי תْנْבْיْה עْלْی תْאْבْיْד אْשْרْיْעْתْ
אْלْתْی מْן אْגْלْהْא לْנْא שَْם מْכْצْוْץ ולْמْא כْאْנْת הْדْה
אْאْסْתْעْאْרْאْת גْאْת פْי יْשْעْיْה כْתْירْא לْאْגْל דْלْך תْْחْבْعْתْהْא
כْלْהْא וקْד גْא איْצْא מْنْהْא פْי כْلْאْם גْيْرْה · קْאْל יْרْמْيֿْ
פْي וْצْף כْרْאْב יْرْוْשْלْם בْעْوْנْוْت אْבْוْתْيْنْוْ רْאْיْתْی אْת הْאْرْץ
וْהْنْה תْהْو וْבْהْו וْגֹו' · וْقْאْל יْחْزْקْאْל פْی וْצْف תْلْאْף מْמْלْכْה
מْצْר וْהْلْאْך פْرْעْה עْلْی יْدْی נْבْוْכْדْנْצْר קْאْל וْכْסْיْתْی בْכْבْוْתْך
שْמْים וْהْקْدْרْתْی אْת כْوْכْبْיْהْם שْמْש בْעْנْן אْכْסْנْוْ וْיْרْח לْא
יْאْיْר אْוْرْו כْל מْאْוْרْی אْوْر בْשْمْים אْקْדْیْרْם עْلْיْך וْנْתْתْی
חْשْך עْל אْرْצْך נْאْם אْدْנْי יְֵי · וْקْאْל יْוْאْל בْן פْתْוْאْל

אלמתקדמה ואסמע אנתטאם אלמעאני ואהّצאّל אّלפסוקים
אّלّדّאّלّה עליהّא כّיף ּגّא אּّّّّّّّّّאול אّّّّّّّّّפّתّتّאّح ּهّّّّّّّّّّ דّה אّלّقّצّّה קּّّّّّّّّّّّّّّّّّّّ
חّّّّّّّّّ אّّّّّّ
חّסّّّّّ ّّّّ יّّّ אّّّّّّّّ יّ וّ אّّّّ
עّّّّ אّّّّ
לّّّ
בّّّ
ّّّّّ
ّّّّّّّ

חסדי יّי אזכיר תהלות יّי וגוّ תם וצף אّפצّאّّّّ
עלינא אّולّא וّיّّ

ואׄתׄארהם. אלמׄאהרה אלתׄאבתה כתׄבאת אלארץ תלפׄת

תלך אלאׄתׄאר כתׄלאף אלתׄוב אלכׄלק אול הדׄה אלקׄצה

קאל כי נחם יי ציון נחם כל חרבותיה וגו׳ הקשיבו אלי

עמי וגו׳ קרוב צדקי יצא ישעי וגו׳ שאו לשמים עיניכם

והביטו אל הארץ מתחת כי שמים כעשן נמלחו והארץ

כבגד תבלה וישביה כמו כן ימותון וישועתי לעולם תהיה

וצדקתי לא תחת · וקאל פי רגׄוע מלך ישראל ותׄבאתה

ודׄאמה אן אללה יסתׄגׄדׄ סמאא וארצׄא אד קד אטרד הדׄא

פי כלאמה אן ינגׄל דולה אׄמׄלך כאנהא עאלם יכׄצׄה אעׄני

סמא וארץ פלמא אבתדא באלנחמות וקאל אנכי אנכי

הוא מנחמכם ומא אׄתׄצל בדׄלך קאל ואשים דברי בפיך

ובצל ידי כסיתיך לנטע שמים וליסד ארץ ולאמר לציון

עמי אתה וקאל פי בקא אלמלך לישראל ודׄאבה תן

אלעׄמׄא אׄמשׄאהיר כי ההרים ימושו וגו׳ וקאל פי דואם

מׄלך אׄמשיח ואן ישראל לא ינתקׄצׄ מלכהם מן בעד דׄלך

קאל לא יבוא עוד שמשך וגו׳ תׄם אן ישעיה אגׄרי כלאמה

עלי הדׄה אׄאסתעׄאראת אלמטׄרדׄה ענד מן יפהם מעאני

אלכלאם פוצׄף אחואל אלגׄלות וגׄזׄאׄאתהא תׄם וצׄף רגׄוע

אלדׄולה ואמתחא תלך אׄאחזאן כלהא פקׄאל ממתׄלא אני

אבׄלק סמאא אכׄרי וארצׄא אכׄרי והׄנסי תלך וימתחי אתׄרהא

תׄם בׄין דׄלך עלי אהׄצׄאל אׄקׄול וקאל הדׄא אלדׄי קלת אבׄלק

אריד בה אני אגׄעל לכם חׄאלה סרור דׄאימא ופׄרחא עׄוצׄא

מן תלך אׄאחזאן וׄאלאנכׄאד ולא תדׄכר תלך אׄאחזאן

ולמא וצף הלאך אדום הרשעה אלדין כאנוא מצֿאיקין
לישראל קאל וחלליהם ישלכו ופגריהם יעלה באשם
ונמסו הרים מדמם ונמקו כל צבא השמים ונגלו כספר
השמים וכל צבאם יבול כנבל עלה מגפן וכנבלת מתאנה
כי רותה השמים חרבי הנה על אדום תרד וגו׳ פאעתברוא
יא אולי אלאבצאר הל פי הדה אלנצוץ שי ישכל או יוהם
כאנה יצף חאלה תלחק אלסמא והל הדֿא אלא מתֿל
לאנקראץ דולתהם וזואל סתר אללה ענהם וסקוט בכותהם
וכמול חטֿוֹטֿ עטֿמאיהם פי אסרע וקת ובٵהון סעי כאנה
יקול אן לٵשכאץ אלדין כאנוא כאלכואכב תבאתא ורפٵע
מנזלה ובٵעٓדٓא מן אלניר סקטוא באסרע וקת כנבל עלה
מגפן וגו׳ והדٵא אבٔין מן אן ידכר פי מתֿל הדה אٓמקאלה
פכיף אן יٔטֿול פיה לכנה דעת לצֿרורה אליה לכון לٵואם
בל מן יזעם בהם אנהם כٌאٔץ יסתדٓלון בהדٵא אٓפסוק מן
גיר אעתבאר למא נֻא קבלה ובֿעדה ולא נטֿר פי אי קצֿ
קיל אלא כאנה אכבאר אٌכٔבٔאר נٵאٓנٵא פי אٔהٵורה ען מٵאל אٓסמא
כמתֿל מא נٵאٓנٵא אٌלٵאכٔבٔאר בכונהא · ואٌיצֿא למא אٌכֿר
ישעיה יٌבٌשֿר ישראٓל כהלٵאך סנחריב וגٵמיע לٵאٌמם וٌאٌמלוך
אٌלדין מעֻה כٌמא שהר ונٵצֿרתהם בٌנצֿר אٌללה לٵא ניר קٵאٓל
להם ממתٵٓלٵא אٌרٌוٌא כٌיֿף תٌקٌטٵעת תٌלٵך אٌٓסٌמٵא וٌכٌלٵה תٌלٵך
אٌלٵאٌרٌץֿ וٌמٌאת מٌן עٌלٌيٓהٵא וٌאٌנٌהٌם מٌנٌצٌוٌרٌוٌן כٌאٓנֻה יٌקٌוٌל אٌן
אٌוٌלٵאٌيٓך אٌٓלٵדٌيٓן אٌעٌמٵוٌא אٌٓלٵאٌרٌץֿ וٌכٵאٌן يٓטٓٵן בٌהٌם אٌٓלٵתٌבٌוٌת
כٵאٌٓלٵסٌמٵא אٌٓנٵيٓאٓٵ חٌלٌכٌוٵא בٌמٌרٵעٌה וٌדٌהٌבٌוٵא כٌדٌהٵאٓב אٌٓלٵدٌخٵאٌן

ויבהתון דפלחין לסיהרא ויתכנעון דסגדין לשמשא ארי
תתגלי מלכותא די״י וגו׳ · ולמא אכ׳ד איצ׳א אן יצף כיף
יכון אסתקראר ישר׳ בעד הלאך סנחריב וכ׳צב אראצ׳יהם
ועמארתהא ואקבאל דולתהם עלי ידי יחזקיהו קאל מתלא
אן נור אלשמס ואלקמר יזיד לאן כמא דכר ען אמרזום
אן נור אלשמס ואלקמר דהב וצאר טלאמא באלאצ׳אפה
אלי אמהזום כדלך נורהמא יזיד ענד אלגאלב ואנת תגד
הדא דאימא אן אלאנסאן אד׳א גאתה פארחה עטימה
תטלם עינאה ולא יצפו נור בצרה למא יכדר אלרוח
אבאצר מן אלפצל אדכאני ולצ׳עפה וקלתה איצ׳א בשדה
אלחזן ואנקבאץ׳ אלנפס ובאלעכס ענד אלפרח ואנבסאט
אלנפס אלי כארג וצפא אלרוח ירי אלאנסאן כאן אלצ׳ו
זאיד עלי מא כאן קאל כי עם בציון ישב בירושלם בכו
לא תבכה וגו׳ ואכ׳ר אקול והיה אור הלבנה כאור החמה
ואור החמה יהיה שבעתים כאור שבעת הימים ביום
חבוש יי׳ את שבר עמו ומחץ מכתו ירפא יעני אקאלה
עתרתהם מיד סנחריב הרשע ואמא קולה כאור שבעת
הימים פאן אלמפסרין קאלוא יריד בה אלתכתיר פאן
אלעבראניין יכתרון באלסבעה ואלדי יבדו לי אנה ישיר
אלי שבעת הימים של חנכת הבית אלתי כאנת פי איאם
שלמה אלדי לם יכן קט ללמלה אקבאל וסעאדה וסרור
אגמיע מתל מא כאן פי תלך אאיאם פקאל אן אקבאלהם
וסעאדתהם חיניד יכון מתל תלך אלאיאם אלסבעה ·

יי. צבאות וביום חרון אפו ומא אטן אן אחדّא וצל בח
אלנהל ואלעמא ותבע טואהר אלאסתעאראת ואלאקאויל
אלכטביה אן יטן אן כואכב אלסמא ונור אלשמס ואלקמר
תגّרת חין אנקרצֿת ממלכّה באבל ולא אן לֹארץ כרנֹת
ען מרכוהא כמא דכר כל הדא כלّה וצף חאל אלמהזום
פאנّה בלא שך ירי כל נור סואדא וינד כל חלו מרّא
ויתכّיל אלארץ קד צֿאקת בה ואלסמא מנטבקّה עליה ·
וכדלך למא אכֹד יצֿף מא אנתהת אליה חאלה ישראל
מן אלדّלّ ואלנלבّה טול איאם סנחריב הרשע ענד
אסתילאّהֹ על כל ערי יהודה הבצורות וסביהם ואנהזאמהם
ותראדף אֹנכבאת עליהם מן אמאמה והלאך ארץ ישראל
כלהّא חיניٓד בידה פקאל פחד ופחרת ופח עליך יושב
הארץ והיה הנס מקّל הפחד יפל אל הפחרת והעולה
מתוך הפחת ילכד בפח כי ארבות מרום נפתחו וירעשו
מוסדי ארץ רעה התרעעה הארץ פור התפוררה ארץ מוט
התמוטטה ארץ נוע תנוע ארץ כשכור וגו' ופי אٓכֹר הדא
אלקול למא אכֹד אן יצֿף מא סיפעלה אללّה בסנחריב
וחלאّף מלכה אלשאטּך עלי ירושלים וכّי יכّזיّה אללّה
עליהّא קאל ממהّלّاّ וחפרה הלבנה ובושה החמה כי מלך
יי צבאות וגו' אמא יונתן בן עזّיّאל ע'אّס פֿתّאّוّל הדא
אלכלّאם אחסן תֹאّויّל וקّאל אנّה אّלّא גّרى לסנחריב מא
סّנّרّי עלי ירושלים פّסّיّעّלّמّוّן חّיّנّيّد עّבّדّה אّلّنّגّוّם אّן
הّדّא פّעّל אّلّاّהّي פّيّדّהّשّّן וّיّבّהّתّّן קّאّل עّلّيّه אّלّסّלّאّם

אלאסתעאראת והדא מתל מא יקאל ענד אלערב למן
אצאבתה מציבה עטימה אקתלבת סמאוה עלי ארצה
וכדלך אדא וצף אקבאל דולה ותגדّד סעאדה כני ען דלך
בזיאדה נור אלשמס ואלקמר ותגדّד סמא ותגדّד ארץ
ונחו הדא כמא אנהם ארא וצפוא הלאך שבץ או מלה
או מדינה נסבוא חאלאת גצב וסלט שדיד ללה עליהם
וארא וצפוא אקבאל קום נסבוא ללה חאלאת פרח וסרור
פיקולון פי חאלאת אלגצב עליהם יָצָא וְיָרַד וְשָׁאַג וְהִרְעִים
וְנָתַן קוֹלוֹ וכתירא מתל הדא ויקולון איצא צָוָה וְאָמַר וּפָעַל
וְעָשָׂה ונחו דלך כמא סאצף וכדלך ארא אכבר אלנבי
בהלאך אהל מוצע מא קד יכבّל מכאן אהל דלך אמוצע
אלנוע כלה כמא קאל ישעיה ע″אם ורחק יי את האדם
והו יעני הלאך ישראל וקאל צפניה פי דלך והכרתי את
האדם מעל פני האדמה ונטיתי ידי על יהודה פאעלם
הדא איצא וכעד אן תרגמת לך הדה אללגה עלי אתגמיל
אّריך צחה דלך וברהאנה · קאל ישעיה ע″אם למא
אנבאה אללה באנתקאض דולה בכל והלאך סנחריב
ונבוכדנצר אלקאים בעדה ואנקטאע ממלכתה פאכّר אן
יצף נכבאתהם פי אّכר דולתהם והזאימהם ומא ילחקהם
מן אّשדאّיד אלאחקّה לכל מהוّום הארב מן גלבה אّסיף
פקאל כי כוכבי השמים וכסיליהם לא יהלו אורם .חשך
השמש בצאתו וירח לא יגיה אורו וקאל פי דלך אלוّצף
איצא על כן שמים ארגיז ותרעש הארץ ממקומה בעברת

פّצל כט

אעלם אן מן לם יפהם לגّה אנסאן אדّא סמעה יתכלّם
פהו בלא שّךّ יערّף אנّה יתכּלّם גיר אנّה לא
ידרי מקّצדה ואשّד מן הדّא אנה קד יסמע מן כלّאמה
כלّמאת הי בחסב לגّה אלמתכּלّם תדّלّ עלי מעני ויّחّפק
באלערّץ אן תכّון תלך אלכלّמה פי לגّה אלסّאמّע תדّלّ
עלי צّדّ דّלך ﺂמّעני אלדّי אראדה ﺂﻟﻤﺘﻜﻠﻢ פّיﻄّ ﺂﺴﺎﻣﻊ
אן דّלאלתהא ﻋﻨﺪ אﻟﻤﺘﻜﻠﻢ ﻛﺪﻻﻟﺘﻬﺎ ﻋﻨﺪﻩ ﻣﺜﻞ ﻟﻮ
סמע ערבי רגّלא עבראניّא יקّול אבّה פّיﻄّ אלﻋרﻲﺑ אﻨﻪ
יّحّכّي ﻋﻦ שّכّץ אﻨﻪ כّרה אﻣּרא ﻣﺎ ﻭﺍﺑﺎﻩ ﻭﺂﻟﻌﺒﺮﺍﻧﻲ אﻨّמא
אראد אﻨﻪ ﺍﺭّﺟﺎﻩ דّﻟﻚ אלﺍמّר ﻭﺍﺭﺍﺩﻩ ﻭﺍﻟﻜّﺪﺍ יﺟﺮﻱ
ﻟﻠّﺟﻤﻬﻮﺭ ﻓﻲ כّﻼﻡ ﺂّﺍﻧﺒﻴﺎ ﺳﻮﺍ ﺑﻌّﻦ כّﻼﻣﻬﻢ ﻻ יﻔﻬﻢ
אّצﻼ ﺑﻞ כّﻤﺎ ﻗّﺎﻝ ﻭﺗﻬﻲ ﻟﻜﻢ חזות הﻜﻞ כّﺪﺑﺮﻱ ﺍﻟﺴﻔﺮ
ﺍﻟﺤﺘﻮﻡ ﻭﺑﻌّﺿﻪ ﻳﻔﻬﻢ ﻣﻨﻪ ﺿّﺪّﻩ אﻭ ﻧﻘّﻴّﺿﻪ כّﻤﺎ ﻗﺎﻝ ﻭﻫﻔﻜﺘﻢ
את דברי אלהים חיים ﻭﺍﻋﻠﻢ אﻥ ﻟﻜﻞ ﻧﺑﻲ כّﻼﻣّﺎ ﻣﺎ כّﺼّﻴّﺻﺎ
ﺑﻪ כّﺎﻧﻪ ﻟﻐّﻪ دّﻟﻚ ﺂّﺷﺑّﺾ ﺣﺗّﻰ יّﻨﻄّﻘﻪ אﻟﻮﺣﻲ אّﻜّﺼّﻳّﻦ ﺑﻪ
ﻟﻤﻦ ﻓﻬﻤﻪ ﻭﺑﻌّﺮ ﻫﺪﻩ ﺂّﻣﻘّﺪﻣّﻪ ﻓﻠﺘّﻌﺮّﻑ אﻥ יﺷﻌّﻴّﻪ ﻉّﺍﻡ
אّטّﺮّﺩ ﻓﻲ כّﻼﻣّﻪ כّﺗّﻴﺮﺍ ﺟﺪّﺍ ﻭﻓﻲ כّﻼﻡ ﻏّﻴﺮﻩ ﻗّﻠﻴﻼ
אﻨﻪ אﺩّﺍ אّכّﺑﺮ ﻋﻦ אﻧﺗّﻘّﺎﻥّ دّﻭﻟّﻪ אﻭ ﻫﻼّﻙّ ﻣﻠّﻪ ﻋّﻈّﻴﻤّﻪ
יﻨّﻴﺐ دّﻟﻚ ﺑﻠّﻔّﻆّ אﻥ אّﻛّﻮّﺍﻛّﺐ ﺳّﻘّﻄّﺖ ﻭﺁّﺴّﻤّﺎ כّﻮّﺭّﺕّ ﻭﺁّﺸّﻤﺲ
אﺳّﻮّﺩّﺕّ ﻭﺁّﻻّﺭّﺽّ כّﺮّﺑّﺖّ ﻭﺗّﺰّﻟّﺰّﻟّﺖّ ﻭכّﺗّﻴﺮ ﻣﻦ אّﻣّﺗّﺎﻝّ ﻫﺪﻩ

הרא אלפסוק כאן יֿעאלם מן צנע אלאלאה ואנה אבדי
ואעטי יֿעלה איצא פי אבדיّתה והו קולה עליו אין להוסיף
וממנו אין לגרוע פאן הרא עלה לבונה יהיה לעולם כאנה
יקול אן אّשי אّדֿי יّגّר אנמא יّגّר מן אגל נקץ פיה פיתמّם
או זיאדה פיה לא חאגה אליהא פתחّדף תלך אלזיאדה
אמא אפעאל אלאלאה אّד והי פי גאיה אלכמאל ולא
ימכן אלזיאדה פיהא ולא יّנקצאן מנהא פהי תתבת עלי
מא הי עליה צרורה אّד לא ימכן דאעֿ להّגّّירהא וכאנה
איצא אעטי גאיה פי מא וّגד או אّצֿהّדّר עמّّא יתّגّّר פי
תמّאם אלפסוק פי קולה והאלהים עשה שיّّّّّّّّّראו מלפניו
יעני חדות יֿמעّגّזאת וקולה בעד דלך מה שהיה כבר הוא
ואשר להיות כבר היה והאלהים יבקש את נרדף יקול
אנה יריד תעّّّّّّّّّّّّّّאّלّّّّّّّّّّّّّّّّّّّّّّّّّّّّ
ואמא הרא אّّدֿי דכרה מן כמאל אפעّّّّّّّّّّ
לא וガ וガה יّّّّّّّّّ
פקّّّّّّّّّّّّّّ
יעּּّّّّّّّّّّّّّّ
לא ישّّّّّّّّّّ
מחّّّّّّّّّّ
ועّّّّّّّ
פי בעّّ

אלמקדﱠר להא פיא לית שׄערי מא יקאל פי קול דוד יסד
ארץ על מכוניה בל תמוט עולם ועד פאן כאן קולה איצׄא
עולם ועד לא יעטׄי אלתאבﱢיד פאלאלאה אלﱠא לה מדﱠה
מא לאן אלנץ פי תאבﱢידה תעאלי יי ימלך לעולם ועד
ואלﱢדׄי תעלﱢמה אן עולם לא יעטׄי אלתאבﱢיד אלא מתי
אקתרן בה עד אמא בﱢעדה מתׄל קולה עולם ועד או
קﱢבלה מתׄל קולה עד עולם פאדׄא קול שלמה לעולם
עמדת דׄון קול דוד בל תמוט עולם ועד וקﱢד בﱢין דוד עׄאס
ואוצׄח אבﱢדﱢיﱠﱢה אלסמא ודׄואם רסומהא וכל מא פיהא עלי
חאל לא תתגﱠיﱢר וקﱢאל הללו את יי מן השמים וגו׳ כי הוא
צׄוה ונבראו ויעמידם לעד לעולם חק נתן ולא יעבור יעני
אן הדׄה אלרסום אלתי רסׄמהא לﱢא תתגﱠיﱢר אבﱢדא לאן
הדׄא אלחﱢק אשׄארﱢה אלי חקות שמים וﱢארץ אלמתקדﱢם
דׄכרהא לכנה בﱢין אנהא מכׄלוקﱢה וקﱢאל כי הוא צׄוה ונבראו
וקﱢﱢ ירמיה עׄאס נתן שמש לאור יומם חקות ירח וכוכבים
לאור לילה וגו׳ אם ימושׄ החקים האלה מלפני נאם יי
גם זרע ישראל ישבתו מהיות גוי פקﱢד צׄרﱢח איצׄא הדׄא
באנהא ואן כאנת מכׄלוקﱢה אﱢעני הדׄה אלרסום פאנהא
לא תמושׄ וארﱢﱢא תׄﱢﱢﱢ תׄﱢבﱢע הדׄא וﱢﱢﱢﱢגﱢד פי גﱢיר כלאם שלמה
וקﱢד דׄכר איצׄא שלמה אן הדׄה אﱢעמﱢאל אלאלאה אﱢעני
אלﱢﱢﱢ אﱢﱢﱢ
אלﱢﱢﱢ ומא פיﱢﱢﱢ תׄﱢאבﱢﱢﱢ עלי טﱢביﱢﱢﱢ
כאנת מצׄנﱢﱢﱢ קﱢאל כי כל אשר יעשה האלהים הוא יהיה
לעולם עליו אין להוסיﱢﱢﱢ וממנו אין לגרﱢﱢﱢ וﱢ פקﱢד אלכבﱢﱢﱢ פﱢי

בד׳לך אלמת׳ל אלד׳י חמלה ד׳ו עלי טאהרה ולא פסאד
פי ד׳לך פי אלשריעה בונה מן אלונוה :

פצל כה

כת׳יר מן אהל שריעתנא ט׳נוא אן שלמה עליה אלסלאם
יעתקד אלקדם והד׳א עג׳ב כיף יתכ׳יל אן אנסאנא
יכון מן אהל שריעה משה רבנו יעתקד אלקדם פאן תוהם
שבץ אן ד׳לך נשוז מנה ועיארא באללה ען ארא אלשריעה
פכיף קבל ד׳לך מנה כאפ׳ה אלאנביא ואלחכמים ולא
נאזעוה פי ד׳לך ולא דמוה בעד מותה כמא וג׳ב פי נשים
נכריות זגירהן ואנמא דעא עלי תוהם הד׳א עליה קול
אלחכמים ז״ל בקשו לגנוז ספר קהלת מפני שדבריו נוטים
לדברי מינים וכד׳לך דו אלאמר בלא שך אעני אן פי
ט׳אהר ד׳לך אלכתאב אמור תנחז נחז ארא גריבה ען ארא
אלשריעה תחתאג׳ אלי תאויל ולים אלקדם מן ג׳מלתהא
ולא לה נץ יד׳ל עליה ולא יוג׳ד לה בונה נץ גלי פי אזליה
אלעאלם ואנמא לה נצוץ תד׳ל עלי תאבידה ורד׳לך צחית
פלמא ראוא נצוצא תד׳ל עלי אבדיתה ט׳נוא אנה יעתקד
אנה גיר מחדת ולים אלאמר כד׳לך אמא נצה פי אלתאביד
פקולה והארץ לעולם עמדת חתי אלהגא מן לם ישער
בהרה אלנכתה אן יקול אלמרה אלמקד׳רה להא וכד׳לך
יקולון פי קולה תעאלי עוד כל ימי הארץ אנה טול עמרהא

פלא ילזמנא בחסב הדא אלראי אלראי אנה תעאלי למא אוגד
שיא לם יכן מוגודא אן יפסד דלך אלמוגוד ולא בֻּדֻ
בל אלאמר מתעלק באראדתה אן שא אפסדה ואן שא
אבקאה או במקתצ'י חכמתה פקד יגוז אן יבקיה לאבד
אלאבדין וידימה כדואמה תעאלי קד עלמת אן כמא הכבוד
אלדי נץ אלחכמים בכונה מכלוקא פאנה לם יקולוא קט
אנה יעדם ולא סֻמע קט פי כלאם נביא ולא חכם אן
כסא הכבוד יפסד או יעדם בל' אלנץ בתאבידה וכדלך
אנפס אלפצ'לא פאנהא עלי ראינא מכלוקה ולא תעדם
אברא ועלי בעץ ארא מן יתבע טֻואהר אלמדרשות פאן
גֻאתהם איצֻא תכון מנעמה דאימא אבד לאאבדין כאעתקאד
מן שהר אעתקאדהם פי אהל אלגנה ובאלגמלה אלנטֻר יוגב
אן לא ילזם פסאד אלעאלם צֻרורה ולם יבק אלא גהה
אכבאר אלאנביא ואלחכמים הל זקע לאאכבאר באן הדא
אלעאלם יפסד ולא בד אם לא פאן אכתר עואמֻנא יעתקדון
אן דלך וקע לאאכבאר בה ואן הדא אלעאלם סיפסד כלה
וסאבק לך אן א'אמר ליס כדלך בל אן נצוצֻא כתֻירה גאת
פי תאבידה וכל מא גא מן טֻאהר יבדו מנה אנה סיפסד
פאלאמר פיה בין גדא אנה מתֻל כמא סאבק פאן אבי
דלך אחד אטֻאהריה וקאל לא בד לה אן יעתקד פסארה
פלא ישאֻה לכנה יחתאג אן יערֻף אן ליס פסארה צֻרוריֻא
לכונה מחדתֻא בל יעתקד דלך עלי זעמה הצדיקֻא ללמֻכבר

באַרץ בריאתו מן הארץ פתאמّל כיף צרّח לך הדא אלחַכַם
אן מאדה כל מא פי אَארץ מאדה ואחדה משתרכה אَעני
כל מא דון פלך אלקמר ומאדה כל אَלסמאואת ומא פיהא
מאדה אכרי ליסת הדה וביّן פי פרקיו הדה אלנכתה
וَאَיּדה אَעני נَלאלה חלך אَלמאדה וקרבהא מנח ונקצّאן
הדה וחיّז מוצّעהא איצّא פאעלם הדא :

פצל כז :

קَד בَّינَת לך אן אَעתקָאד חדّת אלעَאלם הו קَאעדה
אَלשריעה כלּהא צّרורה אמّא פסَאדה בּَעד אן חדّת
ותכَّון פלים דלך עَנדنا קَאעדה שריעّה בَّונה ולَא יَכَתֵל
עَלינَא שׁי מן אَעתקָאדَאתنا בּَאעتקָאד דَّואמה ולَעל
תَקَול אַלים קَד תَבَّרהַן אَן כל כּَאַין פَّאסַד פּَאַן כَّאַן תَכَّון
פَהُו יَפַסَד פּَאעَלם אَן הَדَא לَא יَלزَמנַא לאَنّّا מַא אَدّעَינַא
אَنَه תَכּَון עَלֵי חَכَם אַלَשَיַּא אַלَטَّביעَיֵّה אַלּَלَאَזَמَה
לَנַّשَאַם טَביעֵّי פَّאَן דَّלך אַלَמَתכَّون עَלֵי אَלَמُגَّרَי אַלَטَّביעَّי
יَלزَם פּَסَאַדَה צّרורَה עَלֵי מَّנַרֵי אַלَّטَّביعَّה לَאَنַה כَّמَا אَن
טَّביעَתَה אַקَתَצّّת אَן לَא יَכَّון מَّוַגּَودَא הَّכَّدَא תَם כَّאַן כَّדَّא
כּَדَלَך צّרورָה תَקَّתَצّّי אَן לَא יَכَّون מَّوَגَّודَא הَכَّדَא אَבּَדَא
אَو קَّד צَّח אَן הَّדَא אَלَכَّون גَّיר דَّאَים אַלַّלَّزَם לَّדَ בּَחَסَב
טَّביעَתَה אַמّّא בּَחَסَב דَّעּَואَנَא אَשَّرَעَّي אَלَّדَי הּُو וَגَُّוד אَלּَשַَّיَّא
וَתَלَّאَפּَהَא בּَחَסَב אَרَّאَدَתَה תَعَّאَלֵי לَّא עּَلَّي נּَהَה אَלَّלَّزَם

כּסאו והו קול יחתמל אלתּאויל גדא אמא אלתּאבּיד פיה
פמנצוץ אתּה ייי לעולם תשב כּסאך לדור ודור פאן כּאן
רׄ אליעזר יתּהקד קדם אלכּסא פיכּון ארׄא צפה ללה לא
נסמא מללוקא פכּיף ימכן אן יתּכּוׄן שי מן צפה ואענב
שי קולה אור לבושו ובּאלגמלה הו כּלאם ישّוש עלי
אלמחשרע אלעאלם אעתקאדה גדא גדא ולא תבּיׄן לי
פיה תּאויל מקנע ואנמא דכּרתה לך לאן לא תגלט פיה
דלכנה עלי כל חאל קד אפאדנא בה. פאידה עטّימה אנה
צרּח אן מאדה אלסמא גיר מאדה לארץ ואנהמא מאדתּאן
מתבּאינתּאן גדא לאחדה מנסובּה לה תּעאלי לרפּעתּהא
זגלאלתּהא והי מאור לבושו ואלמאדה. לאכּרי בעידה ען
צורה תּעאלי ובּהאיׄה והי למאדה אלספּליה וגעלהא. משלנ
שתּחת כּסא הכבוד והרא הו אלדי געלני אן אתּאׄל קול
לתּורה ותחת רגליו כּמעשה לבּנת הספּיר. אנהם אדרכּוא
פי דלך מראה. הגבואה חקיקה. למאדה אלאולי אלספּליה
לאן אנקלום געל רגליו עאידא עלי אלכּסא כּמא בּׄנת
לך והרׄא צרّח אן דלך אלאבּיׄץ אלדי תחת אלכּסא הו
מאדה אלארץ וקד כּרׄר רׄ אליעזר הרׄא אלמעני בעינה
וצרّח בּה אעני כּונהّא מאדתּין עלויה וספּליה ואן ליס
מאדה אלכל ואחדה והרׄא סרׄ עטّים לא תתּהאון בּהצריּה
בּׄברא חכמי ישׂראׄל בּה לאנה סרׄ מן אסראר אלוגוד וסתּר
מן סתרי תורה פי בּראשיׄת רבּת קאלוא רׄ אליעזר אומר
כל מה שיש בשמים בּריאתו מן השמים ובל מה שיש

פצל כו

ראית לר' אליעזר הגדול כלאמא פי אפרקים אלמשהורה
אלמעלומה בפרקי ר' אליעזר לם אר' קט אגרב
מנה פי כלאם אחד ממן תבע שריעה משה רבנו ודלך
אנה קאל כלאמא אסמע נצّה קאל שמים מאי זה מקום
נבראו מאור לבושו לקח ונטה כשמלה והיו נמתחין והולכין
שנאמר עטה אור כשלמה נוטה שמים כיריעה הארץ
מאי זה מקום נבראת משלג שתחת כסא כבוד לקח
וזרק שנאמר כי לשלג יאמר הוא ארץ הדא נץ הדא אקול
אמקול הנאך יא ליה שערי הדא אלחכם אי שי אעתקד
הל אעתקד אנה מן אלמחאל אן יוגד שי מן לא שי ולא
בד מן מאדה יתכוّן מנהא מא יתכוّן ודלך טלב ללסמא
ואלארץ מהיכן נבראו ואי שי חצל מן הדא אלגّואב ילזם
אן יקאל לה ואור לבושו מהיכן נברא ושלג שתחת כמא
הכבוד מהיכן נברא וכסא הכבוד עצמו מהיכן נברא פאן
כאן יריד באור לבושו שיא גיר מכלוק וכדלך כסא הכבוד
גיר מכלוק פהדא שניע גדא פיכון קד אקרّ בקדם אלעאלם
ניר אנה עלי ראי אפלאטון אמא כן כסא הכבוד מן
אלמכלוקאת פאלחכמים ינצّון בדלך לכן עלי וגה ענّב
קאלוא אנה כّלק קבל כלק אלעאלם אמא נצّוּן אלכתב
פלם תדכר פיה כלקّא בונה סוי קול הד יי בשמים הבן

אללה בהדה אשריעה לאמّה מכצצّה ולם ישרע ללגיר
ולאי שי שרע פי הדא אזמאן ולם ישרע קבלה ולא בעדה
ולאי שי אמר בהדה אלאואמר ונהי ען הדה אלמנהّאת
ולאי שי כّץ אלנבי בהדה אלמענّזאת אלמדכורה ולם
תכّן גירהא ומא קצד אללה בהדא אתשריע ולאי שי לם
יגעל הדה אלאמור אלמאמור בהא ואלמנהّ ענהא פי
טביעתנא אן כאן הדא גרצّה פגואב הדה אמסאיל כלהא
אן יקאל הכדא שא או הכדא אקתצّת חכמתה כמא אונד
אّעאלם חין אראד עלי הדה אצّורה ולא נעלם אראדתה
פי דלך או ונה אלחכמّה פי תכציץ צורה וזמאנה כדלך
לא נעלם אראדתה אז מוגّב חכמתה פי תכציץ כל מא
תקדّם אלסואל ענה פאן קאל קאיל אן אלעّאלם כّדא
לזם ונّב צّרורה אן תّסאל תלך אמסאיל כלהא ולא כّונّ
ענהא אלא באّנّובّה קביחّה תّנמّע אלתכّדّיב ואלתّעّטّיל
לّנّמّיّע מّואّהّר אّשּריעّה אّלּתّי לא שּך פּיّהא ענד עّאّקّל
אّנّהّא עלי תّלּך אّלּטّואּהّר פּמّן אّגּל הּדّא הּו אّّהּרّב מּّן
הּדّא אّראּי ולּّדּלّך פּّנّת אّעّّמّّאّر אّّّّّّצّّّّّّّّّّّّّّّّ פּּּּּּّّّّّّّّّّי אּّّ
ען הדה אّّّّّّّّّّ לּּּּّّّّّّّّّّّّّّ לּّ תّّّّّّّّّّّّ וّ לּّ עّّ ראּّ
אפלאّטּּּּّّّّّ לּّّّّّّّ כּّّ מّّ תּّّّّّّّ בּّ לּّّ אּّّّّّّّّ
וּّّّّّّّ לּّ צّّ לّّّ בּّّّّّّ עּّّ אּّّّّ עّّ ראּّ אّّّّّ
לּّّّّّّّ אּّّّّّّ בּּּּּּّّ וּّّّّّ לּّّ אّّ אּּّّ
פّّ בّّّ לּّ אّ אّ אّّّ כّ מّّّ בּּ אّ אّ
פּّّّّّ :

בנסם לא יהד לנא שיא מן קואעד אלשריעה ולא יכדׄב
דעוי כל נבי וליס פיה אלא מא יזעם אנהאל אן פי דלך
כלאׄף אלנץ וליס הו כלאפה כמא בינֹא בל הו קצד אלנץ
פאמא אעתקאד אלקדם עלי אלונה אלדי יראה ארסטו
אנה עלי נהֹת אללזום ולא תחגׄר טביעה אצלא ולא יכרג
שי ען מעתאדה פאנה האׄד ללשריעה באצלהא ומכדׄב
לכל מעגז צרורה ותעטיל כל מא רגׄת בה אלשריעה או
כׄפת מנה אללהם אלא אן תחאול אלמעגׄזאת איצׄא כמא
פעל אהל אלבאטן מן אלאסלאם פיכרג פי דלך לצׄרב
מן אׄההׄריאן אמא אן אעתׄקד אלקדם עלי אלראי אלתׄאני
אלדי. בינֹאה זהו ראי אפלאטון והו אן אׄסמא איצׄא כאינה
פאסדה פאן דלך אלראי לא יהד קואעד אלשריעה ולא
יתבעה תכדׄיב אׄמעגׄז אׄמעגז בל גׄואזה. וימכן אן תחאול אלנצוץ
עליה ויוגד לה שֹבֹה כתׄירה פי נצוץ אׄתורה וגירהא יתעלק
בהא בל יסתדׄל לכנה לא צׄרורה דאעיה לנא לדׄלך אלא לו
תבררהן דלך אׄראי אמא מן חית אנה לם יתברהן פלא הדא
אׄראי נגנח אליה ולא דלך אׄראי אׄאבר נלתפתה אצלא בל
נחמל אׄנצוץ עלי טׄואהרהא ונקול אן אׄשריעה אׄכברתנא
באׄמר לא תצׄל קׄותנא אלי אדראכה ואׄמעגׄ שאהד עלי
צחֹה דעׄואנא · ואעלׄם אן מע אעתקאד חׄדת אׄעאלם
תצׄיר אלמעגׄזאת כלהא ממכנה ותׄציר אלשריעה ממכנה
ויסקט כל סׄוׄאל יסאל פי הׄדא אלמעׄני חרׄי אלׄא קׄיל
לׄאי שי אוחׄי אללה להׄדא ולם יוחַ לגׄירה ולׄאי שי שרע

גאיה מא ענדי פי הדה אלמסאלה וקד יֹמכן אן יכֹון ענד
גירי ברהאן יביֹן לה כה חקיקה מא אשכל עלי וגאיה
איתארי ללתחקיק אנֹי צרחת ואכברת בחירתי פי הדה
אלמעאני ואנֹי לם אסמע ברהאנא עלי שי מנהא ולא
עלמתה :

פצל כה

אעלם אן ליס הרבנא מן אלקֹול בקדם אֹעאלם מן אגֹל
אלנֹץ אלדי גא פי אתורה בכון אֹעאלם מחדתֹא
לאן ליסת אלנצוץ אלתי תדֹל עלי חדת אֹעאלם באכתר
מן אנצוץ אלתי תדֹל עלי כון אֹלאה גֹסמא ולא אבוֹאב
אלתאויל איצא מסדודה פי וגוהֹנא ולא ממתנעהֹ עלינא
פי אמר חדותֹ אֹעאלם בל כאן יֹמכננא תאויל דלך כמא
פעלנא פי נפי אלתֹגֹסים ולעל הדֹא כאן אסהל בכתֹיר
וכֹנא קאדרין אעֹטם קֹדרה אן נתֹאֹל תלך אנצוץ ונתֹבת
קדם אלעאלם כמא תאֹולנא אלנצוץ ונפֹינא כונה תעאלי
גֹסמא ואנמא געלנא לא נפעל דֹלך ולא נעתקֹדה סבבאן
אחדהֹמא אן כון אֹלאה ליס בגֹסם תברהן פילֹום
באלצרורה אן יתֹאול כל מא יֹכאלף טֹאהֹרה אלברהאֹן
ויֹעלם אן לה תאוֹילאֹ צֹרורה וקדם אלעאלם לם יתֹברהֹן
פלא ינֹבני אן תֹדפע אלנצוץ ותֹתאול מן אגֹל תֹרגֹיחֹ ראי
יֹמכן אן ירגֹח נקֹיצֹה בצֹרוב מן אלתרגֹיחֹאת פהדֹא סבב
ואחד ואלסבב אלתֹאני אן אעתקאדֹנא אן אֹלאה ליס

פעל אמיל או לם ידרכה ואלצחיח אנה מא אדרכה ולא
סמעה קט לאן אלמעאלים לם תכמל פי זמאנה ולו סמעה
לאנכרה אשרّ אנכאר ולו צה לה לתחّרّ פי כל מא וצّעה
פי הרא אלנוע חירה שדידה ואלדّי קלתה קבّל הו אלדّי
אעידה אלאן והו אן כל מא דכרה ארסטו מן לדן פלך
אלקמר גרי עלי קיאס וגאת אמור מעלומה אלעלّה לאום
בעצהא לבעץ ומואצّע אלחכמה פיהא ואלענאיה אّטביעיّה
בّינה ואّצّחה אמא כל מא פי אלסמא פמّא אחאט אלאנסאן
בשי מנה אלّא בהדّא אלקّדّר אלّתעלّימי אלّיסיר ואנת
תרי מא פיה ואנّי לאקול עלי נהה אלנّואّדّר אלّשّעّריّה
השמים שמים ליי והארץ נתן לבני אדם אעני אן אّלּאלּאה
וחדה יעלّם חקיّקّה אّלّסّמא וّטّבّיעّתّהּא וّגّוّהّרّהّא וّצּוּרّתّהّא
וّחّרّכّאّתّהّא ואّסّבّאّכّהّא עّלّי אּّתّמّאّם אّמّא מّא דّון אّלّסּמא
פّקّד מّכّّן אّלّאّנّסّאّן מّן מّעّّרّفّתّّה לّאّנّה עّאّלّמّה וّדّאّרّה
אّלّתّي חّفّّ פّיّהّا וّהّו גّז מّנّהّا וّلّرّّف הّو אּلّחّّק לّאّّן אّסّכّאּّب
אّלّאّסّתّدّלّאّל עّלّי אّلّّسּّמّّّّا مّّّّّّّّّّّّ عّّّّّّّّّّّّّّّ ّّّّّّّّّّّّّّ
ּّّّّّّّّّّّّّّّ

תבין לך צחה מא נבהתך עליה פתאמל עטים הדא
אלאשכאל אן כאן מא דכרה ארסטו פי אלעלם אטביעי
חו אלחק פלא פלך תדויר ולא כארג אלמרכז ואלכל
תדור חול מרכז אארץ פכיף יוגד ללכואכב הדה אלחרכאת
אלמכתלפה והל תם וגה ימכן מעה אן תכן אלחרכה
דוריה מסתויה כאמלה וירי פיהא מא ירי אלא באחד
אצלין או במגמועהמא ולא סימא בכן כל מא דכר
בטלמיוס מן פלך תדויר אלקמר ואנחראפה נחו נקטה
כארגה ען מרכז אלעאלם וען מרכזה אלכארג יוגד מא
יחסב בחסב וצע תלך אלאצול לא יגאדר דקיקה ואחדה
וישהד עלי צחה דלך צחה אלכסופאת ומחסובה כתלך
אלאצול דאימא ותחריר אוקאתהא ואזמנה אטלאמהא
ומקאדירה וכיף ירתצור איצא רגוע אלכוכב מע סאיר
חרכאתה דון פלך תדויר וכיף ימכן איצא אן תתכיל הנאך
דחרגה או חרכה חול לא מרכז תאבת פהדה הי אחירה
באלחקיקה וקד בינת לך שפאהא אן הדא כלה לא ילום
צאחב אהיאה לאן לים מקצודה אן יכברנא בצורה וגד
אלאפלאך כיף הי בל קצדה אן יפרץ היאה ימכן בהא
אן תכון אלחרכאת דוריה ומסתויה ותטאבק מא ידרך
עיאנא כאן אלאמר כדלך או לם יכן וקד עלמת אן אבא
בכר אבן אלצאיג ישך פי כלאטה פי אלטביעיאת הל
עלם ארסטו כרוג מרכז אלשמם וסכת ענה ואשתגל במא
ילום ען אלמיל לכן פעל כרוג אלמרכז לים במתמיّז ען

בל. לכל ואחד חרכה תכצה ולדלך רעת לצרורה לאעתקאד
אנמאם אכרי מן אנמאם אלאפלאך בין כל פלכין וכם פי
הדׄא איצׄא מן אלאשכאלאת אן כאן אלאמר כדלך ואין
חׄפרץ מראכז תלך אלאנמאם אלתי בין כל פלכין ותכון
לתלך אלאנמאם איצׄא חרכה כאצׄה וקד בין דלך תאבת
פי מקאלה לה וברהן עלי מא קלנאה אנה לא בד מן
גסם פלך בין כל פלכין הדׄא כלה ממא לם אבינה לך
ענד קראתך עלי ילא אשׄושׄ עליך מא כאן גרצׄי תפהימך
איאה אמא אמר אלמיל ואלאנחראף אלמדכור פי ערץׄ
אלזהרה ועטׄארד פקד בׄינת לך שפאהׄא ואריתך אמתנאע
תצׄור וגׄוד דלך פי לאנמאם ובטלמיוס קד צׄרח באלענו
פי הדׄא כמא ראית וקאל בהדׄא אלנץׄ ולא יטׄן אחד אן
הדׄה לאצׄול ומא אשבההׄא עסר וקועהא באן יגׄעל נטׄרה
פי מא מׄתׄלנא כנטׄרה אלי מא יכון מן אלאשיא אלתי
תׄהׄד׳ר באלחילה ולטׄף לצנאעהׄ ועסר וקועהא ודלך אנה
לים ינבגׄי אן יקאם עלי אלאמור אלאלאהיהׄ אלאמור
לאנסׄיהׄ הדׄא נץׄ כלאמה כמא עלמת וקד ארשדתך אלי
לׄמואצׄע אלתי תחׄקׄק מנהא כל מא דכרת לך אלא מא
דכרת לך מן תאמׄל הדׄה לאנקט לׄתׄי הי מראכז לאפלאך
אלכׄארגׄה אין תקע לאנׄי מא מׄר׳ בי קט מן גׄעל דלך מן
באלהׄ והדׄא יתבין לך מן מערפהׄ מקדאר קטר כל פלך
וכם בין למרכׄזין בנצׄף קטר לארץׄ עלי מא ברהן לׄקביצׄי׳
פׄי דׄסאלהׄ לאבעׄאד פׄאנך אדׄא תאמלת תלך לאבעׄאד

כארגה ען מקעّר פלך פלך אלקמר צّרّורה ודון מחّדّב פלך
עטّארד וכّדّלך אלנקטّה אלّתי ידור חّולהא אّמّריّך אّעני
מרכז פלכّה אّכّארג כארגה ען מקעّר פלך עטّארד ודّוּן
מחّדّב פלך אלّזّהרה וכّדّלך מרכז אّמّשّתّרי אّכّארג איّצّא
פי הّדّא אלّבّעּד בّעّינה אّעّני בّין פלך עטّארד ואّלّזّהרה
וّאّמّא זّחّל פّאّן מרכז פّלכّה אّכّארג יّגّי בّין פّלך אّמّّריّך
ואّלّמّשّّתّרי פّאّרי כّם פּי הّדّה אّלّאّמّّור מّן אّלّבّעّד עّן
אّנّّצّّר אّטّבّّיّّעّי וّّהّّדّّّא כּّّלّّّה יּّّّّّّّّّّ
וّاّّّّّّّّّّّّّّّّّّّ

תם פלך תדויר פחרכתה לא מן אלוסט ולא אליה ולא
חולה ואיצא אן אלמהידאת ארסטו פי אלעלם אלטביעי
אנה לא בד צרורה מן שי תאבת חולה תכון אלחרכה
ולהדא לזם אן תכון לארץ תאבתה ואן כאן פלך אלדויר
מוגודא פהדה חרכה אסתדארה חול לא שי תאבת וקד
סמעת אן אבא בכר דכר אנה אונד היאה לא יכון פיהא
פלך תדויר בל באפלאך. כארגה אלמראכז לא גיר והדא
לם אסמעה מן תלאמידה וחתי לו צח לה דלך לם ירבח
פי הדא כביר רבח לאן כרוג אלמראכז איצא פיה לכרוג
עמّא אצّלה ארסטו מא לא מזיד עליה והדא תנביה לי
ולך אן בכרוג אלמראכז איצא קד ונדנא אלחרכה אלדוריה
אלפלכיה לא חול אלוסט בל חול נקטה מתוהמה כארגה
ען מרכז אלעאלם והי איצא חרכה לא חול שי תאבת פאן
זעם מן לא עלם לה באלחיאה אן כרוג אלמראכז מנד תלך
אלנקטה דאכל פלך אלקמר כמא יבדז באול כאטר פהי
חרכה חול אלוסט ונחן נתסאמח לה פי כונהא תכון חול
נקטה פי אלנאר או פי אלהוא ואן לם תכן אלחרכה חיניד
חול שי תאבת ונבّין לה אנה קד תבראהן מקאדיר כרוג
אלמראכז פי אלמגסטי בחסב מא וצע הנאך וברהן
אלמתאכרן כאלברהאן אלצחיח אלדי לא שך פיה כם
מקדאר כרוג תלך אלמראכז בנצף קטר אלארץ כמא
בّינא לאבעאד כלהא ואّעטאם פתבّין אן אנקטה אלכארגה
ען מרכז אלעאלם אלתי תדור חולהא חולהא אّשמס תלך אנקטה

פّצל כד

קד עלמת מן אמור אלהיאה מא קראתה עליّ ופהמתה
ממא תצّמנה כתאב אלמגّסטי ולם תפסח אלמדה
ליוכّד מעّך פי נטّר אכר ואלّדי קד עלמתה אן אלאמר
כלّה יגרי פי אנתّטّאם אّחّרّכّאת ומّטّאבّקّהّ סّّير אّכّואכّב
למّّّא יّّّّרّّّי עّّّّלّّّי אّّّّّّّّّّّّّ אּّّّّّّّّّّّّّّّّّّّّّّّّّّّّّّ
אّّّّ כّّّّלּّّّّّّّّّّّّّّّ נּّّّّّّّّّّّّّّّّّّّّّّّ
אّّّّّ עّّّّّّّّ אّّّّّّّّّّّّ עّّّّّّّ אّّّ קّّّ אּּ
תّّّّّ פّّّ אّّّ אّّّ אّّّ אّّّ אّّّ
יّّّ עّّ פּّّ מّّ ּ
אּ

מתי וגד אלאנסאן נפסה לא פרק ענדנא אן יכון דלך

באלטבע או כאלאכתסאב מאילא נחו אלשהואת ואללדّאת

או מותّר אלחרג ואלגצّב ותנפّד אקוח אנצביח ואטלאק

ענאנהא פאנה אבדא יכטّי ויעתר אין משי לאנה יטלב

ארא תסאעדה עלי מא טבעה מאיל נחוה ואנמא נבהתך

עלי דלך לאן לא תנתّר פקד יוהמך אחד יומא מא בשّך

ישכבה עלי חדת אלעאלם פתסאארע ללאנכדאע לאן הדא

אראי פי צמנה הדّ קאעדה אלשריעה ואפתיאת פי חק אלאלאה

סכّן אבדא מתהמא רדהנך פיה ומקלדא ללנביّין אללדّאן

המא עמדה צלאח וגוד אנוע אלאנסאני פי אעתקאדאתה

ואנתמאעעאתה ולא תעדّל ען ראי חדת אלעאלם אלא

בברהאן ודלך גיר מוגוד פי אלטבע ולّא ינתקד איצّא

אנאטّר פי הדה אלמקאלה כוני קלת הדא אלקול אלכטבי

לנרפד בה אלקול בחדת אלעאלם פקד קאל ריים אלפלאספה

ארסטו פי אמהאת כתבה אקאויל כטביח ירפד בהא ראיה

פי קדם אלעאלם ופי מתל הדא יקאל באלחקיקה לא

תהא תורה שלמה שלנו כשיחה בטלה שלהם אדא כאן

הו ירפד ראיה בחדיאן אّצאבה כיף לא נרפדה נחן בקול

משה ואכרהם וככל מא ילום ען דלך וקד כנת ועדתך

בפצל אדכר לך פיה אלשכוך אלעטימה אללאזמה למן

יטّן אן אלפלך קד אחאט אלאנסאן עלמא באנתמאם

חרכאתה וכונהא אמורא טביעיّה גאריח עלי חכם אלّום

בّנה אלתרתיב ואלנטّאם והאנא אבّן לך דלך :

מצ'אפא אלי כון אחדות ראי אברהם אבינו ונבינא משה עליהמא אסלאם ואד' ד'כרנא אעתבאר אארא באלשכוך פקד ארי אן אבין לך פי ד'לך שיא :

פצל כג

אעלם אן אלמקאיסה בין אלשכוך אללאזמה לראי מא ובין אלשכוך אללאזמה לנקיצ'ה ותרג'יח אקלהא שכוכא ליס יעתבר פי ד'לך כת'רה עדד אלשכוך בל עט'ם שנאעתהא ומכ'אלפה אלוגוד להא פקד יכון אלשך אלואחד אעט'ם מן אלף שך אכ'ר ולא תצח איצ'א הד'ה אלמקאיסה אלא למן תרפא אלנקיצ'ין ענדה עלי אלסוא אמא מן יות'ר אחד אראיין אמא לאג'ל תרביה או למנפעה מא מן אלמנאפע פאנה יעמי עין אלצואב אד' אלאמר אלברהאני לא יקדר צאחב אלהוי אן תעאנדה נפסה אמא מת'ל הד'ה אלאמור פימכן ענאדהא כת'ירא וקד ימכנך אן שית אן תתג'רד ען אלהוי ותטרח אלמעתאד ותעתמד עלי מג'רד אלנט'ר ותרג'ח מא ינבגי תרג'יחה לכן תחתאג פי ד'לך אלי שראיט עדה אולהא אן תערף קדר ג'ודה ד'הנך וסלאמה פטרתך וד'לך יתבין לך ענד ארתיאצ'ך פי סאיר אלעלום אלריאציה ואדראך אלקואנין אלמנטקיה ואלת'אני מערפה אלעלום אלטביעיה ותחקיקהא חתי תעלם אשכוך עלי חקאיקהא ואלת'אלת' אכ'לאקך פאנה

יעדל ענה אלא מן לם יפהמה או מן תקדמת לה אֹרא
יריד אלד̇ב̇ ענהא או תקודה תלך אלאֹרא לאנכאר אמר
מֹשאהד אמא ג̇מיע מא יתכלם פיה ארסטו מן פלך
אלקמר למא פוקֹה פכלה שבה̇ חדֹס ותכמין אלא בעץ
אֹשיא פנאהיך פי מא יקולה פי תרתיב אלעקול ובעץ
הדה̇ אלארא ואלאהיה אלתי יעתקדהא ופיהא אֹשנאעאת
אלעטֹימה ואלפסאדאת ֹטאהרה אבינ̇ה פי ג̇מיע אֹאמם
ואֹדאעאת אלשרור ולא ברהאן לה עליהא ולא תנחקד
כוני עקדה אֹשכוך אלתי תלזם ראיה ותקול וֹהל בֹאשכוך
יבֹטל ראי או יתבת נקיצה נעם אן אלאֹמר לים כדלך
לכן נחן נעאמל הדֹא אֹפילסוף כמא אמרנא אן נעאמלה
בה תבאעה ודלך אן אלאֹסכנדר קד בֹין אן כל מא לא
יקום עליה ברהאן פינבגי אן יפרץ טרפֹא אֹנקיֹץ פי דלך
אלאֹמר ודֹי מא ילזם כל ואחד מן אלנקיצֹין מן אֹשכוך
וֹעתקד אֹקֹלהא שכוכא וכדלך קאל לֹאֹסכנדר אנה יגֹרי
אלאֹמר פי כל מא יקולה ארסטו מן אלאֹרא אלֹאלאהיה
אלתי לא יקום עליהא ברהאן פֹאן כל מן תֹאֹכֹר בֹעד
ארסטו יקול אן אלֹדֹי קאלה פיהא ארסטו אֹקֹל שכוכא
מן כל מא עֹסאה אן יקאל והֹדֹא פֹעלנא נחן למֹא צֹח
ענדנא אן הֹדֹה אֹמסאלה והי הֹל אֹסמא כאינה או אֹזֹליֹה
לא ברהאן עלי אֹחד אֹנקיצֹין פיהא ובֹינֹא אֹשכוך אלֹאזֹמֹה
לכל ואחד מן אֹראיֹין אֹטֹהֹרנא לך אן ראֹי אֹקֹדם אֹכֹתֹר
שכוכא ואֹצֹר פי מא ינבֹגי אן יעתקֹד פי חק אלֹאלאֹה

לאסתיהאל ובהדא יתבין לך אן קולנא מארה לאפלאך
או מארה אלכואכב לים פיה שי מן מעני הדה אלמאדה
ואנמא הדא אשתראך פי אלאסם ואן כל מוגוד מן תלך
אלאגסאם אלפלכיה לה וגוד יכצה לא ישארך פיה גירה
פכמא דא וקע אלאשתראך פי חרכה לאפלאך הדא או
תבות לכואכב אמא אדא אעתקדנא אן הדא כלה בקצד
קאצד פעלה וכצצה כמא אקתצת חכמתה אלתי לא
תדרך פלא ילזמנא שי מן הדה למסאיל כלהא בל אנמא
תלום מן ידעי אן הדא כלה עלי גהה אלזום לא באראדה
מריד והו ראי לם יגר אמרה עלי נטאם אונוד ולא אעטיה
פיה עלה ולא חנה מקנעה ותבעתה מע דלך שנאעאת
עטימה גרא והי כון לאלאה אלדי יקר כל עאקל בכמאלה
בגמיע אנחא אלכמאלאת צאר וגודה ענד כל אלמוגודאת
לא יכדי שיא ולו ראם אן יטול נגאה רבאבח או ינקץ
רגל דודה למא קדר לכן ארסטו יקול אנה לא ירום הדא
ויסתחיל עליה אן יריד כלאף הדא ולים הדא ממא יזידה
כמאלא בל לעלה נקץ באעתבאר מא · וגמלה אקול לך
ואן כנת אעלם אן כתירא מן אלמתעצבין ינסבני פי הדה
אלאקאויל אמא לקלה פהם כלאמהם או ללחיד ענד
באקצד לכני לים מן אגל הדא אמתנע מן אן אקול מא
אדרכתה ופהמתה עלי חאל קצורי ותלך אלגמלה הי
אן כל מא קאלה ארסטו פי גמיע אלמונד אלדי מן לדן
פלך אלקמר אלי מרכז אלארץ הו צחיח בלא ריב ולא

ואלפלך מרכב מן מאדתין וצורתין מאדה אפלך וצורתה
ומאדה אלכוכב אלמרכוז פי אלפלך וצורתה ואדא כאן
אלאמר עלי נהה אללזום פלא בד לנא צרורה להדא
אלמרכב מן סבב מרכב ילזם ען נ'אה' אלואחד גרם אלפלך
וען גזאה אלאכר גרם אלכוכב הדא אן כאנת מאדה אלכואכב
כלהא ואחדה וקד יכון גוהר אנור מנהא גוהרא מא וגוהר
אלטביה נוהרא אכר וקד עלם אן כל גסם מרכב מן מאדתה
וצורתה פקד תבין לך אנה לא תטרד הדה אלמעאני עלי
נהה אללזום אלדי ידכרה וכדלך איצא אכתלאף חרכה
אלאפלאך לא יחרז נטאם תרתיב בעצהא תחת בעץ חתי
ידעי פי דלך נהה אללזום וקד דכרנא דלך והנא איצא
אמר האל לכל מא ק̇ד̇ר פי אלאמור אלטביעיה אן אעתבר
חאל אלפלך ודלך אנה ארא כאנת מאדה אלאפלאך
כלהא ואחדה לאי שי לא ילזם אן תנתקל צורה הדא
אלפלך למאדה אלאכר כמא גרי מן דון פלך אלקמר מן נהה
אסתחאל אלמאדה ולאי שי תבחת הדה אלצורה פי הדה
אלמאדה דאימא ומאדה אלכל משתרכה אללהם אלא
אן ידעי מ̇ד̇ע אן כל פלך מאדתה גיר מאדה אלאכר פלא
תכון אלא צורה אלחרכה תדל̇ עלי אלמאדה והדא נקץ
אצול כלהא ואיצא אלכואכב אן כאנת מאדתהא כלהא
ואחדה פבמא דא תבאינת אשכאצהא הל בצור או באלאעראץ
ועלי אי וגהין כאן ילזם אן תנתקל תלך אלצור או תלך
אלאעראץ ותחעאקב עלי כל ואחד מנהא חתי לא יבטל

מא · קציّה תّאלתّה אן כל פّאעל יّפעל בّקצד וּאראדה
לא בّאלטבע פّאנה קד יّפעל אّפّעّאלّא מّכّתּלפّה כّתّירה ·
קّציّה רّאבّעّה אן אّגّמלّה אّמّרّכّבّה מّן גّّّّّّّّّ נּּּّّّّّ אّّّّّ מّכّתّלפّה
מּتּגّאّورّה אّّّّ בّאّّّّّ מّن אّّّّ אّמّرّّّّ מّن נّّّّّ
מّכّתّלפّה תّرّכّّّ אّّّّّ مّﬨّاّج. מّﬣّאّل دّﬥّّ אّّّ אّﬥّّّّّ מّﬨّﬥّّ
אّّّ אّﬥّﬥّﬣּّ אّّّ אّﬥّّّّّّ אّّّ אّﬥّّّّّ אّّّّ מّّّ גّّّّّ אّﬥّّّ
אّّّ אّﬥّّّّّ אّّّّّّّ מّّّ עّّّّ וّﬥّﬣّّّ וّّّّّ וّّّّّّّ וّﬣّّّّ אّّّّ
מّّّ אّّّ יّّّّّ פّّّّّ כّﬥّאﬞّّّّ · וּّّّّ ﬣّﬤّﬣّ אּّّّّّّ פّّّّّّ
אّّّ ﬣّﬤّّ אّﬥּّّّ יّّّّّﬣ אّّّّﬡّ מّّّ אّّّ אّﬥّّّّّّ אّﬥّّّّّ בּّﬠّّ
ﬥّﬥّﬨّّّّّ וّّّّّّّ בּّﬠّّّ אّﬨّّّّّ וّّﬣּّّّ ﬥّّ ﬤّّّّّّ אّﬥّّّ
אّﬥّّّّّ אّﬥّّّﬢّّ מّّّّّ בّّّّّ ﬣّّ בّﬥّّ בּّّّ פّﬤّّ אّّّ וّّّّ
אّﬥّ﬩ּّّّّّّّّّّّّّّ

אנה ירי לזום כל מא סואה ענה כמא וצפת לך ונחן נקול
אן כל הדה אלאשיא הו פעלהא בקצד ואראדה להדא
אלמונוד אלדי לם יכן מונודא וצאר אלאן מונודא באראדתה
תעאלי והאאנא אכֹד פי דכר דלאילי ותרגיחי לכון אלעאלם
מחדתא עלי ראינא פי פצול תאתי :

פצל כב

קצﬞיה מגמע עליהא מן ארסטו ומן כל מן תפלסף אן
אלשי אלבסיט לא ימכן אן ילזם ענה ענה אלא בסיט
ואחד ואן כאן אלשי מרכבֹא פתלזם ענה אשיא עלי עדד
מא פיה מן אלבסאיט אלתי תרכב מנהא מתֹאל דלך אן
אלנאר אלתי פיהא תרכיב כיפﬞיתין אחאר ואליאבס ילזם
ענהא אן תסכֹן בחרֹהא ותגﬞפף ביבסהא וכדלך אלשי
אלמרכב מן מאדה וצורה תלזם ענה אשיא מן נהה מאדתה
ואשיא מן נהה צורתה אן כאן כתיﬞר אלתראכיב ובחסב
הדה אלקצﬞיה קאל ארסטו אנה מא לזם ען אללה לזומֹא
אולﬞא ניר עקל ואחד בסיט לא ניר · קצﬞיה תֹאניﬞה אנה
מא ילזם אי שי אﬞתפק ען אי שי אﬞתפק בל אנמא יכון
אבדא בין אלעלה ומעלולהא מנאסבה מא צֹרורה חתי
לאערﬤ מא ילזם אי ערﬤ אﬞתפק ען אי ערﬤ אﬞתפק מתֹל
אן ילזם ען אלכיפﬞיה כמיﬞה או ען אלכמיה כיפיﬞה וכדלך
לא תלזם ען אלמאדה צורה מא ולא ען אלצורה מאדה

אכר פי אן אבין לך תרגיחי לראי חדות אלעאלם בדלאיל
נט׳ריה פלספיה בריה מן אלתמויה · קולה אן אלעקל
אלאול לזם ען אללה ואן יﬠקל אלתאני לזם ען אלאול
ואלתאלת ען אתאני והכדא וﬠנה כונה ירי אן אאפלאך לזמת
ען אלעקול ולדלך אלתרתיב אלמשהור אלדי קד עלמתה
מן מואצﬠה וקד וצﬠנא מנה הנא נבדא בין הו אנה ליﬞם
יריד בדלך אן הדא כאן תם חדת ﬠנה דלך אללאזם ﬠנה
בעד דלך לאנה לא יקול בחדות שי מן הדה ואנמא יריד
באללזום אלסבביה כאנה יקול אלעקל אלאול סבב וﬂוד
אלעקל אתאני ואלתאני סבב וﬂוד אלתאלת אלי אﬔרהא
וכדלך אכלאם פי אאפלאך ואלמﬠרﬥ אאﬢלי ולם יתקדם
שי מן הדה כלהא ללאכר ולא יוﬂד הﬡה עﬥה ומתﬡل
דלך כמא לו קאל קאיל אן אן אלכיפיﬡת אלﬡול לזמת
אכשונה ואﬥמלאסﬣ ואצלאבﬣ ואלﬥין ואלﬢﬡפﬣ ואﬥﬢﬥﬥﬢ
אלדי לא ישﬤ אחד אן תלﬤ אﬠני אﬥﬞﬡﬡﬧﬣ ואﬥﬢﬧﬢﬧﬣ
ואﬧﬢﬢﬡﬣ ואﬢﬤﬠﬣ הגּ אשׂﬢﬥﬧﬣ ﬥﬣﬥﬣ אﬤאָﬢﬡﬤ ואﬥﬥﬡﬥﬢﬣ
ואﬥאָﬥﬡﬞﬢﬣ ואﬥﬥﬧﬦ ואﬥﬢﬡﬧﬣ ואﬥﬢﬥﬢﬥﬥ ﬢﬢﬡ אדּﬢﬣ
דﬥﬤ ﬢﬢﬦ ﬢﬥﬤ ﬥﬡﬧﬢﬣ ﬢﬤאָﬥﬡﬞﬡ ﬥﬢﬢﬣ ﬣﬥﬣ ﬢﬡﬦ ﬢﬡﬦ
ﬥﬡ ﬦﬢﬢﬦ ﬡﬦ ﬦﬢﬢﬥ ﬦﬢﬢ ﬥﬢ ﬣﬥﬣ ﬡﬥﬢﬥﬞﬡﬞﬢﬣ ﬡﬥﬡﬢﬥ ﬢﬢﬠﬧﬦ ﬠﬦ
ﬣﬥﬣ ﬡﬥﬢﬥﬞﬡﬞﬢﬣ ﬡﬥﬢﬢﬡﬦﬦ ﬠﬥﬦ ﬣﬥﬡ ﬠﬢﬢﬡﬥ ﬢﬠﬦﬦﬣ ﬦﬢﬢﬥ
ﬡﬧﬦﬢﬢ ﬦﬦ ﬡﬥﬢﬢﬦ ﬢﬢﬦﬥﬢﬣ ﬡﬦ ﬢﬡﬦ ﬥﬦﬢ ﬠﬦ ﬢﬡﬡ ﬠﬦ ﬢﬡﬦ
ﬦﬦﬢﬣﬦ ﬥﬥﬠﬥﬣ ﬡﬡﬥﬦﬦ ﬢﬢﬡ ﬦﬢﬢﬥ ﬣﬢ ﬡﬢ ﬡﬥﬠﬢﬥ ﬡﬥﬡﬢﬥ ﬡﬦ
ﬢﬦﬠ ﬩﬩﬩ ﬡﬦ ﬢﬦﬢﬢﬦﬣ ﬢﬥﬦﬡ ﬦﬢﬢ ﬦﬢﬢﬡ ﬢﬡﬢﬥ ﬦﬢﬢﬠﬥ ﬦﬢﬥ

ויסתחיל איצ̇א אן יתג̇יר פעלה או ארא̇דתה כמא בינ̈א
פקד באן לך איהא אלנאט̇ר פי מקאלתי הד̇ה אן האולא
ג̇ירוא לפט̇ אללזום ואבקוא מענאה לעלהם קצדוא תחסין
עבארה̇ או אזאלה̇ שנאעה̇ לאן מעני כון הד̇א אלוג̇וד
לאזמא לעלתה דאימא בדואמהא והו אלאלאה עלי מא
יקול ארסטו הו מעני קולהם אן אלעאלם מן פעל אלאלאה
או בקצדה וארא̇דתה ואכ̇תיארה ותכ̇ציצה לכנה לם יזל
הכד̇א ולא יזאל כמא אן טלוע אלשמס הו פאעל אלנהאר
בלא שך ואן כאן לא יתקדם אחדהמא אלאכ̇ר בזמאן
ולים הד̇א הו מעני אלקצד אלד̇י נקצדה נחן בל נריד
בד̇לך אנה̇ אעני אלעאלם לים הו לאזמא ענה̇ תעאלי
לזום אלמעלול לעלתה אלתי לא ימכן מפארקתה להא ולא
תג̇ירה אלא אן תתג̇יר עלתה או תתג̇יר חאלה̇ מן חאלאתהא
פאד̇א פהמת אלמעני הכד̇א עלם אנה מן אלמחאל אן יקול
בכון אלעאלם לאזמא ען וג̇וד אלאלאה לזום אלמעלול
לעלתה ואנה מן פעל אלאלאה או בתכ̇ציצה פקד תלכ̇ץ
אלאמר ואנתהי בנא אלקול אלי אלבחת̇ ען הד̇א אלאכ̇תלאף
אלמוג̇וד פי אלסמא אלד̇י תברהן אן לא בד לד̇לך מן
סבב הל ד̇לך אלסבב הו עלה̇ לד̇לך אלאכ̇תלאף והכד̇א
לזם ען וג̇ודה או ד̇לך אלסבב הו אלפאעל להד̇א אלאכ̇תלאף
אלמכ̇צץ̈ לה עלי אלג̇הה̇ אלתי נעתקד נחן תבאע משה
רבנו פלנכ̇ל̇ פי ד̇לך בעד אן נקד̈ם מקדמה̇ והי אן נבי̈ן
לך מעני אללזום אלד̇י יראה ארסטו חתי תתצורה וחיניד̇

כלאם ארסטו וקולה אן הדה אלאשיא לא בד להא מן
סבב אן מעני דלך אלקצד ואלתבציץ או יכונן כאלקוה
פי דלך ואכתארוא ראי אלקצד ואלתבציץ וזעמוא אנה
לא ינאפי אלקדם ובעד מא בינّﺍה אّכר פי ראי האולא
אלמתאכרין :

פצל כא

אעלם אﬨ מﬨ אﬨמתﬕﺍﬓﬓﬓﬓ מﬨ ﺍﬡﬡﬕ ﬑ﬞﬕﬞﬕﬖﬖ בקדם
﬑ﬞﬖﬖﬖ מﬨ קﬕﬕ אﬨ ﬕﬕﬕﬖ תﬕﬕﬕﬖﬖ ﬑ﬞﬖﬖﬖ ﬑ﬞﬖﬖﬖ
ומﬕﬕﬖ וﬔﬕﬖﬖ וﬕﬕﬖﬖﬖ וﬕﬕﬕﬖ ﬕﬕﬖ מﬕ ﬕﬕﬕ ﬕﬕﬕﬖﬖ ﬕﬕﬕ
יﬕﬕﬕﬖﬖ אﬨ יﬕﬕﬕ דﬕﬕ פﬕ וﬕﬕﬕ דﬕﬕ וﬕﬕﬕ בﬕ ﬕﬕﬕﬕ ﬕﬕﬕ ﬕﬕﬕﬕ
ﬕﬕﬕﬕ ﬕﬕﬕﬕﬖ ﬕﬕﬕﬕ אﬕﬕﬕ ﬕﬕﬕ אﬨ ﬕﬕ ﬕﬕﬕﬕﬖ אﬨ ﬕﬕﬕﬕﬕ
ﬕﬕﬕﬕ ﬕﬕﬕ ﬕﬕﬕ בﬕﬨ ﬕﬕﬕﬕﬕ אﬕﬕﬕﬕﬕ ﬕﬕﬕ ﬕﬕﬕﬖ בﬕﬕﬕﬕﬨ
ﬕﬕﬕﬕ ﬕﬕﬨ ﬕﬕﬕ ﬕﬕﬕﬕﬕﬕ פﬕ ﬕﬕ ﬕﬕﬕﬖﬖ ﬕﬕﬨ ﬕﬕ ﬕﬕﬕﬖﬖ
תﬕﬕﬨ ﬕﬕﬕ ﬕﬕﬕﬕ פﬕﬕﬖ ﬕﬕﬕ מﬕ וﬕﬕﬨ ﬕﬕﬕﬕﬕ ﬕﬕﬕﬕﬖﬖﬖﬖ
וﬕﬕﬕ פﬕﬕ ﬕﬕﬖ אﬕﬕ אﬕﬕﬕﬕ אﬕﬕ ﬑ﬞﬕﬕﬕﬖ תﬕﬕﬕﬕ ﬕﬕﬕﬕ
ﬕﬕ ﬕﬕﬕ פﬕﬖ וﬕﬕ ﬕﬕ בﬕﬕﬕﬖﬖ ﬕﬕﬕﬕ פﬕﬕ ﬕﬕﬕﬕﬕ פﬕﬕﬖ
בﬕ ﬕﬕ ﬕﬕﬕ פﬕﬕﬕﬕ וﬕﬕﬕ ﬕﬕﬕﬖ ﬕﬕﬕﬕﬕﬖ ﬕﬕﬕﬕﬕﬕ אﬕ
ﬕﬕﬕﬕﬖﬖ ﬕﬕﬕ ﬕﬕﬕﬕ פﬕﬕﬖ ﬕﬕﬕﬖ ﬕﬕﬕﬕﬕﬖ ﬕﬕﬕﬕﬖﬖ פﬕﬕﬕﬕ
ﬕﬕﬕﬕ ﬕﬕﬖﬖ וﬕﬕ ﬕﬕﬕﬕﬖ בﬕﬕﬕﬖ ﬕﬕﬕﬕ פﬕ ﬕﬕﬕﬕﬕﬖﬖ
וﬕﬕﬕ אﬕﬕﬖ ﬕﬕﬨ ﬕﬕ פﬕ בﬕﬨ ﬕﬕﬕﬖ פﬕﬕﬕ אﬕ מﬕﬕ אﬕ
ﬕﬕﬕﬕ אﬕ מﬕﬕﬕ אﬕ מﬕﬕﬖ פﬕ ﬕﬕﬕ ﬕﬕﬕﬕﬕ ﬕﬕﬕﬕﬖﬖ

אלנמע בין אלוגוד עלי נהה אללוום ובין אלחרות עלי
נהה אלקצד ואלאראדה חתי יכון אמעניאן ואחדא קריב
ענדי מן אנמע בין אצדין לאן מעני אלוום אלדי יעתקדה
ארסטו הו אן כל שי מן הדה אלמוגודאת אלתי ליסת
בצנאעיﱠ לא בד לה מן סבב מוגב לדלך אלשי אלדי
כונה עלי מא הו עליה ולדלך אסבב סבב תאן וללסבב
אﻵתאני תﱁלﱻ הדא אלי אן ינתהי לסבב אול ענה לום
אלכל לאמתנאע אלתסלסל אלי לא נהאיﱂ לכנה לא
יעתקד מע דלך אן לום וגוד אלעאלם ען אלבארי אעני
ען אסבב אﻵול כלום אלﱥל ען אנסם או לום אﻵחרארﱂ
ען אלנאר או לום אלﱜו ען אלשמס כמא יקול ענה מן
לא יפהם קולה בל יעתקד דלך אלוום כנחו לום אﻵמעקול
ען אלעקל אד אלעקל הו פאעל אלמעקול מן נהﱂ כונה
מעקולא אד דלך אלסבב אלאול ולו ענדה הו עקל פי
אעלי מראתב אלוגוד ואכמלהא וחתי אן קאל אנה מריד
למא לום ענה וסאﱍ בה ומסתחלﱍ ולא ימכן אן יריד כלאפה
פלים יקﱳ להדא קצדא ולא פיה מעני אקצד לאן אﻵנסאן
מריד לכונה דﱁ עינין וכפﱾן וכפﱾן זסאﱍ בדלך ומסתחלﱍ בה ולא
ימכן אן יריד כלאפה ולכנה מא כאן הדא אלשﱁן דﱁ
עינין וכפﱾן בקצד מנﱁ ותﱁציﱆ להדﱁא אלשכל והדﱁה
אלאפעאל ולא מעני אלקצד ומעני אהﱁביﱆ אלא לאמר
גיר מוגוד וימכן וגודה כמא ﱴ קצד וﱴﱳ וימכן אלא יוגד
בדלך פלא אדרי הל האולא אﻵמתאכרון אנפהם להם מﱁ

עלי אן הדה אלמוגודאת ליסת אתפאקיה והדא נץ כלאם
ארסטו פי אלרד עלי מן זעם מן אלמתקדמין אן הדא
אלעאלם וקע באלאתפאק ואנה כאן מן תלקא נפסה בלא
סבב קאל וקד געל קום אכר סבב הדה אלסמא ואלעואלם
כלהא תלקא אנפסהא פאנהם קאלוא אן מן תלקא נפסה
כאן אלדוראן ואלחרכה אלתי מיזת וקומת אלכל עלי הדא
אנטאם ואן הדא נפסה למוצע עגב שדיד אעני אן יקולוא
פי אלחיואן ואלנבאת אנהא לא תכון ולא תחדת באלבכת
לכן להא סבבא אמא טביעה ואמא עקל ואמא גיר דלך
ממא אשבהה לאנה לים יחולד אי שי אתפק מן כל בזר
או כל מני לכן מן הדא אלבזר תכון זיתונה ומן הדא
אלמני יכון אנסאן ויקולון פי אלסמא ופי אלאגסאם אלתי
הי מן בין סאיר אלאגסאם אמראיה אאהה אנהא אנמא
כאנת מן תלקא אנפסהא ואנהא לים להא סבב אצלא
מתל מא ללחיואן ואלנבאת הדא נץ כלאמה ואכד יבן
תזייף הדא אלוהם אלדי תוהמוה בקול אבסט · פקד באן
לך אן ארסטו יעתקד ויברהן אן הדה אלמוגודאת כלהא
ליסת מוגודה באתפאק פאלדי ינאקץ כונהא באתפאק
אן תכון בארדאת אעני אן להא סבב מוגבא לכונהא הכדא
צרורה ומן אגל דלך אלסבב וגדת עלי מא הי עליה הדא
הו אלדי תברהן והו אלדי יעתקדה ארסטו אמא אנה ילזם
לכונהא ליסת מן תלקא אנפסהא אן תכון בקצד קאצד
ואראדה מריד פמא יבין לי אן ארסטו יעתקד דלך לאן

אונב לה נחו חרכה אכרי לא בד מן מכצ׳ ען צ׳רורה פקד
אכרנ׳גא הרא לאעתבאר אלי צ׳בחת ען מטלבין אחדהמא
הל בוגוד הרא לאכתלאף ילזם אן יכון דלך בקצד קאצד
צ׳רורה לא עלי גהה אללזום או לא ילזם ואמטלב אלתאני
הל אדׄא כאן גמׄיע הרא בקצד קאצד כׄצׄ הרא לתכציץ
ילזם אן יכון דלך חאדרׄתא בעד עדם או לא ילזם דלך
בל יכון מלצ׳צה לם יזל הכרׄא אר קד קאל הרא . איצ׳א
בעץׄ מן יעתקד . אלקדם והאנא אׄכר פי הרין אלמטלבין
ואבין מא ינבגי אן יבׄן פיהמא פי פצול תאתי :

פצל כ

ארסטו יברהן אן לאמור אטביעׄיה כלהא ליסת ואקעה
באלאׄתׄפאק וברהאנה עלי דלך כמא דׄכר ודלך
אן אלאמור אלאׄתׄפאקׄיה ליסת דאימה ולא אכתׄריה וכל
הדה אלאמור אמא דאימה או אכתׄריה אמא אלסמא
וכל מא פיהא פדאימה עלי חאלאת לא תתגיר כמא
בינׄא לא פי דׄואתהא ולא פי תבדיל מואצׄעהא ואמא
אלאמור . אלטביעׄיה . אלתי דון פלך אלקמר פמנהא
דאימה ומנהא אכתׄריה פאלדאימה כתסכין אלנאר ונזול
אׄחגר אלי אספל ואלאכתׄריה כאשכאל אשבאץ כל נוע
ואפעאלה וכל הרא בׄן פאדׄא כאנת גזׄאׄאֹׄהה ליסת
באלאׄתׄפאק פכיף יכון כלה באלאׄתׄפאק פהרא ברהאן

בّאלכّואכّב מّא-קّד שּהّר וקّאׄ ישّעיّה מּנבّّהّא עّלי אّסّתّדלّאל

בّהّא שּّאّז מّרום עّיّניّכּם ורّאו מّי בּّרّא אّّלّה וכّו׳ וכّّدّلّך

יّרّמّיّהّו קّّאّל עّשّّה הّשّّمּים וקّّאّל אّברּהם יّّי אّלّהּי הّשّّمّים

וקّّאّل סّيّد אّנבّّين רّכّב שّمّים כּמّّא בּّינّّא והّّدّא הّו אّدّלّיّّל

אّلّצّّחّّיּّح אّّלّّدّي לّّא שّّך פּّيّّה וبّّيّّאّן דّّلّّך אّّן כّّل מّّא دّّن

אّلّّفّّلّّך מّّן אّّلّّاّכّّتّّلّّאّفّّאّת وّאّן כّّאّנّّت מّّاّدّّתّّהّّا וّاّחّّدّّה

כّמّّا בّّيّّנّّا تّّقّّدّّر اّن تّّغّّير מّכّّצّّצّّהّّا קّّوّ פّّלّّכّّيّّה وّاّוّّצّّاّع

אّّمّّاّدّّה מّّن اّّفּّلّّך כّמّّا כّמّّا عّّلّמّّנّّا اّرّّסّّطّّו اّمّّا اّّاّכّّتّّلّّاّفّّאّת

اّّلّّמّّגّّוّّدّّه פّّي اّّلّّاّفّّلّّאّך وّاّّלّّכّّوّّاّכّّב פّّمّّן מّכّّצّّצّّهّّا اّّלّّا

اّّلّّلّّה تّّעّّاّלّّي פّّّاّّن קّّّاّّل קّّّاّّيّّّل اّّלّّעّّקّّّوّّل اّّمّّفּّّاّّרّّקّّّה פّّّمّّّا

רّّבّّّح פّّّي הّّّדّّّא اّّלّّّקّّّوّّّل שّّّيّّّא وّבّّّيّّّאّّّן دّّّلّّّך اّّן اّّلّّّעّّّקّّّוّّّل לّّّيّّّסّّّת

اّّנّّّסّّّاّّّמّّّا פّّّيّّّכّّّوّّّن לّّّהّّّא وّّצّّّע מّّّן اّّّفّّّלّّّך פّّّלّّّاّّّي שّّّي تّّّחּّّّّّّّّّّّّ רّّّّّ

اّّّفּّّّלّّّّך חّّّّّרّّّّّכّّّّّّّّّ اّّّّّשּּّّّّّّّّ נּّّّّّّّّ עّّّّّ לּּّّّ לּّّّّ اّّّّّ אّّّّّ

ואّכّّّّّّ לّّّّّ לّّّّّ אّّّّّ דّّّّّ אّّّّّ אّّّّّ אّّّّّ אّّّّّ פّّّّّ נּّّّّّ אּّّّّّ

אחק בהדא אלסבב אמונד פיה מן אלנו אלאכר והדא
כלה וכל מא הו מן נמטה אנמא יבעד נדא בל יקארב
אלאמתנאע אדא אעתקד אן הדא כלה וגב עלי נחת
אלוום ען אלאלאה כמא יראה ארסטו אמא אדא אעתקד
אן הדא כלה בקצד קאצד פעל הכדא פלא יצחב הדא
אלראי שי מן אלחעגב ולא בעד אצלא ולא יבקי מוצע
בחת אלא אלא קולך מא אלסבב פי קצד הדא ואלדי יעלם
עלי אלתגמיל אן הדא כלה למעני לא נעלמה ואן ליס
הדא פעל עבת ולא כיף אתפק לאנך קד עלמת אן ערוק
שבץ אלכלב ואלחמאר ואעצאבהמא מא וקעת כיף אתפק
ובאי מקדאר אתפק ולא צאר הדא אלערק גליטא ואכר
דקיקא ועצבה תתשעב שעבא כתירה ואכרי לא תתשעב
כדלך ואחדה נאזלה מסתקימה ואכרי אנעטפת באתפאק
ואנה לם יכן שי מן הדא אלא למנאפע קד עלם צרוריתהא
פכיף יתכיל עאקל אן רתכון אוצאע הדה אלכואכב
ומקאדירהא ועדדהא וחרכאת אפלאכהא אמכתלפה ללא
מעני או ביף אתפק לא שך אן כל שי מנהא צרורי
בחסב קצד לקאצד ותרתיב הדה לאמור עלי נחו אללזום
לא בקצד אמר בעיד מן אלתצור נדא נדא ולא דליל
ענדי עלי אלקצד אעטם מן אכתלאף חרכאת אלאפלאך
וכון אכוכב מרכווא פי אלאפלאך ולדלך תגד אלאנביא
כלהם קד אתכדוא אכואכב ואלאפלאך דלילא עלי וגוד
אלאלאה צרורה ונא פי חדית אברהם מן אעתבארה

תאבתא ראימא דליל עלי אן מאדה אלכואכב ליסת חז
מאדה אלאפלאך וקד דכר אבו נצר פי חואשיה עלי
אלסמאע כלאמא הדא נצה קאל בין אלפלך ואלכואכב
פרק לאן אלפלך ישף ואלכואכב לא תשף ואלסבב פי
דלך אן בין אלמאדתין ואלצורתין פרקא ולכן יסירא הדא
נץ כלאמה אמא אנא פלא אקול יסירא בל מכתלפא נדא
נדא לאני לא אסתדל באלשפוף בל באלחרכאת פיבן
לי אן הדה תלת מואד ותלת צור אנסאם סאכנה אבדא
פי ראתהא והי אגראם אלכואכב ואנסאם מתחרכה אבדא
והי אגראם אלאפלאך ואנסאם תתחרך ותסכן ודי
אלאסתקסאת פיא לית שערי אי שי גמע בין האתין
אלמאדתין אלמכתלפתין אמא גאיה אלאכתלאף כמא
יבדו לי או אלדי בינהמא אכתלאף יסיד כמא ידכר אבו
נצר ומן הו אלמהיי להדא אלאהאר ובאלנמלה גסמאן
מכתלפאן מרכוז אחדהמא פי לאכר גיר מכאלט לה בל
סמחה פי מוצע מנה מכצוץ מלתחם בה גיר קצד קאצד
עגב ואענב מן הדא הדה אלכואכב אלכתירה אלהי פי
אלתאמן כלהא אכר בעצהא צנאר ובעצהא כבאר כוכב
הנא ואכר עלי בעד דראע פי ראי לעין ועשרה מזדחמה
מגתמעה ורקעה כבירה נדא לא שי פיהא מא אלסבב
אלמכצץ להדה ארקעה בעשרה כואכב ואלמכצץ ללאכד
בערם לכואכב ואיצא גסם אלפלך כלה גסם ואחד בסיט
לא אכתלאף פיה פבאי סבב צאר הדא אלנו אלנו מן אלפלך

ועם אנה יעטי פיהא שיא יסירא וכדלך פעל לאן אלדי
דכרה מן סרעה אלחרכה אלכליה ובטֹ פלך אלכואכב
אלתאבתה לכונה פי כלאף אלגהה רׄי עלה מסתגרבה
עגיבה וכדלך קאל ילום אן כלמא בעד פלך ען אלתאמן
כאן אסרע חרכה לכן הדא לם יטרד כמא בינת לך
ואשֹד מן הדא אן אפלאכא איצא תתחרך מן אלמשרק
אלי אמגרב מן דון אלתאמן פכאן ינב אן תכון אסרע ממא
תחתהא ממא יתחרך כדלך מן אמשרק אלי אמגרב ואן
כאן תכון הדה אלתחרכה מן אמשרק קריבה פי אסרעה
מן חרכה אלתאסע לכנה כמא אעלמתך לם יכן עלם
אלהיאה פי זמאנה כמא הו אליום ואעלם אן בחסב
ראינא נחן מעשר מן יקול בחדת אלעאלם יסהל הדא
כלה ויטרד עלי אצולנא לאנא נקול· תֹם מבֹצֹ כֹצֹ כל
פלך במא שא מן גהה אלחרכה וסרעתהא ולכנֹא נגהל
וגה אלחכמה פי איגאד הדא הכדא פלו קדר ארסטו אן
יעטינא עלה אכתלאף חרכה אלאפלאך חתי יכון דלך עלי
נסאם וצֹע בעצֹהא מן בעצ כמא ֹמן לכאן דלך גריבא
וכאן יכון עלה אלתכציץ פי אכתלאף חרכאתהא כעלה
אכתלאף אלאסטקסאת פי וצֹעהא בין אלמחיט ואלמרכז
לכנה לם ינתֹם ֹאמר הכֹדא כמא בֹנת לך ואבין מן
הדא פי וגוד אלתכציץ פי אלפלך אלדי לא יקדר אחד
אן יוגד לה סבב מבֹצֹא גיר קצד אלקאצד רׄו וגוד
כואכב ודלך אן כן אלפלך מתחרכא דאימא ואלכואכב

הדא נצה קאל נריד אלאן אן נפחץ ען מסאלתין אתנתין
פחצא שאפיא פאנה מן אלואגב אן נפחץ ענהמא ונקול
פיהמא במבלג עקולנא ועלמנא וראינא אלא אנה לא
ינבני לאחד אן ינזל דלך מנﬞא עלי קחﬞה וגראﬞה לכנה
ינבני אן יעגב מן חרצנא עלי אלפלספﬞ ורגבתנא פיהא
פארא מא טלבנא אלמסאיל אלגזילה אלשדיפﬞ וקוינא
עלי אטלאקהא אטלאקﬞא יסירﬞא מברמﬞא פיחק עלי
אלסאמע אן ישתדﬞ סרורה ויבתהג הדא נץ כלאמה פקד
רתבן לך אנח בלא שך עארף בצעף רﬞלך אלאקאויל
ולא סימא בכון עלם אלתעאלים פי זמאנה כאן לם
יכמל ולא עﬞלם פי זמאנה מן חרכאת אלפלך מתל
מא עלמנאה אליום ויכדו לי אן אלדי קאלה פי מא בעד
אלטביעﬞ מן וצﬞע עקל מפארק לכל פלך אנמא הו מן
אנל הדא אלמעני איצﬞא חתי יכון הנאך שﬞ יכצﬞץ כל
פלך בחרכﬞ מא וסנבﬞן אנה לם ירבח כהדא שﬞיﬞא אמא
קﬞולה פי הדא אלנץ אלדﬞי אלדﬞﬞי אתברﬞ לך במבלﬞג עקולנא
ועלמנא וראינא פאני אבﬞﬞין לך מעﬞנאה ולם אﬞרﬞה לאחד
מן אלשארחﬞין אמא קﬞולה ראינא פאנה יעני בﬞה נﬞהﬞﬞ
אללﬞﬞ אלדﬞﬞי דﬞו אלקﬞול בﬞקﬞדﬞם אלﬞﬞﬞﬞﬞﬞם ואﬞמﬞא קﬞﬞﬞﬞﬞﬞ
עﬞﬞﬞﬞﬞﬞﬞﬞﬞﬞﬞﬞﬞﬞﬞﬞﬞﬞﬞﬞﬞﬞﬞﬞﬞﬞﬞﬞﬞﬞﬞﬞﬞﬞ

אלכל עלי גהה אללוזם אטביעי לא עלי גהה קצד קאצד
כיף שא ותכציץ מכצץ עלי אי וגה: אחב פלם יתם̈ לה
דלך ולא יתם̈ אברא ודלך אנה ירום אן יעטי אלעלה פי
כון אפלך תתהרך מן אשרק ולם יתחרך מן אלגרב וירום
אן יעטי אלעלה פי כון בעצהא סריע אלחרכה ובעצהא
בטי̈ ואן דלך לאזם לנטאם וצעהא מן אלפלך אלאעלי
וירום אן יעטי אלעלה פי כון כל כוכב מן אלסבעה לה
עדה אפלאך והדא אלעדד אלעטים פי פלך ואחד הדא
כלה ירום אעטא אסבאבה חתי ינטם לנא יאמר נטמא
טביעיא עלי גהה אללוזם לכנה לם יתם̈ לה שי מן הדא
לאן כל מא בינה לנא ממא דון פלך אלקמר גרי עלי
נטאם מטאבק ללמוגוד בין אלעלל ואמכן אן יקאל פיה
אנה עלי גהה אללוזם ען חרכה אלפלך ועך קואה אמא
נטיע מא דכרה פי אמור אלפלך פלא עלה בינה אעטי
פי דלך ולא גרי אלאמר פיה עלי נטאם ימכן אן ידﬞעי
פיה אללזם אל גרי יאפלאך מנהא מא הו יאסרע חרכה
פוק אלאבטא̈ חרכה ומנהא מא הו אלאבטא חרכה פוק
יאסרע חרכה ומנהא מא חרכאתהא מתסאויה ואן כאנת
בעצהא פוק בעץ ואמור אכרי עטימה גדא פי חק אעתבאר
כון יאמר עלי גהה אללוזם סאפרד להא פצלא מן פצול
הדה אלמקאלה ובאלגמלה פאן ארסטו בלא שך למא
עלם צעף אקאוילה פי תעליל הדה אלאשיא ואעﬞטא
אסבאבהא קדם עלי אכרה פי הדה אלמכאחת כלאמא

עלי אכתלאף אלצור פלמא כאנת חרכאת אלאסתקסאת
אלארבעה מסתקימה וחרכה אלפלך דוריה עׄלם אן תלך
אלמאדה גיר הׄדה אלמאדה והׄדא צחיח בחסב אלנטׄר
אלטביעי ולמא וגדת איצׄא הׄדה אתׄי חרכאתהא מסתקימה
מכתלפה אלגׄהה מנהא מא יתחרך אלי פוק ומנהא מא
יתחרך אלי אספל וגׄד איצׄא אלדׄי יתחרך מנהא לגׄהה
ואחדה בעצׄהא אסרע ובעצׄהא אבטא עׄלם אנהא מכתלפה
אלצור ובהׄדא עׄלם אן אלאסתקסאת ארבעה ועלי הׄדא
אלנחו מן אׄאסתדלאל בעינה ילום איצׄא אן תבׄן מאדה
אלאפׄלאך כלהא ואחדה אד כלהא תתחרך דורא וצׄורה
כל פלך מכׄאלפה לצׄורה אׄפלך אׄאכׄר אד הׄדא יתחרך
מן אלשרק ללגרב ואכׄר מן אלגרב ללשרק ואיצׄא פאן
חרכאתהא מכתלפה פי אלסרעה ואלאבטא• פילום אן
יסאל איצׄא ויקאל לה אד והׄדה מאדה משתרכה
לגׄמיע אׄאפׄלאך קד אכתׄ כל מוצׄוע מנהא בצׄורה מא
גיר צׄורה אלאכׄר מן הו מכׄצׄ הׄדה אׄמוצׄועאת ומהׄיׄהא
לקבול צׄור מכתלפה והל תׄם בעׄד אׄפלך שׄי אכׄר ינסב
לה הׄדא אלתכׄציץ אלא אללה עז וגׄל • והׄאנא אנבׄהך
עלי בׄעׄד גור ארסטו וגׄראבׄה אדראבׄה וכיף זחמה הׄדא
אלאעׄתראץׄ בלא שׄך וראם אלכׄרוג ענה באשׄיא לם
יסאעדה אׄוגׄוד עליהא ואן כאן לם ידׄכר הׄדא אׄאעׄתראץׄ
לכנה יבדו מן אקואלה אנה ירום אן ינזׄם לנא וגׄוד
אלאפׄלאך כמא נזׄם לנא וגׄוד מא חׄן אלפלך חתי יכׄן

ארסטו איצֿא וקלנא לה אדא כאן אמתזֿאג אלאסטקסאת
הו אלסבב פי תהיֹֹ אלמואדֿ לקבול אלצור אלמכֿתלפה
אי שֵ היֿא תלך אٕמארה אٕאולי חתי קבל בעצֿהא צורה
אלנאר ובעצֿהא צורה אלארץֿ ומא בינהמא לקבול צורה
אלמא ואלהוא ומאדה אלכל ואחדה משתרכה וכמא דֿא
כאנת מאדה אלארץֿ אחק בצורה אלארץֿ ומאדה אלנאר
אחק בצורה אٕנאר פנאוّך ארסטו ען דֿלך כאן קאל אוﭏב
דֿלך אכֿתלאף אלמואצֿע אד הי אוגֹבת להדֿה אלמאדה
אלואחדה תהֹֹזֿﭏت מכֿתלפה ודֿלך אٕן אלّדֿי ילי מנהא
אٕמחיט אٕתֿד פיה לטאפה וסרעה חרכה וקרב מן טביעתה
פקّבל בדֿלך אلתהٹֹ צורה אٕנאר וכלّמא בעדת אٕמאדה
ען אٕמחיט נחו אٕמרכז צארת אכתֿף ואצֿלב ואקל צֿוّﭏ
פצארת ארצֿא והי אٕעלّה פי אٕמא ואٕהוא פכאן דֿלך
צֿרוריֿא אد מן אٕמתֿﭏל אن תכון הדֿה אٕמארה פי לا תכאن
או יכון אٕמחיט הו אٕמרכז ואٕמרכز הו אٕمחיט פהֿרا
אוﭏב להا אٕתّחצّיٔ̇ בצור מכֿתלפה אٕעני אٕلתהٹֹ לקבّול
צור מכֿתלפה · תֿם סﭏנאה וקלנا לה הל אٕمחיט אٕעني
אٕסמא מאדתֿהا ומאדה אٕאסטקסאת ואحדה קאל لا
בל תלך מאדה אֹכֿרי. וצור אֹכֿרי ואٕنגֹם מקّول עלי הדֿה
אٕאגֹסﭏם אٕתֿי לديנا ועלי תלך באٕשתراﭏך כמא בֿﭐ
אٕمתﭏכֿרون וקد בֿﭏهن עלי גֹמיע דֿلך · ומن הنا אٕסمע
מﭏ אקّولה אנﭏ איﭏא אٕנﭏטֹר פי מקﭏﭏתי הدֿה · קﭏ
עלמת כרהﭏן ארסטו. אن באכֿﭏﭏף אٕاﭏﭏ יסתדٕٕﭏ

חלך אלמאדה אלמשתרכה הו אלדי אוגב כון בעצהא
בצפה מא ובעצהא בצפה אכרי או אסבאב עלי עדד
אלמתגאירארת והדה מקרמה מנגמע עליהא ממן יעתקד
אלקדם וממן יעתקד אלחדות ובעד הדה אלמקדמה אכד
פי תביין מא קצדת לתביינה עלי נהג אלמסאלה ואלגואב
עלי ראי ארסטו · סאלנא ארסטו וקלנא לה קד כרהנת
לנא עלי כון מאדה כל מא תחת פלך אלקמר מאדה
ואחדה משתרכה ללכל פמא עלה אכתלאף הדה
אלאנואע אלמוגודה הנא ומא עלה אכתלאף אשכאץ כל
נוע מנהא פגאובנא ען דלך באן קאל עלה אלאכתלאף
הגיר אמתזאג אלמרכבאת מן חלך אלמאדה ודלך אן
חלך אלמאדה אלמשתרכה קבלת אולא ארבע צור וכל
צורה מנהא תבעתהא כיפיתאן ובחלך אלכיפיאת אלארבע
צארת אסטקסאת למא תרכב מנהא ודלך אנהא תכתלם
אולא בחרכה אלפלך תם תמתזג פיחדת אלאכתלאף פי
אלמכתלטאת אלמתרכבה מנהא במקאדיר מכתלפה מן
אחאר ואלבארד ואלרטב ואליאבם פתציר פיהא בהדה
אלאמזגה אלמכתלפה תהיוֹאת מכתלפה לקבול צור מכתלפה
ובחלך יצור איצא חציר מתהייֹה לקבול צור אכרי והכדא
דאימא ואלצורה אנועיה אלואחדה יונד למאדתהא ערץ
כביר פי כמהא וכיפהא ובחסב דלך אלערץ תכתלף
אשכאץ אלנוע כמא תבין פי אלעלם אלטביעי והדא
כלה צחיח בן למן ינצף נפסה ולא יכדעהא · תם סאלנא

פלא תכון אדֹא הדֹה לאשיא כלהא בקצד קאצד אלתאר
ואראד אן חכון הכֹדֹא לאנה אן כאנת בקצד קאצד פקד
כאנת גיר מוגודה הכֹדֹא קבל אן תֹקצד. ואמא בחסב
ראינא נחן פאלאמר בֹן אנהא בקצד לא עלי גהה אללזום
ויגוז אן יגֹירהא דֹלך אלקאצד ויקצד קצדא אבֹר לכן ליס
אי קצד כאטלאק לאן אן תֹם טביעה אמתנאע תֹאבתה לא
ימכן בטלאנהא כמא נבֹן ונרצֹי פי הדֹא אלפצל אן אבֹן
לך כדלאיל תקארב אלברהאן אן וגודנא הדֹא ידלנא עלי
אנה בקצד קאצד צֹרורה מן גיר אן אתכֹלף מא ארתכבתה
אֹמתכלמון מן אבטאל טביעה אֹוגוד ואלקול באלגֹו. וכֹלק
אֹאעראץֹ מסתמרֹא וגמיע מא בֹנת לך מן אצולהם אלתֹי
אנמא ראמוא תֹמהידהא לאיגאד אֹתכֹציץ ולא חֹטֹן אנהם
איצֹא קאלוא הדֹא אלֹדֹי אקולה .אמא אנהם ראמֹוא .מא
ארומה פלא שך וכֹדֹלך דֹכֹרנא אלאמור אלתֹי אֹרֹברהא
ולחֹסֹוא פיהא אֹלתֹכֹציץ גיר אנהם לא פרק ענדהם בין
אתֹצֹאץ הדֹא אֹנבֹאת באלחֹמרה דֹון אֹביאץ או באלחֹלאוה
דֹון אֹמֹראראֹ או אֹתֹצֹאץ אֹסֹמא במא הי עליה מן אֹשֹכל
דֹון אֹתֹרביע ואלתֹתֹלית ואתֹבֹתֹוא אֹתֹכֹציץ כֹמקֹדֹמאֹתֹהם
תֹלך אלתֹי קֹד עלמתֹהא ואנא אתֹבֹת אלתֹכֹציץ פי מא
ינבגי אן יֹתֹבֹת פיה בֹמקֹדֹמאֹת פֹלֹסֹפֹיֹה מאֹכֹודֹה .מן טביעה
אֹוֹגֹוד · והדֹה אֹטֹריק אֹבֹינהא בֹעד תקדים הדֹה אֹמקדמאֹ
והי אן כל מארֹדֹ משֹתרכֹ בֹן .אשיא מתֹגאירֹה בֹוֹנֹה מן
ונֹה אֹלֹתֹנאיר פֹלא בֹד צֹרורֹה מן סֹבֹב אלֹר כֹארֹגֹא ע

אלסמא תדّלנא עלי וגוד אّעקול אّלמפארקّ והם אّלרוחّאניין
ואّלמלאיכّ והי תדّלנא עלי וגוד אלّאלّאה והו מחّרّכהא
ומדבّרّהא כמא סנבّין ונّוצّח אّן לים תّם דליל ידّלّנא עלי
וגוד אّצّאّנע עלי ראّינّא בّדلّاלّ אّלסّמّא והّי תّدّل איّצّא
עלי ראّי אّّפّלّاّסّפّّ כّמّא دّכّرّنّا עّلّي וّגّّود מّחّّרّّכّّהّّא וّאّנّّה
לّא גّّסّّם וּלّّא קّّّוّّّה ّפּّّّّّ גّّّّّّסّّّّّّם וّّבّّّّّّّّ מّّّّّّّّّّ בّّّّّّّّّّّ لّّّّّّّّّّّّّّّّّ מّّّّّّ אّّّّّّّ
דّّّّّّّّّّّ וּّّّّّّ لّّّّّ כّّّّّّ

אّّّّّّّ
:

ולא יסתדעי הדא סבבא. אכ'ר כמא אנה כונה יפעל ולא
יפעל ליס כתג'ויר כמא בינא וסיבّן אן אראדתנא ואראדה
אלמפ'ארק אנמא יקאל עליהמא אראדה באשתראך ולא
שבה בין אלאראדתין פקד אנפّך איצ'א הדא אלאעתראץ
וחבّן אנה לא ילזמנא מן הדה אלטריק מחאל והדא הו
רומנא כמא עַלמת · ואלטריק אלתّאלתה והי אלתי
ילזמון בהא קדם אלעאלם לכון כל מא תקתצ'יה אלחכמה
אן יברז קד ברז והחכמתה קדימה כדאתה פאללّאזם ענהא
קדים והדא אלّאזם צ'עיף גרّא ודלך אנّא כמא נהלנא
חכמתה אלתי אוגבת אן תכון אّפלאך תסעה לא אכתר
ולא אקّל וערד אّכואכב עלי מא הי עליה לא אכתר ולא
אקّל ולא אכבר ולא אצגר כדלך נגהל חכמתה פי כונה
אّוגר אّלכל בעד אّן לם יכן מנד מדّה קריבّה ואّלכל
תّאבע לחכמתה אّראיّמה אّלגיר מתג'ירה לכّנّא נגהל כל
אّלנّהל קאנון תלך אّלחכמה ומקתצّאּהא אّוّר אّלמשיّה
איّצّא פי ראיّנא תّאבעّה ללחכמה ואّלכל שّי ואّחד אّעّני
דّאתה וחכמתה אּוّר נّחן לא נّעّתّקّד אّצّפّאּת וّסّתּסּמע פّי
הّרّא אّלّמّעّני כّתּירّא אّרّא תّבّלّמּנّא פּי אّלّעּנּאּיّת וّבّהّרّא
אّלّאּעّתּבّאּר תּסּקּט תּלّך אّלّשּנّאّעّّה · וّאّמّא מّא דּّכּרّח
אّרּסּטּו מّן אّגّמּאּע אّלّאּמّם פّי סّאّלّף אّלّדّהّר מּן סّّן
אّמּלּאּיّכּّה פּי אّלّסّמّא וّמּן כּّוّן אّלّאּלّّה פّי אּלّסّמّا וّדّّלّّך
נّّא פّי טّّّّّّّّّّّّّّّّّّّّّّّّّ

ולא יפעל וקתא מן אגל מואנע או טואירי מתאל דלך אן
אאנסאן מתלא יריד אן תכון לה דאר פלא יבניהא לאגל
אלמואנע ודלך אדא לם תכן מארתתא חאצרה או תכן
חאצרה ולא תתאתי לקבול אלצורה לעדם אלאלאת וקד
תכן אמארה ואלאלאת חאצרה ולא יבני לכונה לא יריד
אן יבני לאסתגנאיה ען אלכן פאדא טרת טואירי מתל חֹ
או ברד יונב לה טלב אלכן פחיניד יריד אן יבני פקד תבין
אן אטואירי חֹגיר אלאראדה ואלמואנע תקאום אלאראדה
פלא יפעל בחסבהא הדא כלה מתי כאנת אלאפעאל מן
אגל שי מא כארג ען דאת אלאראדה אמא מתי לם יכן
ללפעל גאיה אכרי כונה אלא כונה תאבעא לאראדה פאן
תלך אלאראדה לא תחתאג דואעי ודלך אלמריד ואן לם
תכן לה מואנע לא ילזם אן יפעל דאימא אד ליסת תם
גאיה מא כארגה מן אגלהא יפעל פילום אדא לם תכן
מואנע לחצול תלך אלגאיה אן יפעל אד אלפעל ההנא
תאבע למגרד לאראדה פאן קאל קאיל הדא כלה צחיח
לכן כונה יריד וקתא ולא יריד וקתא וקתא אלים הדא תגירא
קלנא לה לא אד חקיקה אלאראדה ומאהיתהא הדא
מענאהא אן יריד ולא יריד פאן כאנת תלך אלאראדה
לדי מאדה חתי יטלב בהא גאיה מא כארגה פתכן אראדה
מתגירה בחסב אמואנע ואלטואירי אמא אראדה אלמפארק
אלתי ליסת הי מן אגל שי אכר כונה פליסת מתגירה
ולא כונה יריד אלאן שיא ויריד גירה גדא תגירא פי דאתה

וַאלפֿעאל אנמא וגב אן יפֿעל וקתא ולא יפֿעל וקתא לים
מן אגל אמר מא פֿי דﬞאתה בל מן אגל תהﬞיﬞ אלמואד
אמא אﬦפֿעל מנה פֿראים לכל מתהﬞיﬞ פֿאן כאן תﬦם עאיק
ען אלפֿעל פֿמן אגל אלתﬞהﬞיﬞ אﬦמאﬦי לא מן אגל אלעקל
פֿי נפֿסה פֿליעלם הדﬞא אﬦשﬞאן אן קצדנא לים הו ﬦאﬦכבאר
באלסבב אלדﬞי מן אגלה פֿעל אללה תעאלי פֿי וקת ולם
יפֿעל פֿי וקת ולא אﬦומנא בהדﬞא אﬦמתﬞאל וקלנא אן כמא
אﬦעקל אﬦפֿעאל יפֿעל פֿי וקת ולא יפֿעל פֿי וקת והו מפֿארק
כדﬞלך אללה תעאלי מא קלנא הדﬞא ולא אﬦזמאנה ולו
פֿעלנא דﬞלך לכאנת מגﬦﬦאﬦﬦﬦﬦﬦﬦ כל אלדﬞי אﬦומנאה והו אﬦﬦאם
צחיח אן אﬦעקל אﬦפֿעאל אלדﬞי לים הו גﬦﬦﬦﬦﬦﬦ ולא קוﬦ פֿי
גﬦﬦﬦﬦﬦﬦ ואן פֿעל וקתא ולא יפֿעל דﬞלך אﬦפֿעל וקתא אכﬦר כאן
סבב דﬞלך אי שﬦ כאן פֿﬦﬦﬦﬦ יקאל פֿיה אנה כרג מן אﬦקוה
אלי אלפֿעל ולא אנﬦ כאן פֿﬦ דﬞאתה אמכאן ולא אנﬦ
מפֿתקר לﬦמﬦכרג יכרגה מן אלקוה אלי אלפֿעל פֿקד סקט
ענﬦﬦ דﬞלך אלשﬦך אﬦעﬦים אלדﬞי שﬦﬦך עלינא אﬦקאﬦﬦ בקרם
אלעאﬦם אﬦﬦ ונחן נעﬦקﬦד אנה תעאלי לא גﬦﬦﬦﬦﬦﬦ ולא קוﬦ
פֿי גﬦﬦﬦﬦﬦﬦ פֿלﬦﬦﬦך לא ﬦﬦﬦﬦﬦﬦ תﬦﬦﬦﬦ אﬦﬦ ופֿעל בﬦﬦﬦ אן לם
יפֿעל ·   אלﬦﬦﬦﬦﬦ אﬦﬦﬦﬦﬦﬦﬦ דﬞי אﬦﬦﬦ יﬦﬦﬦ בהא קרם
אﬦﬦﬦﬦﬦﬦﬦ ﬦﬦﬦﬦﬦﬦﬦﬦﬦﬦ אﬦﬦﬦﬦﬦﬦﬦ ואﬦﬦﬦﬦﬦﬦﬦ ואﬦﬦﬦﬦﬦﬦﬦ פֿי
חﬦﬦﬦ תעאלי וחﬦﬦ הדﬞא אﬦﬦﬦﬦ עﬦﬦﬦ והו דﬞﬦﬦﬦ פֿﬦﬦﬦﬦﬦﬦ ·
אעﬦﬦ אן כל פֿﬦﬦﬦ דﬞי אﬦﬦﬦﬦﬦ יפֿעﬦ אﬦﬦﬦﬦﬦﬦﬦ מן אגל
שﬦﬦ מא פֿﬦﬦﬦ באﬦﬦﬦﬦﬦﬦﬦﬦ אנﬦﬦﬦ יﬦﬦﬦ ﬦﬦ אן יפֿעל וקתא

·

מן מאדّה דّאת אמכאן וצורה פהו בלא מחّאלّה מתّי פّעّל
דלך אّנסם בצّורתה בעד אן לם יפّעّל פّקّד כّאן פّיה שّי
באלקוّة וכّרّג ללפّעّל פّלא בّד לה מّן מّכّרّג לّאן הّדّה
אלמקّדّמّה אّנّמא תّברّהّנّת פّי דّואّת אّלמّّّואّد אّמّא מّא
ליّס בّגּّّّّّّّّّ ולّّّ לّّّ מّّّ מّّّ מّّّ מّّّ מّّّ מّّّ מّّّ
וכّל מّّ לّה הّ הّ הّ הّ הّ הّ הّ הّ הّ הّ הّ הّ הّ
ימّתّנّّ פّّّ אّ פّّّ וקّّّ וلّّ יّّّ ולّّ יّّّ וקّّّ ולّّ יّّّ וلّّ
תّّّّ פّّ חّ אّّّ ولّ כّّّ מّّ אّّّ אّّ אّّّ אّّّ
דّليّ דّלّ אّّّ אّّّ עّ رّّ אّّّ وתّّّ אّّّ
הّ מּّّ וקّّ יّّ וقّّ ולّ יّّّ וקّّ כّّ בّّ אّّ
נّّ פّ مقّّ פّ אّّ הّّ קّّ כّّّ אّّ
נّ קّّ وטّّ אّ אّّ אּّّ لّ דّّ יّّّ
בّ יّّ חّ ولّ יّّ חّّ הّّ נّّ وהّ חّ בّ ومّ
כّّ כّّ פّّ יّّ אّ אّّ אّّّ מّّّ ولّ
כّ פّّ بّ ولّ וصّ בّّ لّ פّّ פّ וقّ
מّ מّ لّ יّّ مّ قّ لّ لّ لّ نّّ بّّ لّ
ومّ ليّ בّّ ولّ שّ בّ לّ لّ פّ חّ אّّ ولّ
פّ חّ אّّ ٵّ אّّ ٵّّ יّّ لّّ אّّ דّ
אّّّ ولّ אّّ فّّ בّّ אّّ אّّ
فّّ لّ יّ مّ כّ אّّ لّ יّّ פّ وقّ مّ
אّّ אّّ יّّ פّ מّ בّ אّ יّ כّ מّ אّ
אّ אّ כّ نّ דّ פّ אّ دّ אّّ ולّ
שّ يّّ אّ פّ הّ ٵّ مّ مّ ودّ אّ עّ

סינבני אן תתחפט בהדא אלמעני פאנה סור עט׳ים בניתה
חול אלשריעה מחיט בהא ימנע חגארה כל ראם אליהא
פאן חאﬞגﬞנא ארסטו אעני אלאﬞכﬞד בראיה וקאל פאר לא
ידלנא הדא אלמוגﬞוד פבמא דﬞא עלמתם אנתם אן הדﬞא
מכן ואנה כאנת תﬞם טביעה אכﬞרי כﬞונה קלנא הדﬞא
לא ילזמנא בחסב רﬞמנא לאנﬞא לא נרום אלאן אן נתﬞבת
אן ﬞﬞﬞﬞ פעﬞאלם מחדת כל אלדﬞי נרחתה הו אמכאן כונה מחדתﬞא
ולא יסתחיל הדﬞא אלדﬞעוי באלאסתﬞדלאל בטביעה אלוגﬞוד
אלתﬞי לא ננאכר פיהא פארﬞא תﬞבת אמכאן אלדﬞעוי כמא
בינﬞא רגﬞענא בעד דﬞלך ורﬞגﬞחנא ראי אלחדות ולם יבקﬞ פי
הדﬞא אלבאב אלא אן יאﬞתינא באמתﬞנאע כון אלעﬞאלם
מחדﬞתﬞא ליﬞס מן טביעה אלוגﬞוד אלﬞי ﬞﬞﬞﬞﬞ יקﬞﬞﬞﬞה אלעקל
פי חק אלאﬞלאה והי אלגﬞהאת אלתﬞלאתﬞ אלתﬞי קﬞד קﬞדﬞמת
לך דﬞכﬞרהא ואנתם יסתﬞדﬞלﬞון בהﬞא עלי קﬞדﬞם אלעﬞאלם מן
נﬞהﬞה אלﬞﬞﬞﬞﬞלﬞאﬞה והﬞאﬞﬞנﬞא אﬞﬞﬞﬞﬞר לﬞך וﬞגﬞה אﬞלﬞﬞﬞﬞﬞﬞﬞﬞﬞﬞ עﬞﬞﬞﬞﬞﬞﬞﬞﬞ
חﬞﬞﬞ לﬞﬞﬞﬞ יﬞﬞﬞ מﬞﬞﬞﬞﬞ דﬞﬞﬞﬞ כﬞﬞﬞﬞ פﬞﬞ פﬞﬞﬞﬞ יﬞﬞﬞﬞ :

פצל י״ח

אﬞﬞﬞﬞﬞﬞﬞﬞﬞ אﬞﬞﬞﬞﬞﬞﬞ אﬞﬞﬞﬞ יﬞﬞﬞﬞﬞ אﬞﬞﬞﬞ יﬞﬞﬞﬞﬞﬞ בﬞﬞﬞ
בﬞﬞﬞﬞﬞﬞ אﬞﬞ אﬞﬞﬞﬞﬞ כﬞﬞﬞ מﬞﬞ אﬞﬞﬞﬞ אﬞﬞﬞ אﬞﬞﬞﬞ
אﬞﬞﬞﬞ כﬞﬞﬞ יﬞﬞﬞﬞﬞ וﬞﬞﬞﬞ וﬞﬞﬞ יﬞﬞﬞﬞﬞ וﬞﬞﬞﬞ וﬞﬞﬞﬞ הﬞﬞﬞﬞ אﬞﬞﬞﬞ
בﬞﬞ גﬞﬞﬞ וﬞﬞﬞﬞ אﬞﬞ הﬞﬞﬞﬞ אﬞﬞﬞﬞﬞ אﬞﬞﬞﬞ יﬞﬞﬞ פﬞﬞ כﬞﬞ מﬞﬞﬞﬞ

טביעﬅ אלחרכדּ וכֿדלך אלקול פי אלחרכדּ אלדֿורידּ לא

אבﬨﬁא לﬁא הו צחיח בעﬁ איגﬁאﬁ אﬢ̈סﬦ אﬤרﬢ̈ אﬥﬨﬨﬓרﬤ

דורא לא יﬨﬡﬢור פי חרﬤﬨה אבﬨﬁﬡ וﬤﬢﬥﬤ נﬢ﬩ﬥ פי

ﬤﬡﬦﬤﬡﬨ אﬥﬢﬢ ﬩ﬥﬢ̈ﬦ אﬤ ﬩ﬨﬢﬢﬦﬦ ﬤﬥ ﬦﬨﬤ﬩ﬨ ﬥﬢﬤ ﬢﬢﬁﬡ ﬢﬤﬦﬢ

﬩ﬥﬢﬦﬦ פ﬩ ﬢﬢﬁﬡ ﬢﬦ﬩ﬢ﬩ﬢﬁ ﬥﬦﬦﬨﬢ̈ﬢﬢ אﬥﬢﬢ̈﬩ ﬤﬥ ﬦﬢ ﬩ﬨﬢﬢ̈ﬦ פ﬩ﬤ

ﬡ ﬦﬦﬢ ﬩ﬨﬤﬢﬦ ﬦﬦ ﬦﬢﬢ̈ﬢﬢ ﬦﬢ אﬦﬢ ﬡﬥﬦ ﬡﬥ ﬦﬢﬤﬨﬤﬁﬢ ﬦﬦ ﬢﬤﬦ

ﬧﬥ﬩ﬦ ﬨﬦ ﬦ﬩ ﬦﬦﬢﬡﬤ ﬡﬥ﬩ﬤ ﬥﬡ פ﬩ אﬥﬤﬦ ﬥﬥﬡ פ﬩ ﬡﬥﬢﬢ﬩ﬥ

פ﬩ﬢﬢﬁﬦﬤ ﬡﬦﬢﬡﬦ ﬥﬢﬤﬥﬤ ﬥﬢﬤﬥﬤ ﬡ﬩ﬢﬡ פ﬩ ﬢﬥﬦ ﬡﬥﬦﬦﬡ ﬥﬡ

ﬨﬢﬡﬦ פ﬩ﬤﬡ פﬡﬦ ﬤﬢﬡ ﬢﬢ﬩ﬢ ﬢ﬩ﬢ ﬡﬦﬡ ﬦﬤﬦ ﬦﬡ ﬡﬢﬥ﬩ﬦﬡ

ﬡﬦ ﬡﬥﬦﬦﬡ ﬨﬢﬢﬦﬨ ﬤﬢﬢﬢ̈ ﬡﬥﬤﬢﬦ ﬥﬡﬥﬦﬤﬥﬤ ﬥﬥﬡ ﬡﬥ﬩ﬦﬡ

ﬡﬦ ﬨﬢﬤ﬩ﬢﬤﬡ ﬩ﬥﬢﬢ ﬥﬤﬡ אﬥﬢﬢﬡﬢ ﬤﬡﬥﬦﬢﬡﬨ ﬥﬡﬥﬤ﬩ﬥﬡﬦ ﬦﬦ

ﬡﬢﬦ ﬡﬤﬢﬢﬢ̈ אﬥﬢ﬩ פ﬩ﬤﬡ ﬥﬦﬥﬡﬤ ﬡﬥﬡﬦﬦ ﬤﬥ ﬦﬡ ﬢﬤﬦﬡﬡﬤ

ﬡﬦ ﬡﬥﬦﬥﬨﬢﬦ פ﬩ ﬢﬡﬥ ﬤﬦﬡﬥﬤ ﬥﬨﬦﬡﬦﬦﬤ ﬥﬡ ﬨﬢﬥ ﬢﬡﬥﬨﬤ

ﬨﬥﬤ ﬥﬦ﬩ ﬢﬡﬥﬨﬤ ﬢﬢﬥ ﬤﬦﬡﬥﬤ ﬥﬥﬡ ﬦﬦ﬩ﬦ ﬥﬦ﬩ﬦﬡ ﬡ﬩ﬢﬡ

פ﬩ ﬢﬥﬥ ﬢﬡ﬩ﬥ ﬡﬦﬤ ﬢ̈ﬥﬦﬨ אﬥﬦﬦﬡ ﬢﬢﬥ ﬡﬥﬡﬢﬢ ﬡﬥ ﬡﬥﬡﬢﬢ

ﬢﬢﬥ ﬡﬥﬦﬦﬡ ﬡﬥ ﬤﬡﬦﬨ ﬡﬥﬦﬦﬡ ﬢﬥﬦ ﬤﬥﬡﬤﬢ ﬡﬥ ﬦﬥﬨ ﬢ﬩ﬥﬡﬦ

ﬢﬥﬦ ﬦﬥﬨ ﬡﬢﬢ אﬢﬤ ﬢﬥﬤ ﬤﬥﬤ פ﬩ ﬢﬡﬥ ﬨﬢﬥﬦ̈ ﬢﬢﬤ ﬡﬥﬦﬦﬥﬤ

ﬤﬦﬡ ﬡﬦ ﬡﬥﬦ﬩ﬥﬡﬦ ﬨﬦﬢ ﬨﬢﬥ﬩ﬦﬤ ﬤﬡﬦ ﬡﬥﬢﬥﬢ ﬦﬦﬤ ﬢﬢﬥ

ﬡﬥﬡﬦﬨﬡ﬩ﬦ̈ ﬤﬦﬡ ﬩ﬥ﬐ﬡﬢﬢ̈ ﬢ﬩ﬡﬦﬡ ﬥﬡﬥﬢﬥﬥﬤ ﬢﬢﬥ ﬡﬥﬢ̈ﬦﬡﬦ

ﬥﬡﬦ ﬢﬡﬦ ﬢﬢﬥ ﬢﬦﬡﬥﬤ ﬥﬡ ﬩ﬥﬢﬤ פ﬩ﬤ ﬢﬢ̈ﬥ ﬢﬥﬦ ﬢﬢ̈ﬥ ﬦﬦ ﬢﬦ﬩ﬢ

ﬡﬥﬡﬢﬢ̈ﬡ ﬡﬥﬨ﬩ ﬥﬡ ﬩ﬦﬦﬦ ﬢﬢﬡ ﬡﬥﬦﬥﬢﬢ̇ ﬤﬦﬤﬡ ﬤﬁﬡ ﬤﬥﬤ

﬩ﬨﬤﬡﬦﬢ ﬡ﬩ﬢ̈ﬡ ﬡﬥ﬩ﬤ ﬡﬦ ﬢ̇ﬢﬥ ﬡﬥﬦﬢ̈ ﬢﬥ﬩ ﬦﬢﬡﬤﬥﬤ ﬥﬡﬦ ﬢﬡﬦ

ﬥ﬩ﬦ ﬡﬥﬡﬦﬥ ﬢﬢﬥﬤ ﬢﬦﬡ ﬦ﬩ﬢ̈ﬦ ﬡﬦﬡ ﬡﬦ﬩ﬦﬡ̈ פ﬩ ﬡﬥﬢﬥﬦ

אٰונרת בעד אٰעדם אٰמחׄץ ואי חٰגٰה תקום עלינא מן גٰמיע
מא יקולה ואנמא חٰלֹם תלך אלחֹגֹג למן ידֿעי אן טבֿיעׄה
הדֿא אלוֹגוד אלמסתקרֹה תדֿלٌ עלי כונה מחדֿתׄא וקד
אٰעלמתך אנٰי אנא לא אדֿעי דֿלך והאٰנא ארגֹע ואדֿכר לך
אٰצול טרקה וٰאٰריך כיף לא ילזמנא מנהא שׁי בוגׄה אٰד
ודֿעואٰנא אן אלעٰאלם בגׄמלתׄה אٰונרה אٰללה בעד עדם
וכٰונה אלי אן כٰמל כמא תראה · קאל אٰן אٰמאדֿה אٰאולי
לא כאינה ולא פٰאסדה ואٰכׄד אן יסתדֿלٌ עלי דֿלך מן
אלאׁשיא אלכאינה אٰפٰאסדה ויבׄין אٰמתׄנאע כונהא והדֿא
צֿחיח לאנא נגׄן מא אٰדֿעינא אן אלמאדֿה אٰלٰאולי תכٰונת
כתכٰון אלאנסאן מן אלמני או תפֿסד כפֿסאד אלאנסאן
ללתראב בל אדֿעינא אٰן אٰללה אٰונרהא מן לא שׁי וחׁי
עלי מא הׁי עליה בעד אٰינٰארדהא אٰעני כונהא יתכٰון מנהא
כל שׁי ויٰפֿסד לٰהא כל מא תכٰון מנהא ולא תٰוגׄד עׄאٰריٰה
מן צֿורٰה וٰעٰנרٰהא ינٰתٰהׁי אٰלכׄון ואٰלٰפٰסאٰד והׁי לא כٰאינׄה
כٰכٰון מא יٰתٰכٰון מٰנٰהٰא ולٰא פٰאסٰרٰה כֿפֿאٰסٰרٰה מֹא יٰפֿסר
אٰליהא בٰל מٰבٰדٰעׄה וٰארֹא שٰא מٰבٰדٿעٰהٰא עٰדٿמֹהٰא. עٰדٿמٰא
מחצֿא מٰטٰלٰקٰא וכٰדֿלֹך נٰקׁׁۜול פٰי אٰחٰרכֿׄׄה סٰוא לٰאٰנٰה אٰסٰתٰדٿלٌ
מן טٰבٰיٰעׄה אٰחٰרכٿׄה אٰנٰהٰא גٰיٰר כٰאٰיֹנֹה וֹלֹא פٰאٰסٰרٹה וٰאٰמׁٰר
צֿחٿׁיٰח לٰאٰנٰٓא נֹדֿעׁٰי אٰנٰٓה בֹעٰד וֹגٰוד אٰחٰרכٿٖׄה עٰלׁٰי הٰרٟה אׁٰטٰבׁٰיٰעׁׄה
אٰתׁי הׁי מٰסٰתׁٰקٰרٰٟה עٰלׁٰיٰהׁٰא לׁٰא יٰתٿׁכٿׁׁׁׁٻׁׁׁׁׁׁׁٗٗٗٗٗٗ כٰٟונٰٟۜהٰٰٰٰٰٰٰٰٰٰٰٰٰٰٰٰٰٰٰٰٰٰٟ

אלכאמל אלמסתקר̃ ויקול כל שבץ מנא אדא מ̇סך ענה

אלנפס בעץ̇ סאעה מאת ותעט̇לת חרכאתה פכיף יתצ̇ור

אן יכון שבץ מנא פי דאכל ועא ספיק מחיט בה פי דאכל

גוף מרה אשהר והו חי מתחרך ולו אבתלע אחדנא עצפורא

למאת .דלך אלעצפור לחינה ענד חצולה פי אלמעדה

פכיף פי אלבטן אלאספל וכל שבץ מנא אן לם יאכל

אלטעאם בפיה וישרב אלמא פפי איאם קלילה יהלך

בלא שך פכיף יבקי אשבץ חי̇ אשהרא דון אכל ושרב

וכל שבץ מנא אן אנחדר ולם ינט̇ פפי איאם קלילה ימות

באשד אלם פכית̃ יקים הדא אשהרא דון תגו̇ט ולו אנתקב

בטן אחדנא מאת בעד איאם פכיף יזעם אן הדא אלגנין

כאנת סרתה מפתוחה וכיף לא יפתח עיניה ולא יבסט

כפיה ולא ימד̇ רגליה וגמיע אעצׁאיה סאלמה לא אס̇ה

בהא כמא זעמתם והכדא יטרד לה אלקיאם כלה אן לאנסאן

לא ימכן בונה אן יתכון עלי הדה אלצורה · פתאמ̇ל הדא

אלמתל ואעתברה יא א̇דהא אלנאט̇ר פתגד הדה חאלנא

מע. ארסטו סוא לאנ̇א .נחן מעשר רתבאע משה רבנו

ואכדהם אבינו עליהמא אלסלאם נעתקד אן אלעאלם

כ̇ן עלי צורה .כד̇א .וכד̇א וכאן כד̇א מן כד̇א .ובלק כד̇א

בעד כד̇א .פיאכד̇ ארסטו ינאקצׁנא ויסתדל̇ עלינא מן טביעה

אלוגוד אלמסתקר̃ה אלכאמלה אלחאצלה באלפעל אלתי

נק̇ר̃ לה̃ נחן אנהא בעד .אסתקראר̃הא וכמאלהא לא

רתשבה שיא ממא .כאנת עליה פי .חאל אלכון ואנהא

עלי אכמל חֿאאתֿה עלי חֿאל דֿלך אלשׁ פי חֿאל חרכתה
ללכון ולא יסתדל מן חֿאלתה פי חֿאל חרכתה עלי חֿאלתה
קבל אן יאכֿד פי אחרכתﬞ ומתי מא גֿלטת פי הדֿא וטרדת
אלאסתדלאל מן טביעﬞה אלשׁ אלחֿאﬞצל באלפעל עלי
טביעתה והו באלקﬞוה חֿדתﬞת לך שׁכוך עטֿימﬞה ותמﬞחלת
ענדך אמור לאזﬞם כונהא ולזﬞמת ענדך אמור מסתﬞחﬞילﬞה
פאפרﬞץֿ פי מא מתﬞלנא בﬞה אן אנסﬞאנא כֿאמל אלפﬞטרﬞה
נﬞרﬞא ולד ומﬞאתﬞת וﬞצֿﬞרﬞתﬞה בﬞעד אן ארﬞצﬞעﬞתﬞה אשﬞהﬞﬞרﬞאﬞ וﬞאנﬞפﬞרﬞד
אלרﬞגﬞל בﬞחﬞﬞ

אלמסאלה אעני קדם אלעﭏﭏם או חדותה ממכנה כﭏנת
ענדי מקבולה מן גהה אלנבוה אלתי תבﭏן אמורא לים פי
קוה אלנטﭏר אלוצול אליהא כמא נבﭏן אן אלנבוה לא תבﭏטל
ולו עלי ראי מן יעﭏתקד אלקדם ובﭏעד אן אבﭏן אמﭏכﭏן
דﭏעואנא אﭏﭏר פי תﭏרגﭏﭏחﭏ עלי מא סואה בﭏדלﭏל נﭏטרי אﭏﭏצﭏא
אﭏﭏעני הﭏרﭏגﭏﭏﭏﭏ אלﭏﭏﭏﭏקﭏﭏﭏﭏ בﭏﭏﭏﭏﭏﭏﭏﭏﭏﭏ עﭏﭏﭏﭏﭏﭏﭏ

אעני תרגﭏﭏﭏﭏ אלﭏﭏﭏﭏﭏﭏ בﭏﭏﭏﭏﭏﭏﭏﭏﭏﭏﭏﭏ עﭏﭏﭏﭏﭏﭏﭏﭏﭏﭏﭏ עﭏﭏﭏﭏﭏﭏﭏﭏﭏﭏﭏﭏﭏﭏﭏﭏﭏ
אן כמא תלזﭏﭏﭏﭏ שﭏﭏﭏﭏﭏﭏﭏﭏ מﭏﭏ פﭏﭏﭏﭏﭏﭏﭏﭏﭏﭏﭏﭏﭏﭏﭏﭏﭏﭏﭏﭏﭏﭏﭏﭏﭏ
תﭏﭏﭏﭏﭏﭏﭏﭏﭏﭏ אﭏﭏﭏﭏ מﭏﭏﭏﭏ פﭏﭏﭏﭏﭏﭏﭏﭏﭏﭏ אﭏﭏﭏﭏﭏﭏﭏﭏ וﭏﭏﭏﭏﭏﭏﭏ
אﭏﭏﭏﭏﭏﭏ אﭏﭏﭏﭏ פﭏﭏﭏﭏﭏﭏﭏﭏﭏﭏﭏﭏ אﭏﭏﭏﭏﭏﭏﭏﭏﭏﭏﭏﭏﭏﭏﭏﭏ כﭏﭏﭏﭏﭏﭏﭏ כﭏﭏ מﭏﭏ
יﭏﭏﭏﭏﭏﭏﭏ עﭏﭏﭏﭏ קﭏﭏﭏ אﭏﭏﭏﭏﭏﭏﭏﭏﭏ :

פצל יז

כל חﭏﭏﭏﭏﭏ כﭏﭏﭏ בﭏﭏﭏﭏ אﭏﭏ לﭏﭏ יﭏﭏﭏﭏ וﭏﭏﭏﭏ כﭏﭏﭏﭏ מﭏﭏﭏﭏﭏﭏﭏﭏﭏ מﭏﭏﭏﭏﭏﭏﭏﭏﭏﭏ
וﭏﭏﭏﭏﭏﭏﭏ כﭏﭏﭏﭏﭏﭏ צﭏﭏﭏﭏﭏﭏ וﭏﭏﭏﭏﭏﭏﭏ אﭏﭏﭏﭏﭏﭏ פﭏﭏﭏﭏ טﭏﭏﭏﭏﭏﭏﭏﭏﭏﭏ בﭏﭏﭏﭏ
חﭏﭏﭏﭏﭏﭏﭏﭏ וﭏﭏﭏﭏﭏﭏﭏﭏﭏﭏ וﭏﭏﭏﭏﭏﭏﭏﭏﭏﭏﭏﭏﭏﭏﭏﭏﭏ גﭏﭏﭏﭏﭏﭏﭏ טﭏﭏﭏﭏﭏﭏﭏﭏﭏﭏ פﭏﭏ חﭏﭏﭏﭏﭏﭏﭏﭏﭏﭏﭏﭏﭏﭏﭏ
וﭏﭏﭏﭏﭏﭏﭏ פﭏﭏﭏ אﭏﭏﭏﭏﭏﭏﭏ מﭏﭏﭏ אﭏﭏﭏﭏﭏﭏﭏﭏ אﭏﭏﭏﭏ אﭏﭏﭏﭏﭏﭏﭏﭏ וﭏﭏﭏﭏﭏﭏﭏ טﭏﭏﭏﭏﭏﭏﭏﭏﭏﭏ
אﭏﭏﭏﭏﭏﭏ קﭏﭏﭏﭏ אﭏﭏ יﭏﭏﭏﭏﭏﭏﭏﭏ לﭏﭏﭏﭏﭏﭏﭏﭏﭏ אﭏﭏﭏﭏ אﭏﭏﭏﭏﭏﭏﭏﭏﭏ מﭏﭏﭏﭏﭏﭏﭏ דﭏﭏﭏ אﭏﭏ
טﭏﭏﭏﭏﭏﭏﭏ מﭏﭏﭏ אﭏﭏﭏﭏﭏﭏﭏﭏ וﭏﭏﭏﭏ דﭏﭏ פﭏﭏ אﭏﭏﭏﭏﭏﭏﭏﭏﭏﭏﭏ גﭏﭏﭏﭏ טﭏﭏﭏﭏﭏﭏﭏﭏﭏﭏﭏﭏ פﭏﭏ
חﭏﭏﭏﭏ אﭏﭏﭏﭏﭏﭏﭏﭏ עﭏﭏﭏﭏ מﭏﭏ לﭏﭏﭏﭏﭏ מﭏﭏﭏ אﭏﭏﭏﭏﭏﭏﭏ וﭏﭏﭏﭏﭏﭏ יﭏﭏﭏﭏﭏﭏﭏﭏ
וﭏﭏﭏﭏﭏﭏﭏﭏﭏ אﭏﭏﭏﭏﭏ פﭏﭏﭏ הﭏﭏﭏﭏ אﭏﭏﭏﭏﭏﭏﭏﭏ גﭏﭏﭏﭏ טﭏﭏﭏﭏﭏﭏﭏﭏ אﭏﭏﭏﭏﭏﭏﭏﭏﭏ
אﭏﭏﭏﭏﭏﭏﭏﭏﭏﭏﭏﭏﭏﭏ בﭏﭏﭏﭏ וﭏﭏﭏﭏﭏﭏﭏﭏﭏﭏ וﭏﭏﭏ אﭏﭏﭏﭏﭏﭏﭏﭏﭏﭏﭏﭏﭏ בﭏﭏﭏﭏﭏﭏ אﭏﭏﭏﭏﭏﭏﭏ
מﭏﭏ טﭏﭏﭏﭏﭏﭏ אﭏﭏﭏﭏ בﭏﭏﭏﭏ כﭏﭏﭏﭏﭏ וﭏﭏﭏﭏﭏﭏﭏﭏﭏﭏ וﭏﭏﭏﭏﭏﭏﭏﭏﭏﭏ מﭏﭏﭏﭏﭏﭏﭏﭏﭏﭏ

פצל יו

הדא פצל אבין לך פיה מא אעתקדה פי הדה אלמסאלה
ובעד דלך אתי אתי כדלאיל עלי מא נרומה פאקול אן
פלמא יקולה מן יזעם אנה ברהן עלי חדות אלעאלם מן
אלמתכלמין לא ארצי תלך אלאדלה ולא אגאלט נפסי
פי אן אסמّי טרק אלמנאלטאאת בראהין וכון אלאנסאן
ידّעי אנה יברהן מסאלה מא כמנאלטאת פאנה ענדי לם
יקן תצדיק דלך אלמטלוב בל אצّעפה וטרّק אלטען עליה
לאנה אדא תבّן פסאד תלך אלאדלה צّעפת אלנפס פי
תצדיק אלמסתדّל עליה וכון אלאמר אלדי לא ברהאן
עליה יבקי מע מגרד כונה מטלובא או יّקّבّל פיה אחד
טרפי אלנקיّץ אולי וקד דכרת לך טרק אלמתכלמין פי
אתבאת חדת אّעאלם ונבّהתך עלי מואצّע אלטّען פיהא
וכדלך כל מא דכרה ארסטו ותבّאעה מן אّאסתדלאל עלי
קדם אלעאלם ליס הו ענדי ברהאנא קטעّיّא בל חّנّגّא
תלחקהّא אّשכّוך אّעّטّימّה כמא סתסמע פאّלדי ארומה
אנא אן אבّין אן כון אّעّאלם מחדתّא עלי ראי שריעתנא
אّלדי קד בّّّّנّתה ליס בממתנע ואן תלך אّאّסّתّדّّّלּّّّאّלّّّאّת
כלהא אّלّפّلّסּּّّّ אّלّתّי יّבّדّו מּּّّ אּّّّ ליّס אּّّ כّמּّ
דכّّّّנّא יّّّّ לּّّّ אّّّّ כّّّّ וّّّ יّّّّ וّّّّ
אّّّّ בّّ עّّّ פّّ צّّّ לّ דّّ וּّ הّّ

עלי הדה אלאשיא אבואבהא מסדודה מן דוננא ולא
ענדנא מבדא להא נסתדל בה · וקד עלמת נץ כלאמה
והו הדא ואלרי ליסת לנא פיהא חגה או רי עטימה
ענדנא פאן קולנא פיהא לםֹ דלך עסר מתל קולנא
הל אלעאלם אזלי אם לא הדא נצח לכנך קד עלמת
תאויל אבי נצר להדא אמתל ומא בֹן פיה וכונה אסתשנע
אן יכון ארסטו ישך פי קדם אלעאלם ואסתכֹף בגאלינום
כל אלאסתכפאף פי קולה אן הדה אלמסאלה משכלה
לא יעלם להא ברהאן וירי אבו נצר אן אלאמר בין ואצח
ידל עליה אלברהאן אן אלסמא אזליה ומא ראכלהא כאן
פאסד ובאלגמלה לים בשי מן הדה אלטרק דכרנאהא
פי הדא אלפצל יצחֹ ראי או יבטֹל או ישכֹך פיה ואנמא
אתינא במא אריזנא לעלמנא אן אכתר מן יזעם אנה
תחדק ואן לם יפהם שיא מן אלעלום יקטע בקדם אלעאלם
תקלידֹא למן שהר עלמהם אלקאילין בקדמה ויטרח כלאם
גמיע אלנביין למא לים כלאמהם פי מערץ אתעלים בל
פי מערץ ואכבאר ען אללה והי אטריק אלתֹי לא יהתדי
בהא אלא אחאד אסעדהם אלעקל ואמא מא נרומה נחן
מן אמר חדות אלעאלם עלי ראי שריעתנא פסוף אדכרה
פי פצול תאתי :

_____

אן חצל לה ברהאן עלי הדה אלמסאלה והל יתכ'יל אחד
סכ'ף ארסטו אן אלשי אלדי תבדרהן יכון קבולה אצצ'ף
אן לם תّסמע חّגّ אّמכ'אלפّין עליה ואיצّא כונה גّעל הדא
ראّיא לה ואן דלאّילה עליה חّגّ הל ארסטו יגّהל אّפרק
בין אלחّגّ ואלבّראّהّין ובّין אלאّרא אّלתّי תّקّי אّלّמّנّّ
בّהّא או תّצّّّّّّ ובّין ּّّّّّّّ אּّّّّ ּّّّّ ּّّ אّّّّّ
אּّّّ ّّّّّّ ّّّّّ ّّّّّ ּّّّ ّّّّّ ّّّّ ּّّ
הّّّّّّّّّّ ּّّّّ ّّّّ ּّّّ ّّّ ּّّّّ ּّّ
הّ אّ יّّّّ אّ ّّّّ אّّّ ّّ אّّ ّّ ّّّّّّ ّّّ אּּّ
אّ אّّّّ אּّّّّّ יّّّ אּّ ּّّ אّّّ ּّّّّ ּּّّّّ ּّّ
אּّّ ּّّّّّّ ּּּّّ ּّّ ּّّّّ ּّ ּּّّّ ّّ ּّّّّ ּּ
ּّّّ ּּّّ ּّ ּּّّّ ּّ ּّّ אּّّّ ּּّّّ ּּّّ ּּّ
ּّّ ּّ ּّّّّ ּּّّّ ּּّ ּּّّّّ ּّ ּּּّّّّ ּּّّ
ּּּّّّّ ּّ ּּّّّ ּּّ ּּّ ּّّ ּّّّ ּّّّ ּّّّ ּּّ
ּּّّ ּّّ ּّ ּّ ּּّّ ּّّّّّ ּّّ ּّّّّ אּّّّّّ ּّّ ּּّ
אּّّّّّّّ ּּּּّّّ ּּّ ּّّّّ אּ ּּّّّ ּּّّ ּּּّ ּּّّ
אּּّّّّّ ּּّّ ּّ ּّّّ ּّّّ אּּّّّ ּּּّّ ּּّّ ּّّ ּּّّ
אּّّّّ ּּّ ּّ ּّّّ אּּّ ּّّّ ּّّّ ּّّّ ּّّّ ּּّّ
ּّّّ אּّّ אּّ ּّّ ּّ ּّ ּּّّ ּّ ּّ ּّّ ּּّّ אּּّّ ּּّّ
ּּּّّّ אּּّّ ּّ ּּّ אּّّّّ אּּّّ ּّّ ּّّّ ּّّّ אּּّّّّ
ּّّّّ אּּּّّّ ּּּّّّ אּّّّّ ּּّّّّ ּّّّّ אּّّّّ ּّ
ּّّ ּّ ּּّّّ ּّّ ּّّ אּּّّّ ּּّ ּّّ אּّّ ּّّ ּّّ
אּּّّّّ ּּّّّ ּّ ּּّ ּּّّ ּّ ּּ ּّّّ אּּּּّّّ

אסמא איצא ענדה כאינה פאסדה הדא נצה ומעלום אן
לו כאנת הדה אלמסאלה תברהנת באלבראהין אלקאטעה
למא אחתאג ארסטו אן ירפדהא בכון מן תקדם מן אטביעיין
כדלך יעתקד ולא כאן יחתאג אן יקול כל מא קאלה פי
דלך אלמוצע מן אהשניע עלי מן כאלפה ותקביח ראיה
לאן כל מא תברהן לא תזיד צחתה ולא יקוי אליקין בה
באגמאע כל אעאלמין עליה ולא תנקץ צחתה ולא יצעף
איקין בה במכאלפה אהל אלארץ כלהם עליה · ואנת איצא
תגד ארסטו יקול פי אלסמא ואלעאלם ענד מא שרע אן
יבין אן אלסמא גיר כאינה ולא פאסדה קאל פנריד אלאן
אן נפחץ בעד דלך ען אלסמא איצא פנקול אתראהא
מכונה מן שי או גיר מכונה מן שי והל תקע תחת אלפסאד
אם לא תפסד אלבתה וראם בעד פרץ הדה אלמסאלה
אן ידכר חגג מן יקול בכון אלסמא פאתבע דלך בכלאם
חדא נצה קאל פאנא אדא פעלנא דלך כאן קולנא חיניד
ענד מחסני אלנטר אקבל וארצי ולא סימא אדא סמעוא
חגג אמכאלפין אולא פאנא אן קלנא נחן ראינא וחגגנא
ולא נדכר חגג אלמכאלפין כאן אצעף לקבולהא ענד
אלסאמעין וממא יחק עלי מן אראד אן יקצי באלחק אן
לא יכון מעאדיא למן יכאלפה בל יכון רפיקא מנצפא
יגו לה מא יגו לנפסה מן צואב אלחגג הדא נץ כלאם
אלרגל פדא מעשר אהל אנטר הל בקי עלי הדא אלרגל
לום בעד הדה אמקדמה וזהל יטן אחד בעד הדא אלקול

אלקביל עלי גהה רפד אלראי אלדי צחחה אלנצר ענדה

באלמשהוראת :

פצל טו

גרצ֗י פי הדא אלפצל אן אבין אן ארסטו לא ברהאן

ענדה עלי קדם אלעאלם בחסב ראיה ולא הו פי

דלך נאלטֹא אעני אנה נפסה עאלם אן לא ברהאן לה עלי

דלך ואן תלך אלאחתגאגאת ואלדלאיל אלתי יקולהא הי

אלתי תבדו ותמיל אנפס אליהא אכתר והי אקל שכוכֹא

עלי מא יזעם לאסכנדר ולא יֹטן כארסטו אנה יעתקד תלך

לאקאויל כרהאנא אד ארסטו הו אלדי עלם אנאם פרק

אלברהאן וקואנינה ושראיטה ואלדי דעאני להדא אלקול

לאן אלמתאכרין מן תבאע ארסטו יזעמון אן ארסטו קד

ברהן עלי קדם אלעאלם ואכתר אלנאס ממן יזעם אנה

תפלסף יקלד ארסטו פי הדה אלמסאלה וימֹן אן גמיע

מא דכרה ברהאן קטעי לא ריב פיה ויסתשנע מכֹאלפתה

או כונה כֹפית ענה כאפיה או והם פי אמר מן אלאמור

פלדלך ראית אן אגאריהם עלי ראיהם ואבין להם אן ארסטו

נפסה לא ידֹעי אלברהאן פי הדה אלמסאלה מן דלך

אנה יקול פי אלסמאע אן גמיע מן תקדמנא מן אלטביעיין

יעתקד אן אלחרכה גיר כאינה ולא פאסדה מא כלא

אפלאטון פאנה יעתקד אן אלחרכה כאינה פאסדה וכדלך

פלדלך יגב אן יכן אד אימא אד חכמתה כדאתה דאימה
בל דאתה חכמתה אלתי אקתצת ונוד חדא אלונוד · פכל
מא עסאה אן תגדה מן חגג מן יעתקד אלקדם מן הדה
אלטרק יתפרע ואלי אחדאהא ירגע ואיצא עלי גהה אתשניע
אנהם יקולון כיף כאן לאלאה עז וגל עטאלא לם יעמל
שיא בונה ולא אחדת חאדתא פי אלאזל אלדי לם יזל
ומאל · אמתדאד ונודה אלקדים אלדי לא נהאיה לה לא
יפעל שיא פלמא כאן נהאר אמם אפתתח אונוד אד לו קלת
מתלא אן אללה כלק עואלם כתירה קבל הדא עלי עדד
מלֹ כרה אלפלך אלאקצי כרדלא ואן כל עאלם מנהא
אקאם מונודא סנין עלי עדד מלוֹה כרדלא לכאן דלך
כלה באלאצאפה אלי ונודה תעאלי אלדי לא נהאיה לה
במנזלה לו קלת אן אללה אמם כלק יֹעאלם לאנֹא מתי
אתבכנא אפתתאח ונוד בעד עדם פלא פרק בין אן תגעל
דלך כאן מנד מיֹ אלף מן אלסנין או מנד זמאן קריב
גרא פהדא איצא ממא ישנע בה מן יעתקד אלקדם ·
ואיצא עלי גהה לאסתדלאל באמשהור ענד אֹמלל כלהא
פי גאבר אלדהר אלדי יוגב דלך אן אלאמר טביעי לא
וצעי ולדלך וקע אלאגמאע עליה יקול ארסטו כל אלנאס
יצרחֹון בדואם אלסמא ותבאתהא ולמא שערוא באנהא
גיר כאינה ולא פֹאסדה נעלוהא מסכנא ללה תעאלי
וללחֹוֹאניין יעני אלמלאיכה ונסבוהא לה ללדלאלה עלי
דואמהא ואתי פי הדא אלבאב אלבאֹכ איצא באמור מן הדא

אתבאת קדם אלעאלם מן נהה אלעאלם נפסה · ותם
טרק איצא דכרהא אלדין אתוא בעדה אסתכרנוהא מן
פלספתה יתבֿחון כהא קדם אלעאלם מן נהה אלאלאה
גל אסמה · מנהא אנהם קאלוא אן כאן אללה גל אסמה
אחדת אלעאלם בעד אלעדם פכאן אללה. קבל אן יכלק
אלעאלם פאעלא באלקוה פלמא כלקֿה צאר פאעלא
באלפעל פקד כרג אללה מן אלקוה אלי אלפעל ופיה
תעאלי אמכאן מא ולא בד לה מן מכרג אכרנה מן אקוה
אלי אלפעל והדא איצא שדיד לאשכאל והדא הו אלדי
ינבני אן יפכר כל עאקל פי חלה ואטהאר סרה · וטריק
אכרי קאלוא אנמא יפעל אלפאעל פי וקת ולא יפעל פי
וקת בחסב אלמואנע או אלדואעי אלטאריֿֿן לה ופיה
פתוגֿֿב לה אלמואנע תעטֿל פעל מא ירידה ותוגֿב לה
אלדואעי אראדה מא לם יכן ירידה מן קבל ואדא כאן
אלבארי גל אסמה לא דואעי לה תוגב תגֿֿר משׁיֿֿה ולא
עזאיק ענדה ולא מואנע תטרי או תזול פלא ונה לכונה
יפעל פי וקת ולא יפעל פי וקת בל פעלה דאימא כדֿֿאמה
מוגֿוד באלפעל · וטריק אכרי יקולון אפעאלה תעאלי
כאמלה גרא לים פיהא שי מן אנקץ ולא פיהא שי עבת
ולא זאיד והדא הו אלמעני אלדי יכֿררה ארסטו דאימא
ויקול אלטביעֿה חכימה ולא תפעל שיֿא עבתֿא ואנהֿא
תפעל כל שי עלי אכמל מא ימכן פיה פקאלוא מן דלך
הֿדֿא אלֿמוגֿוד הו אכמל מא יכן ולים בעדה. מן גוֿֿה

זמא לים בפאסד פלים במתכון ויטלק קצ'איא ויבﬞדﬞנהא
והי אן כל כאין פאסד וכל פאסד כאין וכל מא לם יתכﬞן
לא יפסד וכל מא לא יפסד לם יﬞתכ﬚ן פהדﬞה איצﬞא טריק
יונב בהא מא ירידﬞה מן קדם אלﬞעאלם · טריק ראבﬞעﬞה
קאל כל חאדﬞת פאמכאן חדﬞותﬞה מתקדם עלי חדﬞותﬞה
באלזמאן וכדﬞלך כל מתג﬚ כל פאמכאן תג﬚'ירה מתקדם עליﬞה
באלזמאן ובﬞהדﬞה אלמקדﬞמﬞה אלזם דואם א﬚חרכﬞה א﬚דﬞוריﬞה
וא﬚נהא לא אנקצ﬚א להא ולא בדﬞא﬚ ובﬞהדﬞה אלמקדﬞמﬞה
ב﬚ײַ אלמת﬚א﬚כ﬚רון מן ר﬚ב﬚א﬚עﬞה קדﬞם אלﬞעﬞא﬚לﬞם וק﬚א﬚לﬞו﬚א
אלﬞעﬞא﬚לﬞם ק﬚ב﬚ל אן יכ﬚ון לא יכ﬚ל﬚ו אן יכ﬚ון חדﬞותﬞה מ﬚מכ﬚נ﬚א
או וא﬚ײַג﬚ב﬚א או ממ﬚ת﬚נ﬚ע﬚א פ﬚א﬚ן כ﬚א﬚ן ח﬚דﬞו﬚תﬞה וא﬚ײַג﬚ב﬚א פ﬚א﬚ײַג﬚ד﬚﬚
ל﬚א﬚ י﬚בר﬚ח מ﬚و﬚נ﬚و﬚דﬞ﬚ וא﬚ײַ כ﬚א﬚ײַ ח﬚دﬞو﬚﬚ײַ﬚﬚﬚﬚ مم﬚﬚﬚﬚﬚﬚﬚﬚﬚﬚ פ﬚﬚﬚ י﬚﬚﬚﬚﬚﬚﬚﬚ א﬚﬚ײַ
י﬚﬚﬚﬚﬚﬚﬚﬚ וא﬚ײַ כ﬚﬚ײַ ממ﬚﬚﬚﬚﬚ פ﬚מ﬚ײַ ח﬚﬚﬚﬚ د﬚﬚﬚﬚ א﬚﬚﬚ײַ﬚﬚﬚﬚
פ﬚﬚﬚ ב﬚﬚ מ﬚ײַ ש﬚﬚ מ﬚﬚﬚﬚﬚ ה﬚﬚ ח﬚﬚﬚﬚ א﬚﬚﬚﬚ײַ﬚﬚ וב﬚﬚ י﬚﬚﬚﬚ ل﬚﬚﬚﬚
א﬚﬚﬚﬚ א﬚ײַ﬚﬚ مم﬚﬚ײַ וה﬚﬚﬚﬚ ט﬚﬚﬚﬚ ק﬚﬚﬚﬚ ג﬚﬚﬚ פ﬚﬚ א﬚﬚﬚﬚ ק﬚﬚﬚
א﬚﬚﬚﬚﬚﬚ وو﬚﬚﬚ ב﬚﬚﬚ ח﬚﬚﬚﬚ א﬚﬚﬚﬚ײַ﬚﬚﬚ײַ מ﬚ײַ א﬚﬚﬚﬚﬚ײַ﬚ײַײַ
א﬚ײַ﬚ פ﬚﬚ ה﬚﬚﬚﬚ א﬚﬚﬚﬚ײַ﬚﬚ פ﬚﬚﬚﬚﬚ א﬚﬚﬚﬚ײַ﬚﬚ ה﬚ ע﬚ײַ﬚﬚ א﬚﬚﬚﬚ײַ﬚﬚﬚
ל﬚﬚ פ﬚ײַ א﬚﬚ײַ﬚﬚ א﬚מ﬚ײַ﬚﬚ײַ וה﬚﬚﬚﬚ ל﬚﬚ ש﬚ײַ ל﬚﬚﬚﬚﬚﬚ײַ﬚﬚ א﬚מ﬚﬚﬚ײַ﬚﬚ײַײַ
ל﬚ײַ﬚ כ﬚﬚ ש﬚ײַ ח﬚﬚﬚﬚﬚ײַ א﬚﬚ײַ﬚﬚ײַ ח﬚﬚﬚ײַ﬚﬚ מ﬚﬚﬚ײַ﬚﬚ײַ ע﬚﬚﬚ײַ ו﬚ײַ﬚﬚ײַ﬚﬚
א﬚﬚﬚﬚ײַ﬚﬚﬚ א﬚﬚﬚ײַ﬚ א﬚﬚﬚﬚ײַ﬚﬚ײַ כ﬚ײַ﬚ײַ פ﬚﬚ײַ﬚ א﬚﬚﬚ײַ﬚ײַ א﬚ײַ﬚ י﬚﬚﬚ײַ﬚ײַ מ﬚ײַ﬚
א﬚﬚﬚﬚ײַ﬚﬚﬚ ק﬚ײַ﬚﬚ײַ א﬚ײַ﬚ י﬚﬚﬚ײַ﬚﬚﬚ פ﬚﬚﬚﬚ײַ﬚﬚ א﬚﬚ײַ﬚﬚ײַ﬚﬚﬚﬚ ב﬚﬚ײַ﬚ ש﬚ײַ א﬚﬚ײַ﬚ײַ﬚﬚
פ﬚﬚ א﬚﬚﬚﬚ײַ﬚﬚ײַ﬚﬚ א﬚ײַ ת﬚ײַ﬚﬚ײַ﬚﬚ כ﬚ײַ﬚﬚ ו﬚ײַ﬚﬚﬚ײַײַ פ﬚﬚ א﬚﬚﬚ײַ﬚﬚ײַ﬚﬚ א﬚ײַ י﬚﬚ײַ﬚﬚ײַײַ
כ﬚ײַ﬚﬚ פ﬚﬚ײַ﬚﬚﬚ א﬚﬚ײַ﬚﬚ײַ﬚﬚ א﬚﬚ײַ﬚﬚ײַ﬚﬚ א﬚﬚ײַ﬚﬚﬚ א﬚﬚ײַ﬚﬚ י﬚﬚ײַ﬚﬚﬚ײַ﬚﬚ א﬚﬚ײַ﬚﬚﬚ײַ פ﬚ײַ

נשﱠﺦ עליה פי שי מנהא פדלך פי חק גירה מן כל מן
כאלף קואעד אלשריעה אחרי ואוכד · פאקול אן ארסטו
יקול אן אלחרכה לא כאינה ולא פאסדה יעני אלחרכה
עלי אﱠﻼﻗ לאנה יקול אן כאנת אלחרכה חדתת פכל
חאדת תתקדמה חרכה והי כרונה ללפעל וחדותה בעד
אן לם יכן פתכון אלחרכה אלא מוגודה והי אלחרכה אלתי
בהא וגדת הדה אלחרכה אלאכירה פאלחרכה אלאולי
קדימה צרורה או יﱢמﱢר אלאמר ללא נהאיה וכחסב הדא
אלאצל איצא יקול אן אלזמאן גיר כאין ולא פאסד אר
אלזמאן תאבע ללחרכה ולאזם להא ולא חרכה אלא פי
זמאן ולא יﱢעקל זﱢמאן. אלא באלחרכה כמא בﱢרהן פהדה
טריק לה ילזם בהא קדם אלעאלם · טריק תאניה לה
יקול אלמארה אלאולי אלמשתרכה ללאסתקסאת אלארבעה
לא כאינה ולא פאסדה לאנה אן כאנת אלמארה אלאולי
כאינה פלהא מארה מנהא תכﱢונת וילזם אן תכון הדה
אלמתכﱢונה ראת צורה אר הי חקיקﱢה אלכון ונחן פרצנאהא
מארה לא ראת צורה פתלך צרורה גיר כאינה מן שי
פהי אזליה לא תביד והדא איצא יוגב קדם אלעאלם ·
טריק תאלתה לה יקול אן מארה אﱢﻓﻠﻚ בגמלתה ליס
פיהא שי מן אלתצﱢאﱢﱢﱢ לאן אלחרכה אדוריה לא צﱢ להא
כמא בﱢﻥ ואנמא אלתצﱢאﱢﱢﱢ פי אלחרכה אﱢﱢﱢﱢﱢﱢﱢﱢﱢﱢﱢﱢﱢﱢﱢ כמא
בﱢרהן קאל וכל מא יפסד אנמא סבב פסאדה מא פיה
מן אלתצﱢאﱢﱢﱢ ואר ואלפלך לא תצﱢאﱢ פיה פליס הו פאסדא

אד קד תברהן וגוד אלאלאה ודֹכֹרנא אדֹא אקואם בנוא
אמרהם עלי קאעדה קד תברהן נקיצֹהא לא פאידה פיה
וכדֹלך איצֹא כוננא נרום תצחיח קול אהל אלראי אלֹתֹאני
אעני כון אלסמא כאינה פאסדה לא פאידה לנא פיה אד
הם יעתקדון אלקדם ולא פרק ענדנא בין מן יעתקד אן
אלסמא כאינה מן שי צרורה ופאסדה אלי שי או אעתקאד
ארסטו אלדֹי יעתקד אנהא גיר כאינה ולא פאסדה אד
קצד כל תאבע שריעה משה ואברהם אבינו או מן נחי
נחוהמא אנמא הו אעתקאד אן לים תֹם שי קדים מעה מע
אללה ואן איגאד אלמוגֹוד מן עדם פי חק אלאלאה לים
מן קביל אלממתנע בל ואנגֹב איצֹא בעץֹ אהל אלנצֹר
ובעד אן קדֹרנא אלארא אכֹר פי תביין ותלכֹיץ דלאיל
ארסטו עלי ראיה ומא דעאה אלי דֹלך :

פצֹל יד

לא אחתאג אן אכֹרֹר פי כל פצֹל אן הדֹה אלמקאלֹה
אנמא אלפתחֹא לך לעלמי במא חצל ענדך ואנֹי לא
אחתאג אן אֹתֹי בנץֹ כלֹאם אלפלאספֹה פי כל מוצֹע בל
באגֹראצֹהֹם ולא אטֹוֹל בל אנבהֹך עלי אלטֹרק אלתי
יקצֹדונהא כמא פעלת לך פי ארא אלמתכלמין ולא אהתם
למן תכלֹם גיר ארסטו אדֹ אראֹוֹה דֹוֹ אלתֹי ינבגֹי אן
תתאמל ואן תבֹח אלרדֹ עליה או אֹתשכֹך פי מא נרֹד א

ואן אלשי אלתאבת אלדי לא יקע תחת אלכון ואלפסאד
הו אסמא לא יברח כדלך ואן אזמאן ואלחרכה אבדיאן
דאימאן לא כאינאן ולא פאסדאן ואן אלשי אלשי אלפאסד
והו מא תחת פלך אלקמר לא יברח כדלך אעני אן תלך
אלמאדה אלאולי לא כאינה ולא פאסדה פי דאתהא לכן
אלצור תתעאקב עליהא ותכלע צורה ותלבם אכרי ואן
הדא אנמא כלה אלעלוי ואלספלי לא יכתל ולא יבטל
ולא יתגّרד פיה מתגّרד ממא לים פי טביעתה ולא יטרי
פיה תّאר כארג' ען אّקיאם בונה קאל ואן כאן לם יקל בהדא
אלנץ לכן אלמתחّצל מן ראיה אנה מן באב אלממתנע
ענדה אן תתגّיר ללّה משّה או תתגّרד לה אראדה ואן
גّמיע הּדא אّוגד עלי מא הו עליה אללّה אّוגדה בّאראדתה
לכן לים פּעّל בּעד עדם וכמא אנה מן באב אלממתנע
אן יّעדם אלאלאה או תתגّّר דّאתה כדלך יّטן אנה מן
באב אّממתנע אן תתגّיר לה אראדה או תתגّדד לה משّה
פּילזם אן יכّן הּדא אלّמוّגד כّלה עّלי מא הו עליה אّלאן
כّדלך כّאן פּי מّא לם יّזל וכّדלך יّכّן פّי גّאבּר אّלדّהר ·
סّהّדّא תּלّכّיّץ הّדّה אּלّאّרّא וّחّקّיّקّתّהّא וّחّי אּרّא מّן · קّד
הּברּהّן עّנّדّה וגّّוּד אّלّאّלّאّה לּّהּّדّא אّّّّّّّّّّّّّّّ
יּّّّّّّّّّّ

או אחריד ללחדֿאד והו אלדֿי יכלק פרחא מא ישא פתֿארא

יצֿר מנתא סמֿא ואכֿצֿא ותֿארֿה יצֿר מנתא גיר דלך

ואהל הדֿא אלראי יעתקדון אן אלסמא אחדֿא כאינה פאסרֿד

לכנהא ליסת כאינה מן לא שי ולא פאסדֿה אלי לא שי

בל כמא אן אשכֿאץ אלחיואן כאינה. פאסדֿה מן מאדֿה

מוגודֿה ואלי מאדֿה מוגודֿה כדלך אלסמא תתכון ותפסד

ותכֿתֿנהא ופסארֿהא כפאיר אלמוגודֿאת מן דֿנהא. ואהל

הדֿא אלפרקֿה ינקֿסמון אלי פרק לא סאדֿה לדֿכר פרקֿהם

וארֿאיהם פי הדֿה אלמקֿאלֿה לכן אצֿל הדֿה אלפרקֿה

אלעאם מא דכרת לך ואסֿלאסֿון איצֿא הדֿא. אעתקֿאדֿה

אנת תגד ארסטו יחכי ענה פי אלסמאע אנה יעתקד אעני

אסֿלאסֿון אן אלסמא כאינה פאסדֿה והכדֿא תגד פֿדֿהבה

מצֿר̈חא פי כתאבה לסימֿאוס לכנה לא יעתקד אעתקֿאדֿנא

כמא יטֿן מן לא יעתבד אלאראי ולא ידֿקֿק אלנטֿר ויתכֿיל

אן ראינא ורֿאיה סוא ולים. אלאמר כדֿלך לאן נחן נעתקֿד

כון אלסמא לא מן שי אלא בעד אלעדֿם אלממלק והו

יעתקד אנהא מוגודֿה מבֿונה מן שי פהדֿא הו אלראי אלתֿאני

ואלראי אלתֿאלתֿ הו ראי ארסטו ותֿבאעה ושאַרחֿי

כתבה ודֿלך אנה יקול במא קאלה אהל אלפרקֿה, אלמתקֿדם

ודֿהאא והו אנה לא יֿנד ר̈ו מארֿה מן לא מאדֿה אעֿלא

ויֿיד עלי דֿלך ויקֿול אן אלסמא ליסת תחת אלכון

ואלסאאד בונה ותלכֿיץ רֿאיה פי דֿלך הו הדֿא יזעם אן

הדֿא. אלמונֿוד כלה עלי מא חו עליה לם יזֿל. ולא.יֿזאל הכדֿא

רו אחד לאנרא הו קאעדה שריעה: משה רבנו עיאם בלא
שך והי תֹאניה קאעדה אלתֹוחיד לא יכתֹר בבאלך. גיה
חדא ואבֹדהם אבינו עה אבֹתֹרי בֹאשתֹאר הדֹא אלראי
אלֹדֹי וראה אליה אלנטֹר ולדלך כאן ינאדי בֹשם יי אל
עלם וקד צרח בֹהדֹא אלראי בֹקולה קנה שמים וארץ
ואלראי אלתֹאני הו ראי כל מן סמעֹנא כבֹרה וראינא
כלאמה מן אלפלאספה ודלך אנהם יקולון אן מן אֹמחֹאל
אן יגֹד אללה שיא מן לא שי ולא יֹמכן איצֹא ענדהם אן
יֹסֹד שי אלי לא שי אעני אנה לא יֹמכן אן יתֹכֹן
מוגֹד מא הו מאדֹה וצורה מן עדם חֹלך אלמאדֹה עדֹמא
מחֹצֹא ולא יֹסֹד אלי עדם חֹלך אלמאדֹה עדמא מחֹצֹא
וֹצֹף אללה ענדהם באנה קאדר עלי הדֹא כוצֹסֹה באנה
קאדר עלי אנﬞגﬞﬞ

ואן כאן לים מן גרץ מא נחן בסבילה לכנה נאטע פדה
והו אן אלדי אונב כפא. אמר אלומאן עלי אכתר אהל
אלעלם חתי חירהם אמרה תל לה חקיקה פי אלוגוד או
לא חקיקה לה בגאלינוס וגירה הו כונה ערצא פי ערץ
לאן לאערץ אלמונרד פי לאגסאם ונדא אולא כאלאלואן
ואלטעום פאנהא תפחם באול והלה ותחצור מעאניהא
ואמא לאערץ אלתי מוצועאתהא אערץ אכר כאלבריק
פי אללון ולאאנחנא ולאאסתראדה פי אלכם פיכפי אמרהא
גרא. ובכאאצה אדא אנצאף לדלך אן יכן אלערץ אלמוצוע
גיר מסתקר אחאל כל פי חאלה בער חאלה פיכפי אלאמר
אכתר פאנהמע פי אלומאן אלאמראן גמיעא לאנה ערץ
לאזם ללחרכה ואלחרכה ערץ פי ימתחרך ולים אחרכה
כמנולה אלמואד ואלביאץ אלתי הי תאלה מסתקרה בל
חקיקה אלחרכה ונוהרהא אן לא תסתקר עלי חאל ולו
טרפה עין פהדא ממא אונב כפא אמר אלומאן ואלקצד
אנה ענדנא שי מכלוק מכון כסאיר אלאעראץ ואלנואהר
אלחאמלה. לתלך לאערץ פלדלך לא יכן איגאד אללה
לעאלם פי מברא ומאני אד אומאן מן גמלה אלמכלוקאת
פבן מן הדא אלמעני עלי תאמל שדיד לאן לא תלזמך
אלחור אלתי לא מחיץ ענהא למן ינהל הדא לאנה מתי
אתבת זמאנא קבל אלעאלם לזמך אעתקאד אלקדם או
אומאן ערץ ולא כד לה מן חאמל פילום וגד שי קבל וגד
הדא אלעאלם אלמונוד טלאן ומן הדא הו אלחרב פהדא

פצל יג

ארא. אלנאם פי קדם אלעאלם או חדותה ענד כל מן
אעתקד אן תם אלאה מונוד רזי תלתה ארא ·
אלראי אלאול והו ראי כל מן אעתקד שריעה משה
רבנו עה הו אן אן אלעאלם בגמלתה אעני אן כל מונוד גיר
אללה תעאלי פאללה אונדה בעד ׳עדם אלמחץ אْמْטْלק
ואן אללה תעאלי וחדה כאן מונודא ולא שי סואה לא
מלך ולא פלך ולא מא דאבל אלפלך תם אונד כל הדה
אלמונודאת עלי מא הי עליה באראדתה ומשיתה לא מן
שי ואן אלזמאן נפסה איצא מן נמלה אלמבْלוקאת אْד
אْזْמאן תאבע ללחרכה ואלחרכה ערץ פי אْמתחרך ודْלْך
אלמתחרך נפסה אלדי אْלזْמאן תאבע לחרכתה מחדת
וכאן בעד אן לם יכן ואן הדא אלדי יקאל כאן אללה
קבל אן יכלק אלעאלם אלדי ْתْדْל לפטה כאן עלי זْמאْן
וכדْלْך כל מא ינْגْד פי ْאלْדْהْן מן אْמْתْדאْר ונْוֹדה קْבْלْ
כْלْק אْלעْאْלם אْמْתْדאْרْא לא נْהْאْיْה לה כל דْלْך תْקْדْיْה
זْמאْן ْאْוْ תْכْْל זْמאْן לْא חْקْיْקْה זْמאْן אْד · אْלזْמאْן ערْץ
בْלْא שْךْ והْו ْעْנْדْנْא מْן נْמْלْה אْלאْעْרْאْץ · אْלْמْכْْלْוْקْה
כאْלْסْوْאْד ْואْלْבْْיْאْץ ْואْن לْם יْכْن מْن ْنْوْע ْאْלْבْْיْסْْה לْכْنְה
בْאْنْْמْלْْה ערْץ לْאْזْم לْלْחْרْכْה כْמְא יْبْזْ לْמْן ْפْהْם כْלْאْם
אْרْסْטْו פْי תْבْْין אْلْزْمאْن וْחْקْיْקْה ْונْוٰדה وْنْבְْיْן הْנْא טْעْני

נפעל נחן פי מא נפעל פיה ותחׄלילוא אלמלאיכׄה איצֿא
אגׄסאמׄא ומנהם מן יעתקד אנהֿ תעאלי יאמר אלשׄ
בכלאם ככלאמנא אעני בחרף וצות פינפעל דלך אלשׄ
כל הדא תבעׄ אלכׄיאל אלדי חו איצֿא יצר חרע חקיקׄה
אד כל נקיצׄה נטקיׄה או כלקיׄה פהי פעל אלכׄיאל או
האבעׄה לפעלה ומא הדא גרץ אלפׄצל כל אלקצד פהם
מעני אלפׄיץ אלמקׄול פי חק אללה ופֿי חק אלעקׄול אעני
אלמלאיכׄה לכונהא גיר אגׄסאם ויקאל פי אלקׄוי אלפׄלכׄיׄה
איצֿא אנהא תפׄיץ פי אלוגׄוד ויקאל פיץ אׄפׄלך ואן כאנת
אפׄעאלה תאתי מן גסם ולדׄלך תפֿעל אלכׄואכב בבעֿד
מכׄצוץ אעני קרבהא מן אלמרכז ובעדהא מנה ונסבׄה
בעצׄהא לבעץ ומן הנא דׄל לאהכׄאם אלנגׄום אמא מא
דכרנאה מן אן כתב אלאנביא אסתעׄארתׄ מעני אלפֿיץ
איצֿא לפעל אלאלאה פהו קולה אותי עזבׄו מקׄור מׄים
חיים יעני פיץ אלחיאהֿ אי אלוגׄוד אלדי הו אלחיאה בלא
שך וכׄדלך קולה כי עמך מקור חיים יריד בה פיץ אׄוׄגׄוד
וכׄדלך חמאם אלקׄול והו קׄולה באורך נראה אור דׄו
אלמעני בעינה אן בפׄיץ אלעקׄל אלדׄי פאץ ענך נעקׄל
פנהתׄדי ונסתׄדׄל ונדׄרך אלעקׄל פאׄפׄהמה:

תרי אקרבם מנהא ואלבעידה דאימא כדלך הדא אעקל
ליס תצלח קוה מן נהוה מא. ומן בעד מא ולא תצל קותה
לניוה ארמא מן גהה מלצוצה ועלי בעד מכצוץ ולא פי
וקת דון וקת בל פעלה דאים כלמא תהיא שי קבל
דלך אלפעל אמתנד עלי אדואם אלדי עבר ענה באלפיץ
כדלך אלבארי גל אסמה למא תברהן אנה ניר נסם ותבת
אן אלכל פעלה. ואנה סבבה אלפאעל כמא בינא וכמא
נבין קיל אן אלעאלם מן פיץ אללה ואנה אפאץ עליה
כל מא יחדת פיה וכדלך יקאל אנה אפאץ עלמה עלי
אלאנביא אלמעני כלה אן הדה אלאפעאל פעל מן ליס
בגסם והו אלדי יסמי פעלה פיצא והדה אלאסמיה אעני
אלפיץ קד אסתלקתה אלעבראניה איצא עלי. אללה תעאלי
מן אגל אלתשביה בעין אלמא אלפאיצה כמא דכרנא
אד לים יוגד לתשביה פעל אלמפארק אחסן מן הדה
אלעבארה אעני אלפיץ אד לא נקדר עלי חקיקה אסם
תטאבק חקיקה אלמעני לאן תצור פעל אלמפארק עסר
נרא כמתל עסר תצור אלמפארק וכמא אן אלכיאל
לא יתצור מונדא אלא נסמא או קוה פי גסם כדלך לא
יתצור אלכיאל וקוע פעל אלא כמבאשרה פאעל או עלי
בעד מא ומן גהה מלצוצה חתי אנה צח ענד בעץ
אלנמהור כן אלאלאה לא נסמא או אנה לא ידנו ממא
יפעלה תכלילוא אנה יאמר אלמלאיכה ואלמלאיכה תפעל
תלך אלאפעאל באלמבאשרה ובדנו נסם מן נסם כמא

בّן פי מואצעה וקד נבّהנא עלי דליל דלך פי מא תקّדّם
וממא יבّן לך הדא איצא אן כל מזאג קאבל ללזיّאדה
ואלנקצאן ודّ יחדّת אולّא אולّא ואלצור ליסّת כّדלך
לאנהא לא תّחّדّת אולّא אולא פّדּלך לא חّרכّה פّיהّא
ואנّמא תּחّדّת או תّפّסד פّי לא זّמّאן פّליסّת מّן פּעّל
אלמזّאג בّל אלמّזّאג מّהّיّّ' פּקּטّ ללّמّאדّה לّקّבّול אّצّורّה
ופּאּעּל אّלּצّורّה שّי לّא יּקּבّל אّלّאّנّקّסّّאּם אّדّ פّעّלّה מּן
נّוּעّה וّלّדّלّך בّّן אּן פّّאּעّל אّلّצّورّה אّّעّנّי מّעّטّّّّّّّّّ צّّّّّّّّّ
צّّّّّّّّّّّ وّّّّّّّ מּّّّّّّّّ وّّّّّّّّّّ אّّّّّّّّّ אּّّّّ הّّ גّّّّ גّّّّ
מّّّّّّ אّّ יّّّ אّّّّّ לّّ יّّّّ בּّّّ מّّّ אّّ לّّ
הّ גّّ פّّّ אّ יّّ אّ יّّّ גّّ מّّ אّ יّّ אّّ
לّ נّّ בّّ בّّ אّّ וّ גّّ פّّّّ אّ עّّ
עّّ דّّ אّّّ הّ עّّ תّّّ תّّ אّّّ לّّّ
פّّ אّّّ פّّ בّّ אّ פّّ אּّّ בּّ
צّّّ בّّّ פّ בّّ יّّ תّّّّ אّّّ לّّّ פּّ
אّّ לّّ בّّ אّّ תּّ אّّّ הّ אّّّ פّّ
כّ אّّّ אّّّ אّّّ בّّ וּّّ פّ אّّ
וّ כّ מّّ גّ חّّ עّ טّّ נّ נّّ עّّ
בّאّלّצّّّ אّّ דّّ אّّّ לّّ יّّّ בּّّ וּّ
עّ בّّ מّّ אّ לّّ הّ נّّ פّّ עّ פّّ
אّّ בّّّ עّ גّّ אּّ בّ אّ אّّ אّّ
תّّ מّ כّ נّ וّ לّ נّّ מّّ תّّ מّّ
אّ חّّ לّّ בّ מّ נّّ +נّ וّ נّّ אّّّ

נגם יפעל פעלא מא פי גסם. אבר פלא יפעל פיה אלא
באן ילקאה או ילקי. מא ילקאה אן כאן דלך אלפאעל
אנמא פעלה בוסאיט. מתאל דלך אן הדא אלנסם אלדי
אחהّר אלאן אנמא אחתّד. בכון גרם אלנאר לאקאה או
חכן אלנّאר אסכנת אלהוא ואלהוא צמחיט בדלך אלגסם
אסכבה. פיכן אלפאעל אקריב לאסכّאן דלך אלגסם גרם
אלהוא אסכן חתי אן חّנר. אמנגאטים אנבّא יגّרב אّחדיד
עלי בّעד. בקוّה תנבّת מנה פי אלהוא. אמלאّקי ללّחّדיד
ולّדלך לא יגّרב עלי אّי בّעד. אّחّפּק כמא. לא תّסבّّן הדה
אלّנאר עלי אّי בّעד אّّחّפּק בّّל עלי בّעד יّתّגّّר אّלّהּّוא
אّלّّדי. בّّינّהّّא ובّّין אّّלّשّّי אّّלّّמּّתّّסّّّّّ מּّّن קּּּּّّّّّّّّّّّّّّّّّّّّّّّّّّّّّّّّّّّّّّ
מּّّّّّّّّ סּּّّّّّّّ. אּّّّّّّّ מّّّّ הּّّّّ אّّّّّ. דّّן הּّّّ אّّّّ
פּّّّّ לא. יّّّ מּّّّّ כּّّّ אّّّّ פּّ מّّ יّّ וّّّ אّّّ
לּّ יّّ. סّّّّ.ّ תּّ סّّ פּّ בּّ לّ הّ צّّّ מּّ סّّ מّّّ
חّّّ אّّّّ. נّّ חّّّ אّ כّّ מּّ עّّ. בّّ מّ פّّّّ
דّّ אّّّّ. וّّّ אّّّّّ חّ אّّ כّّ מّّّّّ תّ
הّّّ וّّّ נّّ אّّّ כّ מّ. יّّّ פّ אּּّّ מّ
חّّّ יّّ. סّّّ אّّّ אّّّّّّ אّّ הّ אّّّ
פּّّّ בّّّ פّ בّ וּّّّ בّّّ צّ בّّّ אّّ
אّ סّّ חّّّ קّّ נّ מّ נّ אّ בّّ נּّ עّ נّ
אّّ מּ נّّ מّ חّّ לّ הّ הّ תّّ לّ וّ צّ
כּّ פّ בّ לّ לּ אّّ מّ פّ אّ מّ צّّ
וّ נّ נּ נّ לّ פّ אّ צّّ צّ לّ מّ כּ

ולים ואמד כדלך ואך קד תכרר פי כלאמנא דכר אלפרק
אן אלאלאה ומן אלעקול פינבני אן נבין לך חקיקתה אעני
אמעני אלדי יכני ענה באפין ובעד דלך אכד פי אכלאם
פי חדת אלעאלם :

פצל יב

בין הו אן כל חאדת פלה סבב פאעל צרורה הו אלדי
אחדתה בעד אן לם יכן מוגודא ודלך אלפאעל אקריב
לא יכלו אן יכון גסמא או לים בגסם וכל גסם פלים יפעל
מן חית הו גסם בל אנמא יפעל פעלא מא מן חית הו
גסם מא אעני בצורתה וסאתכלם פי הדא פי מא בעד
ודלך אלפאעל אקריב אמחדת ללשי אלחאדת קד יכון הו
איצא חאדתא והדא לא ימר אלי לא נהאיה בל לא בד
לנא צרורה אן כאן תם שי חאדת אן ננתהי למחדת קדים
גיר חאדת הו אלדי אחדתה פבקי אסואל לאי שי אחדת
אלאן ולם יחדת הדא מן קבל אד והו מוגוד פלא בד
צרורה אן יכון אמתנאע דלך אלפעל אלחאדת קבל חדותה
אמא מן עדם נסבה מא בין אלפאעל ואלמפעול אן כאן אלפאעל
גסמא או מן קבל עדם תהיוֹ מאדה אן כאן אלפאעל גיר
גסם והדא אלתמחיד כלה עלי מא יוגבה אלנטר אלטביעי
מן גיר אלתפאת אלאן לקדם אלעאלם או חדותה אד לים
הדא גרץ הדא אלפצל וקד תבין פי עלם אלטביעי אן כל

דלך אלשכץ איצא גנّא ויפצّל ענה מא יגני בה שכצא
תّאלתّא הכדא אלאמר פי אלוגוד אן אלפיץ אלואצל
מנה תעאלי לאיגאד עקול מפّארקّה פאן ען תّלך אّלעקול
איצא לאיגאד בעצّהא בעצّא אלי אלעקל אّלפעّאל וענדّה
אנקטע איגאד אّלמפّארקّאّת וכّל מפּארק פאّן ענה איצא
יّנّאّר מא חתّי אّנּההרّת אלّאّסّלّאّך ענד פّלّך אّלّקّמּר
ובّעדّה הّדّא אّלّגّסّם אّלّכّאّין אّלّפّאּסّד אּעّני אّלّמּאّרّה
אّלّאّוּלّי וّמّא תّّרّכّّב מّנّהّא וّכّّל פّّלّّך תّّצّّל מّّנّה קּּّוّי אّّלּי
אّّלّّאّّסّّّتّّחّّّקّّّסّّّّّّّّّّّّّّّّّّّ

ُّ
והّדّה אّלّאّّמّّّוّّّّّّّّّّّّّّّّّّّّّّ

תנקסם תלתה אקסאם אחדהא אלעקול אלמפארקה
ואלתאני אלאגראם אלפלכיה אלתי הי מוצועאת לצור
תאבתה לא תנתקל אלצורה פיהא מן מוצוע למוצוע ולא
יתגיר דלך אלמוצוע פי דאתה ואלתאלת הדה אלאגסאם
אלכאינה אלפאסדה אלתי תעמהא מאדה ואחדה ואן
אלתדביר יפיץ מן אלאלאה תעאלי עלי אלעקול עלי
תרתיבהא ומן אלעקול יפיץ מנתא ממא אסתפאדתה
כידאת ואנואר עלי אגסאם אלאפלאך ויפיץ מן לאפלאך
קוי וכיראת עלי הדא אלגסם אלכאין אלפאסד בעטים
מא אסתפאדתה מן מבאדיהא · ואעלם אן כל מפיץ כירא
מא פי הדא אלתרתיב פלים וגוד דלך אלמפיד וקצדה
ונאיתה אפאדתה הדא אלמסתפיד פקט פאנה ילזם מן דלך
אלמחאל אלמחץ ודלך אן אלגאיה אשרף מן אלאשיא
אלתי הי מן אגל אלגאיה פכאן ילזם אן יכון וגוד אלאעלי
ואלאכמל ואלאשרף מן אגל אלאדני ולא יתכיל הדא
עאקל בל אלאמר כמא אצף ודלך אן אלשי אלכאמל
בנחו מא מן אלכמאל קד יכון דלך אלכמאל פיה פי
חד יכמל דאתה ולא יתעדי מנה כמאל לגירה וקד יכון
כמאלה פי חד יפצל ענה כמאל לגירה כאנך קלת עלי
נהה אלמתל אן יכון שבץ לה מן אלמאל מא יקום
בצרוריאתה פקט ולא יפצל ענה מא יסתפיד בה גירה
ואבר לה מן אלמאל מא יפצל ענה מנה מא ימצי
כלקא כתירא חתי אנה יהב לשבץ אבר קדרא יציר בה

אללאזם מן תלך אלחרכה מואפקה למא ירי ויתואלי מע
דלך אן יקלל אלחרכאת ועדד אלאפלאך מא אמכן לאנה
פותלא אדא קדרנא אן נפרץ חיאה יצח מעהא אלמראי
מן חרכאת הדא אלכוכב בתלתה אפלאך והיאה אכרי
יצח מעהא דלך בעינה בארבעה אפלאך פאן אלאולי אן
נעתמד עלי אלחיאה אלקלילה עדד אלחרכאת ולדלך
אכתרנא פי אלשמס כרוג אלמרכז עלי פלך תדויר כמא
דכר בטלמיוס ובחסב הדא אלגרץ למא אדדכנא חרכאת
אלכואכב כלהא אלתאבתה חרכה ואחדה לא תכתלף
ולא תתגיר אוצאעהא בעצהא מן בעץ עולנא עלי אנהא
כלהא פי פלך ואחד ולא ימתנע אן יכון כל כוכב מנהא
פי פלך ותכון חרכאתהא כלהא ואחדה ותלך אלאפלאך
כלהא עלי אקטאב ואחדה פתכון חיניד לעקול עלי עדד
אלכואכב כמא קיל היש מספר לגדודיו יעני לכתרתהא
לאן אלעקול ואלאגראם לסמאויה. ואלקוי כלהא אלגמיע
גדודיו ולא בד אן יחצר אנואעהא עדד פחתי לו כאן
אלאמר הכדא למא אכתל עלינא תרתיבנא פי כוננא
עדרנא פלך אלכואכב אלתאבתה כרה ואחדה כמא אנא
עדרנא כמסה אפלאך אלכואכב אלמתחירה מע כתרה
אפלאכהא כרה ואחדה אד לקצד קד פהמתה אנה אנמא
נעד גמלה אלקוה אלתי אדרבנאהא פי אלונוד אדראכא
מנמלא מן גיר מראעאה לתחריר חקיקה לעקול ואלאפלאך
לכן אלמקצוד כלה אן למונודאת מן דון אלבארי תעאלי

גרא וקד בינא דלך פי תאליפנא אלכביר פי אפקה לאן
אלמכלוקאת בלתא תלתה אקסאם אלעקול אלמפארקה
והם אלמלאכים ואלתאני אגסאם אלאפלאך ואלתאלת
מאדה אלאולי אעני אלאגסאם אלראימה אלתגّר אלתי
תחת אלפלך הכדא. יפהם מן יריד אן יפהם אלאלגאז
אלנבויה וינתבה מן נום אלגפלה וינגّו מן בחר אלגהל
וירקי אלי ﻋﻠﻴﻴﻦ אמא מן יﻋﻨﺒﻪ אן יסבח פי בחאר גהלה
ויירד מטה מטה פלא יחתאג אן יתﻋﺐ נפסה ולא קלבה
יתכלّי ﻋﻦ אחרכה פהו יגّול אלי אספל באלטבﻊ פאפהם
כל מא דכר ואﻋﺘﺒﺮﻩ :

פצל יא

אﻋﻠﻢ אן הדה אמור אלהיאה אלמדכורה ארא קראהא
ופהמהא רגﻊ תﻋﻠﻴﻤﻲ פקﻂ פיﻇﻦ אנהא ברהאן
קאטﻊ ﻋﻠﻲ אן צורה יאפלאך וﻋﺪﺩﻫﺎ הכדא וﻟﻴﺲ יאמר
כדלך ולא הדא מטלוב ﻋﻠﻢ אלהיאה כל מנהא אמור
ברהאניה אנהא כדלך כמא תברהן אן טריק יﺸﻤﺲ טריק
מאיל ﻋﻦ מﻋﺪّﻝ אלנהאר והדא מא לא שך פיה ואמא הל
להא פלך כארג אלמרכז או פלך תדויר פלם יתברהן
והדא ממא לא יבאלי בה צאחב אלהיאה לאן קצד הדא
אלﻋﻠﻢ פרץ היאה יﻤﻜﻦ מﻋﻬﺎ אן תכון חרכה אלכוכב
ואחדה דוריה לא סרﻋﻪ פיהא ולא אבטא ולא תגّיر ויכון

נאריה הי סבב בקאיה ותראסתה מדה מא ימכן אלקצד
חז דלך אלאמר אלאלאהי אלואצל ענה הדאן אלפעלאן
כואסטה אלפלך והדא עדד אלארבעה חז עגיב ומוצע
תאמל פי מדרש רבי תנחומא קאלוא כמה מעלות היו
בסולם ארבע יעני קולה והנה סלם מצב ארצה ופי גמיע
אלמדרשות ידכר אן ארבע מחנות של מלאכים הם ויתכרר
דלך וראית פי בעץ אלנסך כמה מעלות היו בסולם שבע
לכן אלנסך כלהא וכל אלמדרשות מגמעון אן מלאכי
אלהים אלין ראי עולים ויורדים אנמא כאנוא ארבעה
לא גיר שנים עולים ושנים יורדים ואן אלארבעה אגתמעוא
פי דרגה ואחדה מן דרג אלסולם וצארוא אלארבעה פי צף
ואחד אלאתנאן אלעולים ואלאתנאן אליורדים חתי אנהם
תעלמוא מן דלך אן ערץ אלסולם כאן קדר עאלם ותלת
במראה הגבואה לאן ערץ אלמלאך אלואחד במראה
הגבואה קדר תלת אלעאלם: לקולה וגויתו כתרשיש
פיכון ערץ אלארבעה עאלמא ותלתא ופי אמתאל זכריה
ענד וצפה ארבע מרכבות יצאות מבין שני ההרים וההרים
הרי נחושה קאל פי שרח דלך אלה ארבע רוחות השמים
יוצאות מהתיצב על אדון כל הארץ פהי עלה כל מא
יחדת ואנמא דכר נחשת וכדלך קולה נחשת קלל פלחם
פזה אשתראכא מא וסתסמע פי דלך תגביהא ואמא
קולהם אן אלמלאך תלת אלעאלם והו קולהם פי בראשית
רבה כהדא אלנץ שהמלאך שלישו של עולם פהו בין

אלמפארק אלדי הו מעשוקה פאפהם הדא גרא וביאנה
אן לולא כון שבלה הדא אלשכל למא אמכן בזנה אן
יתחרך חרכה דוריה עלי אّאתّצّאל לאן לא ימכן אתّצّאל
חרכّה באלّעודה אלא פّי אלחרכّה אלّדוריّה פّקט אמّא
אלחרכّה אלّמסתקימה ולו כאן אלّמתחרّך ירגّע פّי תّלך
אלמסאפה בעינהא מראת פלא תّתّצّל אלّחרכّה לאן בّין
כל חרכّתّין מתّצّאדّתّין סّכّון כّמא בّّרהّן פّי מّّוצّעّّה פّّקّّד
בّان אّן מّן צّّרّّורّّיּّّّّّّה אّתّّّّّّّّצּّّّّّّّّّّّّّّّّّّّّّّّ

אלמחרּّّّّّّّّّّّّّّّّّّّّّّّّّّّّ

כאן שעאע אלשמם יחרך אסטקם אלנאר פרלך בֿן גרא
כמא תראה מן סריאן אלחראְרה פי אלוגוד מע .אלשמם
ונלכה אלברד בבעדהא עֹן מוצע או בגיבתהא עֹנה והרא
אבֿןֹ מן אן יטֹל פי דכרה פלכטר בבאלי למא עלמת הרא
אן הרה אלארבע אכר אלמצֹורה מע כונהא בגמלתהא
תפיֹן קוי מנהא פי גמיע אלמחכֹנאת והי עללהא פאן
לכל כרה אסטקם מן אלארבעֹה אסטקסאת תלך אכרה
מכדִיֹא קוי רלך אלאסטקם כאצֹה והי אלמחרֹכה לה
חרכֹה אלכן בחרכתהא פתכון כרה אלקמר מחרֹכה אלמא
וכרה אלשמם מחרֹכה אלנאר וכרה באקיֹה אלכואכב
אלמתחֹירֹה מחרֹכה לֿהוא ולכתרה חרכתהא ואכתלאפהא
ורגועהא ואסתקאמתהא ואקאמתהא כתֹר תשלֹל אלהוא
ואכתלאפהֹ ואנקבאצֹהֹ ואנבסאטהֹ בסרעֹה וכרה
אלכואכב אלתֹאבתהֹ מחרֹכה אלארץֹ וקד רבמא לדלך
עסרת חרכתהא לקבֹל אלאנפעאל ואלאמתזאג לבטֹ
לֿכואכב אלתֹאבתהֹ פי אֹתחרֹך וקד נבֿהֹוא עלי אכתצֹאץֹ
אלכואכב אלתֹאבתהֹ כאלארץֹ בקֹולהם אן עֹדד אנאע
אֹנבאת כעֹדד אשכֹאץֹ כואכב מן גמלה לֿכואכב והכֹרא
יֹסכן אן יֹסן אֹנשֹאם אן תכֹן אֹאכֹר ארבע ואלאסתקסאת
אלמחֹרכה עֹנהא ארבעֹה ואלקֹוי אלצֹאֹררֹה מנהא פי
אלוֹגֹוד עלי אֹעֹמֹם ארבע קֹי כמא ביֹנֹא וכֹדלך אסבֹאב
כל חרכֹה פלכֹיֹה ארבעֹה אסבֹאב והי שֹכל אלפלך אעֹני
כֹריֹתה ונפסהֹ ועֹקלה אֹלדֹי בה יתֹצור כמא ביֹנֹא ואלעֹקל

פצל י

מעלום משהור פי גמיע כתב אלפלאספה אדא תכלמוא
פי אלתדביר קאלוא אן תדביר הדא אלעאלם
אלספלי אעני עאלם אלכון ואלפסאד אנמא הו באלקוי
אלפאיצה מן אלאפלאך וקד דכרנא דלך מראת וכדלך
תגד אחכמים זל יקולון אין לך כל עשב ועשב מלמטה
שאין לו מזל ברקיע מכה אתו ואומר לו גדל שנאמר
הידעת חקות שמים אם תשים משטרו בארץ ומזל יסמֹן
איצא אלכוכב תגד דלך בינא פי אול בראשית רבה הנאך
קאלוא יש מזל שהוא גומר הלוכו לשלשים יום ויש מזל
שהוא גומר הלוכו לשלשים שנה פקד צרחוא בהדא
אלקול אן ולו אשבאץ אלכון להא קוי כואכב כציצה
בהדא ואן כאנת גמיע קוי אלפלך סאירה פי גמיע
אלמונודאת לכן תכון איצא קוה כוכב מא כציצה בנוע
מא כמתל אלחאל פי קוי אלגסם אלואחד אד אלוגוד
כלה שבץ ואחד כמא דכרנא וכדלך דכרת אלפלאספה
אן ללקמר קוה זאידה וכצוציה באסטקס אלמא דליל דלך
זיאדה אלבחור ואלאנהאר בזיאדה אלקמר ונקצאנהא
בנקצאנה וכן אלמֹד פי אלבחור מע אקבאל אלקמר
ואלנור מע אדבארה אעני צעודה ואנחטאטה פי ארבאע
אלפלך עלי מא הו בין ואצח ענד מן תרצֹד דלך אמא

אלף פי דלך אבן אפלח ואשבילי אלדי אגתמעת בולדה
כתאבא משהורא תם תאמל הדא אלמעני אלפילסוף
אלפאצל אבו בכר אבן אלצאיג אלדי קראת עלי אחד
תלאמידה ואטהר ונוח אסתדלאל קד נסכנאהא ענה יבעד
בהא אן תכון אלזהרה ועטארד פוק אלשמס לכן דלך
אלדי דכרה אבו בכר הו דליל אסתבעאד דלך לא דליל
מנעה ובאלגמלה כאן יאמר כדלך או לם יכן פאן יאואיל
כלהם כאנוא ירתבון אזהרה ועטארד פוק אלשמס פלדלך
כאנוא יעדון אלאכר כמסא כרה אלקמר אלתי תלינא
בלא שך וכרה אלשמס אלתי הי פוקהא צרורה וכרה
אלכמסה כואכב אלמתחירה וכרה אלכואכב אלתאבכתה
ואלפלך אלמחיט באלכל אלדי לא כוכב פיה פתכון עדד
אלאכר אלמצׄורה אעני כראת אצׄ ור אלתי פיהא כואכב
לאן הכדא כאנוא אלאקדמון יסמׄ ון אלכואכב צׄ ורא כמא
הו משהור פי כתבהם יכון עדדהא ארבע אכר כרה
אלכואכב אלתאבכתה וכרה אלכואכב אלמתחירה אלכמסה
וכרה אלשמס וכרה אלקמר ופוקהא כלהא פלך ואחד
אנרד לא כוכב פיה והדא אלעדד הו ענדי אצל עטים
גדא למעני כמר בכאלי לם ארה לאחד מן אלפלאספה
כביאן לכנׄ י וגדת פי אקאויל אלפלאספה וכלאם אלחכמים
מא נבהני עליה והאנא אדכרה פי הדא אלפצל ואבין
אלמעני :

פצל ט

קד בינא לך אן עדד אלאפלאך לא יתחרר פי זמאן
ארסטו ואן אלדין עדוא א'אפלאך פי זמאננא תסעה
אנמא עדוא אכרה אّואחדה אّמשתמלה עלי עדה אפלאך
כמא יבّין למן נטّר פי עלם אלהّיאה פלדלך לא תסתשנע
איצّא קול בעצّ אלחכמים ז'ל שני רקיעים הם שנאמר
הّן ליّי אלהיך השמים ושמי השמים לאן קאיל הדא
אّקול עדّ כרה אّלכואכב כלהא כרה ואّחדה אّעני אّאפלאך
אלתי פיהא כّואכב ועّדّ כרה-אّלפלך אלמחיט אלדّי לא
כّוכב פיّה כרה תّאניّה פّקאל שני רקיעים הם ואّנّא אّّקّדّם
לّך מّקّדّמّّה יّّחּّّתּّّّّّّّّّّّّّّّّّّّّّّّّّّّّ

פצל ח

מן אלארא אלקדימה אלראיעה ענד אלפלאספה ועאמה
אלנאס אן לחרכה אלאפלאך אצואת האילה גרא
עטימה וכאן דלילהם עלי דלך באן קאלוא אן אלאגראם
אצגירה אלתי לדינא אדא תחרכת חרכה מסרעה סמעה
להא קעקעה עטימה ומנין מוע פנאהיך אגראם אלשמס
ואלקמר וסאבואכב עלי מא הי עליה מן אעטם ואלסרעה
ושעה פיתאגורס כלהא תעתקד אן להא אצואת מלדה
מתנאסבה מע עטמהא כתנאסב אלחאן אלמוסיקי ולהם
אעטא עלל פי כוננא לא נסמע תלך אלאצואת אלהאילה
אעטימה והדא אלראי משהור פי מלתנא איצא אלא תרי
אלחכמים יצפון עטם צות אלשמס פי חין גׄריהא כל יום
פי אלפלך וכדא ילזם פי אלכל אמא ארסטו פיאבי הדא
ויבין אן לא צות להא אנת תגד דלך פי כתאבה פי אלסמא
פמן הנאך תפהם הדא ולא תסתשנע כון ראי ארסטו
מכאלפא לראי אלחכמים זל פי דלך לאן הדא אלראי
אעני כון להא אצואת אנמא הו תאבע לאעתקאד גלגל
קבוע ומזלות חוזרים וקד עלמה תרגיחהם ראי חכמי אומות
העולם עלי ראיהם פי הדה אלאמור אֹהֹיׄאֹיֹה והו קולהם
בכיאן ונצחו חכמי אומות העולם והדא צחיח לאן אֹאמור
אלנטריה אנמא תכלם פיהא כל מן תכלם בחסב מא ודי
אליה אלנטר פלדלך יעתקד מא צח ברהאנה:

פצל ז

קד בינא אשתראך אסם מלאך ואנה יעם֗ אלעקול
ואלאפלאך ואלאסטקסאת לאן כלהא מנפדה אמר
לכן לא תטן אן ׳אאפלאך או ׳אעקול במנזלה סאיר אלקוי
אלגסמאניה אתי הי טביעה ולא תדרך פעלהא בל ׳אאפלאך
ואלעקול מדרכה אפעאלהא ומכתארה ומדב֗רה לכן לים
מתל אכתיארנא ולא רתדבירנא אלדי דו כלה באמור
מתגדדה קד נצ֗ אלתורה במעאני נבהתנא עלי דלך קאל
אלמלאך ללוט כי לא אוכל לעשות דבר וג׳ וקאל לה
לתכליצה הנה נשאתי פניך גם לדבר הזה וקאל השמר
מפניו ושמע בקולו אלתמר בו כי לא ישא לפשעכם כי
שמי בקרבו פהרה כלהא תדל֗ך עלי אדראכהם לאפעאלהם
וכונהם להם אראדה ואכתיאר פי מא פ֗ו֗ להם מן אתדביר
כמא לנא אראדה פי מא פ֗ו֗ לנא וא֗קדרנא עליה פ
אצל כוננא ניר אן נחן קד נפעל ׳אאנקץ ויתקדם תדבירנא
ופעלנא ׳אאעדאם אמא ׳אעקול ואלאפלאך פליסת כדלך
בל תפעל אלכיר אבדא ולים ענדהא אלא אלכיר כמא
נבין פי פצול וכל מא להא מוגוד באלכמאל ואלפעל
דאימא מנד וגדת :

ומלאך לכרוב פקד צרחוא למן יפהם ויעקל באן אלקוה
אלמתכילה איצא התחסמי מלאך ואן אלעקל יתסמי כרוב
פמא אחסן הדא למן יעלם ומא אסמגה ענד אלנהאל
אמא כון כל צורה ירי פיהא ימלאך פהי כמראה הגבואה
פקד קלנא פי דלך אנת חגד אנביא ימלאכים כאנה
שכץ אנסאן והנה שלשה אנשים ומנהם מן יראה כאנה
אנסאן מדׄל מבהת קאל ומראהו כמראה מלאך האלהים
נורא מאוד זמנהם מן יראה נארא וירא מלאך יי אליו
בלבת אש והנאך קיל אברהם שהיה כחו יפה נדמו לו
כדמת אנשים לוט שהיה כחו רע נדמו לו כדמות מלאכים
וחדׄא סׄר נבוׄי עטים וסיקע אכלאם פי אלגבוה במא יליק
והנאך קיל עד שלא עשו שליחותן אנשים ומשעשו שליחותן
לבשו מלאכות פתאמׄל כיף בׄן מן כל נחה אן מעני
מלאך הו פעל מא ואן כל מראה מלאך אנמא הו במראה
הגבואה וכחסב חאלה אלמדרך פלים פי מא דכרה ארסטו
איצא פי הדא אלמעני שׄי יכׄאלף אלשריעה בל אלדׄי
יכאלפנא פי הדא כלה כונה יעתקד הדה אלאשיא כלהא
קדימה ואנהא אמור לאומה ענה תעאלי הכדא ונחן
נעתקד אן כל הדא מכלוק ואן אללה בׄלק אלעקול
אלמפארקה וגעל פי אלפלך קוה אלשוק להא והו אלדׄי
בׄלק אלעקול ואלאפלאך וגעל פיהא הדה אלקוי אמרבׄדה
פי הדא נכאלפה וסתסמע ראיה זראי אלשריעה אלחאקה
פי חדות אלעאלם :

————

ראימא נפר מן דלך לאנה לא יפהם מעני הדה אעטמה
ואלקדרה אלחקיקיה והי איגאד אלקוי לפאעלה פי אלשי
אלתי לא תדרך בחאסה קד צרחוא אלחכמים ז'ל למן
הו חכם אן כל קוה מן אלקוי אלבדניה מלאך נאהיך
אלקוי ומבתותה פי אלעאלם ואן כל קוה להא פעל מא
ואחד מכצוץ ולא יכון להא פעלאן פי בראשית רבה תני
אין מלאך עושה שתי שליחות ואין שני מלאכים עושין
שליחות אחת והדה הי חאל גמיע אלקוי וממא יאכד ענדך
כון אלקוי אלשכציה אלטביעיה ואלנפסאניה תתסמי
מלאכים קולהם פי עדה מואצע ואצלה פי בראשות
רבה בכל יום הקב'ה בורא כת של מלאכים ואומרים
לפניו שירה והולכין להם ולמא אעתרץ הדא אלקול בקול
ירד עלי כון אלמלאכה תאבתין וכדלך תבין מראת אן
אלמלאכה חיים וקיימים פכאן אלגואב אן מנהם תאבת
ומנהם תאלף וכדא אלאמר באלחקיקה אן הדה אלקוי
אלשכציה כאינה פאסדה עלי אלאסתמראר ואנואע תלך
אלקוי באקיה לא תכתל והנאך קיל פי קצّה יהודה ותמר
אמר ר' יוחנן בקש לעבור וזמן לו הקב'ה מלאך שהוא
ממונה על התאוה יעני קוה אלאנעאט פקד סמّי הדה
אלקוה איצّא מלאך וכדא תגדהם דאימא יקולון מלאך
שהוא ממונה על כך וכך'לאן כל קוה ובّלהא אללה תעאלי
באמר מן אّאמור פהי מלאך הממונה על אותו דבר ונץ
מדרש קהלת בשעה שאדם ישן נפשו אומרת למלאך

פיפין ענה אלוגוד ופי מואצע קאלוא הכדא מטלקא אן
הקבה עושה דבר עד שנמלך בפמליא של מעלה ופמליא
חז אלעסכר פי לנה יונאן ופי בראשית רבה איצא קיל ופי
מדרש קהלת את אשר כבר עשוהו עשוהו לא נאמר אלא
עשוהו כביכול הוא ובית דינו נמנו על כל אבר ואבר
שבך והושיבכן. אותו על כנו שנאמר הוא עשך ויכוננך
ופי בראשית רבה איצא קאלוא כל מקום שנאמר ויי הוא
ובית דינו ולים אלקצד בהדה אלנצוץ כלהא מא יטנה
אלנהאל באן תם כלאם תעאלי או פכרה או רויה או
משורה ואסתעאנה בראי אלגיר וכיף יסתעין אלכאלק
במא כלק בל כל הדא כלה תצריח באן ולו גזאיאת אלוגוד
חתי כלק אלאעצא מן אחיואן עלי מא הי עליה כל דלך
בוסאטה מלאיכה לאן אלקוי כלהא מלאיכה מא אשד
עמא אלנהל ומא אצרה לו קלת לרגל מן אלדין יזעמון
אנהם חכמי ישראל אן אלאלאה יבעת מלאכא ידכל פי
במן לאמראה ויצור תם אלנגין לאענבה דלך וקבלה וירי
הדא עטמה וקדרה פי חק אלאלאה וחכמה מנה תעאלי
מע אעתקארה איצא אן אלמלאך גסם מן נאר מחרקה
מקדארה קדר תלת אלעאלם באסרה וירי הדא כלה
ממכנא פי חק אללה אמא אדא קלת לה אן אללה געל
פי אלמני קוה מצורה תשכל הדה אלאעצא ותכטטהא
והי אמלאך או אן אלצור כלהא מן פעל אלעקל אלפעאל
והו אלמלאך והו שרו של עולם אלדי ידכרה אלחכמים

בין אללה תעאלי ובין אלמוגודאת ואן בוסאטתהא תתחרך
אלאפלאך אלדי דלך סבב כון אלכאינאת פאן הדא איצא
הו נצוץ אלכתב כלהא לאנך לא תגד קט פעלא יפעלה
אללה אלא על ידי מלאך וקד עלמת אן מעני מלאך
רסול פכל מנפד אמר הו מלאך חתי אן חרכאת אלחיואן
ולו אלניר נאטק ינֵֹ אלכתאב פיהא אנהא על ידי מלאך
ארא כאנת תלך אלחרכה ופך גרץ אלאלאה אלדי געל
פיה קוֹה הֻחרֻכה תלך אלחרכה קאל אלהי שלח מלאכה
וסגר פום אריותא ולא חבלוני וחרכאת אהֵן בלעם כלהא
על ידי מלאך חתי אן אלאסטקסאת תתסמי איצא מלאכים
עשה מלאכיו רוחות משרתיו אש להט וסיבין לך אן
מלאך יקאל עלי ארסול מן אלנאס וישלח יעקב מלאכים
ויקאל עלי אלנבי ויעל מלאך ייֵ מן הגלגל אל הבכים
וישלח מלאך ויוצאנו ממצרים ויקאל עלי אלעקול
אלמפארקה אלתי תטהר ללאנביא במראה הנבואה ויקאל
עלי אלקוי אלחיואניה כמא נבֵן וכלאמנא הנא אנמא
הו פי אֵלמלאכים אלדין הם עקול מפארקה פאן שריעתנא
לא תנכר כונה תעאלי ידבר הדא אלונוד בוסאטה
אלמלאכים נץ אלחכמים פי קול אלתורה נעשה אדם
בצלמנו וקולה הבה נרדה אלדי דלך לשון רבים קאלוא
כביכול שאין הקבֵ׳׳ה עושה דבר. עד שמסתכל בפמליא
של מעלה ואעֵגב מן קולהם מסתכל פאנה כהדא אלנץ
בעינה יקול אפלאטון פאן אללה ינטֵר פי עאלם אלעקול

פצל ו

אמא אן אלמלאיכה מוגודון פהדא ממא לא יחתאג אן
יותֿי עליה בדליל שרעי לאן אלתורה קד נצֿת דלך
פי עדה מואצע וקד עלמת אן אלהים אסם אלחכאם
עד אלאלהים יבא רבר שניהם ולדלך אסתעיר הדא לאסם
ללמלאיכה וללאלאה לכונה חאכמא עלי אלמלאיכה ולדלך
קאל כי ייַ אלהיכם והדא כטאב לנוע אלאנסאן כלה תם
קאל והוא אלהי האלהים יעני אלאה אלמלאיכה ואדני
האדנים סיד אלאפלאך ואלכואכב אלתי הי אדונים
לכל גסם סואהא פהדא הו אלמעני לא אן יכון אלהים
ואדנים מן נוע לאנסאן אד הם אבﹶﹶﹶ
אן קולה אלהיכם יעﹶﹶ כל נוע אלאנסאן ראיסה ומרווסה
ולא ימכן אן יכון אלמראד בה איצֿא אנה תעאלי סיד כל
מא יעתקד פיה אלוהיﹶ מן חגר ועוד אד לא פכר ולא
תעטים פי כון אלאלאה סיד אלחגר ואלכשבﹶ וקטעﹶ
מסכוך ואנמא אמראד אנה תעאלי אחאכם עלי אחכאם
אעני אלמלאיכﹶ· וסיד אﹶﹶﹶ
אלמקאלﹶ פצל פי תביין אן אלמלאכיﹶ ליסת אנסאמא
פהדא איצֿא הו אלדי קאלה ארסטו ניר אן תנא אכתלאף
אסמיﹶ הו יקול עקול מפארקﹶ ונחן נקול מ ל א כ י ם ואמא
קולﹶ הו אן הדה אלעקול אלמפארקﹶ הי איצֿא ואסטﹶ

משתחוים ופי קולה ברן יחד כוכבי בקר ויריעו כל בני
אלהים והדא פי כלאמהם כתיר ופי בראשית רבה קאלוא
פי קולה תעאלי והארץ היתה תהו ובהו קאלוא תוהא
ובוהא יעני תחואיל ותתצור עלי סו קסמהא אעני אלארץ
אמרה אני והן נבראו כאחת יעני אלארץ ואלסמאואת
העליונים חיים והתחתונים מתים פקד צרחוא איצא בכון
אלסמאואת אגסאמא חיה לא אגסאמא מיתה כאאסטקסאת
פקד תבין לך אן אלדי קאלה ארסטו איצא פי כון אלפלך
מדרכא מתצורא מטאבק לאקואיל אנביאינא וחמלה
שריעתנא והם אלחכמים ז"ל · ואעלם אן כל אלפלאספה
מגמעון עלי כון תדביר הדא אלעאלם אלספלי יתם באלקוי
אלפאיצה עליה מן אלפלך כמא דכרנא ואן אלאפלאך
מדרכה למא תדבّרה עאלמה בה והדא איצא נצּ בה
אלתורה וקאלת אשר חלק ייי אלהיך אותם לכל העמים
יעני אנה געלהא ואסטה לתדביר אלכלק לא אן תّעבד
וקאל כביאן ולמשול ביום ובלילה ולהבדיל וגו' ומעני
אמשילה לאסתילא כאלתדביר והו מעני זאיד עלי מעני
אלצו ואלטלאם אלדי הו עלה אלכון ואלפסאד אלקריבה
לאן מעני אלצו ואלטלאם הו אלמקול ענה ולהבדיל בין
האור ובין החשך ומחאל אן יכון אלמדבّר לאמר מא לא
יעלם דלך אלאمר אלדי ידבّרה אדא עלם חקיקה אלתדביר
עלי מא דّא תקע הנא וסנבסט פי הדא אלמעני קולא
אכר · :

פצל ה

אמא אן אלאפלאך חיّה נאטקה אעני מדרכה פהדא חק
יקין איצא מן נהה אّשריעה ואנהא ליסת אגסאמא
מّיّתה כאלנאר ואלארץ כמא טֶّן אלגّהאל בל הי כמא
קאלﬨ אלפלאספה חיואנאת מטיעה לרבהא תסבّחה ותמّגّדה
א﬩ תסביח ואﬦ תמّגّיד קﬡל השמים מספרים כבוד אל וגﬞו
ומא אבעד ען תצّוﬞר אלחקّ מן טֶّן אן הדה לסﬡן אלחﬡﬡל
ודלך אן לשוﬥ הגדה ו﬩﬩פור לם תוקעהﬤﬡ אלעבראניﬤ
מעﬡ אלﬡ עלי די עקל ואלדליל אלואצّﬠ עלי כונה יצّשׁ
חﬡלהﬡ פי דאﬨהﬡ אעני חﬡל אﬡﬨﬡﬡﬡ לא חﬡל אﬤﬨﬡﬡﬡ
אﬥﬡ﬩ בהﬡ קﬡﬥ﬩ אשּׁﬥ אשּׁﬥﬡ ﬡﬥﬥ﬩ דﬤﬤﬡﬤ בﬥﬡ ﬥﬤﬤﬡﬡ ﬤﬡﬤﬤ
פﬤﬤﬡ בﬥﬥ ﬡﬤﬤﬡ אﬤﬡ יﬤﬡ דﬡﬨﬤﬡ אﬤﬡﬡ ﬨﬤﬤﬤ אﬥﬡﬤ
ﬡﬤﬤﬡﬤ בﬤﬤﬡﬤﬡﬤﬡ בﬥﬡ ﬤﬡﬡﬤ ﬤﬤﬥ ﬥﬡﬤﬤ ﬥﬤﬤﬡﬤ ﬥﬡﬡ
ﬡﬥﬤﬡ ﬤﬤﬤﬡ ﬤﬡﬥﬤﬡﬥﬡﬤ ﬡﬤﬤﬡ ﬤﬤﬤﬤ בﬤﬡ ﬨﬤﬤﬤﬡ ﬡﬤﬤﬤ ﬥﬤﬡ
ﬡﬨﬤﬤﬡﬤ ﬤﬡ ﬡﬨﬤﬡﬡﬤ ﬡﬤﬤﬡﬤﬡ ﬡﬤﬡ ﬡﬥﬥﬤﬤ בﬤ ﬤﬤﬡ ﬥﬨﬡﬥﬡﬤ
ﬡﬥﬤﬡﬤ ﬡﬡ ﬥﬤﬤﬥ ﬡﬤ ﬤﬤﬤﬤ ﬡﬤﬤ ﬡﬤﬤﬤ ﬤﬤ ﬤﬡﬥ ﬡﬤﬤﬡ
בﬥﬤﬤﬤﬤ על משכבכם ודﬤﬤ ﬤﬥﬤ ﬤﬤﬡ בﬤﬤﬡ ﬡﬤﬤﬡ ﬤﬤﬤ
ﬤﬤﬤﬡ ﬥﬡ ﬡﬤﬡﬤﬤﬤ ﬡﬥﬡ ﬤﬡﬤﬥ ﬡﬡ ﬤﬤﬡﬤﬤ ﬡﬤﬡ ﬤﬡﬡ
ﬡﬥﬤﬤﬤﬡﬤ פﬡ ﬤﬥﬤ פﬤﬡ ﬡﬤﬡﬤ ﬤﬤﬨﬡﬡ ﬡﬥﬤ בﬤﬡﬤ ﬥﬡﬡ ﬡﬥﬤ
ﬤﬥﬤﬥ ﬨﬡﬤﬤ ﬨﬤﬨﬤﬤﬤﬤ פﬤ ברﬤﬨ ﬤﬤﬤﬤ ﬤﬡﬡ ﬤﬤﬤﬤﬤ פﬤ
ﬡﬥﬨﬥﬡﬡﬨ ﬤﬤﬨﬤ ﬡﬥﬤﬤﬤﬤﬤﬨ פﬤ ﬤﬤﬥﬤ ﬤﬨﬡ ﬤﬤﬤﬤﬤ ﬥﬤ

אכֹתֹלאף דֹואתֹהֹא אד הֹי לא גֹסם לזֹם בֹחֹסֹב דֹלך אן
יכֹון אלאלאה תֹעֹאלי עֹנֹדֹה הו אלדֹי אוֹגֹד אלעֹקֹל אלֹאול
אלדֹי דֹלך אלעֹקֹל מֹחֹרֹךֹ אלֹפֹלך אלֹאול עֹלי אלֹנֹהֹ
אלתֹי בֹינֹא וֹאלעֹקֹל אלדֹי יֹחֹרֹך אלֹפֹלך אלתֹאני אנֹמֹא
עֹלתֹה ומֹבֹדֹאֹה אלעֹקֹל אלֹאוֹל וֹהֹכֹדֹא חֹתֹי יֹכֹון אלעֹקֹל
אלדֹי יֹחֹרֹךֹ אֹלֹפֹלך אלֹדֹי יֹלֹינֹא הו עֹלֹה אלעֹקֹל אלֹפֹעֹאל
ומֹבֹדֹאֹה וֹעֹנֹדֹה יֹנֹתֹהֹי וֹגֹוד אֹמֹפֹארֹקֹהֹ כֹמֹא אן אלֹאֹנֹסֹאם
איצֹא תֹבֹתֹדֹי מן אלֹפֹלך אֹאֹעֹלי וֹתֹנֹתֹהֹי עֹנֹד אֹאֹסֹטֹקֹסֹאת
ומֹא תֹרֹכֹב מֹנֹהֹא וֹלא יֹצֹח אן יֹכֹון אֹעֹקֹל אֹמֹחֹרֹך לֹלֹפֹלך
אֹאֹעֹלי הֹו אלֹואֹגֹב אֹלֹוֹגֹוד אד קֹד שֹארֹך אֹעֹקֹול אלֹאֹכֹר
פֹי מֹעֹני וֹאחֹד וֹהֹו תֹחֹרֹיך אלֹאֹגֹסֹאם וֹבֹאֹיֹן כֹל וֹאחֹד
אֹלֹאֹכֹר בֹמֹעֹני פֹצֹאֹר כֹל וֹאחֹד מן אלֹעֹשֹרֹח דֹא מֹעֹנֹיֹין
פֹלא בֹד מן סֹבֹב אֹוֹל לֹלֹכֹל הֹדֹא הֹו קֹול אֹרֹסֹטֹו וֹרֹאֹיֹה
וֹדֹלֹאֹיֹלֹה עֹלי הֹדֹה אלֹאֹשֹיֹא אלֹבֹסֹוֹטֹה חֹסֹב אֹחֹתֹמֹאלֹהֹא
פֹי כֹתֹב תֹבֹאֹעֹה פֹיֹכֹון חֹאֹצֹל כֹלֹאמֹה כֹלֹה אן אלֹאֹפֹלֹאך
כֹלֹהֹא אֹגֹסֹאם חֹיֹה דֹאת נֹפֹס וֹעֹקֹל תֹתֹצֹוֹר וֹתֹדֹרֹך אֹאֹלֹאֹה
וֹתֹדֹרֹך מֹבֹאֹדֹיֹהֹא וֹאן פֹי אֹלֹוֹגֹוד עֹקֹול מֹפֹארֹקֹה לא פֹי
גֹסֹם אֹצֹלא כֹלֹהֹא פֹאֹיֹצֹח עֹן אללֹה תֹעֹאֹלי וֹהֹי אלֹוֹסֹאֹיֹט
בֹין אללֹה וֹבֹין הֹדֹה אֹאֹגֹסֹאם כֹלֹהֹא וֹהֹאֹנֹא אבֹיֹן לֹך מֹא
פֹי שֹרֹיֹעֹתֹנֹא מן מֹטֹאֹבֹקֹהֹ הֹדֹה אלֹאֹרֹא וֹמֹא פֹיֹהֹא מן
מֹכֹאֹלֹפֹתֹהֹא פֹי פֹצֹוֹל תֹאֹתֹי :

———

כואכב ואלעקל אלעאשר הו אלעקל אלפעّאל אלדׄי דל
עליה כרונ̇ עקّולנא מן אלקוה אלי אלפעל וחצّול צור
אלמוג׳ודאת אלכאינה אלפאסדה בעד אן לם תכן פי
מואّדהא אלא באלקוה וכל מא יכׄרג מן אّקוה אלי אّפעל
פלה צ׳רורה מכׄרג כארנّא ענה וינבני אן יכון אלמכׄרّג מן
נוع אלמכׄרّג לאן אלנג׳אר מא יעמל אלכׄזאנה מן חית
הו צאנע בל מן חית פי דהנה צורה אלכׄזאנה וצורה
אלכׄזאנה אלתי פי דהן אלנג׳אר הי אלתי אכרג׳ת צורה
אלכׄזאנה ללפעל וחצّלתהא פי אלכׄשב כדׄלך בלא שך
מׄעטי אלצורה צורה מפארקה ומוג׳ד אלעקל עקל והו
אלעקל אלפעّאל חתי תכון נסבה אלעקל אלפעّאל
ללאסמקסאת ומא תרכّב מנהא נסבה כל עקל מפארק
אלכצׄיץ בכל פלך לדׄלך אלפלך ונסבה אלעקל באלפעל
אלמוג׳וד פינא אלדׄי הו מן פיץׄ אלעקל אלפעّאל וכד
נדרך אלעקל אלפעّאל נסבה עקל כל פלך אלמוג׳וד פיה
אלדׄי הו פיّץ מן פיّץ אלמפארק וכד ידרך אלמפארק
ויّתצורה וישّתאק לל'חשבّה בה פיّתחّרך ויّתרד לה איّצׄא
אّלאמר אلدׄי קד תברהן והו אן אّללה עّז וג׳ל לא יّפעל
אّלאשיא מבّאשّרה פכּמّא אנה יّחّרק כّוסّאّטה אّלנّאר
ואّלנّאר תّתّחّרّך כّוסّאّטّה חّרّכّة אّלّפّלّך וّאّلّفّلّّ אّيّצّّא
יّתّّחّّרّّך כّّوّّ

כתירה באלכרהאן וחרכה הדא מכאלפה לחרכה הדא
באלסרעה ואלבטֹ וכגהתֹ אֹחרכה נאן כאן יעמׄהא כלהא
אֹחרכה. אלדֹוריׄה פלום בחסב אלנטֹר אֹטביעי אן יעתקד
אן אֹמעני אלדׄי תצׄורה הדׄא אלפלך חתי תחרֹך אֹחרכה
אלסריעׄה פי יום ואחד ניר אלמעני אלדׄי תצׄורה חדׄא
אֹפלך אלדׄי תחרׄך חרכה ואחדה פי תֹלאתֹין סנה פקטע
קטעא אן תֹם עקׄול מפׄארקׄה עלי עדד אֹאפׄלאך כל פלך
מנהא ישתׄאק דֹלך אלעקׄל אלדׄי הו מבדאה והו מחרֹכה
הדׄה אלחרכה אלכׄציצׄה בה ודֹלך אלעקׄל הו מחרֹך דֹלך
אֹפלך ולם יקטע ארסטו ולא ניׄרה באן עדד אלעקׄול
עשׄרה או מאיׄה בל דֹכר אנהׄא עלי עדד אֹאפׄלאך חתי
אנה כאן יטֹן פי זמׄאנה אן אֹאפׄלאך כמסון פקׄאל ארסטו
אן כאן אֹלאמר כדֹלך פאלעקׄול אלמפׄארקׄה כמסון לאן
כאנת אלתׄעאלים פי זמׄאנה קׄלילה ומא כאנת במלת
וכׄאנוא יטֹנון אן כל חרכה תחתאג פלכׄא ולם יעׄלמוא
אן מן מׄיל אֹפלך אלׄואחד תחדת חרכׄאת מראׄיׄה כתׄירה
כׄאנך קׄלת חרכׄה אֹטול וחרכׄה אֹמׄיל ואלחרכׄה אֹמראׄיה
איצׄא ענד דׄאירה אלאפׄק פי סׄעה אלמׄשׄארק ואלמׄגׄ̇ארב
ולים הדׄא גרצׄנא ונרגׄע למׄא כׄנׄא פׄיה אמׄא קׄול אלמׄתׄאכׄרׄין
מן אלפׄלאסׄפׄה אן אלעקׄול אלמפׄארקׄה עשׄרה לׄאנהׄם
עדׄוא אלׄאכׄר אלמכׄוכׄבׄה ואלמׄחׄיט ואן כׄאן פׄי בעץ תׄלך
אֹׄאכׄר ערׄה אפׄלׄאך ואלׄאכׄר פׄי עדׄדהׄם תסׄע אלמׄחׄיט
בׄאלׄכׄל. ופׄלך אלׄכׄׄואכׄב אלתׄׄאבׄתׄה ואפׄׄלׄאך אלׄסׄבׄׄעׄה

אלא אנמא הי בתצֹור מא יקצֹי לה דלך אלתצור אן יתחרך
הכדא ולא יכון תצור אלא בעקל פאלפלך אדֹא רו עקל
ולים כל מן לה עקל יתצור בה מעני מא ותכון לה נפם
בהא ימכנה אן יתחרך יתחרך ענד מא יתצור לאן אלתצור
וחדה לא יוגב חרכה קד בֹן הדא פי אלפלספה אלאולי והו
בֹן לאנך תגד מן דאתך אנך תתצור מעאני כתירה ואנת
קאדר עלי אלחרכה איהא לכנך לא תתחרך להא בונה חתי
יחדת לך אשתיאק צֹרורה לדלך אלמעני אלדי תצורתה
וחיניד תתחרך לתחציל מא תצורתה פקד באן איצֹא אן
ליסת אלנפם אלתי בהא תכון אלחרכה ולא אלעקל אלדי
בה יתצור אלשי כאפיֹן פי חדות מתל הדה אלחרכה חתי
יקתרן בדלך אשתיאק לדלך אלמעני אלמתצור פילזם
איצֹא מן הדא אן יכון אלפלך לה אשתיאק למא תצורה
והו אלשי אלמעשוק והו אלאלאה תעאלי אסמה ובהדה
אלנחוה קאל יחרֹך אלאלאה אלפלך אעני בכון אלפלך
ישתאק אלתשבֹה במא אדרך והו דלך אלמעני אלמתצֹור
אלדי רו פי גאיה אלבסאטה ולא תגיֹר פיה אצלא ולא
תגֹד חאלה ואלכיר מנה פאיץֹ דאימא ולא ימכן דלך
ללפלך מן חית הו גסם אלא אן יכון פעלה חרכה דור
לא גיר פאן הדא גאיה מא ימכן פי אלגסם אן ידום פעלה
עליה והי אבסט חרכה תכון ללגסם ולא יכון פי דאתה
תגיר ולא פי פיץֹ מא ילזם ען חרכתה מן אלכֹיראת ·
פלמא תבין לארסטו הדא כלה רגע ותאמֹל פונד אאפלאך

יסתבעדה איצא כונה יתכיל קולנא דו נפס אנהא כנפס
אלאנסאן או אלחמאר ואלתור ולים הדא מעני אלקול בל
מעני אלקול אן חרכתה אלמכאניה דליל עלי כונה פיה
מבדא בה יתחרך בלא שך ולדך אלמבדא דו נפס בלא
שך ולא ריב וביאן דלך לאנה מן אלמחאל אן תכן חרכתה
אלדוריה כחרכה אלחגר אלמסתקימה אלי אספל או
כחרכה אלנאר אלי פוק חתי יכון מבדא תלך אלחרכה
טביעה לא נפסא לאן אלדי יתחרך הדה אלחרכה אלטביעיה
אנמא יתהרכה דלך אלמבדא אלדי פיה ארא כאן פי גיר
מוצעה ליטלב מוצעה פאדא וצל מוצעה סכן והדא אלפלך
מתחרך פי מכאנה בעינה דורא ולים בכונה איצא דא
נפס ילום אן יתחרך הכדא לאן כל די נפס אנמא יתחרך
מן אגל טביעה או מן אגל תצור אעני בקולי הנא טביעה
קצוד אלמואלף ואלהרב מן אלמכאלף ולא פרק אן יכן
מחרכה לדלך מן כארג כהרב אלחיואן מן חר אלשמס
וקצדה מוצע אלמא ארא עטש או יכון מחרכה כיאל פאן
בתכיל אלמכאלף ואלמואלף איצא יתחרך אלחיואן והדא
אפלך לים יתחרך להרב מן מכאלף או טלב מואלף לאן
מא איה יתחרך פמנה יתחרך וכל מא מנה יתחרך פאליה
יתחרך ואיצא פאנה לו כאנת חרכתה מן אגל הדא ללום
אן מא יצל נחו מא רתחרך אליה ויסכן לאנה אן כאן
יתחרך לטלב שי או ללהרב מן שי ולא ימכן חצול דלך
אבדא פצארת אלחרכה עבתא פהדה אלחרכה אלדוריה

אעני מן אמתאלהא ואסרארהא ומן אגל דלך דכרתה ובינתה
ואוצחתה למא יפידנא מן מערפה מעשה מרכבה או
מעשה בראשית או תביין אצל פי מעני אלנבוה או פי
אעתקאד ראי צחיח מן אלאעתקאראת אלשרעיה ובעד
תקדים הדה אלמקדמה ארגע אלי אתמאם מא נאשבנאה :

פצל ג

אעלם אן הדה אלאדא אלתי יראהא ארסטו פי אסכאב
חרכה אלאפלאך אלתי מנהא אסתכרג וגוד עקול
מפארקה ואן כאנת דעאוי לא יקום עליהא ברהאן לכנהא
הי אקל אלאדא אלתי תקאל שכוכא ואנגראהא עלי נטאם
כמא יקול אלאסכנדר פי מבאדי אלכל והי איצא אקאויל
תטאבכק אקאויל כתירה מן אקאויל אלשריעה וככאצה בחסב
מא יביין פי אלמדרשות אלמשהורה אלתי לא שך אנהא
ללחכמים כמא סאביין פלדלך אתי בארא'ה ובדלאולה
חתי אלתקט מנהא מא הו מואפק ללשריעה מטאבק
לאקאויל אלחכמים זכרם לברכה :

פצל ד

אמא אן אלפלך דו נפס פדלך ביין ענד אלתאמל ואנמא
יוהם אלסאמע אן הדא אמר עסיר אלאדראך או

אן אלבֿץ ואקתצב היאה אٴאפלאך ולא אן אٴבד בעדדהא
אٴ אלכתב אלמולפה פי גמיע דלך כאסיה ואן לם תכן
כאסיה פי גרץ מן אלאגראץ פלים אٴלٕי אٴקולה אנא פי
דלך אלגרץ אחסן מן כל מא קיל ואנמא כאן אלגרץ
בהדה אלמקאלה מא קד אٴעלמתך בה פי צדדהא ותٕ
תביין משכלאת אٴשריעה ואٴטהאר חקאיק בואטנהא אٴת
רٕי אٴעלٕי מן אٴפהאם אלגמהור פלדלך ינבٕי לך אٴדֿא
ראיתני אٴתכלם פי אٴתבֿאת אלעקול אלמפֿארקה ופֿי
עדדהא או פֿי עדד אלאٴפלאך ופֿי אٴסבٕאב חֿרכאתהא או
פֿי תחקֿיק מעֿני אלמאדה ואלצורה או פֿי מעֿני אלפֿיץ
אלאٴלאהֿי ונחו הדֿה אٴלמעֿאני פלא תטֿן או יכֿטר בבֿאלך
אٴנֿי אٴנמא קצֿדת לٕתחקֿיק דלך אٴלמעֿני אٴלפֿלסٕפֿי פקטٕ
אٴٕ תלך אٴלמעֿאני קד קילת פֿי כתב כֿתֿירה ובֿُרהן עלי
צחה אٴכֿתֿרהא בٕל אٴנמא אٴקצֿד לٕדֿכר מא יבֿין מٕשכֿל
מן משֿכלאתֿ אٴלשריעה בٕפֿהמֿה ותנֿגֿל עֿקֿד כֿתֿירה
במעֿרֿפֿה דֿלך אٴלמעֿני אٴלדֿי אٴלٕבֿצה וקֿד עֿלמת מן צֿדר
מקֿאלתֿי הדֿה אٴן קֿטֿבהֿא אٴנמֿא ידֿור עֿלי תבין מא ימכֿן
פֿהמֿה מן מֿעשֿה בֿראשֿית ומֿעשֿה מֿרכٕבֿה ותבֿיין משֿכלֿאתֿ
תֿתעֿלק בٕאٴלٕנֿבֿוֿה וٕכٕמֿעֿרֿפֿה אٴלֿאלֿאֿה אٴٕלٕٕכٕל פֿֿצֿל תֿגֿדֿני
נֿחֿכֿלם פֿיֿה פֿי תֿביֿן אٴמֿר קֿד בֿֿרהֿן פֿי אٴלֿעֿלֿם פֿי אٴלֿעֿלֿם אٴٕטֿבֿיֿעٿי
או אٴמר תֿבֿרֿהֿן פٿי אٴٕלֿעֿלֿם אٴלٿאٿלֿאٿהֿי או תٿביֿٿٿן אٿנֿה אٴٿוٿלٿי
מֿٿא ٿٿٿ

מחרׄכה הׄדה אלחרכה אלסרמדיה לא נגסמא ולא קוה פי
גסם והׄו אלׄׄלאה גל אסמה פקד כאן לך אן וגוד אׄלׄׄלאה
חׄאצלי והו אׄואגב אלוגוד אלׄׄדׄי לא סכב לה ולא אמכאן
לוגׄדה באעתבאר דׄאתה דׄלת אלבראהׄין אלקטעיה איקינׄיה
עלי וגׄודה סוׄ כאן אלעאלם חׄאדׄתא בעד עדם או כאן
נׄיר חׄאדׄת בעד עדם וכׄדׄלך דׄלת אלבראהׄין עלי כונה
ואחׄדא וליס בגסם כמא קׄדׄמנא לאן אלבראהׄאן עלי כונה
ואחׄדא וליס בגסם קד יצח סוׄ כאן אלעאלם חׄאדׄתא
בעד עדם או לם יכן כׄדׄלך כמא בינׄא פי אׄטריק אׄתׄאלת
מן אלטרק אלפלספיה וכמא בינׄא נפי אלגׄסמאניה
ואתׄבאת אלוחׄדאניה באלטרק אלפלספיה וקד חׄסן ענדי
אן אתׄמם אׄרא אׄׄלאספה ואבׄן דׄלאילהם פי וגׄוד אׄעקול
אׄמפׄארקה ואבׄן מטׄאבקה דׄלך לקׄואעד שׄריעתנא אעני
וגׄוד אלמלׄאיכה ואחׄמם הׄדׄא אלגרׄן ובעד דׄלך ארגׄע
למא וׄעדה בה מן אלאסׄתדׄלאל עלי חׄדׄת אלעׄאלם או
אכבר דׄלאׄילנא עלי דׄלך לא תצח ולא תתבׄן אׄלא בעד
מערׄפׄה וגׄוד אלעקׄול אׄמפׄארקה וכׄיף אׄסׄתדׄל עלי וגׄודהׄא
ולא בד קבׄל דׄלך כלה מן תקׄדים מקׄדׄמה הׄי סׄראגׄ מניר
לכׄפׄאיא הׄדׄה אׄמקׄאלה בגׄמלתהׄא מא תׄקׄדׄם מן פׄצׄולתׄא
ומׄא יתׄאׄכׄר והׄי הׄדׄה אלמקׄדׄמה · מקׄדׄמה · אעׄלם אׄן
מקׄאלתׄי הׄדׄה מׄא כׄאן קׄצׄדׄי בהׄא אׄן אׄׄלׄף שׄיׄא פׄי אׄעׄלם
אלטׄבׄיעׄי או אׄלׄבׄׄ מעׄאני אלעׄלם אלאׄלׄאׄהׄי עׄלי בׄעׄצׄ
מדׄׄאהב או אׄברהׄן מׄא תׄברהׄן מנהׄא ולׄא כׄאן קׄצׄדׄי פׄיהׄא

פקד באן לך איצֿא בהדֿא אלטריק אן כֿן אלמוגֿוד כלה
ואחדא דֿלנא עלי אן מוגֿדה ואחד · טריק אכֿר פי נפי
אלגֿסמאניה כל גֿסם מרכֿב כמא דֿכר פי אלתֿאניה
ואלעשֿרין וכל מרכֿב פלא בד לה מן פֿאעל הו אלסכֿב
לוגֿוד צורתה פי מאדתה ובֿין הו גֿרא אן כל גֿסם קֿאבל
ללאנקסאם ולה אבעֿאר פהו מחֿל ללאעֿראץֿ בלא שך
פֿלים אלגֿסם ואחדא לא מן גֿהה אנקסֿאמה ולא מן גֿהת
תרכיבה אעֿני מנה אתֿנין באלקֿול לאן כל גֿסם אנמא
הו גֿסם מא מן אגֿל מעני זאיד פֿיה עלי כֿונה גֿסֿמא פֿהו
דֿו מעניֿין צֿרורה וקד תֿברהן אן אֿואגֿב אלוגֿוד לא תֿרכיב
פֿיה בֿוגֿה מן אלוגֿוה ובֿעד תקֿדים הדֿה אלבֿראהֿין אֿכֿר
פֿי תלכֿיץֿ טֿריקֿנא נֿחֿן כֿמא וֿעדֿנֿא :

פצֿל ב

הדֿא אלגֿסם אלכֿאםם והֿו אלֿפֿלֿך לֿא יכֿלֿו מֿן אֿן יֿכֿן
אמֿא כֿאינֿא פֿאסֿדֿא וֿאֿחֿרﬞכֿה אֿיﬞצﬞא כֿאינֿה פֿאֿסדֿה
אֿו יֿכֿן גֿיר כֿאין ולֿא פֿאֿסד כֿמא יֿקֿול אלֿכֿצֿם פֿאן כֿאן
אלֿפֿלֿך כֿאינֿא פֿאסֿדֿא פֿמוגֿדֿה בֿעד אֿלﬞעֿדֿם הֿו אלֿאֿלֿאֿה
גֿל אֿסֿמֿה וֿהֿדֿא מֿעֿקֿול אֿול לֿאֿן כֿל מֿא וﬞגֿר בֿעֿד אֿלﬞעֿדֿם
פֿלֿח מֿוגֿֿר צֿרורֿה וֿמֿחﬞאֿל אֿן יֿוﬞגֿר דֿאֿתﬞה וֿאֿן כֿאֿן הֿדֿא
אֿלֿפֿלֿך לֿם יֿזֿל וֿלֿא יֿזֿאֿל הֿכֿדﬞא מֿתﬞחﬞרכֿא חﬞרֿכֿה דֿאֿיﬞמֿה
סֿרﬞמﬞדﬞיﬞה לֿזֿם בֿחﬞסֿב אֿלֿמﬞקﬞדֿמֿאֿת אֿלֿתﬞי תֿקﬞדֿמֿת אֿן יֿכֿן

פّיה אחّדהמא ימّתנע עלי אלّאכّר אן יّפّעל פّיה פّתّם
סّבّב אכّר הו אלّדّי אّוגّב אמّכّאן אّפّעל להّדّא וّאמّתّנّאעّה
עّלי הّדّא אّד וّאלّזّמאן כّלّה לּא אّכّתّלّאף פّיה וّאלّמّוّצّוע
לّלّעّמל מّוּצّוע וّאّחّד מّרّתّבّט בّעّצّה בّבّעّץ כّמّא בّّנّّا
וّאّיّّצّّا אّן כّל וّאّחّד מّנّהّמّא יّכّוّן וّאّקّّצّّא תّّחّת אّّזّّמّّان אّّד
עّמّלّה מّّקّّّّّّّّّّّّّّّّّّّّّّّّّّّّّّّّّّّّّّّ

אלעאלם · והנא איצֹא טֹריק כֹרהֹאניֹה עלי נפֹי אהֹגֹסֹים
ואתֹבֹארֹת אלֹוחֹדֹאניֹה ודֹלֹך אנה לֹו כֹאן אלֹאהֹאן ללֹום
צֹרורֹה אן יכֹון לֹהֹמֹא מֹעֹני ואחֹד יֹשֹתֹרכֹאן פֹיֹה והֹו אֹמֹעֹני
אלֹדֹי בֹה אֹסֹתֹחֹקֹ כֹל ואחֹד מֹנֹהֹמֹא אן יכֹון אלֹאהֹא ולֹהֹמֹא
מֹעֹני אֹכֹר צֹרורֹה בֹה וקֹע אלֹתֹבֹאֹין וצֹאֹרֹא אתֹנֹין אמֹא
בֹאן יכֹון פֹי כֹל · ואחֹד מֹנֹהֹמֹא מֹעֹני גֹיר אלֹמֹעֹני אלֹדֹי פֹי
אלֹאֹכֹר פֹיכֹון כֹל · ואחֹד מֹנֹהֹמֹא מֹרכֹבֹא מֹן מֹעֹניֹן פֹלֹא
ואחֹד מֹנֹהֹמֹא סֹבֹבֹא אֹולֹא ולֹא לֹאֹזֹם אלֹוֹגֹוֹד בֹאֹעֹתֹבֹאֹר
דֹאֹתֹה בֹל כֹל · ואחֹד מֹנֹהֹמֹא דֹו אֹסֹבֹאב כֹמֹא בֹֹּן פֹי אֹתֹאֹסֹעֹֹ
עֹשֹרֹֹה ואן כֹאן מֹעֹני אֹתֹבֹאֹין מֹוֹגֹוֹדֹא פֹי אֹחֹדֹהֹמֹא פֹדֹלֹך אֹדֹי
פֹיֹה אלֹמֹעֹניֹאן גֹיר ואגֹב אלֹוֹגֹוֹד בֹדֹאֹתֹה · טֹריק אֹכֹר פֹי
אלֹתֹוֹחֹיֹד קֹד צֹח בֹאלֹבֹרֹהֹאן אן אלֹמֹוֹגֹוֹד כֹלֹה כֹשֹכֹץֹ
ואחֹד מֹרֹתֹבֹט בֹעֹצֹה בֹבֹעֹץֹ ואן קֹוֹי אֹפֹלֹך סֹאֹרֹיֹה פֹי הֹדֹה
אלֹסֹאֹרֹה אלֹסֹפֹלֹיֹה ומֹהֹֹיֹֹה לֹהֹא פֹיֹסֹתֹחֹיֹל מֹע הֹדֹא אלֹדֹי
קֹד צֹח אן יכֹון אלֹאלֹאֹה אלֹואֹחֹד מֹנֹפֹרֹדֹא בֹגֹז מֹן אֹגֹזֹא
הֹדֹא אֹמֹוֹגֹוֹד ואלֹאֹלֹאֹה אלֹתֹאֹני ינֹפֹרֹד בֹגֹז אֹכֹר אֹד הֹדֹא
מֹרֹתֹבֹט בֹהֹדֹא פֹלֹם יבֹקֹֹ פֹי אלֹתֹקֹסֹים אלֹא אן יכֹון הֹדֹא
יֹפֹעֹל וקֹתֹא והֹדֹא יֹפֹעֹל וקֹתֹא אֹו יֹכֹוֹנֹא גֹמֹיֹעֹא יֹפֹעֹלֹאן
מֹעֹא דֹאֹימֹא חֹתֹי לֹא יֹתֹםֹֹ פֹעֹל מֹן אֹאֹפֹעֹאֹל אלֹא מֹנֹהֹמֹא
גֹמֹיֹעֹא אמֹא כֹון הֹדֹא יֹפֹעֹל וקֹתֹא והֹדֹא יֹפֹעֹל וקֹתֹא פֹתֹז
מֹחֹאֹל מֹן וֹגֹוֹה שֹתֹי לֹאֹגֹה אן כֹאן אֹזֹמֹאן אלֹדֹי יֹפֹעֹל פֹיֹה
אֹחֹדֹהֹמֹא מֹמֹכֹנֹֹא אן יֹפֹעֹל פֹיֹה אֹאֹכֹר פֹמֹא אֹסֹבֹב אֹמֹוֹגֹב
לֹאן יֹפֹעֹל חֹדֹא ויֹבֹטֹל הֹדֹא ואן כֹאן אלֹומֹאן אלֹדֹי יֹפֹעֹל

נד ולא צד עלה דלך כלה אלבסאטה אלמחצה.ואלבמאל

אמחץ אלדי לא יפצל ענה שי כארגא ען דאתה מן נועה

תעדם אֵעלה ואלסבב מן כל נחת פלא משארכה אצלא .

נטר ראבע פלספי איצא מעלום אנא נרי דאימא אמורא

תכון באלקוה פתכרג אלי אלפעל וכל מא יכרג מן אלקוה

אלי אלפעל פלה מכרג כארגא ענה כמא דכר פי אלמקדמה

אלתאמנה עשרה ובין דו איצא אן דלך אלמכרג כאן

מכרגא באלקוה תם צאר מכרגא באלפעל ועלה כונה כאן

באלקוה אמא למאנע מן נפסה או לנסכה מא כאנת

מרתפעה בינה ובין מא אכרגה מן קבל פלמא חצלת תלך

אלנסבה אכרג באלפעל וכל ואחד מן הדין יקתצֵי מכרגא

או מזיל עאיק צֵרורה והכרא ילום אן יקאל פי אלמכרג

אלתאני או מזיל אלעאיק והדא לא ימֹר אלי לא נהאיה

פלא בד מן אלאנתהא למכרג מן אלקוה אלי אלפעל יכון

מונדא אבדא עלי חאלה ואחדה לא קוה פיה אצלא

אעני אנה לא יכון פיה פי דאתה שֵי באלקוה לאנה אן

כאן פי דאתה אמכאן פקד יעדם כמא דכר פי אתאלתה

ואלעשרין ומחאל אן יכון חדא דא מאדה כל מפארקֵא

כמא דכר פי אלראבעה ואלעשרין ואלמפארק אלדי לא

אמכאן פיה אצלא כל הו מונוד בדֵאתה הו אלאלאה וקד

תבֵן אנה לא גסם פהו ואחד כמא דכר פי אלמקדמה

אלסאדסה עשרה . והדה כלהא טרק ברהאניה עלי וגוד

אלאה ואחד לא גסם ולא קוה פי גסם מע אעתקאד קדם

3

ותודה ועדמה ממכנא באעתבאר דאתה ואנבא באעתבאר

סבבה פיכון סבבה דו אלואגב אלוגוד כמא דכר פי

אלתאסעה עשרה פקד תברהן אנה לא בד צרורה אן יכון

תם מוגוד ואגב אלוגוד באעתבאר דאתה ולולאה למא

כאן תם מוגוד אצלא לא כאין פאסד ולא מא לים בכאין

ולא פאסד אן כאן. תם שי יוגד הכדא כמא יקול ארסטו

אעני אן לא יכון כאינא ולא פאסדא לכונה מעלולא בעלה

ואנבה אלוגוד והדא ברהאן לא שך פיה ולא מדפע ולא

מנאזעה אלא למן יגהל טריק אלברהאן תם נקול אן כל

ואגב אלוגוד באעתבאר דאתה ילזם צרורה אן לא יכון

לוגודה סבב כמא דכר פי אלמקדמה אלעשרין ולא יכון

פיה תכתיר מעאני אצלא כמא דכר פי אלמקדמה אלחאדיה

ואלעשרין ולדלך ילזם אן לא יכון גסמא ולא קוה פי גסם

כמא. דכר פי אלתאניה ואלעשרין פקד תברהן בחסב הדא

אנטר אן. תם מוגוד לאום אוגוד באעתבאר דאתה צרורה

והו אלדי לא סבב לוגודה ולא תרכיב פיה פלדלך לא

יכון גסמא ולא קוה פי גסם והדא הו אלאלאה גל אסמה

וכדלך. יתברהן בסהולה אן וגוב אלוגוד באעתבאר אלאת

יסתחיל אן יוגד לאתנין לאן יכון נוע ונוב אלוגוד מעני

זאידא עלי ראת כל ואחד מנהמא פלא יכון ואחד מנהמא

ואגב אלוגוד כדאתה פקט כל ואגבא בדלך למעני אלדי

הו נוע ונוב אונוד אלדי וגד לחדא ולגירה וקד יבין בוגות

עדה אן אלואגב אלוגוד לא יצח פיה אלתנויה בונה לא

חדﱠכﱠה פהﱛ לא מנקסﱖ ולא גסﱖ ולא ואקﱛ תחת זמאן
כמא כאן פי אלברהאן אלמתקדﱖ · נﱠﱖ תﱞאלﱠ פלספﱛ
פי הﱛא אﱛﱛﱛﱛﱛ מﱛﱛﱛﱛﱛ מﱛ כﱛﱛﱛ אﱛﱛﱛﱛ ואﱛ כﱛﱛ נﱛ כﱛ
פﱛ גﱛﱛ אﱛﱛ וﱛﱛﱛﱛ תﱛﱛﱛﱛ אﱛﱛﱛﱛ לﱛ שﱛ אﱛ תﱛ אﱛﱛﱛ
מﱛﱛﱛﱛ וﱛﱛ הﱛﱛ אﱛﱛﱛﱛﱛﱛﱛ אﱛﱛﱛﱛﱛﱛ חﱛﱛ ולﱛ יﱛﱛﱛ
אﱛﱛﱛﱛﱛ מﱛ תﱛﱛﱛﱛ אﱛﱛﱛﱛ וﱛﱛ קﱛﱛﱛ צﱛﱛﱛﱛﱛ וﱛﱛ אﱛﱛ
אﱛ תﱛﱛﱛ אﱛﱛﱛﱛﱛﱛﱛ כﱛﱛﱛ גﱛﱛ כﱛﱛﱛﱛﱛ ולﱛ פﱛﱛﱛﱛﱛ אﱛ תﱛﱛﱛ
כﱛﱛﱛﱛ כﱛﱛﱛﱛ פﱛﱛﱛﱛ אﱛ יﱛﱛﱛ בﱛﱛﱛﱛﱛ כﱛﱛﱛﱛ פﱛﱛﱛﱛﱛ
ובﱛﱛﱛﱛﱛ גﱛﱛ כﱛﱛﱛ זﱛﱛ פﱛﱛﱛﱛ אﱛﱛ אﱛﱛﱛﱛﱛ אﱛﱛﱛﱛ פﱛﱛﱛ
אﱛﱛﱛﱛﱛﱛ לﱛﱛﱛﱛ נﱛﱛﱛﱛﱛ מﱛﱛﱛﱛﱛﱛﱛ כﱛﱛﱛﱛﱛ כﱛﱛﱛﱛ פﱛﱛﱛﱛﱛ
וﱛﱛﱛ אﱛﱛﱛﱛﱛ אﱛﱛﱛﱛﱛ פﱛﱛﱛ אﱛﱛﱛﱛ מﱛﱛﱛﱛ ובﱛﱛﱛﱛﱛ לﱛﱛﱛﱛ
אﱛ כﱛﱛ כﱛ מﱛﱛﱛﱛ ואﱛﱛﱛﱛ תﱛﱛﱛ אﱛﱛﱛﱛ ולﱛﱛﱛﱛﱛ פﱛﱛﱛﱛﱛﱛﱛﱛ
כﱛﱛﱛﱛ כﱛ ואﱛﱛﱛ מﱛﱛﱛﱛ מﱛﱛﱛﱛ לﱛﱛﱛﱛ ואﱛﱛﱛﱛﱛﱛ פﱛ אﱛﱛﱛﱛ
לﱛ בﱛ צﱛﱛﱛﱛﱛ מﱛ וﱛﱛﱛﱛ כﱛﱛﱛ עﱛﱛﱛ פﱛﱛﱛﱛ אﱛﱛﱛﱛ תﱛﱛﱛﱛ
אﱛﱛﱛﱛ אﱛﱛﱛﱛﱛﱛﱛﱛ כﱛﱛﱛﱛ צﱛﱛﱛﱛﱛ ואﱛﱛﱛ פﱛﱛﱛﱛ כﱛﱛﱛﱛ מﱛﱛﱛﱛ
אﱛ יﱛﱛﱛﱛ שﱛ לﱛﱛ לﱛ יﱛﱛﱛ מﱛ יﱛﱛﱛﱛ שﱛﱛ וﱛﱛﱛﱛﱛ יﱛﱛﱛﱛ אﱛ לﱛ
יﱛﱛﱛ שﱛ מﱛﱛﱛﱛ בﱛﱛﱛ וﱛﱛﱛ נﱛﱛﱛﱛﱛﱛ אﱛﱛﱛﱛ מﱛﱛﱛﱛﱛ וﱛﱛ נﱛﱛﱛ
מﱛﱛﱛﱛﱛ פﱛﱛﱛﱛ צﱛﱛﱛﱛﱛ בﱛﱛﱛﱛ אﱛﱛﱛﱛﱛ אﱛ כﱛﱛ תﱛﱛ מﱛﱛﱛﱛﱛﱛ
כﱛﱛﱛﱛ פﱛﱛﱛﱛﱛ כﱛﱛﱛ נﱛﱛﱛﱛﱛ אﱛ יﱛﱛﱛﱛ תﱛﱛ מﱛﱛﱛﱛ מﱛ לﱛ
כﱛﱛﱛ ולﱛ פﱛﱛﱛﱛ וﱛﱛﱛﱛ אﱛﱛﱛﱛﱛﱛ אﱛﱛﱛﱛﱛ כﱛﱛﱛ ולﱛ פﱛﱛﱛﱛ
לﱛ אﱛﱛﱛﱛ פﱛﱛﱛﱛ פﱛﱛﱛ אﱛﱛﱛﱛ כﱛ חﱛ ואﱛﱛﱛ אﱛﱛﱛﱛ לﱛ מﱛﱛﱛﱛ
אﱛﱛﱛﱛ קﱛﱛ אﱛﱛﱛﱛ אﱛﱛﱛ לﱛ יﱛﱛﱛ כﱛﱛﱛ ואﱛﱛﱛ אﱛﱛﱛﱛ אﱛ
יﱛﱛﱛ וﱛﱛﱛ בﱛﱛﱛﱛﱛﱛﱛ רﱛﱛﱛﱛ אﱛ בﱛﱛﱛﱛﱛﱛﱛ סﱛﱛﱛ חﱛﱛ יﱛﱛﱛ

אחדהא עלא ואלאכר מעלולא כמא דכר פי אלסארסת
עשרה וקד תבﬞן אנה ליס בואקע תחת אלזמאן איצא
לאמתנאע אלחרכה פי חקה כמא דכר פי אלכאמסה
עשרה פקד ודﬞי הדא אנﬞטר באלברהאן אן אלפלך מחאל
אן יתחרך לאתה חרכה סרמדיה ואן אלסכב אלאול פי
תחריכה ליס הו נﬞסמא ולא קוﬧ פי גﬧסם ואנה ואחד
לא יתגﬧﬦ לאן ליס וﬧודה מקתרנא בזמאן והדה דﬥ
אלתלאתה מטאלב אלתי ברהן עליהא פﬞצﬥא אלﬤﬥאﬤﬡﬢ
נﬞטר תאﬦ להם קﬤם ארסטו מקﬤ﬩ והי אנה אדﬧ ונﬤ
שﬦ מרכﬗב מﬢ שﬦן ונﬢﬤ אחﬤ אלﬤﬦﬦﬢ עﬥﬦ אﬢﬣײַﬣﬤﬣ כﬧﬢﬡﬢ
עײַ ﬧלﬣ אﬥﬦﬦ אﬥﬨﬧﬣﬤ לﬦﬨ ונﬤ אﬥﬞﬧﬧ ﬥﬧﬧﬤﬡ כﬧﬢﬡﬢ
אﬦﬤﬢ עײַ ﬧﬥﬣ אﬥﬦﬦ אﬥﬨﬧﬣﬤ לﬧﬤﬡﬤ ﬥﬦ ﬣﬧﬦ ﬦﬧﬤﬦﬡﬨ
ﬦﬧﬨﬤ אﬦ ﬥﬧ ﬦﬨﬤﬧﬧ אﬥﬨ ﬨﬦﬧﬧ כﬧﬥﬨﬡﬤﬢ ﬦﬧﬥﬧﬦﬧﬡﬢ
ﬦﬥﬡﬦﬦﬧﬤﬢ ﬥﬨﬧ ﬦﬤﬧ ﬧﬤﬦﬤﬤﬤﬧ ﬡﬤ ﬧﬥﬧﬢﬡ ﬢﬤﬢ ﬦﬦﬥﬤ
ﬧﬤﬦﬤﬤﬧﬧ עﬥﬦ ﬡﬤﬦﬨﬧﬧﬤﬤ ﬤﬥﬦﬥ עﬥﬦ עﬤﬦ ﬡﬥﬥﬧﬡﬦ
ﬦﬨﬦﬧﬢﬤ ﬡﬥﬧﬦﬧ ﬧﬤﬧﬤﬤ ﬦﬨﬡﬥﬤ אﬤﬢ ﬡﬤﬡ ﬧﬤﬤ ﬡﬥﬨﬦﬤﬤﬢﬡ
ﬦﬤﬤ ﬡﬦײַﬡ ﬡﬥﬥﬦﬥ ﬧﬤﬤﬢ ﬥﬦﬦ ﬧﬧﬤﬧﬢ ﬧﬤﬤ ﬡﬥﬦﬥ ﬧﬤﬤﬢ
ﬧﬡﬥﬤ ﬧﬡﬦﬦﬤﬢ ﬢﬤﬢ ﬡﬦﬦﬤﬦﬤﬢ ﬦﬡﬥ ﬡﬤﬡ ﬤﬤﬤ ﬡﬦﬦﬡ ﬡﬦﬦﬡ כﬧﬦﬦﬢ
ﬦﬦﬦﬡﬨ ﬦﬤ ﬦﬧﬧײַ ﬧﬦﬨײַײַﬧײַ ﬦﬤײַﬦ ﬡﬤﬢﬡ ﬨײַײַﬧ ﬤﬦﬦﬤﬡ
ﬧﬨײַײַﬧ ﬦﬤ ﬤﬦﬦﬡﬡ ײַﬦﬤ ﬦﬡ ﬨײַײַﬧ ﬦﬦ ﬡײַײַﬧﬦײַ ﬡﬦײַ
ﬡﬥײַﬨﬧײַﬢﬡﬨ ﬦﬦ ﬡﬥﬤײַײַﬧﬦײַ ײַﬥﬢﬦ ﬧﬨﬤ ﬦﬨײַײַﬧײַﬧ ﬥﬦ ﬦײַײַﬧ אﬤﬥﬦ ﬧײַײַ
ﬡײַײַﬧ ﬦﬨײַײַﬧ ﬧﬦﬥײַ ﬤײַײַﬧײַ ﬡײַ ﬦײַﬧﬤ ﬦײַײַﬧ ﬥﬡ ﬦײַײַﬧײַ
ﬡﬤﬥﬡ ﬧﬥײַﬦ ײַײַ ﬡﬥﬦײַײַﬧײַ ﬡﬥﬡײַﬥ ﬧﬦﬤ ײַﬦﬦ ﬥﬡ ﬨﬦﬦﬤ ײַﬦײַ

צרורה כארגֿא ען אלגמלה אלמרכבה מן מתחרך ומתחרך
אדֿא חצר דֿלך אלסבב אלדֿי הו אבתדֿא אלחרכה. חרֿך
אלמתחרך אלאול אלדֿי פי תלך אלגמלה ללתהחרך מנהא
ואן לם יחצֿר סכן ולהדֿא אלסבב לא תתחרך אגסאם
אלחיואן דאימא ואן כאן פי כל ואחד מנהא מתחרך אול
לא ינקסם לאן מחרכהא ליס הו מתחרכא דאימא באלדֿאת
בל אלחאעי לה ללתחריך אמור כֿארגֿה ענה אמא אמא טלב
מואלף או הרב מכֿאלף או תכֿיֵל או תצֿור פי מן לדֿ
תצֿור וחיניד יחדֿך ואדֿא חרֿך תתחרך באלערץ פלא בד
אן יסכן כמא דֿכרנא פלו כאן מתחרך אלפלך פידֿ עלי
הדֿא אלוגה למא אמכן אן יתחרך סרמדא פאן כאנת
הדֿה אלחרכה דאימה סרמדיה כמא דֿכר כצמנא ודֿלך
ממכן כמא דֿכר פי אלמקדמה אלתֿאלתֿה עשרה פילזם
צרורה בחסב הדֿא אלראי אן יכון אלסבב אלאול לחרכה
אלפלך עלי אלוגה אלתֿאני אעני מפארקא ללפלך כמא
אקתצֿתה אקסמה פקד תברהן אן מחרך אלפלך אלאול
אן כאנה חרכתה סרמדיה דאימה ילזם אן יכון לא גסמֿא
ולא קוֿה פי גסם אצֿלא חתי לא תכון למחרכה חרבהֿ
לא באלדֿאת ולא באלערץ פלדֿלך לא יקבל קסמה ולא
תגֿירא כמא דֿכר פי אמקדמה אֿסאבעה ואלכאמסה והדֿא
הו אלאלאה גל אסמה אעני אלסבב אלאול אלמחרך
ללפלך ויסתחיל כונה אתֿנין או אכֿתר לאסתחֿאלה תעדֿד
אלאמור אלמפֿארקה אלתי ליסת בגסם אלא באן יכון

כמא קדם פי אלמקדמה אלתֵאניה · ואמא אלונה אלתַאלתֵ
והו אן יכון מחרّך אלפלך קוّה שאיעה פיה פדלך איצַֿא
מחֵאל כמא אצַֿף לאן אלפלך גסם פהו מתנאהֵ צֿרורה
כמא קדם פי אלמקדמה אלאולי פתכון קוّתה מתנאהֵיה
במא דֵכר פי אלתֵאניה עשרה פהי תנקסם באנקסאמה
כמא דֵכר פי אלחאדיה עשרה פלא תֻחَרّך אלי לא נהאיה
כמא וצֿَענא פי אלמקדמה אלסאדסה ואלעשרין · ואמא
אלונה אלראבע והו אן יכון מחרّך אלפלך קוّה פיה גיר
מנקסמה כנפס אלאנסאן פי אלאנסאן מתֵלא פאן הדֵא
איצֿَא מחֵאל אן יכון הדֵא אלמחّרّך והדֵה סבבّא פי אֵחרכה
אלדַאימה ואן כאנת גיר מנקסמה ובّיّאן דֵלך אנّה אן כאן
הדֵא מחّרّכה אלאול פהֵֶדֵא אלמחّרّך הֻו מתחّרّך באלעّרّץֵ
כמא דֵכר פי אלמקדמה אלסאדסה ואנّא אזיד הנא ביّאנّא
ודֵלך אן אלאנסאן מתֵלא אדֵא חרّכתה נפסה אלّתי הי
צורתה חתّי טלע מן אלבית אלי אלגّרّפה פגّסמה הֻו אלّדֵי
תﻻّﻧُّﺮّﻙ באלדֵאת ואלנّפّס הי אלמﻲّﻞﺮّﻙ אלאول באלדֵאת
לכנّהא קד תﻻّﺮﻛﺖ באלעّﺮّﺽֵ לאן באנّתקّאל אלגّسّم מן
אלבّית ללגّﺮّﻓّﻩ אנّתקّלّﺖ אלנّﻓّﺲ אלّﺘﻲ כאנّﺖ פי אלבّית
וצّﺎﺭﺖ פי אלגّﺮّﻓّﻩ פّﺄﻥ ﺳّﻜّﻥ תﻻّﺮّﻳّﻙ אלגّﺴّﻢ ﺳّﻜّﻥ אלّﺪﻱ
תﻻّﺮّﻙ ﻋّﻨّﻬّﺎ ﻭﻫّﻮ אלגّﺴّﻢ ﻭﺑّﺴّﻜّﻥ אלגّﺴّﻢ תّﺮﺗّﻓّﻊ אלﺢّﺮّﻛّﺔ
אלﻋّﺮّﺿّﻳّﺔ אלﻋّﺎﺿّﻟّﺔ ﻟّﻠّﻨّﻓّﺲ ﻭ ﻛّﻞ מתﻻّﺮّﻙ באלﻋّﺮّﺽֵ ﻳّﺴّﻜّﻥ
צֿﺮّﻭﺭّﻩ ﻛّﻤّﺎ דֵﻛّﺮ פי אלﺘّﺎﻣّﻨّﻩ ﻭﺍﺩّﺍ ﺳّﻜّﻥ ﺳّﻜّﻥ אלﻤّﻻّﺮّﻙ
ﻋّﻨّﻪ פّﻳّﻠּﺰّﻡ אן ﻳّﻜّﻥ ﻟّﺪّﻟّﻙ אلﻤّﻻّﺮّﻙ אلאول ﺳّﺒّﺐ אﺧّﺮ

לה אלי טאקה כי יסדהא חתי לא תדכל לה מנהא הדה
אלריח אלהאבّה ומחרך תלך אלריח ומולّד הכובהא הי
חרכה אלפלך והכדא תגד כל סבב כון ופסאד ינתהי
לחרכה אלפלך · פלמא אנתהינא להדא אלפלך אלמתחרך
לזם אן יכון לה מחרך בחסב מא קדם פי אלמקדמה
אלסאבעה עשרה ולא יכלו אן יכון מחרכה פיה או כארגّא
ענה והדה קסמה צרוריה פאן כאן כארגّא ענה פלא יכלו
מן אן יכון גסמא או יכון גיר גסם ולא יקאל פיה חיניד
אנה כארגّא ענה בל יקאל מפארקّא לה לאן מא לים
בגסם פלא יקאל פיה אנה כארגّא ען אגסם אלא באחّסאע
פי אלקול ואן כאן מחרכה פיה אעני מחרך אלפלך פלא
יכלו אן יכון מחרכה קוה שאיעה פי גמיע גסמה ומנקסמה
באנקסאמה כאלחרארה פי אלנאר או תכון קוה פיה גיר
מנקסמה כאלנפס ואלעקל כמא תקדם פי אלמקדמה
אלעאשרה פלא בד צרורה אן יכון מחרך אלפלך אחד
הדה אלארבעה אמא גסם אכר כארגّא ענה או מפארק
או קוה שאיעה פיה או קוה גיר מנקסמה · אמא אלאול
והו אן יכון מחרך אלפלך גסמא אכר כארגّא ענה פדלך
מחאל כמא אצף לאנה אד והו גסם פהו יתחרך ענד מא
יחרّך כמא דכר פי אלמקדמה אלתאסעה פאד והדא
אלגסם אלסאדם איצא יתחרך ענד מא יחרّך פילזם אן
יחרכה גסם סאבע פדלך איצّא יתחרך פילזם וגוד אגסאם
לא נהאיה לעדדהא וחינّיד יתחרך אלפלך והדא מחאל

אלתלתה ובעד תקדים הדה אלמקדמאת ותסלימהא אכר
פי תביין מא ילזם ענהא:

פצל א

ילזם בחסב אלמקדמה אלכאמסה ואלעשרין אן תם
מחרך הו אלדי חרך מאדה הדא אלכאן לפאסד
חתי קבלת אלצורה וארא טלב דלך אלמחרך אלקריב
מא חרכה לזם צרורה אן יוגד לה מחרך אכר אמא מן
נועה או מן גיר נועה לאן אלחרכה תוגד פי ארבע מקולאת
וקד יקאל עליהא אלחרכה בעמום כמא דכרנא פי אלמקדמה
אלראבעה והדא לא ימר אלי לא נהאיה כמא דכרנא פי
אלמקדמה אלתאלתה פונגדנא כל חרכה תנתהי אלי חרכה
אלגסם אלכאמס וענדהא תקף ומן תלך אלחרכה יתפרע
ויגיהא יתסלסל כל מחרך ומתח﹈ פי אלעאלם אלספלי כלה
ואלפלך מתחרך חרכה נקלה והי אקדם אלחרכאת כמא
דכר פי אלמקדמה אלראבעה עשרה וכדלך איצא כל
חרכה נקלה אנמא תנתהי לחרכה אלפלך כאנך קלת
אן הדא אלהגר אלדי תחרך חרכת אלעבא ואלעבא
חרכתה אליד ואליד חרכתהא אותאר ואותאר חרכתהא
אלעצל ואלעצל חרכת אלעצב ואלעצב חרכה אלה﹈
אלגריזי ואלה﹈ אלגריזי חרכתה אלצורה אלתי פיה והי
אלמחרך אלאול בלא שך ודלך אלמחרך אוגב לה אן
יחרך ראי מתלא והו אן יוצל דלך אלהגר בצרב אלעבא

מזאג יונב שהוה לטלב מואלף או הרב מן מכאלף או
כיאל או ראי יחדת לה פיחרכה אחד הדה אלתלתה
וכל ואחד מנהא תונבה חרכאת אכרי וכדלך יקול אן
כל מא יחדת פאן אמכאן חדותה מתקדם עלי חדותה
באלזמאן וילזם מן דלך אשיא לתצחיח מקדמתה ובחסב
הדה אלמקדמה יכון אלמחחרך אלמתנאהי יתחרך עלי
טול מתנאהֿה מראראֿ גיר מתנאהיה באלרגוע עלי דלך
אלטול באלדור והרא לא ימכן אלא פי אלחרכה אלדוריה
כמא יתברהן פי אלמקדמה אלתאלתה עשרה מן הדה
אלמקדמאת ובחסבהא ילזם וגוד מא לא נהאיה לה עלי
נהֿה אלתעאקב לא אן יונד דלך מעאֿ והדה אלמקדמה
הי אלתי ירום ארסטו אתבאתהא דאימא ויכדו לי אנא
אנה לא יקטע באן דלאילה עליהא ברהאן בל הי יֿאאחרי
ואֿאולי ענדה וידֿעי תבאעה ושארחוא כתבה אנהא ואגבה
לא ממכנה ואנהא קד חברהנת וירום כל מתכלם מן
אלמתכלמין אן יתבת אנהא ממתנעה ויקולון לא יתצור
כיף תחרת חואדת לא נהאיה להֿא באלהעאקב פקוה
כלאמהם אנהא ענדהם מעקול אול ואלדי יבדו לי אנא
אן הדה אלמקדמה ממכנה לא ואגבה כמא יקול אֿשארחון
לכלאם ארסטו ולא ממתנעה כמא ידֿעי אֿמתכלמון ולים
אלקצד אלאן תביין דלאיל ארסטו ולא תשכיכנא עליה
ולא תביין ראיי פי חדת אלעאלם בל אלקצד פי הדא
אלמוצע חצר אלמקדמאת אלתי נחתאנהא פי מטאלבנא

והדה אלכמם ועשרון מקדמה אלתי צדרת לך כהא
מנהא מא הו בין באיסר תאמל ומקדמאת כרהאניה
ומעקולאת אול או קריב מנהא כמא לכצנאה מן תרתיבהא
ומנהא מא תחתאג אלי בראהין ומקדמאת עדה לכנהא
כלהא קד תברדהנת כרהאנא לא שך פיה בעצהא פי כתאב
אלסמאע ושרוחה ובעצהא פי כתאב מא בעד אלטביעה
ושרחה וקד אעלמתך אן ליס גרץ הדה אלמקאלה נקל
כתב אלפלאספה פיהא ותביין אבעד אלמקדמאת בל דכר
אלמקדמאת אלקריבה אלמחתאג אליהא בחסב גרצנא ·
ואציף אלי מא תקדם מן אלמקדמאת מקדמה ואחדה
תוגב אלקדם ויזעם ארסטו אנהא צחיחה ואולי מא יעתקד
פנסלמהא לה עלי נהה אלתקריר חתי יבין מא קצדנא
לביאנה ותלך אלמקדמה והי אלסאדסה ואלעשרון
הי קולה אן אלזמאן ואלחרכה סרמדיאן דאימאן מוגודאן
באלפעל פלדלך ילזם ענדה צרורה בחסב הדה אלמקדמה
אן יכון תם גסם מתחרך חרכה סרמדיה מוגודה באלפעל
והו אלגסם אלכאמם פלדלך יקול אן אלסמא לא כאינה
ולא פאסדה לאן אלחרכה ענדה לא כאינה ולא פאסדה
לאנה יקול אן כל חרכה תתקדמהא חרכה צרורה אמא
מן נועהא או מן גיר נועהא ואן אלדי יטן באלחיואן אנה
לם תתקדם חרכתה אלמכאניה חרכה אכרי אצלא ליס
בצחיח לאן אלסכב פי חרכתה בעד אלסכון ינתהי אלי
אמור דאעיה לתלך אלחרכה אלמכאניה והי אמא תגיר

אלמונבﬞה לוגודה לם יוגד · כ · אלמקדמה אלעשרון

אן כל ואגב אלוגוד כאעתבאר ראתה פלא סבב לוגודה

בונה ולא עלי חאל · כא · אלמקדמה אלחאדיה ואלעשרון

אן כל מרכב מן מעניין פאן דׄלך אלתרכיב הו סבב וגודה

עלי מא הו עליה צׄרורה פלים הו ואגב אלוגוד כראאתה

לאן וגודה בוגוד גׄזאיה ובתרכיבהמא · כב · אלמקדמה

אלתׄאניﬞה ואלעשרון אן כל גסם פהו מרכّב מן מעניין

צׄרורה ותלחקה אעראץׄ צׄרורה אמא אלמעניאן אׄלמקﬞׄמאﬞן

לה פמאדתה וצורתה ואמא אלאעראץׄ אללאחקה לה

פאלכם ואלשׄכל ואלוצׄע · כג · אלמקדמה אלתׄאלתׄה

ואלעשרון אן כל מא הו באלקוﬞﬞ ופי ראאתה אמכאן מא

פקד ימכן פי וקﬞת מא אן לא יוגד באלפעל · כד ·

אלמקדמה אלראבעﬞה ואלעשרון אן כל מא הו באלקוﬞﬞ

שׄ מא פהו דׄו מאדה צׄרורה לאן אׄמכאן הו פי אׄמאדה

אבדא · כה · אלמקדמה אלכׄאמסﬞה ואלעשרון אן

מבאדי אלגׄוהר אלמרכّב אלשׄכׄצי אלמאדה ואלצׄורה ולא

בד מן פאﬞﬞﬞﬞﬞﬞﬞﬞﬞﬞﬞﬞל אﬞﬞ

פלא יעקל פיה תעדّד אלא באן יכון קוה פי נסם פתתעדّד

אשבّאן תלך אקוי בתעדّד מואדّהא או מוצّועאתהא פלדלך

לאמור. אלמפארקّה אלתי ליסת בנסם ולא קוّה פי נסם לא

יעקל פיהא תעדّד אצלא אלא באן תכון עלّא ומעלולאת ·

יז · אלמקדמّה אלסאבעّה עשרה אן כל מתחרّך פלה

מחרّך צّרורّה אמّא כארגّא ענה כאלחגّר תחרכّה אליד

או יכון מחרכּה פיה כנסם אלחיّואן פאנה מוّלף מן מחרّך

ומתחרّך ולדלך ארא מאת ועדם מנה אלמחרّך והי אّלנפס

יבקי אלמתחרّך והו אלגّסד פי אלחין כמא כאן אלא אנה

לא יתחרّך תלך אלחרכّה פלמّא כאן אלמחרّך אלמונّוד

פי אלמתחרّך כّפّא לא יטהר ללחסّ טّן כאלחיّואן אנה

יתחרّך דון מחרّך ובّל מתחרّך יכון מחרכّה פיה פהו אלّדי

יסّמّי אّמתחרّך מן תלקّאّיה מענאה אן אלقוّה אלّמחרכّה

למّא יתחרّך מנה באّלדّאת מוّנّודّה פי גّמל'תה · יח ·

אלמקדّמّה אّלתّאמّנّה עשרה אן כّל מّא יّכּרّג מן אّלقוّה

אّלי אّלפّעّל פّמّכّרّגּّה גّّירّה והּו כّّארّג ענّه צּّרّورّה לّاّنّה לّو

כّان אّلّمّכּّرّّגّ فّّيّה ولّّم יّّכّّן تّّم. مّّانّّّّع لّّّّّّّّمّّّّّّّ וّّגּّّ בّّّّّّّّّّّ

وّّّّقّّّّّّّّّّّّ

יט ·

אלתאסעה אן כל גסם יחרך גסמא פאנמא יחרכה באן
יתחרך הו איצא פי חאל אלתחריכה · י · אלמקדמה
אלעאשרה אן כל מא יקאל אנה פי גסם ינקסם אלי
קסמין אמא אן יכון קואמה באלגסם כאלאעראץ או יכון
קואם אלגסם בה כאלצורה אלטביעיה וכלאהמא קוה פי
גסם · יא · אלמקדמה אלחאדיה עשרה אן בעץ אלאשיא
אלתי קואמהא באלגסם קד תנקסם באנקסאם אלגסם
פתכון מנקסמה באלערץ כאלאלואן וסאיר אלכוי אלשאיעה
פי גמיע אלגסם וכדלך בעץ אלמקומאת ללגסם לא תנקסם
מנה כאלנפס ואלעקל · יב · אלמקדמה אלתאניה
עשרה אן כל קוה תוגד שאיעה פי גסם פהי מתנאהיה
לכן אלגסם מתנאהיא · יג · אלמקדמה אלתאלתה
עשרה אנה לא ימכן אן יכון שי מן אנואע אלתגיר מתצלא
אלא חרכה אלנקלה פקט ואלדוריה מנהא · יד · אלמקדמה
אלראבעה עשרה אן חרכה אלנקלה אקדם אלחרכאת
ואולאהא באלטבע לאן אלכון ואלפסאד תתקדמהמא
אסתחאלה ואלאסתחאלה יתקדמהא קרב אלמחיל מן
אלמסתחיל ולא נמו ולא נקץ אלא ויתקדמה כון ופסאד ·
טו · אלמקדמה אלכאמסה עשרה אן אלזמאן ערץ תאבע
ללחרכה ולאזם להא ולא יוגד אחדהמא דון אלאכר לא
תוגד חרכה אלא פי זמאן ולא יעקל זמאן אלא מע אלחרכה
פכל מא לא תוגד לה חרכה פלים הו ואקעא תחת אלזמאן ·
טז · אלמקדמה אלסאדסה עשרה אן כל מא לים בגסם

הדא איצא בין אלמחאל · ד · אלמקדמה אלראבעה
הי אן אלתגّיר יוגד פי ארבע מקולאת פי מקולה אלגّוהר
והדא אלתגّיר אלכאין פי אלגّוהר הו אלכון ואלפסאד
ויוגד פי מקולה אלכם והו אלנמו ואלאצّמחלאל ויוגד פי
מקולה אלכיף והו אלאסתחאלה ויוגד פי מקולה אלאין
והו חרכה אלנקלה ועלי הדא אלתגّיר פי אלאין תקאל
אלחרכה בכّצّוץ · ה · אלמקדמה אלכّאמסה הי אן כל
חרכה תגّיר וכרוג מן אלקוה אלי אלפעל · ו · אלמקדמה
אלסאדסה אן אלחרכאת מנהא באלדّאת ומנהא באלערץ
ומנהא באלקסר ומנהא באלגّז והו נוע ממא באלערץ
אמّא אלתי באלדّאת פכאנתקאל אלגّסם מן מוצّע למוצّע
ואמّא אלתי באלערץ פכמא יקאל פי אלסّואד אלּדי פי
הדא אלגّסם אנה אנתקל מן מוצّע אלי מוצّע ואמّא אלתי
באלקסר פכחרכה אלחגّר אלי פוק בקאסר יקסרהא עלי
דלך ואמّא אלתי באלגّז פכחרכة אלמסמאר פי אלספינה
לאן אדّא תחרכّت אلספינה נקול אנה קד תחרّך אلמסמאר
איצّא והכّדא כל מّלّף יתחרّך בגّמלתה יקאל אן גّזّאה
קד תחرّך · ז · אלמקדמה אלסّאבעה הי אן כל מתגّיר
מנקסם ולّדلך כל מתחرّך מנקסם והו גّסם צّרורה וכל
מא לא ינקסם לא יתחרّך ולّדلך לא יכון גّסמא אצّלא ·
ח · אלמקדמה אلתّאמנה אن כל מא יתחرّך באלערץ
פהו יסכن צّרורה אّד ליס חרכّתה בّדاתה ולّדلך לא ימכן
אן .יתחرّך תלך אלחרכה אלّערצّיّה דאّימא · ט · אלמקדמה

בשם י"י אל עולם

אלמקדמאת אלמחתאג איהא פי אתבאת וגוד אלאלאה
תעאלי ופי אברהאן עלי כונה לא גסמא
ולא קוה פי גסם ואנה גל אסמה ואחד כמס ועשרין
מקדמה בלהא מברהנה לא שך פי ש מנהא קד אתי
ארסטו וםן בעדה מן אלמשאין עלי בראהאן כל ואחדה
מנהא ומקדמה ואחדה נסלמהא להם תסלימא לאן בדלך
תתברהן מטאלבנא כמא סאבין ותלך אלמקדמה הי קדם
אלעאלם · א · אלמקדמה אלאולי אן וגוד עטם מא
לא נהאיה לה מחאל · ב · אלמקדמה אלתזניה אן
וגוד אעטאם לא נהאיה לעדדהא מחאל והו אן תכן מוגודה
מעא · ג · אלמקדמה אתאלתה אן וגוד עלל ומעלולאת
לא נהאיה לעדדהא מחאל ולו לם תכן רזאה עטם מתאל
דלך אן יכון הדא אלעקל מתלא סבבה עקל תאן וסבב
אתאני תאלת וסבב אתאלת ראבע הכדא אלי לא נהאיה

1

אלגֹז אלתֹאני מן רלאלה אלחאירין

دلالة الحائرين

—

אלגז אלתאני

מן

דלאלה אלחאירין

תאליף אלריים אלאגל

מרנו ורבנו **משה** בן מר' ור' **מימון** זל'הה

—

אעתני בנסבה ותצחיחה
אצגר אלטאלבין ואחקר אלמתעלמין
אלראגי לרחמה רבה תעאלי

שלמה בן מו"ה אליעזר זצ"ל מונק

טבע
פי מדינה **פאריס** אלמחרוסה
פי סנה ה' תר"כ"א ללבליקה

Paris. — IMPRIMERIE DE Ch. JOUAUST,
rue Saint-Honoré, 338.

דלאלה אלחאירין